SUSANNE ZIEGLER

Heidegger, Hölderlin und die Ἀλήθεια

Philosophische Schriften

Band 2

Heidegger, Hölderlin und die Ἀλήθεια

Martin Heideggers Geschichtsdenken in seinen Vorlesungen
1934/35 bis 1944

Von

Susanne Ziegler

Duncker & Humblot · Berlin

Die Deutsche Bibliothek – CIP-Einheitsaufnahme

Ziegler, Susanne:
Heidegger, Hölderlin und die Ἀλήθεια: Martin Heideggers
Geschichtsdenken in seinen Vorlesungen 1934/35 bis 1944 /
von Susanne Ziegler. – Berlin: Duncker und Humblot, 1991
  (Philosophische Schriften; Bd. 2)
  Zugl.: Mainz, Univ., Diss., 1990
  ISBN 3-428-07142-5
NE: GT

ISSN 0935-6053
ISBN 3-428-07142-5

Vorwort

Diese Arbeit hätte nicht begonnen werden können ohne die vielen Anregungen, die ich in Vorlesungen und Seminaren von Prof. Dr. Richard Wisser an der Johannes Gutenberg-Universität, Mainz, erhielt. Auch der Fortgang der Arbeit wurde durch derartige Denkanstöße immer wieder neu belebt. Hierfür danke ich Professor Wisser von Herzen.

Darmstadt, im März 1991

Susanne Ziegler

Inhalt

Siglen

SW   Hölderlin: Sämtliche Werke. Große Stuttgarter Ausgabe. 8 Bde. Hg. Friedrich Beissner und Adolf Beck. Stuttgart: Kohlhammer 1946-1985.

GA   Martin Heidegger: Gesamtausgabe. Ausgabe letzter Hand. Frankfurt: Klostermann 1976 ff.

Weitere Schriften Heideggers:

BR   Brief an William J. Richardson vom April 1962. In: William J. Richardson, Through Phenonemology to Thought. The Hague: Nijhoff 1963. S.VIII - XXIII.

EiM   Einführung in die Metaphysik. 1. Aufl. 1953. 5. durchges. Aufl. Tübingen: Niemeyer 1987.

FBSD   Zur Frage nach der Bestimmung der Sache des Denkens. Hg. Hermann Heidegger. St. Gallen: Erker 1984 (Vortrag 1965).

GD   Grundsätze des Denkens. In: Jahrbuch für Psychologie und Psychotherapie 6 (1958). S. 33-41.

HK   Die Herkunft der Kunst und die Bestimmung des Denkens. Vortrag geh. 4.4.1967 in der Akademie der Wissenschaften und Künste in Athen. In: Distanz und Nähe. Reflexionen und Analysen zur Kunst der Gegenwart. Hg. Petra Jäger u. Rudolf Lüthe. Würzburg: Königshausen + Neumann 1983.

ID   Identität und Differenz. 1. Aufl. 1957. 8. Aufl. Pfullingen: Neske 1986.

IG   Martin Heidegger im Gespräch. Hg. Richard Wisser. Freiburg/ München: Alber 1970. Wiederabgedruckt in: Antwort. Martin Heidegger im Gespräch. Hg. Günther Neske, Emil Kettering. Pfullingen: Neske 1988. S. 21-28.

N   Nietzsche. 2 Bde. 1. Aufl. 1961. 4. Aufl. Pfullingen: Neske 1982.

Phil   Was ist das - die Philosophie? Vortrag geh. in Cerisy-la-Salle/ Normandie, August 1955. 1. Aufl. 1956. 9. Aufl. Pfullingen: Neske 1988.

SD   Zur Sache des Denkens. 1. Aufl. 1969. 3. Aufl. Tübingen: Niemeyer 1988.

SI   Spiegel-Interview mit Martin Heidegger am 23.9.1966. In: Der Spiegel 23
            (1976). S. 193-219. Wiederabgedruckt in: Antwort. Martin Heidegger im
            Gespräch. Hg. Günther Neske, Emil Kettering. Pfullingen: Neske 1988. S.
            81-111.

SU   Die Selbstbehauptung der deutschen Universität (Rede 27.5.1933). Das
            Rektorat 1933/34. Tatsachen und Gedanken. Hg. Hermann Heidegger.
            Frankfurt: Klostermann 1983.

SvG   Der Satz vom Grund. 1. Aufl. 1957. 6. Aufl. Pfullingen: Neske 1986.

TK   Die Technik und die Kehre. 1. Aufl. 1962. 7. Aufl. Pfullingen: Neske 1988.

VA   Vorträge und Aufsätze. 1. Aufl. 1954. 5. Aufl. Pfullingen: Neske 1986.

WhD   Was heißt Denken? 1. Aufl. 1954. 4. Aufl. Tübingen: Niemeyer 1984.

§ 1. Einleitung

Sieht man die Heidegger-Bibliographie von Hans-Martin Saß durch, fällt auf, daß bald nach Heideggers Hauptwerk "Sein und Zeit" von 1927 eine Unterbrechung der Veröffentlichungen von dreizehn Jahren besteht: Zwischen den Schriften "Was ist Metaphysik?", "Vom Wesen des Grundes", "Kant und das Problem der Metaphysik", 1929, und "Platons Lehre von der Wahrheit", 1942, hat Heidegger nichts publiziert außer zwei kurzen Hölderlin-Vorträgen und seiner Rektoratsrede von 1933. In dieser Zeit hat sowohl Heideggers Denkansatz als auch seine Denkhaltung eine Veränderung erfahren; es ist die in der Heidegger-Forschung so genannte "Kehre".[1] Allgemein wird die Wendung von Heideggers Denken in dem 1930 und 1932 öfter gehaltenen, aber erst 1943 in einem "mehrfach überprüften Text" (GA 9, 483) veröffentlichten Vortrag "Vom Wesen der Wahrheit" erblickt. Hält man den gedruckten Text (GA 9,177-202) jedoch fälschlich für identisch mit den dreizehn Jahre zuvor gehaltenen Vorträgen,[2] so kommt man zu der irrigen Annahme, Heideggers spätere Position sei *im Grundsätzlichen* dieselbe geblieben" wie die der 30er Jahre.[3]

Seit der 1976 aus dem Nachlaß begonnenen Herausgabe von Heideggers Vorlesungen fällt von Mal zu Mal mehr Licht auf seinen Denkweg in besagter Zeitspanne. Der Editionsplan der Gesamtausgabe beruht auf Heideggers Anweisung, die umfangreichen Abhandlungen der dreißiger und vierziger Jahre, von denen 1989 die "Beiträge zur Philosophie (Vom Ereignis)" (1936-1938) erschienen sind, erst nach Herausgabe der Vorlesungen zu veröffentlichen, weil "Kenntnis und aneignendes Studium" der Vorlesungen eine "notwendige Voraussetzung" für das Verständnis der Abhandlungen bilden (Nachwort des Herausgebers, GA 65,513). Insofern muß die Vorlesung als die "Heideggers philosophisches Schaffen zentral prägende Darstellungsform" angesehen werden.[4]

Einen Hinweis auf Heideggers eigene Einschätzung des genannten Wegstückes gibt der Titel seines Buches "Holzwege", das, 1950 erschienen, Vorträge und Aufsätze aus der Zeit von 1935 bis 1946 enthält. Holzwege sind, wie das Motto des Bandes

---

[1] Eine Auswahl der Literatur zur "Kehre" nennt: Emil *Kettering*, NÄHE. Das Denken Martin Heideggers. Pfullingen: Neske 1987. S. 323.

[2] Auf die Differenz zwischen Urfassungen und Druckfassung ist hingewiesen von: Alberto *Rosales*, Transzendenz und Differenz. Ein Beitrag zum Problem der ontologischen Differenz beim frühen Heidegger. Den Haag: Nijhoff 1970. S. 310.

[3] Winfried *Franzen*, Von der Existenzialontologie zur Seinsgeschichte. Eine Untersuchung über die Entwicklung der Philosophie Martin Heideggers. Meisenheim: Hain 1975. S. 103.

[4] Franz Josef *Wetz*, Wege - nicht Werke. Zur Gesamtausgabe Martin Heidegger. In: Zeitschrift für Philosophische Forschung 41 (1987). S. 444.

sagt, Wege, "die meist verwachsen jäh im Unbegangenen aufhören" (GA 5, unge-
zählte Seite der Titulatur).

Meine These lautet: Der Grund für Heideggers gewandeltes Denken am Ende
der besagten Zeitspanne besteht in Erfahrungen, die er im Gespräch mit Hölderlin
seit der Vorlesung von 1934/35 gemacht hat. Was sich zwischen 1934/35 und der
Heraklit-Vorlesung von 1944 abspielt und als "Kehre" angesprochen wird, bereitet
Heideggers Denken vor, wie es in "Vorträge und Aufsätze", "Unterwegs zur Sprache" und in allen späteren Schriften zum Ausdruck kommt.

Die Vorlesungen ab 1934/35 zeigen drei Schwerpunkte: die Auseinandersetzung mit Hölderlin, mit Nietzsche und mit den griechischen Denkern am Anfang
der abendländischen Geschichte. Während die Philosophie Nietzsches in Heideggers Augen die Vollendung des mit Platon beginnenden Zeitalters der Metaphysik
artikuliert, kündigt sich in der Dichtung Hölderlins der Anfang einer anderen Geschichte an. Heidegger sieht in Hölderlin den "Zukünftigen, d.h. über Nietzsche
Hinwegreichenden" (GA 45,135). Was die griechischen anfänglichen Denker, Anaximander, Parmenides und Heraklit, gesagt haben, legt Heidegger als ein Sprechen
aus dem Erfahrungsbereich der Ἀλήθεια aus. Hölderlin und die Ἀλήθεια stehen
also, in je verschiedener, jedoch aufeinander bezogener Weise, für den Anfang von
Geschichte. Es ist Heideggers Überzeugung, daß sich Geschichte aus ihrem Anfang
bleibend bestimmt. In meiner Untersuchung wird die Herkunft dieser Überzeugung
offengelegt werden, was auch im Hinblick auf die unveröffentlichte Abhandlung von
1941 "Über den Anfang"[5] von Bedeutung ist.

Will man Heideggers Auffassung der abendländischen Geschichte, wie sie in
dem genannten Jahrzehnt entsteht, kennenlernen, so wird man auf Gedanken achten müssen, die Heidegger im Zusammenhang mit dem Anfang, das heißt im Zusammenhang mit Hölderlin und der Ἀλήθεια, entfaltet. Nach 1946 spricht Heidegger zwar selten von Geschichte und stattdessen etwa von der "Ankunft des Gewesenen" (GA 12,53) oder vom "Ereignis" (ID 24 ff). Da in diesen Phänomenen aber das
von Heidegger 1934/35 bis 1944 erfahrene Wesen der Geschichte beruht, ist sein
Geschichtsdenken auch in seinen späteren Schriften enthalten, so daß das "Thema
der Geschichtlichkeit" sich "bei einer Auslegung der Gesamtheit des Heideggerschen Denkens als das Primäre und philosophisch Relevanteste" erweist.[6] Gerade
aus Heideggers letzten Äußerungen, kurzen, nach 1970 geschriebenen Texten (GA
13,213 ff; Vorwort zur Gesamtausgabe), geht hervor, wie sein Denken um Hölderlin
und um die Ἀλήθεια als Anfang kreist. Beide Themen stellen also keine Episode
dar, sondern bestimmen als Arbeit eines Jahrzehnts Heideggers Denkweg bis ans
Ende.

Im Seminar in Le Thor 1969 hat Heidegger als "drei Schritte auf dem Weg des
Denkens" genannt: die "'Frage nach dem Sinn von Sein'", die "'Frage nach der
Wahrheit des Seins'" und die "'Frage nach dem Ort oder der Ortschaft des Seins'"
(GA 15,344). Heideggers Hauptwerk "Sein und Zeit" sowie die zeitlich und thema-
tisch benachbarten Schriften sind bewegt von der Frage nach dem Sinn von Sein.

---

[5] Prospekt Klostermann zur Heidegger-Gesamtausgabe, Juni 1989, S. 16.

[6] Orlando *Pugliese*, Vermittlung und Kehre. Grundzüge des Geschichtsdenkens bei Martin Heidegger. Freiburg/ München: Alber 1965. S. 56.

Das nächste Wegstück, Heideggers Denken der dreißiger und frühen vierziger Jahre, ist geleitet von der Wahrheitsfrage - daher ursprünglich die Zuwendung zur griechischen 'Αλήθεια -, zugleich aber tritt seit der "Einführung in die Metaphysik" (1935) ein topologisches Verständnis des Seins zutage. Gehen eines Weges bedeutet ja, daß etwa ein Gebäude oder eine bestimmte Formation in einer Landschaft erst im Näherkommen erkannt werden, obwohl man sie schon lange vor Augen hatte. In diesem Sinne nennt Heidegger sein Denken zwar erst 1947 "Topologie des Seyns" (GA 13,84); der Topos-Charakter des Seins wird jedoch seit Mitte der dreißiger Jahre, und zwar mehr und mehr, von ihm beachtet.

Aufgabe ist, besagte Phase von Heideggers Denkweg, die ihm selbst als ein "Gang auf Holzwegen" (FBSD 19) erschien und die in der Heidegger-Forschung als "Kehre" diskutiert wird, zu durchmessen, um Heideggers Auffassung der abendländischen Geschichte zu verfolgen und den Boden freizulegen, aus dem das topologische Denken seiner Spätschriften erwächst. Dazu ist nötig, die Freiburger Vorlesungen zwischen 1934/35 und 1944 zu untersuchen. Da die Nietzsche-Vorlesungen (GA 43, 44, 47, 48), die Kant- (GA 41) und die Schelling-Vorlesung (GA 42) eine eigene Problematik behandeln, können sie unberücksichtigt bleiben. Es gilt, die zentralen Gedanken Heideggers in statu nascendi und in ihrer Entfaltung, in ihrer Kontinuität und Veränderung zu verfolgen. Eine solche Verfahrensweise ist um so mehr geboten, als in vielen bisherigen Forschungsarbeiten der Wegcharakter von Heideggers Denken nicht ernst genommen wird und frühere Positionen mit späteren unachtsam vermischt werden.

Wie ich zeigen werde, bildet Heidegger in der Zeitspanne 1934/35 bis 1944 drei Grundgedanken aus. Sie gelten 1. dem Bezug des Seins zum Menschen, 2. dem Unterschied von Sein und Seiendem und 3. dem Sachverhalt "Sein und Zeit". Während die ersten beiden Gedanken vollendet werden - in Heideggers Veröffentlichung "Identität und Differenz" (1957) werden sie in der in den dreißiger Jahren erarbeiteten Gestalt vorgetragen -, erfährt das "Zeit"-Thema keinen Abschluß. Noch im Trakl-Vortrag von 1952 sagt Heidegger im Hinblick auf die "frühende Frühe" des "Anbeginns": "Diese Frühe verwahrt das immer noch verhüllte ursprüngliche Wesen der Zeit" (GA 12,53). Erst 1962, im Vortrag "Zeit und Sein", glaubt er, "das Eigene des Zeit-Raumes", worin die "eigentliche Zeit" beruht, gefunden zu haben (SD 15).

Die These, daß die "Zeit"-Problematik in Heideggers Spätphilosophie "deutlich in den Hintergrund" tritt,[7] bedarf daher der Modifizierung. Gerade am Thema "Zeit" wird deutlich, daß Heidegger gezwungen ist, auf eingeschlagenen Wegen umzukehren und jeweils neue Wege zu suchen. Deshalb vermeidet er auch oft das Wort "Zeit" oder verwendet es nur als ein "Vorwort", das heißt als ein vor-läufiges Wort, "für das Sagen vom Wesen des Seins" (GA 54,209). Die Absicht, den Sachverhalt "Sein und Zeit" aufzuklären, bleibt jedoch unverändert bestehen. So betont Heidegger in seinem Vortrag "Das Ende der Philosophie und die Aufgabe des Denkens" (1964), daß er seit 1930 immer wieder den Versuch unternommen habe, "die Fragestellung von 'Sein und Zeit' anfänglicher zu gestalten" (SD 61). Alle Phänomene, die Heidegger in den Vorlesungen 1934/35 bis 1944 beschreibt, sei es

---

[7] *Franzen*, o.c. 115.

durch Hölderlin-Worte achtsam gemacht, sei es durch frühgriechische Texte geleitet, sind zeithaft. Eben diese Gedanken liegen Heideggers späten Schriften zu Grunde. Wenn er, etwa im Vortrag "Die onto-theo-logische Verfassung der Metaphysik" (1957), den Unterschied von Sein und Seiendem als "Austrag" von "Überkommnis" und "Ankunft" faßt (ID 56 ff), so ist bewegtes Geschehen, "Zeit" gemeint. In Heideggers topologischem Denken ist die "Zeit"-Thematik nicht verlassen, vielmehr ist sie in ihm als einer umfassenderen Fragestellung enthalten.

In seinem Brief an P. William J. Richardson schreibt Heidegger 1962: "Gemäß dem in sich mehrfältigen Sachverhalt von Sein und Zeit bleiben auch alle ihn sagenden Worte wie Kehre, Vergessenheit und Geschick mehrdeutig. Nur ein mehrfältiges Denken gelangt in das entsprechende Sagen der Sache jenes Sachverhalts" (BR XXIII). Heideggers mehrfältiges Denken des in sich mehrfältigen Sachverhalts "Sein und Zeit" nachzuvollziehen, ist anhand der Vorlesungen des von mir ausgegrenzten Zeitraums möglich und gefordert.

Da es mir, wie gesagt, darauf ankommt, Heideggers Gedanken in ihrem Entstehen zu verfolgen, verbietet sich eine systematische Anlage der Arbeit. Ich werde daher die Vorlesungen in ihrer zeitlichen Folge anführen, untersuchen und auslegen. Dabei muß die Lektüre der Vorlesungen sowie der von Heidegger behandelten Texte vorausgesetzt werden. Ich zitiere nach der Heidegger-Gesamtausgabe; die erste Ziffer nennt den Band, die zweite die Seitenzahl. Eckige Klammern enthalten meine Erläuterungen innerhalb von Zitaten. Vor- und Rückverweise in meiner eigenen Arbeit sind mit "oben" bzw. "unten" gekennzeichnet.

Ich führe mehrfach Arbeiten aus der klassischen und germanischen Philologie an, die mit wenigen Ausnahmen einer späteren Zeit als Heideggers Vorlesungen entstammen. Das geschieht nicht, um Heideggers Denken zu untermauern, sondern um zu belegen, daß Heidegger "einer der größten und tiefsten Anreger dieser Zeit" ist.[8] Daß umgekehrt Heidegger philologische Arbeiten zur Kenntnis genommen und für sein Denken fruchtbar gemacht hat, wird ebenfalls nachgewiesen werden.

---

[8] Max *Müller*, Existenzphilosophie im geistigen Leben der Gegenwart. 3. erw. Aufl. Heidelberg: Kerle 1964. S. 273.

§ 2. Horizontale Zeit
und existenziale Geschichtlichkeit

Heideggers Auffassung der abendländischen Geschichte war bisher wenig bekannt, denn die entsprechenden Vorlesungen wurden erst zwischen 1979 und 1984
aus dem Nachlaß veröffentlicht. Die bislang vorliegenden Arbeiten zu Heideggers
Geschichtsdenken untersuchen die Geschichtlichkeit des Daseins anhand von "Sein
und Zeit" und berichten über die von Heidegger entworfene so genannte "Seinsgeschichte", wie sie etwa in der 1957 von Heidegger selbst edierten Vorlesung von
1955/56, "Der Satz vom Grund", oder in den 1961 veröffentlichten Nietzsche-Bänden dargestellt ist. Im Blick hierauf ist die Beurteilung von Heideggers Geschichtsdenken kontrovers.

Es besteht keine Einigkeit darüber, ob es sich um eine "Geschichtsphilosophie"
handelt[1] oder nicht.[2] Man hat Heideggers Denken "unhistorisch",[3] "ungeschichtlich"[4] genannt, ja gemeint, es als "Theorie der Geschichtsvermeidung"[5] entlarven zu
müssen, und man hat ihm die "Verstiegenheit" eines "seinsgeschichtlichen Historis-
mus"[6] nachgesagt. Wenn Karl Löwith "Geschichtsphilosophie" derart definiert, daß
sie "die systematische Ausdeutung der Weltgeschichte am Leitfaden eines Prinzips,
durch welches historische Geschehnisse und Folgen in Zusammenhang gebracht
und auf einen letzten Sinn bezogen werden",[7] ist, dann handelt es sich bei Heidegger nicht um Geschichtsphilosophie, denn erstens entwickelt er kein System, zweitens betrachtet er nicht die Weltgeschichte, sondern einzig die abendländische Geschichte seit den Griechen, drittens gilt sein Interesse nicht sogenannten historischen Geschehnissen. Ich spreche deshalb, mit Pugliese, von "Geschichtsdenken",
zumal Heidegger den Titel "Philosophie" an das metaphysische Denken zurückgege-
ben hat (GA 9,364. SD 61 ff).

Wäre beim "späteren Heidegger" Geschichte tatsächlich "nichts anderes" "als die
Folge der freien Setzungen und Schickungen des in seiner 'Omnipotenz' durch

---

[1] *Franzen,* o.c. 114. Max *Müller,* o.c. 234. *Pugliese,* o.c. 12.

[2] Fridolin *Wiplinger,* Wahrheit und Geschichtlichkeit. Eine Untersuchung über die Frage nach
dem Wesen der Wahrheit im Denken Martin Heideggers. Freiburg/ München: Alber 1961. S. 146.

[3] Peter *Fürstenau,* Heidegger und das Gefüge seines Denkens. Frankfurt: Klostermann 1958. S.
176. - *Franzen,* o.c. 127.

[4] L. Bruno *Puntel,* Analogie und Geschichtlichkeit I. Philosophiegeschichtlich-kritischer Versuch
über das Grundproblem der Metaphysik. Freiburg-Basel-Wien: Herder 1969. S. 520.

[5] *Franzen,* o.c. 129.

[6] Karl *Löwith,* Heidegger. Denker in dürftiger Zeit. 2. Aufl. Göttingen: Vandenhoeck & Ruprecht
1960. S. 46.

[7] Karl *Löwith,* Weltgeschichte und Heilsgeschehen. Die theologischen Voraussetzungen der Geschichtsphilosophie. Stuttgart: Kohlhammer 1953. S. 11.

nichts einschränkbaren, zur Willkür legitimierten Seins",[8] so würde Heidegger nicht immer wieder betonen, daß das Sein den Menschen braucht, daß der Mensch dem Sein entgegendenken, es ankommen lassen muß. Auch kann der Geschichte in Heideggers Sinn nicht die "metageschichtliche" Einheit von Denken und Sein, "DIALOGOS" genannt,[9] zu Grunde liegen, denn Heidegger ist, wie im Laufe der Untersuchung deutlich werden soll, gerade bemüht, das Zusammengehören von Sein und Mensch als ein bewegtes Geschehen zu denken, so daß dieses so genannte Seinsgeschehnis, das er auch "Ereignis" nennt, die eigentliche Geschichte ist.[10]

Um zu zeigen, daß Heideggers Geschichtsdenken einerseits eine Weiterführung von Ergebnissen aus der Daseinsanalyse von "Sein und Zeit" (1927) und andererseits die Frucht der Begegnung mit Hölderlin ist, muß zunächst kurz auf "Sein und Zeit" eingegangen werden, und zwar einmal auf die "Zeit"-Thematik, sodann auf die existenziale Geschichtlichkeit.

Die Absicht von Heideggers Hauptwerk ist die "konkrete Ausarbeitung der Frage nach dem Sinn von *'Sein'"*, das vorläufige Ziel ist die "Interpretation der *Zeit* als des möglichen Horizontes eines jeden Seinsverständnisses überhaupt" (GA 2,1). Die Entfaltung der Seinsfrage[11] setzt beim Seinsverständnis des Menschen an, den Heidegger terminologisch "Dasein" nennt.[12] Bekanntlich ist "Sein und Zeit" Fragment geblieben, denn weder der dritte Abschnitt des ersten Teils, "Zeit und Sein", noch der dreifach gegliederte zweite Teil (GA 2,53) sind erschienen. In den Jahren nach 1927 hat Heidegger den transzendental-existenzialen Ansatz der veröffentlichten beiden Abschnitte aufgegeben zugunsten eines aletheiologisch-existenzialen Ansatzes,[13] das heißt der sogenannten "Kehre". Was in dem unveröffentlichten Abschnitt "Zeit und Sein" unter Beibehaltung des transzendental-existenzialen Ansatzes von Heidegger behandelt worden wäre, hat Friedrich-Wilhelm v. Herrmann herausgearbeitet.[14] Weil Heidegger in den Jahren ab 1935 diese Gedanken aufgreift und weiterdenkt, seien sie auszugsweise wiedergegeben.

Im Verstehen des Daseins, das in der Erschlossenheit seines Da beruht, "liegt Erschlossenheit von Sein überhaupt" (GA 2,196). Hier handelt es sich, v. Herrmann

---

[8] *Franzen*, o.c. 120.

[9] *Wiplinger*, o.c. 366 ff.

[10] GA 65,32: "Das Er-eignis ist die ursprüngliche Gechichte selbst ..."

[11] Zur Seinsfrage sei hingewiesen auf: Friedrich-Wilhelm v. *Herrmann*, Hermeneutische Phänomenologie. Eine Erläuterung zu "Sein und Zeit". Bd 1. "Einleitung: Die Exposition der Frage nach dem Sinn von Sein". Frankfurt: Klostermann 1987. - Heinrich *Hüni*, Rekonstruktion des Fragens. Ein systematischer Versuch zum Ansatz von Heideggers Frage nach dem Sinn von Sein. Phil. Diss. Köln 1973. - Otto *Pöggeler*, Der Denkweg Martin Heideggers. 2. Aufl. Pfullingen: Neske 1983. - Heinrich *Ott*, Denken und Sein. Der Weg Martin Heideggers und der Weg der Theologie. Zollikon: Evangelischer Verlag 1959. S. 41 ff. - *Franzen*, o.c. 8 ff. *Wiplinger*, o.c. 148 ff.

[12] Zur Seinsverfassung des Daseins: Friedrich-Wilhelm v. *Herrmann*, Die Selbstinterpretation Martin Heideggers. Meisenheim: Hain 1964. S. 11 ff. - Ders., Subjekt und Dasein. Interpretationen zu "Sein und Zeit". 2. Aufl. Frankfurt: Klostermann 1985. S. 21 ff. - *Pugliese*, o.c. 103 f.

[13] v. *Herrmann*, Selbstinterpretation, 276.

[14] Friedrich-Wilhelm v. *Herrmann*, Zeitlichkeit des Daseins und Zeit des Seins. Grundsätzliches zur Interpretation von Heideggers Zeitanalysen. In: Philosophische Perspektiven. Ein Jahrbuch. Hg. Rudolph Berlinger und Eugen Fink. 4. Bd 1972. S. 198-210.

zufolge, um "Heideggers eigensten und tiefsten Grundgedanken, der alle weiteren Einsichten seines Denkens nach sich zieht".[15] Die Erschlossenheit als Wesen des Seins wäre - so die These v. Herrmanns - im Abschnitt "Zeit und Sein" in den Vordergrund gerückt. Heidegger will in "Sein und Zeit" zeigen, "daß das, von wo aus Dasein überhaupt so etwas wie Sein unausdrücklich versteht und auslegt, *die Zeit* ist" (GA 2,24). Demzufolge enthalten die beiden veröffentlichten Abschnitte eine Analyse der Existenz des Daseins. In der *"vorbereitenden Fundamentalanalyse des Daseins"* (1. Abschnitt) wird das Sein des Daseins als Sorge herausgestellt, in *"Dasein und Zeitlichkeit"* (2. Abschnitt) der Sinn der Sorge als Zeitlichkeit enthüllt. Eigentliche Zeitlichkeit ist der vorlaufend-wiederholende Augenblick, uneigentliche Zeitlichkeit das gewärtigend-vergessende Gegenwärtigen.[16] Das will sagen: Im Vollzug der eigentlichen existenzialen Zeitlichkeit des Daseins wird Erschlossenheit von Sein-überhaupt zeithaft offengehalten, und zwar nach v. Herrmanns Ansicht folgendermaßen: Im Vorlaufen des Daseins, der eigentlichen Zukunft, schließt sich Erschlossenheit von Sein-überhaupt auf; es ist die *"Dimension des aufschließenden Aufgangs"*. In der Wiederholung, dem eigentlichen Gewesensein, hält das Dasein "in der Erschlossenheit von Sein-überhaupt die *Dimension des faktischen Aufgeschlossen-gewesen-seins* offen". Im Augenblick, der eigentlichen Gegenwart, hält das Dasein "in der Erschlossenheit von Sein-überhaupt die *Dimension der ursprünglichen Gegenwart* offen als jener *Gegend,* aus der das innerweltlich Seiende sich zeigt".[17] Die zeithafte Erschlossenheit von Sein-überhaupt ist der Horizont, aus dem Dasein Sein versteht. Diese ursprüngliche Zeit ist "die Einheit der drei Dimensionen des aufschließenden Aufgangs (Zukunft), des Aufgeschlossen-Gewesenseins (Gewesenheit) und der aufgeschlossenen Gegend (Gegenwart) für das Sichzeigen des Seienden".[18] So weit die Ausführungen v. Herrmanns.

Heidegger hat einen ähnlichen Zeitentwurf wie den eben skizzierten in seiner Abhandlung "Der Spruch des Anaximander" von 1946 vorgelegt. In ihm ist die Gegenwart gefaßt als "offene Gegend der Unverborgenheit, in die herein und innerhalb welcher das Beigekommene [τὰ παρεόντα] verweilt" (GA 5,346). Wie ich zeigen werde, hat Heidegger die eigentliche Gegenwart des Daseins, den Augenblick, aber nicht nur zum Sein als offener Gegend weitergedacht, sondern auch, durch eine Erfahrung im Gespräch mit Hölderlin, als Seinsgeschehnis. In der Schwierigkeit, die verschiedenen Arten von Gegenwart in der Phase der Ausarbeitung von "Zeit und Sein" zu bestimmen, sehe ich den Hauptgrund dafür, daß der dritte Abschnitt des ersten Teils von "Sein und Zeit" nicht geschrieben worden ist.

Zur existenzialen Geschichtlichkeit: Entsprechend dem Ansatz von "Sein und Zeit" wird das "ontologische Problem der Geschichte als existenziales" exponiert. Es wird im 5. Kapitel des 2. Abschnitts, *"Zeitlichkeit und Geschichtlichkeit"*, behandelt. Hiernach ist die Seinsweise der Geschichtlichkeit "Grundverfassung" des Daseins (GA 2,505). Es gibt sie in den Modi der Eigentlichkeit und der Uneigentlichkeit. Uneigentliche Geschichtlichkeit gründet in der Unentschlossenheit des Daseins, in

---

[15] *v. Herrmann,* Zeitlichkeit des Daseins, 201.

[16] *v. Herrmann,* Zeitlichkeit des Daseins, 204.

[17] *v. Herrmann,* Zeitlichkeit des Daseins, 207.

[18] *v. Herrmann,* Zeitlichkeit des Daseins, 208.

seinem Verfallensein an das *"Welt-Geschichtliche"* (GA 2,513), worunter Heidegger erstens das Geschehen von Welt in existenter Einheit mit dem Dasein, zweitens das innerweltlich Vorhandene und Zuhandene versteht. Eigentliche Geschichtlichkeit ist das Geschehen der vorlaufenden Entschlossenheit. Entschlossenheit heißt: Sichentwerfen auf das eigene Schuldigsein. In ihm erschließt sich dem Dasein sein mögliches Ganzsein als Sein zu seinem Ende. Sein zum Ende ist Vorlaufen in den Tod. *"Der Tod als Ende des Daseins ist die eigenste, unbezügliche, gewisse und als solche unbestimmte, unüberholbare Möglichkeit des Daseins"* (GA 2,343).

Das Vorlaufen in den Tod bedeutet aber gerade ein Zurückkommen auf das faktische Da. Als geworfenes übernimmt das Dasein ein Erbe an faktischen Möglichkeiten. Das wählende Finden der Möglichkeiten der Existenz ist um so eindeutiger, je mehr sich das Dasein aus seiner eigensten Möglichkeit, dem Tod, versteht. "Nur das Freisein *für* den Tod gibt dem Dasein das Ziel schlechthin und stößt die Existenz in ihre Endlichkeit" (GA 2,507).

Die Bewegung des Vorlaufens und Zurückkommens faßt Heidegger auch als *"Sichüberliefern"*. Das Dasein überliefert sich (acc.) "frei für den Tod ihm selbst in einer ererbten, aber gleichwohl gewählten Möglichkeit" (GA 2,507); das Dasein überliefert sich (dat.) die ererbte Möglichkeit (GA 2,509). Dem Sichüberliefern entspricht in umgekehrter Bewegungsrichtung: Der Tod wirft die vorlaufende Existenz auf ihre faktische Geworfenheit zurück (GA 2,510).

Wenn sich das Dasein ausdrücklich auf seine Möglichkeiten als überkommene, ererbte entwirft, wird die sichüberliefernde Entschlossenheit zur Wiederholung einer gewesenen Existenzmöglichkeit. *"Die Wiederholung ist die ausdrückliche Überlieferung,* das heißt der Rückgang in Möglichkeiten des dagewesenen Daseins" (GA 2,509). Solche Wiederholung ist kein Wiederbringen des vormals Wirklichen, die Wiederholung *"erwidert* vielmehr die Möglichkeit der dagewesenen Existenz" (GA 2,510).

Die Bewegungen des Vor und Zurück im Geschehen des Daseins sind die Zeitekstasen von Zukunft und Gewesensein: Als Zukunft kommt das Dasein in seinem eigensten Seinkönnen auf sich zu. Indem es seine Geworfenheit als sein Gewesen - *"wie es je schon war"* (GA 2,431) - übernimmt, kommt es damit zugleich auf sich zurück. Vorlaufend auf sich zurückkommend, das heißt zukünftig-gewesend, kann das Dasein *"augenblicklich sein für 'seine Zeit'"* (GA 2,509).

Das Sichüberliefern an das Da des Augenblicks bezeichnet Heidegger mit dem Begriff "Schicksal" (GA 2,510). Das schicksalhafte Dasein ist als In-der-Welt-sein wesenhaft Mitsein mit Anderen, sein Geschehen ist "Mitgeschehen". Um diesen Geschehenscharakter des Daseins, "das Geschehen der Gemeinschaft, des Volkes", zu benennen, wählt Heidegger den Terminus *"Geschick"* (GA 2,508).

Die Phänomene der Überlieferung und Wiederholung haben als Entwurf der eigentlichen Entschlossenheit ihre Wurzel in der Zukunft. Weil aber der Tod die vorlaufende Existenz auf ihr faktisches Da zurückwirft, bekommt die Gewesenheit den ihr eigentümlichen Vorrang im Geschichtlichen.

Eigentliche Geschichtlichkeit als Geschehen der Entschlossenheit ist: Vorlaufen in den Tod, Zurückkommen auf das faktische Da als Wiederholung eines Erbes, schicksalhafter Augenblick. Es zeigt sich, daß die Interpretation der Geschichtlichkeit des Daseins in "Sein und Zeit" nur "eine konkretere Ausarbeitung der Zeitlichkeit" ist (GA 2,505), denn eigentliche Zeitlichkeit als Einheit der Ekstasen ist: vorlaufend-wiederholender Augenblick (oben 19). Uneigentliche Geschichtlichkeit - sie ist für Heideggers Geschichtsdenken nach "Sein und Zeit" nicht relevant - gründet in der uneigentlichen Zeitlichkeit: dem gewärtigend-vergessenden Gegenwärtigen.

Das Vorlaufen und Zurückkommen als Geschehen des Daseins darf man wohl nicht als zwei verschiedene, gegenläufige Bewegungen denken, so, als hätte das Dasein gewissermaßen einen festen Standort, von dem aus es vorläuft, um dann wieder auf sich zurückzukommen. Vielmehr sind Vorlaufen und Zurückkommen dieselbe Bewegung und am ehesten vielleicht als Bogen, als Kreis vorzustellen: Die abgeschrittene halbe Peripherie wäre der bisherige Weg des Daseins; im Gehen der zweiten Hälfte würde das Dasein vorlaufen und damit auf sein Gewesen zurückkommen.[19] Daß sich im Sein zum Tode das mögliche Ganzsein des Daseins bekundet, mag auch als Indiz dafür gelten, daß Heidegger an eine kreisartige Bewegung denkt.[20]

Der Tod ist für das Dasein "ererbte Möglichkeit" und "Ziel". Daß Erbe und Ziel dasselbe sein können, ergibt sich, wenn man zwei Gedanken Pindars verknüpft, und zwar: τὸ δὲ φυᾷ κράτιστον ἅπαν (Ol. 9,100), "Was aber von Natur ist,/ Das ist das Stärkste immer" (Übersetzung Schadewaldt), und γένοι᾽ οἷος ἐσσὶ μαθών (Pyth. 2, 131), "Werde, welcher du bist, erfahren" (Übersetzung Hölderlin).[21] In der φυά ist das Erbe angesprochen, im γένοι᾽ das Ziel. Heidegger verwendet den zweiten Vers in "Sein und Zeit" in abgewandelter Form, ohne allerdings den Namen Pindars zu nennen (GA 2,194; 324). Daß er sich im Zusammenhang mit dem frühgriechischen Zeitverständnis spätestens 1923 mit Pindar befaßt hat, geht aus einer Bemerkung im Seminar mit Eugen Fink (1966/67) hervor (GA 15,102). Es ist zu vermuten, daß Pindar-Verse Heideggers Überlegungen zur Zeitlichkeit und Geschichtlichkeit in "Sein und Zeit" beeinflußt haben. Die Grundstruktur des Daseins, daß es ist und zu sein hat, läßt sich jedenfalls als eine Weiterführung des Pindarischen φυά-Gedankens und des "Werde, der du bist" auffassen, wobei die Analyse sich in die Begriffspaare "Faktizität - Existenzialität", "Geworfenheit - Entwurf", "Schon-sein-in - Sich-Vorweg", "Gewesenheit - Zukunft" auseinanderfaltet.[22] Die beiden Pindar-Sentenzen werden in ihrer Rezeption durch Hölderlin für Heidegger 1934/35 erneut bedeutsam und gewinnen maßgeblichen Einfluß auf seine Sicht der Wesensgeschichte des Abendlandes. Rückblickend erscheint es daher als wahrscheinlich, daß es Pin-

---

[19] Vgl. "Sein und Zeit": "Der ekstatische Charakter der ursprünglichen Zukunft liegt gerade darin, daß sie das Seinkönnen schließt, d.h. selbst geschlossen ist" (GA 2,436 f).

[20] In seiner Ode "Lebenslauf" sagt Hölderlin: "Doch es kehrt umsonst nicht/ Unser Bogen, woher er kommt" (SW 2,22, V.3 f). Das vorlaufende Zurückkommen des Daseins vollzieht die zweite Hälfte des Lebensbogens, der bei Hölderlin in der Vertikalen gedacht ist, gleichsam in der Horizontalen.

[21] Pindar-Ausgaben zitiert unten 297 f.

[22] Hans *Jaeger* bringt die Grundstrukturen des Daseins zwar in Verbindung mit dem Gedanken "'Werde, was du bist' (SZ 145)", erwähnt aber nicht die Herkunft des Gedankens, sondern erläutert ihn an einem Gedicht Goethes (vgl. unten 36 Anm.). Hans *Jaeger*, Heidegger und die Sprache. Bern und München: Francke 1971. S. 9 ff.

dars φυά-Gedanke ist, der Heidegger in "Sein und Zeit" feststellen läßt: "Der ontologische Ursprung des Seins des Daseins ist nicht 'geringer' als das, was ihm entspringt, sondern er überragt es vorgängig an Mächtigkeit, und alles 'Entspringen' im ontologischen Felde ist Degeneration" (GA 2,442).[23]

---

[23] Hierzu bemerkt Klaus *Heinrich:* "Die Verwendung dieser genealogisierenden Begriffe indiziert eine ursprungsmythische Geisteshaltung". Klaus *Heinrich,* Parmenides und Jona. Frankfurt: Suhrkamp 1966. S. 24. - Diese These hat nur dann eine gewisse Plausibilität, wenn Genealogie nicht allein im Sinne von Sukzession verstanden wird (vgl. hierzu unten 53 Anm.), denn dem Zeitschema der Sukzession kehrt Heidegger bereits in "Sein und Zeit" den Rücken. Erst recht ist eine solche Zeitauffassung in der Auseinandersetzung mit Hölderlins Rheinhymne, in der Heidegger sich explizit mit dem Ursprung befaßt, verlassen. Was "mythisch" für Heidegger bedeutet und inwiefern der μῦθος Ursprung ist, wird im Zusammenhang mit der Parmenides-Vorlesung klar werden.

§ 3. Heideggers Gespräch mit Hölderlin

Obwohl Heidegger in seinem 1966 aufgezeichneten Spiegel-Interview bekannt hat: "Mein Denken steht in einem unumgänglichen Bezug zur Dichtung Hölderlins" (SI 214), wird die Bedeutung Hölderlins für Heideggers Denken noch immer nicht angemessen gewürdigt. Hölderlin ist derjenige Dichter, der für Heidegger zum "Geschick" wurde.[1] Über die durch Norbert v. Hellingrath 1910 erstmals veröffentlichten Pindar-Übertragungen sowie über die 1914 gedruckten späten Hymnen sagt Heidegger im Vortrag "Das Wesen der Sprache" (1957): "Beides wirkte damals auf uns Studenten wie ein Erdbeben" (GA 12,172).

Im Gespräch mit Hölderlin macht Heidegger die Erfahrung, daß Sein ein Wesen und Walten ist, das sich auf den Menschen zu und für ihn ereignet. Diese Erfahrung bestimmt ihn, seine Absicht, über das Seinsverständnis des Menschen den Sinn von Sein aufzuhellen, fallen zu lassen. Durch die Begegnung mit Hölderlin bekommt die Seinsfrage eine neue Dimension, insofern es jetzt auf das Sein selbst - auch "Wahrheit des Seins", "Wesen des Seins" und "Seyn" genannt - ankommt als auf dasjenige, woher die Seiendheit des Seienden seine Bestimmung empfängt. Heidegger sucht Verständnis dafür zu wecken, daß in Hölderlins Dichtung eine mögliche Zukunft der Geschichte gestaltet ist, die uns zur Auseinandersetzung herausfordert.[2]

Im "Brief über den 'Humanismus'" (1946) bekundet Heidegger, daß die Seinsvergessenheit "Grunderfahrung" seines Denkens ist (GA 9,328). Hierin fühlt Heidegger sich Hölderlin verwandt, insofern dessen Grunderfahrung, nach Heideggers Auslegung, in der Flucht der Götter besteht.[3] Wie Hölderlin jedoch von den Göttern glaubt, daß sie, wie es in der Elegie "Brod und Wein", Vers 140 (SW 2,94), heißt, "kehren in richtiger Zeit", so vermutet Heidegger eine "Kehre" des Seins. Heideggers Geschichtsdenken zwischen 1934/35 und 1944 ist durchdrungen von dieser Vermutung. Mit ihr hängt alles das zusammen, was er in dieser Zeit über den "anderen Anfang", den "Wandel" der Geschichte, das kommende "Ereignis" ausführt. In der Heraklit-Vorlesung von 1943 spricht er dann ausdrücklich von dieser "Kehre".

---

[1] Otto *Pöggeler* zitiert aus dem unveröffentlichten Manuskript "Das Ereignis" (1941/42): Im "Augenblick des Abwerfens der letzten Mißdeutungen durch die Metaphysik, d.h. in dem Augenblick der ersten äußersten Fragwürdigkeit des Seyns selbst und seiner Wahrheit (Wahrheitsvortrag 1929/30) wurde Hölderlins Wort, zuvor schon wie andere Dichter zunächst bekannt, zum Geschick". *Pöggeler*, Denkweg, 218.

[2] In "Beiträge zur Philosophie (Vom Ereignis)" schreibt Heidegger: "Die geschichtliche Bestimmung der Philosophie gipfelt in der Erkenntnis der Notwendigkeit, Hölderlins Wort das Gehör zu schaffen" (GA 65,422).

[3] In Hölderlins Erfahrung der entflohenen Götter hat Heidegger "die Verwandtschaft für sein eigenes Denken aufgedeckt, das sich als Aufdecken der Seinsvergessenheit, des Entzugs des Seins versteht ...". Walter *Biemel*, Dichtung und Sprache bei Heidegger. In: Man and World 2 (1969). S. 503.

So, wie die erneute Einkehr der geflohenen Götter nach der Gestaltung in Hölderlins Dichtung nur möglich ist, wenn das Gedenken an die Götter wach bleibt, hofft
Heidegger, mit seinem Fragen - er nennt es auch "Andenken" - zu erreichen, daß
sich eine neue Nähe des Seins entfalten kann. Das von Heidegger erfragte Sein ist
allerdings mit Hölderlins Göttern nicht identisch, es hängt vielmehr auch mit dem
"Vaterland" und der "Natur" in Hölderlins Sinn zusammen.

Eine weitere Gemeinsamkeit zwischen Hölderlin und Heidegger liegt darin,
daß beide sich an den Anfang der Geschichte bei den Griechen binden. In seinem
Brief an Böhlendorff vom Dezember 1801 hat Hölderlin dargelegt, wie die Deutschen ihr "Eigenes", ihr "Nationelles" finden können, nämlich durch eine Auseinandersetzung mit dem Eigenen der Griechen. Eben diese Haltung nimmt auch Heidegger ein: Seine Seinsfrage führt ihn, von der Vorlesung "Einführung in die Metaphysik" (1935) an, in den Anfang der Geschichte zurück, auf daß in Wiederholung
und Verwandlung der andere Anfang vorbereitet werde.

Heidegger hat in seinem Gespräch mit Hölderlin hauptsächlich die späten
Hymnen und den ersten Brief an Böhlendorff behandelt. Daß für die Annahme einer "Kehre" des Seins aber auch Hölderlins "Hyperion" von Bedeutung ist,[4] soll
durch einige Gedanken aus diesem Roman belegt werden. In ihm kommt ein
Grundanliegen des Deutschen Idealismus, die Ergründung des Zusammenhangs
zwischen Individuum und Weltganzem, zur Sprache. Der Roman ist getragen von
der Überzeugung der Vollkommenheit der Welt, in der alles Einzelne, Abgetrennte,
Sterbende wieder einmündet in den ewigen Fluß der Natur. Das Einzelne "vergeht,
um wiederzukehren, es altert, um sich zu verjüngen, es trennt sich, um sich inniger
zu vereinigen, es stirbt, um lebendiger zu leben" (SW 3,180). Hölderlin rezipiert hier
die Lehre des Empedokles, derzufolge Trennung und Vereinigung der vier Elemen-
te das Weltgeschehen bestimmen. Das Gesetz alles Lebendigen gilt in besonderer
Weise für den Menschen, nach Diotimas Wort: "Lächle nur! Mir war es sehr Ernst.
Bestehet ja das Leben der Welt im Wechsel des Entfaltens und Verschließens, in
Ausflug und Rükkehr zu sich selbst, warum nicht auch das Herz des Menschen?"
(SW 3,38) Hölderlins "Hyperion"-Roman schildert auch eine zukünftige Gemeinschaft der Menschen und ihr Gegenbild in der gegenwärtigen Situation. Hyperion
hat die Hoffnung, daß "solche große Töne und größere" wie in der schönen Freund-
schaft zwischen den beiden Griechen Aristogiton und Harmodios, die den Tyrannen
Hipparch ermordeten, dabei selbst erschlagen und später als die ersten Märtyrer
der republikanischen Freiheit gefeiert wurden, "einst wiederkehren müssen in der
Symphonie des Weltlaufs" und daß dies der "Anfang einer neuen Weltgeschichte"
sein könnte (SW 3,63).

In den Aufsätzen aus seiner Homburger Zeit hat Hölderlin über das Wesen eines geschichtlichen Anfangs und seine Darstellung in der Kunst gehandelt. Das dort
entwickelte Geschichtskonzept liegt der dritten Fassung des "Empedokles"-Dramas
sowie den um 1800 entstandenen Oden und späten Hymnen zu Grunde. Ein zentra-
ler Begriff ist auch hier der des Wechsels. Der Gang der Geschichte besteht in
Trennung und Vereinigung, in Abfall und Rückkehr der Menschen zum Göttlichen

---

[4] Heidegger zitiert in der Vorlesung von 1934/35 aus diesem Werk Stellen im Zusammenhang damit, daß Geschichte aus der Dichtung entspringt (GA 39,20 ff).

und zur Natur; Gottnähe wechselt mit Gottferne, ein Zustand der Zerrissenheit geht über in einen der Ganzheit. Ebenso wie die Geschichte durch solchen Wechsel geprägt ist, muß auch das Kunstwerk dem Gesetz von Vereinzelung und Vereinigung, von Ausgang und Rückkehr gehorchen (SW 4,268 f).[5]

In Hölderlins Geschichtskonzept durchdringen sich die antiken Vorstellungen mit eschatologischen Heilserwartungen des Christentums. Wie die biblische Apokalyptik hofft Hölderlin auf ein zukünftiges neues Weltalter, ein neues "Reich Gottes"; so lautete die Losung zwischen ihm und seinem Freund Hegel (SW 6,126). Anders als für den christlichen Glauben zeigt sich aber für Hölderlin die Anwesenheit des Göttlichen unter den Menschen nicht nur in der Gestalt Christi, sondern vor allem in den griechischen Göttern. Aus der gewesenen Göttergegenwart schöpft Hölderlin die Hoffnung auf eine Wiederkehr des Göttlichen. Schon im "Hyperion" heißt es, bezogen auf das "himmlische Wesen" der Diotima: Das "Höchste" "war in der Welt, es kann wiederkehren in ihr, es ist jezt nur verborgner in ihr" (SW 3,52). Die Verborgenheit des Göttlichen in der Epoche zwischen den beiden gotterfüllten Zeiten faßt Hölderlin dann in der Elegie "Brod und Wein" mit dem Bild der "Nacht" (SW 2,90 ff). In der Zeit der Verborgenheit des Göttlichen das Gedächtnis an die Götter zu bewahren, ist die von Hölderlin gesehene und in seiner reifen Lyrik gestaltete Aufgabe der Dichter. In der Epoche der Seinsvergessenheit die Frage nach dem Sein erneut zu stellen - dem muß nach Heideggers Überzeugung alle Anstrengung des Denkens gelten. Sein eigenes Lebenswerk versteht Heidegger, wie er in einem unvollendeten Vorwort zur Gesamtausgabe schreibt, als "ein Unterwegs im Wegfeld des sich wandelnden Fragens der mehrdeutigen Seinsfrage".[6] Inwiefern die Seinsfrage mehrdeutig ist,[7] auf welche Weise Heideggers Fragen sich in der entscheidenden Zeit zwischen 1934/35 und 1944 wandelt, davon soll im folgenden die Rede sein.

---

[5] Zu den Hölderlinschen Figuren von Ausflug und Rückkehr, von Progreß und Regreß vgl.: Lawrence *Ryan*, Hölderlins Lehre vom Wechsel der Töne. Stuttgart: Kohlhammer 1960. S. 30 ff. - Wolfgang *Binder*, Hölderlin: 'Andenken'. In: Turm-Vorträge der Hölderlin-Gesellschaft 1985/86. Hg. Uvo Hölscher. Tübingen 1986. S. 24 f. - Dietrich E. *Sattler* sieht die Bewegung von Progreß und Regreß auch in Hölderlins Leben und Schaffen. Er schreibt: "Die Deszendenz seines Lebens bezeugt und beweist damit die Wahrheit des Gedankens". Dietrich E. *Sattler*, Al rovescio. In: Le pauvre Holterling 7. Blätter zur Frankfurter Ausgabe. Frankfurt: Roter Stern 1984. S. 22.

[6] Prospekt Klostermann, S. 3. - Die Seinsfrage ist das "sich durchhaltende Grundmotiv des Heideggerschen Denkens". *Franzen*, o.c. 159. Vgl. *Ott*, o.c. 21; *Pugliese*, o.c. 15; *Wiplinger*, o.c. 91; 149.

[7] Ausgehend von Heideggers Freiburger Antrittsvorlesung, "Was ist Metaphysik?" (1929), weist Richard *Wisser* in diesem Text sowie in Nachwort (1943) und Einleitung (1949) ein vierfältiges Fragen auf: die Seinsfrage, die Denkfrage, die Wohnfrage, die Ereignisfrage. Richard *Wisser*, Martin Heideggers vierfältiges Fragen. Vor-läufiges anhand von "Was ist Metaphysik?". In: Martin Heidegger - Unterwegs im Denken. Hg. Richard Wisser. Freiburg/ München: Alber 1987. S. 15-49.

§ 4. Der in Hölderlins Dichtung gegründete Anfang einer anderen Geschichte. GA 39: Hölderlins Hymnen "Germanien" und "Der Rhein". Wintersemester 1934/35

Mit dieser Vorlesung setzt Heideggers Gespräch mit Hölderlin ein, das auf seinem weiteren Denkweg nicht abreißt. Heidegger tritt als Denker in das "Gespräch" mit der Dichtung ein und beginnt das Gespräch, wie es in der Vorlesung heißt, aus "eigenem Ursprung" des Denkens (151).[1] Die Aufgabe des Denkens besteht für Heidegger im Fragen der Seinsfrage. Wie alle seine Vorlesungen und Schriften so ist auch das Gespräch mit Hölderlin eine Entfaltung der Seinsfrage und ein Appell an die Hörer und Leser, die Frage als fragwürdig aufzunehmen und mitzufragen.

Hölderlin hat in Heideggers Augen "den Anfang einer anderen Geschichte gegründet" (1). In welcher Weise dies geschehen ist, wird in der Vorlesung dargestellt. Daß Dichtung Geschichte gründet, geht aus Hölderlin-Worten hervor, die Heidegger, weil sie seiner eigenen Überzeugung entsprechen, übernimmt. Es sind dies vor allem: "Was bleibet aber, stiften die Dichter" - das Leitwort der Vorlesung von 1934/35 (3) - und "... dichterisch wohnt der Mensch" (36). Hölderlin schreibt in einem Aphorismus: "Meist haben sich Dichter zu Anfang oder zu Ende einer Weltperiode gebildet" (20. SW 3,575). Für Heidegger ist Homer der Dichter, der den Anfang der abendländischen Geschichte gestiftet hat (184); Sophokles hat das griechische Dasein gegründet (216).

Sowohl Hölderlin als auch Heidegger, jeder aus eigenem Ursprung des Dichtens bzw. des Denkens, haben die Erfahrung gemacht, daß eine Weltperiode zu Ende geht. Hölderlin hat das unter anderem in seinem Aufsatz "Das Werden im Vergehen" ausgeführt. Er nennt es den "Untergang oder Übergang des Vaterlandes"; aus ihm geht eine "neue Welt" hervor (122. SW 4,282). Heideggers Auslegung zufolge hat Hölderlin hier einen "Untergang der bisherigen Wahrheit des Seyns" erfahren (150). Hölderlins Erfahrung des Untergangs analog ist Heideggers Einsicht, daß wir "altgewordene und verfallene Wege" gehen, daß wir uns in "morsch gewordenen Gehäusen" aufhalten (134). Aus dieser Erfahrung heraus möchte Heidegger die "Angst vor dem Fragen", die "über dem Abendland" liegt (134),[2] überwinden, und das heißt vom Ausgangspunkt von "Sein und Zeit" her, die Frage nach dem "Sinn von 'Sein'" (GA 2,1) erneut stellen und für diese Frage Verständnis wecken.

---

[1] Seitenangaben ohne Zusatz beziehen sich im folgenden auf GA 39. Ich führe die Hölderlin-Stellen nach Heideggers Vorlesungstext, das heißt in der v. Hellingrathschen Lesart, an. Zusätzlich nenne ich entsprechende Band- und Seitenzahlen der Großen Stuttgarter Ausgabe, abgekürzt "SW".

[2] Ähnlich in der Kunstwerk-Abhandlung: "Welche Angst ist heute größer als diejenige vor dem Denken?" (GA 5,67)

In der Vorlesung von 1934/35 verfolgt Heidegger eine *"denkerische Auseinandersetzung"* mit der in Hölderlins Dichtung "errungenen *Offenbarung des Seyns"* (6). Hieraus geht hervor, daß das Motiv Heideggers bei der Zuwendung zu Hölderlins Dichtung die Seinsfrage ist. Heidegger arbeitet in der Vorlesung heraus, in welcher Weise Hölderlin "Seyn" erfahren und im Wort gestiftet hat, und welche Bedeutung das für eine "andere Geschichte" haben kann. In der Vorlesung spricht Heidegger, die Orthographie des 18. Jahrhunderts aufnehmend, von "Seyn" zunächst dann, wenn er das schöpferisch Entworfene, Zukünftige, von uns noch entscheidungshaft zu Übernehmende, solches, dem wir uns aussetzen müssen, betonen will, im Unterschied zum "Sein" als der Seiendheit des Seienden. Das von Hölderlin entworfene "Seyn" wird in der Vorlesung vorerst in seinen verschiedenen Gestalten aufgewiesen. In den folgenden Semestern tritt dann hervor, daß Heidegger diese Strukturen von Hölderlin übernimmt und wie er sie für sein eigenes Seinsdenken fruchtbar macht.

Heidegger hat in seiner Vorlesung die Hymne "Germanien" als "Mitte der späten Hymnendichtung" angesetzt und die anderen Gedichte, vor allem "Der Rhein", aber auch "Wie wenn am Feiertage ...", "daraufzu geordnet" (223). Der Titel "Germanien" zeigt an, daß es sich um das Vaterland der Deutschen dreht. Weil Hölderlin das zukünftige deutsche Seyn gedichtet und damit gestiftet hat, ist er für Heidegger als der "Dichter der Deutschen" (genitivus obiectivus; 220) die "Zukunft der Deutschen" (255).

Aus "Germanien" werden nur die ersten zweieinhalb Strophen ausführlich erörtert (213; 222). Die beiden letzten Verse dieses Stückes lauten: "Dass schauen mag bis in den Orient/ Der Mann und ihn von dort der Wandlungen viele bewegen" (11. SW 2,150). Im Laufe der Auslegung bringt Heidegger ans Licht, daß "Der Mann" der Dichter Hölderlin selbst ist. Der "Dichter" und Hölderlin sind in Heideggers Interpretation fast austauschbare Namen. Der Grund dafür wird sich noch zeigen. Übrigens ist auch Heidegger selbst in der Lage des "Mannes", der in Richtung Orient schaut. Er verfolgt aber nicht eine Bewegung vom Indus über den Parnaß und Italien nach Germanien (Germanien, 3. Strophe), sondern sein Blick ruht auf Griechenland. In der Frage nach der Wahrheit des Seins, wie Heidegger sie zwischen 1935 und 1944 entfaltet, wendet er sich an die Griechen und hauptsächlich an die von ihm so genannten anfänglichen Denker, Anaximander, Parmenides und Heraklit. Gleichzeitig blickt Heidegger aber voraus in die Zukunft der Geschichte, wobei er das von den Griechen Gedachte verwandeln möchte. Er sagt in der Hölderlin-Vorlesung: "Echte Wiederholung entspringt aus ursprünglicher Verwandlung" (293). Eben diese Absicht, Wiederholung und Verwandlung, bestimmt Heideggers Fragen und Denken in der Vorlesung des folgenden Semesters, "Einführung in die Metaphysik". Hier klingen die "Wandlungen", die den "Mann" vom Orient her bewegen, nach.

Die "andere Geschichte", wie Heidegger sie versteht, kommt demnach aus zwei Ursprüngen: aus der Dichtung Hölderlins und aus einem Denken des Seins, welches griechische Erfahrungen wiederholt und verwandelt.

Heidegger unterscheidet in der Vorlesung durchgängig zwischen Gedicht und Dichtung. Mit dem Gedicht ist jeweils das uns vorliegende, gedruckte und lesbare Sprachkunstwerk gemeint. Dichtung dagegen heißt das von Hölderlin gestiftete

Seyn, die ins Wort gefaßte Wahrheit. Der Unterschied ist derjenige zwischen Werk und Wahrheit, wovon der Kunstwerk-Aufsatz handelt (GA 5,1-74), zwischen Seiendem und Sein. Entsprechend kommt es in der Vorlesung nicht nur darauf an, sich mit den vorliegenden Gedichten zu befassen, sondern in den *"Machtbereich der Dichtung"* einzurücken (19 ff), sich ihm "auszusetzen" (8). Die Hörer und Leser sollen also die von Hölderlin erfahrenen Mächte - dies sind die Götter, die Erde, das Vaterland - aus seinem Wort auch selbst erfahren. Daß und wie dies möglich ist, tritt durch Verse aus "Wie wenn am Feiertage ..." ans Licht. Heidegger verfolgt in seiner Vorlesung das Ziel, "für das, was Dichtung ist, erst wieder Raum und Ort in unserem geschichtlichen Dasein zu schaffen" (213).

Weil nun die Dichtung - so argumentiert Heidegger - ein Sagen, Sprache ist, erschließt sich der Zugang zu ihrem Machtbereich, wenn die Hörer und Leser "die Dichtung dichterisch mitsagen" (42; 47; 51; 78; 121; 194). Dementsprechend kommt es beim Bedenken des Rheinstroms in seinem Ursprung, von dem das sprechende Ich der Rheinhymne, Vers 22 ff, sagt: "... hört'/ Ich um Erlösung jammern/ Den Jüngling", darauf an, "mit dem Dichter in der rechten Weise mitzuhören" (199).[3] Offensichtlich folgt Heidegger bei diesem Verfahren dem alten Denkprinzip "Gleiches zu Gleichem", das, wie ich zeigen werde, sein Denken öfter bestimmt. Das Wort "dichterisch" bedeutet an dieser Stelle, daß die Hörer der Vorlesung sich Hölderlins Wort, wonach der Mensch "dichterisch wohnt", fügen sollen, also anerkennen, daß ihr Dasein in der Dichtung seinen Grund hat. Zum Mitsagen der Dichtung gehört, daß die den Dichter einst beherrschende Grundstimmung, aus der er seine Dichtung sagte, übernommen und ausgestanden wird.

Seine Erläuterungen in der Vorlesung versteht Heidegger als "Weisungen", als ein "Hinzeigen" (23; 27; 29; 30; 32; 46; 47; 120; 129; 140) auf den Weg zum Machtbereich der Dichtung und ihrer Grundstimmung.

Wie Heidegger in seinem Verfahren des Mitsagens aus der über zweitausendjährigen Denktradition heraustritt, so auch in seinem Verständnis des dichtenden Wortes. In der "Wahrheit" des Hölderlinschen Wortes sind Heidegger zufolge "Klang und Sinn noch nicht zertrennt" (240).[4] Heidegger hebt damit die von Aristoteles getroffene Differenzierung in stimmlich Verlautbartes, seelische Widerfahrnisse und Dinge wieder auf (vgl. unten 109 Anm.). Genauso bilden für Heidegger Inhalt und Form der Gedichte eine Einheit. Die Strophenfolge der Rheinhymne etwa stellt selbst das in sich widerwendige Wesen des Rheinstroms dar. In solchem Sagen kommt zum Vorschein, "daß das zu Sagende ein mehrfältiges Wesen hat" (194). Analog hierzu hat Heidegger 1962 im Brief an Richardson im Hinblick auf seine eigenen Schriften betont: "Nur ein mehrfältiges Denken gelangt in das ent-

---

[3] Solches Sagen und Hören bestimmte die frühgriechische Oral Poetry. Hwa Yol *Jung* versteht Heideggers Denken als "oral thought" und stellt die These auf: "Heidegger's conception of language primarily as speaking, saying or telling (i.e., as ergon) celebrates the homecoming of oral poetry and its acoustic world". Hwa Yol *Jung*, Martin Heidegger and the Homecoming of Oral Poetry. In: Philosophy Today 26 (1982). p. 153; 162 f.

[4] Auch in Heideggers eigenem Sprechen sind Klang und Sinn nicht zertrennt: denkende Stimme und Gedanke bilden vielmehr eine autochthone Einheit. Vgl. Richard *Wisser,* Die denkende Stimme und ihr Gedanke. In: Frankfurter Allgemeine Zeitung 19.4.1958. Übersetzung von Lothar Kelkel: La voix qui pense et sa pensée. Martin Heidegger. In: Les Études Philosophiques 4. Paris 1958. p. 495-500.

sprechende Sagen der Sache jenes Sachverhalts" (BR XXIII). Gemeint ist dort der Sachverhalt "Sein und Zeit". Heidegger verfolgt seine unkonventionelle Auffassung des dichtenden Wortes als Einheit von Klang und Sinn im Zusammenhang mit dem griechischen μῦθος in der Parmenides-Vorlesung weiter.

Nach der Schilderung der *Aufgabe,* die Heidegger sich in der Vorlesung gestellt hat, und des *Verfahrens,* das er dabei einschlägt, folgt jetzt ein *Überblick* über den "Grundzug der Bewegung" seines Auslegens (213).

Das Gedicht "Germanien" ist Heidegger zufolge ein "eigentümlich sich wandelndes Sagen von der Sprache" (60). Die verba dicendi in den ersten beiden Strophen sind: 'rufen, klagen, leugnen, erbitten'; in ihnen spricht der Dichter. Der Dichter spricht aber nicht nur für sich selbst, sondern auch von "uns" (V.26 und 30). Außer dem Dichter spricht seit dem Schluß der vierten Strophe der "Adler"; er ist der Götterbote, der die "Priesterin" (V.49) Germania aufsucht und ihr "Die Blume des Mundes" (V.72), also die Sprache, bringt. Wegen dieses sich wandelnden Sagens von der Sprache stellt Heidegger zur "Vorbereitung" (76) eine Besinnung auf Dichtung und Sprache an. Hierbei werden außer "Germanien" andere Gedichtstellen und Briefe Hölderlins herangezogen (1. Teil, 1. Kapitel).

Heideggers Absicht, die Dichtung mitzusagen, führt zu der Frage, aus welcher Verfassung der Dichter sprach, welche "Grundstimmung" in der Dichtung waltet. So wird die Grundstimmung von "Germanien" herausgearbeitet, wodurch der "metaphysische Ort" der Dichtung (139) sichtbar werden soll. Es ist die Trauer um die geflohenen Götter und die Bereitschaft für die kommenden Götter, die "heilig trauernde, aber bereite Bedrängnis" (137; 107). Im Zusammenhang mit der Grundstimmung von "Germanien" macht Heidegger das Wesen einer Grundstimmung überhaupt einsichtig. Da die aufgewiesene Grundstimmung und der "Bildzusammenhang" der Dichtung (119) nicht in Einklang zu bringen sind, da der Weg zum "Vaterland", auf das der Titel "Germanien" deutet, vor einem "verschlossenen Tor" zu enden scheint (120), wendet sich Heidegger dem zu, was Hölderlin in seinem Aufsatz "Das Werden im Vergehen" vom "Untergang" des Vaterlandes und der daraus hervorgehenden "neuen Welt" sagt (122). In diesem Text werden von Hölderlin Heraklitische Gedanken aufgegriffen, die auch Hegel bestimmten. Heidegger macht dies an mehreren Zitaten deutlich (1. Teil, 2. Kapitel).

Nicht nur der "Germanien" sprechende Dichter, sondern auch die "heimatlichen Wasser" (V.4) sind von der Grundstimmung durchwaltet. Deshalb möchte Heidegger die Ströme aufsuchen und hören, was Hölderlin von ihnen sagt (137). In der Vorlesung von 1934/35 wird die Hymne "Der Rhein" ausgelegt, in der dritten Hölderlin-Vorlesung, 1942, die Hymne "Der Ister". Bevor Heidegger eine an den einzelnen Strophen der Rheinhymne entlanggehende Deutung vornimmt, erläutert er in einer "vorbereitenden Betrachtung" (180) das Seyn der "Halbgötter", denn den Beginn der zehnten Strophe, "Halbgötter denk' ich jezt", hält Heidegger für die "Angel, in der sich gleichsam die ganze Dichtung dreht" (163). Es zeigt sich, daß das Denken der Halbgötter von derselben Grundstimmung getragen ist wie das Sagen in "Germanien" (181). Nach der Auslegung der ersten drei Strophen der Rheinhymne (2. Teil, 1. Kapitel) schiebt Heidegger eine Wiederholung ein, um die Aufgabe der Vorlesung insgesamt noch einmal vor Augen zu führen (2. Teil, 2. Kapitel).

In der vierten Strophe der Rheinhymne, die vom "Reinentsprungenen" und vom "Gesang", also der Dichtung, handelt, ist nach Heideggers Auffassung der "ganze Raum" der Dichtung ausgesprochen, weshalb er in einer "vorgreifenden Auslegung" "die Blickbahn auf das Ganze" sichern möchte (240). Hierbei tritt zutage, daß der Rheinstrom, der Halbgott und der Dichter dasselbe Wesen haben; es besteht darin, die Mitte des Seyns zwischen Göttern und Menschen auszuhalten (259). Innerhalb der zuvor gezeigten "Blickbahn auf das Ganze" folgt dann ein "Zusammenriß" der Strophen 5 bis 9 (260), wobei der achten Strophe ein besonderes Gewicht zukommt. Weil im Ganzen der Dichtung "Der Rhein" Halbgötter gedacht werden, ist deren Wesen, so erläutert Heidegger, in den Strophen 10 bis 13 von demjenigen her gestaltet, wozwischen die Halbgötter stehen: von den Göttern und den Menschen her. Mit der 14. Strophe tritt der Dichter aus dem Denken der Halbgötter heraus in das "unmittelbare geschichtliche Dasein", insofern hier die Frage nach dem "Bewahren eines so eröffneten Seyns" (287) gestellt wird (V.197 "Behalten", V.201 "Gedächtniss"). Die letzte, 15. Strophe spricht zum Freund, Sinclair, und preist ihn, wie Heidegger sagt, als "Kommenden und Wissenden". In diesem Preisen wird nach Heideggers Ansicht verschwiegen, wer der Dichter, Hölderlin, selbst ist: nämlich einer jener "Anderen", den die Götter "brauchen", wie es in der achten Strophe heißt (287).

Der *"metaphysische Ort"* der Hölderlinschen Dichtung (288), den Heidegger bei seiner Auslegung zu erreichen sucht, enthüllt sich als die Mitte des Seyns, wo der Dichter zwischen Göttern und Menschen steht. Von diesem Ort aus denkt er die Halbgötter als sein eigenes Wesen. Jener "Mann" aus "Germanien", Vers 38, den "der Wandlungen viele bewegen", ist also der Dichter, Hölderlin, selbst. Er trauert um die geflohenen Götter und erwartet die kommenden Götter (2. Teil, 3. Kapitel).[5] Wenn wir uns dem Machtbereich der Hölderlinschen Dichtung aussetzen, in ihre Grundstimmung eingehen, stehen wir vor der "Entscheidung über Ankunft oder Flucht des Gottes" (1); dieser Gedanke stand am Beginn der Vorlesung. So weit der Überblick über Heideggers Vorgehen.

Obwohl Heidegger das Wesen der Geschichte in dieser Vorlesung noch nicht ausdrücklich behandelt, wird hier schon der ganze Horizont aufgerissen, in dem sich sein Geschichtsdenken der folgenden Jahre hält. Wie Heidegger mit Nachdruck hervorhebt, dient seine Auslegung nur dem Dichter und läßt die Belange des Denkens "wissentlich ungesagt" (151).

Die weitreichendsten Konsequenzen für Heideggers Geschichtsdenken hat die Auslegung des Reinentsprungenen und besonders des Verses 48 der Rheinhymne: "Wie du anfiengst, wirst du bleiben". Anhand dieses Verses erschließt Heidegger die Bewegtheit der abendländischen Geschichte. Deshalb soll zunächst auf *das Reinentsprungene* eingegangen werden (a). Heidegger redet in der Vorlesung sowohl, entsprechend den Versen 46 ff der Rheinhymne, vom "Ursprung" als auch vom "Anfang" der Geschichte. In den folgenden Semestern tritt das Wort "Ursprung" eher zurück, das Phänomen des Entspringens ist aber im Gedanken des "Anfangs" bewahrt.

---

[5] Im Spiegel-Interview von 1966 sagt Heidegger: "Hölderlin ist für mich der Dichter, der in die Zukunft weist, der den Gott erwartet ..." (SI 214).

Wenn Hölderlins Dichtung uns das Wesen der Geschichte erfahrbar macht, so ist zu fragen, inwiefern Dichtung solches vermag, was *Dichtung in ihrem Wesen* ist (b) und was sich hieraus für das Dasein des Menschen ergibt (c). Mit dem Wesen der Dichtung hängt auch das Wesen des Denkens zusammen. Deshalb soll gezeigt werden, wie Heidegger die Fragestellung *"Dichten und Denken"*, die auch auf seinem späteren Denkweg maßgebend bleibt, entfaltet (d).

Die Bewegungscharaktere der Geschichte, für die das Reinentsprungene als Leitform dient, lassen sich auch an Versen aus "Mnemosyne" ablesen. Es ist zu verfolgen, wie in der Auslegung dieser Verse Heideggers Gedanke vom *"Ereignis"* im Sinne des Anfangs von Geschichte entsteht (e). Bisher handelte es sich um den Ursprung von Geschichte überhaupt. Aus Hölderlins Brief an Böhlendorff vom Dezember 1801 geht hervor, wie der *zukünftige Ursprung* der Geschichte und der *gewesene Ursprung* bei den Griechen ineinanderspielen (f). Weil zu dem von Hölderlin entworfenen zukünftigen Ursprung der Geschichte eine eigene *Grundstimmung* gehört, sollen Heideggers Erörterungen hierzu dargestellt werden (g).

Einige Texte führt Heidegger in der Vorlesung zwar an, erläutert sie jedoch nicht weiter. Trotzdem haben solche Hölderlin-Worte auf Heideggers Denken in den folgenden Jahren eine bestimmende Wirkung. Ich werde jeweils dann hierauf eingehen, wenn diese Gedanken wieder auftauchen.

Ein Mißverständnis gilt es von vornherein fernzuhalten: Das "Deutsche", das "Vaterland", von dem in der Vorlesung die Rede ist, bezieht sich nicht auf die politischen Verhältnisse von 1934/35, sondern ist mit einer "neuen Grunderfahrung des Seyns" (196) verknüpft; insofern hat es Bedeutung für "den Anfang einer anderen Geschichte" (1). Weil Heidegger die zukünftige Geschichte in Hölderlins Dichtung vorbereitet sieht, haben in seinen Augen die Deutschen eine besondere Aufgabe, nämlich das Gespräch mit Hölderlin zu beginnen. Noch drei Jahrzehnte nach der Vorlesung von 1934/35, im 1966 aufgezeichneten Spiegel-Interview, bekundet Heidegger diese Überzeugung (SI 217). Die neue Grunderfahrung des Seyns und damit die andere Geschichte scheint Heidegger freilich gerade am Ende seines Denkweges noch in weiter Ferne zu liegen, so daß er den Anfang einen "immer ferner sich entziehenden" nennt.[6]

a) Das Reinentsprungene als Leitform für die Bewegtheit der abendländischen Geschichte

Heideggers Verständnis vom Verlauf der abendländischen Geschichte, wie es sich in den folgenden Jahren herausbilden wird, ist zentral geprägt von Hölderlins Ursprungsgedanken aus der Rheinhymne. Heidegger entfaltet diesen Gedanken in Auseinandersetzung mit der ersten Hälfte der vierten Strophe, Vers 46 ff: "Ein Räthsel ist Reinentsprungenes. Auch/ Der Gesang kaum darf es enthüllen. Denn/ Wie du anfiengst, wirst du bleiben,/ So viel auch wirket die Noth/ Und die Zucht,

---

[6] Prospekt Klostermann, S. 3.

das meiste nemlich/ Vermag die Geburt,[7] /Und der Lichtstral, der/ Dem Neugebornen begegnet" (239. SW 2,143). Als Halbgott ist der Rheinstrom reinen[8] Ursprungs,[9] seine "Eltern" sind der "Donnerer" Zeus und die "Mutter Erd'" (2. Strophe). Der Rätselcharakter des Reinentsprungenen kommt aus dem Zusammen- und Gegeneinanderwirken von Ursprung und Entsprungensein. Ohne das Rätsel lösen zu wollen, faßt Heideggers "voller Begriff" des Reinentsprungenen "in Eines zusammen: 1. den Ursprung als solchen, d.h. jenes, woher das Entspringende entspringt" - hierbei ist zurückzublicken auf die zweite Strophe, die den im Abgrund gefesselten, rasenden Halbgott darstellt -, "2. das Entsprungene selbst, wie es als das Entsprungene *ist*" (240 f); von ihm handelt die dritte Strophe, wobei die Änderung der anfänglichen Stromrichtung, von Heidegger als Einbruch eines Gegenwillens ausgelegt, maßgebend ist. Die das Reinentsprungene bestimmenden Mächte sind: die Ursprungsmächte "Geburt" und "Lichtstral" (V.51 f), die Mächte des Entsprungenseins "Noth" und "Zucht" (V.49 f).

Zunächst zu den beiden Ursprungsmächten: "Geburt" meint die Herkunft aus dem Dunkel des Schoßes. Als Hervorkommen aus dem Dunkel versteht Heidegger in der Vorlesung des folgenden Semesters auch das griechische Grundwort φύσις. Außerdem denkt er wohl an die Pindarische φυά. Ausdrücklich weist er auf die Hymne "Germanien" hin, wo die Erde "Die Mutter ... von allem" (V.76) heißt, "Die Verborgene sonst genannt von Menschen" (V.77). Deshalb kann Heidegger sagen: Die Erde "ist die Verborgene im ursprünglichen Sinne, weil sie die Verborgenheit selbst ist, die versinken lassende Verschlossenheit des Schoßes" (242). Dieser Gedanke hängt auch mit den Versen 92 f aus Hölderlins Hymne "Die Wanderung" zusammen: "Unfreundlich ist und schwer zu gewinnen/ Die Verschlossene, der ich

---

[7] Der Satz, V.50 f, "das meiste nemlich/ Vermag die Geburt" ist fast wörtliches Zitat aus Pindars 9. Olympie, V.100: τὸ δὲ φυᾷ κράτιστον ἅπαν. Albrecht *Seifert* hält die Verse 50 f für die Keim- und Kernsentenz der Rheinhymne. Vgl. Albrecht *Seifert,* Untersuchungen zu Hölderlins Pindar-Rezeption. München: Fink 1982. S. 29; 608. - φυά ist ein Zentralbegriff der Pindarischen Epinikien, er formuliert die Gesetzlichkeit heroischen Lebens. Im Zusammenhang mit der φύσις weist Heidegger in seiner Vorlesung vom Sommersemester 1935, "Einführung in die Metaphysik", auf die Pindar-Verse hin und bemerkt, daß "für Pindar die φυά die Grundbestimmung des Daseins ausmacht: τὸ δὲ φυᾷ κράτιστον ἅπαν· das, was aus und durch φυά ist, ist das Mächtigste ganz und gar (Ol. IX, 100); φυά meint jenes, was einer ursprünglich und eigentlich schon ist: das schon Ge-wesende ..." (GA 40,108). - *Goethe* nimmt den Pindarischen Gedanken auf. "Urworte. Orphisch. ΔΑΙΜΩΝ. Dämon": "Wie an dem Tag, der dich der Welt verliehen,/ Die Sonne stand zum Gruße der Planeten,/ Bist alsobald und fort und fort gediehen/ Nach dem Gesetz, wonach du angetreten./ So mußt du sein, dir kannst du nicht entfliehen ...". *Goethes* Werke. Hamburger Ausgabe in 14 Bdn. Textkritisch durchges. u. m. Anmerkungen vers. v. Erich Trunz. Hamburg: Wegner. 1. Aufl. 1948 ff. 9. Aufl. 1969 ff. 1,359.

[8] Zu Hölderlins Auffassung von "rein" vergleiche man: Bernhard *Böschenstein,* Hölderlins Rheinhymne. Zürich und Freiburg: Atlantis 1968. S. 52: "Das Reine erfüllt den Bereich des Himmels wie den der Erdentiefe, aus deren 'reinestem Schoose'/ Schuldlos geboren' [LA Der Rhein, SW 2,724, V.25 f] der Rhein stammt. Dazwischen liegt die Zone der Erdoberfläche, wo die schuldig Geborenen, die Menschen wohnen. Sie sind der Zeit unterworfen: sie leben in den Spannungen zwischen ihrem göttlichen Teil, dem Lebensgrund und Geist, und ihrem irdischen Feld, dessen Vergeistigung sie in ihrem Schicksal zu vollbringen haben. Die reine, schuldlose Geburt zeigt die Zwischenstellung der Halbgotts zwischen den reinen, ungeborenen Göttern und den mit dem Makel vermischender Geburt gezeichneten Menschen".

[9] An die Rheinhymne denkt Heidegger, wenn er in seinem Vortrag "Wie wenn am Feiertage ..." (1939) feststellt: "'Rein' sagt für Hölderlin stets so viel wie 'ursprünglich', entschieden verbleibend in anfänglicher Bestimmung" (GA 4,71).

entkommen, die Mutter" (SW 2,141). Heidegger zitiert diese Zeilen in der Vorlesung zwar nicht, führt aber andere Stellen aus diesem Gedicht an (170; 191 f; 205). Wie sich zeigen wird, sind auch seine Ausführungen in der "Andenken"- und der "Ister"-Vorlesung in besonderer Weise auf Hölderlins Hymne "Die Wanderung" bezogen.

Die zweite Ursprungsmacht, der "Lichtstral", hat die entgegengesetzte Herkunftsrichtung zur "Geburt". Im "Lichtstral", im Blitz, offenbart sich für Hölderlin der Gott. In seinem Brief an Böhlendorff vom 4.12.1801, den Heidegger heranzieht, schreibt Hölderlin: "Denn unter allem, was ich schauen kann von Gott, ist dieses Zeichen mir das auserkorene geworden" (31; 243. SW 6,427). Worauf Heidegger später ausdrücklich aufmerksam macht, die Wortverwandtschaft von "Blitz" mit "Blick" (GA 4,161. TK 43 f),[10] das bestimmt schon seine Auslegung in der Vorlesung von 1934/35: "Im Lichtstrahl empfängt das Entspringende die Möglichkeit des Lichtblickes, d.h. jenen Wesensblick, in dem die Überfülle eines großen Wollens der Gestaltwerdung entgegendrängt" (243). Der Lichtblick ist "Gesetzgebung des Wesensmäßigen und Wesenswidrigen" (244).[11]

Je reiner der Ursprung ist, desto ungetrübter müssen die Mächte des Ursprungs jeweils sie selbst sein, desto notwendiger ist aber auch ihr Wechselbezug (243). Wegen der entgegengesetzten Herkunftsrichtung von "Geburt" und "Lichtstral" kann Heidegger ihr Verhältnis als "Widerstreit" (244) ansprechen, wobei er an die von ihm im § 10 der Vorlesung behandelte παλίντροπος ἁρμονίη aus Heraklits Fragment 51,[12] von ihm übersetzt als "gegenstrebiger Einklang" (123 f), ferner an Πόλεμος, "Kampf" im Sinne des "großen Widerstreites zwischen den Wesensmächten des Seins", aus Fragment 53 (125),[13] an ἔρις, "Streit", aus Fragment 80 (126)[14] sowie an die ἁρμονίη ἀφανής aus Fragment 54 denken dürfte.[15] Gerade in dem, was der gewöhnliche Blick nicht erfaßt, im "verborgenen Einklang" der ἁρμονίη ἀφανής sieht Heidegger die "eigentliche Macht des Seyns als solchen" (124). Heraklits ἁρμονίη, "Einklang", und ἕν, "Eines" (128),[16] sind Heidegger zufolge von Hölderlin neu erfahren und gesagt in seinem Wort "Innigkeit", das Heidegger für das "metaphysische

---

[10] Friedrich *Kluge,* Etymologisches Wörterbuch der deutschen Sprache. 20. Aufl. Berlin: de Gruyter 1967. S. 84.

[11] Zu "Gesetz" vgl. das Goethe-Zitat oben 32 Anm.

[12] Die Fragmente der Vorsokratiker. Griechisch und Deutsch. Hg. Hermann *Diels.* 6. verb. Aufl. hg. v. Walther *Kranz.* Berlin: Weidmann 1951. 1,162: οὐ ξυνιᾶσιν ὅκως διαφερόμενον ἑωυτῶι ὁμολογέει· παλίντροπος ἁρμονίη ὅκωσπερ τόξου καὶ λύρης. - Die von Heidegger interpretierten Heraklit-Fragmente und die unterschiedlichen Übersetzungen in seinem Werk sind zusammengestellt in: Heidegger on Heraclitus. A New Reading. Ed. by Kenneth *Maly* and Parvis *Emad.* Lewiston/ Queenston: The Edwin Mellen Press 1986. Nicht berücksichtigt ist hierin die Heraklit-Interpretation Heideggers im Seminar in Le Thor von 1966 (GA 15,271-285).

[13] Diels-Kranz 1,162: Πόλεμος πάντων μὲν πατήρ ἐστι, πάντων δὲ βασιλεύς, καὶ τοὺς μὲν θεοὺς ἔδειξε τοὺς δὲ ἀνθρώπους, τοὺς μὲν δούλους ἐποίησε τοὺς δὲ ἐλευθέρους.

[14] Diels-Kranz 1,169: εἰδέναι δὲ χρὴ τὸν πόλεμον ἐόντα ξυνόν, καὶ δίκην ἔριν, καὶ γινόμενα πάντα κατ᾽ ἔριν καὶ χρεών.

[15] Diels-Kranz 1,162: ἁρμονίη ἀφανὴς φανερῆς κρείττων.

[16] Diels-Kranz 1,161: οὐκ ἐμοῦ, ἀλλὰ τοῦ λόγου ἀκούσαντας ὁμολογεῖν σοφόν ἐστιν ἕν πάντα εἶναι (Fragment 50).

Grundwort" Hölderlins hält (249).[17] Die Heraklit-Fragmente werden in der Vorlesung angeführt, um zu zeigen, daß Hölderlin in seiner Schrift "Das Werden im Vergehen", ebenso wie Hegel auf seine Weise, "Urgedanken Heraklits" vollzieht (133). Vor allem das Fragment 54 wird Heideggers Denken in den folgenden Jahren an entscheidenden Stellen leiten; in der Heraklit-Vorlesung von 1943 wird es dann ausführlich interpretiert.

Das rätselvolle Wesen des Reinentsprungenen, der Streit zwischen den Mächten des Ursprungs, macht es dem Ursprung schwer, überhaupt zu entspringen. In diesem Sinne deutet Heidegger offenbar die Verse 18 ff aus "Die Wanderung": "Schwer verlässt/ Was nahe dem Ursprung wohnt, den Ort" (192. SW 2,138).[18] Die Wahrheit dieser Verse bildet für Heidegger die "innere Brücke" zu den anderen in der Vorlesung behandelten Dichtungen.

Nun zu den im Entsprungensein wirkenden Mächten: Es sind "Noth" und "Zucht". Not versteht Heidegger als "Andrang, Schranke, Ausweglosigkeit und Enge, so zwar, daß sie damit zu einer Entscheidung nötigt oder aber die Unterlassung dieser und das Ausweichen auf neue Wege des Drängens erzwingt" (244).[19] Der Rhein fließt von seiner Quelle aus zunächst nach Osten, weil die "königliche Seele" ihn nach "Asia trieb" (V.37). Bei Chur wendet sich der Stromlauf nach Norden. Diese Richtungsänderung ist durch die Macht der Not hervorgerufen, insofern die Not dem Entsprungensein "je eine Wendung" und Bestimmtheit schafft und daher der "Grund des Notwendigen" ist (244). Der geographische Befund des Stromlaufs und Hölderlins Wort von der "Noth" im Entsprungensein des Reinentsprungenen geben Heidegger die Möglichkeit, das Wort "Notwendigkeit" so auseinanderzufalten, daß die Not das Nötigende für eine Wendung darstellt. Weil die Not dem Entsprungenen eine bestimmte Wendung verschafft, richtet sie sich gegen beide Ursprungsmächte, die den Strom in sein Entsprungensein freilassen.

Die andere Macht des Entsprungenseins ist die Zucht. Sie bringt "in das erwirkende und schaffende Gestalten selbst eine innere Bändigung und Bindung". Sie fügt das Entsprungene ein in sein eigenes Gesetz. Heidegger begreift die Zucht insofern als "innere", das heißt "bindungsbringende" Not, die Not als "äußere", das heißt "unangebundene" Zucht (245).

Not und Zucht sind in sich genauso gegenstrebig (παλίντροπος), wie es die Mächte des Ursprungs, Geburt und Lichtstrahl, untereinander sind. Aber mehr noch: Jede der vier Mächte des Ursprungs und des Entsprungenseins richtet sich gegen jede andere Macht. Dieser Widerstreit bricht aber nicht auseinander, sondern

---

[17] Die "Innigkeit" im Sinne des "Einklangs" (ἁρμονίη) zwischen den "Wesensmächten des Seins" greift Heidegger in einem Vorwort zu seiner Sprechplatte mit Hölderlin-Gedichten (1963) wieder auf. Das erste der drei von ihm ausgewählten Leitworte, "Alles ist innig" (SW 2,321), erläutert er wie folgt: "Eines ist in das Andere vereignet, aber so, daß es dabei selber in seinem Eigenen bleibt, sogar erst in dieses gelangt: Götter und Menschen, Erde und Himmel. Die Innigkeit meint kein Verschmelzen und Verlöschen der Unterscheidungen. Innigkeit nennt das Zusammengehören des Fremden, das Walten der Befremdung, den Anspruch der Scheu" (GA 4,196).

[18] Anders gedeutet unten 203 f.

[19] "die 'noth' ist zunächst und im allgemeinen das drängende, beengende und hemmende, sowie der (hilfsbedürftige) zustand des gedrängten, beengten und gehemmten ...". Jacob und Wilhelm *Grimm*, Deutsches Wörterbuch. Fotomech. Nachdruck der Erstausgabe. München: DTV 1984. 13,905.

ist ursprüngliche Feindschaft, das heißt Einigkeit. Deshalb kennzeichnet Heidegger diesen Widerstreit als '"Feind-seligkeit"' (245), insofern durch dieses Wort die Einigkeit (= Seligkeit) des widerwendigen Gegen- und Zueinander artikuliert wird. In der '"Feind-seligkeit"' sucht jede Macht jede andere zu entmachten, indem sie sich vor die andere stellt und sie verstellt. "Die Feindseligkeit ist so ein wechselweises Verbergen, das Geschehen einer in sich waltenden Verborgenheit" (249). In diesem Satz Heideggers ist deutlich der Bezug auf Heraklits ἁρμονίη ἀφανής hörbar.

Anders als das Wesen des Reinentsprungenen ist das Sein der Götter reine "Seligkeit" (269). Heidegger deutet es so, weil Hölderlin die Götter die "Seeligen" (Germanien, V.1) und die "Seeligsten" (Der Rhein, V.100) nennt. Dagegen verwendet Hölderlin das Wort "Feindseligkeit" nicht. Die Seligkeit der Götter liegt in ihrer Unbedürftigkeit (Germanien, V.107 f), die jedoch so zu verstehen ist, daß die Götter zwar nichts von selbst fühlen, aber gerade dadurch dessen bedürfen, der "Theilnehmend" fühlt (Der Rhein, V.106 ff). Daß der Widerstreit der vier Mächte des Reinentsprungenen höchste "Innigkeit" ist, darin liegt "das zu diesem Seyn gehörige Geheimnis" (250).

Die Einheit von Ursprung und Entsprungensein spricht Vers 48 aus: "Wie du anfiengst, wirst du bleiben". Das Anfangen ist der Ursprung, das Bleiben das Entsprungensein. Würde der Strom nicht ständig entspringen, gäbe es kein Strömen des Wassers.[20] Deshalb bleibt der Strom immer, was er war, nämlich Quelle. Im Zusammenhang mit dem Rätselcharakter des Reinentsprungenen zitiert Heidegger aus "Der blinde Sänger", Vers 34 f: "Und wie die Quelle dem Strome folgt,/ Wohin er denkt" (234. SW 2,55). Die Quelle, der Anfang, der Ursprung bestimmt das ganze Sein des Stromes. Heidegger sagt: "Der reine Ursprung ist nicht jener, der einfach anderes aus sich entläßt und es ihm selbst überläßt, sondern jener Anfang, dessen Macht ständig das Entsprungene überspringt, ihm vor-springend es überdauert und so in der Gründung des Bleibenden gegenwärtig ist; gegenwärtig nicht als das von früher her nur Nachwirkende, sondern als das Vorausspringende, das somit als Anfang zugleich das bestimmende Ende, d.h. eigentlich Ziel ist" (241). Kürzer gefaßt: "Der Anfang überspringt das Entsprungene und vorspringend überdauert er das Bleibende, umfängt dieses von seinem Ende her und ist ihm so zugleich Ziel" (247).[21] Der Anfang ist im Bleiben stets gegenwärtig, und als dasjenige, von woher das Bleiben seine Bestimmung empfängt, ist der Anfang dem Bleiben jeweils Ziel. So ist der Anfang für das Bleibende sowohl Herkunft als auch, insofern er das Bleiben jeweils neu bestimmt, das auf das Bleibende Zukommende, Zukunft.

Heidegger kann bei seiner Auslegung des Verses 48 der Rheinhymne von "Ende" und "Ziel" sprechen, weil er offensichtlich die Pindar-Sentenz γένοι᾽ οἷος ἐσσὶ

---

[20] Die "Ströme können ihren Ursprung darum nicht vergessen [Der Rhein, V.93 ff], weil sie sich immerzu aus ihm ernähren und versiegen, wenn er zu fließen aufhört". Wolfgang *Binder*, Hölderlins Rhein-Hymne. In: Hölderlin-Jahrbuch 19/20 (1975-1977). Tübingen: Mohr. S. 143.

[21] Ähnlich spricht Heidegger in seiner Rektoratsrede vom 27.5.1933: "Der Anfang ist als das Größte im voraus über alles Kommende und so auch über uns schon hinweggegangen. Der Anfang ist in unsere Zukunft eingefallen, er steht dort als die ferne Verfügung über uns, seine Größe wieder einzuholen" (SU 13).

μαθών einbezieht.[22] Deutlich ist das Pindar-Wort zu hören, wenn Heidegger sagt: "das Entspringen selbst wird erst, was es ist, im Verlauf des ganzen Stromlaufs ..." (202). Mit der genannten Sentenz verbindet sich der Gedanke der φυά als des Gewesenen, so daß die Einheit von Herkunft und Zukunft aufscheint.

Der Anfang als das Vorausspringende und als das das Entsprungene Überspringende ist in seiner formalen Struktur vergleichbar dem Tod, den das Dasein nie zu überholen vermag, weil er es immer schon überholt hat, seine *"eigenste, unbezügliche"*, *"unüberholbare Möglichkeit"*, sein "Ziel schlechthin" (GA 2,507) ist (vgl. oben 20).[23] Wenn Heideggers Todesanalyse in "Sein und Zeit", wie von mir vermutet, Pindarische Gedanken enthält, so ist es konsequent und einleuchtend, daß er zu

---

[22] Anmerkung in Form eines Exkurses:
Friedrich *Beissner* führt in der großen Stuttgarter Hölderlin-Ausgabe bei seinen Erläuterungen zu Vers 48 der Rheinhymne Goethes "Urworte. Orphisch" (oben 32 Anm.) und Pindars γένοι᾽ οἷος ἐσσὶ μαθών, Pyth. 2,131, an (SW 2,733). Hölderlin selbst hat diesen Vers übersetzt: "Werde, welcher du bist, erfahren" (SW 5,83). Die Hellingrathsche Hölderlin-Ausgabe, nach der Heidegger arbeitet, gibt diese Erläuterung nicht. Auch in seinem Empedokles-Drama greift Hölderlin den Pindarischen Gedanken auf: "Sei, du bist!" (SW 4,127). - Der Unterschied zwischen Vers 48 der Rheinhymne und der Pindar-Gnome liegt außer in den verschiedenen modi der Hauptverben, Indikativ und Imperativ, in den gegenläufigen Bewegungen: einmal ein Ausgehen von ... (anfangen - bleiben), zum anderen ein Zugehen auf ... (werde!). - Zur Deutung der Pindar-Sentenz vgl. *Seifert*, o.c. 601 ff. Zur Einwirkung auf die Konzeption der Rheinhymne: *Seifert*, o.c. 611. Seifert untersucht die Wirkung des Pindar-Verses auf Hölderlins Lyrik, indem er das Element "erfahren" (μαθών) und die Verdoppelung des Verbs 'sein' (γένοι᾽ - ἐσσί) verfolgt. Unberücksichtigt bleibt die Zeitstruktur des Verses.
Heidegger weist auf die Pindar-Sentenz mehrfach hin (GA 2,194 und 324. GA 29/30, 116) und zitiert sie in seiner Vorlesung "Einführung in die Metaphysik", von ihm übersetzt als "möchtest du hervorkommen als der, der du bist, indem du lernst" (GA 40,108). Zuletzt klingt der Pindar-Vers 1967 im Vortrag "Die Herkunft der Kunst und die Bestimmung des Denkens" an, wo Heidegger vom Bereich spricht, "auf den sich die Kunst einlassen muß, um als Kunst das zu werden, was sie ist" (HK 14). Die Pindar-Gnome ist ferner impliziert: VA 101: "Zarathustra muß allererst derjenige *werden*, der er ist". GA 45,163: Die Philosophie *"ist* etwas Erstaunliches in ihrem Wesen und wird um so erstaunlicher, je mehr sie wird, was sie ist". GA 45,186: "Durch diese Besinnung müssen wir hindurch, um die Besinnung auf den ersten Anfang das werden zu lassen, was sie ist: der Stoß in den Übergang".
Der Gedanke "Werde, der du bist" hat im 18. Jahrhundert mannigfache Ausformungen erfahren, zum Beispiel bei *Goethe:* "Was du ererbt von deinen Vätern,/ Erwirb es, um es zu besitzen". *Goethes* Werke 3,29. An dieser Verse denkt Heidegger offenbar, wenn er in "Der Feldweg" sagt: "Wohl verringert sich rasch die Zahl derer, die noch das Einfache als ihr erworbenes Eigentum kennen". Und im Hinblick auf das "Kuinzige": "Niemand gewinnt es, der es nicht hat" (GA 13,89 f.). - Vgl. Wolfgang *Binder,* Hölderlin und Sophokles. In: Hölderlin-Jahrbuch 16 (1969-1970). S. 24: "Was man sich erwirbt, das besitzt man, und man weiß, was man besitzt, weil man es einer widerstrebenden Natur abverlangt hat. Was einem angeboren ist, das besitzt man gerade nicht, weil man es bloß ist und unreflektiert lebt". - Bei *Herder* heißt es: "Vollkommenheit einer Sache kann nichts seyn, als daß das Ding sei, was es seyn soll und kann". "Vollkommenheit eines einzelnen Menschen ist also, daß er im Continuum seiner Existenz Er selbst sei und werde". Johann Gottfried *Herder,* Sämtliche Werke in 33 Bdn. Hg. Bernhard Suphan. 2. Nachdruckaufl. Reprograf. Nachdr. d. Ausg. Berlin 1877 ff. Hildesheim: Olms 1967/68. 17,115. - *Nietzsche* hat Pindars Gedanken mehrfach ausgesprochen und variiert, zum Beispiel im Titel "Ecce homo. Wie man wird, was man ist". *Nietzsche,* Werke. Kritische Gesamtausgabe. Hg. Giorgio Colli und Mazzino Montinari. Berlin: de Gruyter 1967 ff. VI. Abt., 3. Bd, S. 253. Oder in "Die fröhliche Wissenschaft": "was sagt dein Gewissen? - 'Du sollst der werden, der du bist'". *Nietzsche,* Werke V,2. S. 197.
Zur Auswirkung des Pindarischen Gedankens auf die Theologie vgl: Lexikon für Theologie und Kirche, s.v. "Anfang" (528): Der Anfang ist bei einem geistigen Wesen "nicht einfach das, was das Seiende hinter sich läßt und von dem es in seiner Dauer sich immer mehr entfernt, sondern dasjenige, auf das es in dem geschichtlichen Vollzug seines eigenen Wesens als auf das sich ihm immer mehr Enthüllende zugeht, um zu werden, was es ist".

[23] Im Vortrag "Die Sprache" von 1950 sagt Heidegger: "Der Tod hat jedes Sterben schon überholt" (GA 12,20).

ähnlichen Auslegungsergebnissen kommt, wenn er sich diesen Gedanken in ihrer Rezeption durch Hölderlin erneut gegenüber sieht. Daß Heidegger in seiner Rektoratsrede, eineinhalb Jahre vor der Hölderlin-Vorlesung, den Anfang als das über uns Hinweggegangene auffaßt (oben 35 Anm.), mag ebenfalls als Indiz dafür gelten, daß ihn die Pindarischen Gedanken bereits vor der Vorlesung von 1934/35 bewegten.

Sowohl bei Hölderlins Formulierung von "Wie du anfiengst, wirst du bleiben" als auch bei Heideggers Interpretation des Verses dürften außerdem die Lehren der christlichen Protologie und Teleologie bzw. Eschatologie im Hintergrund stehen, bei Hölderlin ebenso Gedanken Herders, von dem er sich bereits zu seiner Geschichtsphilosophie im "Hyperion" anregen ließ.[24] Daß Heidegger entscheidende Denkanstöße aus der christlichen Theologie empfing, ist bekannt.[25] Er selbst hat in einem "Gespräch von der Sprache" (1953/54) bekundet: "Ohne diese theologische Herkunft wäre ich nie auf den Weg des Denkens gelangt. Herkunft aber bleibt stets Zukunft" (GA 12,91). Demnach sieht Heidegger die Wahrheit der Pindar-Worte durch seinen eigenen Denkweg bezeugt.

Die grammatische Struktur des Satzes "Wie du anfiengst, wirst du bleiben" unterstreicht das am Strömen des Wassers Erkennbare, die Einheit des Gewesenen und Zukünftigen, dadurch, daß die beiden Satzteile, deren Verben im Imperfekt und im Futur stehen, durch Analogie verbunden sind. Auch das Verb 'bleiben' für sich bezeichnet bei Hölderlin eine Erstreckung in das Gewesene und das Zukünftige.[26]

So wie für die Konzeption der Hölderlinschen Rheinhymne, aber auch für den Schaffensprozeß der "Friedensfeier", die Pindar-Gnome γένοι᾽ οἷος ἐσσὶ μαθών als "Energiezentrum prinzipiell aktivierungsfähiger Sinnimpulse" wirkt,[27] ist für Heidegger Vers 48 der Rheinhymne und das in ihm geborgene Pindar-Wort ein solches "Energiezentrum", aus dem sich ihm immer wieder neuer Sinn erschließt. Hauptsächlich dient die Deutung des Reinentsprungenen Heidegger als Leitbild für die Bewegtheit der abendländischen Geschichte. Aber auch die Philosophie fügt sich dem Bewegungsgesetz des Reinentsprungenen. Im Vortrag "Zur Frage nach der Bestimmung der Sache des Denkens" (1965) heißt es: "Im Ende der Philosophie erfüllt sich die Weisung, der das philosophische Denken seit seinem Beginn auf dem Weg seiner Geschichte folgt" (FBSD 7). Dieses Ende sieht Heidegger in der Philo-

---

[24] Ulrich *Gaier,* Hölderlins 'Hyperion': Compendium, Roman, Rede. In: Hölderlin-Jahrbuch 21 (1978-79). Tübingen: Mohr. S. 88-143.

[25] Richard *Schaeffler,* Frömmigkeit des Denkens? Martin Heidegger und die katholische Theologie. Darmstadt: Wissenschaftliche Buchgesellschaft 1978. S. IX ff. - Ders., Die Wechselbeziehungen zwischen Philosophie und katholischer Theologie. Darmstadt: Wissenschaftliche Buchgesellschaft 1980. S. 229 ff. - *Pöggeler,* Denkweg, 35; 89. - Die Bedeutung der urchristlichen Geschichtserfahrung für die Vorbereitung von "Sein und Zeit" wurde nachgewiesen von: Karl *Lehmann,* Christliche Geschichtserfahrung und ontologische Frage beim jungen Heidegger. In: Heidegger. Perspektiven zur Deutung seines Werkes. Hg. Otto Pöggeler. Köln/ Berlin: Kiepenheuer + Witsch 1969. S. 140-168.

[26] Vgl. *Böschenstein,* o.c. 131: das Bleiben meint bei Hölderlin die "totale Möglichkeit, der das Gewesene und das Kommende gleich gegenwärtig sind wie die Gegenwart". - Im Wort 'bleiben', mhd. belîben, ahd. bilîban, ist die Vorsilbe 'be' enthalten, die dasselbe sagt wie die Präposition 'bei'. 'Bleiben' verweist also auf das Phänomen der Nähe. *Kluge,* Etymologisches Wörterbuch. S. 58 und 83.

[27] *Seifert,* o.c. 612.

sophie Nietzsches. Indem Nietzsche die ewige Wiederkehr des Gleichen denkt, erfüllt sich die Weisung des Anfangs, die lautete: Sein heißt ständige Anwesenheit.
Hierauf wird in der Vorlesung des folgenden Semesters näher eingegangen.

Wie der Anfang das Entsprungene überspringt, wie der Tod als Möglichkeit das
Dasein überholt, so überholt auch das Frühe des Geschickes alles Späte. In der Abhandlung "Der Spruch des Anaximander" schreibt Heidegger 1946: "Das Altertum,
das den Spruch des Anaximander bestimmt, gehört in die Frühe der Frühzeit des
Abend-Landes. Wie aber, wenn das Frühe alles Späte, wenn gar das Früheste das
Späteste noch und am weitesten überholte? Das Einst der Frühe des Geschickes käme dann als das Einst zur Letze (ἔσχατον) ..." Im Anschluß hieran steht das Wort
von der "Eschatologie des Seins": "Das Sein selbst ist als geschickliches in sich
eschatologisch" (GA 5,327). Der Anfang als Ziel im Wesen des Reinentsprungenen,
der Tod als Ziel des Daseins und der von Heidegger 1946 hervorgehobene eschato-
logische Charakter des geschicklich wesenden Seins haben die gleiche formale
Struktur.

Denselben Sinn wie aus Vers 48 der Rheinhymne hört Heidegger aus dem griechischen Wort ἀρχή heraus. In seinem 1939 geschriebenen Aufsatz "Vom Wesen
und Begriff der Φύσις. Aristoteles, Physik B,1" heißt es: "ἀρχή meint einmal das, von
woher etwas seinen Ausgang und Anfang nimmt; zum anderen aber das, was zugleich *als* dieser Ausgang und Anfang *über* das Andere, was von ihm ausgeht, weg-
greift und so es einbehält und damit beherrscht" (GA 9,247). 'Darüber weggreifen,
einbehalten, beherrschen' entspricht 'vorspringen, umfangen, überdauern' aus der
Deutung des Hölderlin-Verses (oben 35).

Heidegger spricht in seinen Spätschriften selten vom "Ursprung". Das heißt aber
nicht, daß er das Phänomen nicht mehr beachtet. Bereits seit der Kunstwerk-Abhandlung verwendet er, wenn er zum Ursprung einer Sache, ihrer ἀρχή bzw. φυά,
zurückfragt, meist das Wort "Wesensherkunft" (GA 5,1 ff). So verfolgt er die Wesensherkunft der 'Αλήθεια (GA 9,444), der Identität (ID 27), der Sprache (VA
204), der Technik (GA 5,295), der ἰδέα (GA 9,400), des Nihilismus (GA 9,386), der
Wissenschaft (VA 27), der Vernunft (VA 200).

Die zuletzt genannten Beispiele für den Einfluß des Reinentsprungenen und
seines Wesensgefüges auf Heideggers Geschichtsdenken entstammen seinen Schriften nach 1946. In der Hölderlin-Vorlesung wird das Reinentsprungene noch nicht in
den Zusammenhang mit der abendländischen Geschichte gebracht. Wie sich solche
Gedanken in den Vorlesungen der folgenden Jahre herausbilden, werde ich jeweils
darstellen.

Wie stark Hölderlin auf Heidegger eingewirkt hat, wird sich schon in der Vorlesung des nächsten Semesters zeigen, wo Heidegger einen seiner Grundgedanken,
den des Bezugs von Sein und Mensch, entwickelt. Um diesen Bezug vom Sein aus zu
benennen, verwendet Heidegger später dann ein Hölderlin-Wort aus der achten
Strophe der Rheinhymne: "brauchen". Das Sein braucht den Menschen,[28] wie die

---

[28] Etwa: Der Λόγος braucht das ὁμολογεῖν (VA 218); das Wesen der Sprache braucht das Sprechen der Sterblichen (GA 12,27); das Wesen der Wahrheit braucht die Wahrnis (VA 37); das Anwesen
braucht das Menschenwesen (ID 19); die Gegnet braucht den Menschen (GA 13,67); das Wesen des
Seins braucht das Menschenwesen (TK 38). - Winfried *Franzen* macht im Zusammenhang mit Heideg-

Götter einen Anderen brauchen. Denn, wie Hölderlin sagt, die "Seeligsten" fühlen nichts von selbst, deshalb muß "Theilnehmend fühlen ein Andrer,/ Den brauchen sie" (V.110 ff). Wenn die Götter an der eigenen Unsterblichkeit genug haben, also "eines Dings" "bedürfen", "So sinds Heroën und Menschen/ Und Sterbliche sonst" (V.106 ff). Diese Anderen, nicht Seligen, die teilnehmend mit den Göttern fühlen, versteht Heidegger als die Halbgötter (269) und als den Dichter (287), denn beide sind, wie noch dargestellt werden soll, dazu bestimmt, zwischen Göttern und Menschen zu vermitteln.

Nach Heideggers Deutung führt Hölderlin in den zuletzt zitierten Versen vor das volle Geheimnis, vor den "Ursprung des Ursprungs" (268), vor die Möglichkeit für das Entspringen des Reinentsprungenen. Hölderlin ersteigt damit "einen der ragendsten und einsamsten Gipfel des abendländischen Denkens, und das heißt zugleich: des Seyns". "Auf dem jetzt erreichten Gipfel wohnt Hölderlin nahe mit den Denkern des Anfangs unserer abendländischen Geschichte" (269). Heidegger meint hier Anaximander, Parmenides und Heraklit. Hölderlins Nähe zu ihnen liegt darin, daß auch sie das 'Brauchen' bedenken, nämlich als χρή und χρεών (oben 33 Anm.; unten 178 ff). Die Nähe zu Heraklit[29] ist außerdem darin zu sehen, daß Hölderlin sich mit seinem Gedanken der "Innigkeit" im Bereich des Heraklitischen ἕν hält. Das 'Nahewohnen' auf den "Gipfeln", wovon Heidegger spricht, knüpft an die Verse 9 ff aus "Patmos" an: "Drum, da gehäuft sind rings/ Die Gipfel der Zeit/ Und die Liebsten nahe wohnen auf/ Getrenntesten Bergen ..." (52. SW 2,165). Dieses Bild hat Heidegger wahrscheinlich vor Augen, wenn er im Seminar in Le Thor 1969 seinen eigenen Gedanken, daß das Sein den Menschen braucht, als "Echo" auf Parmenides und Anaximander erfährt (GA 15,370). Das Nahewohnen auf den "Gipfeln der Zeit" ist deshalb nicht nur auf das Verhältnis Hölderlins zu den anfänglichen Denkern zu beziehen, sondern auch auf Heideggers Verhältnis zu ihnen.

Der Bezug der Götter zu den Anderen, wie er in der achten Strophe der Rheinhymne gestaltet ist, ist nach Heidegger jedoch "die höchste Fragwürdigkeit im Wesen des Seyns" (269). Die bisherige Metaphysik ist mit ihren Begriffen nicht in der Lage, diese Frage zu fragen.[30] Heidegger strebt daher eine "andere Metaphysik, d.h. eine neue Grunderfahrung des Seyns" an (196). 1934/35 wird der Titel "Metaphysik" von Heidegger noch positiv gebraucht.[31]

---

gers Auffassung, daß das Sein den Menschen braucht, auf Analogien zur christlichen Mystik aufmerksam. *Franzen*, o.c. 203 f. Diese Analogien bestehen zweifellos. Man muß aber auch sehen, daß Heideggers Weg hierzu über Hölderlin führt. In der Begegnung mit Hölderlin bildet sich der Gedanke des Brauchens aus, und erst von hier aus findet Heidegger ihn in anderen Texten, zum Beispiel bei Angelus Silesius, wieder.

[29] Vgl. GA 55,31.

[30] Heidegger führt die Verse 109 bis 114 aus der Rheinhymne am Schluß seiner 1936 gehaltenen Schelling-Vorlesung an, weil sich durch Schellings Freiheitsabhandlung eine ähnliche Grundstimmung zieht (GA 42,284 f). Schelling mußte allerdings in Heideggers Augen "am Werk scheitern", denn er konnte seine Aufgabe mit den Mitteln und auf den Wegen der bisherigen Metaphysik nicht bewältigen. Heidegger sieht dieses Scheitern als "Anzeichen des Heraufkommens eines ganz Anderen", als "Wetterleuchten eines neuen Anfangs" (GA 42,5). Beim "Wetterleuchten" dürfte Heidegger wohl die erste Strophe von "Wie wenn am Feiertage ..." sowie das verwandte Phänomen des Blitzes aus diesem Gedicht im Sinn gehabt haben.

[31] Vgl. Max *Müller*, o.c. 51 f. *Pöggeler*, Denkweg, 177.

Die von Heidegger gegebene Deutung des Reinentsprungenen lautete: "Der Anfang überspringt das Entsprungene und vorspringend überdauert er das Bleibende, umfängt dieses von seinem Ende her und ist ihm so zugleich Ziel" (oben 35). In den Vorlesungen der folgenden Semester kommt mehr und mehr zum Vorschein, daß im Hinblick auf die abendländische Geschichte die ' Αλήθεια dieser Anfang ist. Das Wesensgesetz des Reinentsprungenen auf die ' Αλήθεια angewendet, würde besagen: Die ' Αλήθεια läßt die Geschichte entspringen, überdauert sie als das ihr Entsprungene, springt ihr vor und ist das Ziel der Geschichte. Dieses Ziel wäre dann der Ort, an dem die "andere Geschichte" entspringt. Noch am Ende seines Denkweges hat Heidegger in der ' Αλήθεια den Anfang erblickt.[32] Der Anfang als "Ziel" bzw. die "andere Geschichte" scheinen ihm dann jedoch in weiterer Ferne zu liegen, als er dies in den 30er Jahren glaubte.

Weil nach Heideggers Auffassung in der Vorlesung von 1934/35 in Hölderlins Dichtung der "Anfang einer anderen Geschichte gegründet" ist (1), muß aufgeklärt werden, inwiefern Dichtung hierzu imstande ist, das heißt, worin das Wesen der Dichtung besteht.

b) Das Wesen der Dichtung als Stiftung des Seyns

Als Leitwort hat Heidegger seiner ersten Hölderlin-Vorlesung den letzten Vers von "Andenken" vorangestellt: "Was bleibet aber, stiften die Dichter" (3. SW 2, 189).[33] Dieser Vers und der Satz "... dichterisch wohnet der Mensch" aus dem späten Gedicht "In lieblicher Bläue ..." (36. SW 2,372)[34] liegen allen Gedanken zu Grunde, die Heidegger in seiner lebenslangen Auseinandersetzung mit Hölderlin entwickelt. "Was bleibet aber, stiften die Dichter" heißt nach Heideggers Deutung in der Vorlesung von 1934/35: Dichtung ist "Stiftung des Seyns" (33 u.ö.);[35] "... dichterisch woh-

---

[32] Prospekt Klostermann, S. 3.

[33] Dies ist für Heidegger "das höchste Wort vom Wesen des Dichters" (GA 53,188). Der Gedanke, daß die Dichter das Bleibende stiften, erinnert an einen literarischen Topos der Antike. Am deutlichsten ist die Beziehung zu Ovids durat opus vatum (Amores 3,9,29). Außerdem bestehen Anklänge an Pindar, Horaz, Theokrit, Properz. Vgl. Jochen *Schmidt,* Hölderlins letzte Hymnen "Andenken" und "Mnemosyne". Tübingen: Niemeyer 1970. S. 36.

[34] nach Heideggers Ansicht dem "spätesten und gewaltigsten Gedicht" (GA 53,205). Das Hölderlin-Wort "... dichterisch wohnet der Mensch" beschäftigt Heidegger noch gegen Ende seines Denkweges, 1970, in dem Aufsatz "Das Wohnen des Menschen" (GA 13,213 ff). Daß er dieses Wort auch hier mit dem letzten "Andenken"-Vers zusammendenkt, zeigt sich daran, daß er von der "Stiftung der Ortschaft des dichterischen Wohnens des Menschen" spricht (GA 13,219).

[35] Heideggers Kunstwerk-Abhandlung ist eine einzige Reflexion über das Wort "Was bleibet aber, stiften die Dichter". Die Auslegung des Verses lautet dort: "Das Wesen der Dichtung ... ist Stiftung der Wahrheit" (GA 5,63). Heidegger faltet diesen Satz auseinander, indem er 1. das Wesen der Wahrheit bedenkt. Weil Dichtung ihre Stätte im Kunstwerk, zum Beispiel im Gedicht, hat, wird 2. das Geschehen der Wahrheit im Kunstwerk erörtert. Dichtung bewegt sich im Element der Sprache; deshalb wird 3. dem Verhältnis von Sprache und Wahrheit nachgegangen. Schließlich wird 4. gefragt, was "Stiften" heißt. Genauso wie beim Ausdruck "Stiftung des Seyns" in der Vorlesung von 1934/35 faßt Heidegger "Stiftung der Wahrheit" als genitivus subiectivus und obiectivus, so daß er sowohl die sich uns zu-werfende Unverborgenheit als auch das Entwerfen der Wahrheit durch die Kunst bedenkt. - Heideggers Vorgehen in der Kunstwerk-Abhandlung richtet sich allerdings nicht an den von mir genannten Punkten aus; der Hölderlin-Vers wird nicht erwähnt. Heidegger setzt ein mit der Frage nach dem Ursprung

net der Mensch" besagt: das Dasein des Menschen hat in der Dichtung seinen Grund und Boden. Was in der Vorlesung von 1934/35 noch nicht ausgearbeitet ist, der Zusammenhang des Bleibens mit dem Wohnen, läßt sich an der Etymologie der Verben verfolgen: "Wohnen" bedeutet: "sedem habere", "bleiben", "sich behagen, zufrieden sein mit oder in", "sich an einer Stelle wohlbefinden".[36] "Was bleibet aber, stiften die Dichter" kann demnach so umschrieben werden: das Wohnen der Menschen stiften die Dichter. Hieraus ist ersichtlich, wie eng die beiden Hölderlin-Worte zusammengehören und vom Selben sagen.

Heidegger verfolgt in der Vorlesung die Weise, wie der Dichter das Seyn stiftet. Es geschieht so, daß der Dichter das ins Wort faßt, was ihm der "Gott" zuspricht bzw. wozu die "Natur" ihn befähigt. So sagt es die Hymne "Wie wenn am Feiertage ...", in der nach Heideggers Auffassung das "Wesen des Dichters und der Dichtung" (252) gestaltet ist. Die Verse 56 ff lauten: "Doch uns gebührt es, unter Gottes Gewittern,/ Ihr Dichter! mit entblösstem Haupte zu stehen,/ Des Vaters Stral, ihn selbst, mit eigner Hand/ Zu fassen und dem Volk ins Lied/ Gehüllt die himmlische Gaabe zu reichen" (30. SW 2,119 f).[37] Der Dichter steht zwischen dem Gott und dem Volk, er hat die Blitze des Gottes aufzufangen und sie dem Volk weiterzureichen. Heidegger interpretiert: "Dasein *ist* nichts anderes als die *Ausgesetztheit in die Übermacht des Seyns*" (30 f). Der Dichter setzt sich zuerst dem Seyn aus und bringt es ins Wort. Hierdurch setzt er auch das Dasein des Volkes dem im Wort gestifteten Seyn aus. Im "Vollzug dieser Aussetzung" (74 f) ist der Mensch geschichtlich, ver-

---

des Kunstwerkes als seiner Wesensherkunft. Diese Wesensherkunft ist die Kunst. Um das Wesen der Kunst zu finden, muß ein wirkliches Werk aufgesucht und gefragt werden, was und wie es sei (GA 5,3). Der 1. Abschnitt der Abhandlung trägt die Überschrift: "Das Ding und das Werk". Weil im Werk ein Geschehen der Wahrheit am Werk ist (GA 5,21), wird im 2. Abschnitt "Das Werk und die Wahrheit" behandelt. Der 3. Abschnitt heißt: "Die Wahrheit und die Kunst". In ihm wird a) die in der Einleitung gestellte Frage nach dem Wesen der Kunst aufgegriffen und b) erörtert, inwiefern die Wahrheit einen "Zug" (GA 5,44) zum Werk hat. - Zur systematischen Interpretation der Kunstwerk-Abhandlung vgl. Friedrich-Wilhelm v. *Herrmann,* Heideggers Philosophie der Kunst. Frankfurt: Klostermann 1980.

[36] *Grimm,* Deutsches Wörterbuch 30,1206. - Interessant ist auch der Zusammenhang von "bleiben" mit "Leib" und "Leben": "wie 'bauen' ein wohnen und sein ausdrückt und zu 'beo', 'bin' gehört, ist auch der 'leib' die stätte und wohnung, der 'bau', das bleiben der seele und 'leben' ist ein habitare, manere, wohnen, 'bleiben' ein sein, wesen, esse, superesse, remanere". *Grimm,* Deutsches Wörterbuch 2,90. - Bleiben der Seele als Wohnen im Leib wäre Heidegger wohl zu christlich, platonisch gesprochen. Das Zusammengehören von "bleiben, wohnen, sein" (= geschichtlich sein) bestimmt seine Auslegungen aber von Grund auf. - Grimms Wörterbuch hat Heidegger offensichtlich auch für seinen Vortrag "Bauen, Wohnen, Denken" von 1951 zu Rate gezogen. Er sagt: "Was heißt nun Bauen? Das althochdeutsche Wort für bauen, 'buan', bedeutet wohnen. Dies besagt: bleiben, sich aufhalten" (VA 140).

[37] Ein ähnliches Verständnis des Wortes wie bei Hölderlin findet sich auch in den Pindarischen Oden. "Das dichterische Wort ist das Medium, durch das die in ihrer Unverborgenheit eröffnete Wirklichkeit vom Dichter-Seher als Wahrsager den Menschen mitgeteilt wird". Dieter *Bremer,* Licht und Dunkel in der frühgriechischen Dichtung. Interpretationen zur Vorgeschichte der Lichtmetaphysik. Bonn: Bouvier 1976. S. 303. - Hölderlins Feiertagshymne und aus ihr besonders die Phänomene Blitz (V.3 und 51) und Gewitter (V.56) behalten für Heideggers Denken eine bestimmende Kraft. Das Bild der Dichter, die "Des Vaters Stral" "fassen", liegt zu Grunde, wenn Heidegger in seinem Aufsatz "Logos" (1951) schreibt: "Einmal jedoch, im Beginn des abendländischen Denkens blitzte das Wesen der Sprache im Lichte des Seins auf. Einmal, da Heraklit den Λόγος als Leitwort dachte, um in diesem Wort das Sein des Seienden zu denken. Aber der Blitz verlosch jäh. Niemand faßte seinen Strahl und die Nähe dessen, was er erleuchtete. Wir sehen diesen Blitz erst, wenn wir uns in das Gewitter des Seins stellen" (VA 221). - Außer den Hölderlin-Worten sind in diesen Gedanken auch *Heraklits* Κεραυνός und πῦρ ἀείζωον rezipiert (vgl. unten 365 ff).

mag er, "dichterisch" zu wohnen. Heidegger hat die "Ausgesetztheit" und "Aussetzung" später weitergedacht. Im "Brief über den 'Humanismus'" von 1946 schreibt er:
"Das Stehen in der Lichtung des Seins nenne ich die Ek-sistenz des Menschen" (GA
9,323 f).[38] Unter dem Anspruch des Gottes entwirft der Dichter das, was noch nicht
ist, in seinem Wesen und stellt sein Wort "als *die Sage*" (214) in das Dasein des Volkes. Heidegger hebt hervor: Das im Entwurf des Dichters "gestiftete Seyn aber umfaßt immer das Seiende im Ganzen: die Götter, die Erde, die Menschen und diese
in ihrer Geschichte" (215). Hölderlin hat in seiner Idee des Vaterländischen, wie
noch dargestellt werden soll, einen solchen Seynsentwurf vollzogen.

Indem der Dichter unter "Gottes Gewittern" steht, empfängt er die "Winke" des
Gottes. Hiervon sprechen die Verse 39 f aus der Ode "Rousseau": "... und Winke
sind/ Von Alters her die Sprache der Götter" (32. SW 2,13). Der Dichter hat also
die Winke der Götter zu vernehmen und sie in das Volk weiterzuwinken.

Insofern Hölderlin in "Wie wenn am Feiertage ..." die Aufgabe des Dichters in
der genannten Weise gestaltet hat, sieht Heidegger ihn als *"Dichter des Dichters"* (30;
214; 218). Daher ist, wenn Heidegger "der Dichter" sagt, sowohl Hölderlin gemeint
als auch das von Hölderlin gestiftete Wesen des Dichters. In diesem Gedanken ist
eingeschlossen, daß Hölderlin sich selbst in der Rolle des Dichters sah, dessen Wesen er in seinem Werk gestaltete.

Wenn der Dichter das Seyn stiftet, indem er die Winke der Götter in sein Wort
faßt und dieses dem Volk weiterreicht, so ist zu fragen, was ihn zu einem solchen
stiftenden Sagen befähigt. Die Antwort hierauf geben die Eingangsstrophen der Feiertagshymne. Die erste Strophe handelt von einem Sonntagmorgen auf dem Lande
nach dem Abzug eines Gewitters. Heidegger erkennt die Ursprungsmächte aus der
Rheinhymne wieder (oben 32): die Erde und den Donnerer, Geburt und Lichtstrahl
(256). Die zweite Strophe spricht davon, daß die "Natur" (V.13) die Dichter "in
leichtem Umfangen" "erziehet" (V.12), die "Natur", die "älter denn die Zeiten/ Und
über die Götter des Abends und Orients ist" (V.21 f). Was Hölderlin "Natur" nennt,
deutet Heidegger nicht aus dem Gegensatz zum Geist oder zur Geschichte, sondern
als: "das Seyn" (258), "Seyn als solches" (258; 259) oder "das Seyn im Ganzen" (238;
291). Weil das stiftende Sagen der Dichter davon herrührt, daß die "Natur" sie umfängt und erzieht, kann Heidegger das volle Wesen der Dichtung so erläutern: "Das
Sagen der Dichtung entwächst dem Seyn" (256),[39] "Das Seyn läßt Dichtung entspringen" (237), "Die Dichtung ist das Grundgeschehnis des Seyns als solchen" (257).

Nun scheint es sich zu widersprechen, daß einerseits die Dichtung das Seyn stiftet, andererseits das Seyn Dichtung entspringen läßt. Heidegger sagt: "Zum Wesen
des Seyns als solchen aber gehört der stiftende Rückwurf seiner auf sich selbst"
(237). Das heißt: Um als Seyn zu wesen, muß sich das Seyn auf sich selbst zurück-

---

[38] Beim Wort "Ausgesetztheit" bzw. "Ek-sistenz" spielt bekanntlich das Rilke-Gedicht "Ausgesetzt
auf den Bergen des Herzens" herein, dieses aber nur dem Wortlaut nach, denn "Ausgesetztheit in die
Übermacht des Seyns" meint 'aussetzen' als 'preisgeben', als Bezogensein auf das Walten des Seyns; bei
Rilke dagegen wird "Ausgesetzt" im Sinne von "ein kind aussetzen, ἐκτιθέναι, es aus dem hause auf das
freie feld aussetzen" (*Grimm* 1,970) gebraucht. Rainer Maria *Rilke,* Sämtliche Werke. Hg. v. Rilke-Archiv. In Verb. m. Ruth Sieber-Rilke. Bes. durch Ernst Zinn. 2. Bd. Wiesbaden: Insel 1957. S. 94 f.

[39] In den von Heidegger nicht vorgetragenen Versen 36 ff heißt es vom "Liede", daß "es der Sonne
des Tags und warmer Erd/ Entwächst, und Wettern ..." (SW 2,119).

werfen, sich selbst stiften. In der Bestimmung des vollen Wesens der Dichtung fährt Heidegger fort: "Das Seyn läßt Dichtung entspringen, um ursprünglich in ihr sich zu finden und so in ihr sich verschließend als Geheimnis sich zu eröffnen" (237). Das Wort von der Dichtung als "Stiftung des Seyns" (oben 40) wird somit doppeldeutig, insofern der Genitiv sowohl als obiectivus als auch als subiectivus zu verstehen ist. Das Seyn ist also einmal das Gestiftete ("Was bleibet aber, stiften die Dichter"), einmal das Stiftende (die "Natur" umfängt die Dichter). Heidegger betont: "weil 'Die Natur' als das Seyn sich selbst stiftet im Sagen, ist das Sagen der Dichter als das Sich-selbst-sagen der Natur desselben Wesens mit dieser" (258). Hierin kann man wie bei dem Verfahren, das Sagen des Dichters durch ein Mitsagen zugänglich zu machen, wieder das alte Denkschema "Gleiches zu Gleichem" erkennen. Heideggers Deutung der Wesenseinheit von "Natur" und Dichtern fußt darauf, daß es in der zweiten Strophe der Feiertagshymne von den Dichtern heißt, sie "ahnen immer" (V.17) und daß auch die "Natur" "ahnend ruhet" (V.18).

Daß einmal der Gott dem Dichter das Seyn zuspricht und einmal die "Natur" als Seyn im Ganzen sich im Wort des Dichters stiftet, ist insofern kein Widerspruch, als nach der Feiertagshymne die "Natur" "über die Götter" (V.21) ist; das heißt: das Seyn im Ganzen umfaßt auch die Götter. Heidegger greift seine Deutung der Hölderlinschen "Natur" als Seyn im Ganzen in den Vorlesungen der folgenden Semester auf und denkt dann die "Natur" zusammen mit dem "Heiligen".

Mit dem obigen Gedanken, daß das Seyn sich auf sich zurückwirft und sich dadurch selbst stiftet, beschreibt Heidegger eine Eigenbewegung des Seyns; sie hat eine gewisse Ähnlichkeit mit dem Geschehen des Daseins, wenn dieses auf seine eigene Geworfenheit zurückkommt (oben 20). Vom Seyn aus zu denken wird durch den Beginn der Rheinhymne nahegelegt, wo der Sprecher der Hymne, für Heidegger der Dichter, sagt, Vers 8 ff, daß "Geheim noch manches entschieden/ Zu Menschen gelanget; so/ Vernahm ich ohne Vermuthen/ Ein Schiksaal ..." (155). Während in "Sein und Zeit" "Schicksal" eine Bewegung im Dasein bezeichnet, ist in der Rheinhymne das "Schiksaal" ein Geschehnis, das den Dichter überkommt, das er vernehmen muß. Eine Bewegung auf den Menschen zu ist auch in "Germanien" gestaltet, wenn, nach Heideggers Auslegung, die "Ankunft der neuen Götter" angekündigt wird (16). Hierauf werde ich im Zusammenhang mit der Grundstimmung noch eingehen. Die Bewegung auf den Menschen zu - "manches", "Ein Schiksaal", die Götter kommen zu den Menschen - bildet den Keim des Gedankens, der Heidegger später von der "Ankunft des Seins" sprechen läßt.[40] Wie sich in der Vorlesung des folgenden Semesters zeigen wird, sieht Heidegger sich durch das Gespräch mit Hölderlin genötigt, den Ansatz der Seinsfrage beim Seinsverständnis des Menschen fallen zu lassen und die Fragerichtung umzukehren.

Die Ankunft des "Schiksaals" ereignet sich "ohne Vermuthen", überraschend, wie auch der Blitz des Gottes den Dichter plötzlich trifft. Hölderlin sagt von diesem Augenblick auch am Schluß des Gedichtes "Die Wanderung", welche Verse Heidegger im Zusammenhang mit der ersten Strophe der Rheinhymne zitiert: "Oft überrascht es den,/ Der eben kaum es gedacht hat" (171. SW 2,41).[41]

---

[40] Etwa GA 9,326; 363. TK 42.

[41] Diese Zeilen werden von Heidegger zuletzt 1970 angeführt in "Das Wohnen der Menschen"

Dem Wort "Schiksaal" aus dem Beginn der Rheinhymne denkt Heidegger in den folgenden Jahren immer wieder nach. Es führt ihn schließlich dazu, Geschichte nicht mehr als "Geschehen", sondern aus einem "Geschick" zu verstehen. Im Vortrag "Zeit und Sein" (1962) heißt es dann: "Das Geschichtliche der Geschichte des Seins bestimmt sich aus dem Geschickhaften eines Schickens, nicht aus einem unbestimmt gemeinten Geschehen" (SD 8 f).[42]

Das in der Rheinhymne betont am Versanfang stehende "Ein Schiksaal" meint nach Heidegger das eine-einzige Schicksal des Rheinstroms (185 f). Weil dieser Strom, wie es in der 6. Strophe der Hymne heißt, als "Vater Rhein" den Menschen "das Land baut" und "liebe Kinder nährt/ In Städten, die er gegründet" (157. SW 2, 144), bestimmt die Einzigkeit seines Schicksals auch das Schicksal des deutschen Volkes, so daß Heidegger folgern kann: Geschichte "ist immer einzige Geschichte, je dieses Volkes, hier des Volkes dieses Dichters, die Geschichte Germaniens" (288). Und: "Einzigkeit ist die Gestalt und Gegenständlichkeit des Wesens der Geschichte" (227). Weder auf das Einzelne als besonderen Fall noch auf das Allgemeine, und sei es in der Form der Typologie wie bei Spengler, hat sich Heidegger zufolge das geschichtliche Wissen zu richten (227).

Von der einzigen Geschichte der Deutschen handelt sowohl die Rheinhymne als auch die Hymne "Germanien". Diese evoziert zu Beginn "Die Götterbilder in dem alten Lande" (V.2), das heißt in Griechenland, die seit über zwei Jahrtausenden "Entflohenen Götter" (V.17). Hölderlin hat die "Not" der "Flucht der Götter" (80) außer in "Germanien" etwa noch in dem Gedicht "Der Mutter Erde" gestiftet. Dort heißt es, Vers 47 f: "Die Tempelsäulen stehn/ Verlassen in Tagen der Noth" (98. SW 2,124). Dieses Bild einer von den Göttern verlassenen Tempelruine hat Heidegger so nachhaltig beeindruckt, daß er es auch vor Augen hat, wenn er in den Vorlesungen der folgenden Jahre den Wesenswandel der Wahrheit in der Philosophie Platons als "Einsturz" und "Verschüttung" der ἀλήθεια denkt (unten 96 f; 140) oder wenn er über die gegenwärtige "Not" der "Seinslassenheit" erschrickt (unten 111). Letzterem entspricht in der Vorlesung von 1934/35 die "Not des neuzeitlichen Denkens": die "Angst vor dem wirklichen Fragen nach dem eigentlich Frag-würdigen" (149). Diese von Heidegger aus eigenem Ursprung des Denkens erfahrene Not macht ihn, wie er sagt, "hellsichtig" für die Not des Dichters, "weil eine Not die andere in sich schließt" (149). Weil das eigentlich Frag-würdige, wie schon gesagt, für Heidegger das Sein (Seyn) ist, schließt die Not der ab der Vorlesung des folgenden Semesters so genannten Seinsvergessenheit die Not der Götterlosigkeit in sich. Heidegger versteht in der Vorlesung von 1934/35 unter dem Seienden im Ganzen: "die

---

(GA 13,216). Mit ihnen endet die "Ister"-Vorlesung. - Für den Gedanken der "Ankunft" des Seins ist auch der 1. Brief des Paulus an die Thessalonicher wichtig, der von der "Ankunft des Herrn" (4,15 und 5,23) handelt. Auch Paulus sagt, daß der "Tag des Herrn" "plötzlich", "wie ein Dieb in der Nacht" kommt, die Menschen "überraschen" wird (ἐπέρχεται, 5,2-4). Heidegger hat sich mit dem Paulus-Brief während der Vorbereitung einer Vorlesung für das Wintersemester 1920/21, "Einleitung in die Phänomenologie der Religion", befaßt. Vgl. *Pöggeler*, Denkweg, 36. *Lehmann*, o.c. 141 ff.

[42] Ähnlich im "Brief über den 'Humanismus'": "Die Geschichte geschieht nicht zuerst als Geschehen. Und dieses ist nicht Vergehen. Das Geschehen der Geschichte west als das Geschick der Wahrheit des Seins aus diesem (vgl. den Vortrag über Hölderlins Hymne 'Wie wenn am Feiertage ...', 1941. S. 31)" (GA 9,335).

Götter, die Erde, die Menschen und diese in ihrer Geschichte" (215). Die Seinsvergessenheit hat demnach - so könnte man sagen - mehrere Gestalten: die Flucht der Götter, das Ausbeuten und Abmühen der Erde durch den Menschen, seine Heimatlosigkeit und Ungeschichtlichkeit. Daß die Seinsvergessenheit der Grund für die Abwesenheit des Göttlichen ist, hebt Heidegger in der Parmenides-Vorlesung dann ausdrücklich hervor.[43]

Das Wesen der Dichtung wurde von Heidegger als "Stiftung des Seyns" gefaßt (oben 40). Dieser Gedanke wird auf Hölderlins Dichtung selbst angewendet. Durch die Auslegung verschiedener Textstellen zeigt Heidegger, daß Hölderlin das Seyn des Menschen aus dessen Bezug zu den Göttern als "Gespräch" (unten 46), das Seyn der Götter als "Seligkeit" (oben 35), das Seyn der Halbgötter als "Schicksal" und "Leiden" (unten 47 f), das geschichtlich wesende Seyn als "Vaterland" (unten 54) und das Seyn im Ganzen als "Natur" (oben 42) erfahren und gestiftet hat.

Als nächstes ist zu verfolgen, auf welche Weise Hölderlin, gemäß Heideggers Auslegung, das Seyn des Menschen gestiftet hat.

c) Das Seyn des Menschen als Gespräch

Im ersten Kapitel des ersten Teils der Vorlesung stellt Heidegger eine Besinnung auf Sprache und Dichtung an.[44] Diese Überlegungen werden in den nächsten Jahren gleichsam ruhen gelassen und erst 1950 wieder aufgegriffen (GA 12: Unterwegs zur Sprache). In engstem Zusammenhang mit dem Anfang von Geschichte steht folgender Gedanke Heideggers:

Wenn der Mensch "dichterisch wohnt", das heißt wenn sein Dasein in der Dichtung gründet, Dichtung aber Sprache ist, dann muß ein ausgezeichnetes Verhältnis des Menschen zur Sprache bestehen. Heidegger erläutert es unter anderem

---

[43] Noch zwei Jahre vor seinem Tod, 1974, hat Heidegger so gedacht. In einem Geschenk für Hugo Friedrich zu dessen 70. Geburtstag schreibt Heidegger, Vers 101 von Hölderlins Elegie "Heimkunft" aufgreifend, von der "Not des Fehls 'heiliger Nahmen'", den der Dichter erfahren hat. Das Denken könnte dem Dichten "'verstehen helfen'" [Dichterberuf, V.59 f: "Und gern gesellt, damit verstehn sie/ Helfen zu anderen sich ein Dichter". SW 2,48]. Heidegger erläutert: "Hierbei meint verstehen nicht: verständlich machen, sondern: ausstehen die Not, nämlich jene anfängliche, aus der erst die Not des Fehls 'heiliger Nahmen' entspringt: die Seinsvergessenheit, d.h. das Sichverbergen (Λήθη) der Eigentümlichkeit des Seins als Anwesen" (GA 13,234). - Der Seinsvergessenheit als Verwüstung der Erde denkt Heidegger in seinen Erörterungen zum Wesen der modernen Technik nach, das er auch als "Gestell" (VA 36 u.ö.) begreift. Mit dem Wesen der Technik hängt die Ungeschichtlichkeit des "planetarischen Menschen" (GA 52,6; unten 193) und seine Heimatlosigkeit zusammen. Die Heimatlosigkeit, schreibt Heidegger im "Brief über den 'Humanismus'", "beruht in der Seinsverlassenheit des Seienden. Sie ist das Zeichen der Seinsvergessenheit" (GA 9,339). Die Heimatlosigkeit ist die eigentliche Not des Wohnens ist Thema des Vortrags "Bauen, Wohnen, Denken" von 1951 (VA 156). - In der "Einführung in die Metaphysik" nennt Heidegger als Indiz dafür, daß wir "aus dem Sein längst herausgefallen sind", als Indiz für den "geistigen Verfall der Erde": "die Verdüsterung der Welt, die Flucht der Götter, die Zerstörung der Erde, die Vermassung des Menschen, den hassenden Verdacht gegen alles Schöpferische und Freie" (GA 40,40 f).

[44] Referiert von Peter B. *Kraft, Das anfängliche Wesen der Kunst. Zur Bedeutung von Kunstwerk, Dichtung und Sprache im Denken Martin Heideggers.* Frankfurt-Bern-New York: Lang 1984. S. 83 ff.

an dem Bruchstück "Versöhnender, der du nimmergeglaubt ...", Vers 162 ff: "Viel hat erfahren der Mensch./ Der Himmlischen viele genannt,/ Seit ein Gespräch wir sind/ Und hören können voneinander" (68). Weil Heidegger die Verse von "Gottes Gewittern" und den "Winken" der Götter (oben 41 f) mit diesem Text zusammendenkt, versteht er das "Gespräch", das "wir sind", als Gespräch mit den "Himmlischen".[45] Der Mensch ist Heidegger zufolge ein "Sprachgeschehnis" (69), sein "Seyn ... geschieht als Gespräch" (79), und zwar so: die Götter sprechen ihn an, stellen ihn unter ihren "Anspruch", und er antwortet darauf. So "angesprochen sprechend" bringt er das Seiende als ein solches zur Sprache (70). Den Zeitbezug, der im Wort "Seit" aufscheint, deutet Heidegger so: "Wir sind ein zeitlich bestimmtes, geschichtlich anhebendes Gespräch". Und weiter: Das "Sprachgeschehnis ist Anfang und Grund der eigentlichen geschichtlichen Zeit des Menschen" (69). Die Zeitigung dieser Zeit wird im Zusammenhang mit der Grundstimmung noch behandelt. Aus dem Verständnis des Menschen als eines Sprachgeschehnisses folgt, daß die Sprache nicht etwas ist, "was der Mensch hat, sondern umgekehrt Jenes, was den Menschen hat" (74).[46]

In den Vorlesungen der folgenden Semester wird sich zeigen, wie das Gespräch zwischen Göttern und Menschen als "Anspruch" und "Ent-sprechung" (174) Heidegger als Leitbild dient für die Struktur des Bezugs von Sein und Mensch.[47] "Gespräch" wird für Heidegger auch das Wort für seine eigene Auseinandersetzung mit dem abendländischen Denken.

---

[45] Das Bruchstück "Versöhnender ..." ist ein Entwurf zu der erst 1954 aufgefundenen Hymne "Friedensfeier". Am Beginn der 8. Strophe heißt es: "Viel hat von Morgen an,/ Seit ein Gespräch wir sind und hören voneinander,/ Erfahren der Mensch; bald sind wir aber Gesang". Hierzu erläutert Friedrich *Beissner,* daß nicht im Nennen der Götter das eigentliche Gespräch bestehe. "Die Zeit des Gesprächs war Zwischenzeit, Vorbereitung, die 'Zeit des Gesangs' [LA zu 'Patmos', SW 2,777 und 782] aber ist die Erfüllung. Das Gespräch, die Hinwendung der vereinzelten Menschen zueinander, hört auf mit dem Erscheinen der Götter ..." Hölderlin, Friedensfeier. Hg. u. erl. v. Friedrich *Beissner.* Stuttgart: Kohlhammer 1954. S. 33. - Eine ähnliche Deutung wie Heidegger vertritt Momme *Mommsen:* "Der Mensch und die Himmlischen sind also 'ein Gespräch'". Momme *Mommsen,* Dionysos in der Dichtung Hölderlins. In: Germanisch-Romanische Monatsschrift 13 (1963). S. 374. - Mag das "Gespräch" aus "Versöhnender ..." auch nicht eindeutig auf die Begegnung zwischen Göttern und Menschen zu beziehen sein, die ausgearbeitete Hymne "Friedensfeier" beweist, daß das "Fest" im Mittelpunkt steht, und als "Fest" weist Heidegger das Entgegenkommen von Göttern und Menschen in seiner "Andenken"- Vorlesung auf. - Auch nach der Veröffentlichung des "Friedensfeier" und Beissners Erläuterungen hat Heidegger an seiner Deutung des "Gesprächs" von 1934/35 festgehalten. In seinem Vortrag von 1957 "Das Wesen der Sprache" sagt er: "Die 'voneinander hören' - die einen und die anderen - sind die Menschen und die Götter. Der Gesang ist die Feier der Ankunft der Götter - in welcher Ankunft alles still wird. Der Gesang ist nicht der Gegensatz zum Gespräch, sondern die innigste Verwandtschaft mit ihm: denn auch der Gesang ist Sprache" (GA 12,171 f). - Hölderlins "Friedensfeier" handelt vom "Gastmahl" (V.100) am "Abend der Zeit" (V.111), vom Frieden zwischen Göttern und Menschen nach Beendigung der Geschichtszeit. Heidegger sieht im "Gespräch" - in der "Andenken"-Vorlesung in Verbindung mit dem "Brautfest" aus der Rheinhymne - den Anfang einer neuen Zeit. Er weist in dieser Vorlesung auf den "Abend der Zeit" aus dem Hymnenentwurf hin (GA 52,157), betont aber auch dort, daß das kommende Fest Anfang und Grund einer neuen Zeit und Geschichte ist. Nicht als Ende des Tages ist der Abend also für Heidegger wichtig, sondern als Abend vor dem neuen Morgen; so versteht er in der Parmenides-Vorlesung das "Abendland".

[46] Dieser Gedanke ist 1951 weitergeführt: "Der Mensch gebärdet sich, als sei er Bildner und Meister der Sprache, während sie doch die Herrin des Menschen bleibt" (VA 184).

[47] Zum Sein als Anspruch in Heideggers späteren Schriften u.a.: GA 9,309; 319; 323. ID 19. SD 7.

Zum Seienden im Ganzen, dessen Seyn in Hölderlins Dichtung gestiftet ist, gehört außer den Menschen und den Göttern auch die Erde. Erde und Gott ("Blitz") wurden als Ursprungsmächte des Reinentsprungenen, das Seyn der Götter als "Seligkeit" aufgewiesen (oben 32 ff). Auf die Erde geht Heidegger nicht näher ein; erst in der "Ister"-Vorlesung verfolgt er, wie die Erde den Menschen das Heimischsein und Wohnen gewährt.

Es kommt nun darauf an, das Verhältnis der Götter zu den Menschen noch näher zu beleuchten. Wie bei der Darstellung des Wesens der Dichtung schon klar wurde, ist das Verhältnis kein unmittelbares, sondern eines, das der Vermittlung bedarf. Hiervon handelt das Folgende.

d) Das Denken der Halbgötter. Dichten und Denken

Vers 135, "Halbgötter denk' ich jezt", ist Heidegger zufolge der Drehpunkt für die Komposition der Rheinhymne. Heidegger versteht das sprechende Ich als den Dichter. Das 'Denken' des Dichters ist ein schöpferischer Entwurf, der das Wesen der Halbgötter stiftet. Die Halbgötter deutet Heidegger als "Zwischenwesen, nicht ganz Götter, aber auch mehr als Menschen" (165). Bei diesem Begriff hält er sich an die Verse 66 f aus "Der Einzige", wo vom "Vater" gesagt ist: "Immer stehet irgend/ Eins zwischen Menschen und ihm./ Und Treppenweise steiget/ Der Himmlische nieder" (163. SW 2,745).[48] Das Seyn der Halbgötter ist daher die "vermittelnde Mitte" (194) zwischen Göttern und Menschen, es ist "Schiksaal" (172).[49] Daß der Dichter die Halbgötter denkt, geschieht ja als Antwort auf sein Vernehmen eines Schick-

---

[48] Bei dem Ausdruck "Zwischenwesen" ist auch an Platons "Symposion" zu denken, wo von Eros gesagt ist, er sei ein δαίμων μέγας; und Diotima fährt fort: καὶ πᾶν τὸ δαιμόνιον μεταξύ ἐστι θεοῦ τε καὶ θνητοῦ (202 d 10). Vgl. auch Joh. Christ. Aug. *Heyse,* Handwörterbuch der Deutschen Sprache, ausgef. v. K.W.L. Heyse. Bd 1. Magdeburg 1833. Reprograf. Nachdr. Hildesheim: Olms 1968. s.v. "Halbgott": "In der Götterlehre der Alten Mittelwesen zwischen Göttern und Menschen, vergötterte Menschen von halb göttlicher Abkunft (Fr. Heroen)". - Mit seiner Arbeit "Zwischen Sein und Nichts" möchte Christian Ludwig *Lutz* einen Beitrag im "Vorfeld" zu einer "Systematischen Hermeneutik des Metaxy" (11) leisten. Heideggers Erläuterung der Halbgötter als "Zwischenwesen" in der Vorlesung von 1934/35 wird nicht berücksichtigt. Insgesamt behandelt der Autor das Problem des "Zwischen" im Werk Heideggers in einer simplifizierenden und wenig durchdachten Weise. Christian Ludwig *Lutz,* Zwischen Sein und Nichts. Der Begriff des "Zwischen" im Werk Martin Heideggers. Eine Studie zur Hermeneutik des Metaxy. Phil. Diss. Bonn 1984.

[49] In ähnlichem Sinne spricht Heidegger von der "Mitte" in seinem Vortrag "Hölderlins Erde und Himmel" von 1959. Die Verse 49 f aus dem Gedichtentwurf "Der Vatikan", "wirklich/ Ganzem Verhältniß, samt der Mitt" (SW 2,253), möchte Heidegger *"vermutungsweise"* als den Namen für jenes Ganze von Erde und Himmel, Gott und Mensch" auffassen (GA 4,163). In Anlehnung an Hölderlins philosophische Fragmente nennt Heidegger dieses Ganze das "unendliche Verhältnis" (GA 4,164; 170 f). Die Mitte dieses Verhältnisses ist im Vortrag "das Geschick" (GA 4,171). Hölderlins Gedichtentwurf "Griechenland", um dessen Auslegung sich der Vortrag bemüht, beginnt: "O ihr Stimmen des Geschiks" (GA 4,154. SW 2,256). Das Geschick "ermittelt" Heidegger zufolge die vier Stimmen, Erde, Himmel, Gott, Mensch, in ihr "Zueinandergehören","nimmt sie an sich, fängt sie an in die Innigkeit" (GA 4,171). Hierin besteht eine Parallele zur Vorlesung von 1934/35, wo die Halbgötter in ihrem schicksalhaften Seyn als Mitte zwischen Göttern und Menschen dargestellt werden. - Das innige Verhältnis von Erde und Himmel, Gott und Mensch aus dem Vortrag von 1959 ist ferner wie der Widerstreit im Wesen des Reinentsprungenen, wie die παλίντροπος ἁρμονίη und wie der Πόλεμος *Heraklits,* aus dem Götter und Menschen erst hervorgehen, wie Heidegger sagte, der "große Widerstreit zwischen den Wesensmächten des Seins" (oben 33).

sals (oben 43). Indem Hölderlin das Wesen der Halbgötter entwirft, schlägt er eine "Bresche" (166), bricht er den Bereich auf - dies ist der "Bereich des Seyns überhaupt" (167) -, innerhalb dessen erst nach dem Wesen der Götter und Menschen zureichend gefragt werden kann, denn was Götter und Menschen sind, bestimmt sich aus ihrem Verhältnis, aus dem "Zwischen", das die Halbgötter aushalten. Hölderlins Denken der Halbgötter ist entscheidend, weil es die Scheidung zwischen Göttern und Menschen erst schafft (226).

Um das Seyn der Halbgötter weiter aufzuhellen, zitiert Heidegger aus einem späten Bruchstück: "Denn über die Erde wandeln/ Gewaltige Mächte,/ Und es ergreiffet ihr Schiksaal/ Den der es leidet und zusieht,/ Und ergreifft den Völkern das Herz./ Denn alles fassen muss/ Ein Halbgott oder ein Mensch, dem Leiden nach,/ Indem er höret, allein, oder selber/ Verwandelt wird, fernahnend die Rosse des Herrn" (180. SW 2,226 f). Heidegger interpretiert: das schicksalhafte Seyn der Halbgötter ist ein "Leiden des Seyns". Hölderlin als derjenige, der die Halbgötter denkt, muß in seinem Entwurf dieses Seyns das Leiden der Halbgötter "mit-leiden" (182). Hier argumentiert Heidegger wieder mit dem Prinzip "Gleiches zu Gleichem". Er kann das deshalb, weil Hölderlin von den Halbgöttern in der Rheinhymne, Vers 136, sagt: "Und kennen muss ich die Theuern" (183); daher die "innerste Verwandtschaft" (211) des Dichters zu den Halbgöttern. Das Denken der Halbgötter ist nach Heidegger ein leidendes "Vorausverstehen" ihres Seyns und in diesem Sinne ein "Erleiden -, das leidend erwirkt und erschafft" (185). Das Verb 'erleiden' wird von Heidegger hier aktiv und transitiv gebraucht wie viele andere Verben auf 'er'- ebenfalls, worauf ich noch zurückkomme. Solch leidendes Erfahren des Seyns, wie es "Ein Halbgott oder/ Ein Mensch" trägt, macht die Grundstimmung der von Heidegger ausgelegten Hymnen "Germanien" und "Der Rhein" aus. Es ist, wie noch dargestellt werden soll, die heilig trauernde, aber bereite Bedrängnis. Das leidende Erfahren des Seyns wird für Heidegger zum Kennzeichen einer Grundstimmung schlechthin, der Grundstimmung des Er-staunens im ersten Anfang des Denkens sowie der Grundstimmung der Verhaltenheit, die den anderen Anfang anzeigt (unten 128; 149).

Dichter, Halbgott und Strom haben nach Hölderlins Gestaltung ein und dasselbe Wesen, nämlich in der Mitte des Seyns auszuhalten. Der Dichter muß den Begegnungen der Götter standhalten und ihre Gabe den Menschen weiterreichen. Der Halbgott ist durch seinen göttlichen Ursprung ein Zwischenwesen. Als einen solchen Halbgott hat Hölderlin den Rheinstrom dargestellt: Dieser Strom gründet das Wohnen der Menschen; von ihm heißt es in der Rheinhymne, Vers 87 ff, daß "er das Land baut/ Der Vater Rhein und liebe Kinder nährt/ In Städten, die er gegründet" (157). Vom Wesen eines Stromes sagt Hölderlin ferner in einem Kommentar zu einem Pindar-Fragment: "Der Begriff von den Centauren ist wohl der vom Geiste eines Stromes, sofern der Bahn und Gränze macht, mit Gewalt, auf der ursprünglich pfadlosen, aufwärtswachsenden Erde" (92. SW 5,289). Wie der Dichter zwischen Göttern und Menschen vermittelt, so hat der Strom sein Wesen zwischen Himmel und Erde (er wird gespeist durch den Regen und gräbt sein Bett in die Erde). Durch seinen göttlichen Ursprung einerseits und dadurch, daß er Städte gründet, andererseits ist der Strom auch zwischen Göttern und Menschen. Heidegger verfolgt diese Gedanken in der "Ister"-Vorlesung weiter.

Dasselbe Wesen, das Hölderlin als den Dichter, als den Strom, als den Halbgott entworfen hat, hat, nach Heideggers Überzeugung, Hölderlins Dichtung insgesamt im Hinblick auf unsere künftige Geschichte. Sofern wir lernen, dichterisch zu wohnen, erkennen wir in dieser Dichtung "Bahn und Grenzen" unserer Geschichte (259). Das ist derselbe Gedanke wie der, daß Hölderlin das zukünftige deutsche Seyn gestiftet hat und daher "Dichter der Deutschen" (229) heißen kann in dem Sinne, daß er die Deutschen dichtet.

Bei der Erläuterung des Verses 135 der Rheinhymne redet Heidegger das erste Mal vom "Denken des Dichters" (164 f). In der "Andenken"-Vorlesung (1942) wird anhand solchen Denkens das Wesen des Denkens überhaupt erhellt. Hölderlin ist für Heidegger nicht nur der uns am meisten angehende Dichter, sondern auch "einer unserer größten, d.h. unser zukünftigster *Denker*" (6), mit dem er sich denkend auseinandersetzen will (oben 27). Dichten und Denken sind für Heidegger wesensverwandt. Indem er auf die Etymologie des Verbs "dichten" - ahd. tihtôn, lat. dictare, dicere, griech. δείκνυμι -[50] hört, ergibt sich: "Dichten: ein Sagen in der Art des weisenden Offenbarmachens" (30). Mit "sagen" greift Heidegger das dicere, mit "weisen" das δείκνυμι auf. Das "offenbarmachen" nimmt Bezug auf das Aristotelische ἀποφαίνεσθαι, das in Heideggers "Vorbegriff der Phänomenologie" in "Sein und Zeit" einfließt (GA 2,46).[51] Wie das Dichten so ist auch das Denken nach Heideggers Verständnis ein Weisen und Zeigen, so daß er nicht nur seine denkerische Auseinandersetzung mit Hölderlin in dieser Vorlesung so versteht (oben 28), sondern auch seine Erörterungen in der "Andenken"- und der "Ister"-Vorlesung. Ebenso bezeichnet er im Vortrag "Was heißt Denken?" von 1952 das "einfache Weisen" als einen "Grundzug des Denkens" (VA 128).

Beim Dichten als weisendem Offenbarmachen betont Heidegger allerdings einen anderen Aspekt als beim Dichten, welches das Seyn stiftet. Man kann beide Aspekte mit den von Heidegger erläuterten Versen aus der Feiertagshymne charakterisieren: Dichten als Stiftung des Seyns geschieht unter dem Anspruch des Gottes; es faßt den Blitz des Gottes ins Wort. Dichten als weisendes Offenbarmachen ist der Vorgang, wie der Dichter "dem Volk ins Lied/ Gehüllt die himmlische Gaabe" reicht (oben 41).

Wegen der "innersten Verwandtschaft" von Dichten und Denken spricht Heidegger in der Vorlesung von 1934/35, als er das Denken des Dichters ("Halbgötter denk' ich ...") erörtert, auch vom "Dichten den Denkers" (165). Der Zusammenhang von Dichten und Denken beschäftigt Heidegger in seinem ganzen späteren Werk. An die etymologische Beziehung von "dichten" und dictare anknüpfend, schreibt Heidegger dann in "Der Spruch des Anaximander" (1946): "Das Denken sagt das Diktat der Wahrheit des Seins. Das Denken ist das ursprüngliche dictare. Das Denken ist die Urdichtung ..." (GA 5,328).[52] Hier ist das Geschichte gründende Denken

---

[50] Émile *Boisacq*, Dictionnaire Étymologique de la Langue Grecque. Heidelberg: Winter. 1. Aufl. 1908. 4. Aufl. 1950. S. 170: δείκνυμι, lat. dico.

[51] In seinem Vortrag "Der Weg zur Sprache" von 1959 sieht Heidegger das Sagen offenbar durch δείκνυμι und ἀποφαίνεσθαι bestimmt. Sagen heißt dort: "zeigen, erscheinen-, sehen- und hören-lassen" (GA 12,241).

[52] "Aus der Erfahrung des Denkens" sagt Heidegger 1947: "Der Dichtungscharakter des Denkens ist noch verhüllt" (GA 13,84). Und: "Singen und Denken sind die nachbarlichen Stämme des Dichtens"

gemeint, dem das stiftende Sagen des Dichters aus der Vorlesung von 1934/35 entspricht.

In Verbindung mit dem Dichter und dem Denker nennt Heidegger in der Vorlesung von 1934/35 noch den "Staatsschöpfer". Diese drei sind die "eigentlich Schaffenden" (51). Heidegger leitet das aus einer Textpassage des "Hyperion" ab, wo Hölderlin vom "Staat" der Athener, ihrer "Kunst", "Religion" und "Philosophie" spricht (21). Mit dem Wort "die Schaffenden" hält Heidegger sich an Hölderlins Gedicht "Der Mutter Erde", Vers 63 f: "Und die Zeiten des Schaffenden sind/ Wie Gebirg ..." (52. SW 2,125). Außerdem denkt Heidegger beim Wort "die Schaffenden" an Nietzsche, vor allem den "Zarathustra" und Nietzsches Schriften aus dem Nachlaß. Die Schaffenden sind diejenigen, die - wie Heidegger sagt - die *"ursprüngliche Zeit der Völker"* entscheiden (51). Am Anfang der Geschichte wird das Seyn "dichterisch gestiftet, denkerisch gefügt und in der Täterschaft des Staatsgründers der Erde und dem geschichtlichen Raum verwurzelt" (120). Heidegger fordert von uns, die "verborgene gipfelhafte Vereinzelung" - dabei hat er die "Gipfel der Zeit" im Sinn (oben 39) - sowie die Zusammengehörigkeit der dichtenden, denkenden und handelnden Mächte "zu erfahren und zu einem neuen, bisher unerhörten Gefüge des Seyns ursprünglich zu gestalten" (184 f). Vermutlich denkt Heidegger hierbei auch an Hölderlins "Anmerkungen zur Antigonä", wo es heißt: "vaterländische Umkehr ist die Umkehr aller Vorstellungsarten und Formen" (SW 5,271); eine andere Stelle aus diesem Text liest er im Zusammenhang mit dem Sprachcharakter der Dichtung (67). Auch in den Vorlesungen der folgenden Semester hält Heidegger an diesem Gedanken fest.

Wie das Wesensgesetz des Reinentsprungenen den Blick auf die Bewegtheit der abendländischen Geschichte freigibt, so auch eine Stelle aus Hölderlins Gedicht "Mnemosyne".

e) Das Ereignis des Wahren

Durch das von Hölderlin in der zweiten Strophe von "Germanien" gesagte "uns" (V.26 und 30) entsteht die Frage, wer damit gemeint ist, und weiterhin die Frage, "wer wir sind" (49). Heidegger zitiert je eine Strophe aus den Oden "An die Deutschen" und "Rousseau", um zu zeigen, daß "die Jahre der Völker" (SW 2,10 und 12) uns verborgen sind, daß wir unsere "eigentliche geschichtliche Zeit" nicht kennen (50). In diesen Zusammenhang der "Weltzeit der Völker" (51) gehört Heideggers Erläuterung der Aufgabe der Schaffenden. In demselben Zusammenhang führt er die Verse 16 ff aus "Mnemosyne", 1. Fassung (V.15 ff 2. Fassung) an: "... Lang ist/ Die Zeit, es ereignet sich aber/ Das Wahre" (55. SW 2,193 und 195). Aus diesen

---

(GA 13,85). Im Wort "nachbarlich" ist das "nahe wohnen" auf den "Gipfeln der Zeit" aufgenommen. - Im Vortrag "Die Sprache im Gedicht" von 1952 sieht Heidegger die Zwiesprache von Dichten und Denken darin, daß "beiden ein ausgezeichnetes, wenngleich je verschiedenes Verhältnis zur Sprache eignet" (GA 12,34). - In einem Entwurf zum Vorwort der Gesamtausgabe seiner Schriften spricht Heidegger dann nicht mehr vom dichtenden Denken, sondern vom "nennenden Sagen", zu dem das Fragen der Seinsfrage im "Schritt zurück" gelangen möchte (Prospekt Klostermann, S. 3).

Versen läßt Heidegger sich sein "Leitwort im Dienst des Denkens", wie er es im Vortrag "Der Satz der Identität" von 1957 nennt, zusprechen: "das Ereignis" (ID 25).[53]

Zunächst zu Hölderlins Text: "Das Wahre" steht in einem Gegensatz ("aber") zur "Zeit".[54] Die Prädikate der beiden Sätze, "Lang ist ..." - "es ereignet sich ...", charakterisieren diesen Gegensatz: im Falle der "Zeit" kann man an eine horizontale Erstreckung denken, während "Das Wahre" gewissermaßen ein vertikal einschlagendes Geschehnis darstellt.[55] In einer Lesart zu "Brod und Wein", Vers 87 f, die Heidegger in der Vorlesung von 1934/35 noch nicht beachtet, spricht Hölderlin einen ähnlichen Gedanken aus: "Lang und schwer ist das Wort von dieser Ankunft aber/ Weiß ist der Augenblik" (SW 2,603).[56] Der Augenblick ist die plötzliche blendende Helle des Blitzes. In ihm sieht Hölderlin, wie schon gesagt, das Offenbarungszeichen des Göttlichen. "Das Wahre" "ereignet sich" plötzlich wie der Blitz.

Heideggers Deutung der "Mnemosyne"-Verse lautet so: Im "Harren *auf das Ereignis*" ist die Zeit *"wesenhaft lang"* (56). Sie läßt aber "'Einsmals' das Wahre - das Offenbarwerden des Seyns - sich ereignen". Mit Letzterem nimmt Heidegger, worauf er selbst hinweist, Bezug auf Vers 92 f von "Germanien", wonach "Einsmals ein Wahres erscheinen" muß (56). Der Ausdruck "Harren" zeigt, daß Heidegger die siebente Strophe der Elegie "Brod und Wein" im Sinn hat, die er in der Vorlesung an zwei Stellen vorträgt (147 f; 219). Hieraus lauten die Verse 119 ff: "... Indessen dünket mir öfters/ Besser zu schlafen, wie so ohne Genossen zu seyn,/ So zu harren und was zu thun indess und zu sagen/ Weiss ich nicht und wozu Dichter in dürftiger Zeit?" (SW 2,94).[57] Demnach verknüpft Heidegger die "dürftige Zeit" mit der 'langen Zeit' aus den "Mnemosyne"-Zeilen. Die "dürftige Zeit" ist gemäß der siebenten Strophe von "Brod und Wein" die Zeit, in der "Zwar leben die Götter,/ Aber über dem Haupt droben in anderer Welt" (V.109 f); es ist die Zeit der "Nacht" (V.116 und 124).[58] Das "Harren *auf das Ereignis*", wovon Heidegger spricht, hängt ferner

---

[53] In einer Anmerkung zu seinem Vortrag "Der Weg zur Sprache" sagt Heidegger 1959, daß er "seit mehr als fünfundzwanzig Jahren das Wort *Ereignis* für die hier gedachte Sache in seinen Manuskripten gebraucht" (GA 12,248). Fünfundzwanzig Jahre vor 1959, nämlich 1934/35, hielt Heidegger seine erste Hölderlin-Vorlesung.

[54] Zur Beziehung der Hölderlin-Verse auf das χρόνος-ἀλάθεια-Motiv bei Pindar vgl. *Seifert,* o.c. 285 ff.

[55] Vgl. *Seifert,* o.c. 286.

[56] Hellingrath-Ausgabe 4,322. - Heidegger zitiert diese Verse in seiner "Ister"-Vorlesung von 1942 (vgl. unten 266), in seinem Vortrag "Das Wesen der Sprache" von 1957 (GA 12,195) und im Vortrag "Das Gedicht" von 1968 (GA 4,185).

[57] Für seinen Vortrag zum zwanzigsten Todestag von Rainer Maria Rilke, 1946, wählt Heidegger als Titel diese Frage Hölderlins: "Wozu Dichter?" (GA 5,269-320)

[58] Die siebente Strophe aus "Brod und Wein" lautet in ganzen: "Aber Freund! wir kommen zu spät. Zwar leben die Götter,/ Aber über dem Haupt droben in anderer Welt./ Endlos wirken sie da und scheinens wenig zu achten,/ Ob wir leben, so sehr schonen die Himmlischen uns./ Denn nicht immer vermag ein schwaches Gefäss sie zu fassen,/ Nur zu Zeiten erträgt göttliche Fülle der Mensch./ Traum von ihnen ist drauf das Leben. Aber das Irrsaal/ Hilft wie Schlummer und stark machet die Noth und die Nacht,/ Biss dass Helden genug in der ehernen Wiege gewachsen,/ Herzen an Kraft, wie sonst, ähnlich den Himmlischen sind./ Donnernd kommen sie drauf. Indessen dünket mir öfters/ Besser zu schlafen, wie so ohne Genossen zu seyn,/ So zu harren und was zu thun indess und zu sagen,/ weiss ich nicht und wozu Dichter in dürftiger Zeit?/ Aber sie sind, sagst du, wie des Weingotts

mit zwei Zeilen aus "Wie wenn am Feiertage ..." zusammen, die auch für die Vorlesungen der nächsten Semester folgenreich sind, Vers 19 f: "Ich harrt und sah es kommen/ Und was ich sah, das Heilige sei mein Wort" (253. SW 2,118).

Die "Mnemosyne"-Verse enthalten nicht nur das "Konzentrat von Hölderlins ganzer Geschichtsteleologie",[59] sondern bergen auch Heideggers Geschichtsdenken in nuce.[60] Geschichte ist für Heidegger nämlich in zweierlei Hinsicht bedeutsam: einmal als Bewegungsfolge, als Geschehen, Erstreckung, zum anderen als Augenblick, als Geschehnis. Auch die beiden anderen Hölderlin-Verse, um die Heideggers Geschichtsverständnis kreist, "Wie du anfiengst, wirst du bleiben" und "Was bleibet aber, stiften die Dichter", zeigen den doppelten Zeitcharakter, auf dem Geschichte beruht: die Bewegungsfolge als 'bleiben', das augenblickhafte Geschehnis als 'anfangen' bzw. 'stiften'. 'Anfangen - bleiben' und 'stiften - bleiben' nennen eine Bewegung des Ausgehens von ..., 'lange Zeit - Ereignis' eine Bewegung des Zugehens auf ... und Ins-Ziel-Kommens.

Denkbilder für die beiden Zeitcharaktere der 'langen Zeit' und des Ereignisses sind der Strom und Wanderungen, die in der zweiten und dritten Hölderlin-Vorlesung behandelt werden, einerseits und der Blitz andererseits.[61] Strom und Blitz sind in Heideggers Augen Zeichen für die beiden Bewegungsformen der Geschichte:

---

heilige Priester,/ Welche von Lande zu Land zogen in heiliger Nacht" (147; 219. SW 2,93 f). - Offensichtlich läßt sich Heidegger von der Elegie "Brod und Wein" auch bei seiner "Erörterung der Gelassenheit" von 1944/45 leiten. Das "Feldweggespräch" findet auf einer Wanderung durch die Nacht statt. Die Sprechenden haben in bezug auf die "Gegnet" - so umschreibt Heidegger dort die Einheit von Sein und Zeit-Raum - eine ähnliche Aufgabe wie die Dichter bei Hölderlin. Daß Heidegger bei der Abfassung des Textes an Hölderlins Elegie gedacht hat, geht besonders aus den letzten Sätzen des Gesprächs hervor. Das Ende der ersten Strophe von "Brod und Wein", V.15 ff, lautet: "... die Schwärmerische, die Nacht kommt,/ Voll mit Sternen und wohl wenig bekümmert um uns,/ Glänzt die Erstaunende dort, die Fremdlingin unter Menschen/ Über Gebirgeshöhn traurig und prächtig herauf" (SW 2,90). Heidegger spricht vom 'Heraufglänzen' der Nacht, von 'Höhen', vom 'Staunen', von den Sternen; statt "prächtig" sagt er 'herrlich' (GA 13,73 f); auch daß die Nacht zum Schwärmen verführt, wird erwähnt (GA 13,65). Von der Nacht bemerkt Heidegger am Schluß, daß sie "ihre Fernen am Himmel einander nähert" (GA 13,74). So wie die Nacht die einander fernen Sterne einander nahebringt, nähert sie, nach der Gestaltung Hölderlins, die gewesenen und kommenden Götter.

[59] *Seifert*, o.c. 286.

[60] Kôichi *Tsujimura* sieht in Heideggers fragendem Denken eine "merkwürdige *Zweiheit*". Sie trägt in seinen Augen verschiedene Namen: "Sein und Nichts, Anwesen und Abwesen, Wahrheit und Unwahrheit, Welt und Nichts der Welt, Lichtung und Verbergung, Ereignis und Enteignis". Den "letzten Urgrund der Zweiheit in der Sache des fragenden, suchenden Denkens" erblickt Tsujimura im "'Fehl Gottes', der als solcher gelichtet und erfahren ist". Er stellt fest: "Hölderlins Vers: 'Lang ist/ Die Zeit, es ereignet sich aber/ Das Wahre' zeigt die entscheidende Grundhaltung des Denkens von Heidegger". Kôichi *Tsujimura*, Zur Bedeutung von Heideggers "übergänglichem Denken" für die gegenwärtige Welt. Ein Versuch. In: Neue Hefte für Philosophie 23 (1984). S. 52 ff.

[61] Daß Heideggers "Ereignis" am Phänomen des Blitzes orientiert ist, beweist der Vortrag "Der Weg zur Sprache" von 1959. Dort heißt es: "Wie, wenn das Ereignis - niemand weiß, wann und wie - zum *Ein-Blick* würde, dessen lichtender Blitz in das fährt, was ist und für das Seiende gehalten wird?" (GA 12,253). - In "Identität und Differenz" (1957) spricht Heidegger vom "Aufblitzen des Ereignisses" (ID 27). - Hölderlins Rede vom Blitz verbindet sich für Heidegger mit *Heraklits* Fragment 64: τὰ δὲ πάντα οἰακίζει Κεραυνός, das er in der Vorlesung von 1943 behandelt, das im Seminar mit Eugen Fink (1966/67) diskutiert wird (GA 15,13 ff) und auf das Heidegger in seinem Aufsatz "Logos" von 1951 eingeht (VA 214). - Heinrich *Rombach* schreibt: Das Wort "Ereignis" "bringt zum Ausdruck, daß die Wahrheit des Seins unvorbereitet und unableitbar über den Menschen kommt, der sich unter diesen blitzhaften Aufgang zu stellen hat ...". Heinrich *Rombach*, Phänomenologie des gegenwärtigen Bewußtseins. Freiburg/ München: Alber 1980. S. 151.

Geschehen und Geschehnis.[62] Ich spreche von Bewegungsformen in Anlehnung an Heideggers eigene Diktion. In der "Einführung in die Metaphysik" heißt es vom Wandel des Seins von der φύσις zur ἰδέα, der sich in der Philosophie Platons vollzieht: er "erwirkt selbst eine der wesentlichen Bewegungsformen, in denen sich die Geschichte des Abendlandes ... bewegt" (GA 40,194).

In der Vorlesung von 1934/35 werden solche Gedanken nicht entwickelt. Heidegger deutet auf das "Ereignis des Wahren" (56) lediglich hin. Die bestimmende Kraft der "Mnemosyne"-Verse für Heideggers Geschichtsdenken entfaltet sich erst in den folgenden Jahren.[63] Dabei steht die 'lange Zeit' für die Epoche der Metaphysik.[64]

Hölderlin hat den Augenblick, wenn nach 'langer Zeit' "Das Wahre" sich ereignen wird, ferner, nach Heideggers Auslegung, als "Gespräch" (oben 46) und als "Brautfest" der Götter und Menschen, wovon die "Andenken"-Vorlesung handelt, gestaltet. Aus eigenem Ursprung des Denkens beschreibt Heidegger diesen Augenblick als "Offenbarwerden des Seyns" (oben 51), als "Anfang einer anderen Geschichte" (oben 26), in den Vorlesungen der folgenden Jahre ferner als "Wandel" der Geschichte, als "anderen Anfang", als "Ankunft des Seins" und als "Kehre" des Seins. Mit seinem Blick in eine künftige Geschichte nimmt Heidegger die gleiche Haltung ein wie Hölderlin. Im Leitwort seines späteren Denkens, im "Ereignis", sind dann alle jene Gedanken bewahrt, die Heidegger unter den genannten Namen zwischen 1934/35 und 1944 entfaltet. Auch das "Sprachgeschehnis" aus der Hölderlin-Vorlesung (oben 46) ist im "Ereignis" geborgen, denn - wie Heidegger auf dem Höhepunkt seines Vortrages "Der Satz der Identität" von 1957 sagt -: "die Sprache ist die zarteste, aber auch die anfälligste, alles verhaltende Schwingung im schwebenden Bau des Ereignisses. Insofern unser Wesen in die Sprache vereignet ist, wohnen wir im Ereignis" (ID 26). Das Wohnen und Heimischwerden ist Thema der dritten Hölderlin-Vorlesung (1942).

Nach Heideggers Darstellung hat Hölderlin zwar eine *Offenbarung des Seyns* erfahren und in seiner Dichtung gestiftet (oben 27), diese ist jedoch geschichtlich noch nicht wirksam geworden, weshalb wir uns im Gespräch mit Hölderlin hierum bemühen müssen. Damit bereiten wir den künftigen geschichtlichen Augenblick vor,

---

[62] Geschehen und Geschehnis entsprechen den beiden Zeitarten, die sich im kosmogonischen Mythos bei Hesiod nachweisen lassen. Paula *Philippson* unterscheidet die von ihr so genannte "Geschehenszeit" und die sogenannte "Seinszeit". Unter ersterer versteht sie eine "kontinuierliche Entwicklung", unter der zweiten eine "stoßweise Seinsentfaltung". Während die Reihe der drei aufeinander folgenden Reiche des Uranos, Kronos und Zeus ein Werden in der Zeit darstellt, vollzieht sich in der Geburt der göttlichen Wesenheiten aus den Urpotenzen Chaos und Gaia *"kein allmähliches, kontinuierliches Werden"*, *"sondern hier wird stoßweise eine zeitlose Seinsmodifikation aus dem gleichfalls zeitlosen Sein entbunden"*. Für diesen "zeitlosen, fruchtbaren Augenblick" hat das griechische Denken den Begriff des καιρός. Paula *Philippson*, Genealogie als mythische Form. Studien zur Theogonie des Hesiod. In: Hesiod. Hg. Ernst Heitsch. Darmstadt: Wissenschaftliche Buchgesellschaft 1966. S. 651-687, bes. 667 ff.

[63] In einem Protokoll zum Seminar über den Vortrag "Zeit und Sein" von 1962 heißt es: "Die den Wesensbau des Ereignisses ausmachenden Bezüge und Zusammenhänge sind zwischen 1936 und 1938 ausgearbeitet worden" (SD 46).

[64] In den Aufzeichnungen "Überwindung der Metaphysik" (1936-1946) steht: Nach dem Untergang der Wahrheit des Seienden (Metaphysik) "ereignet sich in langer Zeit die jähe Weile des Anfangs" (VA 69).

in dem das "Offenbarwerden des Seyns" im Sinne der "Mnemosyne"-Verse möglich wird. Von dieser Vorbereitung der künftigen Geschichte handelt auch das Folgende.

f) Das "Vaterland". Das Mitgegebene und das Aufgegebene

Das "Vaterland" steht in Hölderlins Werk nicht nur für ein politisches Konzept; es bedeutet ebenso ein gewandeltes Verhältnis der Menschen zur Natur und zu den Göttern; es ist verbunden mit einer neuen Poesie, eben der "vaterländischen" Sangart.[65] Heidegger deutet in seiner Vorlesung von 1934/35 Hölderlins "Vaterland" wie folgt: es ist *"das Seyn selbst,* das von Grund aus die Geschichte eines Volkes als eines daseienden trägt und fügt: die Geschichtlichkeit seiner Geschichte" (121). Das Vaterland, nach Heidegger das Seyn selbst, ist von Hölderlin, unter anderem, in der Hymne "Germanien" entworfen. Das Gedicht endet mit der Erwartung, daß die Priesterin Germania einst "wehrlos Rath" geben wird "rings/ Den Königen und den Völkern" (13. SW 2,152). In seiner Heraklit-Vorlesung von 1944 kommt Heidegger auf diese Zeilen zurück und nennt auch Vers 1 der Ode "Gesang des Deutschen", "O heilig Herz der Völker, o Vaterland!" (SW 2,3). Wie Hölderlin so blickt auch Heidegger in seinen Vorlesungen von 1934/35 bis 1944 auf diese kommende "Weltstunde" (GA 55,189). Daß es in ihr wesentlich auf die Deutschen ankommt, ist, worauf schon hingewiesen wurde, Heideggers Überzeugung noch dreißig Jahre später. In dem 1966 aufgezeichneten Spiegel-Interview legt Heidegger dar, "daß nur von demselben Weltort aus, an dem die moderne technische Welt entstanden ist, auch eine Umkehr sich vorbereiten kann ..." (SI 214). Er wird gefragt: "Sie messen speziell den Deutschen eine besondere Aufgabe zu?" und antwortet: "Ja, in diesem Sinne, im Gespräch mit Hölderlin" (SI 217).

Daß es in der Vorlesung von 1934/35 primär um das Vaterland, um "Germanien", um das Deutsche geht, fällt am Aufbau der Vorlesung sofort ins Auge, denn der Rahmen, innerhalb dessen sich Heideggers Ausführungen insgesamt bewegen, wird gebildet durch Hölderlins Bruchstück 17 und seinen Brief an Böhlendorff vom 4.12.1801. Dieser Brief kann in seinem Einfluß auf Heideggers Geschichtsdenken gar nicht hoch genug eingeschätzt werden; er hat auch in den beiden anderen Hölderlin-Vorlesungen eine bestimmende Funktion.

Das Bruchstück 17 lautet: "Vom Höchsten will ich schweigen./ Verbotene Frucht, wie der Lorbeer, ist aber/ Am meisten das Vaterland. Die aber kost'/ Ein

---

[65] In einem Brief an seinen Verleger Wilmans schreibt Hölderlin im Dezember 1803: "Übrigens sind Liebeslieder immer müder Flug, denn so weit sind wir noch immer, troz der Verschiedenheit der Stoffe; ein anders ist das hohe und reine Frohloken vaterländischer Gesänge" (SW 6,436). Deswegen überschreibt Friedrich Beissner in der Stuttgarter Hölderlin-Ausgabe die späten Hymnen als "vaterländische Gesänge". Aus der germanistischen Forschungsliteratur zu Hölderlins Idee des "Vaterländischen" seien stellvertretend genannt: Adolf *Beck,* Hölderlins Weg zu Deutschland. In: Jahrbuch des Freien Deutschen Hochstifts. 1977 S. 196-246. 1978 S. 420-487. 1979 S. 278-348. - Friedrich *Beissner,* Hölderlin und das Vaterland. In: Hölderlin-Jahrbuch 1 (1944). S. 20-34. - Ulrich *Gaier,* Hölderlins vaterländische Sangart. In: Hölderlin-Jahrbuch 25 (1986-1987). S. 12-59. - Hans Joachim *Kreutzer,* Kolonie und Vaterland in Hölderlins später Lyrik. In: Hölderlin-Jahrbuch 22 (1980-1981). S. 18-46. - Vgl. auch die zum Thema "Griechenland und Hesperien" zitierte Literatur (unten 199 Anm.).

jeder zulezt" (4. SW 2,220).[66] Nach Heideggers Erläuterung ist das Vaterland das "Höchste" und "Letzte, weil im Grunde das Erste - der verschwiegene Ursprung" (4). In seinem Brief schreibt Hölderlin: "Wir lernen nichts schwerer als das Nationelle frei gebrauchen" (290. SW 6,425). Demnach ist das Vaterland auch das "Schwerste" (4). Daß es sich so verhält, hängt mit dem rätselvollen, streithaften Wesen des Ursprungs zusammen (oben 32 ff). Das "Nationelle" legt Heidegger als das "Mitgegebene" aus (292).

Heidegger möchte in seiner Vorlesung beschreiben, was zu einem Ursprung von Geschichte gehört, die Geschichte der Deutschen, wie Hölderlin sie entworfen hat,[67] darstellen und diesen Entwurf, über ein Jahrhundert später, im Jahr 1934, als die "Zukunft der Deutschen" (255) ergreifen, denn der Ursprung, der Anfang, das Vaterland liegt nach seiner Auffassung nicht nur als das Mitgegebene in der Vergangenheit, sondern "begegnet" "unter dem Namen Hölderlin" "zuletzt", kommt auf "uns" zu (4). Das Ineinanderspielen von Zukunft und Gewesenheit bestimmt Heideggers Interpretation auf verschiedenen Ebenen; besonders im Zusammenhang mit der Grundstimmung wird dies noch deutlich werden. Hölderlin verwendet das Wort "Geschichte" in den von Heidegger besprochenen Texten nicht, er redet von der "Erde", den "Völkern", vom "Vaterland", vom "Wohnen" der Menschen, von ihrer "Heimat".

Hölderlin fährt in seinem Brief an Böhlendorff fort: "Und wie ich glaube, ist gerade die Klarheit der Darstellung uns ursprünglich so natürlich, wie den Griechen das Feuer vom Himmel" (290. SW 6,425 f). Die beiden Sätze aus dem Brief werden von Heidegger als Aussage über "das Wesen des geschichtlichen Daseins" verstanden (291; 293).[68] Hölderlin bindet sich in ihnen, wie Heidegger sagt, in die "Ursprünglichkeit jenes Anfangs bei den Griechen" (293), erfährt das "Wesen des griechischen Daseins" aber "in seinem Wesensgegensatz zum Dasein der Deutschen" (291). Das den Griechen ursprünglich Natürliche, das "Feuer vom Himmel", deutet

---

[66] Heidegger deutet auf die Verse "Die aber kost'/ Ein jeder zulezt" in dem 1959 gehaltenen Vortrag "Hölderlins Erde und Himmel". Die Verse 23 f aus dem Gedichtentwurf "Griechenland", "Zu Geringem auch kann kommen/ Großer Anfang", interpretiert Heidegger so: Das "Geringe" ist das Kleine im Sinne des Feinen, wie es im Wort "Kleinod" zum Ausdruck kommt. Das Geringe ist das Kostbare, "was zuletzt zu kosten ist" (GA 4,174). Über die Wortbedeutung 'gering - kostbar' (= zuletzt zu kosten) stellt Heidegger die Verbindung her zu Hölderlins "Vaterland", das Heidegger in seinem späteren Denken als "das Abendländische" faßt. Deshalb kann er im Vortrag fortfahren: "Das Geringe ist das Abendländische" (GA 4,176), zu dem der "Große Anfang" kommen kann.

[67] Die ausgezeichnete Rolle, die Hölderlin den Deutschen für die zukünftige Geschichte zuweist, ist ein Erbe pietistischen Denkens, welches seine Wurzeln in der Geschichtsmetaphysik Jakob Böhmes hat. Luther und Jakob Böhme sind nach Auffassung des Pietismus selbst heilsgeschichtliche Gestalten, so daß Deutschland als der eigentliche Ort des Endreichs erscheint. Vgl. Ernst *Benz*, Die Geschichtsmetaphysik Jakob Böhmes. In: Deutsche Vierteljahrsschrift 13 (1935). S. 421-455; bes. 452 ff.

[68] Nach Peter *Szondi* spricht Hölderlin hier "als Künstler von den Bedingungen und Möglichkeiten seines Schaffens" (265), es ist ein "Brief aus der Werkstatt" (275), der die "ästhetische Praxis" (266) erörtert. Peter *Szondi*, Hölderlins Brief an Böhlendorff vom 4. Dezember 1801. Kommentar und Forschungskritik. In: Euphorion 58 (1964). S. 260-275. - Eine solche Auffassung hält Heidegger für eine reduzierte. In den Briefen an Böhlendorff vom 4.12.1801 und vom Spätherbst 1802 allein "Kunstregeln" zu erblicken, heißt für Heidegger, wie er in der "Ister"-Vorlesung ausführt, Hölderlins Bemühungen nur von der "Oberfläche" her zu sehen. Denn: "Hölderlins Erörterungen in diesen Briefen sind keine Beiträge zu einer künftigen Ästhetik der deutschen 'Literatur', sondern die Besinnung auf das, was das wesenhaft Zu-Dichtende ist" (GA 53,153 f). Vgl. unten 254.

Heidegger als "Betroffenwerden durch das Seyn im Ganzen", und die "Klarheit der Darstellung", die "uns" natürlich ist, legt er als "Fassenkönnen des Seyns" aus (291). Die Verben 'treffen' und 'fassen' verwendet Heidegger in Anlehnung an die "Anmerkungen zur Antigonä", wo Hölderlin in bezug auf die Dichtkunst von den Griechen sagt: "ihre Haupttendenz ist, sich fassen zu können, weil darin ihre Schwäche lag". Hölderlin fährt fort: "die Haupttendenz in den Vorstellungsarten unserer Zeit ist, etwas treffen zu können, Geschik zu haben, da das Schiksaallose, das δυσμορον, unsere Schwäche ist" (SW 5,269 f). Die "Haupttendenz" aus diesem Text und das "Nationelle" aus dem Böhlendorff-Brief verhalten sich entgegengesetzt zueinander, das heißt die "Haupttendenz" der Griechen entspricht unserem "Nationellen" und umgekehrt. Heidegger zitiert die Stelle aus den "Anmerkungen zur Antigonä" in der "Ister"-Vorlesung (GA 53,169 f).

In Hölderlins Brief heißt es weiter, daß für den freien Gebrauch des Eigenen "das Eigene" "so gut gelernt seyn" "muss" "wie das Fremde" (291. SW 6,426). Heidegger nennt das: "widerstreitende Innigkeit des Mitgegebenen und Aufgegebenen" (293 f).[69] Sie allein erwirkt Geschichte.

Das "Mitgegebene" und das "Aufgegebene" stehen, wie ersichtlich, im gleichen Spannungsverhältnis wie φυά und γένοι' aus den beiden Pindar-Versen, wie die Daseinsstrukturen Geworfenheit - Entwurf und Faktizität - Existenzialität. Genau dieses Verhältnis bestimmt auch die eigentliche Geschichtlichkeit des Daseins aus "Sein und Zeit", für die der Tod sowohl ererbte Möglichkeit als auch zu übernehmen ist (oben 20 f). Die "widerstreitende Innigkeit" als Wesen des geschichtlichen Daseins ist in sich genauso gegenwendig wie die "Feindseligkeit" zwischen den Mächten des Ursprungs und des Entsprungenseins im Wesen des Reinentsprungenen.

Für die Deutschen ist das Mitgegebene: das Fassenkönnen, das Aufgegebene aber: das Betroffenwerden durch das Seyn.[70] Im Hinblick auf beides muß "die Freiheit und Inständigkeit des deutschen Wesens erstritten" werden (290).

Das "Vaterland" ist demnach "Ursprung" in zweierlei Hinsicht: einmal ist es als das "Nationelle", "Mitgegebene" die Herkunft, zum anderen als das "Aufgegebene" die Zukunft.

Wie Hölderlin so ist auch Heidegger an den Anfang bei den Griechen gebunden, indem er im Fragen der Seinsfrage dem bei den Griechen zuerst ins Wort gebrachten Sein nachdenkt und das als seine und als "die künftige Frage" begreift (270). Heidegger appelliert an die Hörer seiner Vorlesung, das Mitgegebene zu verwahren und das Aufgegebene zu ergreifen. "Die Stunde unserer Geschichte hat geschlagen" (294). Um von der "Gewalt des Seyns" (294) betroffen zu werden, muß je-

---

[69] Noch 1963 denkt Heidegger an das "Eigene" und "Fremde" aus Hölderlins Brief, wenn er "Innigkeit" als "Zusammengehören des Fremden", als "Walten der Befremdung" auffaßt (GA 4,196).

[70] Auf die durch Hölderlins Brief an Böhlendorff gewonnene Einsicht kommt Heideger auch in der Kunstwerk-Abhandlung zurück: "Geschichte ist die Entrückung eines Volkes in sein Aufgegebenes als Einrückung in sein Mitgegebenes" (GA 5,65). Ferner in "Wege zur Aussprache" (1937), wenn Heidegger vom Sichverstehen von Franzosen und Deutschen sagt: "Echtes Sichverstehen der Völker hebt an und erfüllt sich mit dem einen: das ist die im schaffenden Wechselgespräch zu vollziehende Besinnung auf das geschichtlich Mitgegebene und Aufgegebene" (GA 13,15).

doch das Fassenkönnen entwickelt und "erst wieder und wirklich zur Frage werden" (294). Das besagt: die zukünftige Geschichte wird vorbereitet durch das Fragen der Seinsfrage.

Heideggers zuletzt wiedergegebene Argumentation vollzieht sich in zwei gegenläufigen Richtungen. 1. Aus dem Brief an Böhlendorff läßt er sich von Hölderlin das Wesen des geschichtlichen Daseins sagen: widerstreitende Innigkeit des Mitgegebenen und Aufgegebenen. Für das deutsche Dasein ist das Aufgegebene: das "Feuer vom Himmel", von Heidegger interpretiert als "Betroffenwerden durch das Seyn". Um vom Seyn betroffen zu werden, muß zuerst nach ihm gefragt werden, muß das Fassenkönnen sich binden. 2. Im *"Zusammenhang einer weitgesteckten Grundaufgabe der Philosophie"* (149) wendet Heidegger sich Hölderlin in *"denkerischer* Auseinandersetzung" (6) zu, um herauszuarbeiten, wie in dieser Dichtung Seyn erfahren ist. Hierbei zeigt sich, daß Hölderlin die zukünftige Geschichte der Deutschen gegründet hat. Im ersten Fall verläuft der Gedankengang von der Geschichte (Wesen des geschichtlichen Daseins) zur Seinsfrage, im zweiten von der Seinsfrage - sie ist für Heidegger die *"Grundaufgabe"* - zur Geschichte als zukünftiger Geschichte der Deutschen.

Wie schon gesagt, wird das Wesen der Geschichte in dieser Vorlesung noch nicht formuliert; die interpretierten Texte leiten Heidegger jedoch in eine bestimmte Richtung. Nach Heideggers Auffassung hat Hölderlin das im Brief an Böhlendorff theoretisch Dargelegte in seinen späten Hymnen dichterisch gestaltet. Hierauf geht Heidegger in der "Andenken"- und in der "Ister"-Vorlesung ein.

Daß ein Ursprung von Geschichte - wie Heidegger sagte, die *"ursprüngliche* Zeit der Völker" (oben 50) - als "Gespräch" zwischen Göttern und Menschen geschieht, ferner als bestimmt durch die schaffenden Mächte Dichter, Denker und Staatsschöpfer, gilt sowohl für den Ursprung der Geschichte bei den Griechen als auch für den zukünftigen Ursprung der Geschichte. Heidegger charakterisiert beide Ursprünge in der Vorlesung des folgenden Semesters dann als ersten und anderen Anfang oder in der Parmenides-Vorlesung als zwei Ereignisse, eines unter dem Titel *"'Sein und Wort'"*, das andere unter dem Titel *"'Sein und Zeit'"*. Für die zukünftige Geschichte ist, wie der Böhlendorff-Brief verlangt, die Auseinandersetzung mit den Griechen unabdingbar. Wie Hölderlin glaubte, an einem vaterländischen Schicksal mitzuwirken,[71] so hofft Heidegger, eine andere Geschichte heraufzuführen, indem er zu einer neuen Grunderfahrung des Seins auffordert.

Es ist nun zu fragen, von welcher Stimmung Hölderlins Dichtung im Hinblick auf den künftigen Geschichtsursprung getragen ist.

g) Die Grundstimmung der Dichtung

Der Dichter stiftet das Seyn; das heißt nach Heideggers Erläuterung: der Dichter eröffnet die Weise, wie das Seiende im Ganzen erfahren wird (82). Hierbei spricht der Dichter selbst aus einer Stimmung, die sein Sagen be-stimmt und durch-

---

71 Vgl. *Ryan*, o.c. 350.

stimmt (79). Heidegger nennt sie "Grundstimmung".[72] In der Vorlesung von 1934/
35 verwendet Heidegger den Begriff "das Seiende im Ganzen" einmal im Sinne von
"das Ganze des Seienden" (259), alles, was ist, und meint damit "Götter, Menschen,
Erde" (183) oder "Natur, Geschichte und die Götter" (150). Zum anderen bezeichnet "das Seiende im Ganzen", wie in "Sein und Zeit", "Vom Wesen des Grundes", "Was ist Metaphysik?" und "Vom Wesen der Wahrheit" das Weltphänomen,[73]
den einheitlichen Zusammenhang des Seienden, seine Bedeutsamkeit, seine Weise
zu sein, das "Wie der Ganzheit" (GA 26,220). Im ersten Sinne spricht Heidegger
später von "Reichen" (GA 13,19) oder "Regionen" (SD 65) des Seienden, von "Welt-
gegenden" oder dem "Weltgeviert" (GA 12,200 ff).

Die Grundstimmung des Dichters bestimmt durch das Wort seiner Dichtung
auch das geschichtliche Dasein des Volkes, wie Heidegger sagt, dessen "Ausgesetztheit in das Seiende" (73 f; 142). Offensichtlich denkt Heidegger bei dieser Formulierung an die Blitze des Gottes, denen der Dichter, und an das "blitzgeladene Wort"
(30), dem das Volk ausgesetzt sind (oben 41 f). Hiermit stimmen auch seine Erörterungen im Vortrag "Vom Wesen der Wahrheit" überein, wonach eine "Gestimmtheit" eine "ek-sistente Ausgesetztheit in das Seiende im Ganzen" ist (GA 9,192).
Heidegger betont in der Vorlesung: Die "Grundstimmung bestimmt den sagenden
Entwurf des Dichters, und dieses so gestimmte Sagen bestimmt wieder die geschehene Ausgesetztheit des Daseins inmitten des Seienden" (223).

Die Grundstimmung von "Germanien" entfaltet Heidegger anhand der ersten
zwei Strophen. Von den "Götterbildern in dem alten Lande" (V.2) sagt das sprechende Ich, nach Heidegger der Dichter: "Sie darf ich ja nicht rufen mehr" (V.3).
Der Dichter verzichtet also auf das Rufen der Götter. Andererseits: "was will es anders?" (V.5), nämlich das Herz des Dichters. Hierin bekundet sich für Heidegger
das "Austragen eines Widerstreites"; es ist *"der Schmerz, ein Leiden"* (81). In diesem
Leiden ist der Dichter, wie ersichtlich, den Halbgöttern verwandt. Das Herz des
Dichters heißt "Das heiligtrauernde" (V.6). Demnach spricht der Dichter aus einer
Grundstimmung der Trauer.[74] In der Mitte der zweiten Strophe wechselt das Spre-
chen vom "ich" zum "wir". Jeder "fühlt/ Die Schatten derer, so gewesen sind" (V.27
f). In diesem Fühlen wesen die abwesenden Götter gerade an, werden zukünftig:
"Die Alten, so die Erde neubesuchen" (V.29) "sollen" "kommen", "drängen uns"
(V.30). Die Trauer um die "Entflohenen Götter" (V.17) ist also zugleich ein Sichöff-
nen für die Bedrängnis durch die kommenden Götter. Heidegger nennt deshalb die

---

[72] In seiner Abhandlung "Über den Unterschied der Dichtarten" verwendet Hölderlin den Begriff
"Grundstimmung", um den "Kunstkarakter" der verschiedenen Dichtarten zu kennzeichnen (SW 4,266
ff). - Heidegger war es bereits 1929/30 in seiner Vorlesung "Die Grundbegriffe der Metaphysik" um
die Weckung einer Grundstimmung des Philosophierens gegangen. Hierbei hatte er als verborgene
Grundstimmung der kulturphilosophischen Deutung unserer Lage die "tiefe Langeweile" aufgewiesen
(GA 29/30,114 ff). - Der Vortrag "Was ist Metaphysik?" von 1929 führt im Zusammenhang mit der
Frage nach dem Nichts vor die Grundstimmung der Angst (GA 9,111 ff).

[73] v. Herrmann, Selbstinterpretation, 202 f.

[74] Trauer und Verzicht hebt Heidegger auch an zwei Trakl-Versen in seinem Vortrag "Das Wesen der Sprache" (1957) hervor (GA 12,159). Wenn er die Trauer dort als "die Stimmung der Gelassenheit zur Nähe des Entzogenen, aber zugleich für eine anfängliche Ankunft Gesparten" bezeichnet (GA
12,159), so ist hierin die Auslegung von "Germanien" gegenwärtig. Auch das Wort 'sparen' ist Hölderlin-Reminiszenz (GA 39,263 f; GA 4,14).

Grundstimmung von "Germanien": "heilig trauernde Bedrängnis" als "Bereitschaft" (103). Den Begriff "Bereitschaft" leitet er aus Vers 34, "bereitet ist die Gaabe", ab. Als Trauer bewahrt die Stimmung das Gewesene, als Bereitschaft öffnet sie sich dem Kommenden.

Für eine Grundstimmung wie die heilig trauernde, aber bereite Bedrängnis (137) gilt nach Heideggers Darlegung: in ihr waltet das Noch-wesen und Zu-kommen in einem. Diese "ureigene Bewegtheit" (107) der Grundstimmung, ihr "Grundgeschehnis" ist die Zeitigung der ursprünglichen Zeit.[75] Die ursprüngliche Zeit ist, wie Heidegger sagt, "der in sich schwingende Fortriß in die Zukunft und Rückwurf in die Gewesenheit" (109). Die Menschen müssen in diesem Fortriß "mitten innestehen" (110),[76] nur so "'wird es' Zeit" für sie, wird ihnen die "rechte Zeit" (109). Heideggers Auffassung der ursprünglichen Zeit ist, wie ersichtlich, kairologisch,[77] im Unterschied zur "'historisch-chronologischen'", das heißt gängigen Zeiterfahrung, die für Heidegger ins *Unwesen der Zeit* gehört (112). Heidegger zufolge besteht die "Notwendigkeit der Aufrichtung eines Wesensunterschiedes im Wesen der Zeit" (108). Von "Fortriß" spricht Heidegger, weil Hölderlin die Zeit öfter die "reissende" nennt (109).[78] Das Wort 'schwingen' steht bei Heidegger immer im Zusammenhang mit der Zeit, im Umkreis von "Sein und Zeit" bezeichnet es die "Einheit der Ekstasen, die selbst ekstatisch" ist; so heißt es in der Vorlesung "Metaphysische Anfangsgründe der Logik im Ausgang von Leibniz" von 1928. Ferner: "Die Zeitigung ist die freie Schwingung der ursprünglich ganzen Zeitlichkeit; Zeit erschwingt und verschwingt sich selbst" (GA 26,268).

Das in der Grundstimmung waltende Zu-kommen und Noch-wesen als Grundgeschehnis hat die gleiche Struktur wie die eigentliche Zeitlichkeit des Daseins; diese ist vorlaufend-wiederholender Augenblick (oben 19). Der Unterschied zu "Sein und Zeit" liegt darin, daß die in der Grundstimmung waltende ursprüngliche Zeit keine Bewegung im Dasein darstellt, sondern eine Bewegung auf den Menschen zu; Zeit ist hier ein Walten, dem der Mensch ausgesetzt ist.

---

[75] Zu einem ähnlichen Ergebnis wie Heidegger bei der Analyse der Grundstimmung von "Germanien" kommt Wolfgang *Binder* bei der Interpretation von Hölderlins "Friedensfeier": "Hölderlins Anschauungs- und Gestaltungsformen sind durch und durch temporal bestimmt". Wolfgang *Binder, Hölderlin-Aufsätze.* Frankfurt: Insel 1970. S. 400.

[76] Den Gedanken des Innestehens in Verbindung mit der Zeit nimmt Heidegger in seinem 1962 gehaltenen Vortrag "Zeit und Sein" wieder auf: Das "Auszeichnende des Menschseins" ist das "Übernehmen des Angangs von Anwesen". Dieses "beruht aber im Innestehen im Bereich des Reichens, als welches uns die vierdimensionale eigentliche Zeit erreicht hat" (SD 23 f).

[77] In seiner Vorlesung von 1921/22 geht Heidegger auf das Vorkommen des Lebens als Sorgevollzug ein. Er sagt: "Als solches hat nun jede Vorkommensweise ihren bestimmten (faktischen) *kairologischen Charakter* (καιρός - Zeit), ihre bestimmte Beziehung zur Zeit, d.h. zu *ihrer* Zeit, die im Sinne des Vollzugszusammenhangs der Faktizität liegt" (GA 61,137).

[78] Heidegger selbst verwendet mehrfach das Verb 'reißen', um das Geschehen der Entrückung und Versetzung zu betonen. Der Sprecher der Rheinhymne wird aus "seinem Sinnen in das Ferne, Gewesene heraus- und herumgerissen" "in das Denken der eigenen Heimat" (GA 39,171). Die Grundstimmung von "Germanien" "reißt" uns an einen bestimmten Ort "hin" (GA 39,79 und 121). "Je mächtiger die Dichtung zur Macht kommt, um so bedrängender und hinreißender waltet das Sagen des Wortes" (GA 39,23).

Herkunft und Zukunft zugleich sind gemäß "Sein und Zeit" für das Dasein der Tod als ererbte Möglichkeit; gemäß der Vorlesung von 1934/35: für das Reinentsprungene sein Anfang, für die Geschichte die Götter. In Analogie zu den gewesenen und kommenden Göttern denkt Heidegger in den folgenden Jahren das Sein bzw. den Anfang der Geschichte. Die Auseinandersetzung mit Hölderlin ist der Grund dafür, daß Heidegger in der Vorlesung des Sommersemesters 1935 'vom Sein ausgeht' und daß sich der Ansatz der Seinsfrage beim Seinsverständnis des Menschen, der "Sein und Zeit" trägt, allmählich umkehrt.

Wie in den ersten beiden Strophen von "Germanien", gemäß Heideggers Auslegung, die Ankunft der schon gewesenen Götter erwartet wird, wie Pindar in den beiden von Hölderlin und von Heidegger rezipierten Versen sowohl das Ziel (γένοι' οἶος ἐσσί) als auch die Herkunft (φυά) nennt, so beruht nach Heideggers späterer Auffassung das Wesen von Zeit und Geschichte in der "Ankunft des Gewesenen". Zum Beispiel heißt es im Vortrag "Die Sprache im Gedicht" von 1952: "Aber die wahre Zeit ist Ankunft des Gewesenen" (GA 12,53). In "Grundsätze des Denkens" schreibt Heidegger 1958 vom "Wesen der Geschichte": "Sie ist Ankunft des Gewesenen" (GD 35).[79]

Ich komme zurück zur Grundstimmung von "Germanien". Der Dichter, seines "Herzens Liebe klagt" (V.4) "mit" den "heimatlichen Wassern" (V.3). Das heißt: das Klagen des Dichters ist ein Mitklagen mit den Strömen der heimatlichen Erde. Wie der Dichter bereit ist für das Kommen der Götter, so sind auch die Wasser die "Sehnenden" (V.9). Daher kann Heidegger sagen: die Grundstimmung stimmt "Mensch und Erde gleichursprünglich" (104). Die Grundstimmung der Trauer hat sich auf "Das Land" (V.7) und den Dichter "Herabgesenkt" (V.8). Dieses Phänomen leitet Heidegger dann bei der Beschreibung des Vergessens in der Parmenides-Vorlesung. Wegen der gleichursprünglichen Gestimmtheit des Landes mit seinen Wassern und des Dichters sagt Heidegger: die "Stimmungen sind das durchgreifend umfangende Mächtige, die in eins über uns und die Dinge kommen" (89).[80] Der Gedanke des Überkommens wird wichtig für die ontologische Differenz: Wie die Stimmungen über uns und die Dinge kommen, so sieht Heidegger im ersten Entwurf zur Vorle-

---

[79] Der Gedanke der "Ankunft des Gewesenen" bestimmt auch Heideggers Trakl-Auslegung im Vortrag "Die Sprache im Gedicht" (1952): Der Ort der Frühe und Abgeschiedenheit, der im Gedicht "An einen Frühverstorbenen" evoziert wird, ist Heidegger zufolge das Gewesene als Versammlung des Wesenden, aus dem sich eine andere Ankunft vorbereitet. Trakls "Fremdling" blickt dieser Frühe entgegen, wie Hölderlin der Ankunft der gewesenen Götter entgegenblickt (GA 12,33-78; bes. 53 und 62).

[80] Vgl. "Sein und Zeit": "Die Stimmung überfällt" (GA 2,182). Vgl. ἐπέρχεται aus dem Paulus-Brief (oben 44 Anm.). - Daß Mensch und Dinge "in eins" von Stimmungen überkommen werden, hat auch Hugo v. *Hofmannsthal* betont. Im "Gespräch über Gedichte" heißt es: "Sind nicht die Gefühle, die Halbgefühle, alle die geheimsten und tiefsten Zustände unseres Inneren in der seltsamsten Weise mit einer Landschaft verflochten, mit einer Jahreszeit, mit einer Beschaffenheit der Luft, mit einem Hauch?" Hugo v. *Hofmannsthal*, Gesammelte Werke in Einzelausgaben. Hg. Herbert Steiner. Prosa II. Frankfurt: Fischer 1951. S. 96. - Auf die "wundersame Selbigkeit von *Wetter und Stimmung*" stößt Hanspeter *Padrutt* bei der Analyse der "Winterreise" von Wilhelm Müller, vertont von Franz Schubert. Padrutt legt im übrigen einen überzeugenden Versuch vor, Heideggers Denken für die Ökologie fruchtbar zu machen. Hanspeter *Padrutt*, Der epochale Winter. Zeitgemäße Betrachtungen. Zürich: Diogenes 1984. S. 244. - Ders., Heideggers Denken und die Ökologie. In: Heidegger Studies 6 (1990). p. 43-66.

sung "Grundfragen der Philosophie" das Verhältnis des Seins zum Seienden.[81] In der Vorlesung von 1934/35 findet Heidegger das Vorbild dafür, daß die Differenz des Seins zum Seienden als "Überkommnis" geschieht (ID 56 ff). Heidegger sagt außerdem: "wir sind, in eins mit dem Seienden, in Stimmungen ver-setzt" (89). Damit ist das Existenzial der Geworfenheit aus "Sein und Zeit" weitergedacht.

Am Beginn der dritten Strophe spricht Hölderlin vom "Feld", das "grünet" und für die Götter "erzogen" ist, von "Thal und Strömen", die "weitoffen" sind um "prophetische Berge". Eine solche Landschaft des Weiten, Offenen hat Heidegger drei Jahre später vor Augen, wenn er das Wesen der Wahrheit als "das Offene" und als "Lichtung" faßt (unten 110 ff). In der Vorlesung von 1934/35 bemerkt Heidegger zu der von Hölderlin gezeichneten Landschaft: "Die Erde wird da im vorhinein erfahren in der Helle eines fragenden Wissens um die geschichtliche Sendung eines Volkes" (104). Das Wort "Sendung" gebraucht Heidegger im Anschluß an Vers 58: "Drum sandten sie den Boten". Demnach meint "geschichtliche Sendung" kein hypertrophes Nationalbewußtsein, sondern gemäß Hölderlins Entwurf das von den Göttern dem Mädchen Germania durch die Botschaft des Adlers zugesandte Geschick. Hölderlins fragendem Wissen geht es um das "Vaterland", um das "Eigene" der Deutschen, welches auf das Eigene der Griechen bezogen ist. Entsprechend bestimmt sich die Aufgabe, die Heidegger für die Philosophie sieht, aus der "griechisch-deutschen Sendung, aus der heraus das Denken aus eigenem Ursprung in das ursprüngliche Gespräch mit der Dichtung und ihrer Not tritt" (151; vgl. oben 26).

Aus der Interpretation des Beginns von "Germanien" ergibt sich für Heidegger eine vierfache Kennzeichnung der Grundstimmung. 1. Die Grundstimmung *entrückt* in Gewesenheit und Zukunft der Götter, das heißt: die Grundstimmung läßt Zeit entspringen, ihre Bewegtheit ist die ursprüngliche Zeit. 2. Die Grundstimmung *rückt ein* in den Bezug zu Erde und Heimat, das heißt sie gibt den Raum und Ort für ein Wohnen frei. 3. Indem sie auf diese Weise stimmt, *eröffnet* die Grundstimmung das Seiende im Ganzen anders, als es bisher erfahren wurde (82; 140). Sie öffnet eine "Welt"; diese ist das "ursprüngliche und ureigene im voraus Offenbare" (141).[82] Eine Umstimmung der Erfahrung des Seienden erwirkt aber, wie Heidegger sagt, einen "Wandel des Daseins, der gleichkommt einer gänzlichen Umschaffung der Ausgesetztheit in das Seiende und damit einer Umprägung des Seyns" (142). Die Grundstimmung *gründet* somit das geschichtliche Dasein, die "Wahrheit eines Volkes" (144). Zusammengefaßt: die Grundstimmung ist entrückend, einrückend,[83] eröffnend, gründend. Vom Dasein her gesehen, entspricht der Bewegung der Entrük-

---

[81] Bereits in "Was ist Metaphysik?" (1929) spricht Heidegger im Zusammenhang mit der Grundstimmung der Angst davon, daß "die volle Befremdlichkeit des Seienden über uns" kommt (GA 9,121). Die "Befremdlichkeit" entspricht dem Sein des Seienden.

[82] Vgl. GA 29/30,412: "Welt ist die *Offenbarkeit des Seienden als solchen im Ganzen*".

[83] Auch in "Was ist Metaphysik?" verwendet Heidegger im Zusammenhang mit der Stimmung das Verb 'rücken'. Die Langeweile rückt alles "in eine merkwürdige Gleichgültigkeit zusammen" (GA 9, 110), in der Grundstimmung der Angst geschieht ein "Wegrücken des Seienden im Ganzen" (GA 9, 112). In der Vorlesung "Die Grundbegriffe der Metaphysik" (1929/30) erläutert Heidegger, daß das Abwesendsein eines Menschen, etwa bei einem Gespräch in einer Gesellschaft oder im extremen Fall des Wahnsinns, nichts zu tun hat mit dem Unterschied von Bewußtheit und Unbewußtheit, sondern: "Der Mensch ist ver-rückt, verschoben, weg und doch da" (GA 29/30,95).

kung und Einrückung das Ausstehen und Innestehen, welches Heidegger später als "ekstatische Inständigkeit" bezeichnet (N II 475).[84]

In den Machtbereich der Dichtung einzurücken, wie Heidegger es seinen Hörern und Lesern nahelegt (oben 28), heißt: sich auf die Grundstimmung der heilig trauernden, aber bereiten Bedrängnis einzulassen. Dann wird sowohl die Flucht der Götter erfahren als auch einer möglichen Neubegegnung mit ihnen entgegengedacht. Das Erscheinen der Götter muß, wie Heidegger sagt, "Grundgeschehnis" werden (147). Sich auf diese Weise an die Götter zu binden, bedeutet, "sich für die eigentliche Zeit der Dichtung mit ihrer Gewesenheit, Zukunft und Gegenwart [zu] entscheiden" (112) und die von Hölderlin in "Germanien" getroffene Entscheidung über die "Weltzeit unseres Volkes" (76) entscheidungshaft zu übernehmen. Die von Hölderlin "errungene *Offenbarung des Seyns*" (6) wird auf diese Weise zur "Zukunft der Deutschen" (255). Da diese Entscheidung bisher aber aussteht, ist Hölderlins Werk, wie Heidegger sagt, noch "zeit-raum-los" (1).

Mit dem Begriff "Entscheidung" nimmt Heidegger auch Bezug auf Vers 7 ff der Rheinhymne, "... wo aber/ Geheim noch manches entschieden/ Zu Menschen gelanget" (155. SW 2,142). Das Entschiedene, das zu Menschen gelangt, ist nach Heideggers Auslegung das Seyn. Das Seyn selbst wiederum muß entscheidungshaft von den Menschen übernommen werden. In der Vorlesung sind "Entscheidungen" in folgender Ordnung maßgebend: Das Seyn in seiner Entschiedenheit überkommt den Dichter als Grundstimmung. Der Dichter denkt die Halbgötter und schafft damit eine Bresche, die über das Seyn von Göttern und Menschen entscheidet, insofern damit ihre Scheidung erst eröffnet wird (oben 47 f). Heidegger möchte sich mit dem von Hölderlin entschiedenen Seyn auseinandersetzen. Er fordert seine Hörer und Leser auf, sich für die Grundstimmung der Dichtung und deren Zeitlichkeit zu entscheiden. So wird Hölderlins Erfahrung des Seyns nachvollziehbar. Daß Heidegger sich für Hölderlin und nicht für eine andere Dichtung entscheidet, hat darin seinen Grund, daß Hölderlin das deutsche Wesen gedichtet hat, daß er "Dichter der Deutschen" ist (220). Heideggers Entscheidung für Hölderlin soll als geschichtliche Entscheidung von seiten seiner Hörer übernommen werden.[85]

---

[84] Im "Brief über den 'Humanismus'" (1946) denkt Heidegger das in "Sein und Zeit" mit "Existenz" bezeichnete Wesen des Menschen weiter zur "Ek-sistenz". Er schreibt: "Der Mensch west so, daß er das 'Da', das heißt die Lichtung des Seins, ist. Dieses 'Sein' des Da, und nur dieses, hat den Grundzug der Ek-sistenz, das heißt des ekstatischen Innestehens in der Wahrheit des Seins" (GA 9,325). Drei Jahre später, 1949, kommt Heidegger in der Einleitung zu "Was ist Metaphysik?" auf das "Ausstehen" und "Innestehen" in der "Offenheit des Seins" zurück und nennt es, wie in den Abhandlungen der 1961 veröffentlichten Nietzsche-Bände (N II 28 f; 377; 475; 485; u.ö.): "Inständigkeit" (GA 9,374). - Zum Thema Existenz - Ek-sistenz vgl. *v. Herrmann*, Selbstinterpretation, 26 ff. In dem Satz aus "Vom Wesen der Wahrheit": "*Ek-sistent ist das Dasein insistent*" (GA 9,196), hat das 'insistieren' eine andere Bedeutung als das "Innestehen": es meint ein Sichversteifen und Bestehen auf dem Seienden.

[85] Die Entscheidung für Hölderlin ist zugleich - welche Überzeugung Heidegger mit Hölderlins Böhlendorff-Brief teilt - eine Entscheidung für die Griechen. In diesem Sinne heißt es in der Heraklit-Vorlesung von 1944: "Bedenken wir, daß für das Abendland zuerst und maßgebend im Griechentum das Wesen der Wahrheit sich öffnete, dann erkennen wir, inwiefern das dem Griechentum gewordene Geschick nichts Vergangenes und Antiquiertes, auch keine 'Antike' ist, sondern ein noch unentschieden Kommendes, dem wir, die Deutschen, zuerst und auf lange Zeit hin wohl allein, entgegendenken können und müssen" (GA 55,204).

In seinem späteren Denken betont Heidegger nicht mehr die Aktivität des Menschen, redet er nicht mehr von "Entscheidung", sondern von "Entsprechung". In seinem Vorwort zur Lesung von Hölderlin-Gedichten (1963) sagt er: "Hölderlins Dichtung ist für uns ein Schicksal. Es wartet darauf, daß die Sterblichen ihm entsprechen. Die Entsprechung führt auf den Weg einer Einkehr in die Nähe der entflohenen Götter: in den Raum ihrer uns schonenden Flucht" (GA 4,195). Von der "Ankunft" der Götter schweigt Heidegger zu dieser Zeit. Sein Anliegen, in den Raum ihrer Flucht zu führen, ist jedoch dasselbe geblieben wie 1934/35.

Von der Grundstimmung sagt Heidegger in der Vorlesung: sie "bestimmt unserem Dasein den ihm selbst offenbaren Ort und die Zeit seines Seins (weder Ort räumlich noch Zeit zeitlich im gewöhnlichen Sinne)" (141). Außerdem: "Stimmend muß sie uns für den Ort bestimmen, aus dem das Ganze des Seienden neu erfahrbar wird ..." (137). Meines Erachtens liegt hier der Keim des Gedankens von der "Ortschaft des Seins". "Ort" und "Zeit" betreffen an dieser Stelle zwar das Sein des Daseins, in den Vorlesungen der folgenden Jahre wird Heidegger jedoch das Sein selbst ort- und bereichhaft fassen. Daß die geläufigen Begriffe von "Raum" und "Zeit" nicht mehr genügen, geht bereits aus dem obigen Zitat hervor. Heidegger vermeidet deshalb diese Begriffe. Es kommt ihm in seinen Vorlesungen der nächsten Jahre auf eine andere Art von "Zeit", die er in Wesenseinheit mit dem Ort denkt, an, und dies wird sein Hauptanliegen. Auch bei der Auseinandersetzung mit den anfänglichen Denkern der Griechen sind es immer Bewegungs- und Ortsstrukturen, die Heidegger an ihren Worten interessieren. Daß der Ort unseres Daseins uns selbst "offenbar" ist, weist auf das Seinsverständnis aus "Sein und Zeit" zurück, außerdem verweist es auf das Weltphänomen.

Mit der Grundstimmung, ebenso dem "Schiksaal", dem "Vaterland", der "Natur" sind von Heidegger Phänomene erblickt, von denen aus das Sein des Seienden seine Bestimmung empfängt. Hieraus ergibt sich die Notwendigkeit, einen Unterschied im Sein selbst zu machen; Heidegger bringt ihn durch die Schreibweise "Seyn" bzw. "Sein" zum Ausdruck, wobei "Seyn" zunächst das von Hölderlin Entworfene bezeichnet. Daß der Unterschied von Seyn und Sein ein sachlich notwendiger ist, erfährt Heidegger durch die Auseinandersetzung mit Parmenides in der Vorlesung des folgenden Semesters erneut.

Geschichte, wie sie in der Vorlesung von 1934/35 zur Sprache kommt, ist von Heidegger jeweils aus ihrem Ursprung gedacht. Zu ihm gehören: die Mächte des Dichtens, Denkens und Staatsschaffens, das Gespräch zwischen Göttern und Menschen sowie eine neue Grundstimmung. Dies gilt sowohl für den Ursprung der Geschichte bei den Griechen als auch für die künftige deutsche Geschichte. Vom Ursprung der Geschichte spricht Heidegger in den Vorlesungen der folgenden Semester auch als "Augenblick", "Seinsgeschehnis", "Ereignis", "Anfang".

An Heideggers Analyse der Grundstimmung wurde deutlich, daß ihr "Machtbereich", der identisch ist mit dem "Bereich des Seyns überhaupt" (167), Raum und Zeit umfaßt. Im Zusammenhang mit der Wahrheitsfrage denkt Heidegger diesen Bereich dann als "das Offene", als "Lichtung", zuerst in der Vorlesung von 1937/38. Heidegger nennt diesen Bereich auch "Zeit-Raum", "Zeit-Spiel-Raum" (unten 148; 205), "Raum aller Räume" (unten 165), "Bereich aller Bereiche" (VA 270; 272). Die im Wort "Bereich" angedeutete Zeitproblematik steht immer im Hintergrund, wenn Heidegger Worte wie 'reichen', 'erreichen', 'zureichend', 'Reich', 'Reichtum' gebraucht.[86] Auf den ersten Blick scheint im Begriff "Bereich", genauso wie in "Nähe", eher ein Raum- als ein Zeitbezug angesprochen zu sein. Heidegger verwendet jedoch beide Begriffe dort, wo er das "Eigene" der Zeit bedenkt, in dem 1962 gehaltenen Vortrag "Zeit und Sein". Er sagt dort: im "lichtenden Einander-sich-reichen von Zukunft, Gewesenheit und Gegenwart" "beruht" das "Eigene des Zeit-Raumes der eigentlichen Zeit" (SD 15). Der "Bereich" der "eigentlichen Zeit" wird durch das "dreifache Reichen" von Gewesenheit, Zukunft und Gegenwart der "nähernden Nähe" bestimmt und ist die "vorräumliche Ortschaft" (SD 16). Das Phänomen der Grundstimmung wird im Vortrag nicht mehr beachtet, auffällig ist aber der häufige Gebrauch der Wörter "bestimmen", "Bestimmung". Der entrückend-einrückenden Macht der Grundstimmung aus der Vorlesung von 1934/35 entspricht im Vortrag von 1962 das "Es" in "Es gibt Sein", "Es gibt Zeit". Während gemäß der Vorlesung die Grundstimmung das Dasein bewegt, es ent- und einrückt und in dieser Bewegung das Seiende im Ganzen eröffnet und gründet, geschieht im Vortrag die Bewegung im Verhältnis zwischen Zeit und Sein (Anwesen), und zwar als "nähernde Nähe", als "lichtendes Reichen".

Der Gedanke, daß Raum und Zeit einem Bereich entstammen - in der Vorlesung von 1934/35 dem Machtbereich der Grundstimmung -, wird von Heidegger in den folgenden Jahren weitergedacht.

---

[86] Im Protokoll des Seminars zum Vortrag "Zeit und Sein" (1962) heißt es von den Verben "'reichen', 'schicken', 'vorenthalten', 'ereignen'", daß sie "nicht nur als Zeitwörter überhaupt eine Zeitform, sondern zudem einen ausgesprochen zeitlichen Sinn aufweisen für etwas, das nichts Zeitliches ist" (SD 51).

§ 5. Wieder-holung des Anfangs der Geschichte und Verwandlung in den anderen Anfang. GA 40: Einführung in die Metaphysik. Sommersemester 1935

In "Sein und Zeit" analysiert Heidegger die Geschichtlichkeit des Daseins als ein Vorlaufen und Zurückkommen (oben 20). Diese beiden Bewegungen lassen sich im Hinblick auf Heideggers eigenes Verfahren an der ersten Hölderlin-Vorlesung und der Vorlesung des folgenden Semesters, "Einführung in die Metaphysik", erkennen: Während Heidegger in der Hölderlin-Vorlesung gleichsam in den anderen Anfang von Geschichte vorläuft, kommt er in der "Einführung in die Metaphysik" auf den ersten Anfang bei den Griechen zurück. Dieses Zurückkommen geschieht aber seinerseits als Wiederholung und Verwandlung, ist also in sich selbst zweifach gerichtet, insofern die Verwandlung auf die künftige Geschichte abzielt.

In der Vorlesung "Einführung in die Metaphysik" bildet Heidegger an einem Parmenides-Spruch einen seiner Grundgedanken, den des Wesensbezugs des Menschen zum Sein, aus. Zweiundzwanzig Jahre später, 1957, wird dieser Gedanke im Vortrag "Der Satz der Identität" endgültig formuliert. Die Entfaltung des Gedankens in der Vorlesung von 1935 steht ganz unter dem Eindruck Hölderlinscher Gedichte, die im Semester zuvor interpretiert wurden; es sind dies vor allem folgende Sinngehalte: die Ankunft der Götter, das Vernehmen eines Schicksals, das blitzhafte Wort des Gottes, die "Natur" als das den Dichter Umfangende, worin Heidegger das "Grundgeschehnis des Seyns als solchen" erblickte (oben 42). Der in der Hölderlin-Vorlesung zuerst ausgesprochene Gedanke einer Eigenbewegung des Seyns findet in der "Einführung in die Metaphysik" seine Fortführung. Die Konsequenz ist, daß sich das Verhältnis des Menschen (Seinsverständnis) zum Sein allmählich umkehrt in den Bezug des Seyns und dessen Wahrheit zum Menschen. In der Vorlesung "Grundfragen der Philosophie" von 1937/38 wird diese "Kehre" dann ins Wort gefaßt.

"Einführung in die Metaphysik" ist eine Schrift mit Übergangscharakter. Es kommt sowohl der Ansatz von "Sein und Zeit" beim Seinsverständnis des Daseins zur Sprache als auch das durch Hölderlin hervorgerufene 'Ausgehen vom Sein'. Hier wird der Denkschritt vom "Sinn von Sein" zur "Wahrheit des Seins" vollzogen. Daß Heidegger selbst dieser Vorlesung besondere Wichtigkeit zugemessen hat, geht daraus hervor, daß er sie als erste veröffentlichte. Von den vielen von ihm gehaltenen Vorlesungen gab Heidegger drei selbst heraus: 1953 seine "Einführung in die Metaphysik" des Sommersemesters 1935, 1954 "Was heißt Denken?" aus dem Wintersemester 1951/52 und dem Sommersemester 1952 sowie 1962 "Die Frage nach dem Ding", gehalten 1935/36.

Weil Heideggers Auseinandersetzung mit dem Anfang der Geschichte eine Weiterentfaltung der Seinsfrage ist, soll a) der Zusammenhang des geschichtlichen *Fragens* mit der Geschichtlichkeit des Daseins aus "Sein und Zeit" und b) Heideggers Auslegung des griechisch erfahrenen *Seins,* der φύσις, dargestellt werden.

Der erste Anfang und der andere Anfang der Geschichte werden von Heidegger mehr und mehr als ein *Geschehnis des Seins selbst* - später heißt es "Ereignis" - betrachtet. Wie sich dieser Gedanke, der in der Hölderlin-Vorlesung aufkam, durch Heideggers Heraklit- und Parmenides-Auslegung weiterentwickelt und wie sich hierbei der *Wesensbezug des Menschen zum Sein* artikuliert, ist c) zu verfolgen.

Daß ein anderer Anfang der Geschichte nötig ist, liegt daran, daß die frühgriechische *Erfahrung des Seins* durch Platon und Aristoteles *verwandelt* wurde bzw. verloren ging. Heideggers Sicht dieses Geschehnisses soll d) beschrieben werden.

Zum Anfang der Geschichte als einem Geschehnis des Seins selbst gehört außer der Entfaltung des Bezugs zum Menschen auch das *Auseinandertreten von Sein und Seiendem.* Dieses soll zuletzt e) geschildert werden. Alle fünf Punkte sind für Heideggers weiteren Denkweg von großer Bedeutung.

a) Geschichtliches Fragen der Seinsfrage

Die Vorlesung beginnt: "Warum ist überhaupt Seiendes und nicht vielmehr Nichts? Das ist die Frage" (3).[1] Diese Frage fragt nach dem Grund des Seienden, sie ist die "metaphysische Grundfrage" (20). Mit seiner "Einführung in die Metaphysik" möchte Heidegger in das Fragen der Grundfrage hineinführen, wobei er sein Führen als "ein fragendes Vorangehen, ein Vor-fragen" (22) versteht. In der Frage nach dem Grund des Seienden "fragen wir eigentlich schon *vor* nach dem Sein hinsichtlich seines Grundes" (35). Die Grundfrage "Warum ist überhaupt Seiendes und nicht vielmehr Nichts?" zwingt zu der "Vor-frage: *'Wie steht es um das Sein?'"* (36). "Vor-frage" bezeichnet den Wegcharakter in Heideggers Vorgehen; es meint nicht, daß die Seinsfrage weniger Gewicht hat als die metaphysische Grundfrage. In seiner eigenen "Kritik der Vorlesung"[2] merkt Heidegger an, die Seinsfrage sei "keine Vorfrage" (217), sondern "die *eigentliche Frage"* (218). Dementsprechend nennt er in der Nietzsche-Vorlesung von 1936/37 "Grundfrage": die Frage nach dem "Wesen des Seins", die Frage der Philosophie aber, "was denn das Seiende sei": ihre "Leitfrage" (GA 43,4).[3] Im Entwurf zur Vorlesung des Wintersemesters 1937/38 gilt als eigent-

---

[1] In "Was ist Metaphysik?" zeigt Heidegger, wie die Grundstimmung der Angst diese Frage aufbrechen läßt (GA 9,111 ff). - Seitenangaben ohne Zusätze beziehen sich im folgenden auf GA 40.

[2] Aus dem Nachwort der Herausgeberin zu GA 40 geht nicht hervor, wann diese "Kritik" verfaßt ist. Sie könnte aus dem Jahre 1937 stammen, da Heidegger, um sich vom traditionellen Wesensbegriff abzusetzen, von der "Wesung" des Seins spricht (GA 40,219; vgl. unten 92), genauso wie in einem im Mai 1937 verfaßten Text zu den Nietzsche-Vorlesungen von 1936/37 und 1937 (GA 43,285).

[3] In der Vorlesung des Sommersemesters 1930, "Vom Wesen der menschlichen Freiheit. Einleitung in die Philosophie", lautet Heideggers "Grundfrage": *"Was ist das Wesen der Zeit, daß Sein in ihr gründet und in diesem Horizont die Seinsfrage als Leitproblem der Metaphysik entfaltet werden kann und muß?"* (GA 31,116). Die überlieferte Leitfrage der Philosophie heißt seit *Aristoteles* (Met. 1028 b): τί τὸ ὄν (GA 31,39; vgl. unten 135 Anm.). - Zur Grundfrage und Leitfrage vgl.: Alexius Jakob *Bucher,* Metaphysikkritik als Begriffsproblematik auf dem Denkweg Martin Heideggers. Bonn: Bouvier 1972. S. 187 ff. - Vgl. *Pöggeler,* Denkweg, 133 ff.

liche Seinsfrage "die Grundfrage nach dem *Seyn*" (GA 45,200; unten 108). Wie Heidegger erläutert, geschieht im Vollzug des Fragens der 1935 so genannten Grundfrage, "Warum ist überhaupt Seiendes und nicht vielmehr Nichts?", ein "Rückstoß" aus dem Gefragten und Befragten auf das Fragen selbst: "'Warum das Warum?'" (7; 15). Die Bewegung des Vor und Zurück bestimmte das Geschehen der eigentlichen Geschichtlichkeit des Daseins in "Sein und Zeit". Dem Vor-fragen als Bewegung des Fragens entspricht das Vorlaufen der Existenz, dem Rückstoß aus dem Gefragten entspricht, daß die Existenz in ihre Endlichkeit 'gestoßen', auf sich 'zurückgeworfen' wird (oben 20). Heidegger bleibt also auf dem Boden seiner Erörterungen in "Sein und Zeit", wenn er konstatiert: "Das Fragen dieser Vor-frage [der Seinsfrage] und damit das Fragen der Grundfrage der Metaphysik ist ein durch und durch geschichtliches Fragen" (46). Alles "wesentliche Fragen der Philosophie" hat nach Heidegger diesen Charakter der Geschichtlichkeit[4] und hält sich in der Bewegung des Vor und Zurück: die Philosophie ist, wie Heidegger sagt, "ihrem jeweiligen Heute weit vorausgeworfen",[5] sie bindet "das Heute an sein früher und anfänglich Gewesenes" zurück (10).

Die Parallele zu "Sein und Zeit" zeigt sich auch am Phänomen der Wiederholung. Die eigentliche Geschichtlichkeit des Daseins besteht, sofern sie ausdrückliche Überlieferung ist, in der Wiederholung des Erbes von Möglichkeiten, sie ist Rückgang in Möglichkeiten des dagewesenen Daseins. In der Vorlesung von 1935 sagt Heidegger: "Fragen: Wie steht es um das Sein? - das besagt nichts Geringeres als den Anfang unseres geschichtlich-geistigen Daseins *wieder-holen,* um ihn in den anderen Anfang zu verwandeln" (42).

Die beiden Momente der eigentlichen Geschichtlichkeit des Daseins, Vorlaufen und zurückkommendes Wiederholen, gründen in den beiden Ekstasen der eigentlichen Zeitlichkeit: Zukunft und Gewesensein. Heideggers vorfragend-wiederholendes Fragen muß man deshalb als ekstatischen Vollzug eigentlichen geschichtlichen Daseins verstehen.

Mit der Absicht der Wieder-holung des Anfangs greift Heidegger die in "Sein und Zeit" hervorgehobene Notwendigkeit des Rückgangs "zu den ursprünglichen 'Quellen', daraus die überlieferten Kategorien und Begriffe z.T. in echter Weise geschöpft wurden" (GA 2,29), auf. Diese Aufgabe versteht Heidegger in "Sein und Zeit" "als die *am Leitfaden der Seinsfrage* sich vollziehende *Destruktion* des überlieferten Bestandes der antiken Ontologie auf die ursprünglichen Erfahrungen, in denen die ersten und fortan leitenden Bestimmungen des Seins gewonnen wurden" (GA 2,30).[6]

Die Grundfrage der Metaphysik, "Warum ist überhaupt Seiendes und nicht vielmehr Nichts?", fragt gemäß Heideggers Ausführungen in der Vorlesung von 1935 nach dem Seienden im Ganzen und stellt es dem Nichts gegenüber. Weil sie alles Seiende umfaßt, ist sie die weiteste Frage, weil sie nach dem Grund des Seienden

---

[4] "Das 'Denken' *ist* bei Heidegger ... *selber* Geschichtlichkeit ...". *Pugliese,* o.c. 14.

[5] Das 'Vorausgeworfensein' ist *Nietzsche*-Reminiszenz. Nietzsche sagt von den Philosophen: "Sie werden aber weit vorausgeworfen, weil die Aufmerksamkeit der Zeitgenossen erst langsam ihnen sich zuwendet" (GA 43,3).

[6] Heinrich *Ott,* o.c. 66 ff: "Die Methode der ontologischen Destruktion".

fragt, die tiefste Frage, und, sofern sie sich im Fragen ihren eigenen Grund er-
springt, die ursprünglichste Frage (6 ff). Als diese rangmäßig erste Frage "eröffnet
und gründet" sie "maß-gebend" den Bereich für alles Fragen (8) und dafür, daß das
Seiende in seiner Fragwürdigkeit aufbrechen kann (32). Es ist, so Heidegger, *"dieses*
Fragen, das uns ins Offene rückt, gesetzt, daß es selber sich fragend verwandelt (was
jedes echte Fragen leistet), und einen neuen Raum über alles und durch alles wirft"
(32). Heidegger schreibt dem eröffnenden, gründenden, ins Offene rückenden Fragen demnach genauso eine "ursprüngliche Macht" (8) zu wie dem stiftenden Sagen
des Dichters und der in seiner Dichtung waltenden Grundstimmung, die er in der
Hölderlin-Vorlesung behandelte. Auch in ihrer geschichtsgründenden Kraft kommt
die Grundstimmung mit dem Fragen überein. Denn das Fragen ist nach Heideggers
Auffassung "ein Grundgeschehnis des geschichtlichen Seins", es "schafft" Geschichte
(152), und zwar durch ein schöpferisches Begreifen der Überlieferung (41).[7] Heidegger betont: "Gerade weil wir uns an die große und lange Aufgabe wagen, eine alt
gewordene Welt abzutragen und wahrhaft neu, d.h. geschichtlich zu bauen, müssen
wir die Überlieferung wissen" (134).[8] Mit dem Gedanken des 'Abtragens' nimmt
Heidegger Bezug auf die Notwendigkeit der "Destruktion" aus "Sein und Zeit". Der
Gegenstand des Abtragens ist allerdings ein anderer, in "Sein und Zeit" der überlieferte Bestand der antiken Ontologie, hier in der "Einführung in die Metaphysik":
"eine alt gewordene Welt".[9] Die Wieder-holung des Anfangs der abendländischen
Geschichte soll im Hinblick auf die Gründung der künftigen Geschichte geschehen.[10] Im Sinne des in der Vorlesung herausgearbeiteten "Seinsgeschehnisses", das
noch darzustellen ist, könnte man "Überlieferung" auch so auffassen, daß der Anfang sich uns überliefert.[11]

Wenn Heidegger das Fragen als "ein Grundgeschehnis des geschichtlichen
Seins" bezeichnet, so versteht er "Geschehnis", wie er zu Beginn der Vorlesung betont, als ein "ausgezeichnetes Vorkommnis" (7); das heißt es ist keine kontinuierliche, sondern eine plötzliche, augenblickhafte Bewegung gemeint. Das vorfragend-
wiederholende Fragen, das sich in den Zeitlichkeitsekstasen der eigentlichen Zukunft und des eigentlichen Gewesenseins vollzieht, ist demnach als "Grundgeschehnis" eigentlich gegenwärtig, nämlich: Augenblick. Somit hat das geschichtliche Fragen als vorfragend-wiederholendes Grundgeschehnis den vollen Charakter der ei-

---

[7] Bereits in der Hölderlin-Vorlesung spricht Heidegger in bezug auf *Heraklit* davon, daß die Auseinandersetzung mit ihm als einer "Urmacht" "ein wahrhaft genötigtes Fragen" sein muß, "das erst wieder einen geschichtlich geistigen Raum erwirken soll" (GA 39,134). - Zur "Frage nach dem Sinn von
Sein als Wiederholung der Seinsfrage der Griechen (des Parmenides)" in der Vorlesung "Einführung in
die Metaphysik" vgl.: Jochen *Schlüter,* Heidegger und Parmenides. Ein Beitrag zu Heideggers Parmeni-
desauslegung und zur Vorsokratiker-Forschung. Bonn: Bouvier 1979. S. 66 ff.

[8] Vgl. oben 26.

[9] Im Seminar in Le Thor von 1969 sagt Heidegger von der "Destruktion", daß sie "streng als de-
struere, 'Ab-bauen' und nicht als Verwüsten verstanden werden muß" (GA 15,337).

[10] In einer Abhandlung von 1939 der 1961 veröffentlichten Nietzsche-Bände schreibt Heidegger:
"Anfang *ist* nur im Anfangen. Anfang ist: Über-lieferung" (N II 29).

[11] In dieser Bedeutung sagt Heidegger schon 1928: "Die Fundamentalontologie ist immer nur eine
Wiederholung dieses Alten, Frühen. Dieses aber überliefert sich uns selbst in der Wiederholung nur
dann, wenn wir ihm die Möglichkeit geben, sich zu verwandeln" (GA 26,197).

gentlichen ekstatischen Zeitlichkeit: es ist vorlaufend-wiederholender Augenblick (oben 19; 21).[12]

Auf seinem weiteren Denkweg hat Heidegger dem Fragen nicht mehr diese ursprüngliche, Geschichte schaffende Macht zuerkannt. Im Vortrag "Das Wesen der Sprache" von 1957 bemerkt er vielmehr, daß "das Fragen nicht die eigentliche Gebärde des Denkens ist, sondern - das Hören der Zusage dessen, was in die Frage kommen soll" (GA 12,165). Ähnlich heißt es im Vortrag "Wissenschaft und Besinnung" von 1953: "Besinnung" ist ein "Entsprechen", das "im geeigneten Augenblick den Charakter des Fragens verliert und zum einfachen Sagen wird" (VA 66).

Im Wieder-holen des Anfangs, wie Heidegger es meint, wird nicht zu einer primitiven Art des Denkens zurückgegangen. Philosophie gehört vielmehr zu den "wenigen großen Dingen des Menschen". Heidegger sagt mit Nachdruck: "Alles Große aber kann nur groß anfangen. Sein Anfang ist sogar immer das Größte" (18). Das ist der Pindarische Gedanke: τὸ δὲ φυᾷ κράτιστον ἅπαν (oben 21; 32 Anm.). Heidegger fährt fort: "Das Große fängt groß an, erhält sich nur durch freie Wiederkehr der Größe in seinem Bestand und geht auch, wenn es groß ist, groß zu Ende" (18). So hatte Heidegger das Reinentsprungene aus Hölderlins Rheinhymne gedeutet: der Anfang ist im Bleibenden gegenwärtig und ist ihm zugleich Ziel. Dem Wieder-holen von seiten des Fragens entspricht, vom Anfang her gesehen, die "freie Wiederkehr". In "Sein und Zeit" schreibt Heidegger: "Die eigentliche Geschichtlichkeit versteht die Geschichte als die 'Wiederkehr' des Möglichen ..." (GA 2,517).[13]

Den Gedanken der Größe des Anfangs hat Heidegger immer wieder ausgesprochen.[14] Er befindet sich mit dieser Auffassung im Einklang mit der Antike[15] und

---

[12] Auf das Fragen als Grundgeschehnis und den Augenblick als eigentliche Gegenwart blickt Heidegger offensichtlich zurück, wenn er im Vortrag "Zur Frage nach der Bestimmung der Sache des Denkens" (1965) nach dem Zusammengehören von Lichtung, Raum und Zeit fragt und anschließend bemerkt: "Fragen über Fragen, die ein Denken nach der Art der Philosophie nicht einmal fragen, geschweige denn beantworten kann. Denn solche Fragen bedrängen das Denken erst, wenn das, was für die Philosophie das Fraglose bleibt, die Anwesenheit als solche, fragwürdig geworden ist. So mag es in diesem Augenblick schicklich sein, auf die Lichtung als die ausgezeichnete Sache eines anderen Denkens wenigstens im Groben hinzuweisen" (FBSD 18). Das Wort "schicklich" gebraucht Heidegger in Anlehnung an Hölderlin. Bei der Erörterung des "Schiksaals" aus der Rheinhymne zitiert er auch zwei Briefe, in denen Hölderlin vom "Schiklichen" und von "unschiklich" spricht (GA 39,176 ff).

[13] Daß Heidegger von der Wiederkehr des "Großen" spricht, zeigt, daß er Bezug nimmt auf Nietzsches zweite unzeitgemäße Betrachtung, "Vom Nutzen und Nachtheil der Historie für das Leben" (1873/74), auf die er in "Sein und Zeit" hinwies (GA 2,523). Nietzsche unterscheidet drei Arten von Historie, die monumentalische, die antiquarische, die kritische. Er schreibt: "Wodurch also nützt dem Gegenwärtigen die monumentalische Betrachtung der Vergangenheit, die Beschäftigung mit dem Klassischen und Seltenen früherer Zeiten? Er entnimmt daraus, dass das Grosse, das einmal da war, jedenfalls einmal *möglich* war und deshalb auch wohl wieder einmal möglich sein wird". *Nietzsche*, Werke III,1, S. 256.

[14] Schon in der Rektoratsrede von 1933 heißt es: "Denn gesetzt, die ursprüngliche griechische Wissenschaft ist etwas Großes, dann bleibt der *Anfang* dieses Großen sein *Größtes*" (SU 12). - Zuletzt 1967 im Vortrag in Athen: "Denn der Anfang eines Geschickes ist das Größte. Er waltet allem Nachkommenden voraus" (HK 12). - Vgl. auch: GA 45,36; 114; 121; 134. GA 54,1.

[15] Vgl.: Adolf *Lumpe*, Der Terminus "Prinzip" (ἀρχή) von den Vorsokratikern bis auf Aristoteles. In: Archiv für Begriffsgeschichte 1 (1955). Bonn: Bouvier. S. 104-116. - Die Vorstellung vom "goldenen Zeitalter" zuerst bei *Hesiod*, Erga 109 ff. Hesiod, Works & Days. Edited with Prolegomena and Commentary by M. L. West. Oxford: Clarendon Press 1978. p. 100. - In *Platons* "Politikos" wird ein Mythos erzählt, in dem der gegenwärtige Weltzustand als ein Abfall vom Anfang dargestellt wird (269 a ff). Be-

steht im Widerspruch zu Hegel.[16]

Heideggers Weg des Fragens in der Vorlesung "Einführung in die Metaphysik" soll in seinen einzelnen Schritten nicht verfolgt werden. Ich gebe einen kurzen *Überblick* über sein Vorgehen. Im voraus festzuhalten ist, daß weder die "Vor-frage" noch die so genannte Grundfrage zureichend entfaltet, geschweige denn beantwortet werden.

Heidegger schildert zunächst Seiendes verschiedener Art und fragt, wie dessen Sein zu fassen sei. An allem aufgeführten Seienden bleibt jedoch das Sein "unauffindbar, fast so wie das Nichts oder am Ende *ganz* so" (39).[17] Das führt zu der Frage, ob Nietzsche recht hat mit seiner Einschätzung, wenn er "solche 'höchsten Begriffe' wie Sein 'den letzten Rauch der verdunstenden Realität'" nennt (39).[18] Seit Aristoteles gilt 'Sein' als allgemeinster Begriff.[19] Ob eine Ansetzung des Seins als des all-

---

wegung und Veränderung des Kosmos geschehen so, daß das Ganze eine gewisse Zeit lang vom Gott gelenkt und im Kreis gedreht, dann aber losgelassen und für eine bestimmte Zeit sich selbst überlassen wird, so daß es sich nach der entgegengesetzten Seite umwendet (269 c-d). In der ersten Phase, unter der Herrschaft des Kronos, hütete die Gottheit die Menschen und stand ihnen vor (θεὸς ἔμενεν αὐτοὺς αὐτὸς ἐπιστατῶν, 271 e). Als diese Zeit aber erfüllt war (χρόνος ἐτελεώθη, 272 d), ließ der Steuermann des Ganzen (κυβερνήτης, 272 e) das Ruder fahren und trat in seinen Beobachtungsstand zurück. Die vom Gott gestiftete Ordnung - vorher herrschte Unordnung (ἀταξία, 273 b) - bleibt eine Weile bestehen. Je weiter aber die Zeit vorrückt und λήθη in ihr entsteht (προϊόντος τοῦ χρόνου καὶ λήθης ἐγγιγνομένης ἐν αὐτῷ, 273 c), desto mehr nimmt der Zustand der alten Verwirrung überhand (δυναστεύει τὸ τῆς παλαιᾶς ἀναρμοστίας πάθος, 273 d). Um zu vermeiden, daß der von ihm eingerichtete Kosmos in Trümmer fällt und sich auflöst, muß der Gott sich wiederum ans Ruder stellen und alles, was erkrankt und aufgelöst ist, durch Umwendung in den ihm eigentümlichen Umlauf wieder in Ordnung bringen (273 d-e). In der Zeit unter der Steuerung durch Kronos herrscht ein im wesentlichen gleichbleibender Zustand, während im gegenwärtigen Weltzeitalter eine nicht umkehrbare Entwicklung stattfindet. In der periodischen Aufeinanderfolge der beiden Zeitalter sind Kreislauf und gleichsam geradlinig fortschreitende Entwicklung miteinander verbunden, denn der nicht umkehrbare Prozeß der Auflösung und Vernichtung mündet an seinem Ende in den allgemeinen Kreislauf ein. - Zur Interpretation des "Politikos"-Mythos vgl.: Konrad *Gaiser,* Platons ungeschriebene Lehre. Stuttgart: Klett 1963. S. 205 ff. - Die von Platon genannte λήθη ließe sich in Heideggers Sinn als "Seinsvergessenheit" deuten (unten 300 ff). - Was Heidegger von Platons Mythos unterscheidet, ist, daß er nur eine einzige, endliche Bewegung denkt, nicht eine periodische Abfolge, und daß es ihm um die abendländische Geschichte geht, nicht um das Bestehen des Kosmos. - παλαιὰ ἀναρμοστία wird von Schleiermacher mit "alte Verwirrung" übersetzt. *Platon,* Werke in 8 Bdn. Hg. Gunther Eigler. 6. Bd. bearb. v. Peter Stadacher. Griech. Text v. Auguste Diès. Deutsche Übers. v. Friedrich Schleiermacher. Darmstadt: Wissenschaftliche Buchgesellschaft 1970. S. 457. - Diese Platon-Stelle über das Wiedereintreten des Zustandes der alten Verwirrung hat wohl die Schlußverse von Hölderlins Rheinhymne mitbestimmt: "... wenn alles gemischt/ Ist ordnungslos und wiederkehrt/ Uralte Verwirrung" (SW 2,148).

16 Zum Beispiel: "Den Anfang macht das, was an sich ist, das Unmittelbare, Abstrakte, Allgemeine, was noch nicht fortgeschritten ist. Das Konkretere, Reichere ist das Spätere; das Erste ist das Aermste an Bestimmungen". *Hegel,* Werke (Glockner). 17,69.

17 Heidegger geht hier ähnlich vor wie in seiner Freiburger Antrittsvorlesung, "Was ist Metaphysik?", als er fragte: "Wo suchen wir das Nichts, wie finden wir das Nichts?", um zu einem "reinen Finden" überzuleiten, das ein "Sichbefinden inmitten des Seienden im Ganzen" ist. Als solche Befindlichkeit macht die Grundstimmung der Angst das Nichts offenbar (GA 9,108 ff).

18 "Die *andre* Idiosynkrasie der Philosophie ist nicht weniger gefährlich: sie besteht darin, das Letzte und das Erste zu verwechseln. Sie setzen Das, was am Ende kommt - leider! denn es sollte gar nicht kommen! - die 'höchsten Begriffe', das heisst die allgemeinsten, die leersten Begriffe, den letzten Rauch der verdunstenden Realität an den Anfang *als* Anfang". *Nietzsche,* Werke VI,3. S. 70.

19 *Aristoteles,* Met. 1001 a 20 ff: τὸ ἓν καὶ τὸ ὄν ... ἔστι καθόλου μάλιστα πάντων. - An dem Befund, daß das Sein als leerster und allgemeinster Begriff gilt, knüpft auch Heideggers Aufweis der "Notwendigkeit einer ausdrücklichen Wiederholung der Frage nach dem Sein" in "Sein und Zeit" an (GA 2,3).

gemeinsten Begriffes aber das "Wesen des Seins" (44) trifft, das ist die nächste Frage. Wenn nicht, dann kann das Sein auch nicht Gegenstand einer Ontologie im traditionellen Sinne sein. In "Sein und Zeit" hatte Heidegger eine "Ontologie im weitesten Sinne" (GA 2,15) ins Auge gefaßt und damit beabsichtigt - so wird in der Vorlesung jetzt erläutert -, "im Durchgang durch die Frage, wie es mit dem Sein steht", "das Sein zum Wort zu bringen" (44). Da die Frage aber - so Heideggers Beurteilung acht Jahre nach dem Erscheinen von "Sein und Zeit" - "bisher weder Anklang noch gar Widerklang gefunden hat", "mag es gut sein, künftig auf den Gebrauch des Titels 'Ontologie', 'ontologisch' zu verzichten" (44).

Nachdem also weder ein Befragen des Seienden dazu führt, das Wesen des Seins aufzuhellen, noch die überlieferte Ontologie hierzu in der Lage ist, sieht Heidegger sich veranlaßt, sprachliche Überlegungen anzustellen und Grammatik und Etymologie des Wortes "sein" zu betrachten. Das Ergebnis seiner Analysen ist: Die "verschwebende Bedeutung" (Nietzsche spricht von "Rauch" und "verdunsten") des Wortes "sein" hat erstens seinen Grund in der "Verwischung" (91), die den Infinitiv auszeichnet, denn der modus infinitivus heißt bei den griechischen Grammatikern ἔγκλισις, was "Fallen, Kippen und Sichneigen" (64) besagt und damit ein Abweichen vom Aufrechtstehen. Als solches "Da-stehen" fassen die Griechen aber das Sein des Seienden, etwa in der Aristotelischen ἐντελέχεια und μορφή (64 f). Damit ist gleichzeitig zum Vorschein gekommen, daß die unsere Sprache prägenden grammatischen Formen auf einer ganz bestimmten Auslegung der griechischen und lateinischen Sprache beruhen. Zweitens ist die "leere" Wortbedeutung von "sein" auf die "Vermischung" (91) der drei Stammbedeutungen, "leben", "aufgehen", "verweilen" (75 f)[20] zurückzuführen. Was die sprachlichen Überlegungen auch gezeigt haben, ist, wie innig verknüpft die Seinsfrage mit einem Fragen nach dem Wort ist (95).

Um darzulegen, daß unser Verstehen des Seins, wenn wir "ist" sagen, trotz der Lehre der Ontologie und trotz Nietzsches Feststellung sehr wohl jeweils eine bestimmte Bedeutung erfaßt, gibt Heidegger einige Beispiele: "'Gott ist'. 'Die Erde ist'. 'Der Vortrag ist im Hörsaal'. 'Der Mann ist aus dem Schwäbischen'. 'Der Becher ist aus Silber'" (95) und andere mehr. Das "ist" besagt in diesen Sätzen: "'wirklich gegenwärtig', 'ständig vorhanden', 'stattfinden', 'herstammen', 'bestehen'" (98). Durch alle diese Bedeutungen des "ist" geht ein "einheitlich bestimmter Zug", das Verständnis bewegt sich in einem "bestimmten Horizont". Von "Bestimmtheit" spricht Heidegger auch deshalb, weil er, ohne sie zu nennen, an die Grundstimmung denkt. Die herangezogenen Beispiele zeigen also: "Die Begrenzung des Sinnes von 'Sein' hält sich im Umkreis von Gegenwärtigkeit und Anwesenheit, von Bestehen und Bestand, Aufenthalt und Vor-kommen" (98). Unser Verständnis des "ist" ist somit dasselbe wie das griechische Seinsverständnis, welches heißt: "Anwesenheit" (65).[21] Kommt unser Verständnis des Seins aber aus dem griechischen her, so sieht

---

[20] *Kluge,* 700.

[21] In seiner Vorlesung des Sommersemesters 1930, "Vom Wesen der menschlichen Freiheit. Einleitung in die Philosophie", macht Heidegger darauf aufmerksam, daß das Grundwort der griechischen Philosophie οὐσία dem vorbegrifflichen Seinsverständnis entstammt. οὐσία bezeichnet im alltäglichen Sprachgebrauch: "jenes Seiende, das einem *gehört,* Hab und Gut, Haus und Hof (Besitz, Vermögen), was verfügbar ist". Als solches Verfügbare ist es das "nahe Liegende", das, was sich ständig präsentiert. "Es ist das Nächste und als dieses ständig Nächste in einem betonten Sinne *vor-handen,* gegenwärtig,

sich die Seinsfrage verwiesen an das griechische Denken. Heidegger hat die Notwendigkeit des geschichtlichen Fragens als Vor-fragen und Wieder-holen des Anfangs im Hinblick auf die Seinsfrage damit deutlich gemacht.

Wegen der engen Verflechtung von Sein und Wort hält sich Heidegger beim weiteren Gang der Vorlesung an das "Sagen des Seins" (99), und zwar an die vier Weisen des Sagens, die die "Beschränkungen des Seins" zum Ausdruck bringen: Sein und Werden, Sein und Schein, Sein und Denken, Sein und Sollen (100 ff). So viel zu Heideggers Weg des Fragens.

Das den Anfang unseres geschichtlich-geistigen Daseins wieder-holende Fragen versteht Heidegger als "ursprüngliches Fragen der Seinsfrage, das die Aufgabe einer Entfaltung der Wahrheit des Wesens von Sein begriffen hat" (102; 209). Diese Aufgabe verfolgt Heidegger, indem er den griechischen Worten für "Sein", φύσις, φαίνεσθαι, ἀλήθεια, λόγος, δίκη, nachdenkt. Heidegger erreicht mit seiner Auslegung, daß sich diese Worte gegenseitig aufhellen.

"Wesen von Sein" meint "Wesen" nicht allein im herkömmlichen Sinne. Bei der Erörterung der Etymologie des Wortes "sein" sagt Heidegger: "Das Particip 'wesend' ist noch in an-wesend, ab-wesend erhalten. Das Substantivum 'Wesen' bedeutet ursprünglich nicht das Was-sein, die quidditas, sondern das Währen als Gegenwart, An- und Abwesen" (76).[22] Die ursprüngliche Bedeutung von "Wesen" verweist also auf das Phänomen der Zeit, genauso wie das griechische Wort οὐσία, "Anwesenheit", mit der Zeit verknüpft ist, worauf noch einzugehen ist. Der Zeitcharakter im Wort "Wesen" wird hörbar, wenn es "verbal" begriffen wird, wie Heidegger später verlangt (GA 9,201. VA 34). Wenn Heidegger 1935 "Wesen" sagt, so klingt die zeithafte Bedeutung zwar ständig an, sie ist aber noch vermischt mit dem Wesensbegriff der Tradition, der οὐσία im Sinne des Was-seins. Um den zeitlichen Charakter hervorzuheben, prägt Heidegger in seiner Kritik der Vorlesung und in seiner Vorlesung "Grundfragen der Philosophie" von 1937/38 dann das Wort "Wesung" (unten 92; 108).

Im folgenden soll Heideggers Entfaltung der Wahrheit des Wesens von Sein anhand seiner φύσις-Auslegung nachgegangen werden. Mit solchem ursprünglichen Fragen der Seinsfrage verläßt Heidegger nicht seine Intention von "Sein und Zeit", sondern konzentriert sich auf sie.

---

anwesend" (GA 31,51 f). Diese alltägliche und den Griechen selbstverständliche Grundbedeutung von οὐσία, ständige Anwesenheit, wurde in den philosophischen Sprachgebrauch übernommen. - Heidegger schließt sich mit diesen Ausführungen einer Untersuchung von R. Hirzel an. R. Hirzel, Οὐσία. In: Philologus 72. Leipzig 1913. S. 42-64. Hirzel betont für die Bedeutungsentwicklung von οὐσία, daß "das Konkrete das Ursprüngliche ist und das Abstrakte folgt" (l.c. 64). In der Volkssprache meinte οὐσία, ehe es zu einem Kunstwort der Philosophie wurde: "das Erworbene", den Besitz eines Menschen, "also namentlich was in seinem Haus beschlossen war, zu seinem Hauswesen gehörte", das Eigentum als "das, was da ist, τὰ ὄντα, das Vorrätige" (l.c. 45). Erst in der Philosophie Platons begegnet οὐσία in der Bedeutung von Substanz und Wesen (l.c. 52).

[22] Vgl. *Grimm* 29,510: "zur idg. wurzel u̯es- 'verweilen, wohnen' gehörig ... nhd. währen, 'dauern'".

b) Das Walten der φύσις als An-wesen

Am Anfang der abendländischen Philosophie lautete ein "Grundwort" (15) für das Seiende und dessen Sein: φύσις.[23] Heidegger erläutert das Wesen der φύσις wie folgt: "Es sagt das von sich her Aufgehende (z.b. das Aufgehen einer Rose), das sich eröffnende Entfalten, das in solcher Entfaltung in die Erscheinung-Treten und in ihr sich Halten und Verbleiben, kurz das aufgehend-verweilende Walten" (16).[24] 'Aufgehen, entfalten, In-Erscheinung-Treten' einerseits und 'verweilen, sich halten, verbleiben' andererseits verhalten sich zueinander wie 'anfangen' und 'bleiben' im Wesensgesetz des Reinentsprungenen: "Wie du anfiengst, wirst du bleiben" (oben 35). Daß Hölderlins Rheinhymne und die darin rezipierten Pindar-Verse auch in der Vorlesung von 1935 gegenwärtig sind, geht daraus hervor, daß Heidegger beide Pindar-Worte als "Hinweis" auf die große Dichtung der Griechen im Zusammenhang mit der φύσις zitiert (108) und den Gehalt der einen Sentenz selbst als Denkfigur benutzt (75). Die Auffassung der φύσις als aufgehend-verweilenden Waltens bleibt für Heidegger auf seinem weiteren Denkweg maßgebend.[25]

Heidegger sieht das Wort φύσις in seinem wortgeschichtlichen Zusammenhang mit φαίνεσθαι - "Aufleuchten, Sichzeigen, Erscheinen" (77),[26] so daß er sagen kann:

---

[23] φύσις ist, wie Heidegger im Anhang zu seiner Nietzsche-Vorlesung von 1936/37 schreibt, das "erste Wesen der Wahrheit des Seyns" (GA 43,289). - Zu Heideggers φύσις-Auslegung vgl.: *Löwith, Heidegger*. Denker in dürftiger Zeit. o.c. 63 ff; *Walter Schulz*, Über den philosophiegeschichtlichen Ort Martin Heideggers. In: Philosophische Rundschau 1 (1953/54). S. 215 f. Werner *Marx*, Heidegger und die Tradition. Eine problemgeschichtliche Einführung in die Grundbestimmungen des Seins. 2. Aufl. Hamburg: Meiner 1980. S. 143 ff.

[24] φύσις ist abgeleitet von φύεσθαι, "wachsen, entstehen, werden", "von Natur geschaffen od. beschaffen sein, da sein". Hjalmar *Frisk*, Griechisches Etymologisches Wörterbuch. 2 Bde. Heidelberg: Winter 1960. 2,1052. - Nach Auskunft von Dr. Hartmut *Tietjen*, dem wissenschaftlichen Mitarbeiter des Heidegger-Nachlasses, benutzte Heidegger hauptsächlich das griechische Wörterbuch von *Passow*. Franz *Passow*, Handwörterbuch der griechischen Sprache. Neu bearb. u. zeitgem. umgest. v. Val. Chr. Rost, Friedrich Palm u.a. 2 Bde. 5. Aufl. Leipzig: Vogel 1841-57. Dieses Werk verzeichnet unter φύω (2,2373): 1. trans. "hervorbringen, schaffen, entstehen lassen, bes. von Pflanzen, Gewächsen, Bäumen u. ihren einzelnen Theilen, Wurzeln, Blättern, Zweigen u. dgl., wachsen lassen, aufkeimen lassen, treiben". 2. ἔφυν, πέφυκα, φύομαι "entstehen, bes. von der Pflanzenwelt wachsen".

[25] Noch im Vortrag in Athen "Die Herkunft der Kunst und die Bestimmung des Denkens" (1967) nennt Heidegger die φύσις "das von sich her in seine jeweilige Grenze Aufgehende und darin Verweilende" (HK 14).

[26] Heidegger sagt: "Neuerdings bringt man die Wurzel φυ- in den Zusammenhang mit φα-, φαίνεσθαι" (GA 40,76), und er weist auf Band 59 der Zeitschrift für vergleichende Sprachforschung hin. Es handelt sich hierbei um den Aufsatz von F. *Specht*, Beiträge zur griechischen Grammatik. In: Zeitschrift für vergleichende Sprachforschung auf dem Gebiete der indogermanischen Sprachen. Bd 59. Göttingen: Vandenhoeck & Ruprecht 1932. S. 31-131. - Auf den Seiten 58 ff behauptet Specht den Zusammenhang der Aoriste φάε und ἔφυν. Diese Auffassung hat sich in der Klassischen Philologie nicht durchsetzen können. Hjalmar *Frisk* bemerkt in seinem Etymologischen Wörterbuch: "Nach Specht KZ 59,58 ff und 62,142 (wo φάε als ein athemat. Wz.-Aorist beurteilt wird) und Fraenkel Lexis 2,146 ff wäre bhâu- 'scheinen' und bhû- 'wachsen, werden' (s. φύομαι) identisch: eine interessante Hypothese, weil völlig unbeweisbar". Frisk 2,991. - Dagegen werden Stellen in antiken Texten, an denen sich eine Verbindung von φύεσθαι und φαίνεσθαι konkretisieren läßt, aufgeführt von Dieter *Bremer*, Licht und Dunkel, 259; 265. - Heideggers Erörterungen behalten jedenfalls ihre Berechtigung, auch wenn kein etymologischer Zusammenhang zwischen φύ- und φά- nachweisbar ist, denn φύσις und φαίνεσθαι haben *ein Wesen*: hervorkommen - erscheinen. Beides ist zeithaft im Sinne des Anfangens, Entspringens, und beides steht, genauso wie die ἀλήθεια, im Bezug zum Dunkel und der Verborgenheit. - Diese Wesenseinheit von "Natur" und "Erscheinen" spricht Hölderlin in seinen spätesten Gedichten mehrfach

"Das aufgehend-verweilende Walten ist in sich zugleich das scheinende Erscheinen" (108).[27] Sein (φύσις) waltet als Aufgehen und Erscheinen, als Verweilen und Scheinen. Indem Heidegger das Erscheinen, φαίνεσθαι, im Walten der φύσις hervorhebt, blickt er auch zurück auf "Sein und Zeit". Dort wird τὸ φαινόμενον, das "Phänomen", gedeutet als "das *Sich-an-ihm-selbst-zeigende,* das Offenbare" (GA 2,38).

Im Walten der φύσις sind nach Heidegger "aus ursprünglicher Einheit Ruhe und Bewegung verschlossen und eröffnet" (65 f). Ruhe und Bewegung sind für Heidegger nichts Entgegengesetztes, sie gehören vielmehr zusammen. Bewegung und Ruhe kann man auffassen wie Anfangen (Aufgehen, Erscheinen) und Bleiben (Verweilen, Scheinen). Hieran zeigt sich - obwohl von Heidegger hier nicht so genannt - das zeithafte Wesen der φύσις. Noch drei Jahrzehnte später, im Heraklit-Seminar mit Eugen Fink von 1966/67, verlangt Heidegger: "Wir müssen die Zeit zusammendenken mit der φύσις" (GA 15,64).[28] Wie bei der φύσις so lenkt Heidegger auch bei anderen griechischen Grundworten den Blick auf das durch sie bezeichnete zeithaf-

---

aus, zum Beispiel: "Das Glänzen der Natur ist höheres Erscheinen" (SW 2,299, V.1). - Auf den "Wesenszusammenhang" zwischen φύσις und φάος, "Licht", kommt Heidegger in seiner Heraklit-Vorlesung von 1943 zurück. Er sagt: "Im verhüllten Wesen der ἀλήθεια haben φύσις (Natur) und φάος (Licht) den Grund der verborgenen Einheit ihres Wesens" (GA 55,17). - Ganz im Sinne von Heideggers Ausführungen in der "Einführung in die Metaphysik" schreibt Dieter *Bremer:* "φύεσθαι und φαίνεσθαι sind durch den ihnen gemeinsamen Grundzug des Ans-Licht-Hervorgehens verbunden". Diesen Zusammenhang weist er an Pindarischen Gedichten nach. *Bremer,* Licht und Dunkel, 265.

[27] Für sein Nachdenken über Sein und Schein nennt Heidegger als "günstigen Anhalt" (GA 40, 107) einen *Sappho-*Vers und "Ein Wiegenlied bei Mondschein zu singen" von Matthias *Claudius.* Diese Anmerkung findet sich nach Auskunft der Herausgeberin nicht im Vorlesungsmanuskript von 1935 (GA 40,231). Heidegger muß die Bemerkung aber vor 1953 in die Handschrift eingetragen haben, da sie in dem von ihm selbst veröffentlichten Buch abgedruckt ist (EiM 76). Vermutlich ist das Bedenken der ἁρμονίη ἀφανής als eines reinen Scheinens in der Heraklit-Vorlesung von 1943 der Grund dafür, daß Heidegger auf diese Texte hinweist. - Die maßgebenden Verse aus dem Wiegenlied lauten: "Da sprach sie! 'Mond, oh! scheine,/ Ich hab sie lieb,/ Schein Glück für meine Kleine!'" (V.33 ff), vom Mond gesagt: "Und denkt nun immer wieder/ An diesen Blick,/ Und scheint von hoch hernieder/ Mir lauter Glück" (V.41 ff). Matthias *Claudius,* Sämtliche Werke. Nach den Texten der Erstausgaben (Asmus 1775-1812). Hg. Jost Perfahl. München: Winkler 1970. S. 76. - Das Verb 'scheinen' ist hier transitiv gebraucht im Sinne von 'bringen', 'geben', 'gewähren'. - Der von Heidegger genannte *Sappho-*Vers und die beiden folgenden heißen: ἄστερες μὲν ἀμφὶ κάλαν σελάνναν/ ἂψ ἀπυκρύπτοισι φάεννον εἶδος,/ ὅπποτα πλήθοισα μάλιστα λάμπηι, γᾶν ... ΣΑΠΘΟΥΣ ΜΕΛΗ. The Fragments of the Lyrical Poems of *Sappho.* Ed. Edgar Lobel. Oxford: Clarendon Press 1925. p. 17 f. - Heidegger kommt auf diese Zeilen zurück in seiner Dankesrede anläßlich der Verleihung der Ehrenbürgerwürde der Stadt Meßkirch, 1959. Es geht ihm an dieser Stelle um den Gegensatz der gewesenen Welt der Griechen zu unserem Zeitalter der Mondraketen. Heideggers Übersetzung lautet: "Sterne rings am herrlichen Mond/ verhüllen wieder ihre flimmrig erhellten Bilder,/ wenn er ganz gerundet am stärksten strahlt/ voll auf die Erde". Martin Heidegger zum 80. Geburtstag. Von seiner Heimatstadt Meßkirch. Frankfurt: Klostermann 1969. S. 32. - Die Sappho-Verse führt Ekkehard *Fräntzki* in einem von ihm fingierten "Gespräch" Heideggers mit Fridolin Wiplinger an. Nach Fräntzkis Auffassung spricht aus diesen Versen das Phänomen der ursprünglichen 'Αλήθεια. Übersetzt wird: "Alle Sterne rings bei dem schönen Monde,/ sie verbergen wieder und bergen alle ihr strahlend Antlitz,/ wenn der helle Vollmond sein Licht läßt scheinen über die Erde". Ekkehard *Fräntzki,* Von der Un-Verborgenheit. Fridolin Wiplingers Bericht von einem Gespräch mit Martin Heidegger. Pfaffenweiler: Centaurus 1987. S. 13. - Diese Übersetzung ist, bis auf die Einfügung "und bergen", die gleiche wie: *Sappho.* Griechisch und deutsch. Hg. Max Treu. München: Heimeran 1954. S. 25. - Offensichtlich faltet Fräntzki mit seiner These aus den ursprünglichen 'Αλήθεια Heideggers Vermutung von 1966, die Λήθη sei "das Herz der 'Αλήθεια" (SD 78), auseinander.

[28] Vgl. N II 18 (1939): Die φύσις, das "aufgehende Anwesen, unerfragt und unentworfen auf den 'Zeit'-Charakter ..."

te Wesen, ihre Bewegtheit; er drückt es in einer verbal-nominalen Wendung aus: δί-κη ist das "fügende Gefüge", "fügender Fug" (169; unten 86); λόγος ist "sammelnde Gesammeltheit" (137; unten 81 f). Beim "Gefüge" denkt Heidegger an die Herakliti-sche ἁρμονία. Das Wort "Fug" stammt offensichtlich aus dem Begriff "Fug und Recht"; es ist allein nicht mehr gebräuchlich.[29]

Das Aufgehen und Erscheinen bringt zum Vorschein, läßt aus der Verborgen-heit heraustreten. Dieses Phänomen kann man am Emporwachsen (φύεσθαι) einer Pflanze aus der Erde beobachten, in deren Dunkel das Samenkorn zuvor geborgen war. Indem Seiendes in seinem Sein erscheint, das heißt indem es ist, tritt es aus der Verborgenheit in die Unverborgenheit. So lautet das griechische Wort für "Wahr-heit": ἀλήθεια. In diesem Wort ist der Bezug auf die Verborgenheit erfahren, ge-nauso wie φύσις als Aufgehen und Erscheinen auf das Dunkel und die Verborgen-heit zurückweist. Auf Grund dieses "einzigartigen Wesenszusammenhangs zwischen φύσις und ἀλήθεια" (109) ist für die Griechen das Seiende als ein solches wahr und das Wahre als ein Wahres seiend. Heidegger folgert: *Die Wahrheit gehört zum We-sen des Seins"* (110).[30]

Das aufgehend-erscheinende Walten der φύσις läßt sich nun einer Dimension der ursprünglichen Zeit, die Heidegger im dritten Abschnitt der ersten Teils von "Sein und Zeit" herausarbeiten wollte, zuordnen: der in der eigentlichen Zukunft des Daseins sich ursprünglich aufschließenden Erschlossenheit, der *"Dimension des aufschließenden Auf-gangs".* Letzteres ist die These v. Herrmanns (oben 19). Der Unterschied von Heideggers Darlegungen in "Einführung in die Metaphysik" zu sei-ner Absicht aus "Sein und Zeit" besteht darin, daß der transzendental-existenziale Ansatz in der Vorlesung verlassen ist: φύσις ist ein Walten und geschieht auf den Menschen zu.

Fragment 123 von Heraklit lautet: φύσις κρύπτεσθαι φιλεῖ, nach Heideggers Übersetzung: "Sein [aufgehendes Erscheinen][31] neigt in sich zum Sichverbergen". Sein (φύσις) hat seine Herkunft aus der Verborgenheit; in sie bleibt es "zurückge-neigt" (122). Heideggers Übersetzung von φιλεῖν mit 'neigen, sich neigen' ist offen-sichtlich sowohl an der φιλία orientiert[32] als auch am Phänomen der Pflanze, die in der Erde verwurzelt bleibt und sich besonders im Herbst in sie zurückneigt.[33] Mit

---

[29] *Kluge,* 223. - Ähnlich wie in "Einführung in die Metaphysik" heißt es 1946 in "Der Spruch des Anaximander": "Δίκη, aus dem Sein als Anwesen gedacht, ist der fugend-fügende Fug" (GA 5,357).

[30] In § 44 von "Sein und Zeit" weist Heidegger darauf hin, daß die Philosophie "von altersher Wahrheit mit Sein zusammengestellt" hat (GA 2,282). *Aristoteles* bezeichnet die Philosophie einmal als ἐπιστήμη τις τῆς ἀληθείας (Met. 993 b 20), zum anderen als ἐπιστήμη ἣ θεωρεῖ τὸ ὂν ἣ ὄν (Met. 1003 a 21) (GA 2,282). Die Zusammengehörigkeit von Wahrheit und Sein kennzeichnet auch das Grundexistenzial der Erschlossenheit. Heidegger schreibt: "Sein - nicht Seiendes - 'gibt es' nur, sofern Wahrheit ist. Und sie *ist* nur, sofern und solange Dasein ist. Sein und Wahrheit 'sind' gleichursprüng-lich" (GA 2,304).

[31] Das in eckigen Klammern Stehende gemäß Nachwort nicht im Vorlesungstext (GA 40,231).

[32] *Passow* 2,2261: φιλία "das Verhältnis gegenseitigen Wohlwollens, gegenseitiger Zuneigung und wohlwollender, freundschaftlicher Dienstleistungen".

[33] Den Gedanken des Zurückneigens denkt Heidegger in seinem Aufsatz "Vom Wesen und Be-griff der Φύσις. Aristoteles, Physik B, 1" von 1939 weiter. Er schreibt: "Das sich entfaltende Aufgehen ist an sich ein In-sich-zurückgehen". Diesen "Wesensbestand" verdeutlicht die Pflanze: "indem die 'Pflanze' sprießt, aufgeht und sich ins Offene entbreitet, geht sie zugleich in ihre Wurzel zurück, indem sie diese im Verschlossenen festmacht und so ihren Stand nimmt" (GA 9,254). - Das φιλεῖν als 'neigen'

dem Sichneigen ist ein weiterer Bewegungs- das heißt "Zeit"-Charakter der φύσις herausgestellt. In Heraklits Spruch ist somit dasjenige ausdrücklich hervorgehoben, was die Pflanze zeigt. Heidegger kommt auf diesen Spruch mehrfach zurück.

Das In-sich-Zurückgeneigtbleiben der φύσις entspricht einer anderen Dimension der ursprünglichen Zeit, wie sie im dritten Abschnitt des ersten Teils von "Sein und Zeit" zur Sprache kommen sollte. Es ist - nach der These v. Herrmanns - die im sichwiederholenden Aufsichzurückkommen des Daseins offengehaltene *"Dimension des faktischen Aufgeschlossen-gewesen-seins"* (oben 19).

Am Beispiel der φύσις wird deutlich, was Heidegger meint, wenn er wiederholt betont, es gehe ihm darum, "etwas Einfaches zu denken" (GA 9,343), "unser gewohntes Vorstellen in eine ungewohnte, weil einfache, denkende Erfahrung umzustimmen" (GA 4,154). 'Einfach' meint dabei nicht 'ohne Schwierigkeiten', 'simpel' oder ähnliches, sondern das Einfache liegt darin, daß beim Blick auf Phänomene wie Hell und Dunkel, Tag und Nacht, Entfalten und Verschließen einer Pflanze etwas vom Wesen des Seins erfahrbar wird.[34]

Vom in sich ruhenden und bewegten Walten der φύσις sagt Heidegger: es "ist das im Denken noch unbewältigt überwältigende An-wesen, worin das Anwesen*de* als Seiendes west. Dieses Walten aber tritt erst aus der Verborgenheit heraus, d.h. griechisch: Ἀλήθεια (Unverborgenheit) geschieht, indem das Walten sich als eine Welt erkämpft. Durch Welt wird Seiendes erst seiend" (66). "Dieses Weltwerden ist die eigentliche Geschichte" (66 f). Diese Sätze sind hochbedeutsam, denn aus ihnen läßt sich ablesen, welche Schwierigkeiten sich für Heidegger auftaten, als er im geplanten dritten Abschnitt des ersten Teils von "Sein und Zeit" versuchte, die Zeitlichkeit des Daseins zur Zeit des Seins weiterzudenken. Die Schwierigkeiten liegen in der Zeitform der Gegenwart, die in den zitierten Sätzen als "An-wesen" zur Sprache kommt. Im einzelnen verhält es sich folgendermaßen.

Heideggers in "Sein und Zeit" geäußerte Vermutung, daß der Sinn von Sein mit dem Phänomen der Zeit verknüpft sei, fand ihren Anhalt an der griechischen Be-

---

klingt nach, wenn Heidegger 1970 vom "Wohnen der Menschen" schreibt: "Neigungsgegend heiße daher die Lichtung, in der befremdend-spendend die Himmlischen sich zuneigen den Sterblichen auf dieser Erde und dankend-bildend die Irdischen sich vor den Himmlischen verneigen" (GA 13,216).

[34] Im Vorwort zu seinen 1972 erschienenen "Frühen Schriften" schreibt Heidegger, daß ihn bereits zwei Jahrzehnte vor "Sein und Zeit" die "Frage nach dem Einfachen des Mannigfachen im Sein" beschäftigt habe (GA 1,56). Mit diesem Einfachen des Seins ist die Wesenskategorie des *Aristoteles* (οὐσία) angesprochen, die als das erste Seiende (τὸ πρώτως ὄν) das Seiende schlechthin (ἁπλῶς ὄν) bezeichnet (Met. 1028 a 30 f). Heideggers Frage nach dem Einfachen des Seins knüpft hauptsächlich an folgenden Satz an: ἀλλ᾽ ἐπεὶ τὸ ὄν τὸ ἁπλῶς λεγόμενον λέγεται πολλαχῶς ..., von ihm übersetzt: "Aber da das Seiende, das einfachhin angesprochen in vielfacher Weise gesagt wird ..." (GA 33,12 f; vgl. GA 31, § 9). Nach Heideggers eigener Bekundung war sein "Weg in die Phänomenologie" maßgeblich geleitet durch Franz *Brentanos* Dissertation "Von der mannigfachen Bedeutung des Seienden nach Aristoteles". "Wenn das Seiende in mannigfacher Bedeutung gesagt wird", so Heideggers Überlegung schon vor Beginn seines Studiums, 1907, "welches ist dann die leitende Grundbedeutung? Was heißt Sein?" (SD 81). - Die "Sein und Zeit" tragende Frage nach dem Sinn von Sein gilt dem Einfachen (ἁπλῶς) des Mannigfachen (πολλαχῶς) im Sein. Es wird von Heidegger in den Blick genommen als Grundphänomen der Erschlossenheit ("Da"), das sowohl das verstehende Erschlossensein des Menschen als auch die Erschlossenheit von Sein überhaupt umfaßt. Vgl. *v. Herrmann,* Subjekt und Dasein. S. 75 ff.

stimmung von Sein als παρουσία bzw. οὐσία, "was ontologisch-temporal 'Anwesenheit' bedeutet. Seiendes ist in seinem Sein als 'Anwesenheit' gefaßt, d.h. es ist mit Rücksicht auf einen bestimmten Zeitmodus, die *'Gegenwart'*, verstanden" (GA 2, 34).[35] Heidegger wollte damit nicht sagen, daß die Griechen dieses Seinsverständnis ausdrücklich erkannt und befragt hätten, sondern, daß sie sich in dessen Horizont bewegen.[36] Auch in seiner "Einführung in die Metaphysik" geht er davon aus, daß "die im Anfang der abendländischen Philosophie die Seinseröffnung *leitende Blickbahn* die Zeit ist, aber *so,* daß diese Blickbahn *als solche* noch verborgen blieb und bleiben mußte" (215). Das Thema "Sein und Zeit" ist auch 1935 "das Aufgegebene" (215), es kommen jedoch andere Arten von "Gegenwart" ins Spiel als die im Begriff der οὐσία liegende beständige Anwesenheit.

1927 hatte Heidegger die eigentliche Gegenwart des Daseins "Augenblick" genannt (GA 2,447). Die erste Art von Gegenwart in den angeführten Sätzen aus der Vorlesung von 1935 beruht auf einem Weiterdenken dieser Ekstase. Es ist das "Seinsgeschehnis", das unter dem Eindruck Hölderlinscher Verse an einem Parmenides-Spruch herausgearbeitet wird, wie ich noch zeigen werde. Das Seinsgeschehnis ereignet sich plötzlich, überraschend, augenblickhaft; es ist als "Weltwerden" die "eigentliche Geschichte", das heißt ihr Anfang und Grund. In Heideggers späteren Schriften heißt das Seinsgeschehnis "Ereignis".[37] Im Vernehmen des "überwältigenden An-wesens" wird der Mensch zur "Bresche" für die "Übergewalt des Seins" (172; vgl. unten 85).[38]

Die zweite Art von Gegenwart liegt darin, daß das "An-wesen" (mit Bindestrich) ein den Menschen Ansprechendes, ihn Angehendes ist und als solches Auf-uns-Zukommen dasselbe wie die Zukunft. Heidegger hat das 1957 in seinem Vortrag "Das Wesen der Sprache" zum Ausdruck gebracht, wenn er von "Gegen-Wart, die uns entgegenwartet und sonst die Zukunft heißt", spricht (GA 12,201).[39] "An-wesen" als

---

[35] Vgl. Werner *Marx,* o.c. 135 ff: "Der zeitliche Sinn des Seins: Das Anwesen". - Schon in seiner "Logik"-Vorlesung von 1925/26 argumentiert Heidegger wie in "Sein und Zeit": *Aristoteles'* "Seinsbestimmung des Beisammen" - τὸ μὲν εἶναι ἐστι τὸ συγκεῖσθαι καὶ ἐν εἶναι (Met. 1051 b 11) - bedeutet Vorhandenheit im Sinne des "Mitvorhandenseins von etwas mit etwas in der *Einheit* eines Vorhandenen". Die die Mitvorhandenheit fundierende primäre Vorhandenheit ist die Anwesenheit, Präsenz. Ihr entspricht ein Verhalten, das selbst präsentischen Charakter hat, das Gegenwärtigen. Es bedeutet: "'Anwesendes in eine Gegenwart begegnen lassen'". Gegenwart aber ist ein *"Charakter der Zeit.* Sein verstehen als Anwesenheit aus der Gegenwart heißt Sein verstehen aus der Zeit" (GA 21,191 ff). - Wie in "Sein und Zeit" so folgert Heidegger auch in seiner Vorlesung "Vom Wesen der menschlichen Freiheit. Einleitung in die Philosophie" von 1930: *"Es ist vollends deutlich geworden, wie selbstverständlich und elementar Sein als Beständigkeit und Anwesenheit gefaßt wird,* wie *die Helle dieses Seinsverständnisses alle Fragen und Schritte im vorhinein erhellt. Die Quelle dieser Helle* aber, das *Licht* derselben, ist die *Zeit"* (GA 31,109).

[36] Vgl. GA 31,66.

[37] Es kommt an auf "den wesentlichen geschichtlichen Augenblick (Grundgeschehnis!)" (GA 43, 277). Eine Randbemerkung zu "Vom Wesen der Wahrheit" lautet: "Wesen der Geschichte aus Geschichte als Ereignis" (GA 9,190). Vom "geschichtlichen Augenblick" spricht Heidegger auch: GA 5,96. GA 53,81; 95. VA 102. N II 201.

[38] Dem entspricht in "Beiträge zur Philosophie (Vom Ereignis)" die *"Augenblicksstätte* des Ereignisses" (GA 65,323).

[39] Mit diesem Verständnis von "Gegen-Wart" greift Heidegger auch auf die Etymologie zurück. "Gegenwart" hängt zusammen mit der Nachsilbe -"wärts", diese wiederum mit lat. vertere, so daß -"wärts" besagt: "sich wendend", "entgegengekehrt". *Kluge, 839.* - Daß Heidegger im Vortrag von 1957

Den-Menschen-Angehen wird von Heidegger aufgegriffen in "Der Satz der Identität" von 1957 (ID 19 ff).

Eine dritte Art von Gegenwart tritt zutage, wenn man das Wort "worin" in den angeführten Sätzen beachtet: das Anwesende west 'im' An-wesen. Hiermit ist das Sein als Ortschaft und Gegend vorgedacht. Gemäß Heideggers Anaximander-Interpretation von 1946 sind die ἐόντα (das Anwesende) das gegenwärtig und ungegenwärtig Wesende, wobei das "gegen" in "gegenwärtig" meint: "die offene Gegend der Unverborgenheit, in die herein und innerhalb welcher das Beigekommene verweilt" (GA 5,346). Dort, in der Anaximander-Auslegung, wird das formuliert, was schon in der "Einführung in die Metaphysik" keimhaft vorliegt und was im Zusammenhang mit der Heraklitischen χώρα in der Vorlesung von 1944 ausgestaltet wird. 1947 spricht Heidegger dann betont von der "Topologie des Seyns" (GA 13,84). Auch wenn Heidegger in der Vorlesung von 1935 die Unverborgenheit als "Raum" faßt (unten 96), ist er unterwegs zum Sein als Ortschaft und Gegend. In der Wendung von 1925/26 "Anwesendes in eine Gegenwart begegnen lassen" (oben 77 Anm.) zeigt sich rückblickend bereits die Gegenwart als Gegend angelegt.

Das Walten der φύσις als An-wesen und dieses ort- und gegendhaft verstanden - das Wort "worin" in den zitierten Sätzen weist darauf hin - sowie das Walten der φύσις als Verweilen (oben 73) entsprechen der dritten Dimension der ursprünglichen Zeit, wie sie, der Deutung v. Herrmanns zufolge, im dritten Abschnitt des ersten Teils von "Sein und Zeit" behandelt werden sollte: der Dimension der ursprünglichen Gegenwart als "jener *Gegend,* aus der das innerweltlich Seiende sich zeigt" (oben 19).

Demnach lassen sich einander zuordnen: 1. die Dimension des aufschließenden Aufgangs (Sein und Zeit, 3. Abschnitt), aufgehend-erscheinendes Walten der φύσις, An-wesen als Zukommen (1957: "Gegen-Wart"); 2. die Dimension des Aufgeschlossen-gewesenseins (Sein und Zeit, 3. Abchnitt), In-sich-Zurückgeneigtbleiben der φύσις; 3. die Dimension der Gegend, aus der das Seiende sich zeigt (Sein und Zeit, 3. Abschnitt), das Walten der φύσις a) als Verweilen und als An-wesen im Sinne des Ortes für das Seiende ("worin"), b) als augenblickhaftes Weltwerden, überwältigendes An-wesen, als Seinsgeschehnis.[40]

Die verschiedenen Arten von Gegenwart, nämlich An-wesen als Zukommen, als Seinsgeschehnis, als Ort, sind der Grund, weshalb es unmöglich war, im dritten Abschnitt des ersten Teils von "Sein und Zeit" ein einheitliches Zeitkonzept zu entwer-

---

an die φύσις denkt, geht daraus hervor, daß er "zeitigen" als "reifen, aufgehen lassen" faßt (GA 12,201). Vgl. GA 13,166 f und das Motto des Bandes.

[40] In seiner Abhandlung "Der Spruch des Anaximander" von 1946 hat Heidegger sowohl die für den dritten Abschnitt des ersten Teils von "Sein und Zeit" konzipierte "Zeit" als auch seine φύσις-Deutung verarbeitet. Dem aufgehend-verweilenden und in sich zurückgehenden Walten der φύσις entspricht, daß die ἐόντα, das Anwesende, hervorkommen, verweilen und weggehen. Wie Heidegger schreibt, durchgeht sie "zögernd die Weile" (GA 5,359). Der φύσις als An-wesen, "worin" das Seiende west, aus der Vorlesung von 1935 entspricht die "Weile"; sie ist die "offene Gegend" der Lichtung (GA 5,346 ff). - Außer an Wachstum und Verwelken einer Pflanze könnte man bei Hervorkommen, Verweilen und Weggehen der ἐόντα aus der Abhandlung von 1946 auch an Rehe denken, die aus dem Dikkicht, der "Dickung" (SD 72), hervortreten, in der offenen Gegend der Lichtung verweilen und wieder weggehen ins Dunkel des Waldes.

fen und die Zeit des Seins aus der Zeitlichkeit des Daseins herzuleiten. An der ort- und gegendhaft verstandenen Gegenwart liegt es auch, daß sich der Raum nicht in der Zeit fundieren ließ. Im Vortrag "Zeit und Sein" von 1962 stellt Heidegger dies fest: "Der Versuch in 'Sein und Zeit' § 70, die Räumlichkeit des Daseins auf die Zeitlichkeit zurückzuführen, läßt sich nicht halten" (SD 24).

Auf die ᾿Αλήθεια aus den angeführten Sätzen komme ich noch zurück. Daß Heidegger von 'bewältigen' und 'überwältigen' spricht, hängt mit dem Wort δεινόν aus Sophokles' "Antigone" zusammen, worauf im Laufe der Vorlesung eingegangen wird: im Wesensbezug des Menschen zum Sein bezeichnet das 'Bewältigen' die Möglichkeit des Menschen, das 'Überwältigen' die Macht des Seins (unten 86). Sein als An-wesen blieb sowohl im Denken der Griechen als auch seither "unbewältigt". In den zitierten Sätzen heißt es, das Walten der φύσις "erkämpft" sich als eine Welt. Für diesen Gedanken ist Heraklits Πόλεμος aus Fragment 53 ausschlaggebend, auf den noch einzugehen ist, ferner der Streit der Ursprungsmächte, die den Rheinstrom entspringen lassen. So viel zur Auslegung der Sätze über die φύσις als An-wesen.

Der von mir hervorgehobene Charakter von An-wesen bzw. Gegenwart als "Gegend" ist in der "Einführung in die Metaphysik" nur in seinem Keim aufzufinden. Was deutlich zu sehen ist, ist dagegen folgendes: Heidegger greift die eigentliche Zeitlichkeit des Daseins aus den veröffentlichten Teilen von "Sein und Zeit", den vorlaufend-wiederholenden Augenblick, auf und denkt sie als vorfragend-wiederholendes Grundgeschehnis (oben 68). Allerdings wird die eigentliche Gegenwart, der Augenblick, jetzt nicht mehr nur vom Menschen aus betrachtet, sondern ebenso vom Sein, und zwar so, daß sich im Augenblick des Seinsgeschehnisses der Bezug Sein - Mensch entfaltet.

Schon in der Hölderlin-Vorlesung war ein kairologisches Zeitverständnis angeklungen. Im gleichen Sinne schließt Heidegger seine Vorlesung von 1935, wenn er von der Zeit sagt: "Aber nicht die Zahl ist das Wesentliche, sondern die rechte Zeit, d.h. der rechte Augenblick und das rechte Ausdauern" (215). Es folgen die Hölderlin-Verse: "Denn es hasset/ Der sinnende Gott/ Unzeitiges Wachstum" (SW 2,225). Immer wenn Heidegger in seinen späteren Schriften vom "Augenblick" spricht, deutet er in Richtung des Seinsgeschehnisses.[41]

Der in "Sein und Zeit" der Zukunft eingeräumte Vorrang geht in "Einführung in die Metaphysik" allmählich verloren. Dagegen tritt die eigentliche Gegenwart, der Augenblick, in den Vordergrund und wird zum Grundgeschehnis weitergedacht. Diese Auffassung ist in der Vorlesung aber nicht durchgängig. Noch ganz auf dem Boden von "Sein und Zeit" steht Heidegger, wenn er sagt: "Geschichte als Geschehen ist das aus der Zukunft bestimmte, das Gewesene übernehmende Hindurchhandeln und Hindurchleiden durch die *Gegenwart*. Diese ist es gerade, die im Geschehen verschwindet" (47 f).

---

[41] Der erste Satz in seinem 1958 gehaltenen Vortrag "Das Wort", "Denken wir für einen Augenblick an ..." (GA 12,207), nennt nur vordergründig eine Zeitbestimmung. Tatsächlich ist "für einen Augenblick" meines Erachtens ein dativus finalis und heißt: 'im Dienste des kommenden Seinsgeschehnisses'. Ähnlich: "für eine Weile" (VA 155. GA 9,427).

Genauso wie Geschichte sich einerseits aus der Zukunft bestimmt, andererseits das augenblickhafte "Weltwerden" ist, verhält es sich mit dem Phänomen des Anwesens: es ist ein Auf-uns-Zukommen, Zukunft, als überwältigendes An-wesen aber ist es der Augenblick des Seinsgeschehnisses. Diesem Augenblick des Seinsgeschehnisses gelten Heideggers im folgenden wiedergegebene Überlegungen.

c) Der Wesensbezug des Denkens zum Sein.
Sein als Grundgeschehnis

Bei der Entfaltung der Frage "Wie steht es um das Sein?" erörtert Heidegger eine vierfache Beschränkung des Seins, das heißt solches, wogegen das Sein sich unterscheidet: Sein und Werden, Sein und Schein, Sein und Denken, Sein und Sollen. Diese Scheidungen haben mit dem Anfang der abendländischen Philosophie angefangen. Deshalb muß zu diesem Anfang zurückgegangen werden. Heidegger sagt dezidiert: "Ein ursprüngliches Fragen der Seinsfrage, das die Aufgabe einer Entfaltung der Wahrheit des Wesens von Sein begriffen hat, muß sich den in diesen Unterscheidungen verborgenen Mächten zur Entscheidung stellen und sie auf ihre eigene Wahrheit zurückbringen" (102; 209). Diese Aufgabe hat Heidegger sich gestellt; es ist die der Wieder-holung und Verwandlung des Anfangs. Das Wesen des Seins hat sich nach seiner Auffassung "schon gelichtet", verblieb in der Geschichte der Philosophie aber "im Fraglosen"; für Heidegger ist es das "Fragwürdigste" (92). Gelichtet hat sich das Sein in seinem zeithaften Sinn als Anwesenheit (oben 76 f), dies aber so, daß das Seiende zwar als Anwesendes erfahren wurde, die Anwesenheit selbst aber ungedacht blieb.

In der Scheidung "Sein und Denken" erkennt Heidegger "jene Grundstellung des Geistes des Abendlandes", der sein "eigentlicher Angriff" gilt, die er "ursprünglich überwinden", das heißt ihre "anfängliche Wahrheit" in ihre Grenzen weisen und damit "neu begründen" möchte (125). Heidegger argumentiert folgendermaßen.

Seit der Ausbildung der Logik, ἐπιστήμη λογική, in der Platonischen Schule stellt sich das Denken das Sein gegenüber, macht es zu seinem Gegen-stand, so daß das Sein seine Bestimmung vom Denken her empfängt; der λόγος gilt als Aussage; in ihr wird über das Sein entschieden.[42] Eine Auffassung wie die der Logik kann aber erst aufkommen, wenn Sein und Denken schon auseinandergetreten sind, die Scheidung bereits vollzogen ist (129). Heidegger will den Ursprung der Scheidung aufsuchen und damit die Logik überwinden, sie als Maßstab für die Beurteilung des Seins "von ihrem Grund her aus den Angeln heben" (197).[43] Ein solches "ursprüngli-

---

[42] Zur Darstellung des Logos und seines Wandels zur Wissenschaft der Logik vgl.: Willy *Bretschneider,* Sein und Wahrheit. Über die Zusammengehörigkeit von Sein und Wahrheit im Denken Martin Heideggers. Meisenheim: Hain 1965. S. 43 ff.

[43] Schon in "Was ist Metaphysik?" (1929) sagt Heidegger: "Die Idee der 'Logik' löst sich auf im Wirbel eines ursprünglicheren Fragens" (GA 9,117). Daß die Allgemeingültigkeit der Logik ein Problem darstellt, wird auch von der Philologie erkannt. Der Logik, wie sie sich bei Platon auszubilden beginnt, liegt eine bestimmte Ontologie und eine bestimmte Syntax zu Grunde. Vgl.: Klaus *Oehler,* Die Lehre vom noetischen und dianoetischen Denken bei Platon und Aristoteles. München: Beck 1962. S. 98 f.

ches Denken", wie Heidegger es meint, "verlangt vor allem anderen den Rückgang auf die Frage nach dem Wesensbezug des Denkens zum Sein, d.h. aber die Entfaltung der Frage nach dem Sein als solchem" (131). Wenn Heidegger "ursprünglich" sagt, so meint er damit niemals einen ersten Zeitpunkt, sondern es geht ihm um die Möglichkeit des Entspringens und Entspringenlassens. Er betont: "Ursprüngliches bleibt nur ursprünglich, wenn es die ständige Möglichkeit hat, das zu sein, was es ist: Ursprung als Entspringen" (154). So hatte Heidegger das "Reinentsprungene" aus Hölderlins Rheinhymne dargestellt.

Um die ursprüngliche Einheit wie das ursprüngliche Auseinandertreten von Sein und Denken am Anfang der abendländischen Philosophie aufzuspüren, geht Heidegger zunächst auf die λόγος-Fragmente des Heraklit ein (Fr. 1; 2; 50; 73; 34; 72).[44] Hierbei liegt ihm zunächst daran aufzuweisen, daß λόγος "ursprünglich nicht Rede, Sagen" (132) heißt.[45] Vielmehr ist die Grundbedeutung von λόγος: "Sammlung" (133).[46] Ich möchte nicht alle von Heidegger herangezogenen Heraklit-Fragmente besprechen, sondern nur die Punkte hervorheben, die für den Wesensbezug von Denken und Sein relevant sind.[47]

Aus Fragment 1 folgt, daß "der λόγος ständig dieser bleibt" (τοῦ δὲ λόγου τοῦδ᾽ ἐόντος),[48] aus Fragment 2, daß er als das "Zusammen im Seienden west" (τοῦ λόγου δ᾽ ἐόντος ξυνοῦ) (136).[49] Das von Heraklit dem λόγος zugesprochene ξυνόν, nach Heidegger "das alles in sich Versammelnde und Zusammenhaltende" (139), verstärkt also noch die Wortbedeutung von λόγος, "Sammlung". Demgemäß besagt λόγος: "die ständig in sich waltende ursprünglich sammelnde Gesammelt-

---

[44] Zu Heideggers λόγος-Deutung vgl. *Marx*, o.c. 156 ff. *Pöggeler*, Denkweg, 198 ff. Beides bezieht sich auf den Logos-Aufsatz in "Vorträge und Aufsätze" (VA 199-221).

[45] In "Sein und Zeit" faßt Heidegger λόγος in der Grundbedeutung von "Rede", allerdings nicht im Sinne von Sprechen, sondern als ein Existenzial (GA 2,43). - Das Verständnis von λόγος als Rede wird von Heidegger in der Aristoteles-Vorlesung von 1931 modifiziert: "Die Bedeutung von λόγος als Beziehung (einheitliche Sammlung, Zusammenhalt, Regel) ist demnach 'früher' als die von Rede" (GA 33,5). Aber auch hier wird der λόγος so verstanden, daß er als Beziehung, als Verhältnis des Seienden durch das λέγειν 'gesetzt' (GA 33,121) und nicht, wie in "Einführung in die Metaphysik" ein Charakter des von sich her anwesenden Seienden ist.

[46] *Passow* 2,76: λόγος "eig. das Zusammenlesen, Zusammenlegen, Sammeln, Ordnen u. das Zusammengelesene, Gesammelte, Geordnete, im Gebrauch nur mit Bezug auf die vornehmsten Funktionen des vernünftigen Menschen: das Sprechen, Rechnen, Denken." - Vgl. Heribert *Boeder*, Der früh griechische Wortgebrauch von Logos und Aletheia. In: Archiv für Begriffsgeschichte 4 (1959). Bonn: Bouvier. S. 83.

[47] Daß Heidegger für das Verhältnis des Menschen zum Sein jetzt das Wort "Bezug" wählt, hängt mit *Rilkes* "Sonetten an Orpheus" zusammen, etwa dem Sonett XII aus dem 1. Teil der Sammlung; die zweite Strophe beginnt: "Ohne unsern wahren Platz zu kennen,/ handeln wir aus wirklichem Bezug". *Rilke*, Werke. 1,738. - Die "Sonette an Orpheus" hält Heidegger zusammen mit den "Duineser Elegien", wie er 1946 in "Wozu Dichter?" sagt, für das "gültige Gedicht Rilkes" (GA 5,274), das Wort "der Bezug" für ein "Grundwort" dieser Dichtung (GA 5,283).

[48] Fr. 1 (Diels-Kranz 1,150): τοῦ δὲ λόγου τοῦδ᾽ ἐόντος ἀεὶ ἀξύνετοι γίνονται ἄνθρωποι καὶ πρόσθεν ἢ ἀκοῦσαι καὶ ἀκούσαντες τὸ πρῶτον ... In seinem Seminar in Le Thor von 1966 löst Heidegger die Wortfügung am Beginn des Fragments folgendermaßen auf: "vom λόγος nun, vom Seienden in seinem Sein ..." (GA 15,273).

[49] Fr. 2 (Diels-Kranz 1,151): τοῦ λόγου δ᾽ ἐόντος ξυνοῦ ζώουσιν οἱ πολλοὶ ὡς ἰδίαν ἔχοντες φρόνησιν.

heit" (137).[50] Außer dem λόγος wird für den Wesensbezug des Denkens zum Sein auch das ἕν bedeutsam, von dem Heraklit in Fragment 50 spricht (137).[51] Gemäß Fragment 1 stehen die Menschen dem λόγος gegenüber, und zwar als solche, die "nicht zueinander bringen" (ἀξύνετοι), *"was ständig zusammen ist,* die Gesammeltheit" (137).

Aus Heraklits Fragment 8 übersetzt Heidegger: "Das Gegeneinanderstehende [ἀντίξουν] trägt sich, das eine zum anderen, hinüber und herüber, es sammelt sich aus sich" (140).[52] Das Gegeneinanderstehende hat zu tun mit dem Πόλεμος aus Fragment 53: wie ἀντίξουν "Gegenstrebigkeit", ist der Πόλεμος "Aus-einander-setzung" (140).[53] Bereits in der Hölderlin-Vorlesung hatten Heraklits Πόλεμος, die παλίντροπος ἁρμονίη sowie die ἁρμονίη ἀφανής Heideggers Auslegung des Reinentsprungenen geprägt. λόγος, ἕν (Fr. 50), ἁρμονία (Fr. 8, 51 und 54), Πόλεμος (Fr. 53) sowie ἀντίξουν, συμφέρον und διαφέρον (Fr. 8) sagen von ein und derselben Spannung, so daß Heidegger erkennt: "Die Sammlung" "behält das Auseinander- und Gegenstrebige in eine Zusammengehörigkeit ein" (142). Es zeigt sich also, daß der λόγος, auf den Heidegger zurückgeht, um das Denken in der Scheidung "Sein und Denken" zu erörtern, primär gar kein Charakter des Denkens ist und nicht "Aussage" bedeutet, sondern *die Gesammeltheit des Seienden selbst"* (138), das heißt: das Sein. φύσις und λόγος sind daher dasselbe (139), nämlich Worte für das Sein des Seienden.

Aus den Heraklit-Fragmenten geht hervor, wie die ursprüngliche Einheit (Sammlung) und das ursprüngliche Auseinandertreten alles Seienden geschieht, zum Beispiel von Göttern und Menschen, Sklaven und Freien (Fr. 53). Heidegger kommt es aber auf das Auseinandertreten von Sein und Denken an. Diese Scheidung ist eigens ins Wort gefaßt von Parmenides.[54] Heraklit und Parmenides sind in Heideggers Augen "die Stifter alles Denkertums" (145). Ihr Denken ist ein "dichtendes" (153). Bei beiden hat "das Sagen vom Sein des Seienden in ihm selbst das [verborgene][55] Wesen des Seins, von dem es sagt" (195). Damit ist gemeint, daß solches Sagen einbehalten ist im Sein, wie nach Hölderlins Feiertagshymne die Dichter von der "Natur" (Seyn) umfangen sind und dasselbe Wesen haben wie diese (oben 42). Dem Heraklitischen λόγος und ἕν entspricht bei Parmenides das ἕν, συνεχές (145),[56] nach Heideggers Erläuterung: "einzig einend einig sich in sich aus sich sam-

---

[50] Heidegger denkt diese Einsicht weiter in seiner Heraklit-Vorlesung des Sommersemesters 1944: "Der Λόγος ist die wahrende Versammlung, die als das Eine das Seiende im Ganzen einigt und so als das Sein das Seiende im Ganzen durchscheint und in seinem Licht erscheinen läßt" (GA 55,333).

[51] Fr. 50 (Diels-Kranz 1,161): οὐκ ἐμοῦ, ἀλλὰ τοῦ λόγου ἀκούσαντας ὁμολογεῖν σοφόν ἐστιν ἓν πάντα εἶναι.

[52] Fr. 8 (Diels-Kranz 1,152): τὸ ἀντίξουν συμφέρον καὶ ἐκ τῶν διαφερόντων καλλίστην ἁρμονίαν.

[53] Fr. 53 (Diels-Kranz 1,162): Πόλεμος πάντων μὲν πατήρ ἐστι, πάντων δὲ βασιλεύς, καὶ τοὺς μὲν θεοὺς ἔδειξε τοὺς δὲ ἀνθρώπους, τοὺς μὲν δούλους ἐποίησε τοὺς δὲ ἐλευθέρους.

[54] Zu Heideggers Parmenides-Interpretation vgl. *Schlüter,* o.c.

[55] "verborgene" in eckiger Klammer, also gemäß Nachwort der Herausgeberin nicht im Vorlesungstext (GA 40,231).

[56] Fr. 8, V.6 (Diels-Kranz 1,235): "Eines, Zusammenhängendes (Kontinuierliches)". - "eins, zusammengeschlossen". So übersetzt: *Parmenides, Über das Sein.* Griechisch-Deutsch. Hg. Hans von Steuben. Übersetzung u. Gliederung v. Jaap Mansfeld. Stuttgart: Reclam 1981. S. 11.

melnd (zusammenhaltend voll von Gegenwärtigkeit)" (103). Man sieht, daß bei dieser Erläuterung auch der λόγος hereinspielt.

Derjenige Spruch des Parmenides, der die Scheidung von Sein und Denken ins Wort bringt, ist das Fragment 3: τὸ γὰρ αὐτὸ νοεῖν ἐστίν τε καὶ εἶναι, nach der - wie Heidegger sagt - "längst gewohnten Weise übersetzt": "'Dasselbe aber ist das Denken und das Sein'" (145).[57] Der Parmenideische Gedanke ist für Heideggers späteres Werk von eminenter Wichtigkeit. Er bestimmt ihn in seinem Vortrag "Der Satz der Identität" von 1957, das Zusammengehören von Mensch und Sein aus dem Ereignis zu denken (ID 18 ff). Noch drei Jahre vor Heideggers Tod, im Seminar in Zähringen von 1973, geht es um Parmenides. Das τὸ αὐτό klingt an, wenn Heidegger als den "ursprünglichen Sinn der Phänomenologie" das "tautologische Denken" festhält (GA 15,399).

In einer, nach Heideggers Beurteilung, schärferen Fassung lautet der Spruch des Parmenides, Fragment 8, Vers 34: ταὐτὸν δ' ἐστὶ νοεῖν τε καὶ οὕνεκεν ἔστι νόημα, "Dasselbe ist Vernehmung und das, worumwillen Vernehmung geschieht" (147).[58] τὸ αὐτό bzw. ταὐτόν, "das Selbe", denkt Heidegger als die Einheit, Einigung und Einigkeit des ἕν und diese in Verbindung mit συνεχές sowie den Heraklitischen Phänomenen λόγος, ξυνόν, ἁρμονία. Die Einigung gilt, wie es bei Heraklit heißt, dem Gegenstrebigen, ἀντίξουν. Daher betont Heidegger auch im Hinblick auf das Parmenideische τὸ αὐτό: "Einheit ist Zusammengehörigkeit des Gegenstrebigen. Dies ist das ursprünglich Einige" (147).[59]

νοεῖν heißt Heidegger zufolge: "vernehmen", zum einen "hin-nehmen, auf einen zukommen lassen, nämlich das, was sich zeigt, erscheint", zum anderen "einen Zeugen vernehmen, ihn vornehmen und dabei den Tatbestand aufnehmen, fest-stellen, wie es mit der Sache bestellt ist und wie es mit ihr steht" (146). "Vernehmen" hat also ein empfangendes und ein tätig-handelndes Moment.[60]

---

[57] Fr. 3 (Diels-Kranz 1,231): "denn dasselbe ist Denken und Sein". - Übersetzung Mansfeld, o.c. 7: "denn daß man es erkennt, ist dasselbe, wie daß es ist".

[58] Fr. 8, V.34 (Diels-Kranz 1,238): "Dasselbe ist Denken und der Gedanke, daß IST ist". Übersetzung Mansfeld, o.c. 13: "Und daß man es erkennt, ist dasselbe wie die Erkenntnis, daß es ist".

[59] Jochen *Schlüter* erklärt Heideggers Deutung von τὸ αὐτό als "Zusammengehörigkeit" nicht aus dem συνεχές des Parmenides, sondern nur aus Heraklits ξυνόν. *Schlüter*, o.c. 186. Merkwürdigerweise läßt Schlüter das Fragment 8, V.1-6, aus dem das Wort συνεχές stammt (GA 40,103), beim Nachvollzug der Heideggerschen Analysen aus. - Im Vortrag "Der Satz der Identität"(1957) denkt Heidegger das Wesen der Identität, zu dem er sich durch Parmenides' τὸ αὐτό leiten läßt, als Zusammengehören. Die Identität hat ihre Wesensherkunft im Zusammengehörenlassen, im "Ereignis". Das Ereignis vereignet Mensch und Sein in ihr wesenhaftes Zusammen (ID 24 ff). In seiner Schelling-Vorlesung von 1936 definiert Heidegger: "Identität meint die ursprüngliche Zusammengehörigkeit von Verschiedenem in dem Einen, welches Eine dabei zugleich der Grund der Möglichkeit des Verschiedenen ist" (GA 42,136).

[60] *Passow* 2,355: νοέω "geistig od. mit dem Verstande wahrnehmen, gewahr werden, bemerken, erkennen". - Heidegger übersetzt νοεῖν mit "vernehmen", weil es ihm hier auf den empfangenden Charakter des Denkens ankommt. - Zum Moment des denkend-verstehenden 'Wahrnehmens' am νοεῖν einerseits und zum aktiven Charakter des νοεῖν andererseits vgl. *Schlüter*, o.c. 329 und 384. - "νοεῖν ist für Parmenides schauende, spekulative Einsicht (Gewahrsein), die halb als Offenbarung empfunden, halb spontan errungen wird". Wilhelm *Luther*, Wahrheit, Licht und Erkenntnis in der griechischen Philosophie bis Demokrit. Ein Beitrag zur Erforschung von Sprache und philosophischem Denken. In: Archiv für Begriffsgeschichte 10 (1966). Bonn: Bouvier. S. 102.

Zu der zu erläuternden gegenstrebigen Einigkeit von Denken und Sein, von νοεῖν und εἶναι, bemerkt Heidegger: "Wie sollen wir dies verstehen? Gehen wir vom
Sein aus, das uns als φύσις nach mehreren Hinsichten deutlicher geworden ist"
(147).[61] Dieser Satz, "Gehen wir vom Sein aus", ist programmatisch gesprochen für
Heideggers Denken der nächsten Jahre. Er hebt den Ansatz beim Seinsverständnis
aus "Sein und Zeit" auf. Daß dieser Satz, der Heideggers künftiges Vorgehen, nämlich den Ausgang vom Sein, kennzeichnet, gerade im Zusammenhang mit dem νοεῖν fällt, ist nicht zufällig. In der ersten Strophe von Hölderlins Rheinhymne heißt
es, Vers 9 ff: "... so/ Vernahm ich ohne Vermuthen/ Ein Schiksaal". Diese Verse
Hölderlins sind es, wie ich meine, die zusammen mit den Passagen aus "Wie wenn
am Feiertage ..." und "Germanien" (oben 42 f) Heidegger dazu bestimmen, vom
Sein auszugehen. Wie Hölderlin "Schiksaal", "Natur", "Gottes Gewitter" in ihrem
Verhältnis zum Menschen erfährt, so versteht Heidegger in Zukunft den Bezug von
Sein und Mensch. Die gegenüber "Sein und Zeit" umgekehrte Denkrichtung, näm-
lich vom Sein auf den Menschen zu, bahnt sich bereits in Heideggers Freiburger
Antrittsvorlesung "Was ist Metaphysik?" (1929) an: Die Grundstimmung der Angst
bringt vor das Walten des Nichts. Nachdem es überhaupt so etwas wie "Walten",
"Wesen" zu erfahren gilt, bedarf es nur noch eines Schrittes, um das auf den Men-
schen zu wesende Sein zu bedenken.[62]

Zurück zu Parmenides. Wie gesagt, hört Heidegger in τὸ αὐτό die Spannung
von ἕν, συνεχές, λόγος, ξυνόν, ἁρμονία einerseits und Πόλεμος, ἀντίξουν andererseits: Zusammengehören und Auseinanderstreben. In solchem Kampf geschieht
Unverborgenheit, wird Welt (oben 76). Im Hinblick auf diesen Sachverhalt deutet
Heidegger den Spruch τὸ γὰρ αὐτὸ νοεῖν ἐστίν τε καὶ εἶναι so: "Sein waltet [als
λόγος - Πόλεμος, als ἀλήθεια, ἕν = τὸ αὐτό], aber weil es waltet und sofern es
waltet und erscheint [als φύσις], geschieht notwendig *mit* [τε] Erscheinung [εἶναι =
φύσις] auch [καί] Vernehmung [νοεῖν] " (148).[63] Die Konjunktion τε ... καί bezeichnet eine Beiordnung, 'sowohl ... als auch'. Heideggers eigenwillige Übersetzung *"mit*
Erscheinung ... *auch* Vernehmung" räumt der "Erscheinung" einen Vorrang ein und
ist nur plausibel, wenn die zweite Fassung des Spruches, daß Vernehmung umwillen
des Seins geschieht, einbezogen wird. Außerdem ist die Devise "Gehen wir vom
Sein aus" leitend. Von hierher leuchtet auch die Folgerung aus dem Spruch ein:
"Soll aber nun am Geschehnis dieser Erscheinung und Vernehmung der Mensch be-
teiligt sein, dann muß der Mensch allerdings selbst sein, zum Sein gehören. *Das We-*
sen und die Weise des Menschseins kann sich dann aber nur aus dem Wesen des Seins
bestimmen" (148).

Trotzdem bleibt Heideggers Auslegung des Parmenides-Verses problematisch.
"Sein waltet" würde dem τὸ αὐτό entsprechen, "weil es waltet und sofern es waltet
und erscheint" dem εἶναι. Die Schwierigkeit kommt aus der dreigliedrigen Struktur

---

[61] In einer Randbemerkung zu "Vom Wesen des Grundes" schreibt Heidegger im Hinblick auf die
"Kennzeichnung der vorprädikativen Wahrheit als Anschauen": "Beachte hier: der geschichtliche Ursprung aus φύσις: νοεῖν - εἶναι ist wesentlich" (GA 9,131).

[62] Man hat diesen Denkschritt Heideggers die "Kehre" vom Nichts zum Sein genannt: *Schulz,* o.c.
86. *Ott,* o.c. 83. *Wiplinger,* o.c. 310.

[63] In eckigen Klammern meine Erläuterungen, S.Z.

des Verses: τὸ αὐτό: νοεῖν - εἶναι, während das Seinsgeschehnis (unten) sozusagen nur zwei Pole hat. So entsteht die Zweideutigkeit: einmal heißt "Sein" die Seiendheit des Seienden, zum anderen das auf den Menschen zu Waltende. In diesem letzteren Sinn spricht Heidegger vom "Sein als solchem" (oben 81), vom "Sein selbst" und vom "Wesen des Seins". Andere Vorlesungen differenzieren zwischen "Sein" und "Seyn".

Das "Geschehnis der Wesenszugehörigkeit von Sein und Vernehmung" (149) ist nach Heidegger das "Geschehnis des Einbruchs des Seins selbst" (148).[64] Dieses Geschehnis ist der Ursprung der Scheidung von Sein und Denken. Aus ihm bestimmt sich erst das Sein des Menschen. Vernehmung ist nicht nur eine mögliche Verhaltensweise des Menschen, sondern: "Vernehmung ist jenes Geschehnis, das den Menschen hat" (150).[65] Ähnliches hatte Heidegger in der Hölderlin-Vorlesung von der Sprache gesagt: sie ist "Jenes, was den Menschen hat" (oben 46). Im Spruch des Parmenides vollzieht sich nach Heideggers Auffassung "nichts Geringeres als das wissentliche In-Erscheinung-treten des Menschen als des geschichtlichen (Verwahrer des Seins)" (150). Schon die Griechen sind jedoch aus der "ursprünglichen Wahrheit" des Spruches herausgefallen, so daß er zwar zum "Leitsatz der abendländischen Philosophie" wurde,[66] aber aus einer Mißdeutung heraus (154), insofern das Sein vom Denken her beurteilt wurde.

Um die "denkerische Bestimmung des Menschseins" bei Parmenides, die "unmittelbar schwer zugänglich" ist, weiter aufzuhellen, hört Heidegger auf einen "dichterischen Entwurf des Menschseins" (155) im ersten Chorlied aus Sophokles' "Antigone".[67] Die Analyse ergibt: "Da-sein des geschichtlichen Menschen heißt: Gesetztsein als die Bresche, in die die Übergewalt des Seins erscheinend hereinbricht, damit diese Bresche selbst am Sein zerbricht" (172). "Gesetzt-sein" nimmt Bezug auf die *"Ausgesetztheit in die Übermacht des Seyns"* aus der Hölderlin-Vorlesung (oben 41). Überhaupt läßt sich Heidegger vom Bild des hereinbrechenden Gewitters und des einschlagenden Blitzes aus der Feiertagshymne bestimmen, das "Geschehnis des Einbruchs des Seins" (148) so zu denken, wie Hölderlin die Offenbarungen des Gottes erfährt. Bereits in der Vorlesung von 1934/35 sprach Heidegger im Hinblick auf das mögliche Erscheinen der Götter vom "Grundgeschehnis" (oben 59; 62). Das Wort 'brechen' und "Bresche" kommt ins Spiel durch χωρεῖ aus Vers 334 der "Antigone". Die "Übergewalt" des Seins ist eine Reflexion auf τὰ δεινά (V.332) bzw. δει-

---

[64] *Kierkegaard* spricht vom Augenblick als dem "Einschlag der Ewigkeit". Sören *Kierkegaard*, Der Augenblick. Aufsätze und Schriften des letzten Streits. Übers. v. Hayo Gerdes. Düsseldorf/Köln: Diederichs 1959. S. 327.

[65] Das Geschehnis der Vernehmung des Seins vollzieht sich genauso augenblickhaft wie die Platonische νόησις. Im Unterschied zur διάνοια, welche ein diskursives Nachdenken ist, das in ein Urteil einmündet, geschieht die νόησις, die Ideenerkenntnis, unmittelbar und plötzlich (ἐξαίφνης). *Oehler,* o.c. 88.

[66] *Whiteheads* berühmtes Diktum, die philosophische Tradition bestünde in einer Reihe von Fußnoten zu Platon (vgl. unten 136 Anm.), abwandelnd, stellt Rafael *Ferber* fest: "Die westliche Philosophiegeschichte ist nichts anderes als ein Kommentar zum Spruch des Parmenides: '...to gar auto noein estin te kai einai'". Rafael *Ferber,* Platos Idee des Guten. St. Augustin: Richarz 1984. S. 204.

[67] Im Hinblick auf den Schein der Kunst und den Ort des Menschen referiert von: Gerhard *Faden,* Der Schein der Kunst. Zu Heideggers Kritik der Ästhetik. Würzburg: Königshausen + Neumann 1986. S. 73 ff.

νότερον (V.333) aus diesem Text.[68] Heidegger wendet das Wort δεινόν, 'gewaltig, unheimlich',[69] auf das an Parmenides herausgearbeitete Geschehnis der Wesenszugehörigkeit von Sein und Vernehmung an, so daß sich ergibt: Sein ist "das Furchtbare im Sinne des überwältigenden Waltens", in das der Mensch "ausgesetzt" ist; gegen dieses Überwältigende steht die "Gewalt-tätigkeit" des Menschen (159). Das "überwältigende Walten" vollzieht offensichtlich die gleiche Bewegung wie das 'Überkommen' von seiten der Grundstimmung (oben 60). Hölderlins Gedanken, daß die Götter einen Anderen brauchen (oben 39), führt Heidegger weiter, wenn er unmittelbar vor dem Satz vom Hereinbrechen des Seins sagt, daß "das Überwältigende als ein solches, um waltend zu erscheinen, die Stätte der Offenheit für es braucht" (171).

Wie nach Parmenides' Spruch Sein und Vernehmung zusammengehören, so waltet auch der Wechselbezug von δίκη (V.369) und τέχνη (V.366), von denen Sophokles spricht. Heidegger sagt: "Δίκη ist der überwältigende Fug. Τέχνη ist die Gewalt-tätigkeit des Wissens. Der Wechselbezug beider ist das Geschehnis der Unheimlichkeit" (174). Sowohl Sophokles als auch Parmenides (Fr. 1, V.14), Heraklit (Fr. 80) und Anaximander (Fr. 1), also das dichterische wie das denkerische Sagen vom Sein, nennen und stiften dieses mit dem Wort δίκη. In der τέχνη, dem "Ins-Werk-setzen" (172) als "Gewalt-tat", bricht der Mensch aus dem Heimischen und Nächsten auf und aus, um das Überwältigende hereinbrechen zu lassen. Die τέχνη gehört zusammen mit dem aktiven Charakter des νοεῖν. Das zeigt: die Vernehmung ist kein beliebiges Verhalten des Menschen, sondern *"Ent-scheidung"* (177),[70] Entscheidung für das Sein, gegen den Schein und das Nichts (177); von diesen drei Wegen handelt Parmenides in seinem Lehrgedicht (118 ff). In der entscheidungshaften Vernehmung wird das Seiende so eröffnet, daß es "in sein Sein zurückgestellt" wird (192). In diesem Gedanken sehe ich ein Vorzeichen des Seins als Ortschaft sowie der Differenz als Retten und Bergen des Seienden ins Sein (unten 318 ff). Die Vernehmung als Ent-scheidung ist dem ursprünglichen Fragen verwandt. Wie das Fragen Geschichte "schafft" (oben 68), so auch die Ent-scheidung. "Mit ihr beginnt überhaupt Geschichte. In ihr und nur in ihr wird sogar über die Götter entschieden" (118). Mit diesem letzten Gedanken kommt Heidegger wieder auf seine Hölderlin-Vorlesung zurück (oben 62).

Daß Heidegger den Wesensbezug des Denkens zum Sein an Worten des Parmenides herausarbeitet, soll nicht heißen, Parmenides hätte von diesem Wesensbezug als Bezug gewußt und ihn bedacht. Wie Heidegger in der Heraklit-Vorlesung von 1944 bemerkt, haben nach seiner Auffassung die Griechen das Bezughafte nur unbestimmt erfahren (unten 372). Man muß daher Heideggers Parmenides- und So-

---

68 *Sophokles*-Ausgaben zitiert unten 238; 242; 247; 329.

69 In seiner ersten Übersetzung des Chorliedes aus der "Antigone" wählt Hölderlin für das griechische δεινόν das Wort 'gewaltig': "Vieles Gewaltige giebts. Doch nichts/ Ist gewaltiger, als der Mensch" (SW 5,42). Heidegger legt das Chorlied in seiner "Ister"-Vorlesung erneut aus.

70 Genauso stehen nach Hölderlins Feiertagshymne die Dichter nicht zufällig unter "Gottes Gewittern", sondern aus Entscheidung: "Doch uns gebührt es ... Ihr Dichter! ..." (oben 41). - Das Wort "Ent-scheidung" hat seinen Anhalt an Parmenides' Fragment 6, V.7: ἄκριτα φῦλα und Fragment 7, V.5: κρῖναι. - Auch das Existenzial des Verstehens in "Sein und Zeit" ist kein bloß hinnehmendes Vernehmen, sondern hat an ihm selbst die Struktur des Entwurfs (GA 2,193).

phokles-Auslegung so verstehen, wie sich in seinen Augen ein wahrhaft geschichtliches Fragen zu vollziehen hat: als Wieder-holung, aber auch als Verwandlung.

Sophokles' dichterisches und Parmenides' denkerisches Sagen stehen für Heidegger in einem "ursprünglichen Wesenszusammenhang"; es handelt sich bei beiden um "das anfängliche dichtend-denkende Gründen und Stiften des geschichtlichen Daseins" (174) der Griechen. Heidegger nimmt seinen Gedanken aus der Hölderlin-Vorlesung auf, daß zur Geschichtsgründung Dichter, Denker und Staatsschöpfer gehören, wenn er von der "Gewalttätigkeit des dichterischen Sagens, des denkerischen Entwurfs, des bauenden Bildes, des staatsschaffenden Handelns" (166) spricht. Der Bezug zwischen δίκη und τέχνη, zwischen Überwältigendem und Gewalttat, der das Dasein des geschichtlichen Menschen kennzeichnet, gilt also in besonderem Maße für das stiftende Sagen und Tun des Dichters, des Denkers, des Staatsschöpfers. Das Verhältnis ist ähnlich wie zwischen den Dichtern und dem "Volk" aus Hölderlins Feiertagshymne (oben 41): So wie die Dichter unter "Gottes Gewittern" stehen und seinen Blitz ins Wort fassen, während das Volk dem blitzgeladenen Wort des Dichters ausgesetzt ist, so wird in der stiftenden Gewalttat das Sein eröffnet und gegründet, während der geschichtliche Mensch gegen das schon eröffnete Sein Gewalt braucht, wenn er es ins Werk setzt. Das Gleiche gilt für die "Entscheidung": einmal ist sie Stiftung und Anfang von Geschichte, einmal Entscheidung für das schon eröffnete Sein.

Das Letzte zusammengefaßt: Um die Scheidung "Sein und Denken" zu verfolgen, wendet sich Heidegger einem Spruch aus dem Anfang der abendländischen Philosophie zu, in dem von Sein und Denken die Rede ist, Fragment 3 von Parmenides: τὸ γὰρ αὐτὸ νοεῖν ἐστίν τε καὶ εἶναι. Für die Interpretation bringt Heidegger zwei Voraussetzungen mit. Die erste ist Hölderlins Erfahrung: "so/ Vernahm ich ... Ein Schiksaal"; die zweite ist die Einsicht in das ἕν von Heraklit und Parmenides, so daß sich ergibt: Einheit (τὸ αὐτό = das Selbe) meint nicht Einerleiheit, sondern Zusammengehören (συνεχές, ξυνόν, ἁρμονία) des Gegenstrebigen (ἀντίξουν, Πόλεμος) und ist dem λόγος als Sammlung wesensverwandt. Damit ist der Grundgedanke gedacht: Sein und Mensch haben ihr Wesen aus ihrem Bezug, er ist das Ursprüngliche, weil er ihre Scheidung erst entspringen läßt. Im Bezug Sein - Mensch hat, analog zu Hölderlins Darstellung des Schicksals und der Offenbarungen des Gottes, der Mensch eine empfangende Funktion, die allerdings keine Passivität ist, sondern Ent-scheidung. Bereits in der Absicht, vom Sein auszugehen, und der Einsicht in die Wesenszugehörigkeit des Menschen zum Sein legt Heidegger das Chorlied aus Sophokles' "Antigone" aus. Hierbei muß, wie Heidegger einräumt, "die Auslegung notwendig Gewalt brauchen" (171).[71] Heideggers Vorgehen, mit der Sopho-

---

[71] An solcher Art der Auslegung wurde von seiten der Philologie mehrfach Anstoß genommen, zum Beispiel: Werner *Beierwaltes*, Identität und Differenz. Frankfurt: Klostermann 1980. S. 5; 133. Ders. in: Göttingische Gelehrte Anzeigen. 220. Jg. Nr. 1-2. 1968. S. 1. - Die Kritiker verkennen freilich, daß es Heidegger nicht um eine sogenannte werkgetreue Interpretation eines antiken Textes zu tun ist, sondern um die Vorbereitung des Anfangs einer anderen Geschichte, in der alle bisherigen Maßstäbe, nicht nur die der Interpretation von Texten, hinfällig würden. Heideggers Ausdeutung des Parmenides braucht nicht weniger Gewalt als Hölderlins aus der Idee des Vaterländischen geschaffene Sophokles-Übersetzungen. Daß Heideggers aus der Not der Seinsvergessenheit herkommende Absicht einer Neugründung von Geschichte, in der das Wesen des Seins und dessen Wahrheit neu und anders als bisher erfahren würden, einen ungeheuren Anspruch darstellt, ist allerdings nicht zu übersehen. Heidegger ist

kles-Interpretation das Parmenides-Wort zu beleuchten, ist also im voraus durch Hölderlin und das von ihm beeinflußte 'Ausgehen vom Sein' erhellt. Der Bezug Sein - Mensch wurde von Heidegger aufgewiesen als εἶναι - νοεῖν, als δίκη - τέχνη, als das Überwältigende und die Gewalttat.

Ein weiterer Spruch des Parmenides, der großen Einfluß auf Heideggers weiteren Denkweg ausübt, lautet, Fragment 6: χρὴ τὸ λέγειν τε νοεῖν τ᾽ ἐὸν ἔμμεναι,[72] nach Heideggers Übersetzung: "Not ist das λέγειν sowohl als auch die Vernehmung, nämlich das Seiend in dessen Sein" (149).[73] Hier meint das λέγειν nicht die "Gesammeltheit als Fuge des Seins" (178; vgl. oben 82), sondern, weil es mit dem νοεῖν zusammengestellt ist: die Gewalt-tat des Menschen. Das "versammelnde Vernehmen" (λέγειν - νοεῖν) vollbringt Heidegger zufolge "den Zusammenriß des Seienden in die Gesammeltheit seines Seins". Am Anfang der abendländischen Geschichte bestimmt sich das Wesen des Menschseins, wie Heidegger sagt, "aus dem Bezug zum Seienden als solchem im Ganzen. Das Menschen*wesen* zeigt sich hier als der Bezug, der dem Menschen erst das Sein eröffnet. Das Menschsein ist als Not der Vernehmung und Sammlung die Nötigung in die Freiheit der Übernahme der τέχνη, des wissenden Ins-Werk-setzens des Seins. So ist Geschichte" (178). Wenn gesagt ist, daß das Menschenwesen als der Bezug[74] dem Menschen erst das Sein eröffnet, so ist mit "Sein" hier die Seiendheit des Seienden gemeint (ἐὸν ἔμμεναι). Was hier "Menschen*wesen*" heißt, wurde vorher "Da-sein" als "Bresche" für die "Übergewalt des Seins" genannt (oben 85). Letzteres "Sein" schreibt Heidegger sonst auch "Seyn". Im "Geschehnis des Einbruchs des Seins" erscheint der λόγος als Ge-

---

mit den antiken Philosophen und Dichtern in den Vorlesungen bis 1944 immer der künftigen Geschichte wegen im Gespräch. In seinen Übersetzungen und Interpretationen trifft er Entscheidungen zur Vorbereitung des anderen Geschichtsanfangs, der immer eine Verwandlung des bisherigen Seins bedeutet. - Zu Heideggers Auslegungsverfahren auch unten 237 f; 243 f.

[72] Fr. 6 (Diels-Kranz 1,232): "Nötig ist zu sagen und zu denken, daß *nur* das Seiende ist". Übersetzung Mansfeld, o.c. 9: "Man soll es aussagen und erkennen, daß Seiendes ist".

[73] Heidegger übersetzt an dieser Stelle das χρή als "Not ist ...". Meines Erachtens denkt er hierbei an die Hölderlin-Verse von den verlassenen Tempeln in der Not der Flucht der Götter (oben 44). Die Hölderlin-Vorlesung von 1942 über die Hymne "Der Ister". Deren Verse 68 f lauten: "Es brauchet aber Stiche der Fels/ Und Furchen die Erd'" (SW 2,192). Mit diesem Wort "Es brauchet" deutet Heidegger in seiner Vorlesung "Was heißt Denken?" von 1952 dann das χρή des Parmenides (WhD 115 ff); auch auf das 'Brauchen' aus der Rheinhymne nimmt er Bezug (WhD 118).

Wie die Widmung an René Char zeigt, die der französischen Übersetzung von "Unterwegs zur Sprache" (1976) beigegeben ist, hat die Nähe von Hölderlin und Parmenides Heidegger noch in seinem spätesten Denken bewegt. Heidegger fragt: "Ist die geliebte Provence die geheimnisvoll/ unsichtbare Brücke vom frühen Gedanken/ des Parmenides zum Gedicht Hölderlins?" (GA 15,419). Diese Vermutung stützt sich auf Hölderlins Bekundung in seinem zweiten Brief an Böhlendorff aus dem Spätherbst 1802 (vgl. Nachwort des Herausgebers, GA 15,149), geschrieben nach einer Wanderung durch das "südliche Frankreich": "Das Athletische der südlichen Menschen, in den Ruinen den antiquen Geistes, machte mich mit dem eigentlichen Wesen der Griechen bekannter" (SW 6,432). Heidegger zitiert diesen Brief in seinem Vortrag "Hölderlins Erde und Himmel" von 1959 (GA 4,157 f), den er auch in Le Thor 1966 las (GA 15,412). Weil also Hölderlin in der Provence das Wesen der Griechen erfuhr, deshalb ist diese Landschaft die Brücke zwischen ihm und Parmenides. Die Verwandtschaft beider liegt im Gedanken des 'Brauchens'.

[74] In "Sein und Zeit" spricht Heidegger noch nicht vom Menschenwesen als "Bezug". Im Terminus "Dasein" ist aber bereits der Wesenszusammenhang zwischen der Erschlossenheit des existenzialen Seins und der Erschlossenheit von Sein-überhaupt gedacht. Vgl. *v. Herrmann*, Subjekt und Dasein, 21 ff.

sammeltheit des Seienden, das λέγειν als sammelndes Vernehmen des Menschen.[75] Weil das sammelnde Vernehmen des Menschen auf den λόγος als ursprüngliche Gesammeltheit des Seienden, das heißt auf dessen Sein, bezogen und
weil Sein als φύσις ein Hervorkommen in die Unverborgenheit ist, deshalb hat das
λέγειν des Menschen den Charakter des Eröffnens und Offenbarmachens.[76] Anders als in "Sein und Zeit"[77] sieht Heidegger das λέγειν des Menschen jedoch als
"Wesensfolge" (179) des Wesens des λόγος.[78]

Aus dem Menschenwesen als Vernehmung und Sammlung wird deutlich, warum die Sprache "Logos" heißt. Heidegger betont: "Das Menschsein ist nach seinem
geschichtlichen, Geschichte eröffnenden Wesen *Logos,* Sammlung und Vernehmung
des Seins des Seienden" (180). Wesen des Menschen und Wesen der Sprache, Logos, sind dasselbe. Im "Geschehnis des Einbruchs des Seins" ist die Sprache das
"Wortwerden des Seins", vom Menschen her gedacht: das "Sich-finden in das Wort"
(180). Diesen Gedanken verfolgt Heidegger immer wieder als "Zur-Sprache-kom-
men" und "Zur-Sprache-bringen", vor allem in seiner Aufsatzsammlung "Unterwegs
zur Sprache". Es wurde bereits auf die Bedeutung der Hymne "Wie wenn am Feiertage ..." für Heideggers Gedankengänge hingewiesen. Vielleicht könnte man sich
das "Wortwerden des Seins" in einem ähnlichen Bild vor Augen führen, wie es Hölderlin in dieser Hymne zeichnet. Der Halbgott Dionysos ist die "Frucht des Gewitters" (SW 2,91; V.53), nämlich der Begegnung von Zeus und Semele. Genauso ist
der "Gesang" des Dichters: "Die Frucht in Liebe geboren, der Götter und Menschen
Werk" (V.48). Beim "Wortwerden des Seins" wäre das Wort dann "Frucht" des
Seinseinbruchs und der vernehmenden Haltung des Menschen. Hierbei darf man
das Wort freilich nicht als Ergebnis auffassen, so, als sei das Seinsgeschehnis früher
als das Wort. Besser ist wohl, dieses Bild ganz beiseite zu lassen und das Wort als
den Ort zu denken, wo Sein und Mensch in ihr Wesen finden.

Weil Logos (λέγειν und νοεῖν) auch Ent-scheidung ist, tritt der Logos dem
überwältigenden Erscheinen der φύσις gegenüber, ist er eine "Gewalt-tat *gegen* das
Überwältigende" (185). Sofern im Walten und Erscheinen der φύσις aber Unverborgenheit geschieht, verwaltet der Logos die Unverborgenheit. Parmenides' "entscheidende Bestimmung des Wesens des Menschen" deutet Heidegger, indem er die

---

[75] Zwei Jahrzehnte nach Heideggers "Einführung in die Metaphysik" wird seine Ausdeutung des
λόγος von seiten der Philologie bestätigt. Zum frühgriechischen Wortgebrauch von λόγος schreibt
Heribert *Boeder:* "Insoweit Sagen und Denken sich selbst mit dem Namen λόγος begreifen, besagt dieser nach dem Dargelegten ein Zweifaches: einmal die Zuwendung der Aufmerksamkeit auf eine bestimmte Sache, so daß man ein Verhältnis zu ihr hat; zum anderen die Verhältnisse, in denen die Sache
selbst gemäß ihrer Eigenart steht". *Boeder,* o.c. 109.

[76] λόγος als Rede erläutert Heidegger in "Sein und Zeit" im Sinne des Aristotelischen δηλοῦν,
"offenbar machen", und ἀποφαίνεσθαι (GA 2,43).

[77] "Das 'Wahrsein' des λόγος als ἀληθεύειν besagt: das Seiende, *wovon* die Rede ist, im λέγειν
als ἀποφαίνεσθαι aus seiner Verborgenheit herausnehmen und es als Unverborgenes (ἀληθές) sehen
lassen, *entdecken"* (GA 2,44).

[78] Von "Einführung in die Metaphysik" aus gedacht, wäre das in "Sein und Zeit" behandelte ἀληθεύειν eine "Wesensfolge" des Geschehens der Unverborgenheit. Von der Philologie wurde inzwischen
nachgewiesen, daß im frühgriechischen Wahrheitsverständnis die "Bereiche der ὄντα und des λόγος
unter dem gleichbleibenden Grundaspekt der *Unverborgenheit* als ursprüngliche Einheit und Ganzheit
vereinigt" waren. *Luther,* o.c. 38.

τέχνη aus Sophokles' Text mit einbezieht und indem er 'vom Sein ausgeht' (oben 84), so: "Menschsein heißt: die Sammlung, das sammelnde Vernehmen des Seins des Seienden, das wissende Ins-Werk-setzen des Erscheinens *übernehmen* und so die Unverborgenheit *verwalten,* sie gegen Verborgenheit und Verdeckung *bewahren*" (183).

Bezogen auf das Sein als λόγος ist Menschsein: sammelndes Vernehmen, Sprache, Wort, "Logos". Bezogen auf das Sein als φύσις ist Menschsein: Eröffnen, Offenbarmachen, wissendes Ins-Werk-setzen des Erscheinens; diese Bestimmung kennzeichnet auch den Bezug des Menschseins zur Unverborgenheit. Menschsein ist außerdem ein Verwalten und Bewahren der Unverborgenheit.

Während Heidegger zunächst den inneren Zusammenhang von φύσις und λόγος in der Weise hervorgehoben hatte, daß beide das Sein des Seienden bezeichnen, φύσις als In-die-Unverborgenheit-Treten des Seienden (oben 75), λόγος als Gesammeltheit des Seienden (oben 81 f), ging es zuletzt bei der φύσις zwar um das Sein des Seienden, beim Logos jedoch um λέγειν und νοεῖν, das heißt um das sammelnde Vernehmen des Menschen; φύσις - Logos drückt hier also den Bezug Sein - Mensch aus. Im Text der von Heidegger 1953 selbst edierten Vorlesung "Einführung in die Metaphysik" ist λόγος einmal mit griechischen Buchstaben, einmal mit lateinischen geschrieben: "Logos". Der Grund dafür liegt in folgendem: λόγος hat dasselbe Wesen wie Πόλεμος und ist Sammlung und Auseinanderstreben in einem. In solchem Kampf geschieht Unverborgenheit, eröffnet sich Welt (oben 76). Durch diesen Kampf kommt es zum "Heraustreten des Logos" (187) gegenüber dem Sein, wie es Parmenides zur Sprache bringt (λέγειν-νοεῖν gegenüber εἶναι).

Heidegger deutet λόγος also 1. als Geschehen des Kampfes (Πόλεμος), 2. als die Gesammeltheit des Seienden, das heißt als dessen Sein, weshalb er sagen kann: "Φύσις und λόγος sind dasselbe" (139), nämlich Sein. "Logos" in lateinischen Buchstaben nennt 3. die in der ursprünglichen Auseinandersetzung erkämpfte Scheidung zum Sein (Sein = φύσις und λόγος), nämlich das λέγειν als sammelndes Vernehmen, die Sprache und das lautende Wort des Menschen.[79] Diese dreifache Bedeu-

---

[79] In seiner Aristoteles-Vorlesung von 1931 sagt Heidegger: "Ob nun in der Ursprungsgeschichte des Wortes λόγος sogleich die Bedeutung des sammelnden Fügens zusammengeht mit der Bedeutung des sammelnden Sagens, das die Sprache immer schon übernommen hat, und zwar in der Weise der Kundschaft, ob sogar gleich anfänglich Sprache und Rede als die nächste sowohl wie eigentliche Grundweise des sammelnden Fügens erfahren wurde, oder ob erst die Bedeutung des Zusammenlesens und -fügens auf die Sprache nachträglich übertragen wurde, vermag ich nach meiner Kenntnis der Dinge nicht zu entscheiden; gesetzt, daß die Frage überhaupt entscheidbar ist" (GA 33,122). - Zwanzig Jahre später ist Heidegger der Auffassung, daß im Wort λόγος eine geschickhafte Entscheidung über das Wesen der Sprache gefallen ist: "Daß es das λέγειν ist als legen, worein sagen und reden im Wesen fügen, enthält den Hinweis auf die früheste und reichste Entscheidung über das Wesen der Sprache" (VA 212). - In der Heraklit-Vorlesung von 1944 bemerkt Heidegger: "Daß das λέγειν von früh an 'sagen' (erzählen und dergleichen) bedeutet, zeigt darauf hin, daß das Wort und die Sage gleichursprünglichen Wesens mit dem Lesen ist" (GA 55,382). - Im Vortrag "Das Wesen der Sprache" von 1957 heißt es: "Denn mit das Früheste, was durch das abendländische Denken ins Wort gelangt, ist das Verhältnis von Ding und Wort, und zwar in der Gestalt des Verhältnisses von Sein und Sagen. Dieses Verhältnis überfällt das Denken so bestürzend, daß es sich in einem einzigen Wort ansagt. Es lautet: λόγος. Dieses Wort spricht in einem zumal als der Name für das Sein und für das Sagen" (GA 12,174). Hiernach ist die Bedeutung von λόγος ebenso dreifach wie in der Vorlesung von 1935: 1. das Sein, 2. das Sagen, 3. ihr Verhältnis. - In der Heraklit-Vorlesung von 1944 betrachtet Heidegger den Bezug Sein - Mensch als Verhältnis Λόγος - λόγος (unten 372).

tung von λόγος entspricht dem triadischen Gefüge des Parmenides-Verses τὸ γὰρ αὐτὸ νοεῖν ἐστίν τε καὶ εἶναι. Eine Zweideutigkeit bleibt auch im Falle der φύσις bestehen: einmal betont Heidegger an ihr das Walten als "überwältigendes An-we-sen", als "Weltwerden" (oben 76), womit φύσις an der Stelle von τὸ αὐτό stehen würde, ein anderes Mal entspricht φύσις dem εἶναι und meint die Seiendheit des Seienden, der der Mensch in der Haltung der τέχνη begegnet.

Heideggers Rückgang auf den Ursprung der Scheidung Sein und Denken, den er in der Auseinandersetzung mit Heraklit und Parmenides ans Licht bringen möch-te, bietet dem Nachvollzug deswegen Schwierigkeiten, weil die Gedanken zum ei-nen von der dreigliedrigen Struktur der Parmenides-Fragmente 3 und 6, zum ande-ren von dem durch Hölderlin angeregten, gewissermaßen zweipoligen Seinsgesche-nis geprägt sind und weil sich beide Denkmuster ständig überlagern. Ein mit vielen Unzulänglichkeiten behafteter schematischer Überblick über Heideggers Interpre-tation könnte etwa so aussehen:

Im Parmenides-Vers 3 würde 1. dem τὸ αὐτό entsprechen: λόγος, ξυνόν, ἕν, συνεχές, ἁρμονία als das Einigende, Πόλεμος, ἀντίξουν als das Auseinanderset-zende; φύσις als Weltwerden und Geschehen der Unverborgenheit;

2. dem νοεῖν wäre zuzuordnen: das sammelnde Vernehmen des Menschen (λέ-γειν), Logos (Wort); das Offenbarmachen; das Verwalten der Unverborgenheit;

3. dem εἶναι analog wäre: λόγος als Gesammeltheit des Seienden, φύσις als In-die-Unverborgenheit-Treten des Seienden.

Das Seinsgeschehnis wäre auf seiten des Seins: φύσις als An-wesen, δίκη als überwältigender Fug, das Hereinbrechen des Seins; dieses ist - von Heidegger in der Vorlesung nicht genannt - wie Hölderlins "Schiksaal", "Natur", "Gottes Gewitter". Das Menschenwesen wäre im Seinsgeschehnis: Vernehmen, Entscheidung, τέχνη als Gewalttat, Bresche für die Übergewalt des Seins.

Bei der Zuwendung zu Heraklit und Parmenides ist Heidegger von der Absicht geleitet, die anfängliche Wahrheit der Scheidung Sein und Denken neu zu begrün-den. Indem er zeigt, daß nicht das Denken das Primäre ist, von dem aus das Sein be-urteilt wird, daß Denken und Sein vielmehr aus ihrem Bezug verstanden werden müssen, verweist er die Philosophie seit Aristoteles, besonders die moderne Be-wußtseinsphilosophie, in ihre Grenzen. Die anfängliche Wahrheit, die im Fragment 3 des Parmenides zur Sprache kommt, wird auf diese Weise von Heidegger wieder-geholt, sie wird aber auch verwandelt auf das hin, was geschichtlich nicht wirksam geworden ist: den Bezug von Denken und Sein als das Ursprüngliche. Die anfängli-che Wahrheit der Scheidung Sein und Denken erweist sich jedoch als ein mehrfälti-ger Sachverhalt. So sieht sich Heidegger bei der Herausarbeitung des Wesensbezugs des Menschen zum Sein vor die Notwendigkeit gestellt, auch die Differenz von Sein und Seiendem neu zu bedenken, das heißt einem Unterschied im Sein nachzugehen, und zwar zwischen dem im τὸ αὐτό zur Sprache Kommenden zusammen mit demje-nigen, was in den ihm entsprechenden griechischen Worten für das Sein erfahren ist, einerseits, von Heidegger in der "Einführung in die Metaphysik" als "Wesen des Seins", als "Sein als solches" und "Sein selbst" angesprochen, und der Seiendheit des

Seienden andererseits. Diese Problematik wird in der Vorlesung "Grundfragen der Philosophie" von 1937/38 aufgegriffen.

Im Seminar in Le Thor von 1969 hat Heidegger rückblickend als "drei Schritte auf dem Weg des Denkens" genannt: die Frage nach "'Sinn'", "'Wahrheit'" und "'Ortschaft'" des Seins (GA 15,344; oben 14). Der Denkschritt zwischen den ersten beiden Fragen wird in der Vorlesung "Einführung in die Metaphysik" vollzogen. Die Frage nach dem Sinn von Sein, die "Sein und Zeit" trägt, wandelt sich zur Absicht einer "Entfaltung der Wahrheit des Wesens von Sein" (oben 72; 80). Genauso wie in "Sein und Zeit" möchte Heidegger in der Vorlesung von 1935 die Seinsfrage zunächst aus dem Seinsverständnis des Daseins entfalten.[80] Das Verstehen von Sein hat für das Dasein "den höchsten Rang", insofern seine Wesensmöglichkeit hierin gründet (88). Im Verstehen eröffnet das Sein seinen Sinn. "Das Sein als das Fragwürdigste erfahren und begreifen, eigens dem Sein nachfragen, heißt dann nichts anderes als: nach dem Sinn von Sein fragen" (89). Auf dem Gang der Vorlesung ändert sich die Seinsfrage dann aus einem Ansatz beim Seinsverständnis in Richtung auf ein 'Gewähren' seitens des Seins. In diesem Sinne heißt es: "Sein ist das Grundgeschehnis, auf dessen Grunde überhaupt erst geschichtliches Dasein inmitten des eröffneten Seienden im Ganzen gewährt ist" (210).[81] Während die Frage nach dem Sinn von Sein vom Seinsverständnis des Daseins ausgeht, richtet sich die Frage nach der Wahrheit des Seins auf das Sein als Grundgeschehnis.

In seiner "Kritik der Vorlesung" schreibt Heidegger: "der Zug des Ganzen geht vom Seinsverständnis zu *Seinsgeschehnis - also Überwindung des Seinsverständnisses insofern entscheidend!*" (218) Außerdem: "Die Vorlesung bleibt auf halbem Wege stecken, nicht nur, weil sie in ihrer engen Fragestellung nicht zu Ende gebracht ist ... sondern: weil sie im Grunde nicht aus der Fessel des Seinsverständnisses herauskommt. Und das gelingt nicht, weil die Frage - auch die Grundfrage nicht - keineswegs ins Wesentliche trägt, nämlich in die Wesung des Seins selbst" (219). "Wesung" schreibt Heidegger deshalb, weil er sich vom "Wesen" im herkömmlichen Sinne als Wassein absetzen und den "Zeit"-Aspekt betonen möchte.

Heideggers Umwendung der Blickrichtung, die sich in dieser Vorlesung abzeichnet, ist vor allem eine Auswirkung der Auseinandersetzung mit Hölderlin. In den Vorlesungen dieser Zeit ist zu beobachten, wie Heidegger Gedanken aus "Sein und Zeit" aufgreift, sie unter dem Einfluß seiner Hölderlin-Rezeption modifiziert und schließlich umdeutet.

Der Bezug des Seins zum Menschen bzw. das Seinsgeschehen (später: "das Ereignis") sind von Heidegger im Hinblick auf den anderen Anfang von Geschichte gedacht. In ihm würde die traditionelle Auffassung des Seins und des Menschen verlassen. Im folgenden geht es um dasjenige Geschehnis, von dem, nach Heideggers Ansicht, die Tradition ihren Ausgang nimmt.

---

[80] Ebenso in den Vorlesungen GA 20, GA 24, GA 26, GA 31. Zum Beispiel GA 26,199: "es gibt Sein nur, wenn Dasein Sein versteht".

[81] Obwohl 'gewähren' etymologisch nicht mit 'währen' = dauern zusammenhängt, bestimmt die Assonanz der Wörter Heidegger dazu, auch in 'gewähren' einen Zeitbezug zu hören: In seinem Vortrag "Die Frage nach der Technik" von 1953 geht er hierauf ein (VA 35).

d) Der Wandel des Seins von φύσις zu ἰδέα.
Der Einsturz der ἀλήθεια

Das griechische Wort für "Wahrheit" heißt: ἀλήθεια, von Heidegger übersetzt mit "Unverborgenheit". Seit "Sein und Zeit" macht Heidegger darauf aufmerksam, daß dieser privative Ausdruck auf ein Wahrheitsverständnis verweist, für das "das Wahre" immer einer Verborgenheit entrissen, gleichsam 'geraubt' werden muß (GA 2,290 ff).[82] Im Wort ἀλήθεια, Unverborgenheit, liegt auch, daß Wahrheit nicht, wie die Tradition seit Aristoteles annimmt, primär der Aussage zukommt, daß sie vielmehr ein Charakter des Seienden, des "Phänomens" (τὸ φαινόμενον) selbst, ist.[83] In diesem Sinne sagt Heidegger in der "Einführung in die Metaphysik": "Wahrheit ist die Offenbarkeit des Seienden" (23).[84]

---

[82] Auf diesen Sachverhalt geht zuerst Joh. *Classen*, 1851, ein. Vgl.: Ernst *Heitsch*, Die nicht-philosophische ΑΛΗΘΕΙΑ. In: Hermes 90 (1962). S. 24. - Vgl. *Schlüter*, o.c. 33; vgl. *Bremer*, o.c. 161. - Zur weiteren Geschichte dieser Auslegung vgl. *Bucher*, o.c. 112 f, Anm. - Zur ἀλήθεια in Heideggers Denken vgl.: *Marx*, o.c. 148 ff; *Pöggeler*, Denkweg, 197 ff; *Schlüter*, o.c. 33 ff.

Heideggers Auslegung der ἀλήθεια hat von seiten der Philologen letztlich Zustimmung erfahren. Paul *Friedländer* hat in der 1. und 2. Auflage seines Buches "Platon", Band 1, gegen Heidegger eingewandt, die Zusammengehörigkeit von λήθη und ἀλήθεια sei in der lebendigen Sprache nicht empfunden worden (234 ff). In der 3. Auflage gibt er zu: "In meiner Auseinandersetzung mit Heidegger habe ich gelernt, wie unberechtigt mein früherer Widerstand gegen das Unverborgene, Entbergende war" (242). Paul *Friedländer*, Platon. 1. Bd. Seinswahrheit und Lebenswirklichkeit. 3. Aufl. Berlin: de Gruyter 1964. - Inzwischen hatte Ernst *Heitsch* 1962 nachgewiesen, daß "ohne Frage ... für das griechische Sprachempfinden von Homer an ... Beziehungen zwischen λανθάνω λήθη ἀλήθεια bestanden" haben. *Heitsch*, o.c. 29. Ebenso: *Luther*, o.c. 33 ff. - Albrecht *Seifert* macht darauf aufmerksam, daß Pindar am Beginn der 10. Olympie bewußt den Gegensatz ἐπι-λαθέσθαι - ἀ-λάθεια gestaltet. *Seifert*, o.c. 286. Ein Passus aus Hölderlins Elegie "Brod und Wein", und zwar V.81 ff: "... dann aber in Wahrheit/ Kommen sie selbst und gewohnt werden die Menschen des Glüks/ Und des Tags und zu schaun die Offenbaren ..." (SW 2,92), macht es in Seiferts Augen "nahezu zur Gewißheit, daß Hölderlin, lange vor Heidegger, etymologisierend im Wort ἀ-λήθεια die 'Unverborgenheit', das Heraustreten in die Offenbarkeit gespürt hat". *Seifert*, o.c. 284. - Nicht mit "Unverborgenheit", sondern mit "Unentzogenheit" übersetzt *Schadewaldt* ἀλήθεια. Wolfgang *Schadewaldt*, Die Anfänge der Philosophie bei den Griechen. Die Vorsokratiker und ihre Voraussetzungen. Bd 1. Frankfurt: Suhrkamp 1978. S. 31. - Im Streit der Philologen um die ἀλήθεια als Unverborgenheit sieht Heidegger sein eigenes Anliegen mißverstanden. In seinem Vortrag "Hegel und die Griechen" von 1958 sagt er: "Aber wie steht es dann mit dieser rätselhaften ᾽Αλήθεια selbst, die für die Ausleger der griechischen Welt zu einem Ärgernis geworden ist, weil man sich nur an dieses vereinzelte Wort und seine Etymologie hält, statt aus der Sache zu denken, in die dergleichen wie Unverborgenheit und Entbergung verweisen?" (GA 9,441 f) Aus der Sache gedacht wird die ᾽Αλήθεια nach Heideggers Ausführungen in diesem Vortrag, wenn erkannt wird, daß im griechischen Verständnis des Seins des Seienden, das die abendländische Philosophie bis heute bestimmt, nämlich "Anwesen", Entbergung und Unverborgenheit spielen, genauso wie in den griechischen Grundworten ῞Εν, Λόγος, ᾽Ιδέα, ᾽Ενέργεια, auf die Hegel Bezug nimmt. Ja, die Frage drängt sich auf, ob das Sichselbsterscheinen, die Phänomenologie des Geistes, nicht im Zeichen der ᾽Αλήθεια als Entbergung steht. Weil die ᾽Αλήθεια das in der ganzen Philosophie "Ungedachte" ist, ist sie für Heidegger "das Rätsel selbst - die Sache des Denkens" (GA 9,439 ff). Vgl. VA 177.

[83] Deshalb schreibt Heidegger in "Mein Weg in die Phänomenologie" von 1963 im Hinblick auf Husserls "Logische Untersuchungen": "Was sich für die Phänomenologie der Bewußtseinsakte als das sich-selbst-Bekunden der Phänomene vollzieht, wird ursprünglicher noch von Aristoteles und im ganzen griechischen Denken und Dasein als ᾽Αλήθεια gedacht, als die Unverborgenheit des Anwesenden, dessen Entbergung, sein sich-Zeigen" (SD 87).

[84] Daß die "frühgriechische Sprache und damit das frühgriechische Denken" "keinen Unterschied zwischen Wahrheit und Wirklichkeit" kennt, wird nachgewiesen von *Luther*, o.c. 31 ff; 229. Wahrheit im frühgriechischen Sinn als "unverborgene Wirklichkeit" wird auch belegt von *Bremer*, Licht und Dunkel,

Der große Anfang der abendländischen Philosophie, in dem ἀλήθεια als die Offenbarkeit des Seienden, λόγος als die Gesammeltheit des Seienden und φύσις als das aufgehend-erscheinende Walten erfahren und gesagt wurden, konnte jedoch nach Heideggers Auffassung nicht bewahrt und festgehalten werden. Vielmehr ging die Philosophie der Griechen "mit Aristoteles groß zu Ende" (18). Durch Platon wurde die ἰδέα zum eigentlich Seienden. Heidegger versteht ἰδέα als "das Gesichtete am Sichtbaren, den Anblick, den etwas darbietet" (189). Platons Auslegung des Seins, ἰδέα, leitet sich zwar aus der Grunderfahrung der φύσις her;[85] φύσις und ἰδέα sind beide ein Erscheinen; während das Erscheinen nach Art der φύσις aber ein Aufgehen ist, das "Weltwerden", wie es zuvor hieß (oben 76), meint das Erscheinen der ἰδέα ein "Angebot für das Hinsehen" (191) an einem schon Aufgegangenen. Das Erscheinen der φύσις "schafft" sich Raum (191), "reißt erst Raum auf" (192),[86] das Erscheinen als ἰδέα tritt aus einem schon eröffneten Raum heraus. Wenn das Wesen des Seins in der ἰδέα, im reinen Aussehen angesetzt wird, kann das erscheinende Seiende, τὸ φαινόμενον, jeweils nur eine unvollkommene Verwirklichung der ἰδέα sein, ein Abbild. Jetzt ist das Wahre (ἀληθές) nicht mehr τὸ φαινόμενον, das

---

309. - Ferner wurde von der Philologie gezeigt, daß die ἀλήθεια in den frühgriechischen Texten auf den Bereich des Sagens beschränkt und an die verba dicendi gebunden ist. *Boeder*, o.c. 94; 96. - In der Heraklit-Vorlesung vom Sommersemester 1944 teilt Heidegger seine eigene Beobachtung mit, daß bei Homer "das Wort ἀληθέα und ἀληθές und ἀλήθεια durchgängig und nur in der Verbindung mit Ausdrücken des Sagens, Erzählens, Berichtens, Antwortens, Aussagens vorkomme" (GA 55,363). Vgl. SD 77. Dieser Befund widerspricht nicht Heideggers Auslegung der ἀλήθεια, daß "das Wahre" für die Griechen das unverborgene Seiende selbst ist, denn die Homerische Wendung wie ἀληθέα εἰπεῖν besagt etwas anderes als unser deutscher Ausdruck 'die Wahrheit sagen'. Dieser meint: "'etwas so sagen, daß es wahr ist, d.h. mit der Wirklichkeit übereinstimmt'"; ἀληθέα εἰπεῖν dagegen bedeutet: "'Unverborgenes, Offenbares aussprechen' (um der Deutlichkeit halber zuzuspitzen: 'etwas in der Welt unverborgen sich Zeigendes in der Rede nachsprechen')". *Heitsch*, o.c. 32. - Zur "Abhängigkeit" der Unverborgenheit von den verba dicendi bemerkt Heidegger im Vortrag "Hegel und die Griechen" von 1958 unter Bezugnahme auf die 1. und 2. Auflage von *Friedländers* Platon-Buch: "Nicht die Unverborgenheit ist vom Sagen 'abhängig', sondern jedes Sagen braucht schon den Bereich der Unverborgenheit. Nur wo diese schon waltet, kann etwas sagbar, sichtbar, zeigbar, vernehmbar werden" (GA 9,443). Diese Auffassung wird von Heidegger, wie ich noch darstellen werde, in seiner Vorlesung "Grundfragen der Philosophie" von 1937/38 entwickelt. - Heidegger hat die Verklammerung von Sein und Wahrheit besonders in seiner Auslegung von Aristoteles' Metaphysik Θ 10 verfolgt, hauptsächlich an dem Satz: τὸ δὲ κυριώτατα ὂν ἀληθὲς ἢ ψεῦδος (Met. 1051 b 1 f), woraus Heidegger schließt: *Das Wahrsein macht das eigentlichste Sein des eigentlich Seienden aus*" (GA 31,87). Oder: die "Entdecktheit" ist der "allereigentlichste Modus von Sein, die anwesende Anwesenheit selbst" (GA 21,193; 174).

85 Vgl. hierzu *Puntel*, o.c. 480 ff. Ferner *Bretschneider*, o.c. 29 ff.

86 Man könnte "er-scheinen" hier aktiv und transitiv verstehen, wie "scheinen" im Gedicht von Matthias *Claudius* gesagt ist (oben 74 Anm.) und wie Heidegger auch die folgenden Ausdrücke gebraucht: "er-leiden" (oben 48), "er-sehen" (unten 138), "er-staunen" (unten 149); außerdem: "erfahren" (GA 53,166; GA 12,45), ermitteln" (GA 4,171), "er-eignen", "er-äugen", "erblicken" (ID 24 f), "ermessen" (SvG 130; GA 12,23), "erdenken" (GA 45,175), "er-wirken" = ins Werk bringen (GA 40,168), "er-finden" (GA 53,149), "er-gehen" (GA 55,304) und andere.

Die Verben mit "er"- haben im Neuhochdeutschen drei Bedeutungsnuancen: "1. *er*- bedeutet ein Erringen, wobei das Simplex das Mittel des Erringens angibt: *erjagen, erbitten, ersingen*. 2. *er*- bedeutet 'geraten in (den Zustand, den das Simplex angibt)', 'anfangen zu': *er*- ist ein Präfix, das äußerst kräftig zeitliche Perspektive gestaltet ... 3. *er*- bedeutet, die durch das Simplex bezeichnete Tätigkeit vollständig, bis ans Ende ausführen ...". Wolfgang *Kayser*, Die Vortragsreise. Studien zur Literatur. Bern: Francke 1958. S. 17 f. - Heidegger kommt es vor allem auf die Bedeutung des Erringens an. So sagt er: "Wir nennen daher dieses Sehen, das sich das zu Sichtende selbst erst in die Sichtbarkeit erbringt und ersieht, das *Er-sehen*" (GA 45,85). - Bei allen angeführten Verben, die Heidegger gebraucht, spielt auch die Funktion der verba intensiva und iterativa herein.

unverborgene Seiende selbst, sondern es ist das eigentlich Seiende (ὄντως ὄν) im Sinne der ἰδέα; φαινόμενον und ὄν treten auseinander (193).

Entscheidend ist für Heidegger, daß mit der Umdeutung der φύσις zur ἰδέα durch Platon "die Wesensfolge zum Wesen selbst umgefälscht" wird (192).[87] Dies ist in seinen Augen ein "Abfall vom Anfang" (191). Der "Wandel des Seins" von der φύσις zur ἰδέα in der Philosophie Platons ist ein geschichtliches Grundgeschehnis - Heideggers Wort jetzt von mir so verwendet. Von diesem Wandel behauptet Heidegger: er "erwirkt selbst eine der wesentlichen Bewegungsformen, in denen sich die Geschichte des Abendlandes ... bewegt" (194). In seiner Parmenides-Vorlesung zählt Heidegger dieses Geschehnis unter dem Titel "'Sein und Ratio'" zu den drei "einfachen Ereignissen" der abendländischen Geschichte (unten 293). Mit dem Gedanken eines "Wandels des Seins" greift Heidegger sowohl auf Hölderlins Begriff des "Wechsels" zurück (oben 24 f) als auch auf die "Wandlungen", die den "Mann" vom Orient her bewegen, aus der Hymne "Germanien" (oben 27) sowie auf den im Zusammenhang mit der Grundstimmung hervorgehobenen "Wandel des Daseins" (oben 61).[88]

Entsprechend der Umdeutung der φύσις zur ἰδέα durch Platon wandelt in der Philosophie des Aristoteles der λόγος sein Wesen. Anfänglich "als Sammlung das Geschehen der Unverborgenheit, in diese gegründet und ihr dienstbar", bekommt Logos den Sinn von 'Sagen, Aussagen' und wird selbst zum Ort, an dem über die Wahrheit, das heißt die Unverborgenheit des Seienden und damit über sein Sein, entschieden wird (194). Wahrheit wird eine Eigenschaft des Logos. Mit dem Wandel von φύσις und λόγος wird nach Heidegger der "anfängliche Anfang" verdeckt, ist das "anfängliche Ende des großen Anfangs" gekommen (188).

Der Wandel von φύσις und λόγος zu Idee und Aussage kommt jedoch - so sagt Heidegger - "nicht von außen, sondern von 'innen'. Aber was heißt hier 'innen'? In Frage steht nicht φύσις für sich und λόγος für sich. Wir sehen aus *Parmenides,* daß beide wesenhaft zusammengehören. Ihr Bezug selbst ist der tragende und waltende Grund ihres Wesens, ihr 'Inneres', obzwar der Grund des Bezugs selbst erstlich und eigentlich im Wesen der φύσις verborgen liegt" (198). Wie ist das zu verstehen? Das Auseinandertreten von φύσις und λόγος kommt bei Parmenides als εἶναι - νοεῖν (λέγειν) zur Sprache; beide empfangen ihr Wesen aus dem sie tragenden Bezug, ihrer Zusammengehörigkeit, τὸ αὐτό (oben 84). Daß der Grund des Bezugs im Wesen der φύσις verborgen liegt, will sagen, daß das Walten der φύσις ein Aufgehen ist, nämlich das "Weltwerden", und daß sich in ihm der Bezug erst entfaltet. Es kommt hier wieder das zweideutige Wesen der φύσις zum Vorschein, auf das schon

---

87 Zur Kritik an Heideggers Platon-Deutung durch die Philologie vgl. *Luther,* o.c. 172 ff.

88 Die Worte "Wandel", "wandeln", "Wandlung" prägen Rainer Maria *Rilkes* "Sonette an Orpheus" (1. Teil, I; XIX. 2. Teil, XII). Dem "Wandel des Seins" vergleichbar ist meiner Ansicht nach der Beginn des 19. Sonettes aus dem Ersten Teil: "Wandelt sich rasch auch die Welt/ wie Wolkengestalten ..." *Rilke,* Werke 1,743. - In "Sein und Zeit" wird das Wort "Wandel" von Heidegger noch nicht terminologisch gebraucht. Am ehesten kann ein Satz aus dem Zusammenhang der Todesgewißheit des Daseins mit dem von Heidegger in der "Einführung in die Metaphysik" gedachten "Wandel des Seins" in Verbindung gebracht werden: "Mit der Verschiedenheit des Seienden und gemäß der leitenden Tendenz und Tragweite des Erschließens wandelt sich die Art der Wahrheit und damit die Gewißheit" (GA 2, 341).

hingewiesen wurde, das daher rührt, daß φύσις einmal mit τὸ αὐτό, einmal mit dem εἶναι zusammengedacht wird. φύσις als εἶναι ist auf die Unverborgenheit bezogen, insofern das Erscheinen des Seienden ein "In-die-Unverborgenheit-hervorkommen" (198) ist; λόγος als νοεῖν und λέγειν ist bezogen auf Unverborgenheit, weil er sie verwaltet (198; oben 90).[89] Die Unverborgenheit zeigt sich Heidegger demnach als "jenes Innere, d.h. der waltende Bezug zwischen φύσις und λόγος im ursprünglichen Sinne" (198). Auch in späteren Schriften versteht Heidegger τὸ αὐτό des Parmenides als ἀλήθεια.[90]

Wenn φύσις und λόγος in der ἀλήθεια gründen, so muß auch ihr Wesenswandel mit der ἀλήθεια zu tun haben. Heidegger sagt: "Der Wandel von φύσις und λόγος zu Idee und Aussage hat seinen inneren Grund in einem Wandel des Wesens der Wahrheit als Unverborgenheit zur Wahrheit als Richtigkeit" (198).[91] In seiner Vorlesung "Grundfragen der Philosophie", 1937/38, führt Heidegger diesen Gedanken weiter. Der Wandel des Wesens der Wahrheit vollzog sich nach Heideggers Auffassung in der "Einführung in die Metaphysik" so: "Die Unverborgenheit, der für das Erscheinen des Seienden gestiftete Raum, stürzte ein" (199).

Indem Heidegger die Unverborgenheit als "Raum" für das Erscheinen des Seienden denkt, spricht er das aus, was im Zusammenhang mit der φύσις als An-wesen bereits anklang (oben 78), was er später rückblickend den "'Ort oder die Ortschaft des Seins'" genannt hat (GA 15,344). Das Wesen der φύσις als 'Raum-Aufreißen' (oben 94) und "Weltwerden" (oben 76) wird Heidegger, wie noch dargestellt werden soll, in seiner Parmenides-Vorlesung als einen Wesenszug der ἀλήθεια selbst, und

---

[89] Zum Bezug λόγος - ἀλήθεια sagt Heidegger in "Der Spruch des Anaximander" von 1946: "Der Λόγος (λέγειν, lesen, sammeln) ist aus der Ἀλήθεια erfahren, dem entbergenden Bergen" (GA 5, 352). Wie es zu dieser Auslegung der Ἀλήθεια kommt, werde ich im Zusammenhang mit der Parmenides-Vorlesung darstellen.

[90] In seiner Nietzsche-Vorlesung von 1939 erläutert Heidegger: "Der Spruch meint ein Drittes oder Erstes, das die Zusammengehörigkeit beider [Sein und Denken] trägt: die ἀλήθεια" (N I 528). Ähnlich heißt es im Seminar in Le Thor 1969: Die ἀλήθεια wird den Griechen "in der Gestalt des τὸ αὐτό von νοεῖν und εἶναι, wie es im Gedicht des Parmenides zur Sprache kommt", sichtbar (GA 15, 332). - Vom τὸ αὐτό des Parmenides läßt sich Heidegger also sowohl zur ἀλήθεια führen als auch zum "Ereignis" (oben 83 Anm.). τὸ αὐτό als ἀλήθεια betont den Sachverhalt des Weltwerdens, τὸ αὐτό als Ereignis die Entfaltung des Bezugs Sein - Mensch. Ereignis und ἀλήθεια werden zusammengedacht in Heideggers Vortrag "Zeit und Sein" von 1962. Im Satz "Das Ereignis ereignet" wird "vom Selben her auf das Selbe zu das Selbe" - τὸ αὐτό - gesagt. Dieses Selbe ist nichts Neues, sondern "das Älteste des Alten im abendländischen Denken: das Uralte, das sich im Namen A-λήθεια verbirgt" (SD 24 f).

Heideggers Bemerkung zum τὸ αὐτό, es meine "ein Drittes oder Erstes" (oben) und seine Ausführungen in "Der Satz der Identität" hat Rafael *Ferber* zum Anlaß genommen, um eine "genaue Analogie" zwischen Heideggers "Ereignis" und Platons Idee des Guten zu konstatieren. Beide seien das "Dritte zwischen und über Denken und Sein". Die Seinsvergessenheit sei nichts anderes als die Vergessenheit jenes Dritten. Ferber kommt zu dem Ergebnis: auf das "Dritte will das andenkende Denken des späten M. Heidegger mit dem *Ereignis* hinaus, wenn auch oft nur in der dunklen Sprache der Vorausahnung und nicht immer verständlich. Im Grunde nämlich war er wie Plato - Trialist". *Ferber*, o.c. 206; 210 ff. - Anhand von Heideggers Vortrag "Identität und Differenz" von 1957 arbeitet auch Emil *Kettering* ein "Drittes" heraus, das er "NÄHE" nennt. *Kettering*, o.c. 80 ff.

[91] In seiner 1940 zusammengestellten, 1942 veröffentlichten Schrift "Platons Lehre von der Wahrheit", die auf Gedanken aus der Vorlesung von 1930/31 (GA 34) zurückgeht (GA 9,483), weist Heidegger durch eine Interpretation von Platons Höhlengleichnis den Wandel der ἀλήθεια als Unverborgenheit des Seienden zur ἰδέα im Sinne der Richtigkeit des Blickens auf. Auf diese Schrift bezieht sich die meiste Forschungsliteratur zu dem von Heidegger behaupteten Wesenswandel der Wahrheit, etwa: *Franzen*, o.c. 65; *Ott*, o.c. 116 f; *Pöggeler*, Denkweg, 102.

zwar als "Entbergen", fassen. Eine öffnende, anfangende Bewegung und ein "Raum" bestimmen alle Überlegungen Heideggers zum zeithaften Walten des Seins in den folgenden Jahren. Als "Entbergung" und "Unverborgenheit" prägen diese Phänomene das Denken von Heideggers Spätwerk.

Der "Raum" der Unverborgenheit ist offensichtlich die aus der Zeitlichkeit des Daseins weitergedachte Ekstase der Gegenwart als *"Gegend",* wobei allerdings der transzendental-existenziale Ansatz aufgegeben ist (oben 19; 78). Die Unverborgenheit als Raum für das erscheinende Seiende war in der griechischen Sprache mit dem Wort ἀλήθεια "gestiftet". Dieses Wort war sogar - wie Heidegger es 1965 genannt hat - "die höchste Mitgift" für die Sprache der Griechen (BR XXIII).

An der Unverborgenheit wird von Heidegger in "Einführung in die Metaphysik" also ein zweifaches Wesen hervorgehoben: als "Offenbarkeit" ist sie ein Charakter des Seienden selbst (oben 93); andererseits ist sie "Raum" für das Seiende.

Aus dem "Einsturz" der Unverborgenheit wurden, wie Heidegger weiter erläutert, als "Trümmer" (199) Idee und Aussage gerettet. Offensichtlich hat Heidegger bei diesem Gedanken das Bild eines eingestürzten Bauwerks vor Augen. Wahrscheinlich denkt er an die zweite Strophe von Hölderlins "Germanien" und die bei ihrer Auslegung herangezogenen Verse aus "Der Mutter Erde": "Die Tempelsäulen stehn/ Verlassen in Tagen der Noth" (oben 44). In "Sein und Zeit" hatte Heidegger eine Bewegung des Stürzens im Geschehen des Daseins aufgewiesen: Das Dasein reißt sich aus dem Entwerfen eigentlicher Möglichkeiten los und stürzt in die uneigentliche Alltäglichkeit. Diesen "Absturz" aus dem Dasein selbst in es selbst nannte Heidegger "Verfallen" (GA 2,237).

Auch in der Vorlesung von 1935 ist vom 'Fallen' und "Verfall" die Rede. Ausgehend von zwei Bemerkungen Nietzsches fragt Heidegger, ob das Sein wirklich "ein Dunst, ein Irrtum" sei (39; oben 70),[92] ob es am Sein läge, daß es verworren und das Wort leer bleibe, oder an uns, daß wir "aus dem Sein herausgefallen sind". Er fragt außerdem: "Und liegt dies gar nicht erst an uns, den Heutigen, auch nicht nur an den nächsten und entfernteren Vorfahren, sondern an dem, was von Anfang an durch die abendländische Geschichte zieht, ein Geschehnis, zu dem alle Augen aller Historiker nie hinreichen werden und das doch geschieht, vormals, heute und künftig? Wie, wenn solches möglich wäre, daß der Mensch, daß Völker in den größten Umtrieben und Gemächten zum Seienden Bezug haben und dennoch aus dem Sein längst herausgefallen sind, ohne es zu wissen, und daß dieses der innerste und mächtigste Grund ihres Verfalls wäre?" (40) Weil Heidegger vom 'Herausfallen' aus dem Sein und vom "Verfall" der Völker spricht, hat man sein Denken mit den romantischen Verfallstheorien zusammengestellt. Im "Lexikon für Theologie und Kirche" steht unter dem Stichwort "Geschichtsphilosophie":[93]

Das "Gegenspiel" zur "Fortschrittstheorie" "ist die Konzeption der Gesch. als Prozeß des *Verfalls:* formuliert bei Rousseau, latent bei Herder, Voraussetzung bei Schiller, Elegie bei F. Hölderlin, Proklamation bei Novalis, mit polit. Restauration

---

[92] "In der That, Nichts hat bisher eine naivere Überredungskunst gehabt als der Irrthum vom Sein ...". *Nietzsche,* Werke VI,3, S. 72.

[93] Verfasser *K. Gründer, R. Spaemann.* - Auf diesen Artikel bezieht sich *Franzen,* o.c. 128 ff.

verbunden bei F. Schlegel, Zentrum aller Romantik seither: *Es war einmal der heile Ursprung.* Er wurde verlassen, verraten, vergessen. Ob es nun die Christenheit u. Europa im MA, myth. Ganzheit, volles Leben, Präsenz des Seins usw. ist, ob die Wiederkehr erhofft od. organisiert, gefordert od. im An-Denken vorbereitet wird, es ist bei Novalis, J.J. Bachofen, F. Nietzsche, L. Klages, M. Heidegger das gleiche Schema des Verfalls".

Dagegen sagt Heidegger 1969 in seinem Fernsehinterview mit Richard Wisser: "es ist nicht eine Verfallsgeschichte, sondern es ist ein *Entzug des Seins,* in dem wir stehen" (IG 70).[94] Nach Heideggers Parmenides-Vorlesung ist die Geschichte des Abendlandes durch drei "einfache Ereignisse" geprägt, die sich unter den Namen *"'Sein und Wort'", "'Sein und Ratio'", "'Sein und Zeit'"* fassen lassen (unten 293). *"'Sein und Wort'"* ist die Bezeichnung für das Ereignis, das in der "Einführung in die Metaphysik" so beschrieben wird, daß in der griechischen Sprache im Wort ἀλήθεια, "Unverborgenheit", der Raum für das Erscheinen des Seienden gestiftet wurde. *"'Sein und Ratio'"* charakterisiert den 1935 so genannten "Einsturz" der Unverborgenheit. Mit ihm geht die große griechische Philosophie zu Ende, es beginnt die Epoche der Metaphysik. *"'Sein und Zeit'"* ist das Wort für das künftige Ereignis einer gewandelten Erfahrung des Seins, das, was Heidegger in seinen späten Schriften in betonter Weise "Ereignis" nennt. Der Seinsentzug - ausdrücklich so bezeichnet erst ab der Parmenides-Vorlesung - geschah also bereits vor 2.400 Jahren. Man kann nun diese Zeitspanne nicht eine Geschichte des Seinsverfalls nennen, genausowenig, wie man, wenn es sich um einen vor zweieinhalb Jahrtausenden eingestürzten Tempel handelt, von dem Zeitraum seit diesem Einsturz als von einer Verfallsgeschichte des Gebäudes reden kann. Heidegger spricht zwar in dem Zitat aus der Vorlesung von 1935 vom "Verfall" der Völker, aber diesem Phänomen, das heißt dem faktischen Geschichtsverlauf,[95] gilt sein Nachdenken nicht. Für ihn ist Geschichte primär ein Geschehen des Seins;[96] allerdings hat diese Geschichte in seinen Augen die Gestalt des Seinsentzugs, denn alle Zeugnisse aus der philosophischen Literatur sind Belege für das Auslassen der Wahrheit des Seins. Meines Erachtens darf man sich die Geschichte des Seinsentzugs wie Hölderlin die Zeit der Götterferne, nämlich als Nacht (oben 51), denken. Die Nacht ist auch kein Verfall des Tages, sondern ein Entzug des Lichtes. Das Sein würde dann in seinem Entzug die abendländische Geschichte bestimmen, wie für Hölderlin die abwesenden Götter das Leben der Menschen bestimmen, wie das Licht des Tages bzw. seine Abwesenheit das Geschehen der Nacht bestimmt. Auch in bezug auf Hölderlin scheint mir der Lexikon-Artikel problematisch.

Wenn überhaupt im Sinne Heideggers von einer Verfallsgeschichte des Seins gesprochen werden könnte, so würde sich diese Geschichte zwischen der Zeit der

---

[94] *Franzen* (o.c. 129) glaubt, daß "dieses Dementi durch die 'Tatsachen', nämlich die vorliegenden Heideggerschen Texte, seinerseits dementiert wird". Hierzu nennt er eine Stelle aus "Einführung in die Metaphysik", wo Heidegger vom "geistigen Verfall der Erde" spricht (GA 40,41).

[95] Nur weil *Franzen* (l.c.) alles Geschichtsdenken als Theorie des faktischen Geschichtsverlaufs auffaßt, kommt er zu dem "Fazit: Die Geschichtsphilosophie des späten Heidegger ist im Grunde eine Theorie der Geschichtsvermeidung".

[96] In den 1961 veröffentlichten Nietzsche-Bänden heißt es: "Die Geschichte ist die Geschichte des Seins" (N II 28).

anfänglichen Denker und Platon abgespielt haben. In der "Einführung in die Metaphysik" fordert Heidegger, das "Geschehnis des Einsturzes" der Unverborgenheit "in seinem geschichtlichen Verlauf" sichtbar zu machen. Der "entscheidende Hinweis" (200), den er dazu gibt, bezieht sich auf den Wandel der Unverborgenheit zur Richtigkeit, den Wandel der φύσις zur ἰδέα und den Wandel des λόγος als Sammlung zum Logos als Aussage. Dies wäre, obwohl es Heidegger nicht so nennt, die Verfallsgeschichte des Seins. Sie geht mit Platon und Aristoteles zu Ende.[97] Die Auseinandersetzung mit der griechischen Philosophie zwischen Anaximander und Aristoteles ist Heideggers Projekt für seine Arbeit nach 1937/38 (vgl. unten 124).

In der Vorlesung "Grundfragen der Philosophie" von 1937/38 findet sich ein Satz, der den Lexikonartikel scheinbar bestätigt: "Daß die Griechen denkerisch, dichterisch, staatlich der Anfang waren, wird am härtesten dadurch erwiesen, daß das Ende, in dem wir heute stehen, nichts anderes ist als der Abfall von jenem Anfang, das wachsende Nichtmehrgewachsensein, was ein eigenes Schaffen und Wirken im Umkreis des Nach- und Herkömmlichen dieses Anfangs nicht ausschließt" (GA 45,115). Danach könnte man meinen, die Entwicklung vom Anfang zum Ende sei die des Verfalls. Hier muß man jedoch genauer hinsehen. Das "Ende, in dem wir heute stehen", welches durch Hölderlin und Nietzsche erfahren ist (unten 141), ist ein anderes "Ende" als das Ende der großen griechischen Philosophie bei Platon und Aristoteles, von dem Heidegger in der "Einführung in die Metaphysik" spricht. Indem Platon die φύσις zur ἰδέα umdeutete, geschah ein "Abfall vom Anfang" (oben 95). Der Abfall vom großen Anfang ist also über zweieinhalb Jahrtausende alt. Die von Heidegger später so genannte Seinsgeschichte ist die Geschichte des Seinsentzugs seit Platon und Aristoteles bis heute. Es ist demnach eine Geschichte des *Abgefallenseins* vom Anfang, keine Verfallsgeschichte. Das mit Platon beginnende metaphysische Denken ist allerdings seinerseits in sich verfallen und verkommen zum gegenwärtigen, sogenannten gewöhnlichen Denken (unten 351).

Ich wende mich wieder der Vorlesung von 1935 zu. Der Einsturz der Unverborgenheit liegt für Heidegger nicht an einem Mangel oder Versagen seitens des Menschen. Sondern: "Der Grund des Einsturzes liegt zuerst in der Größe des Anfangs und im Wesen des Anfangs selbst". "Der Anfang muß als anfangender in gewisser Weise sich selbst hinter sich lassen" (199). Maßgebend für diesen Gedanken ist das Wesensgesetz des Reinentsprungenen: Der Anfang muß, wie der Rheinstrom seine Quelle, sich selbst hinter sich lassen, dieses aber nur "in gewisser Weise", denn er ist beschaffen wie die Quelle, die ja gerade das bleibende Strömen des Wassers bestimmt, in diesem Strömen gegenwärtig ist. Das Wesen des Anfangs beschäftigt Heidegger in jeder Vorlesung der folgenden Jahre. Gewissermaßen abschließend wird in der Parmenides-Vorlesung 1942/43 das Gesetz des Anfangs formuliert.

Wie sich im Anfang der Geschichte der Bezug des Seins zum Menschen entfaltet, so tut sich in diesem Anfang auch der Unterschied des Seins zum Seienden auf.

---

[97] "Der oft wiederholte Vorwurf, Heidegger betrachte unsere Geschichte als eine Verfallsgeschichte, zielt also an seinem Denken vorbei". Klaus *Held,* Heideggers These vom Ende der Philosophie. In: Zeitschrift für philosophische Forschung 34 (1980). S. 542.

e) Die Unterscheidung von Sein und Seiendem
als das die Geschichte Tragende

Heidegger geht, wie schon gesagt, in seiner "Einführung in die Metaphysik" einer vierfachen Beschränkung des Seins nach: Sein ist eingegrenzt gegen das Werden, den Schein, das Denken, das Sollen. (Der Ursprung der Scheidung vom Sein und Denken wurde dargestellt.) Heideggers Überlegungen zu den vier Scheidungen ergeben, daß der in ihnen durchgängige Grundcharakter von Sein besagt: *"ständige Anwesenheit: ὄν als οὐσία"*, denn im Gegenhalt zum Werden ist Sein "das Bleiben", im Gegenhalt zum Schein "das bleibende Vorbild, das Immergleiche", im Gegenhalt zum Denken "das Zugrundeliegende, Vorhandene", im Gegenhalt zum Sollen "das je Vorliegende als das noch nicht oder schon verwirklichte Gesollte" (211). Da Werden, Schein, Denken und Sollen aber nicht nichts sind, sondern "Mächte", die das Seiende "beherrschen" (212), muß gefragt werden, in welchem Sinn von Sein das Werdende, Scheinende, das Denken und das Sollen seiend sind. Das Sein darf also nach Heideggers Darlegung nicht mehr in seiner durch Werden, Schein, Denken und Sollen be-schränkten Wesensbestimmung gesehen werden, sondern muß "von Grund aus und in der ganzen Weite seines möglichen Wesens neu erfahren werden, wenn wir unser geschichtliches Dasein als ein geschichtliches ins Werk setzen wollen" (213).

Der ganzen Weite des Wesens von Sein gilt Heideggers Denken in den folgenden Jahren. Hierbei ist sein Anliegen, Sein nicht mehr als beständige Anwesenheit zu deuten, sondern das Abwesen mit einzubeziehen, genauso wie die Verborgenheit als zum Wesen der Unverborgenheit gehörig erfahren werden soll. Das in der "Einführung in die Metaphysik" Angezielte bringt Heidegger zum Ausdruck, wenn er in der Abhandlung "Der Spruch des Anaximander" von 1946 das Anwesende als das gegenwärtig und ungegenwärtig Wesende, das heißt also das Anwesende in Einheit mit dem Abwesenden, faßt (GA 5,370). Insgesamt handelt es sich für Heidegger darum, sich dem Ungedachten im Gedachten zuzuwenden, wie er es später genannt hat (ID 38).

Aus dem Durchdenken der vier Scheidungen erwächst in der "Einführung in die Metaphysik" die Einsicht: "Das Sein, das durch sie eingekreist ist, muß selbst zum umkreisenden Kreis und Grund alles Seienden verwandelt werden. *Die* ursprüngliche Scheidung, deren Innigkeit und ursprüngliches Auseinandertreten die Geschichte trägt, ist die Unterscheidung von Sein und Seiendem" (213).[98] Beim Sein als dem "umkreisenden Kreis" denkt Heidegger an die Ἀλήθείη εὐκυκλής, die "schönkugelige Unverborgenheit" aus Parmenides' Fragment 1, Vers 29,[99] von ihm in der Über-

---

[98] An diesem Gedanken hält Heidegger auch in seinen späteren Schriften fest. Im Vortrag "Die onto-theo-logische Verfassung der Metaphysik" von 1957 heißt es: "Die Differenz von Seiendem und Sein ist der Bezirk, innerhalb dessen die Metaphysik, das abendländische Denken im Ganzen seines Wesens das sein kann, was sie ist" (ID 41). Die Differenz ist das "Ungedachte, von dem her das Gedachte seinen Wesensraum empfängt" (ID 38).

[99] Diels-Kranz 1,230: Ἀληθείης εὐκυκλέος ἀτρεμὲς ἦτορ, "der wohlgerundeten Wahrheit unerschütterlich Herz". Eine andere Lesart von Fr. 1, V.29, lautet: Ἀληθείης εὐπειθέος ἀτρεμὲς ἦτορ, "das unerschütterliche Herz der wirklich überzeugenden Wahrheit". *Parmenides*, Über das Sein. Übers. Mansfeld. o.c. 6 f. Vgl. *Luther*, o.c. 94: "der wohlverläßlichen Wahrheit/ Wirklichkeit unfehlbares

setzung vorgetragen (120). Vielleicht spielt auch das Umfangensein des Dichters durch die "Natur" herein, die Heidegger als "Seyn im Ganzen" deutete (oben 42). Das Ins-Werk-Setzen des geschichtlichen Daseins geschieht als Wieder-holen des Anfangs und dessen Verwandlung in den anderen Anfang. "Innigkeit" ist nach Heideggers Ausführungen in der Vorlesung von 1934/35 "das metaphysische Grundwort" Hölderlins (oben 34). "Innigkeit" nennt dasselbe Phänomen wie die in der "Einführung in die Metaphysik" behandelte "Einheit" als ἕν, συνεχές, λόγος, ἁρμονία; das "Auseinandertreten" aus dem letzten Zitat entspricht dem Wesen von Πόλεμος und ἀντίξουν.

Nachdem Heidegger bei der Unverborgenheit als "Raum" für das erscheinende Seiende zunächst wohl ein Gebäude vor Augen hatte, weshalb er auch vom 'Einstürzen' reden konnte, führt ihn die ᾽Αληθείη εὐκυκλής des Parmenides in den folgenden Jahren dahin, diesen "Raum" als "Lichtung" am Vorbild einer offenen, hellen (runden) Stelle im dichten, dunklen Wald zu denken. Auch ein Begriff wie "In-die-Unverborgenheit-hervorkommen" (oben 96), der zunächst am Wesen der φύσις (φύεσθαι) ausgerichtet war, trägt offensichtlich dazu bei, den Raum der Unverborgenheit als "offenen Bereich", als "Gegend" und "Weite" zu sehen (unten 374). Mit der raumhaft verstandenen Unverborgenheit greift Heidegger auch seine Vermutung der *"Zeit* selbst als Horizont des *Seins"*, womit "Sein und Zeit" schloß (GA 2,577), wieder auf. Allerdings tritt mehr und mehr zutage, daß Raum und Zeit anders gefaßt werden müssen, als in "Sein und Zeit" angelegt.

Das Denkbild der Waldlichtung findet Ergänzung in der Landschaft eines weiten Tales, wie Hölderlin sie des öfteren zeichnet. In der Hymne "Germanien", die Heidegger 1934/35 interpretierte, heißt es, Vers 35 f: "... und Thal und Ströme sind/ Weitoffen um prophetische Berge" (SW 2,150; oben 61); "freundlich offene Thale" nennt auch Vers 49 der Elegie "Heimkunft" (SW 2,97), von Heidegger ebenfalls in der Hölderlin-Vorlesung vorgetragen (GA 39,169). Am eindringlichsten wird das Sichöffnen weiter Räume in Hölderlins spätesten Gedichten evoziert: "offene Räume", das "weite Thal" (SW 2,292) bestimmen dort die Bilder.[100] Heidegger läßt sich meiner Meinung nach von diesen Texten leiten, die raumhafte Unverborgenheit dann auch "das Offene" zu nennen (unten 110). Diese Wendung stammt ebenfalls von Hölderlin.[101] Vom Gedanken des Offenen her wird klar: das Offene ermöglicht

---

Herz". - Das Parmenides-Wort klingt nach im Vortrag "Die onto-theo-logische Verfassung der Metaphysik" von 1957. Der Austrag von Überkommnis und Ankunft wird dort als ein "Kreisen" gefaßt, "das Umeinanderkreisen von Sein und Seiendem" (ID 62). Der Vortrag "Das Ende der Philosophie und die Aufgabe des Denkens" (1964) endet mit der Frage, ob es das Aufgabe des Denkens ist, die εὐκυκλής ᾽Αληθείη als die Lichtung zu denken (SD 80). - In seinem Vortrag "Wozu Dichter?" von 1946 geht Heidegger auf die εὔκυκλος σφαίρη, die "wohlgerundete Kugel", aus Parmenides' Fr. 8, V.43, ein (GA 5,301) (Diels-Kranz 1,238). Sicherlich denkt Heidegger auch an die Parmenides-Worte, wenn er vom "Reigen" und "Ring" des "Spiegel-Spiels von Welt" spricht (VA 173); hierbei ist allerdings in erster Linie *Nietzsche* leitend: Zarathustra ist als "Fürsprecher des Kreises" der "Lehrer der ewigen Wiederkunft" (VA 98 ff).

100 "Das große Thal, die Erde" (SW 2,286). - Die "Qualität des Raumes" ist "die oberste Formel für diese Gedichte". Wilfried *Thürmer,* Zur poetischen Verfahrensweise in der spätesten Lyrik Hölderlins. Marburg: Elwert 1970. S. 80.

101 "Der Gang aufs Land", V.1: "Komm! ins Offene, Freund!" (SW 2,84) "Brod und Wein", V.41: "... so komm! daß wir das Offene schauen" (SW 2,91). - "Offen hell heiter frei sind Lieblingsworte des Dichters". Lothar *Kempter,* Hölderlin und die Mythologie. Zürich/ Leipzig: Horgen 1929. Reprint 1971. S. 30.

erst dem Offenbaren (τὸ φαινόμενον) und dem Offenbarmachen (ἀποφαίνεσθαι)
ihr Wesen. So wird Heidegger in der Vorlesung "Grundfragen der Philosophie" argumentieren. Auf die Unverborgenheit als "Raum", später "Lichtung" und "das Offene" genannt, ist alles Erscheinen und In-sich-Zurückgehen (φύσις) angewiesen als
den Wesensbereich für alles Wesen und Walten.

Mit der "Unterscheidung von Sein und Seiendem" aus dem letzten Zitat, der ontologischen Differenz, ist ein Grundgedanke Heideggers angesprochen, der bereits
"Sein und Zeit" trägt, ausdrücklich aber erst in der Vorlesung "Die Grundprobleme
der Phänomenologie" aus dem Sommersemester 1927 thematisiert wird (GA 24,322
ff). Während dort die ontologische Differenz im Seinsverständnis bzw. der Transzendenz des Daseins gegründet ist (vgl. auch GA 26,193 ff; GA 9,135), steht sie in
"Einführung in die Metaphysik" im Zusammenhang mit Wahrheit und Geschichte.[102] Zwei verschiedene Arten der Differenz kommen in der Vorlesung von 1935,
ohne so genannt zu werden, zur Sprache: 1. Die Unverborgenheit bildet den "Raum"
für das Seiende (oben 96). Die entscheidungshafte Vernehmung stellt das Seiende
"in" sein Sein zurück. 2. Als τέχνη geschieht ein "Ins-Werk-setzen" des Seins (oben
86). Beide Vollzüge der Unterscheidung von Sein und Seiendem faßt Heidegger
später - wie noch dargestellt werden soll - als "Bergung", die erste als Bergung des
Seienden ins Sein, die zweite als Bergung des Seins in ein Seiendes, hier in das
Werk.

1957 hat Heidegger seine beiden Vorträge "Der Satz der Identität" und "Die
onto-theo-logische Verfassung der Metaphysik" unter dem Titel "Identität und Differenz" veröffentlicht. Der erste Vortrag bedenkt das "Ereignis", der zweite den
"Austrag" von Sein und Seiendem. Im Vorwort zu "Identität und Differenz" schreibt
Heidegger: "Die Zusammengehörigkeit von *Identität und Differenz* wird in der vorliegenden Veröffentlichung als das zu Denkende gezeigt. - Inwiefern die Differenz
dem Wesen der Identität entstammt, soll der Leser selbst finden, indem er auf den
Einklang hört, der zwischen *Ereignis* und *Austrag* waltet" (ID 8). Diese Gedanken
sind in der "Einführung in die Metaphysik" vorbereitet. Was 1957 "Ereignis" heißt,
kommt 1935 als "Seinsgeschehnis", als "Weltwerden", als "Anfang" und "Grund" von
Geschichte zu Wort. Der 1957 so genannte "Austrag" ist 1935 im "ursprünglichen

---

[102] Die beiden Arten der ontologischen Differenz, im Umkreis von "Sein und Zeit" und in Heideggers Veröffentlichungen ab 1946, wurden "transzendental geschehende Differenz" und "aletheiologisch-
kosmologisch geschehende Differenz" genannt. *v. Herrmann,* Selbstinterpretation, 176. - Zur ontologischen Differenz in "Sein und Zeit", "Vom Wesen des Grundes", "Vom Wesen der Wahrheit" vgl. *Rosales,* Transzendenz und Differenz. In diesem Werk finden sich weitere Literaturangaben zur ontologischen Differenz (IX ff). - Die ontologische Differenz wird als "der Grundgedanke Heideggers" *(v. Herrmann,* Selbstinterpretation, 162; *Wiplinger,* o.c. 92), als "Grundanliegen" *(Bucher,* o.c. 80), als "Kernstück" seines Denkens *(Löwith,* Heidegger. Denker in dürftiger Zeit, 39) angesehen. - Man hat immer
wieder behauptet, die ontologische Differenz sei in der abendländischen Philosophie längst vor Heidegger beachtet worden, etwa: Werner *Beierwaltes,* Identität und Differenz. Frankfurt: Klostermann
1980. S. 139. Weitere Literaturangaben: *Kettering,* o.c. 153. Diese Einwände verkennen Heideggers Absicht. Ihm geht es nicht um eine Distinktion von Differentem, sondern um die Bewegung des di-ferre,
des Auseinandertretens, welches der Grund unserer Geschichte ist. Heidegger weiß und spricht es im
Seminar in Le Thor 1969 aus, "daß alle Metaphysik sich zwar in der Differenz bewegt (stets wird das
betont, besonders bei Thomas von Aquino)", er macht aber darauf aufmerksam, "daß keine Metaphysik
diese Differenz in der Dimension erkennt, wo sie sich *als* Differenz entfaltet" (GA 15,310). Diese Dimension ist in "Einführung in die Metaphysik" angesprochen als "Raum" der Unverborgenheit.

Auseinandertreten" (oben 100) angesprochen. Auch wenn Heidegger 1957 das "Zusammen*gehören*" von Mensch und Sein aus dem Ereignis (ID 15 ff) hervorhebt,
nimmt er Bezug auf ἕν, συνεχές, λόγος, ἁρμονία und seine Erörterungen in der
"Einführung in die Metaphysik". Das Wort "Einklang" aus dem obigen Zitat schließt
besonders an die ἁρμονία an.

Heidegger möchte - so sagt er in seiner "Einführung in die Metaphysik" - "das
Sein selbst in *seiner* ursprünglichen Unterscheidung zum Seienden" eröffnen und
gründen (213). Seine Frage nach dem Wesen des Seins schließt eine von dieser Frage geleitete Gründung des Daseins ein (183). Die so verstandene Seinsfrage stünde
dann "im innigsten Einklang" "mit dem eigentlichen Geschehen in der Geschichte";
sie wäre dessen "Vorklang" (11), das heißt der Vorklang des anderen Anfangs (oben
67). Mit der Frage nach dem Wesen des Seins sieht sich Heidegger der gesamten
Metaphysik von Platon bis Nietzsche gegenüber. Die Metaphysik "geht vom *Seienden* aus und auf dieses zu. Sie geht *nicht* vom *Sein* aus in das Fragwürdige *seiner* Offenbarkeit" (91). Bei der Herausarbeitung des Wesensbezugs von Mensch und Sein
bekennt sich Heidegger ja zu solchem 'Ausgehen vom Sein' (oben 84).

Das Sein selbst, in seiner Unterscheidung zum Seienden, bleibt in der Metaphysik vergessen, und zwar so, daß diese Vergessenheit des Seins ihrerseits dem Vergessen anheimfällt. Wenn Heidegger in seiner Vorlesung "Einführung in die Metaphysik" von "Seinsvergessenheit" spricht (21; 22; 27; 219), so meint er damit, wie in
"Sein und Zeit" (GA 2,3), daß die Metaphysik das Sein und die Frage nach ihm vergessen *hat*. In späteren Vorlesungen wird das Vergessen der Seinsfrage als Folge
dessen gesehen, daß das Sein selbst sich in seine Verborgenheit zurückgezogen hat
und dadurch vergessen *ist*. Im ersten Fall müßte das Wort "vergessen" in "Seinsvergessenheit" als Partizip Perfekt Aktiv, im zweiten Fall als Partizip Perfekt Passiv
verstanden werden.[103] Der Seinsvergessenheit im ersten Sinne entspricht die Absicht einer Wiederholung und Verwandlung des Anfangs und des Seins, entspricht,
daß das Fragen der Seinsfrage Geschichte eröffnet und gründet (oben 68). In den
auf die "Einführung in die Metaphysik" folgenden Jahren gibt Heidegger diese gewissermaßen aktive Haltung allmählich auf zugunsten einer mehr vernehmenden.
Wenn das Sein selbst das 'Gewährende' ist (oben 92), dann ist auch die Seinsver-
senheit nicht ein Charakterzug des Menschen oder der Philosophie, sondern ein Geschehen, bei dem das Sein selbst sich zurückhält, sich entzieht. In der Parmenides-
Vorlesung von 1942/43 wird Seinsvergessenheit als ein Ereignis gedacht, bei dem
λήθη, die Vergessung, Verdüsterung bringt wie eine Wolke. In der Vorlesung
"Grundfragen der Philosophie" redet Heidegger von "Seinsverlassenheit", so, wie
Tempel von den ehemals in ihnen wohnenden Göttern verlassen sind. In anderen
Vorlesungen wird die Seinsvergessenheit, wie ich noch darstellen werde, wieder anders gedacht. Heideggers spätestes Denken kreist um das abendländische Geschick
als ein Ansichhalten der Ἀλήθεια. Am mehrdeutigen Gedanken der Seinsvergessenheit läßt sich Heideggers "mehrfältiges Denken" ablesen, das in seinen Augen allein einem in sich mehrfältigen Sachverhalt gerecht wird; so schreibt Heidegger im
Brief an Richardson (BR XXIII).

---

[103] *Grimm* 25,414: "vergessenheit" bedeutet: 1. "das vergessen als handlung", 2. den "zustand des
vergessenseins".

Obwohl Heidegger in den von ihm selbst veröffentlichten Schriften immer wieder das Weghafte seines Denkens betont, etwa im Titel "Wegmarken" (GA 9), wird dies in der Forschungsliteratur oft nicht beachtet. Nur wenn man den Gedanken der Wieder-holung des Anfangs von 1935 vermischt mit der Seinsvergessenheit im späteren Sinne und Heideggers Rede vom "Seinsgeschick", etwa in der 1961 veröffentlichten Nietzsche-Abhandlung von 1944/46 (N II 339; 369 u.ö.), wird man den Zusammenhang von Seinsvergessenheit und Geschick des Seins "dunkel und unbewältigt" finden.[104] Nur wenn man frühere Positionen und spätere in einen Topf wirft, kann man Heidegger unterstellen, daß er *"nicht klar* genug die Seinsvergessenheit von der Seinsverborgenheit zu *unterscheiden"* wisse.[105]

Aus den zitierten Sätzen (oben 103) geht hervor, daß Heidegger sich von der Metaphysik distanzieren möchte. Andererseits wollte er in das Fragen ihrer Grundfrage hineinführen (oben 66). Diese Zweideutigkeit veranlaßt ihn, in der "Kritik der Vorlesung" festzustellen: "Die Erörterung des Seins*begriffes* und seiner Geschichte ist wichtig - die Tatsache des Seinsverständnisses und seiner Tatsächlichkeit ist wichtig, aber alles nur, wenn die Seinsvergessenheit als eigentliches Geschehnis eröffnet wird und in *diese* Geschichte gestoßen, d.h. in die Entmachtung der φύσις, in das Ende der 'Metaphysik', in die Not der Notwendigkeit des anderen Anfangs als der Gründung des *Da-seins"* (219). Diese Gedanken greift Heidegger in seiner Vorlesung "Grundfragen der Philosophie" von 1937/38 auf.

Heidegger spricht in seiner "Einführung in die Metaphysik" das erste Mal von der "Geschichte des Seins". Eine Verfolgung von Grammatik und Etymologie des Verbs "sein" hatte gezeigt, daß das deutsche Wort an die griechische Fassung des Wesens des Seins erinnert und sich im Umkreis von "Gegenwärtigkeit und Anwesenheit" hält (98; oben 76 f). Anschließend heißt es: "Mit einem Schlage wird so unser Suchen nach der Bestimmtheit der Wortbedeutung 'Sein' ausdrücklich zu dem, was es ist, zu einer Besinnung auf die Herkunft unserer *verborgenen Geschichte.* Die Frage: Wie steht es um das Sein? muß sich selbst in der Geschichte des Seins halten, um ihrerseits die eigene geschichtliche Tragweite zu entfalten und zu bewahren. Wir halten uns dabei wiederum an das Sagen des Seins" (99). "Geschichte des Seins" bezieht sich hier auf die Wortbedeutung von "sein". In seiner "Kritik der Vorlesung" schreibt Heidegger: "Bis wohin gelangt die Vorlesung? Vom Wort 'Sein' zur 'Bedeutung' - aber nur, daß sie bestimmte ist und diese Bestimmtheit herkünftig aus dem Verfall des Anfangs. Aber das *Sein selbst!* Wie da fragen?" (218). Die "Geschichte des Seins" ist das Sein in seiner Bedeutung als Gegenwärtigkeit und Anwesenheit. In dieser Geschichte muß sich Heideggers Seinsfrage halten. Ihre eigene geschichtliche Tragweite entfaltet sie dadurch, daß sie den "Anfang unseres geschichtlich-geistigen Daseins" in den "anderen Anfang" verwandelt (oben 67). In "Sein und Zeit" wollte Heidegger "für die Seinsfrage selbst die Durchsichtigkeit ihrer eigenen Geschichte" gewinnen (GA 2,30). Daß unsere Geschichte eine "verborgene" ist, bedeutet, daß in

---

[104] *Puntel,* o.c. 481.

[105] Johannes B. *Lotz,* Martin Heidegger und Thomas von Aquin. Mensch - Zeit - Sein, Pfullingen: Neske 1974. S. 26.

ihr die Zeit als die die Seinseröffnung leitende Blickbahn verborgen blieb (oben 77).[106]

Heideggers Entwurf einer "Seinsgeschichte" im Sinne eines Geschehens des "Seins selbst", das heißt eines Wesenswandels von Sein und Wahrheit von Platon bis zur Neuzeit, wird erst in der Parmenides-Vorlesung von 1942/43 ausgearbeitet. "Entwürfe zur Geschichte des Seins als Metaphysik" von 1941 finden sich in den 1961 veröffentlichten Nietzsche-Bänden (N II 458 ff).

Für die Entfaltung des Gedankens einer Seinsgeschichte haben Heideggers Überlegungen in der "Einführung in die Metaphysik" großes Gewicht. Besonders die triadische Struktur des Parmenides-Verses 3, τὸ γὰρ αὐτὸ νοεῖν ἐστίν τε καὶ εἶναι, in Verbindung mit dem von Hölderlin angeregten "Seinsgeschehnis", wirkt sich aus. Das wird deutlich an dem letzten Satz des "Anhangs" zu Heideggers Vorlesung von 1940, "Nietzsche: Der europäische Nihilismus". Er lautet: "Daß wir erst in die Geschichte des Seins finden müssen und zuvor die Geschichte als Loslassung des Seins in die Machenschaft erfahren, welche Loslassung das Sein selbst verhängen muß, um sein Wesen dem Menschen wesentlich werden zu lassen" (GA 48,336). In diesem Satz ist in zweierlei Sinn von "Sein" gesprochen. Bei der "Loslassung des Seins in die Machenschaft" ist der Genitiv ein obiectivus: das Sein wird losgelassen in die Machenschaft, weshalb die Seiendheit des Seienden als Machenschaft erfahren werden kann. Im Nebensatz "welche Loslassung das Sein selbst verhängen muß" geht die Bewegung vom "Sein selbst" aus; das "Sein selbst" ist das Loslassende und Verhängende, während zuvor "Sein" das Losgelassene war. Das "Sein selbst" entspricht im Parmenides-Vers dem τὸ αὐτό, das "Sein" dem εἶναι.

In dem Zitat aus der Nietzsche-Vorlesung findet sich schon Heideggers Entwurf der Seinsgeschichte als "Geschick des Seins" angelegt, wie er es in "Der Satz vom Grund", 1955/56, dann vorgetragen hat: "Geschick des Seins" heißt, daß das Sein selbst sich entzieht; was es schickt, ist das Sein des Seienden als Anwesenheit in den epochal verschiedenen Gestalten von Platons ἰδέα bis Nietzsches "Willen zur Macht". Denselben Gedanken spricht Heidegger aus, wenn er im Vortrag "Zeit und Sein" von 1962 im ἔστι γὰρ εἶναι des Parmenides,[107] "Es gibt Sein", ein Geben, das sich selbst zurückhält, und seine Gabe unterscheidet (SD 8 f). Im Hintergrund stehen hier wieder τὸ αὐτό und εἶναι aus Fragment 3.

Ich fasse zusammen. Heidegger beginnt in seiner "Einführung in die Metaphysik" eine "Entfaltung der Wahrheit des Wesens von Sein". "Wesen" wird dabei zunehmend zeithaft gefaßt, wie der Ausdruck "Wesung" aus der "Kritik der Vorlesung" belegt (oben 92). Verschiedene Arten von "Zeit" werden in der Vorlesung sichtbar. Der durchgängige Sinn des Wortes "ist" und ebenso des griechischen ὄν, οὐσία ist: beständige Anwesenheit, "Gegenwart", dies im Sinne des traditionellen Zeitverständnisses.

---

[106] "Die Geschichte des Seins ist in der Epoche der Metaphysik von einem ungedachten Wesen der Zeit durchwaltet" (GA 9,377). So schreibt Heidegger in der Einleitung zu "Was ist Metaphysik?" von 1949.

[107] Fr. 6, V.1 (Diels-Kranz 1,232).

Eine Fortführung der ekstatischen Zeitlichkeit des Daseins aus "Sein und Zeit", des vorlaufend-wiederholenden Augenblicks, ist das geschichtliche Fragen als vorfragend-wiederholendes Grundgeschehnis. Die eigentliche Gegenwart des Daseins aus "Sein und Zeit", der Augenblick, wird zum Grundgeschehnis weitergedacht.[108] Im Grundgeschehnis entfaltet sich der Wesensbezug des Menschen zum Sein, wobei die Bewegung, analog zu Hölderlins "Schiksaal", "Natur", "Gottes Gewitter", vom Sein ausgeht. Dieses Geschehnis ist auf seiten des Seins: Einbruch, δίκη als überwältigender Fug; auf seiten des Menschen: Bresche, τέχνη als Gewalttätigkeit des Wissens. Zum Grundgeschehnis gehört auch das ursprüngliche Auseinandertreten von Sein und Seiendem.

An den griechischen Worten für das Sein werden folgende Bewegungen hervorgehoben: Aufgehen-Erscheinen (Weltwerden, Raum-Aufreißen), Walten-Weilen und In-sich-Zurückgeneigtbleiben der φύσις; fügender Fug der δίκη, sammelnde Gesammeltheit des λόγος, Auseinandersetzung des Πόλεμος.

Die Bewegtheit der φύσις hat zu tun mit der auf die Zeitlichkeit des Daseins bezogenen Zeit des Seins, die im dritten Abschnitt des ersten Teils von "Sein und Zeit" behandelt werden sollte. Dies sind nach der Deutung v. Herrmanns: die Dimensionen des aufschließenden Aufgangs, der Gegend, aus der sich das Seiende zeigt, und des faktischen Aufgeschlossen-gewesenseins. Bei der Bewegtheit der φύσις, wie Heidegger sie in der "Einführung in die Metaphysik" hervorhebt, ist allerdings die Absicht aus "Sein und Zeit", das heißt der transzendental-existenziale Ansatz, verlassen. Es wird der Weg eingeschlagen zu einem Entwurf von "Zeit", wie er 1946 in "Der Spruch des Anaximander" vorgetragen wird. Die neue Art von "Gegenwart", die 1946 dann "offene Gegend" genannt wird, ist bereits in der "Einführung in die Metaphysik" vorgedacht, wenn Heidegger von der Unverborgenheit als "Raum" für das erscheinende Seiende spricht. Schon in der Hölderlin-Vorlesung weist der "Machtbereich" der Dichtung in diese Richtung.

An den beiden verschiedenen Arten von "Gegenwart", dem augenblickhaften Seinsgeschehnis und der raumhaften Unverborgenheit, liegt es hauptsächlich - so meine These -, daß sich auf der Zeitlichkeit des Daseins kein Konzept einer Zeit des Seins aufbauen ließ. Die durch v. Herrmann herausgearbeitete "Dimension der ursprünglichen Gegenwart" als "Gegend" ist nämlich nicht die einzige Art von "Gegenwart", auf die Heidegger nach 1927 stößt. Was er bei der Abfassung des veröffentlichten Teils von "Sein und Zeit" nicht voraussah, war, wie folgenreich seine erste Auseinandersetzung mit Hölderlin für sein weiteres Denken sein würde.

Weil weder der Aristotelische Zeitbegriff[109] noch der Begriff der ekstatisch-horizontalen Offenheit des Daseins aus "Sein und Zeit" ausreichen für das, was Heidegger sich als "Wesen des Seins" zu denken bemüht, vermeidet er das Wort "Zeit" weitgehend. Daß es in den folgenden Jahren nicht gelingt, die verschiedenen Bewegungen und Räume zu einem einheitlichen Konzept zu vereinen, geht aus einer Bemerkung Heideggers im Vortrag "Die Sprache im Gedicht" von 1952 über "das immer noch verhüllte ursprüngliche Wesen der Zeit" (GA 12,53) hervor. Erst 1962, im Vortrag "Zeit und Sein", glaubt Heidegger, das "Eigene der Zeit" aufzudecken.

---

[108] GA 43,277: "geschichtlicher Augenblick (Grundgeschehnis!)".

[109] vgl. unten 190 Anm.

§ 6. Das Wesen der Wahrheit im anderen Anfang: die Lichtung. GA 45: Grundfragen der Philosophie. Ausgewählte "Probleme" der "Logik". Wintersemester 1937/38. Erster Entwurf

Ein erster Entwurf zur Vorlesung heißt "Die Wahrheitsfrage"; er sah eine Ausarbeitung in zehn Gliederungseinheiten vor (193).[1] Heidegger hat die Vorlesung in ihrem Hauptteil dann unter der im Entwurf an erster Stelle genannten Überschrift gehalten: "Grundsätzliches über die Wahrheitsfrage" (27). Dem Hauptteil voraus geht ein vorbereitender Teil, den Heidegger, nach einer "kurzen *Vordeutung* auf das *Wesen der Philosophie"* (1), überschrieben hat: "Die Frage nach der Wahrheit als Grundfrage" (7; vgl. Nachwort des Herausgebers, 231). Die Wahrheitsfrage gehört zu den "Grundfragen der Philosophie" - so der Vorlesungstitel.

Aus dem ersten Entwurf sind einige Manuskriptseiten erhalten, die im Anhang des Bandes 45 abgedruckt sind. Sie umfassen die Gliederungspunkte I, II und III, wobei die Abschnitte I und III nur fragmentarisch vorliegen. Im Abschnitt II, "Der Vorsprung in die Wesung der Wahrheit", legt Heidegger einen "anzeigenden Entwurf" vor, in dem sein eigentliches Anliegen in der Wahrheitsfrage, nämlich das Wesen der Wahrheit anders als bisher zu erfahren und zu denken, am weitesten vorangetrieben ist. Die gehaltene Vorlesung vollzieht solchen "Vorsprung" nicht. Sie bewegt sich vielmehr einzig in einer Besinnung auf das Fragen der Wahrheitsfrage (187).

In seiner "Einführung in die Metaphysik" forderte Heidegger eine Verwandlung und Gründung des Seins. Dieser Plan wird im ersten Entwurf weiter ausgeführt als in der gehaltenen Vorlesung. Außerdem wird die Bedeutung der 'Αληθείη εὐκυκλής, die Heidegger bis ans Ende seines Denkweges begleitet, hier sichtbar. Anhand dieses Leitwortes entwirft Heidegger seinen Gedanken der "Lichtung" in einer gegenüber "Sein und Zeit" gewandelten Weise. Noch 1965 gilt ihm "die Lichtung als die ausgezeichnete Sache eines anderen Denkens" (FBSD 18). Aus der Entfaltung der Wahrheitsfrage im ersten Entwurf zur Vorlesung von 1937/38 ergeben sich Pläne zu ihrer weiteren Ausarbeitung, die Heidegger in späteren Vorlesungen und Abhandlungen verwirklicht hat.

Besonders interessant am ersten Vorlesungsentwurf aber sind Gedanken zum Unterschied von Sein und Seiendem, die 20 Jahre später, 1957, endgültig formuliert werden. Während in der "Einführung in die Metaphysik" Heideggers Grundgedanke des Bezugs Sein - Mensch ausgebildet wurde, entfaltet sich hier der Grundgedanke der Differenz von Sein und Seiendem, ohne daß dieser Begriff fällt. In seiner Veröffentlichung "Identität und Differenz", 1957, hat Heidegger zwei Texte zusammenge-

---

[1] Seitenangaben ohne Zusatz beziehen sich im folgenden auf GA 45.

stellt, die diese beiden Grundgedanken enthalten: Der Vortrag "Der Satz der Identität" spricht vom Bezug Sein - Mensch, dessen erste Ausgestaltung sich in "Einführung in die Metaphysik" findet; "Die onto-theo-logische Verfassung der Metaphysik" behandelt die Differenz, wie sie zuerst 1937/38 zur Sprache kam.

Die Wichtigkeit des ersten Entwurfs zur Vorlesung "Grundfragen der Philosophie" geht auch daraus hervor, daß Heidegger in seinem Brief an Richardson von 1962 hieraus zitiert und das damals Erarbeitete als Bestimmung der "Zeit" angibt: "Setzen wir statt 'Zeit': Lichtung des Sichverbergens von Anwesen ..." (BR XXI). Noch deutlicher steht es in einem kurzen Text Heideggers, den er 1946 Jean Beaufret diktiert hat. Dort ist die Rede von der "Lichtung des Seins, die in verborgener Weise die Zeit selbst ist".[2] Diese beiden Äußerungen machen klar, daß Heidegger hier, wo er sich von der ἀλήθεια leiten läßt, genauso sein Grundanliegen "Sein und Zeit" verfolgt, wie in seiner "Einführung in die Metaphysik", als er den anderen griechischen Seinsworten nachdachte: φύσις, λόγος, δίκη, οὐσία. Daß die Lichtung der Zeit entspricht, geht auch aus dem 1964 gehaltenen Vortrag "Das Ende der Philosophie und die Aufgabe des Denkens" hervor. Heidegger sagt dort: "Lautet dann der Titel der Aufgabe des Denkens statt 'Sein und Zeit': Lichtung und Anwesenheit?" (SD 80) Die Anordnung der vier Begriffe ist chiastisch.

Heideggers Fragen in der Vorlesung von 1937/38 gilt der "Wahrheit des Seyns". Im ersten Vorlesungskonzept wird die Wahrheit, welche Wahrheit ist "für" das Seyn, als "Lichtung" entworfen; in der gehaltenen Vorlesung weist Heidegger die Grundstimmung als ein Phänomen auf, das zur Wahrheit des Seyns gehört. Das Wesen der Wahrheit als Lichtung und die Grundstimmung sind, genauso wie der Bezug des Seins zum Menschen und der Unterschied von Sein und Seiendem, mögliche Weisen eines Waltens von Seyn im anderen Anfang von Geschichte. Im folgenden referiere ich aus dem ersten Entwurf zur Vorlesung.

a) Wahrheit als Lichtung für das sichverbergende Seyn

Nachdem Heidegger erkannt hat, daß die metaphysische Grundfrage, "Warum ist überhaupt Seiendes und nicht vielmehr nichts?" (oben 66), nicht ins Wesentliche führt, nämlich in die "Wesung des Seins selbst" (oben 92), setzt er im ersten Entwurf zur Vorlesung "Grundfragen der Philosophie" zu einem "Vorsprung in die Wesung der Wahrheit" an (201 ff). Das Wort "Wesung" und die Wendung "die Wahrheit" "west" (217 f) zeigen an, daß hier nicht der überlieferte Sinn von "Wesen", nämlich Wassein, essentia, ἰδέα, gemeint, sondern der "Zeit"-Charakter hervorgehoben ist, wie er auch in der Etymologie zum Vorschein kommt (oben 72). "Wesung" ist für Heidegger die "ursprünglichere Einheit des Was- und Wie-seins" (202).

Die "eigentliche Seinsfrage" - "eigentlich", weil von der traditionellen Frage nach dem Seienden verschieden - heißt im Entwurf zur Vorlesung von 1937/38 die "Grundfrage nach dem *Seyn*"; ihr dient die Wahrheitsfrage als "Vorfrage" (200).[3]

---

[2] Martin Heidegger, Die Grundfrage nach dem Sein selbst. In: Heidegger Studies 2 (1986). p. 2.

[3] In seinem Brief an Richardson schreibt Heidegger 1962, er versuche, "die Notwendigkeit der Wahrheitsfrage im Hinblick auf die Seinsfrage zu erörtern" (BR XXI).

Beide Fragen sind geschichtlich, das heißt sie betreffen unsere künftige Geschichte, bereiten sie vor, helfen sie gründen. Heidegger sagt: "Wir verstehen, oder vorsichtiger gesagt, wir ahnen unseren geschichtlichen Augenblick als den der *Vorbereitung des anderen Anfangs"* (202). Genauso wie in "Einführung in die Metaphysik" der andere Anfang durch Wieder-holen und Verwandlung des ersten Anfangs unseres geschichtlichen Daseins erwirkt werden soll, so auch 1937/38: Der Vorsprung in die Wesung der Wahrheit ist zugleich "Erinnerung an den ersten Aufschein des Wesens der Wahrheit als ἀλήθεια" (220). Heideggers Fragen der Wahrheitsfrage als Vorsprung und Erinnerung aus dem geschichtlichen Augenblick hat also die gleiche Struktur wie das Fragen der Seinsfrage in "Einführung in die Metaphysik", das sich als vorfragend-wiederholendes Grundgeschehnis verstand.

Wenn Heidegger die Wahrheit als "Wahrheit des *Seyns"* (200) bezeichnet, so ist hier der Genitiv als subiectivus zu verstehen, insofern die Wahrheit dem Seyn gehört und nicht Wahrheit über das Seyn ist. "Seyn" ist mit "y" geschrieben im Unterschied zum "Sein" als der Seiendheit des Seienden. Heidegger will damit das Walten und Wesen betonen, wie er es vor allem im Zusammenhang mit dem Parmenideischen τὸ αὐτό hervorgehoben hatte. Außerdem ist mit dem Wort "Seyn" das für die künftige Geschichte zur Entscheidung Stehende unterstrichen. In diesem Sinne ist "Seyn" ein denkendes Wort für Hölderlins dichtende Idee des "Vaterländischen" und die von ihm entworfene "Natur".

Zur Unterscheidung von "Seyn" und "Sein" gilt für alle Vorlesungen: Spricht Heidegger nur von "Sein", wie in der "Einführung in die Metaphysik", so ist damit sowohl die Seiendheit des Seienden gemeint als auch das Waltende, Wesende, am Anfang unserer Geschichte Entschiedene und uns von dorther Bestimmende. Wird ein Unterschied in der Schreibweise gemacht, wie in der Hölderlin-Vorlesung und in "Grundfragen der Philosophie", so bedeutet "Sein" die Seiendheit des Seienden, "Seyn" aber das Walten und Wesen; ferner meint "Seyn" das Zukünftige, von Hölderlin, von Heidegger Entworfene und noch geschichtlich zu Übernehmende.

Beim Sprung in die Wesung der Wahrheit dient Heidegger der überlieferte Wahrheitsbegriff als "Ansatzstelle für den Anlauf zum Sprung" (203). Dieser Begriff lautet: Wahrheit ist Richtigkeit, ὁμοίωσις (205).[4] Er geht zurück auf Platon und Aristoteles. Die ἰδέα, von Heidegger bereits in "Einführung in die Metaphysik" behandelt, verlangt die Richtigkeit des Blickens und Vorstellens. Nach Aristoteles' "De Interpretatione" geschieht in der Seele eine Angleichung an die Dinge.[5] Diese

---

[4] Heideggers Darstellung der Wahrheit als Richtigkeit und Übereinstimmung in den von ihm selbst veröffentlichten Schriften referiert Willy *Bretschneider,* o.c. 21 ff.

[5] *Aristoteles,* Int. 1.16 a 3 ff: Ἔστι μὲν οὖν τὰ ἐν τῇ φωνῇ τῶν ἐν τῇ ψυχῇ παθημάτων σύμβολα, καὶ τὰ γραφόμενα τῶν ἐν τῇ φωνῇ. καὶ ὥσπερ οὐδὲ γράμματα πᾶσι τὰ αὐτά, οὐδὲ φωναὶ αἱ αὐταί· ὧν μέντοι ταῦτα σημεῖα πρώτων, ταὐτὰ πᾶσι παθήματα τῆς ψυχῆς, καὶ ὧν ταῦτα ὁμοιώματα πράγματα ἤδη ταὐτά. Heidegger hat diesen Text nicht nur zur Erörterung des traditionellen Wahrheitsbegriffs herangezogen (GA 2,284. GA 21,166), sondern auch für seine Besinnung auf das Wesen der Sprache. In seinem Vortrag von 1959 "Der Weg zur Sprache" läßt er sich durch die Worte σημεῖα und σύμβολα das Eigene der Sprache als *"die Zeige"* zusprechen (GA 12,233; 242; vgl. GA 12,192). Dabei hebt er die von Aristoteles getroffene Unterscheidung in drei Bereiche, 1. das durch die Stimme Verlautbarte (τά ἐν τῇ φωνῇ), 2. die seelischen Widerfahrnisse (τὰ ἐν τῇ ψυχῇ παθήματα), 3. die Dinge (πράγματα), wieder auf. Für Heidegger bilden Denken, Sprechen und Dinge in diesem Vortrag eine ähnliche Einheit wie im frühgriechischen mythischen Denken. - Zum frühgriechischen Wortverständnis vgl.: *Luther,*

beiden Festsetzungen sind der Ursprung der Auffassung von der Wahrheit als Richtigkeit. Aristoteles selbst gebraucht das Wort ὁμοίωσις im Zusammenhang mit der Wahrheit nicht. Der bei Aristoteles wie eine Formel wiederkehrende Satz: τὸ ὄν λέγεται πολλαχώς (etwa Met. 1028 a 10), von dem Heideggers Denken bereits während seiner Gymnasialzeit angeregt wurde (oben 76 Anm.), setzt den Ort von Sein und Wahrheit in der Aussage (λέγειν) an.[6]

Heidegger argumentiert im Vorlesungsentwurf von 1937/38 nun folgendermaßen: Richtigkeit und ein Sichrichten auf das Seiende sind nur möglich, wenn das Seiende sich schon gezeigt hat und "im Offenen" steht (203), wenn zweitens die "Bezugsbahn" zwischen Mensch und Seiendem offen steht - Heidegger nennt sie später "die Dimension des offenständigen Bezugs" (GA 15,211) -, in der das sich richtende und richtige Vorstellen sich bewegen kann, und wenn drittens die Haltung des Menschen eine offene ist - in "Vom Wesen der Wahrheit" spricht Heidegger von "offenständigem Verhalten" (GA 9,185) -, damit der Mensch das Vorstellen vollziehen und das Vorgestellte *sich* vorstellen kann. Das Offene und seine Offenheit ist also der Grund der Richtigkeit. Heidegger folgert: "Die Wesung dieser Offenheit muß das Wesen der Wahrheit sein ..." (204). So ist die *"Sprungrichtung"* vorgezeichnet (203). Wenn gesagt ist, daß das Seiende "im Offenen" steht, dann ist "das Offene" hier bereich- und orthaft gefaßt. Mit der von Heidegger aufgewiesenen Offenheit ist das frühgriechische Wahrheitsphänomen, die "Offenbarkeit des Seienden" (oben 93), in seine Strukturbestandteile auseinandergelegt und ursprünglicher gedacht.

Damit Wahrheit als Richtigkeit definiert werden konnte, mußte - so erläutert Heidegger weiter - die Offenheit des Seienden, des Menschen und des Bezugs beider irgendwie erfahren sein. Diese Erfahrung spricht aus dem griechischen Wort für Wahrheit: ἀλήθεια, Unverborgenheit. Die Griechen haben jedoch nach der Unverborgenheit selbst nicht gefragt. Die Unverborgenheit war ihnen "das Mächtigste" und "zugleich das Verborgenste" (205). Ein letzter Anklang an das ursprüngliche griechische Wesen der Wahrheit, wo das Wahre und das Seiende identisch waren, ist bei Aristoteles zu hören. Heidegger nennt hier Met. Θ 10 (205). Er meint aus diesem Kapitel vor allem den Satz: τὸ δὲ κυριώτατα ὄν ἀληθὲς ἢ ψεῦδος (Met. 1051 b

---

o.c. 208 ff. Zur Darstellung des Platonischen und Aristotelischen Wahrheitsbegriffs und zur Kritik an Heideggers Auslegung in "Sein und Zeit" und "Platons Lehre von der Wahrheit" vgl.: *Luther,* o.c. 172 ff.

[6] Außer *Aristoteles* Int. 1.16 a 3 ff sind für Heideggers Aufweis der Wahrheit als Richtigkeit bzw. Eigenschaft der Aussage noch folgende Stellen, die er in der Vorlesung "Grundfragen der Philosophie" selbst nennt (72), maßgebend: Met. E 4 und De anima Γ (von Heidegger bearbeitet in GA 29/30, 441 ff), Met. Θ 10 (erörtert in GA 21,170 ff; GA 31,73 ff; GA 33,11 ff). Heideggers Klärung des Namens "Phänomenologie" ist in "Sein und Zeit" und schon vorher mit dem λόγος ἀποφαντικός des Aristoteles verbunden (GA 2,43; GA 20,115 ff). - Zur Auslegung von Aristoteles Int. 1.16 a 3 ff unter dem Gesichtspunkt des Parallelismus-Schemas von Sein, Denken und Sprache vgl. *Oehler,* o.c. Ganz in Heideggers Sinn stellt Oehler zur Orientierung der Platonischen Urteilsanalyse an bestimmten sprachlichen Gegebenheiten des *Satzes* fest: "Berücksichtigt man angesichts dieses Tatbestandes den sprachtheoretischen Sachverhalt, daß nämlich diese Grundlegung der Logik des Urteils auf dem Boden der griechischen Sprache stattgefunden hat und überhaupt nur auf Grund der syntaktischen Struktur des indogermanischen Sprachtypus möglich war, so drängt sich unter anderem die schwerwiegende philosophiegeschichtliche und geschichtsphilosophische Konsequenz auf, daß nicht nur die Geschichte der traditionellen Logik, sondern die Geschichte des europäischen Denkens schlechthin die Geschichte der Auslegung der durch die griechisch-römische Syntax bestimmten Elementarform des Satzes ist". *Oehler,* o.c. 98. - Vgl. oben 80 f.

1 f), nach seiner Übersetzung an anderer Stelle: *"Das Wahrsein macht das eigentlichste Sein des eigentlich Seienden aus"* (GA 31,87; oben 94 Anm.).

In seiner "Einführung in die Metaphysik" fragte Heidegger vor in das Wesen des Seins, indem er das in den griechischen Worten für das Sein, φύσις, λόγος, δίκη, ἀλήθεια Erfahrene wieder-holte. Im Text von 1937/38 springt Heidegger vor in die Wesung der Wahrheit als Offenheit und erinnert damit an das als ἀλήθεια Erfahrene. Die Bewegtheit des geschichtlichen Fragens hat in beiden Vorlesungen dasselbe Ziel: das von den Griechen Ungefragte und Ungedachte, welches das zu Denkende für unsere künftige Geschichte ist. Daß eine vorwärts und rückwärts gerichtete Bewegung an denselben Ort führen kann, zeigt der Kreis: auf der Peripherie komme ich, vorwärts gehend, wieder zum Ausgangspunkt zurück. Bei der Kreisfigur lägen erster und anderer Anfang an derselben Stelle, von der weg bzw. auf die zu der Gang der Geschichte sich bewegt. Wird dagegen der Anfang als bewegter gedacht, so ist es ein Überholen und Überspringen des aus ihm Entsprungenen (oben 35), so daß Anfang und Ziel auch hier identisch sind.

Heideggers Absicht des Vorsprungs in die Wesung der Wahrheit, das er auch *"Einfahren* in die Wesung" nennt (202),[7] und seine Erinnerung an die ἀλήθεια beruhen auf einer Grundstimmung des "Erschreckens". Sie läßt ihn dessen inne werden, daß Wahres und Wahrheiten im Umlauf sind, ohne daß das Wesen der Wahrheit zur Frage wird, daß das Seiende als das Selbstverständliche betrieben wird und es dabei vom Sein längst verlassen ist. Es ist das "Ereignis des Schwindens aller Gewichte aus allen Dingen", welches Nietzsche als Nihilismus erfuhr. Hierauf geht Heidegger in seiner Nietzsche-Vorlesung des Sommersemesters 1937, dem Semester vor der "Grundfragen"-Vorlesung, ein (GA 44,166).

Heideggers Grundstimmung des Erschreckens kommt aus der "Not" der *"Seinsverlassenheit"* (206 ff). Mit ihr verhält es sich analog wie mit der Flucht der Götter, die Hölderlin in die Grundstimmung der Trauer stieß. Wie die Götter die Menschen und ihre Tempel verlassen haben, so hat auch das Seyn alles Seiende verlassen. In den Worten "Not" und *"Seinsverlassenheit"* sind die Hölderlin-Verse zu hören: "Die Tempelsäulen stehn/ Verlassen in Tagen der Noth" (oben 44; 97).[8] Die Not der Seinsverlassenheit bedrängt den heutigen Menschen jedoch nicht, denn sie wird als Not gar nicht bemerkt. Deswegen spricht Heidegger von der "Not der Notlosigkeit" (207).[9] Erst wenn die Zugehörigkeit des Seyns zum Seienden aufdämmert, wenn das bloße Betreiben des Seienden fragwürdig wird, kann die Grundstimmung des Erschreckens sich ausbreiten und eine Entscheidung für das Fragen der Seins- und Wahrheitsfrage fallen. In der Hölderlin-Vorlesung hatte Heidegger an seine Hörer appelliert, sich für die Grundstimmung der Dichtung zu entscheiden. Diese Entscheidung wird von jener umgriffen, weil die Not der Seinsverlassenheit die Not der Flucht der Götter gewissermaßen einschließt. Heidegger spricht von "Seinsver-

---

[7] Im Vortrag "Der Satz der Identität" (1957) kommt Heidegger hierauf zurück: "Der Sprung ist die jähe Einfahrt in den Bereich" der Zusammengehörigkeit von Mensch und Sein (ID 20 f). Vgl. GA 65,289.

[8] In seiner Rektoratsrede vom 27.5.1933 spricht Heidegger im Hinblick auf Nietzsche und sein Wort "Gott ist tot" von der "Verlassenheit des heutigen Menschen inmitten des Seienden" (SU 13).

[9] Ebenso in GA 39,134. N II 391.

lassenheit", denn er geht "vom Sein aus" (oben 84) und will zum Ausdruck bringen, daß das Seyn sich zurückgezogen hat, daß das Sein des Seienden vom Seyn verlassen ist, während "Seinsvergessenheit" in "Sein und Zeit" und "Einführung in die Metaphysik" meinte, daß die Philosophie das Sein vergessen hat.

Den Vorsprung in die Wesung der Wahrheit vollzieht Heidegger als *"anzeigenden Entwurf"* (208). Das bedeutet, daß es Heidegger hier auch um die Einübung des phänomenologischen Sehens geht, in dessen Zusammenhang er wiederholt von "formaler Anzeige" spricht (etwa GA 61,32 ff).

Wie schon gesagt, liegt es nach meiner Auffassung an der Ἀληθείη εὐκυκλής des Parmenides und an Hölderlins Landschaften des Weiten, Offenen, außerdem an der privativen Prägung ἀ-λήθεια, das meint 'einer Verborgenheit entrissen', daß Heidegger das Wesen der Wahrheit, die Offenheit, wie eine Waldlichtung denkt. Das soll jetzt verfolgt werden. Nach Heideggers Ausführungen im Entwurf zur Vorlesung "Grundfragen der Philosophie" befindet sich der Mensch "inmitten" des Seienden. Das Seiende "umsteht" ihn als zugängliches Wirkliches, Mögliches und Notwendiges. Als Seiender gehört der Mensch selbst in den "Umkreis" des Seienden (209). Diese Formulierungen nehmen, ohne sie zu nennen, auf die Ἀληθείη εὐκυκλής Bezug.[10] In ihrem Licht bekommt die Wendung vom Menschen "inmitten" des Seienden, die Heidegger auch früher schon gebrauchte, eine tiefere Bedeutung. Die Unverborgenheit zeigt sich Heidegger jetzt mehr und mehr als "Raum" und nicht allein, wie die Griechen sie erfuhren, als ein Charakter des Seienden.

Heidegger greift auch auf Gedanken aus "Sein und Zeit" zurück; dort war mehrfach vom "Umkreis" und "Horizont" die Rede, zum Beispiel vom "Umkreis" des zunächst Zuhandenen (GA 2,143), vom "Umkreis" des Erschließbaren (GA 2,194), vom "Horizont und Umkreis", den das Gewärtigen sich erschlossen hat (GA 2,446). Besonders scheinen die Aristotelischen Wendungen mit περὶ τῆς ἀληθείας, etwa ἀποφαίνεσθαι περὶ τῆς ἀληθείας,[11] von Heidegger übersetzt als "aufweisendes Sehenlassen mit Rücksicht auf und im Umkreis der 'Wahrheit'" (GA 2,282), sich jetzt auf Heideggers Überlegungen auszuwirken; jedoch wandelt sich, wie ich meine, der Gedanke vom "Umkreis der 'Wahrheit'" von einem genitivus obiectivus in "Sein und Zeit", insofern der Mensch die Wahrheit sozusagen einkreist, zu einem genitivus subiectivus im Vorlesungsentwurf von 1937/38: die Wahrheit bildet jetzt selbst den Kreis für das Seiende und den Menschen. Der Ausdruck περὶ τῆς ἀληθείας wird nun gewissermaßen unter dem Einfluß der Ἀληθείη εὐκυκλής gedacht. Was sich hieran ablesen läßt, ist die "Kehre" vom Bezug des Menschen zum Sein, wie er in "Sein und Zeit" angesetzt war, in den Bezug des Seyns und seiner Wahrheit zum Menschen. Hierauf werde ich noch eingehen.[12]

---

[10] Eine nach 1929 angebrachte Randbemerkung zu "Vom Wesen des Grundes" verweist auf die "Offenheit des Verschlossenen als Rundung (εὐκυκλέος, Parmenides) des Da-seins" (GA 9,131).

[11] Aristoteles, Met. 993 b 16 f: τὸν αὐτὸν δὲ τρόπον καὶ ἐπὶ τῶν περὶ τῆς ἀληθείας ἀποφηναμένων.

[12] Man könnte in Heideggers Umkehrung des Gedankens vom "Umkreis der 'Wahrheit'" ein ähnliches Verfahren erblicken, wie es Hölderlin bei seinen Sophokles-Übertragungen anwendet. Aus dem ersten Stasimon der "Antigone" übersetzt er zum Beispiel, V.373 f, δυσαύλων πάγων ὑπαίθρεια mit "übelwohnender Hügel feuchte Lüfte" (SW 5,219). Aus übel zu bewohnenden, unwirtlichen Hügeln macht er übel wohnende Hügel. Er verwandelt somit ein Verhältnis des Seienden zum Menschen in ei-

Wenn, wie es vorher hieß, das Seiende im Offenen steht, so gewährt es freien Zugang zu ihm. Heidegger präzisiert: "Das Seiende steht in einer Helle, im Licht, und gibt den Zu- und Durchgang frei - es ist gelichtet. Wir sprechen von einer Waldlichtung, einer freien, hellen Stelle. Die Offenheit des Seienden ist solche *Lichtung*" (209). Die Waldlichtung und die sie umgebende "Dickung", wie Heidegger später sagt (SD 72), dienen ihm fortan als Orientierung für die Aufgabe seines Denkens. In seiner letzten Veröffentlichung, "Zur Sache des Denkens" (1969), drei Jahrzehnte nach der Vorlesung "Grundfragen der Philosophie", kommt er auf das Denkbild der Waldlichtung ausdrücklich zurück und nennt in diesem Zusammenhang auch die Ἀλήθείη εὐκυκλής (SD 72 ff).

Heidegger erläutert seinen Entwurf weiter: Das übrige Seiende umsteht nicht nur den Menschen, sondern das gelichtete Seiende einschließlich des Menschen ist "umstellt" von einem Verborgenen: daß das Seiende im Offenen *"ist"*, das heißt sein Seyn, dieses liegt in der Verhüllung. Das Seyn ist aber nicht nur ein das Seiende umgrenzendes Verborgenes, sondern ein Sichverbergendes (210). Daraus ist ersichtlich: Es sind zweierlei 'Rundungen': erstens das den Menschen umstehende Seiende, zweitens das alles Seiende umstellende Seyn als das Sichverbergende, wodurch der Bereich der Lichtung eingegrenzt ist.[13] Das sichverbergende Seyn, welches die Lichtung umstellt, ist offenbar beschaffen wie die sichverbergenden Sterne rings um den hellen Vollmond, wovon ein Sappho-Gedicht spricht, das noch für den achtzigjährigen Heidegger von Bedeutung ist (oben 74 Anm.). Heidegger kommt mit dem Gedanken des Seyns als des Umstellenden auch auf seine "Einführung in die Metaphysik" zurück, wo er gefordert hatte, das Sein zum "umkreisenden Kreis und Grund alles Seienden" zu verwandeln (oben 100). Das Parmenides-Wort von der Ἀλήθείη εὐκυκλής führt Heidegger zum Gedanken eines wechselweisen Umkreisungsvorgangs von Sein und Seiendem; noch zwanzig Jahre später prägt es seine Diktion, wenn er von der "Differenz" sagt: "Der Austrag ist ein Kreisen, das Umeinanderkreisen von Sein und Seiendem"(ID 62).[14]

---

ne Eigenschaft des Seienden. Vgl.: Wolfgang *Binder,* Hölderlin und Sophokles. l.c. Binder spricht davon, daß Hölderlin eine "Wirkung aufs Subjekt in eine Eigenschaft des Objekts" verwandelt (l.c. 28).

[13] In seinem Aufsatz "Heideggers 'Lichtung' als 'lucus a (non) lucendo'" behandelt Leonardo *Amoroso* den Unterschied zwischen Lichtmetaphysik und Heideggers Gedanken der "Lichtung". Amoroso weist nach, daß die Wörter "Lichtung" und "lucus" sowohl zum "Bildfeld des Lichtes" als auch zum "Bildfeld des Forstwesens", letzteres im Sinne von "Waldblöße", gehören. Den aus der antiken Rhetorik stammenden Begriff "lucus a non lucendo" deutet Amoroso so um, daß die Lichtung aus ihrem Bezug zum sie umgebenden Dunkel verstanden wird, der lucus aus seinem Bezug zur silva, aber auch aus ihrem Verhältnis zum Licht - daher das eingeklammerte "non" im Titel. Amoroso verwendet den antiken Topos also nicht im Sinne einer etymologischen Abstammung, sondern zur Kennzeichnung einer "Wesensherkunft" (o.c. 164). Leonardo *Amoroso,* Heideggers "Lichtung" als "lucus a (non) lucendo". In: Philosophisches Jahrbuch 90 (1983). S. 153-168. - Ebenso wie Eugen *Fink* mit seiner Vermutung einer die Lichtung umgebenden "ursprünglicheren Nacht" (GA 15,93) hat Amoroso in gewisser Weise recht, wenn er die Lichtung von der silva, Heideggers "Dickung", her versteht. Beide Autoren berücksichtigen jedoch nicht, daß die Lichtung für Heidegger nicht nur die Offenheit des Seienden ist, sondern, wie noch dargestellt werden soll, das *"bergsame Offene",* das heißt der Bereich des Offenen, Gelichteten *und* des Verschlossenen (silva), des Hellen und des Dunklen. Der Unterschied zwischen Lichtung und Lichtung ist wie der zwischen einer Waldlichtung und einem weiten Tal, in dem es offene und verschlossene Gegenden gibt.

[14] Auch in seiner Kant-Vorlesung von 1935/36 ist Heidegger von der Ἀλήθείη εὐκυκλής geleitet, wenn er feststellt: "Die Erfahrung ist ein in sich kreisendes Geschehen, wodurch das, was innerhalb des Kreises liegt, eröffnet wird. Dieses Offene aber ist nichts anderes als das Zwischen - zwischen uns und

In Heideggers Entwurf, der den anderen Anfang anzeigt, ist das Seiende nicht länger seinsverlassen, es wird vielmehr in seiner Zugehörigkeit zum Seyn erfahren, so daß alles Betreiben und Austragen des Seienden auf das Seyn ausgeht. Die Offenheit des Seienden ist dann "Lichtung *für* das Sichverbergende" (210).[15] Daß Heidegger das Seyn als Sichverbergendes denkt, hängt auch mit den Heraklit-Worten ἁρμονίη ἀφανής und φύσις κρύπτεσθαι φιλεῖ zusammen.

Indem Heidegger die Offenheit des Seienden, die Wahrheit, erstens als Lichtung am Vorbild einer Waldlichtung denkt und zweitens die offenen Bezüge zwischen Mensch und Seiendem betrachtet, wird die griechische Bestimmung "Wahrheit ist die Offenbarkeit des Seienden" (oben 93), bei der die Offenbarkeit gleichsam nur ein Merkmal am Seienden selbst war, in eine umfassendere Art von Wahrheit eingebettet.

Der Gedanke der Lichtung als freier, heller Stelle, in der der Mensch inmitten des Seienden steht, gehört in die Frage nach dem Sein als '"Ortschaft'"; mit dem ausdrücklichen Vollzug dieser Frage tut Heidegger einen entscheidenden Schritt auf seinem Denkweg (GA 15,344). Immer, wenn Heidegger in Zukunft das Verhältnis des Seienden zum Sein mit der Präposition "in" bezeichnet, zum Beispiel: "In die Anwesenheit hervor und aus ihr weg geht das Hervor- und Entgehende" (unten 181),[16] deutet er auf das Sein als Ortschaft, betreibt er "Topologie des Seyns", wie er es 1947 rückblickend nennt (GA 13,84). In Ansätzen lag diese Auffassung bereits in der "Einführung in die Metaphysik" vor.[17] Auch im Bezug des Menschen zum Sein ist die Präposition "in" - wenn Heidegger etwa sagt: "Sei inständig im Sein! Innestehen im Sein!" (unten 180) - ein Indiz für das Sein als Ortschaft.

---

dem Ding" (GA 41,244). - Noch 1973, im Seminar in Zähringen, hört Heidegger auf das Parmenides-Wort. Ausdrücklich erläutert er εὔκυκλος als das '"Wohlumfangende, schicklich Umkreisende'" (GA 15,396). Die ἀλήθεια ist deshalb zu denken als "die Entbergung, die das ἐόν schicklich umkreist" (GA 15,398). Am Wort 'wohlumfangend' läßt sich ablesen, daß Heidegger die ἀλήθεια zusammendenkt mit Hölderlins "Natur", die nach der Feiertagshymne, V.12, die Dichter "erzieht in leichtem Umfangen" (SW 2,118; oben 42).

[15] Das "für" läßt verschiedene Deutungen zu. Meint es die Lichtung, zukommend dem Sichverbergenden, zu Gunsten des Sichverbergenden, mit Hingabe an das Sichverbergende, die Stelle des Sichverbergenden einnehmend, die Lichtung als das Sichverbergende? *Grimms* Deutsches Wörterbuch verzeichnet viele verschiedene Bedeutungen, räumliche, zeitliche und andere Verhältnisse. *Grimm* 4,617-654. - An die "Lichtung *für* das Sichverbergende" aus dem Vorlesungsentwurf von 1937/38 knüpft Heidegger in seinem Heraklit-Seminar von 1966/67 an, wenn er sagt: "Das Gelichtete ist das Freie, das Offene und zugleich das Gelichtete eines Sichverbergenden" (GA 15,262).

[16] Vgl.: das Seiende wird "in sein Sein zurückgestellt" (oben 86); "das Seiend in dessen Sein" (oben 88); der "Zusammenriß des Seienden in die Gesammeltheit seines Seins" (oben 88). Außerdem: "Seiendes in seinem Sein" (GA 5,357); "Anwesendes in seinem Anwesen" (GA 5,364); das Anwesende als das "in der Unverborgenheit Wesende" (GA 5,370); "daß das Seiende im Sein versammelt bleibt" (Phil 14). - Noch nicht orthaft verstanden ist das Sein in "Vom Wesen des Grundes", wenn Heidegger schreibt: "Ontische und ontologische Wahrheit betreffen je verschieden *Seiendes in* seinem Sein und *Sein von Seiendem*" (GA 9,134). Erst das griechische Wesen des Seins, φύσις als "In-die-Unverborgenheit-hervorkommen" (oben 96), die Ἀληθείη εὔκυκλής und die Hölderlinschen Landschaften des Weiten, Offenen führen Heidegger zum Sein als Ortschaft.

[17] Meines Erachtens kann man 1947 nicht einen "Schnitt" ansetzen zwischen Heideggers Frage nach der Wahrheit des Seins und der Ortschaft des Seins. *Kettering*, o.c. 93. Vielmehr blickt die Schrift "Aus der Erfahrung des Denkens" (1947) zurück auf den Weg der letzten Jahre und zieht Bilanz.

Heidegger führt seine Überlegungen weiter: Das Sichverbergen des Seyns ist allerdings keine totale Verhüllung, denn in gewisser Weise muß das Seyn enthüllt sein, da ja das Seiende, das zu ihm gehört, im Offenen steht. Das Sichverbergen ist daher, wie Heidegger sagt, "von ureigener Art. Es zeigt sich und entzieht sich zugleich. Dieses *zögernde Sichversagen* ist das, was in der Lichtung eigentlich gelichtet ist ..." (210). Ausdrücke wie "ureigen" und "eigentlich" beziehen sich für Heidegger in Zukunft auf die Wahrheit des Seyns und geleiten ihn zum Seyn als Ereignis, während in "Sein und Zeit" Eigentlichkeit einen Seinsmodus des Daseins darstellte, der besagt, daß das Dasein "sich zueigen ist" (GA 2,57).

Das Seyn versagt sich, denn es ist wie das Lichte, Helle einer Waldlichtung, das wir, auf die Lichtung tretend, gerade nicht sehen; was wir sehen, sind die Dinge in der Lichtung. Das Sichversagen des Seyns ist aber ein zögerndes, weil das Seyn ständig in das Gelichtete hereinwest (212). Wahrheit ist nach Heidegger "nicht einfach zu nur Unverborgenheit des Seienden - ἀλήθεια -, sondern ursprünglicher begriffen: die Lichtung für das zögernde Sichverbergen" (211). Heidegger faßt ἀλήθεια, Unverborgenheit, hier wie die Griechen als einen Charakter des Seienden. Als er in "Einführung in die Metaphysik" die ἀλήθεια als "Raum" für das erscheinende Seiende dachte (oben 96), war er schon auf dem Weg zum ursprünglicheren Phänomen der Lichtung und Offenheit.

Mit dem Namen "zögerndes Sichverbergen" nennt Heidegger, wie er sagt, "das Seyn selbst, woraus sich in der vorläufigsten Vorweisung schon ergibt, daß das Wesen der Wahrheit zuinnerst auf das Seyn selbst bezogen ist, so innig bezogen, daß vielleicht das Seyn selbst zu seiner eigensten Wesung der Wahrheit bedarf, und das nicht nur als Zugabe" (211).[18] Wahrheit ist die Lichtung, die west für das Seyn; mit einem Wort aus "Der Satz der Identität" könnte man sagen, sie ist ein "Eigentum" (ID 31) des Seyns. Wenn Heidegger in einer Beilage zu § 41 der Vorlesung von 1937/38 von der "Lichtung des Sichverbergens" spricht (227), so ist der Genitiv als subiectivus zu verstehen in dem Sinne, daß die Lichtung dem Sichverbergen, dem Seyn, gehört. Bei der Vermutung, daß das Seyn zu seiner eigensten Wesung der Wahrheit bedarf, denkt Heidegger an Hölderlins Rheinhymne. Die Unbedürftigkeit der Götter, die ihren Bezug zu den Halbgöttern nötig macht, war für Heidegger schon in der Vorlesung von 1934/35 "die höchste Fragwürdigkeit im Wesen des Seyns" (oben 39).

Heidegger spricht vom sichverbergenden Seyn in doppeldeutiger Weise: einmal ist es das *in* der Lichtung eigentlich Gelichtete, zum anderen west es in die Lichtung herein, ist also das die Lichtung Umrundende (εὐκυκλής). Diese Doppeldeutigkeit bleibt in Heideggers Schriften bestehen. Demgemäß muß man, wenn Heidegger "Lichtung" sagt, genau hinsehen, ob er nur den Bereich des Freien, Offenen meint, der ist wie eine Waldlichtung, oder ob er mit "Lichtung" das Offene und das Verschlossene, wie Waldlichtung und umgebendes Dickicht,[19] bezeichnet.[20]

---

[18] Auf das Seyn als zögerndes Sichverbergen kommt Heidegger in "Der Spruch des Anaximander" von 1946 zurück, wenn er von den ἐόντα sagt, sie durchgehen "zögernd die Weile" (GA 5,359).

[19] "Die Lichtung ist das Offene für alles An- und Abwesende" (SD 72). Und: "... dann wäre die Lichtung nicht bloße Lichtung von Anwesenheit, sondern Lichtung der sich verbergenden Anwesenheit, Lichtung des sich verbergenden Bergens" (SD 78 f).

[20] Ebenso doppeldeutig wird in "Der Spruch des Anaximander" (1946) das Wort "Unverborgen-

Die Parmenideische ᾽Αληθείη εὐκυκλής inspirierte Heidegger, obwohl er sie im Text nicht nennt, auf folgende Weise. In der "Einführung in die Metaphysik" wurde das Parmenides-Wort mit "schönkugelige Unverborgenheit" übersetzt (oben 100). Nicht als Kugel, aber als Rundung, ähnlich wie eine Waldlichtung, wird derjenige Ort von Heidegger gesehen, in welchem sich der Mensch und das unverborgene Seiende in gegenseitigen Umkreisungen aufhalten. Diesen Ort nennt er: Lichtung; sie entspricht dem Phänomen der von Parmenides genannten "gutgerundeten" Unverborgenheit.[21] Die Lichtung ist das von Heidegger im Hinblick auf die künftige Geschichte entworfene Wesen der Wahrheit, welches ursprünglicher gedacht ist als die griechische Wahrheit, das heißt ursprünglicher als die *"Unverborgenheit* als die *Seiendheit* des Seienden" (218). Der Ort der Lichtung wird nach Heideggers Entwurf umgrenzt vom sichverbergenden Seyn. Das Seyn ist demnach weiter als die Lichtung, weiter als die "gutgerundete" Unverborgenheit, das Seyn ist sozusagen das Rundende.

In der Parmenides-Vorlesung von 1942/43 geht Heidegger erneut auf die ᾽Αληθείη εὐκυκλής ein. Dort übersetzt er mit: "wohlumringende" "Unverborgenheit" (unten 274). In dieser Vorlesung möchte Heidegger von den Griechen erfahrene, aber nicht als "Wahrheit" bedachte Phänomene aufdecken. Hierbei läßt er sich vom Wort "Unverborgenheit" Weisungen geben. Das "Wohlumringende" wird nicht eigens bedacht; die Übersetzung mit dem Partizip Präsens drückt aber aus, daß ᾽Αλήθεια dort als der äußerste Bereich, der die Lichtung, den Menschen und die Unverborgenheit des Seienden umschließt, gesehen wird. Diesen äußersten Ring nennt Heidegger in der Parmenides-Vorlesung: das bergsame Offene.

b) Die Lichtung als Grund des Menschseins

Der Mensch steht - nach Heideggers weiteren Ausführungen - in der Lichtung. Durch sie wird ihm jeder Bezug zum Seienden, auch zu ihm selbst, offengehalten. Sofern die Auszeichnung des Menschen darin liegt, daß er sich zum Seienden verhalten kann, ist die Lichtung des Seienden als das alle Bezüge Offenhaltende der "tragende Grund" des Menschseins. Dieses ist sie nur als Lichtung "für das Hereinwesen des Seyns". Heidegger schreibt: "die Wahrheit als Lichtung für das Sichverbergen ist der *Grund* des Menschseins - ein *anderes* als wir selbst sind und dem wir doch zugehören, zugehören müssen, wenn wir ursprünglich die Wahrheit wissen

---

heit" gebraucht. Es bezeichnet 1. die offene Gegend, in die das Anwesende hervorkommt und aus der es weggeht (GA 5,346), 2. den Bereich des gegenwärtig *und* ungegenwärtig (= abwesend) Wesenden (GA 5,370). Diese Zweideutigkeit ist eine notwendige und kommt daher, daß Heidegger zufolge in der griechischen Erfahrung τὰ ἐόντα einmal "das gegenwärtig Anwesende, zum anderen aber auch alles Anwesende: das gegenwärtig und das ungegenwärtig Wesende" bezeichnet (GA 5,347). Ähnlich heißt es in der Kunstwerk-Abhandlung: "Die Lichtung, in die das Seiende hereinsteht, ist in sich zugleich Verbergung" (GA 5,40).

[21] Im Vortrag "Das Ende der Philosophie und die Aufgabe des Denkens" von 1964 übersetzt Heidegger ᾽Αληθείης εὐκυκλέος ἀτρεμὲς ἦτορ mit "der Unverborgenheit, der gutgerundeten, nicht-zitterndes Herz" (SD 74). Der Gedanke ist hier wie im Vorlesungsentwurf von 1937/38: ᾽Αλήθεια, die gutgerundete, ist die Lichtung. Heidegger sagt: "Die ᾽Αλήθεια, die Unverborgenheit, müssen wir als die Lichtung denken ..." (SD 75).

wollen" (212). Das heißt: der Mensch gehört zur Wahrheit, die ihrerseits Lichtung für das Seyn ist.

Die Wahrheit wird als der tragende Grund für den Menschen gegründet durch das *"Da-sein"*, welches, wie Heidegger sagt, "den Schaffenden und Gründenden unter den Menschen zuweilen als Geschenk und Verhängnis zugleich zugewiesen wird" (212 f). Heidegger gebraucht den Titel "Da-sein" hier nicht im Sinne der Fundamentalontologie, sondern im Hinblick auf die abendländische Geschichte: was "Da-sein" heißt, wird den Schaffenden zugewiesen, indem sie es entwerfen. Das geschah zum Beispiel durch Parmenides als "Vernehmung", durch Sophokles als "Bresche" für die "Übergewalt des Seins" (oben 85), wie Heidegger es in geschichtlicher Wiederholung und Verwandlung deutete.

Mit dem Ausdruck "Da" bezeichnete Heidegger in "Sein und Zeit" die wesenhafte Erschlossenheit der menschlichen Existenz (GA 2,176 f); sie war das ursprünglichste Phänomen der Wahrheit (GA 2,291). Im Entwurf zur Vorlesung von 1937/38 ist das "Da" die Lichtung, in der sich das Seyn zeigt und zugleich verhüllt. Während der Mensch in "Sein und Zeit" als Dasein selbst die Lichtung und Erschlossenheit *ist* (GA 2,177), steht er gemäß dem Text von 1937/38 *in* der Lichtung, indem er sie aussteht. Er ist der Seiende, *"der inmitten des Seienden die Wahrheit des Seyns aussteht"* (213). Ähnlich lautete Heideggers Deutung einer Hölderlin-Stelle, wonach der Mensch dem Seyn ausgesetzt ist (oben 41). Während "Dasein" in "Sein und Zeit" ein Selbstverhältnis des Menschen nennt,[22] meint "Da-sein" im Vorlesungsentwurf soviel wie Stätte-sein für das Seyn und dessen Wahrheit. Der Begriff "Lichtung" ist in "Sein und Zeit" noch nicht an einer Waldlichtung ausgerichtet, sondern bedeutet die Gelichtetheit und Selbstoffenheit des Menschen.[23]

Der Name "Da-sein" ("Dasein") für den Menschen läßt meines Erachtens, schon in "Sein und Zeit", an die frühgriechische Auffassung "Gleiches zu Gleichem" denken, eines der ursprünglichsten Ordnungs- und Orientierungsprinzipien, das bereits im magischen und mythischen Denken wirksam war:[24] Dasein versteht Sein (Sein und Zeit), Da-sein kann Stätte sein für das Seyn (1937/38), weil es selbst Sein ist, eben Da-sein. Heidegger distanziert sich mit dem Titel "Da-sein" von der metaphysischen Auffassung des Menschen, denn der Begriff des Menschen als "Lebewesen", animal rationale, faßt den Menschen als "etwas, was ein anderes ist als er selbst" (213); "Leben" kommt auch dem Tier und der Pflanze zu. Dagegen ist das dem Menschen Eigentümliche und ihn Auszeichnende sein Bezug zum Sein. Diesen Bezug begreift Heidegger später ausdrücklich als "Identität", das heißt als Zusammengehören von Mensch und Sein in das Selbe (ID 14).[25]

---

[22] Vgl. *v. Herrmann*, Selbstinterpretation, 12.

[23] Rückblickend sagt Heidegger 1965: "es bedurfte eines jahrzehntelangen Ganges auf Holzwegen, um zu erkennen, daß der Satz aus 'Sein und Zeit': 'Das Dasein des Menschen ist selbst die Lichtung' (§ 28), die Sache des Denkens vielleicht geahnt, aber in keiner Weise hinreichend gedacht, das heißt als eine schon die Sache erreichende Frage vorgelegt hat" (FBSD 19).

[24] Vgl. Carl Werner *Müller*, Gleiches zu Gleichem. Ein Prinzip frühgriechischen Denkens. Wiesbaden: Harrassowitz 1965. - Als Prinzip der Erkenntnis wird der ὅμοιον-ὁμοίῳ-Gedanke den vorsokratischen Naturphilosophen zugeschrieben, insbesondere Empedokles. Im Hinblick auf diesen formuliert Aristoteles: ἡ δὲ γνῶσις τοῦ ὁμοίου τῷ ὁμοίῳ (Met. 100 b 5).

[25] In seiner Schelling-Vorlesung von 1936 zitiert Heidegger die Sätze aus der Freiheitsabhandlung

Der Gedanke, daß der Mensch der Wahrheit als Lichtung für das Sichverbergen zugehört bzw. das später so genannte Zusammengehören von Mensch und Sein in das Selbe, führt auf das Problem der Nähe, das Heidegger allerdings im Entwurf zur Vorlesung nicht anspricht, das sich aber durch sein ganzes Werk zieht und in der Vorlesung "Grundbegriffe" aufgegriffen wird, wie ich noch zeigen werde. In "Hyperions Jugend" schreibt Hölderlin: "Den Einen, dem wir huldigen, nennen wir nicht; ob er gleich uns nah ist, wie wir es selber sind, wir sprechen ihn nicht aus" (SW 3, 224). Der "Eine" ist der pantheistische Gott, mit dem der Mensch identisch ist.[26] So wie für Hölderlin der "Eine" "uns nah ist", weil wir mit ihm identisch sind, ist für Heidegger das Sein "das Übernahe" (unten 180), weil wir als Da-sein es selbst sind. In seiner Vorlesung von 1955/56, "Der Satz vom Grund", spricht Heidegger diesen Gedanken aus, wenn er vom Sein sagt: "Von allem schwer Faßlichen dieser Welt ist es am schwersten zu fassen, weil es uns am nächsten liegt, insofern wir es selber sind" (SvG 144).[27] Das Zusammengehören von Mensch und Sein bleibt einer von

_____

von 1809, in denen *Schelling* auf die "ganz alte Lehre" des Empedokles in der Fassung von Sextus Empiricus eingeht. Auch für Schelling ist die Lehre, "daß Gleiches von Gleichem erkannt werde", das "Prinzip der Erkenntnis". In bezug auf die Erkenntnis Gottes heißt dies: "mit dem Gott in sich den Gott außer sich begreifen" (GA 42,90). Philosophische Erkenntnis ist im Deutschen Idealismus "intellektuelle Anschauung des Absoluten". Diese Fassung philosophischer Erkenntnis mit dem "Prinzip der philosophischen Erkenntnis" zusammengebracht, besagt für Heidegger: "Wir wissen nur, was wir anschauen. Wir schauen nur an, was wir sind; wir sind nur das, dem wir zugehören. (Diese Zugehörigkeit aber *ist* nur, indem wir sie bezeugen. Diese Bezeugung aber geschieht nur als Da-*sein*.)" (GA 42,97) Mit dieser Auslegung ist das von Schelling angeführte Prinzip des Empedokles allerdings modifiziert, insofern es Heidegger nicht mehr auf Erkenntnis anwendet. Das Erkenntnisprinzip wird gewissermaßen wieder in die ursprünglichere und weitere Auffassung zurückgenommen, "daß sich das Gleiche zum Gleichen hingezogen fühlt, ihm befreundet und angenehm ist, sich ihm verbindet ..." Vgl. Carl Werner *Müller*, o.c. IX. - Für den Bezug des Menschen zum Sein bedeutet das die Zusammengehörigkeit beider. Während der Ansatz in "Sein und Zeit", vom Seinsverständnis des Daseins zum Sein selbst zu gelangen, noch auf ein Erkennen und Verstehen aus war, liegt der Schwerpunkt 1936 auf einem Bezeugen, Vernehmen, Hören, Entsprechen. Der Ausgang der Bewegung des Zueinandergehörens ist also umgekehrt, in "Sein und Zeit" beim Dasein, 1936 beim Sein.

Das ὅμοιον-ὁμοίῳ-Prinzip ist sowohl für *Schelling* als auch für *Hölderlin* und den jungen *Hegel* Prinzip für das Erfassen des Göttlichen. Hölderlins Gedicht "Menschenbeifall" schließt: "An das Göttliche glauben/ Die allein, die es selber sind" (SW 1,250). Hegel stellt in seinen "Theologischen Jugendschriften" fest: "Der Glauben an das Göttliche stammt also aus der Göttlichkeit der eignen Natur: nur die Modifikation der Gottheit kann sie erkennen." Und: "Glauben an Göttliches ist nur dadurch möglich, daß im Glaubenden selbst Göttliches ist, welches in dem, woran er glaubt, seine eigene Natur wiederfindet ...". *Hegels* Theologische Jugendschriften, nach den Handschriften der Kgl. Bibliothek in Berlin. Hg. Herman Nohl. Tübingen: Mohr 1907. S. 313. - Die berühmteste neuere Formulierung des Gedankens "Gleiches zu Gleichem", die an *Platons* Sonnengleichnis (Pol. 508 b) sowie dessen Rezeption durch *Plotin* (Enn. I,6,9) anschließt, ist das *Goethe*-Wort: "Wär nicht das Auge sonnenhaft,/ Wie könnten wir das Licht erblicken?/ Lebt nicht in uns des Gottes eigne Kraft,/ Wie könnt uns Göttliches entzücken?" *Goethes* Werke. 13,323 f. Vgl. Carl Werner *Müller*, o.c. 192 f; vgl. *Luther*, o.c. 128. Heidegger zitiert die Goethe-Verse in seiner Schelling-Vorlesung (GA 42,96). - Bei *Herder* heißt es: "Siehe die ganze Natur, betrachte die große Analogie der Schöpfung. Alles fühlt sich und Seinesgleichen. Leben wallet zu Leben." *Herder*, Werke 8,200. - Auch *Dilthey* wendet das Erkenntnisprinzip des Empedokles an, wenn er als "Grundlage der Geisteswissenschaften" das "Innewerden eines psychischen Zustandes in seiner Ganzheit und Wiederfinden desselben im Nacherleben" bezeichnet. "Leben erfaßt hier Leben". Wilhelm *Dilthey*, Gesammelte Schriften. Bd 7: Der Aufbau der geschichtlichen Welt in den Geisteswissenschaften. 2. Aufl. Leipzig/ Berlin: Teubner 1942. S. 136.

[26] Vgl. *Binder*, Hölderlin-Aufsätze, 148.

[27] Emil *Kettering* vermutet, daß der Begriff "Nähe" Heidegger von Hölderlin zugespielt wurde (o.c. 20). Das kann man aus der von mir zitierten "Hyperion"-Stelle ersehen. Ferner ist wichtig: der Beginn von "Patmos", "Nah ist/ Und schwer zu fassen der Gott" (SW 2,165. GA 39,54), außerdem aus derselben Hymne: das Nahe-wohnen auf den "Gipfeln der Zeit".

Heideggers Grundgedanken an jeder Stelle seines Denkweges. In einem Gespräch "Zur Erörterung der Gelassenheit" (1944/45) heißt es vom Verhältnis des Denkens zur "Gegnet" - mit diesem Wort bezeichnet Heidegger das Sein und den Zeit-Raum in einem -: das Denken bestimmt sich "aus dem Anderen seiner selbst, d.h. aus der Gegnet" (GA 13,56). Das Andere ist "das Andere seiner selbst und deshalb das Selbe, das es ist" (GA 13,45).

Im Entwurf zur Vorlesung "Grundfragen der Philosophie" geht es Heidegger um die Entfaltung der Wahrheitsfrage; deshalb steht die Zugehörigkeit des Menschen zur Wahrheit (Lichtung) im Vordergrund, welche Wahrheit aber Wahrheit ist für das Seyn. Dem Zusammengehören von Mensch und Wahrheit für das Seyn entspricht im Vortrag "Der Satz der Identität" das Zusammengehören von Mensch und Sein (= Seiendheit des Seienden) aus dem Ereignis (ID 14 ff).

Heideggers Gedankengang wird fortgesetzt: Die Gründung des Menschseins als Da-sein bedeutet eine *"Verwandlung des Menschseins"*, "der Mensch steht hier zur Frage in der tiefsten und weitesten, der eigentlich grundhaften Hinsicht, der Mensch in seinem Bezug zum Sein, d.h. in der Kehre: das Seyn und dessen Wahrheit im Bezug zum Menschen" (214).[28] In "Einführung in die Metaphysik" hatte Heidegger im Rückgang auf Parmenides den Wesensbezug des Menschen zum Sein entfaltet. Auch dort war aber bereits die "Kehre" dieses Bezugs, obwohl nicht so genannt, sichtbar geworden: der Mensch als "Bresche" *für* das ihn überwältigende Sein (oben 85). Im Entwurf zur Vorlesung von 1937/38 steht die Gründung des Da-seins von vornherein im Dienste der Wahrheitsfrage, die ihrerseits "Vorfrage" ist für die Grundfrage nach dem Seyn (oben 108). Die weiteste, tiefste und ursprünglichste Frage lautet jetzt nicht mehr: Warum ist überhaupt Seiendes und nicht vielmehr nichts? (oben 66), sondern die tiefste, weiteste und eigentlich grundhafte Hinsicht blickt auf das Seyn und dessen Wahrheit im Bezug zum Menschen.

Wenn sich für Heidegger der Wesensbezug des Menschen zum Sein seit "Einführung in die Metaphysik" mehr und mehr umkehrt in den Bezug des Seyns zum Menschen, wenn er diesen Bezug auch als Anspruch und Entsprechung faßt (unten 163), wie zuerst in der Hölderlin-Vorlesung das Verhältnis zwischen Göttern und Menschen, so geht er damit vor die mit Descartes einsetzende Bewußtseinsphilosophie zurück und nähert sich der antiken Auffassung, für die im noetischen Denken das sinnlich und geistig Gegebene Priorität vor dem Bewußtsein hatte: die Dinge waren von sich aus wirksam und gingen den Menschen an, nötigten sich ihm auf (ἀναγκάζεσθαι). Das Verhältnis von Sein und Mensch im noetischen - nicht im dianoetischen - Denken hatte für Aristoteles die Struktur von Anspruch und Entsprechung.[29] Damit soll nicht gesagt sein, daß Heideggers Ansatz in "Sein und Zeit", vom Seinsverständnis aus die Frage nach dem Sein zu entwickeln, unter die moderne Bewußtseinsphilosophie subsumiert werden kann. Heideggers Ansatz beim Dasein ist vielmehr schon in "Sein und Zeit" die "Verabschiedung" der Subjektivität des

---

[28] In seinem Brief an Richardson führt Heidegger diesen Satz und die voraufgehenden an (BR XXI). Außerdem schreibt er, daß "der unter dem Namen 'Kehre' gedachte Sachverhalt" sein "Denken schon ein Jahrzehnt vor 1947 bewegte", das heißt also 1937/38, als er seine Vorlesung "Grundfragen der Philosophie" hielt (BR XVII).

[29] Vgl. *Oehler*, o.c. 188; 252.

Subjekts.[30] Was Heidegger mit dem antiken noetischen Denken verbindet, ist, daß das Denken in beiden Fällen sozusagen rezeptiv ist. Der Unterschied liegt darin, daß die Antike das Sein, das heißt die Seiendheit des Seienden, erfuhr und aussprach, während Heidegger das Seyn denken möchte. Im ersten Wesen der Wahrheit als Unverborgenheit des Seienden waren Sein und Wahrheit identisch, wohingegen für Heidegger die Wahrheit zum Seyn gehört, Wahrheit ist *für* das Seyn, dessen Wesen aber nicht erschöpft.

Indem Heidegger den geschichtlichen Menschen als Da-sein faßt, gehört er selbst zu den "Schaffenden und Gründenden" und bekommt das Wort "Da-sein" als "Geschenk und Verhängnis zugleich zugewiesen" (oben 117). Die Frage nach dem Woher dieser Zuweisung hat Heidegger abgewehrt, denn sie müßte an jedes Denken gerichtet werden, und man müßte dann auch fragen, woher etwa Platon die Weisung empfing, das Sein als ἰδέα zu denken (VA 178).

Mit der Verwandlung des Menschseins wird dieses nach Heidegger aus seiner bisherigen "Standortlosigkeit" 'verrückt' "in den Grund seines Wesens, *der Gründer und Wahrer der Wahrheit des Seyns zu werden,* das Da zu *sein* als der vom Wesen des Seyns selbst gebrauchte Grund" (214).[31] Das bisherige Menschsein war standortlos, weil es nicht im Zusammenhang mit Geschichte gedeutet wurde; vielmehr gehörte der Mensch zur Gattung "Lebewesen" mit der differentia specifica "vernunftbegabt". Die "Verrückung" (214) weist auf das Walten der Grundstimmung, zu dem Entrücken wie Einrücken gehört. Das Menschsein hat seinen Grund im Da-sein, das heißt der Mensch muß das Da, die Lichtung, sein, indem er sie aussteht, und zwar für das Seyn. Da-sein ist der Grund und die Stätte, die das Seyn zu seiner Wesung braucht; als dieser Grund ist das Da-sein der Boden, der das Menschsein trägt und die Wahrheit wahrt und gründet. Daß das Seyn einen Grund braucht, ist genauso wie der Gedanke, daß es der Wahrheit "bedarf" (oben 115), Erinnerung an Hölderlin (oben 39). In der Hölderlin-Vorlesung hatte Heidegger auch vom "stiftenden Rückwurf" des Seyns auf sich selbst gesprochen (oben 42). Dort stiftet das Seyn sich selbst in der Dichtung, im Text von 1937/38 gründet das Seyn sich selbst in das Menschsein.

Indem Heidegger das geschichtliche Menschsein aus seinem Bezug zur Wahrheit des Seyns denkt, blickt er vor in "die Möglichkeit des Anfangs einer ganz anderen Geschichte, in der sich das Schicksal des Einzelnen sowohl wie der Gemeinschaft anders bestimmt" (215). Nicht nur das Menschsein muß in seinen Grund verrückt, sondern auch das Seiende muß umgestaltet und die Wahrheit des Seyns in das Seiende selbst gegründet und geborgen werden. Dies kann in verschiedener Weise geschehen: durch "Dichter, Denker", "Bauende und Bildende", "Handelnde und Täter" (215). Sie sind die eigentlich Schaffenden, von denen Heidegger seit der Höl-

---

[30] *v. Herrmann,* Subjekt und Dasein. S. 10.

[31] Noch mehr als dreißig Jahre später ist Heidegger der Auffassung, daß das Sein den Menschen braucht. Bei der Aufzeichnung des zu Heideggers 80. Geburtstag vom Zweiten Deutschen Fernsehen ausgestrahlten Interviews wird Heidegger von Richard *Wisser* zu einer Kritik an seinem Denken befragt, die dahingehend lautet, daß Heidegger über seinem Denken "den konkreten Menschen drangebe, die Person, die Geschichte". Heidegger antwortet: "Das ist doch Unsinn! Ohne den Menschen nicht das Sein, aber der Mensch um des Seins willen". Richard *Wisser,* Das Fernseh-Interview. In: Erinnerung an Martin Heidegger. Hg. Günther Neske. Pfullingen: Neske 1977. S. 267. Wiederabgedruckt in: Antwort, o.c. 48.

derlin-Vorlesung spricht. In der Kunstwerk-Abhandlung erörtert Heidegger eine Weise dieses geschichtsgründenden Schaffens, und zwar das Ins-Werk-Setzen der Wahrheit durch die Kunst (GA 5,1-74).

Für all das von Heidegger genannte Schaffen, Handeln und Tun würde gelten, daß es sich als gebraucht für die Wahrheit des Seyns erfährt. Das würde für die traditionelle Auffassung des am göttlichen Schöpfertum orientierten Kunstschaffens[32] einen Grund stürzenden Wandel bedeuten. Aber nicht nur das Schaffen des Künstlers würde sich ändern, sondern die Grundhaltung jedes Menschen zu allem Seienden und zu seinen Mitmenschen würde eine andere, wenn er sich als derjenige erführe, der die Wahrheit des Seyns auszustehen hat. Er würde sich dann als "Hirt des Seins" und nicht länger als "Herr des Seienden" fühlen, wie Heidegger es später genannt hat (GA 9,342). Er würde die Erde nicht ausbeuten und alles seinen Zwecken dienstbar machen, denn er würde in jedem Seienden ja dessen Zugehörigkeit zum Seyn sehen, das ihn, den einzelnen Menschen, zur Wesung *seiner* Wahrheit in Anspruch nimmt. Diese Überlegung zeigt, welch ungeheure soziale und politische Relevanz der Heideggersche Gedanke hat.

Heideggers Bemühung um die Vorbereitung des anderen Geschichtsanfangs knüpft, wie er sagt, an die "tiefsten Besinnungen" der letzten beiden Jahrhunderte an, in welchen das "Zurollen" der abendländischen Geschichte auf ein Ende geahnt wurde. Daß Nietzsche der Gedanke der ewigen Wiederkunft des Gleichen kam, ist für Heidegger ein "Zeichen, eingeschrieben in den verborgensten Grund unserer Geschichte". Desgleichen ist Hölderlin, der "noch Größere und noch weiter Vorausdichtende" (216), ein solches Zeichen. Heidegger deutet damit an, daß Hölderlin sich als "Dichter in dürftiger Zeit"[33] vor der Wiederkehr der Götter wußte. Ebenso könnte man Schelling anführen, der nach Heideggers Auffassung am Werk scheitern mußte, weil er in seiner Freiheitsabhandlung die Fragestellung über die Grenzen der Metaphysik hinaustrieb (oben 39 Anm.). Diese Zeichen kündigen für Heidegger einen "Wandel der Geschichte" an (216). Zwischen dem vermuteten Wandel der Geschichte und dem Geschehnis des Wesenswandels der Wahrheit von der Unverborgenheit zur Richtigkeit in der Philosophie von Platon und Aristoteles (oben 94 f; 109) erstreckt sich jenes Geschehen, das Heidegger später "Seinsgeschichte" nennt. Dem Wandel der Geschichte entspricht die Wiederholung und Verwandlung des Anfangs durch das geschichtliche Dasein (oben 67).

Diejenigen, die das Ende der abendländischen Geschichte ahnten, trugen schon "das ganz Andere" in ihrem Wissen. Heidegger bezeichnet es als "etwas Wunderbares", daß *"Schiller, Hölderlin, Kierkegaard, van Gogh, Nietzsche"* "frühzeitig der Wachheit des Daseins entrissen wurden". Er vermutet, daß "ihnen ein neues Lied gesungen" wurde,[34] "das nie ein Und-so-weiter duldet, sondern das Opfer 'der kürzesten

---

[32] Vgl. Richard *Wisser*, Schöpfung und Schöpfertum in der Philosophie. In: Die Wahrheit des Ganzen. Hg. Helmut Kohlberger. Wien-Freiburg-Basel: Herder 1976. S. 175-203.

[33] "Brod und Wein", V.122 (SW 2,94). Vgl. oben 51.

[34] Vgl. Psalm 96,1. 98,1. 149,1: "Singet dem Herrn ein neues Lied". In seiner Nietzsche-Vorlesung von 1936/37 zitiert Heidegger *Nietzsches* Postkarte an seinen Freund Peter Gast vom 4.1.1889: "Meinem maëstro Pietro. Singe mir ein neues Lied: die Welt ist verklärt und alle Himmel freuen sich. Der Gekreuzigte" (GA 43,17 f).

Bahn' (Hölderlin) fordert" (216). Hiermit verweist Heidegger auf den Strom, der zu den Heroen und Halbgöttern gehört (oben 47 ff) und der nach Hölderlins Ode "Stimme des Volks" "Ins All zurük die kürzeste Bahn" ergreift, weil ihn "Das wunderbare Sehnen dem Abgrund zu" treibt (SW 2,49, V.10 ff. GA 39,225). Vom Opfer hatte Heidegger zuerst in der Hölderlin-Vorlesung im Hinblick auf die "Kameradschaft der Frontsoldaten" gesprochen, und zwar von der "Nähe des Todes als eines Opfers" (GA 39,72 f). Das Durchdenken des Wesens der Halbgötter sowie die Auslegung von Nietzsches "Zarathustra" bringen eine solche Art von Opfer in den Blick, bei dem ein Einzelner untergeht, um im Untergehen Übergang zu ganz anderem zu sein (GA 44,62). Insofern ist "das wesentliche Opfer" eine der Weisen, "wie Wahrheit sich gründet"; so sagt Heidegger es in der Kunstwerk-Abhandlung (GA 5,49). Für Heideggers Gedanken zum Opfer ist wohl auch der Opfertod des Empedokles, den Hölderlin in seinem gleichnamigen Drama gestaltete, maßgebend.

Die Wahrheit als Offenheit ist Lichtung für das Sichverbergen; das Sichverbergen, das Seyn, fordert die Offenheit. Um als Wahrheit zu wesen, braucht das Seyn den Menschen, der - so führt Heidegger seine Gedanken weiter - "der Wahrheit Grund und Stätte bereitet, die Offenheit für das Sichverbergen aussteht, das Da *ist*. So west die Wahrheit als Wesung des Seins, gegründet im Da-sein des Menschen, zwischen Sein und Da-sein" (217 f). Da Heidegger in diesem Text mit "Sein" die Seiendheit des Seienden bezeichnet, handelt es sich bei der Wendung "Wesung des Seins" wohl um einen Schreibfehler, der vom Herausgeber aus der Handschrift übernommen wurde, "um nicht interpretierend in den Text einzugreifen" (231). Mit der Dimension "zwischen Sein und Da-sein" meint Heidegger die offene Bezugsbahn zwischen der Seiendheit des Seienden und dem Menschen (oben 110), deren wechselseitiges Offensein füreinander.

Heidegger fährt fort: "Die *Wahrheit* gehört zur *Wesung des Seyns,* ohne dessen Wesen zu erschöpfen. Zum Ereignis gehört die Wahrheit, und Wahrheit gehört zum Seyn" (218). Der erste Satz ist fast gleichlautend mit einem aus "Einführung in die Metaphysik" (oben 75). Damals ging es aber um das Sein des Seienden (ὄν = ἀληθές), jetzt um die Wesung des Seyns. Weil Heidegger im Vorlesungsentwurf von 1937/38 Wahrheit nur als Offenheit auslegt, ist das Seyn als das zögernd Sichverbergende, das heißt als Sichzeigendes und Sichentziehendes, in gewisser Weise weiter als die Wahrheit, die deshalb das Wesen des Seyns nicht erschöpft. Die Wahrheit gehört zum Ereignis und gehört zum Seyn. Hieran läßt sich ablesen, daß das im besprochenen Text "Seyn" Genannte später "Ereignis" heißt. Mit "Ereignis" im obigen Zitat meint Heidegger das Seinsgeschehnis aus der "Einführung in die Metaphysik". Außerdem ist das Hölderlin-Wort "... es ereignet sich aber/ das Wahre" deutlich herauszuhören, wird aber noch nicht näher ausgeführt. "Zum Ereignis gehört die Wahrheit" ist sozusagen Hölderlin-Reminiszenz, "und Wahrheit gehört zum Seyn" ist Ergebnis der Überlegungen aus dem Vorlesungsentwurf von 1937/38.

Das Zusammenspiel von Seyn, Wahrheit und Unverborgenheit aus dem Vorlesungsentwurf muß man sich folgendermaßen denken: Seyn ist das die Wahrheit Umrundende, wie Bäume eine Waldlichtung umstehen. Die Wahrheit als Offenheit und Lichtung ist ihrerseits weiter als die Unverborgenheit, die nur ein Charakter des in der Lichtung unverborgenen Seienden ist (oben 115). Dem Umeinanderkreisen (oben 113) von Seyn - Wahrheit - Unverborgenheit aus dem Text von 1937/38 entspricht in der Parmenides-Vorlesung von 1942/43: das bergsame Offene - Lichtung - Unverborgenheit (unten 335 f). Hierbei ist zu beachten, daß das Seyn als zögerndes Sichversagen ein anderes Wesen hat als das bergsame Offene.

Ich fasse zusammen: Heideggers Fragen der Wahrheitsfrage ist in doppelter Hinsicht geschichtlich: als Vorsprung in die Wesung der Wahrheit richtet es sich auf den anderen Anfang, bereitet es eine Verwandlung des Menschseins und seines Bezugs zum Seienden vor; als Erinnerung an den ersten Anfang blickt es auf den Aufschein des Wesens der Wahrheit als ἀλήθεια und erkennt das damals nicht Bewältigte. Vorsprung und Erinnerung treffen auf dasselbe Phänomen: die Offenheit. Im Hinblick auf den anderen Anfang entwirft Heidegger die ursprüngliche Offenheit als Lichtung, und zwar so: Die Lichtung ist Lichtung für das Seyn und ist der Grund des Menschseins; das Seyn ist das Sichverbergende. So könnte in einer anderen Geschichte die Wahrheit wesen. Was aus dem ersten Anfang herrührt und die Überlieferung prägt, ist die Wahrheit als Richtigkeit.

Zur Verdeutlichung der Geschichte der Wahrheit könnte man die Kreisfigur heranziehen und sagen: Das dem Anfang Entsprungene, die Wahrheit als Richtigkeit, liegt gewissermaßen hinter uns, vor uns liegt der Anfang, zu dem die Bewegung des Denkens und Fragens zurückläuft, um durch Verwandlung das im ersten Anfang nicht Bewältigte zu leisten: das Wesen der Wahrheit als Offenheit zu denken. Der Kreis wäre also kein geschlossener, sondern eine Spirale.[35] Indem wir in Richtung auf den Anfang zu gehen - vor zum anderen Anfang, zurück zum ersten Anfang -, kommen wir, so schreibt Heidegger, "der gewesenen Geschichte entgegen" (220). Von der Geschichte her gedacht, kommt diese uns entgegen. Diese Bewegung charakterisiert Heidegger 1958, wenn er von der Geschichte sagt: "Sie ist Ankunft des Gewesenen" (GD 35). Das Gewesene ist das im ersten Anfang nicht Bedachte, gleichwohl aber Wesende.

Das Seyn wird von Heidegger in diesem Text als Sichverbergendes gedacht im Zusammenhang mit dem Wesen der Wahrheit, wie es in einer anderen Geschichte möglich wäre. Noch nicht ausdrücklich wird das sichverbergende Seyn auf die Epoche der Metaphysik in der abendländischen Geschichte bezogen; dieser Gedanke ist aber im Aufweis der Seinsverlassenheit, die unser Zeitalter bestimmt, impliziert.

---

[35] Nach der Deutung von Charles *Taylor* hat Hölderlin im "Fragment von Hyperion" die "Vorstellung von der Geschichte als einer Spirale". Charles *Taylor,* Hegel. Übers. v. Gerhard Fehn. 3. Aufl. Frankfurt: Suhrkamp 1983. S. 58. - Auch im "Hyperion"-Roman läßt sich jedoch eine solche Geschichtsstruktur nachweisen. Hölderlins erste Geschichtsanalyse in diesem Text beginnt: "Das ist auch meine Hoffnung, meine Lust in einsamen Stunden, daß solche große Töne [wie in der Freundschaft der Griechen Aristogiton und Harmodius] und größere einst wiederkehren müssen in der Symphonie des Weltlaufs" (SW 3,63; oben 24). Hyperion hofft, daß sich die ehemalige "Kinderharmonie" der Völker in eine "Harmonie der Geister" kehren und dies "der Anfang einer neuen Weltgeschichte" sein wird. Ein anderer Ansatz im "Hyperion"-Roman ist: Auf einem Weg von sieben Stufen gehen die Menschen vom "Pflanzenglük" über Wachstum und Reife, über Gärung von innen und außen, ins "Chaos" des Menschengeschlechts; nach der Flucht der Schönheit aus dem Leben in den Geist erkennen "die Wenigen" sich an dem Ideal der verjüngten Gottheit; dann beginnt "das zweite Lebensalter der Welt" (SW 3,63). Damit wird ein analoger Verlauf zu dem ersten, aber auf höherer Ebene, eingeleitet; die Einheit beider läßt sich am besten als Spirale denken. - Zur Interpretation dieser "Hyperion"-Stelle vgl. Ulrich *Gaier,* Hölderlins "Hyperion", 116 ff. *Gaier* stellt in seinem Aufsatz auch den Zusammenhang des "Hyperion" mit den Positionen Herders, Kants und Schillers dar.

Von der Heideggers Denken seit "Sein und Zeit" bewegenden Seinsfrage ist die Wahrheitsfrage ein "Kernstück" (221). Im ersten Konzept zur Vorlesung "Grundfragen der Philosophie" ist der Vorsprung in die Wesung der Wahrheit als anzeigender Entwurf ausgeführt. Über die Erinnerung an das erste Aufscheinen der ἀλήθεια (Gliederungspunkt III) sind keine Manuskripte erhalten. Sie müßte sich nach Heideggers Plan als "Auseinandersetzung mit den wesentlichen Schritten der Grundbewegung der großen griechischen Philosophie zwischen *Anaximander* und *Aristoteles*" vollziehen (221). Im Rahmen der Vorlesung sollte das letzte Aufleuchten der ἀλήθεια bei Platon zur Sprache kommen, und zwar "durch ein Mitgehen mit *Platons Philosophieren*" anhand eines seiner "'Gleichnisse'" (222 f). Heidegger hat diesen Plan aufgegeben und die Vorlesung anders gehalten. Zwei Jahre später, 1940, hat er den Text "Platons Lehre von der Wahrheit" zusammengestellt (GA 9,483) und die vorgesehene Besinnung nachgeholt. Durch eine Interpretation des Höhlengleichnisses macht er auf einen Wandel der ἀλήθεια als Unverborgenheit des Seienden zur ἰδέα, die die Richtigkeit des Blickens verlangt, aufmerksam.

Es sind noch vier weitere "Stufen der Besinnung", die Heidegger für den Vollzug der Wahrheitsfrage für notwendig hält: 1. das "unausgesprochene Aufleuchten der ἀλήθεια" bei Anaximander (222); dieses verfolgt er in der Vorlesung "Grundbegriffe" von 1941 und in der Abhandlung von 1946 "Der Spruch des Anaximander". 2. den ersten "Entfaltungen der ἀλήθεια bei *Heraklit* und *Parmenides*, bei den Tragikern und *Pindar*" (222) gelten die Vorlesungen von 1942/43, 1943 und 1944 (GA 54 und GA 55). In der gehaltenen Vorlesung "Grundfragen der Philosophie" und in der Parmenides-Vorlesung wird 3. das "Verlöschen der ἀλήθεια und ihre Verwandlung zur ὁμοίωσις (Richtigkeit)" dargestellt. 4. Den "Umweg über die Unrichtigkeit (Falschheit - ψεῦδος)" (222) behandelt die Parmenides-Vorlesung. Beim "Aufleuchten" und "Aufscheinen" der ἀλήθεια denkt Heidegger wohl an die Auffahrt ins Reich des Lichtes aus dem Beginn von Parmenides' Gedicht,[36] außerdem an das Herdfeuer, auf das ich noch zu sprechen komme.

Mit dem Gedanken, daß der Mensch und alles Seiende "im" Offenen, in der Lichtung, steht, bereitet sich nicht nur der Denkschritt zur "Ortschaft des Seins" vor (GA 15,344),[37] sondern wird auch das Problem der ontologischen Differenz weitergedacht. Dies wird an folgendem deutlich. Im ersten Entwurf zur Vorlesung schreibt Heidegger vom "Hereinwesen des Seyns selbst in das Gelichtete" (212; oben 116). In einer Beilage zu § 41 der Vorlesungshandschrift steht der Satz: "Denn die Offenheit nennt auch Ursprünglicheres als die ἀλήθεια, nicht nur die Unverborgenheit des anwesenden Seienden, sondern das Gelichtete und die Lichtung, in das überhaupt ein unverborgenes Seiendes hereinstehen kann" (226). Einmal west also das Seyn in die Lichtung herein, einmal steht das Seiende in sie herein. Von diesem Text von 1937/38 geht der Gedanke aus, den Heidegger im Vortrag "Die onto-theo-logische Verfassung der Metaphysik" von 1957 entfaltet. Es handelt sich dort um das Erscheinen

---

[36] Fr. 1 (Diels-Kranz 1,227). Vgl. hierzu *Luther,* o.c. 90-119.

[37] Von Heideggers Schreibweise 1937/38 gesehen, wäre "'Ortschaft des Seins'" als genitivus obiectivus zu verstehen, als Ortschaft (Lichtung) für das Sein des Seienden. "Ortschaft des Seyns" sagt Heidegger zwar nirgends - 1947 spricht er von der "Topologie des Seyns" (GA 13,84) -, diese Wendung würde jedoch zum Ausdruck bringen, daß das Seyn selbst die Ortschaft gewährt und selbst ist; der Genitiv wäre somit ein genitivus subiectivus.

von Sein und Seiendem *"aus der Differenz her"* (ID 55). Dies geschieht nach dem Vortrag so, daß Sein entbergend über das Seiende kommt, daß das Seiende in der Unverborgenheit ankommt, sich in sie birgt. "Die Differenz von Sein und Seiendem ist als der Unter-Schied von Überkommnis und Ankunft der *entbergend-bergende Austrag* beider" (ID 57). Der Überkommnis entspricht das Hereinwesen des Seyns, der Ankunft des Seienden sein Hereinstehen in die Lichtung. Sowohl der Gedanke der Überkommnis als auch der der Ankunft haben ihren Ursprung in Heideggers Hölderlin-Deutung (oben 43; 60). Für die Ankunft des Seienden im Sein ist allerdings Heideggers Auslegung der φύσις als "In-die-Unverborgenheit-hervorkommen" (oben 96) ausschlaggebend; das zeigt die Formulierung im Vortrag von 1957: "Ankunft heißt: sich bergen in Unverborgenheit" (ID 56). Auch in "Der Spruch des Anaximander", 1946, versteht Heidegger das gegenwärtig Anwesende (τὰ ἐόντα) als "angekommen in der Weile innerhalb der Gegend der Unverborgenheit" (GA 5, 346).

In den Texten zur Vorlesung "Grundfragen der Philosophie" geht Heideggers Denken und Fragen in die Richtung, die er am Schluß der Vorlesung "Einführung in die Metaphysik" angezeigt hatte: "das Sein selbst in *seiner* ursprünglichen Unterscheidung zum Seienden" zu eröffnen und zu gründen (oben 103). Unentfaltet liegen die Gedanken der Ortschaft und der Differenz bereits 1935 vor, wenn Heidegger Wendungen gebraucht wie "In-die-Unverborgenheit-hervorkommen" und 'Zurückstellen des Seienden in sein Sein' einerseits sowie "Ins-Werk-setzen" des Seins andererseits (oben 102).

Der Titel "ontologische Differenz" wird von Heidegger in der Vorlesung von 1937/38 nicht gebraucht. Er bekommt jetzt nämlich eine andere Bedeutung als in den Veröffentlichungen im Umkreis von "Sein und Zeit". Als Unterscheidung, die die abendländische Geschichte trägt (oben 100), ist die Differenz von Sein und Seiendem insofern "ontologisch", als sie - wie Heidegger es im Seminar von Le Thor 1968 dann ausgedrückt hat -, "die Ontologie als grundlegende Disziplin der Metaphysik trägt und ermöglicht" (GA 15,310).

§ 7. Das Fragen der Wahrheitsfrage im Hinblick auf den zukünftigen Anfang der Geschichte. GA 45: Grundfragen der Philosophie. Ausgewählte "Probleme" der "Logik". Wintersemester 1937/38

Heideggers Vorlesung ist eine Besinnung auf das Fragen der Wahrheitsfrage. Allein Inhalt und Art der Frage werden abgehandelt, die "Erörterung bleibt ohne Ergebnis" (187).[1] Das bedeutet, daß auf die Wahrheitsfrage keine definitive Antwort gegeben wird, es bedeutet nicht, daß etwa die Analyse der Grundstimmung, wie Heidegger sie vornimmt, sinnlos wäre, denn die Grundstimmung gehört "zur Wahrheit des Seyns selbst" (unten 148). Das Wort "Erörterung" weist darauf hin, daß Heidegger das Seyn mehr und mehr als "Ortschaft" denkt.

Die Entfaltung der Wahrheitsfrage geschieht in fünf großen Schritten. Um sie zu verstehen, ist es nötig, Heideggers *"Gang* des Vorgehens", auf den "alles ankommt" (144), zu verfolgen. Ich gebe einen Überblick: Angesetzt wird bei der seit zwei Jahrtausenden maßgebenden Auffassung der Wahrheit als Richtigkeit der Aussage. In einer kritischen Besinnung zeigt Heidegger, daß es etwas Fragwürdiges und bisher Ungefragtes gibt, das der Richtigkeit zu Grunde liegt und in dem das ursprüngliche Wesen der Wahrheit gesucht werden muß: die Offenheit (vorbereitender Teil).

Von den fünf Frageschritten des Hauptteils gelten die ersten drei einer inhaltlichen Klärung des Fragebereichs, die beiden letzten stellen eine Besinnung auf die Notwendigkeit des Fragens dar (107). Erster Schritt: Aus der Vermutung heraus, daß der überlieferte Wahrheitsbegriff die Offenheit irgendwie in sich schließt, wird in einer geschichtlichen Besinnung auf Platon und Aristoteles zurückgegangen, um festzustellen, wie die Bestimmung der Wahrheit als Richtigkeit begründet ist (Hauptteil, 1. Kapitel). Zweiter Schritt: Der Rückgang auf den Ursprung des traditionellen Wesens der Wahrheit treibt in die Frage nach der Wahrheit des Wesens, der Wesenheit (Hauptteil, 2. Kapitel). Es zeigt sich, daß das Wesen seit Platon und Aristoteles im Wassein als der ἰδέα angesetzt wird. Dritter Schritt: Die Wesensbestimmung der Wahrheit als Richtigkeit der Aussage ist im Beginn der Philosophie nicht begründet, sondern einfach ausgesprochen. Dieser Befund führt zu einer Erörterung von Begründung und Grund (Hauptteil, 3. Kapitel). Dabei wird klar: Wesenserkenntnis bedarf nicht der Begründung, sie ist vielmehr selbst Grundlegung. Vierter Schritt: Wenn die Wesenheit des Wesens die ἰδέα ist, das Seiende in seiner Gesichtetheit, so muß die Wesenserkenntnis ein Hervor-holen des Wesens ans

---

[1] Seitenangaben ohne Zusätze gelten im folgenden für GA 45.

Licht, in die Unverborgenheit, sein. Hieraus folgt: Die ἀλήθεια, die Unverborgenheit des Seienden, wurde von den Griechen als das ursprüngliche Wesen der Wahrheit in Anspruch genommen; aus ihm ergibt sich erst die Möglichkeit der Angleichung an das Seiende und der Richtigkeit der Aussage. Da für Heidegger gemäß seiner Hölderlin- und Pindar-Rezeption im Anfang der Geschichte, das heißt hier in der ἀλήθεια, alle Möglichkeiten dessen, was einmal als Wahrheit geschehen kann und wird, einbehalten sind, kommt die Notwendigkeit unserer Wahrheitsfrage aus dem Anfang selbst (Hauptteil, 4. Kapitel). Fünfter Schritt: Um zu begreifen, warum die Griechen die ἀλήθεια zwar erfahren, aber nicht nach ihrem Wesen gefragt haben, bedarf es einer Besinnung auf die Notwendigkeit, die der Anfang der Geschichte bei den Griechen bei sich trug (Hauptteil, 5. Kapitel). In einem "Rückentwurf" arbeitet Heidegger die Grundstimmung des Er-staunens heraus. Für den anderen Anfang fehlt eine Grundstimmung, denn das Seyn als das Stimmende entzieht sich. So kann der Zugang zum Wesen der Wahrheit offensichtlich nur über die Einsicht in die Seinsverlassenheit des Seienden gefunden werden. Am Schluß der Vorlesung steht die Frage nach der Lichtung, die Heidegger im ersten Vorlesungskonzept als Wesung der Wahrheit entwarf.

Heideggers Gang des Fragens soll im folgenden in seinen einzelnen Schritten nachgezeichnet werden.

a) Das Wesen der Philosophie und die Wahrheitsfrage

Im vorbereitenden Teil der Vorlesung gibt Heidegger eine *"Vordeutung"* (1) auf das Wesen der Philosophie und vollzieht eine kritische Besinnung über die Wahrheit als Richtigkeit.

"Die Angst vor dem Fragen liegt über dem Abendland", hatte Heidegger in seiner Hölderlin-Vorlesung von 1934/35 konstatiert (GA 39,134; oben 26) und damit die ihn seit "Sein und Zeit" bewegende Seinsfrage gemeint, in die letztlich alle Fragen einmünden. In der "Grundfragen"-Vorlesung erkennt Heidegger den "Standort des Menschen auf der Erde metaphysisch" darin, "daß der Mensch beginnt, in das *Weltalter der gänzlichen Fraglosigkeit* aller Dinge und aller Machenschaften einzutreten" (13). In dieser Situation kommt der Philosophie die Aufgabe zu, das Fragwürdigste heraufzurufen. Das Fragwürdigste und zugleich das Notwendigste ist für Heidegger jenes "Einfache", vor dem der Mensch ständig auf der Flucht ist: sein "Bezug zum Seyn selbst" (13). Statt sich auf dieses Einfache zu sammeln, zerstreut der Mensch sich in das Vielfache. Der Bezug wird von Heidegger 'einfach' genannt, weil er das Zusammengehörige ist im Sinne des λόγος, des ἕν und des συνεχές. Auf der ersten Wegstrecke seines Denkens sah Heidegger das "Einfache" in der die mannigfachen Bedeutungen des Seienden leitenden Grundbedeutung von Sein (oben 76 Anm.).

Der Gedanke, daß der Bezug zum Seyn das Fragwürdigste und Notwendigste ist, schließt an den Aufweis dieses Bezugs in der "Einführung in die Metaphysik" von 1935 an. Es gibt allerdings eine Sinnverschiebung: Nicht mehr auf das "Sein", das heißt auf die Seiendheit des Seienden, ist der Mensch bezogen, sondern auf das

"Seyn";[2] ihm würde im Parmenides-Vers τὸ γὰρ αὐτὸ νοεῖν ἐστίν τε καὶ εἶναι das τὸ αὐτό entsprechen, von dem Heidegger sich später zum "Ereignis" führen läßt (oben 83 f Anm.).[3] Wie bei der Auslegung des Parmenides-Verses in der "Einführung in die Metaphysik" eine Zweideutigkeit bestehen blieb, so auch hier, allerdings ist sie anderer Art: Der Bezug hält Seyn und Mensch zusammen, gleichzeitig aber *ist* das Seyn als das Einfache dieser Bezug. Dem entspricht in der Vorlesung "Grundbegriffe", daß das Sein (= Seyn) dem Menschen dessen Wesensaufenthalt ausbreitet und daß es zugleich selbst dieser Bereich ist (unten 173 ff).

Die geforderte fragende Haltung ist von einer Grundstimmung getragen, die Heidegger *"Verhaltenheit"* nennt. Sie öffnet sich, wie er sagt, "dem einzig Ungeheuren: daß Seiendes *ist* und nicht vielmehr nicht ist" (2). Das Erstaunliche und Befremdliche, daß Seiendes ist, bezeichnet Heidegger im ersten Entwurf zur Vorlesung als "das Wunder des Seienden" (197), im Nachwort zu "Was ist Metaphysik?" (1943) dann als "das Wunder aller Wunder" (GA 9,307). In der Freiburger Antrittsvorlesung (1929) wurde die Grundstimmung der Angst als dasjenige Phänomen herausgestellt, das die Frage aufbrechen läßt: "Warum ist überhaupt Seiendes und nicht vielmehr Nichts?" (GA 9,122). Mit dieser "Grundfrage der Metaphysik" beginnt Heidegger auch seine Vorlesung "Einführung in die Metaphysik".

In der Grundstimmung der Verhaltenheit, welche die künftige Philosophie auszeichnen soll, gehören ursprünglich zusammen: "das *Erschrecken* vor diesem Nächsten und Aufdringlichsten, daß Seiendes ist, und zugleich die *Scheu* vor dem Fernsten, daß im Seienden und vor jedem Seienden das Seyn west" (2). Mit diesem letzten Gedanken ist der Unterschied, die ontologische Differenz, angedeutet: das Seyn west "im" Seienden, es birgt sich ins Seiende - das Seyn west "vor" jedem Seienden, es ist das alles Seiende Umfangende und es Bergende.

Heidegger fährt fort: "Die Verhaltenheit ist die *Grundstimmung des Bezuges zum Seyn,* in welchem Bezug die Verborgenheit des Wesens des Seyns das Fragwürdigste wird" (2). Heidegger spricht von "Verhaltenheit" im Anschluß an das συνεχές des Parmenides (oben 82); außerdem denkt er an die Grundbedeutung von 'halten': "hüten, weiden",[4] die wohl dazu beigetragen hat, daß er später schreibt, der Mensch sei der "Hirt des Seins" (GA 9,342).[5] Immer, wenn Heidegger von "Verhältnis", "Sachverhalt", "Aufenthalt" usw. spricht, ist diese Etymologie zu beachten. In der "Verhaltenheit" als Grundstimmung der künftigen Philosophie ist der Bezug zum Seyn konsequenter ins Wort gefaßt als in der Grundstimmung des "Erschreckens", von der der erste Entwurf zur Vorlesung handelt; während diese auf das Seiende in seiner Seinsverlassenheit blickt, ist jene auf das Seyn ausgerichtet. Das Verb 'halten'

---

[2] Zu "Seyn" - "Sein" vgl. oben 109.

[3] Zur Trias Seyn (Ereignis bzw. ἀλήθεια) - Sein - Mensch vgl. auch oben 98 Anm.

[4] *Kluge,* 285. - In seiner Kunstwerk-Abhandlung weist Heidegger auf diese Etymologie hin (GA 5,4), ebenso im Heraklit-Seminar mit Eugen Fink (GA 15,205).

[5] Für dieses Wort ist auch Hölderlins Gedicht "Der Mutter Erde" wichtig, das mit den Worten abbricht, Vers 74 ff: "In heiligem Schatten aber,/ Am grünen Abhang wohnet/ Der Hirt und schauet die Gipfel" (SW 2,125). Heideggers Andeutung in seiner Hölderlin-Vorlesung von 1934/35 (GA 39,53) bezieht sich auf diese Zeilen. - Zum Einfluß der Dichtung *Rilkes* auf Heideggers Wort vom "Hirten des Seins" vgl.: Joachim W. *Storck,* Rilke und Heidegger. Über eine "Zwiesprache" von Dichten und Denken. In: Blätter der Rilke-Gesellschaft 4 (1976). Saas-Fee. S. 35-71.

mit seinen Komposita ist für Heidegger ein ausgezeichnetes Wort; mit ihm faßt er den Bezug von Sein (Seyn) und Mensch, genauso wie später mit dem Verb 'lassen' (GA 13,37 ff) und in seiner "Andenken"-Abhandlung mit dem Adjektiv 'fest' und dessen Derivata (unten 221 f Anm.).[6]

In die gänzliche Fraglosigkeit alles Seienden gehört, daß auch die Wahrheit hinsichtlich ihres Wesens keine Frage mehr ist. Die künftige Philosophie, wie Heidegger sie konzipiert, sieht als verborgenen Grund für das Ungeheure, daß Seiendes ist und nicht vielmehr nicht ist: das Seyn (5); sie hält aus dem Grunde, dem Seyn, die Wahrheit für frag-würdig. Zu dieser Würdigung ist eine andere Fragehaltung nötig als in der zweitausendjährigen Überlieferung, in der die Wahrheitsfrage als ein "'Problem der Logik'" (10) behandelt wurde. Heidegger möchte den Blick darauf lenken, daß in der abendländischen Geschichte in bezug auf die Wahrheit etwas Fragwürdiges ungefragt blieb und daß dies ein "ungeheures Geschehnis" (13) ist.

Die Philosophie als Fragen nach der "Wahrheit des Seyns" ist Heidegger zufolge "herrschaftliches Wissen" (6). In ihm ist schon das Fragen ein Wissen. Zu dieser "Vordeutung auf das Wesen der Philosophie" (6) macht Heidegger im Laufe der Vorlesung Ergänzungen. Wirkliches Fragen - so heißt es später (91) - vollzieht sich in einer langen, strengen Schrittfolge und findet eine Antwort in seinem allerletzten Schritt. Auf Heideggers eigene Vorlesung angewendet, muß man feststellen: In der gehaltenen Vorlesung wird der letzte Schritt des Fragens, die Antwort, nicht erreicht. Im ersten Entwurf dagegen tut Heidegger diesen Schritt in gewisser Weise mit seinem "Vorsprung in die Wesung der Wahrheit".

Heidegger setzt seine Erörterung fort: Damit die Notwendigkeit der Wahrheitsfrage, die Nötigung zu ihr wirklich erfahren werden kann, muß an der geläufigen Bestimmung der Wahrheit als Richtigkeit angesetzt und an ihr aufgewiesen werden, daß sie etwas Fragwürdiges ausspart. Seit Aristoteles gilt von der Wahrheit, daß sie in der Aussage (λόγος) beheimatet und eine Angleichung (ὁμοίωσις) an die Dinge ist (oben 96; 109 f). Diese Wahrheitsauffassung ist seitdem nicht nur in der Philosophie maßgebend, sondern scheint uns selbstverständlich und 'natürlich' zu sein. Heidegger möchte das Einfache und Fragwürdige, das die Bestimmung der Wahrheit als Richtigkeit ausklammert, "in seinem eigenen Wesen ... entfalten", um es "so in seinen verborgenen Grund zurückzugründen" (18). Der verborgene Grund der Wahrheit ist das Seyn.

Der Wesenszusammenhang zwischen Seyn und Wahrheit, dem Heidegger seit seiner "Einführung in die Metaphysik", geleitet durch die ᾽Αληθείη εὐκυκλής, nachdenkt, ist also offenkundig so, daß das Seyn sowohl alles Seiende als auch die Wahrheit als "umkreisender Kreis" umfängt (oben 100), daß es als verborgener Grund beide trägt. Eine andere Betonung von Grund kam im Entwurf zur Vorlesung zur

---

[6] Zu dem Umstand, daß Heidegger in der gehaltenen Vorlesung nicht mehr vom "Erschrecken" spricht, bemerkt Georg *Römpp*: Der Ausdruck "Erschrecken" wurde nicht weiter verwendet "mit gutem Grund: eine Grundstimmung, die bereits mit Namen bestimmt ist, hat ihre Notwendigkeit bereits verloren und ist somit keine mehr". Georg *Römpp*, Wesen der Wahrheit und Wahrheit des Wesens. In: Zeitschrift für philosophische Forschung 40 (1986). S. 189. - Das erscheint mir nicht plausibel. Offensichtlich kommt es Heidegger doch auf das Bezughafte an, auf den Bezug zum Seyn. Wie die Grundstimmung der Trauer in Hölderlins Dichtung an die geflohenen und kommenen Götter gebunden ist, so ist die Verhaltenheit *"die Grundstimmung des Bezuges zum Seyn"*.

Sprache, als Heidegger die Lichtung, das heißt die Wahrheit, als "tragenden Grund" des Menschseins hervorhob (oben 116).

Indem Heidegger das Wesen der Wahrheit in seinen verborgenen Grund zurückgründen will, versteht er sein eigenes Denken offenbar als geschichtsgründendes Schaffen. Denn Geschichte wird, wie er sagt, eröffnet und gegründet durch das "Schaffen des Dichters, des Baumeisters, des Denkers, des Staatsmannes" (43). Im Hinblick auf den anderen Anfang ist nach Heideggers Auffassung das Verhältnis der geschichtstragenden Mächte allerdings anders als im ersten Anfang. "Nicht die Dichtung ist das erste", wie in Epos und Tragödie der Griechen, "sondern *Wegbereiter* muß im Übergang das *Denken* sein" (190).[7]

In der gehaltenen Vorlesung wird weder das der Wahrheit als Richtigkeit zu Grunde liegende Einfache in seinem eigenen Wesen entfaltet noch dieses Wesen in seinen verborgenen Grund, nämlich das Seyn, zurückgegründet. Heidegger visiert hier ein fernes Ziel an, das er auch am Ende seines Denkweges nicht erreicht hat, denn inzwischen ist jedwede Gründungsabsicht aufgegeben. Was in der Vorlesung geleistet wird, ist eine inhaltliche Klärung des Fragebereichs (197) sowie eine Besinnung darauf, wie die Wahrheitsfrage zu fragen ist.

Eine "kritische Besinnung" (92; 103; 105 u.ö.) auf die Wahrheit als Richtigkeit, wie Heidegger sie im vorbereitenden Teil der Vorlesung anstellt, trifft auf etwas Fragwürdiges, das der Richtigkeit ungefragt zu Grunde liegt. Es ist eine *"vierfache Offenheit"* (19): 1. Damit das Aussagen sich nach dem Gegenstand richten kann, muß dieser selbst zugänglich sein und offenliegen. 2. Offenliegen muß auch der ganze *"Bereich"*, den das angleichende Sichrichten nach dem Ding durchmessen muß. 3. muß der Mensch offen sein für die ihm begegnenden Dinge, und 4. muß er offen sein für seine Mitmenschen, um sich über die Richtigkeit seiner Aussagen verständigen zu können (19). Heidegger argumentiert hier ähnlich wie im Entwurf zur Vorlesung. Zwei Wesenszüge der Offenheit, die Offenheit auf seiten der Dinge und des Menschen kamen bereits in Heideggers "Vorbegriff der Phänomenologie" in "Sein und Zeit" zur Sprache, als er τὸ φαινόμενον als "das Offenbare" (GA 2,38) und φαίνεσθαι als "offenbar machen" (GA 2,43) faßte; die Offenheit des Menschen für andere wurde in "Sein und Zeit" als Existenzial des Mitseins hervorgehoben (§§ 26, 27).[8]

---

[7] Daß Heidegger sich selbst *nicht* als geschichtsgründenden Denker sieht, kann man aus einer Bemerkung in den 1936-1938 entstandenen "Beiträgen zur Philosophie (Vom Ereignis)" schließen: "Wir Jetzigen aber haben nur die eine Pflicht, jenen Denker vorzubereiten durch die weit vorgreifende Gründung einer sicheren Bereitschaft für das Frag-würdigste". - Ähnlich hat Heidegger sich 1969 im Gespräch mit Richard *Wisser* geäußert (IG 77).

[8] In seiner 1943 veröffentlichten Schrift "Vom Wesen der Wahrheit" geht Heidegger ebenfalls vom geläufigen Begriff der Wahrheit als Richtigkeit und Übereinstimmung aus und weist seinen mittelalterlichen Ursprung sowie dessen Herkunft aus der Philosophie des Aristoteles auf (GA 9,178 ff). Sodann wird auf die "innere Möglichkeit der Übereinstimmung" zurückgegangen (GA 9,182 ff). Genauso wie in der "Grundfragen"-Vorlesung stößt Heidegger bei diesem Fragschritt auf eine mehrfache Offenheit: auf das "Offenbare als ein solches", das heißt das anwesende Seiende, sowie auf das gegenüber dem Seienden "offenständige Verhalten" des Menschen, die sich beide im "Offenen eines Bezirks" und "Bezugsbereichs" halten müssen (GA 9,184). Vom menschlichen Verhalten wird gesagt, daß es "im" Offenen steht (GA 9,184); damit wird auf das Sein als Ortschaft gedeutet. Vom Seienden heißt es, daß es in das Offene "hereinsteht" (GA 9,188), womit außer der Ortschaft des Seins die Frage der ontologischen Differenz anklingt. - Zur Erläuterung dieser Schrift vgl.: A. *de Waehlens* - Walter *Biemel*, Heideggers

Die "vielfach einige Offenheit" - so Heideggers weitere Überlegungen - ist das *"schon Waltende"*, in dem alle Richtigkeit spielt. Die Offenheit ist das "Tragende und Überwölbende"; sie ist "der Grund und Boden und Spielraum aller Richtigkeit" (20). Hier ist die Offenheit nicht an einer Waldlichtung ausgerichtet wie im Entwurf zur Vorlesung, sondern am Erdboden und dem ihn überwölbenden Himmel. Auch beim Himmelsgewölbe könnte Heidegger an die ᾿Αληθείη εὐκυκλής bzw. an die εὔκυκ- λος σφαίρη[9] des Parmenides denken. Während im Entwurf zur Vorlesung die Rundung gleichsam in der Horizontalen liegt, erstreckt sie sich in der Vorlesung in die Vertikale. Die Offenheit als das *"schon Waltende"* und als Bereich, in dem alles Durchmessen spielt, ist identisch mit dem Weltphänomen, denn Welt ist das "ursprüngliche und ureigene im voraus Offenbare" (oben 61). Mit der Offenheit ist das "ursprünglichere Wesen der Wahrheit" (105) bezeichnet, das der Richtigkeit vorausliegt. Die Offenheit ist für Heidegger das eigentlich Fragwürdige (99 u.ö.).

In ihren vierfachen Strukturbestandteilen ist die Offenheit nicht nur Grund der Richtigkeit, sondern auch, wie ersichtlich, ursprünglicher als das griechische Wahrheitsphänomen, nämlich die Offenbarkeit des Seienden. Die frühgriechische Wendung ἀληθέα εἰπεῖν, 'das unverborgene Seiende in der Rede nachsprechen' (oben 94 Anm.), beruht dann auf der Offenheit der Dinge und der Offenheit des Menschen für diese; beides muß sich im Offenen als Bereich halten. Hier scheint schon derjenige Sachverhalt auf, der Heidegger 1964 einsehen läßt, daß die Unverborgenheit, in seinem Sinn als Lichtung gedacht, auch von den frühen Griechen, "sogleich und nur als ὀρθότης, als die Richtigkeit des Vorstellens und Aussagens" erfahren wurde (SD 78; vgl. unten 344). Mit dem Aufweis der vierfachen Offenheit erweitert Heidegger auch die Erschlossenheit des Daseins aus "Sein und Zeit", die vom existenzialen Ansatz aus als das ursprünglichste Phänomen der Wahrheit galt (GA 2,291).

Indem Heidegger die Offenheit als Grund der Richtigkeit sichtbar macht, entfaltet er die Frage nach der Wahrheit als Grundfrage. Die Wahrheitsfrage ist in doppelter Hinsicht Grundfrage: weil sie auf das Seyn als Grund zielt und weil sie in den Grund der überlieferten Wahrheitsauffassung zurückgeht. Dies wiederum ist eine Konsequenz der Bewegtheit des geschichtlichen Fragens, wie Heidegger es versteht: im Zurückgehen und der Erinnerung wird der Grund der Überlieferung erreicht, der "Vorsprung" richtet sich auf das Seyn (oben 66 f; 108 f). Heidegger möchte die Offenheit, den einfachen Grund der Richtigkeit, in ihren verborgenen Grund, in das Seyn, zurückgründen. Im Rahmen dieser Aufgabe ist die Wahrheitsfrage Grundfrage in einer dritten Hinsicht, nämlich als "Grundfrage der Philosophie" (44).

Denkt man sich die Bewegtheit des geschichtlichen Fragens kreisartig, dann befinden sich der Grund als Boden der Überlieferung und der Grund als Seyn genauso

---

Schrift "Vom Wesen der Wahrheit". In: Symposion III (1952). S. 482-508. - In der Urfassung des Vortrags "Vom Wesen der Wahrheit" von 1930 ist allerdings noch nicht von "Offenständigkeit" die Rede, sondern von "Verbindlichkeit". Vgl.: Ekkehard *Fräntzki*, Die Kehre. Heideggers Schrift "Vom Wesen der Wahrheit". Urfassungen und Druckfassungen. Pfaffenweiler: Centaurus 1985. S. 51. - Die Entfaltung dieser Gedanken stammt also wahrscheinlich aus der "Grundfragen"-Vorlesung.

[9] Fr. 8, V.43 (Diels-Kranz 1,238). Im Zusammenhang mit Rilkes "Kugel des Seins" nennt Heidegger die εὔκυκλος σφαίρη in seinem Vortrag "Wozu Dichter?" von 1946 (GA 5,301).

an derselben Stelle wie erster und anderer Anfang, jedoch so, daß das Seyn, weil der Kreis spiralförmig offen ist, unterhalb des Grundes der Überlieferung liegt. Daß Heidegger bei der Bewegtheit des Fragens ein kreisartiges Modell vor Augen hat, wird an folgendem Satz deutlich: "dasjenige, woran die geschichtliche Besinnung im Gewesenen erinnert, ist dasselbe und einig mit dem Künftigen, das in der Aufgabenentscheidung des Schaffenden festgemacht und als Gesetz ergriffen wird" (49). Bei einer linearen Geschichtsbetrachtung, wie sie allem Fortschrittsdenken zu Grunde liegt, könnten das Gewesene und das Künftige niemals "einig und dasselbe" sein. Für Heidegger gibt es im Wesenhaften keinen Fortschritt, sondern nur "die Verwandlung des Selben" (54).

In einer Erläuterung zum Zusammenhang der Nietzsche-Vorlesungen aus den beiden der "Grundfragen"-Vorlesung vorangegangenen Semestern, 1936/37 und 1937, geht Heidegger auf das Gefüge der metaphysischen Leitfrage, welche lautet "was ist das Seiende?", ein. Er schreibt im Mai 1937: "Die Leitfrage nach dem Seienden gründet in der Frage nach der Wahrheit der Wesung des Seins, der ursprünglichen und anfänglichen Seinsfrage, die wir als die Grundfrage der Philosophie für ihren anderen Anfang in Anspruch nehmen; in dieser Grundfrage ist aber eingeschlossen, als ihr vorlaufend, die *Vor*frage nach dem Wesen der Wahrheit ..." (GA 43,285). Die Frage nach dem Sein (Seyn) ist für Heidegger auf seinem ganzen Denkweg dasjenige, worauf es ihm eigentlich ankommt. Die Frage nach dem Wesen der Wahrheit läuft der Seinsfrage voraus, dient ihr als *"Vor*frage", so genannt auch im Entwurf zur Vorlesung (oben 108). Insofern die Seinsfrage aber die Wahrheitsfrage einschließt, ist diese nur ein Stück jener, allerdings ihr "Kernstück" (oben 124). Wenn Heidegger die Seinsfrage "Grundfrage der Philosophie" nennt, so meint er damit immer die künftige Philosophie, die den anderen Anfang von Geschichte eröffnen soll. In seiner "Einführung in die Metaphysik" hatte Heidegger, von ihm selbst aber kritisiert, auch die Leitfrage der Metaphysik als deren Grundfrage bezeichnet (oben 66).

In Heideggers Frage nach dem Wesen der Wahrheit ist "Wesen" nicht wie von der Tradition als das begrifflich erfaßbare Allgemeine einer Sache verstanden, sondern im Zusammenhang mit "Zeit" und Geschichte. Heidegger sagt in der Vorlesung "Grundfragen der Philosophie": "Das 'Wesen' der Wahrheit ist ein *Geschehen*, das wirklicher und wirksamer ist als alle historischen Begebenheiten und Tatsachen, weil es deren Grund ist". Auf diese *"verborgene Geschichte des 'Wesens'* der Wahrheit" (44) möchte Heidegger sich einlassen. "Wesen" steht hier in Anführungszeichen, um sich von der geläufigen Wesensauffassung zu distanzieren. Die verborgene Geschichte des Wesens der Wahrheit gehört zusammen mit der Geschichte des Seins als Anwesenheit, die ihrerseits eine verborgene ist, weil in ihr das Walten der "Zeit" verborgen blieb. Daß das Wesen der Wahrheit Grund für historische Begebnisse sein kann, wird deutlich, wenn man sich klar macht, daß Technik und Wissenschaft auf die Wahrheit als Richtigkeit angewiesen sind; würde die Wahrheit als ein Walten erfahren, das den Menschen ergreift, sich für ihn ereignet, so hätte das eine andere Einstellung zur Welt zur Folge.

b) Geschichtliche Besinnung auf die Wahrheit als Richtigkeit. Die Kehre der Wahrheitsfrage

Der erste Frageschritt im Hauptteil der Vorlesung versteht sich als *"geschichtliche Besinnung"* (35). Im Unterschied zu einer *"historischen Betrachtung"*, die eine "Erkundung des Vergangenen aus dem Gesichtskreis des Gegenwärtigen" darstellt - "ἱστορεῖν - *auskundschaften"* (34) -, meint Heidegger mit "geschichtlich" das Geschehen selbst (35), außerdem ist die geschichtliche Besinnung auf das Zukünftige gerichtet. Wie gemäß "Sein und Zeit" die Geschichtlichkeit des Daseins ihre Wurzel in der Zukunft hat, so bestimmt sich auch Geschichte als Geschehen gemäß "Einführung in die Metaphysik" (oben 79 f) und der Vorlesung "Grundfragen der Philosophie" aus der Zukunft. (Eine andere Form der Geschichte ist das Seinsgeschehnis, oben 92.)

"Be-sinnung" heißt für Heidegger: "Eingehen auf den Sinn des Geschehenden, der Geschichte. 'Sinn' meint hier: den *offenen Bereich* der Ziele, Maßstäbe, Antriebe, Ausschlagmöglichkeiten und Mächte - all dies gehört *wesentlich* zum Geschehen" (35 f).[10] Es macht das geschichtliche Menschsein aus, daß der Mensch in diesem offenen Bereich steht, ihn aussteht und besteht (36). Heidegger prägt hierfür im Fortgang der Vorlesung das Wort "Inständigkeit".

Die geschichtliche Besinnung, die auf diesen offenen Bereich eingeht, beschreibt einen ähnlichen Weg, wie ihn Heidegger im Einrücken in den "Machtbereich der Dichtung" in seiner ersten Hölderlin-Vorlesung ging. Im Hinblick auf die Entfaltung der Wahrheitsfrage, um die es Heidegger in der "Grundfragen"-Vorlesung zu tun ist, bedeutet geschichtliche Besinnung: "uns in das Wesen der Wahrheit *einzurücken"* (159).

Das Eingehen in den Bereich des Geschichtlichen vollzieht sich in zwei Denkbewegungen: in einem "Rückgang" und einem "Vorspringen" (110); im Entwurf zur Vorlesung waren es Erinnerung und Vorsprung. Solches Fragen und Denken ist einerseits eine Fortführung von Heideggers Analysen der Geschichtlichkeit des Daseins in "Sein und Zeit", andererseits eine Auswirkung der Hölderlin- und Pindar-Rezeption. Heideggers Ausdeutung der Rheinhymne aus seiner Vorlesung von 1934/35 bildet die Basis für die Vermutung, "daß der Anfang dasjenige sei, *was unentfaltet in seiner Größe in die Zukunft vorausgreift,* daß der *Rückgang in den Anfang* demgemäß ein Vorspringen, ja das eigentliche *Vorspringen in die Zukunft* sein könnte, freilich nur unter der einen Bedingung, daß wir *wirklich mit dem Anfang anfangen"* (110). Das bedeutet: Es macht die Größe des Anfangs aus (vgl. oben 69), daß er unentfaltet das aus ihm Folgende birgt, wie die Quelle in gewisser Weise bereits den ihr entspringenden Strom enthält. Wie die Quelle das Strömen des Wassers aber bleibend bestimmt, wie sie das ihr Entsprungene sozusagen überspringt und ihm vorspringt, so greift auch der Anfang der abendländischen Geschichte in die Zukunft voraus. Dem über uns hinausgreifenden Anfang (40; 42; 44) werden wir ge-

---

[10] In seinem 1943 veröffentlichten Vortrag "Vom Wesen der Wahrheit" kommt Heidegger auf den "Sinn" als "Entwurfbereich", das heißt "Offenheit", das heißt "Wahrheit des Seins", zurück, und zwar in der Absicht, die "Sein und Zeit" tragende Frage nach dem Sinn von Sein zu verdeutlichen (GA 9,201).

recht, indem wir in den Anfang bei den Griechen zurückgehen und in den anderen Anfang vorspringen. Daß Heidegger auch in dieser Vorlesung, wenn er vom Anfang spricht, die Quelle vor Augen hat, läßt sich an der Kennzeichnung des Anfänglichen als des "Unerschöpflichen" (37) ablesen.[11] Unerschöpflich ist die Quelle, weil sie, solange sie quillt, nicht ausgeschöpft werden kann.

Heidegger denkt das Verhältnis des Denkens und Fragens zum Anfang so, daß einmal das Denken das Sichbewegende ist und der Anfang gleichsam ruht, zum anderen aber der Anfang selbst eine Bewegung vollzieht. Im ersten Fall ist es ein Vor- und Zurückgehen des Denkens zum Anfang, im zweiten ein Vorausgreifen und Hinweggreifen des Anfangs über uns. Dadurch, daß der Anfang uns übergreift, wird er für uns das Zukünftige. Heidegger sagt: *"Das Zukünftige ist der Ursprung der Geschichte. Das Zukünftigste aber ist der große Anfang,* jenes, was - sich ständig entziehend - am weitesten zurück- und zugleich am weitesten vorausgreift" (40). Heidegger meint die andere Geschichte, die in der Dichtung Hölderlins angestimmt ist und die auch er vorbereiten möchte. Daß der große Anfang sich ständig entzieht, heißt, daß uns dieser Anfang nicht einfach zufällt, daß er vielmehr erkämpft, in Gewalttaten und Entscheidungen errungen werden muß. Schaffend das "Gesetz des Anfanges" zu erfahren und wieder "ins Freie" zu bringen (36 f), erkennt Heidegger als die geschichtliche Notwendigkeit, der er sich unterstellt. Zum Gesetz des Anfangs der abendländischen Geschichte findet er über das Wesensgesetz des Reinentsprungenen. Heideggers geschichtliche Besinnung "schafft an der Vorbereitung eines geschichtlichen Daseins, das der *Größe* des Schicksals, den Augenblicken der Gipfelhöhe des Seyns, gewachsen ist" (55). Hiermit ist das Seinsgeschehnis aus "Einführung in die Metaphysik" gemeint, welches Heidegger später "Ereignis" nennt. "Schicksal" ist ein Hölderlin-Wort. Ebenso nimmt "Gipfelhöhe des Seyns" Bezug auf die "Gipfel der Zeit" aus der "Patmos"-Hymne.

Heideggers Gang des Fragens in seiner Vorlesung "Grundfragen der Philosophie" wendet sich auf Aristoteles zurück mit der Intention festzustellen, wie die überkommene Auffassung der Wahrheit als Richtigkeit begründet ist; denn wenn die vielfache Offenheit das ursprüngliche und eigentliche Wesen der Wahrheit ist, dann muß die Richtigkeit dieses Wahrheitswesen, wenngleich nicht ursprünglich, irgendwie enthalten. Die Frage nach der Begründung des Wesens der Wahrheit als Richtigkeit schließt die Frage ein, wie überhaupt das Wesen von etwas angesetzt ist und worin diese Ansetzung ihren Grund hat. Das Wesen des Wesens, die "Wesenheit", muß Auskunft darüber geben, "was das Wesen als solches eigentlich, in *Wahrheit* ist". Die Wesenheit muß die *"Wahrheit des Wesens"* umgrenzen (46 f). So führt die Entfaltung der Wahrheitsfrage vor das Rätselhafte: "Die Frage nach dem *Wesen der Wahrheit* ist *zugleich und in sich* die Frage nach der *Wahrheit des Wesens.* Die Wahrheitsfrage - als Grundfrage gefragt - kehrt sich in sich selbst gegen sich selbst". Das zukünftige philosophische Denken muß sich unausweichlich in dieser *"Kehre"* bewegen (47).[12] Da dieses Denken auf den Bezug zum Seyn gestimmt ist, wie Hei-

---

[11] Heidegger greift mit dieser Kennzeichnung auf die Verse 74 ff aus "Germanien" zurück: "Doch Fülle der goldenen Worte sandtest du auch/ Glükseelige! mit den Strömen und sie quillen unerschöpflich/ In die Gegenden all" (SW 2,151. GA 39,12).

[12] Eine "Kehre" des Denkens und Fragens behandelte Heidegger bereits in seiner Vorlesung "Metaphysische Anfangsgründe der Logik im Ausgang von Leibniz" aus dem Sommersemester 1928: Die

degger im vorbereitenden Teil der Vorlesung ausführt (oben 128), gehört die *"Kehre"* des Fragens wesentlich zum Seyn. Eine Bemerkung in Klammern erläutert: "das Seyn als Ereignis" (47). Diese Bemerkung bezieht sich auf Heideggers 1936-1938 entstandene Schrift "Beiträge zur Philosophie (Vom Ereignis)" (GA 65,3 ff).

Auf Heideggers weiterem Denkweg ist, je mehr er 'vom Sein ausgeht' (oben 84), je mehr er das Seinsverständnis 'überwindet' (oben 92), nicht länger das sich kehrende Fragen das Entscheidende, sondern eine Kehre des Seyns selbst. Denn daraus, daß das sich kehrende Fragen und Denken zum Seyn gehört, das Seyn aber als "Geschehnis" (oben 84 ff) sich dem Denken gibt, das Denken also gleichsam die Selbstbewegung des Seyns nachzeichnet, erwächst die Einsicht, daß das Seyn selbst eine Kehre beschreibt. Diese Kehre ist der "Wandel der Geschichte" (oben 121), der andere Anfang.[13] Solche Gedanken werden von Heidegger einstweilen noch zurückgestellt, sie werden aber durch die Hölderlin-Vorlesungen von 1941/42 und 1942 in ihrem Gehalt bestätigt und erneut aufgenommen.

c) Die Wesenheit des Wesens

Mit der Frage nach der Wahrheit des Wesens tut Heidegger den zweiten Schritt im Ausschreiten des Fragebereichs. Seine Überlegungen sind folgende. Die Wesenheit des Wesens wurde von Platon und Aristoteles für die gesamte abendländische Philosophie verbindlich festgelegt. Das Wesen ist das *"Was* etwas ist, das *Wassein* (τὸ τί εἶναι)" (61).[14] Wie Heidegger gezeigt hatte, ruht der philosophische Wesens-

---

Fundamentalontologie als temporale Analytik muß in eine metaphysische Ontik zurücklaufen; es kommt zum Umschlag in die "Metontologie" (GA 26,201).

[13] In seiner 1943 erschienenen Schrift "Vom Wesen der Wahrheit" spricht Heidegger, ganz im Sinne der Vorlesung von 1937/38, von der "Verflechtung des Wesens der Wahrheit mit der Wahrheit des Wesens" (GA 9,198). Vgl. hierzu de Waehlens - Biemel, o.c. 505. In der dieser Schrift 1949 angefügten Schlußanmerkung ist es nicht mehr die Wahrheitsfrage, die sich kehrt, wie in der Vorlesung von 1937/38, sondern die Kehre spielt "innerhalb der Geschichte des Seyns". Heidegger 'sagt' diese Kehre, indem er auf die Frage nach dem Wesen der Wahrheit die Antwort findet: *"Das Wesen der Wahrheit ist die Wahrheit des Wesens"* (GA 9,201). Der erste Teil des Satzes bezieht sich auf die herkömmliche Auffassung, der zweite nennt Heideggers Anliegen. Die Wahrheit des Wesens ist das Ursprünglichere; in ihr gründet das Wesen der Wahrheit im Sinne der Tradition, die Wesen als quidditas und realitas, Wahrheit aber als Charakter der Erkenntnis auffaßt. *Was* die Wahrheit als Erkenntnis ist, läßt sich nur aus der Aufhellung von "Wesen" sichtbar machen. - Heideggers "Sage" dieser "Kehre innerhalb der Geschichte des Seyns" (GA 9,201) ist nicht erst 1949 zu hören, sondern bereits ein Jahrzehnt vorher, sie kommt in der "Grundfragen"-Vorlesung als "Wandel der Geschichte" (oben 121), als anderer Anfang zur Sprache. Im anderen Anfang bleibt die Zeit als "die die Seinseröffnung leitende Blickbahn" nicht länger verborgen (oben 77), vielmehr wird das Sein (Seyn) in seiner zeithaften Wahrheit erfahren. Die Wendung *"Wahrheit des Wesens"* meint in der Vorlesung von 1937/38 und in der Schlußanmerkung zum Wahrheitsvortrag (1949): Sein (Seyn) als "Zeit". "Wesen" ist zeithaft - und, wie es 1949 heißt "verbal" (GA 9,201) verstanden. - Unter dem Wort "Wahrheit des Wesens" denkt Heidegger 1949 "das Seyn als den waltenden Unterschied von Sein und Seiendem" (GA 9,201). Dieser waltende und wesende Unterschied kommt im Entwurf zur "Grundfragen"-Vorlesung zur Sprache als Hereinwesen des Seyns in das Gelichtete und als Hereinstehen des Seienden in die Lichtung, die Lichtung ist für das Seyn (oben 125).

[14] *Aristoteles,* Met. 1028 a 14: πρῶτον ὂν τὸ τί ἐστιν, ὅπερ σημαίνει τὴν οὐσίαν. *Aristoteles,* Met. 1028 b 2 f: καὶ δὴ καὶ τὸ πάλαι τε καὶ νῦν καὶ ἀεὶ ζητούμενον καὶ ἀεὶ ἀπορούμενον, τί τὸ ὄν, τοῦτό ἐστι τίς ἡ οὐσία. Diese Aristoteles-Stelle führt Heidegger in seiner Nietzsche-Vorlesung des vorigen Semesters, Sommersemester 1937, an. In der Frage τί τὸ ὄν erkennt er die *Leitfrage* der Metaphysik (GA 44,222).

begriff (οὐσία) auf der vorbegrifflichen Grundbedeutung: ständige Anwesenheit (oben 76 f). Das Wassein (τὸ τί ἐστιν), und darin mitgedacht: das Beständige, ist an einem Seienden dasjenige, das wir, ohne eigens darauf zu achten, *"im vorhinein im Blick haben"* (61), wenn uns ein Seiendes begegnet. Aus diesem "Vorblick" (66) entscheidet sich, was wir im einzelnen Fall sehen. Wäre zum Beispiel nicht im voraus das Haushafte gesichtet, könnten wir gar kein Haus bemerken und erkennen. Daß das Wesen das dem jeweiligen Seienden Vorausliegende ist, bringt Aristoteles als τὸ τί ἦν εἶναι (59) auf den Begriff.[15] Wassein und Was-es-war-sein ist das Wesen für alles wirkliche und alles mögliche Seiende. Das so gedachte Wesen beruht auf der Platonischen ἰδέα, dem "Gesichteten in seiner Gesichtetheit" (62), in der "Einführung in die Metaphysik" als "das Gesichtete am Sichtbaren, der Anblick, den etwas bietet" ausgelegt (oben 94). Platon hat mit der ἰδέα nach Heideggers Auffassung "vielleicht mit die folgen- und einflußreichste und verhängnisvollste philosophische Festsetzung im abendländischen Denken" (64) getroffen.

Insofern das Wesen gleichgesetzt ist mit dem Wassein, das heißt mit dem, *was* ein Seiendes ist, liegt im Wesen zugleich die Auffassung dessen, was ein Seiendes *ist,* also eine Ansicht seiner Seiendheit. Das Wesen als ἰδέα umfaßt demnach das Wassein (τί ἐστιν) und die Seiendheit (οὐσία); das im voraus Erblickte ist sowohl ein so und so Aussehendes als auch dessen Aussehen. Entsprechend bedeutet οὐσία zweierlei, im engeren Sinne und der Wortbildung nach:[16] Seiendheit, gemäß Platons und Aristoteles' Festsetzung: Wassein. Nur weil diese Entscheidung fiel, ist es angebracht, οὐσία mit "Wesen" (τί ἐστιν und ἐστιν) zu übersetzen. In der Doppeldeutigkeit des Wesens als ἰδέα liegt der Grund für die Differenzierung in τί ἐστιν und ὅτι ἐστιν, in essentia und existentia. Heidegger hat diese Zusammenhänge in seiner Vorlesung des Sommersemesters 1927, "Die Grundprobleme der Phänomenologie", verfolgt (GA 24,108 ff).

Platons Bestimmung der Seiendheit des Seienden als ἰδέα hat ihren Grund im vorphilosophischen Verständnis von οὐσία als "beständig sich auftuender und sich zeigender Anwesenheit" (68). Aus dieser Formulierung geht hervor, daß Heidegger das aufgehende Walten der φύσις sowie das Sichzeigen des φαινόμενον mit οὐσία zusammendenkt. Genauso wie in der "Einführung in die Metaphysik" hebt er die ἰδέα als abkünftiges Phänomen hervor. Das genuin "Griechische" (68) liegt für Heidegger im vorbegrifflichen Verständnis von Grundworten wie οὐσία und φύσις, das heißt in den in diesen Worten niedergelegten Erfahrungen, die einst zu ihrer Prägung führten.

Platons Festsetzung war die "folgenreichste", weil sie die ganze abendländische Tradition bis Nietzsche geprägt hat,[17] sie war aber auch die "verhängnisvollste", weil andere Möglichkeiten, die in der Sprache angelegt waren, damit abgeschnitten wurden. Die Bestimmung des Wesens als ἰδέα ist dafür verantwortlich, daß die Welt

---

[15] *Aristoteles,* Met. 1028 b 34.

[16] Abstraktbildung auf -ία vom Partizip ὤν, οὖσα, ὄν. *Frisk* 2,449.

[17] Heidegger würde der These *Whiteheads* zustimmen: "The safest general characterisation of the European philosophical tradition is that it consists of a series of footnotes to Plato". Alfred North *Whitehead,* Process and Reality. An Essay in Cosmology. Cambridge: University Press 1929. New York: Macmillan 1929. p. 63.

zum "Bild" werden, daß es zu "Weltbildern" kommen konnte, worauf Heidegger in seinem Vortrag "Die Zeit des Weltbildes" (1938) hinweist (GA 5,91). Ferner ist in der ἰδέα ihre Auslegung als Bedingung der Möglichkeit für das Seiende angelegt, was bereits Nietzsches Wertgedanken vorzeichnet, wie Heidegger in seiner Nietzsche-Vorlesung von 1940 feststellt (GA 48,307 ff).

Daß Heidegger die platonische ἰδέα ganz vom Wort ἰδεῖν her auslegt - Ausdrücke wie "Sicht", "Blick", "Aussehen", "Anblick" belegen das -, ist von philologischer Seite oft kritisiert worden. Man vergißt dabei, daß es Heidegger, wie bei allen seinen Interpretationen antiker Texte, nicht in erster Linie um die richtige Deutung des Autors geht, sondern um die ursprünglichen Erfahrungen, die aus einem Wort wie ἰδέα sprechen. Wenn auf diese im Wort geborgenen Erfahrungen gehört wird, so ist das für ihn eigentlich "griechisch gedacht" (62).[18] Letztlich ist es Heidegger immer um das Ungedachte im Gedachten zu tun, welches für ihn gerade das zu Denkende darstellt.[19]

Daß Heidegger "Wesen" zunehmend zeithaft, verbal, denkt und damit der gesamten abendländischen Tradition gegenübertritt, ist von ihm keine Willkür, sondern er geht zurück zu dem, was das Wort ursprünglich bedeutete, und macht es für den anderen Anfang fruchtbar. Das Auffallende am Begriff "Wesen" ist: Bei der Übersetzung von ἰδέα bzw. der scholastischen essentia durch das deutsche Wort "Wesen" griff die Philosophie auf ein Wort zurück, das die Grundbedeutung 'verweilen, wohnen, währen, dauern' hat (oben 72 Anm.); sie verfuhr damit analog zur griechischen Begriffsprägung οὐσία, die ein vorphilosophisches Wort aufnahm, in dem sich die Erfahrung von Gegenwart, das heißt Zeit, ausspricht (oben 77 Anm.).

Heideggers Herausstellung der Wesenheit des Wesens in ihrem Grundzug als Wassein geschah im Interesse der Frage, wie das überlieferte Wahrheitsverständnis, die Richtigkeit, bei Aristoteles begründet ist. Bei der Nachforschung in seinen Schriften - so erläutert Heidegger - stößt man auf das Merkwürdige, daß es keine Begründung gibt, daß die Wesensbestimmung des Wahren vielmehr einfach ausgesprochen wird. Heidegger nennt als Beleg wieder Kapitel 10 von Metaphysik Θ. Nach diesem Text, der in betonter Weise von Wahr und Falsch handelt, sagt derjenige die Wahrheit, der entsprechend den πράγματα aussagt, der vom Getrennten glaubt, es sei getrennt, und vom Zusammengesetzten, es sei zusammengesetzt; derjenige aber täuscht sich, der entgegengesetzt zu den πράγματα denkt.[20] Daß der Ort der Wahrheit für Aristoteles in der Aussage (τὸ ὂν λέγεται ...) bzw. im Denken liegt, geht aus dem Beginn des Kapitels Metaphysik Θ 10 sowie mehreren anderen Stellen hervor (vgl. oben 110 Anm.). Pointiert formuliert wird dieser Sachverhalt in folgendem Satz, den Heidegger auch in seiner Vorlesung anführt (71): οὐ γάρ ἐστι τὸ ψεῦδος καὶ τὸ ἀληθὲς ἐν τοῖς πράγμασιν ... ἀλλ᾽ ἐν διανοίᾳ.[21]

---

[18] Vgl. unten 237 f; 243 f.

[19] vgl. Heinrich *Ott*, o.c. 110: "Während nun Hegel die Denker bei dem nimmt, was sie tatsächlich gedacht haben, will Heidegger sie von dem her ursprünglicher verstehen, was bei ihnen ungedacht geblieben ist. Er zielt beispielsweise nicht auf das ab, was Platon gedacht hat, sondern auf die bei ihm ungedacht gebliebene Grund-Erfahrung seines Denkens, aus der dieses Denken hervorging".

[20] *Aristoteles*, Met. 1051 b 3 f: ἀληθεύει μὲν ὁ τὸ διῃρημένον οἰόμενος διῃρῆσθαι καὶ τὸ συγκείμενον συγκεῖσθαι, ἔψευσται δὲ ὁ ἐναντίως ἔχων ἢ τὰ πράγματα. Zur Interpretation durch die Philologie vgl. *Oehler*, o.c. 176 ff.

[21] *Aristoteles*, Met. 1027 b 25 ff.

Von Aristoteles nahm die uns tragende Überlieferung des Wahrheitsbegriffs im Sinne der Richtigkeit ihren Ausgang. Wenn nun - so Heideggers Argumentation - Aristoteles für diese Wesensbestimmung keine Begründung gegeben hat, so würde das bedeuten, daß der traditionelle Wahrheitsbegriff bodenlos ist. Aber nicht nur dies, aller Wesensansetzung, gleichgültig ob der des Staates, der Zeit oder anderer Phänomene, scheint der Grund zu fehlen, denn Aristoteles rechtfertigt auch die Festlegung des Wesens als τὸ τί ἐστιν bzw. τὸ τί ἦν εἶναι nicht. Hier gilt es nun für Heidegger genauer nachzusehen, was "Begründung" und "Grund" heißt. Dies ist der dritte Schritt in der Klärung des Fragebereichs.

d) Gründung des Grundes.
Die ἀλήθεια als ursprüngliches Wesen des Wahren

Die Wesensdefinition 'Wahrheit ist Richtigkeit der Aussage' kann nicht auf anderes zurückgeführt werden, sie kann auch keine Begründung finden wie ein Tatsachensatz, dessen Gültigkeit an der Wirklichkeit abgelesen wird, denn die Wesensdefinition schließt ja auch alle möglichen Tatsachen ein. Vielmehr wird in der ersten Erfassung des Wesens dieses selbst 'hervor-gebracht'. Die ursprüngliche Setzung des Wesens geschieht durch "maßgeblich *herrschaftliches Sagen*" (80). Daß Heidegger so redet und daß er vorher schon die Philosophie als "herrschaftliches Wissen" begriff (oben 129), zeigt, daß er sie zu den schaffenden Mächten zählt, deren Gewalt-taten (vgl. oben 86) Geschichte eröffnen.[22]

Von solcher Art ist die Erkenntnis und Festsetzung der Wahrheit und des Wesens durch Aristoteles. Da die "'Hervor-bringung'" (83) des Wesens aber im Horizont der platonischen ἰδέα geschieht, ist ihr Vollzug ein *"hervorholendes* Sehen"; es ist ein Sehen, welches "das zu Sehende im Sehen vor sich zwingt", es aus der Unbekanntheit und Verborgenheit hervor ans Licht holt, das heißt es ist ein *"Er*-sehen" und *"Er*-blicken" (85). Heidegger gebraucht diese Ausdrücke im Sinne des Erringens (oben 94 Anm.). Die Begründung solcher Wesenserkenntnis ist nun von eigener Art: "Das *Er-sehen* des Wesens wird nicht begründet, sondern *gegründet, d.h. so* vollzogen, daß *es sich selbst auf den Grund bringt, den es legt. Das Er-sehen des Wesens ist selbst Gründung des Grundes* ..." (86). In diesem Sinne deutet Heidegger die beiden griechischen Begriffe ὑπόθεσις und ὑποκείμενον: ὑπόθεσις ist Grund-legung, Gründung,[23] ὑποκείμενον das zu Grunde Gelegte als das Wassein (86 f).

Weil die Philosophie Wesenswissen ist, schafft sie "die Zugehörigkeit zum Sein" (87). Dies geschieht so, daß sich zum Beispiel aus der Wesenserkenntnis des Staates durch Aristoteles die Zugehörigkeit der Menschen zum Staat bestimmt, wobei die Wesenserkenntnis von jedem, der sie aufnimmt, nach- und mitvollzogen werden

---

[22] Zum Zusammenhang von Macht und Herrschaft in den von Heidegger selbst publizierten Schriften vgl.: Hermann *Mörchen,* Macht und Herrschaft im Denken von Heidegger und Adorno. Stuttgart: Klett 1980.

[23] Hierin liegt ein Hinweis auf das Sokratische Hypothesis-Verfahren aus Platons "Phaidon", 100 a 3 ff. Zur Interpretation dieses Textes vgl.: Arbogast *Schmitt,* Die Bedeutung der sophistischen Logik für die mittlere Dialektik Platons. Diss. Würzburg 1973. S. 207 ff.

muß. Heidegger spricht von "Zugehörigkeit zum Sein" (mit "i"), weil er an dieser Stelle die Seiendheit eines Seienden, eben zum Beispiel des Staates, meint, während im "Bezug zum Seyn", welcher die Grundstimmung der künftigen Philosophie auszeichnen soll (oben 128), "Seyn" das zu Entscheidende und zu Eröffnende im Ganzen ist.

Die Wesenssetzung als "hervorholendes Sehen" hat außer dem schaffenden Moment des "Er-sehens" noch ein zweites Merkmal: das Hervorholen und -bringen aus dem Verborgenen ans Licht. Heidegger sagt: "Er-sehen des Wesens heißt: das Unverborgene des Seienden, das Seiende in seiner Unverborgenheit, setzen, in das nennende Wort heben, so zum Stand bringen und so in der Sichtbarkeit der Wesenserkenntnis stehen lassen" (96). Im ersten Teil dieses Satzes steckt ein Hinweis auf die Differenz von Sein und Seiendem. Analog zu der hier gegebenen Formulierung bringt Heidegger in "Der Spruch des Anaximander" (1946) die Differenz als "Sein *des* Seienden" (GA 5,364) und "Seiendes in seinem Sein" (GA 5,357) zur Sprache. Der Ausdruck "das Seiende in seiner Unverborgenheit" ist doppeldeutig: einmal meint er die Unverborgenheit als Charakter des Seienden, zum anderen die Unverborgenheit als Raum für das Seiende (vgl. oben 96). Das nennende, schaffende, herrschaftliche Wort hebt das Seiende aus der Verborgenheit in die Unverborgenheit, es setzt auf solche Weise sein Wesen und macht diese Wesenserkenntnis für andere sichtbar und nachvollziehbar, es eröffnet das Seiende in seiner Differenz zum Sein.

Daß das Er-sehen des Wesens sich als Hervor-holen vollzieht, liegt daran, daß das Seiende, "griechisch erfahren", φύσις, *"Aufgang"* (97), ist. Das Seiende wird in seinem Wesen er-sehen, während es hervorkommt, aufgeht. Ins nennende Wort gehoben, steht es da in seiner Gesichtetheit (ἰδέα), Unverborgenheit (ἀλήθεια) und Anwesenheit (οὐσία). Heidegger sieht die in den griechischen Grundworten geborgenen Erfahrungen in ihrem Zusammenhang; hierauf beruhten auch seine Überlegungen in "Einführung in die Metaphysik".

So wie die Wesenserkenntnis eine eigene Art von Begründung ist, nämlich Grundlegung, so nimmt sie auch eine eigene Art von "Wahrheit" in Anspruch: die Unverborgenheit (ἀλήθεια). In der Ansetzung der Wahrheit als Richtigkeit der Aussage durch Aristoteles ist also als Grund die Wahrheit im Sinne der ἀλήθεια ersehen. Der griechische Name für "Wahrheit", ἀλήθεια, Unverborgenheit des Seienden, nennt somit das *ursprünglichere* Wesen des Wahren" (98). Die Unverborgenheit des Seienden ist der Grund, in dem die Richtigkeit der Aussage verwurzelt ist. Was sich im frühen Griechentum vollzog, war die Erfahrung der Unverborgenheit des Seienden. Erst auf dem Grund dieser Erfahrung konnte, im Blick auf die ἀλήθεια, die Möglichkeit und Notwendigkeit der Angleichung an das Seiende, der Richtungnahme des Vorstellens auf das Seiende und des Sichrichtens nach ihm sowie der Richtigkeit des Aussagens er-sehen werden.

Nachdem aber die Wesensbestimmung des Wahren als Richtigkeit getroffen war, wurde der Name ἀλήθεια zur Bezeichnung der Satzwahrheit verwendet. Diese Wahrheitsauffassung verfestigte sich vollends durch die Übersetzung von ἀλήθεια in das römische Wort veritas. Die veritas stammt aus einer ganz anderen Grundstellung zum Seienden. In seiner Parmenides-Vorlesung von 1942/43 weist Heidegger diesen Erfahrungsbereich als den des Imperialen auf (unten 282).

Mit dem Rückgang auf den Ursprung des geläufigen Wahrheitsbegriffes und der Freilegung seines Grundes in der Unverborgenheit des Seienden, scheint dasjenige erreicht zu sein, worauf auch Heideggers kritische Besinnung über die Wahrheit als Richtigkeit geführt hatte: die Offenheit des Seienden (oben 131). Die Vermutung, daß der überlieferte Wahrheitsbegriff das ursprüngliche Wesen der Wahrheit, die Offenheit, in sich schließt, scheint sich bestätigt zu haben. So bedarf es anscheinend lediglich der Erinnerung eines Vergessenen und es besteht keine Notwendigkeit für ein ursprünglicheres Fragen. Daß die Wahrheitsfrage für ihn aber eine echt philosophische ist, die ihre Notwendigkeit in sich trägt, und daß diese Notwendigkeit bei weiterer Entfaltung der Frage selbst ans Licht tritt, will Heidegger in einem nächsten Schritt aufweisen.

e) Die Notwendigkeit der Wahrheitsfrage
aus dem Anfang der Geschichte

Während die drei ersten Schritte im Hauptteil der Vorlesung ein Ausschreiten des Fragebereichs darstellen, gelten die beiden letzten der Notwendigkeit des Fragens.

Im Rückgang auf den Grund der Richtigkeit schwenkt Heideggers Fragen ein "in den *Anfang der Geschichte der Wahrheit,* in der *wir* heute noch stehen" (108). Solches "Einschwenken" (108) und 'Zurückschwingen' (110) in den Anfang beschreibt eine gebogene Bahn, wie Heidegger in seiner weiteren Erörterung sagt: eine "Kehre". Daß es unsere eigene Geschichte ist, in der die Wahrheit als Unverborgenheit erfahren und dann als Richtigkeit begriffen wurde, darin liegt die eine Notwendigkeit zum Fragen der Wahrheitsfrage; die andere kommt aus der Bereitschaft, "unsere Zukunft im Denken und Fragen zu ergreifen und vorzubereiten" (114). Nach Heideggers Auffassung, die sich an Pindar und Hölderlin ausbildete, ist ein Gestalten der Zukunft nur über eine Einsicht in unsere Herkunft möglich.[24]

Obwohl im Anfang unserer Geschichte von den Griechen das Wesen der Wahrheit als Unverborgenheit des Seienden erfahren und als Grund der Richtigkeit in Anspruch genommen wurde, wurde dieses Wesen selbst von den Griechen nicht befragt und er-gründet, blieb vielmehr *"das Fraglose"* (112). Mit der Festsetzung und denkerischen Grundlegung der Wahrheit als Richtigkeit wurde der Anfang als ἀλήθεια "verschüttet" (112). Da es sich um unsere eigene Geschichte handelt und uns die Richtigkeit als maßgebliche Wahrheitsauffassung noch heute bestimmt, ist das "Geschehnis der Verschüttung der anfänglichen ἀλήθεια" für uns unmittelbar gegenwärtig, es *ist* und geschieht noch (113). Dieses Geschehnis ist der Grund des 'Ungeheuren', daß etwas Fragwürdiges in bezug auf die Wahrheit ausgespart blieb (oben 129). In ihrer "Verschüttung" ist uns die ἀλήθεια gewissermaßen noch mehr entzogen als in ihrem "Einsturz", wovon Heidegger in der "Einführung in die Metaphysik"

---

[24] Im 1966 geführten Spiegel-Gespräch sagt Heidegger: "Nach unserer menschlichen Erfahrung und Geschichte, soweit ich jedenfalls orientiert bin, weiß ich, daß alles Wesentliche und Große nur daraus entstanden ist, daß der Mensch eine Heimat hatte und in einer Überlieferung verwurzelt war" (SI 209).

sprach (oben 96 f). Mitmotiviert sind beide Gedanken durch Hölderlin-Texte, zum Beispiel die zweite Strophe von "Germanien" (oben 44), auch Vers 20 der Ode "Der Nekar" vom "Schutt der Athenertempel" (SW 2,17).[25]

Eine andere Perspektive wird von Heidegger eingenommen, wenn nicht der Anfang in seiner Verschüttung, die heute noch geschieht, betrachtet wird, sondern unser Verhältnis zum Anfang so geartet ist, "daß das Ende, in dem wir heute stehen, nichts anderes ist als der Abfall von jenem Anfang" (115). Anfang und Ende sind hier nicht Punkte einer kontinuierlichen Entwicklung. Schon Platon und Aristoteles stehen im "Ende" der Wahrheit als Unverborgenheit (111; 128); Platons Entscheidung für die ἰδέα ist bereits ein "Abfall vom Anfang", wie Heidegger in der "Einführung in die Metaphysik" hervorhob (oben 95). Man muß also zwei Arten von "Ende" unterscheiden: das Ende der großen griechischen Philosophie und das Ende, in dem wir stehen. Zwischen beiden Enden erstreckt sich die Geschichte des Abgefallenseins vom Anfang, wie ich es genannt habe (oben 99); später spricht Heidegger hier von "Seinsgeschichte".

Das Ende, in dem wir stehen, wurde nach Heidegger am tiefsten durch Hölderlin und Nietzsche erfahren. Beider "Dasein und Werk" wurde zum "Ende des Abendlandes" (126). Als dieses Ende bringen Hölderlin und Nietzsche den Anfang wieder. Heidegger meint damit folgendes: Mit dem Gedanken der ewigen Wiederkehr des Gleichen vollendet Nietzsche die griechische Seinsauffassung der οὐσία als ständiger Anwesenheit. Hölderlin bringt den Anfang wieder, indem er das deutsche Dasein als bezogen auf das griechische begreift, indem er davon sagt, daß die griechischen Götter die letzten in der Geschichte des Abendlandes erschienenen sind. (In Hölderlins Pantheon ist Christus ein Bruder von Herakles und Dionysos.)[26] Damit stellt er uns vor die "Entscheidung über die endgültige Flucht oder neue Ankunft der Götter" (127). Diese Entscheidung forderte Heidegger bereits am Beginn seiner Vorlesung von 1934/35.

Der "geschichtlichen Wiederbringung" (127) des Anfangs durch Hölderlin und Nietzsche liegt die gleiche Bewegung zu Grunde wie Heideggers im Rahmen der Seinsfrage beabsichtigte Wieder-holung des Anfangs (oben 67). Indem Heidegger Hölderlins und Nietzsches Wiederbringung des Anfangs selbst geschichtlich zu erfahren trachtet, das heißt uns vor die Entscheidung hierfür stellt, gründet er beider Werk als das Ende des ersten Anfangs. Er sagt: "Beides, Besinnung auf den ersten Anfang und Gründung seines ihm und seiner Größe gemäßen Endes, gehört in der *Kehre* zusammen" (126). Mit *"Kehre"* meint Heidegger hier die Vollzugsform des geschichtlichen Denkens, wie es sich in der Geschichtlichkeit des Daseins in "Sein und Zeit" vorbereitete und seitdem Heideggers Vorgehen in seinen Vorlesungen prägt; es ist jeweils ein Vor- und Zurückgehen. Das Wort *"Kehre"* macht deutlich, daß Hei-

---

[25] Ein Hinweis auf diese Ode findet sich in der Hölderlin-Vorlesung von 1934/35 (GA 39,91). In seiner "Andenken"-Vorlesung führt Heidegger im Zusammenhang mit dem Unwesen des Gesprächs die Hölderlin-Zeilen an: "... offen die Fenster des Himmels/ Und freigelassen der Nachtgeist/ Der himmelstürmende, der hat unser Land/ Beschwäzet, mit Sprachen viel, undichtrischen, und/ Den Schutt gewälzet/ Bis diese Stunde./ Doch kommt das, was ich will" (GA 52,163. SW 2,234). - Vgl. auch "Hyperion": "Lacedämons Schutt" (SW 3,119); der "Schutt des heiteren Athens" (SW 3,130); "indeß du da, wie eine stille Tempelsäule, standst, im Schutt der Welt" (SW 3,127); "ihr Tempelsäulen und du Schutt der Götter" (SW 3,153).

[26] "Der Einzige", V.51 und 53 (SW 2,154).

degger diese Bewegung jeweils als gebogene denkt, insgesamt also ein kreisartiges Modell vor Augen hat.

Daraus, daß Hölderlin und Nietzsche in der Bahn unserer Geschichte stehen und uns den ersten Anfang dieser Geschichte wiederbringen, ist für Heidegger das Recht abzuleiten, mit dem Anfang anzufangen (126; vgl. oben 133), das heißt den anderen Anfang schaffend vorzubereiten. Mit dem Anfang anzufangen heißt für Heidegger, dem Anfang gewachsen zu sein. Dazu bedarf es eines "'Über-wachsens'" (116) des aus dem Anfang Hergekommenen, welches nur gelingen kann in einem anderen Anfang. Das Über-wachsen ist ein analoger Vorgang wie das Überspringen des Entsprungenen (oben 35). In diesem Fall geht die Bewegung vom Anfang aus, in jenem gewissermaßen vom Ende.

Wie in seiner "Einführung in die Metaphysik" so betont Heidegger auch in der Vorlesung "Grundfragen der Philosophie", "daß der Anfang das Größte sei, das alles ihm Nachkommende überragt" (114; 121; 134). Hieraus ergibt sich nun, daß das, was im Anfang der Geschichte nicht geschah, "einstmals doch noch geschehen" "muß".[27] "Das Nichtgeschehene meint hier ... das *im* Anfang und *durch* diesen notwendig *Zurück- und Einbehaltene,* wodurch der Anfang das Unergründliche bleibt, das die Besinnung auf ihn immer neu anstachelt" (123). Das Geschehen des Nichtgeschehenen wird vorbereitet durch unsere Frage nach der ἀλήθεια.

Alle Gedanken Heideggers zum Anfang beruhen auf Hölderlin- und Pindar-Versen. Daß die Verschüttung des Anfangs ein Geschehnis ist, das heute noch geschieht (oben 140), läßt sich auf Hölderlins "Wie du anfiengst, wirst du bleiben" zurückführen. Die Größe des Anfangs resultiert aus Pindars φυά-Gedanken, der sich mit dem Motiv des strömenden Wassers verbindet, so daß der Anfang "unergründlich" (oben), "unerschöpflich" wie die Quelle ist (oben 134). Wenn im anderen Anfang das geschehen soll, was im ersten nicht geschah, so bedeutet dies unsererseits einen "Rückgang". Oder, wenn man beim Phänomen des strömenden Wassers bleibt, könnte man das Nichtgeschehene so denken, daß der Strom Verborgenes mit sich führt, das irgendwann zu Tage tritt.[28] Der Anfang ist für Heidegger in dieser Vorlesung keine bloße Zeitbestimmung mehr, sondern Sein (Seyn) und Anfang werden identifiziert und in ihrer Eigenbewegung betrachtet. Was Heidegger später vom Sein sagt, daß es sich entzieht, daß es an sich hält (ἐποχή), daß es das Denken anspricht, kommt hier dem Anfang zu: er entzieht sich ständig (oben 134), er behält das Nichtgeschehene ein, er stachelt die Besinnung an. Man kann also sagen, daß der Anfang ontologisiert bzw. das Sein archēisiert wird.[29] In der Parmenides-Vorlesung von 1942/43 heißt es dann ausdrücklich: "Das Sein ist der Anfang" (unten 273). In der Wendung *"im* Anfang und *durch* diesen" aus dem letzten Zitat kommt die Macht des Anfangs deutlich zum Ausdruck.

---

[27] Vgl. "Germanien", V.92 f.: "Muß .../ Einsmals ein Wahres erscheinen" (SW 2,151; oben 51).

[28] In Hölderlins hymnischem Entwurf "Wie Meeresküsten ..." ist ein Gleichnis ausgesprochen: "Wie Meeresküsten ... also schlägt es/ Dem Gesang ... Das gewaltige Gut ans Ufer" (SW 2,205). Heidegger liest diesen Text auf seiner Sprechplatte mit Hölderlin-Gedichten. Martin Heidegger liest Hölderlin. Pfullingen: Neske 1963.

[29] Vgl. *Bucher,* o.c. 161 ff: "Das initiatorische Sein".

Wird der Anfang so verstanden wie eben dargestellt, so kommt die Notwendigkeit der Frage nach dem Wesen der Wahrheit aus dem Anfang selbst, der Anfang spielt uns gewissermaßen die ἀλήθεια als das bislang Einbehaltene, jetzt aber zu Denkende zu. Wenn die Philosophie sich aus ihrem Bezug zum Seyn (oben 128) und zum Anfang erfährt, dann kann es Heidegger zufolge geschehen, daß *"die Wahrheit des Seyns selbst sich ereignet"* (120). Dieser Satz schließt hörbar an die Hölderlin-Verse "... es ereignet sich aber/ Das Wahre" an (oben 50). Wenn die Wahrheit des Seyns sich ereignet, dann geschieht ein "Wandel der Geschichte", wie es im Entwurf zur Vorlesung hieß (oben 121).

Unser Stehen im Ende der abendländischen Geschichte macht es notwendig, zum Anfang zurückzugehen bzw. uns dem durch Hölderlin und Nietzsche wiedergebrachten Anfang zuzuwenden, dies aber um unserer Zukunft, um des anderen Anfangs willen. Blickt man auf diesen Zusammenhang vom Anfang aus, so liegt eine Verschüttung der ἀλήθεια vor bzw. das Einbehaltensein des Nichtgeschehenen im Anfang, welches Nichtgeschehene sich aber einst als Wahrheit des Seyns ereignen kann.

Was Heidegger zu Beginn der Vorlesung vom Wesen der Philosophie sagt, daß sie das Fragwürdigste heraufrufen müsse (oben 127), leistet er in bezug auf die Wahrheitsfrage im Laufe seines Vortrags. Aus der Bestürzung über die Fraglosigkeit des traditionellen Wahrheitsbegriffs macht er auf eine mehrfache Offenheit aufmerksam, auf die alle Richtigkeit angewiesen ist und die am Anfang unserer Geschichte als ἀλήθεια erfahren wurde. Die geschichtliche Besinnung entspringt so aus dem *"eigenen Fragen* des Sichbesinnenden" (111), nämlich Heideggers, soll aber auf die Hörer und Leser übergreifen, wenn sie die Notwendigkeit der Wahrheitsfrage einsehen.

Heideggers Frage nach der Wahrheit und der Geschichte ihres Wesens dient der Vorbereitung unserer zukünftigen Geschichte. Es steht eine Entscheidung darüber an, was Wahrheit und was das Wahre im Abendland künftig sein können (109). In diesem Aufgabenbereich sieht Heidegger das Werk Hölderlins "als *die* noch nicht ergriffene Frage an die Zukunft unserer Geschichte" (135). Die Entscheidung über Flucht oder Ankunft der Götter, worum es in der Hölderlin-Vorlesung ging, gehört zusammen mit der Entscheidung über das zukünftige Wesen der Wahrheit. Hölderlins Werk ist in Heideggers Augen "das *eigentliche* Ende, d.h. das große Echo der Größe des Anfangs" (134).[30] Damit ist gemeint: Weil Hölderlin auf einem "Gipfel der Zeit" (Patmos, V.10) "nahe" "wohnt" mit den Denkern des Anfangs der abendländischen Geschichte (oben 39), ist sein Wort "Echo" auf deren Worte.

Für den Übergang zwischen dem Ende des ersten Anfangs und dem anderen Anfang erkennt Heidegger in Nietzsche mehr den Repräsentanten des Endes, in Hölderlin den des Anfangs. Hölderlin ist "der Zukünftigere, d.h. über *Nietzsche* Hinwegreichende; nicht weil *Nietzsche* selbst seit seiner reifen Jugend *Hölderlin* erkannte, sondern weil *Hölderlin,* der Dichter, weiter vorausgeworfen ist als *Nietzsche,*[31]

---

[30] Beim Wort "Echo" denkt Heidegger an Hölderlins Ode "Ermunterung", in der der Dichter sich als "Echo des Himmels" erfährt (SW 2,33, V.1). Heidegger liest diese Ode auf seiner Hölderlin-Schallplatte.

[31] Zu "vorausgeworfen" vgl. oben 67 Anm.

der Denker, der es trotz allem nicht vermochte, die anfängliche Frage der Griechen ursprünglich zu erkennen und zu entfalten" (135). In Nietzsche sammeln und vollenden sich die wesentlichen Möglichkeiten des ersten Anfangs. Die "Größe des Endes" (125) entspricht der Größe des Anfangs. Dieses große Ende ist aber von uns noch nicht geschichtlich ergriffen, vielmehr befinden wir uns in einem Ende geringerer Art: einem "Auslaufen und Sichverlaufen" (125; 133) von überkommenen Grundstellungen und Begriffen. Wenn das große Ende für uns Geschichte würde, befänden wir uns schon im "Übergang". Heidegger beurteilt die Situation 1937/38 so: "ich sehe aber im Bereich des Denkens, sofern davon zu sprechen ist, nirgends ein Zeichen, daß ein Schritt auf dem großen Bogen der Brücke in die Zukunft denkerisch vollzogen, ja auch nur gewollt wäre" (134).[32] Im Bereich der Dichtung ist das Werk Hölderlins ein solches Zeichen. Bei Heideggers Gedanken zum geschichtlichen Übergang steht Hölderlins Aufsatz "Das Werden im Vergehen" (SW 4,282 ff) im Hintergrund, in dem Hölderlin über den "Untergang oder Übergang des Vaterlandes" reflektiert, worauf noch zurückzukommen ist.

Das geschichtliche Dasein des Menschen ist für Heidegger seit "Sein und Zeit" doppelt bewegt: als Zurückgehen und als Vorlaufen. Hölderlin und Nietzsche handeln in diesem Sinne eigentlich geschichtlich, weil sie, aus dem Wissen um das Ende, in dem sie stehen, den Anfang der Geschichte bei den Griechen ergreifen, und das um der Zukunft willen; von beiden ist Hölderlin der Zukünftigere. Heideggers geschichtliche Besinnung geht ebenfalls zum Anfang zurück, er gründet aber auch dessen Ende. Die Hörer und Leser von Heideggers Vorlesung würden - nach Heideggers Verständnis von Geschichtlichkeit - eigentlich geschichtlich denken und handeln, wenn sie erstens Heideggers Besinnung auf den Anfang der abendländischen Geschichte zu ihrer eigenen Frage machten, wenn ihnen zweitens Hölderlin und Nietzsche selbst Geschichte würden, wenn sie also die Entscheidung, die Heidegger in seinem geschichtlichen Denken getroffen hat, ebenfalls vollzögen.

Nach Heideggers Ausführungen in diesem Kapitel ist unser Verhältnis zum Anfang folgendermaßen: Wir stehen im Ende des ersten Anfangs der abendländischen Geschichte, haben uns also vom Anfang entfernt, sind von ihm abgefallen. Zwischen uns und dem Anfang liegt unsere eigene Geschichte, die durch die Größe des Anfangs bleibend bestimmt wird, weshalb das Geschehnis der Verschüttung der ἀλή-θεια auch heute noch geschieht. "Anfang" bedeutet hier: die Geschichte zwischen Anaximander, Parmenides und Heraklit bis zu Platon und Aristoteles. Im Hinblick darauf hat Heidegger auch von "anfänglichem Anfang" und "anfänglichem Ende" gesprochen (oben 95). Aus der Größe des Anfangs und den in ihm geborgenen Möglichkeiten ergibt sich die Notwendigkeit, daß das Denken und Fragen in einer *"Kehre"* in ihn zurückschwenkt.

Die im Einleitungsteil als das Fragwürdigste aufgewiesene Offenheit des Seienden (oben 131) war den Griechen, wie Heidegger sagt, als ἀλήθεια "bekannt" (120), blieb ihnen aber das Fraglose. Dieser Sachverhalt hat Heidegger noch kurz vor seinem Tode so sehr beschäftigt, daß er die 1976 begonnene Gesamtausgabe seiner

---

[32] Wahrscheinlich hat Heidegger eine Stelle aus *Nietzsches* "Zarathustra" im Sinn: "Ein Seher, ein Wollender, ein Schaffender, eine Zukunft selber und eine Brücke zur Zukunft ..." *Nietzsche,* Werke VI,1, S. 175.

Schriften ganz in diesen Zusammenhang stellte. Im Entwurf zu einem nicht fertig gewordenen Vorwort heißt es: "Die Vielzahl der Bände bezeugt nur die bleibende Fragwürdigkeit der Seinsfrage und gibt mannigfachen Anlaß zur Selbstprüfung. Die in der Ausgabe versammelte Bemühung bleibt ihrerseits nur ein schwaches Echo des immer ferner sich entziehenden Anfangs: die an sich haltende Verhaltenheit der Ἀλήθεια. Sie ist in gewisser Weise offenkundig und stets erfahren; ihr Eigentümliches bleibt jedoch im Anfang notwendig ungedacht, welcher Sachverhalt allem nachkommenden Denken eine eigenartige Zurückhaltung auferlegt. Das anfänglich Bekannte jetzt zu einem Erkannten umzubilden, wäre Verblendung".[33] Die in der Vorlesung "Grundfragen der Philosophie" so genannte Grundstimmung der künftigen Philosophie, die Verhaltenheit (oben 128), spielt für Heidegger fast vierzig Jahre später noch eine entscheidende Rolle, und zwar so, daß er sie als "an sich haltende Verhaltenheit" der Ἀλήθεια denkt, der entsprochen wird durch "Zurückhaltung", womit die Grundstimmung der Verhaltenheit in ihre beiden Bezugsglieder, Seyn und Mensch, auseinandergefaltet ist. Überhaupt greift der Text von 1976 auf Gedanken aus der "Grundfragen"-Vorlesung zurück: auf das Sichentziehen des Anfangs, ferner darauf, daß die ἀλήθεια mit Notwendigkeit ungedacht blieb. Das soll im folgenden behandelt werden.

Die Griechen standen unter der Bestimmung, *"das Denken selbst anzufangen"* und auf seinen Grund zu bringen". Ihr Denken sah sich "inmitten des Seienden vor das Seiende im Ganzen" gestellt (129). Heidegger redet vom Stehen des Menschen "inmitten" des Seienden, weil er die Ἀληθείη εὐκυκλής vor Augen hat (vgl. oben 112).[34] Für die Griechen galt es, das Seiende als ein solches erstmals und einfach anzuerkennen und auszuhalten, es zu bewahren und zu entfalten. Aus dieser Haltung brach ihre "ureigenste denkerische Frage" auf, *"was es, das Seiende, denn sei"* (122; vgl. oben 135 f). Die Antwort lautete: φύσις. Da φύσις, gemäß der ursprünglichen Erfahrung, die in diesem Wort liegt (oben 73), das "Hervorwaltende" (130) ist, das in einem einfachen Wechselbezug mit "Beständigkeit und Anwesenheit", οὐσία, steht (130) - wie auch Heideggers frühere Formulierung zum Ausdruck brachte (oben 136) -, waltet sie gegen das "Verborgene und Sichentziehende", ist sie "durchstrahlt" von Unverborgenheit, ἀλήθεια (130). Wie Heidegger in der "Einführung in die Metaphysik" die Unverborgenheit als das "Innere" von φύσις und λόγος aufwies (oben 96), so betrachtet er dieses Verhältnis auch in der Vorlesung von 1937/38: "Die ἀλήθεια als Unverborgenheit versammelt in sich den griechischen Ursinn des Urwortes φύσις" (131). Die "entscheidende Antwort" (131) auf die griechische Frage nach dem Seienden hieß deshalb nach Heidegger: das Seiende ist Unverborgenheit. Die Unverborgenheit war aber nicht nur ein Charakter des Seienden unter anderen, sondern der "Grundcharakter" (122 u.ö.). Als Beleg hierfür nennt Heidegger die

---

[33] Prospekt Klostermann zur Heidegger-Gesamtausgabe, Juni 1989, S. 3.

[34] In "Was ist Metaphysik?" (1929) spricht Heidegger vom "Sichbefinden inmitten des Seienden im Ganzen" (GA 9,110), in seiner Schrift "Vom Wesen des Grundes" (1929) vom "stimmungsmäßigen Sichbefinden inmitten von Seiendem" (GA 9,131). Durch das Parmenides-Wort wird dieser Gedanke verstärkt.

Formulierung ἀλήθεια καὶ ὄν.[35] Weil er das καί als explicativum auffaßt,[36] kann er übersetzen: "die Unverborgenheit, *das will sagen:* das Seiende *als solches"* (117 f).

Die Griechen hatten das Seiende als ein solches in seiner Seiendheit auszuhalten, weshalb der Mensch auch als der *"Vernehmende"* bestimmt werden konnte (139). Heidegger deutet hiermit auf das νοεῖν aus den beiden Parmenides-Versen, aus denen er in "Einführung in die Metaphysik" den Wesensbezug des Menschen zum Sein abgeleitet hatte.

Die "sichere Inständigkeit" (138) der Griechen in ihrer Aufgabe ließ sie nach Heidegger den "Gesichtskreis" (147), in dem alles Seiende erschien, nämlich die Unverborgenheit, übersehen. Die ἀλήθεια als "Gesichtskreis" ist analog der Offenheit als dem "Überwölbenden", worauf Heideggers kritische Besinnung über die Wahrheit als Richtigkeit geführt hatte (oben 131). Genauso wie in der "Einführung in die Metaphysik" hat ἀλήθεια, Unverborgenheit, auch hier ein doppeldeutiges Wesen: sie ist erstens der Grundcharakter des Seienden, zweitens der Gesichtskreis für das Erscheinen des Seienden, wobei nur das erstere von den Griechen erfaßt wurde. Inständigkeit in der eigenen Bestimmung ist für Heidegger ein Merkmal des geschichtlichen Menschen.[37] An der Inständigkeit der Griechen in ihrer Bestimmung liegt es, daß sie nach der ἀλήθεια selbst nicht fragten, denn diese Frage hätte ja die gefundene Antwort, 'das Seiende ist φύσις, ist ἀλήθεια' wieder aufgehoben. Das Ausharren in dieser Antwort zeigt sich Heidegger als "Kraft des Gewachsenseins gegenüber einer Notwendigkeit" (142).

Heidegger möchte in der Vorlesung aufweisen, daß auch für uns die Wahrheitsfrage eine Notwendigkeit darstellt. Wir haben darüber zu entscheiden, wie ursprünglich und wesentlich uns diese Frage wird, "darüber, *ob* noch einmal und *wie* dasjenige, was anfänglich als ἀλήθεια aufstrahlte, um alsbald wieder zu verlöschen, einstmals zum *glühenden Herdfeuer* unseres Daseins werden kann" (146). Heidegger trägt seinen Hörern und Lesern diese Entscheidung genauso an wie die durch Hölderlins Dichtung geforderte Entscheidung für Ankunft oder Flucht der Götter (oben 141). Mit dem Phänomen des Herdfeuers ist an das Wort παρέστιος aus Vers 373 von Sophokles' "Antigone" erinnert. In seiner "Einführung in die Metaphysik" hatte Heidegger am ersten Stasimon aus dieser Tragödie Sophokles' dichterischen Entwurf des Menschseins sichtbar gemacht (GA 40,157; vgl. oben 85 ff). Die ἀλήθεια strahlte bei den Griechen auf, verlosch jedoch wieder - ein anderes Bild hierfür ist das des Einsturzes und der Verschüttung -, sie kann aber als Ereignis der Wahrheit des Seyns (oben 143) einst zum glühenden Herdfeuer, das heißt zur Mitte unseres Daseins, werden.[38]

---

[35] Zum Beispiel *Platon,* Pol. 508 d: ἀλήθειά τε καὶ τὸ ὄν.

[36] Ebenso unten 279; 308; 322 u.ö. Vgl. "Wesensfolge": GA 5,361. Erläuterndes "und": GA 52,158; GA 53,164.

[37] Zu "Inständigkeit" vgl. auch: GA 45,5; GA 52,188; GA 5,54 f; GA 9,184 RB; GA 9,304; 307; 310 f; GA 15,384.

[38] ἑστία: "der Heerd des Hauses. met. v. Orten, die der Mittelpunkt von etwas sind, wie der Heerd vom Hause". *Passow* 1,1193. Zu Ἑστία bei Platon vgl. *Hirzel,* o.c. 58. Ich nenne diesen Aufsatz hier, weil Heidegger ihn wahrscheinlich kannte (oben 72 Anm.).

Von hier aus wird deutlich, warum Heidegger in seinem Kunstwerk-Aufsatz paradox sagen kann: die "Mitte" "umkreist" alles Seiende (GA 5,40). Die "gutgerundete Unverborgenheit" verbindet sich nämlich mit dem "glühenden Herdfeuer". Beide haben dasselbe Wesen, sind Rundung und Mitte zugleich. Schon in der "Einführung in die Metaphysik" spricht Heidegger vom Herdfeuer: "Die Vorfrage steht hier überhaupt nicht außerhalb der Grundfrage, sondern sie ist das im Fragen der Grundfrage gleichsam glühende Herdfeuer, der Herd alles Fragens" (GA 40,45). Daran, daß Heidegger 1935 das glühende Herdfeuer im Fragen ansiedelt, in der "Grundfragen"-Vorlesung aber der ἀλήθεια selbst zuspricht, läßt sich die Überwindung des Seinsverständnisses auf das Seinsgeschehnis hin ablesen (oben 92).

Um der ἀλήθεια zu einem erneuten Aufstrahlen zu verhelfen, bedarf es Heidegger zufolge einer "gewachsenen Wandlung des Denk- und Fragestiles" (147). Zu diesem Wachstum möchte Heidegger in seiner Vorlesung beitragen. Er sieht die neuzeitliche Auffassung des Menschen, die ihren Grund in der Ichgewißheit von Descartes hat und die sich im 20. Jahrhundert in der Betonung des "Erlebnisses" ausdrückt, ins Wanken geraten. Wie im ersten Entwurf so bekundet Heidegger auch in der Vorlesung selbst seine Überzeugung, "daß wir vor einem wesentlichen Wandel des Wesens der Wahrheit und in einem damit vor einem Wandel der Stellung des Menschen inmitten des Seienden und zum Seienden stehen" (150). Die erste Bedingung für diesen Wandel ist ein Wissen um seine Notwendigkeit; solches Wissen entfaltet dann selbst eine "umschaffende Kraft" (150). Die Notwendigkeit eines Wandels des Wahrheitswesens wird aber nur begreiflich, wenn über die Notwendigkeit, die der Anfang des Wahrheitswesens bei den Griechen bei sich trug, Klarheit besteht. Heideggers fünfter Denkschritt in der Vorlesung führt deshalb zu einer Besinnung auf die Notwendigkeit des ersten Anfangs. Damit wird der "Rückgang" vollzogen, der zusammen mit dem "Vorspringen" das eigentliche geschichtliche Fragen und Denken ausmacht. Mit dem Rückgang wenden wir uns unserer eigenen "verborgenen Geschichte" (159) zu. Daß unsere Geschichte eine verborgene ist, heißt, wie in "Einführung in die Metaphysik", zunächst, daß diese Geschichte fragend und denkend aufgehellt werden soll. Je mehr Heidegger 'vom Sein ausgeht', desto mehr wird die Verbergung selbst als ein Walten und als Wesensbereich erfahren. Das wird in der Parmenides-Vorlesung weiterverfolgt. In einem Protokoll zum Seminar "Zeit und Sein" von 1962 heißt es dann von der Metaphysik, sie bewege sich in der "Dimension der Verbergung" (SD 44).

f) Not und Notwendigkeit des ersten Anfangs.
Die Grundstimmung des Er-staunens

Notwendigkeit versteht Heidegger aus dem Wesen der Not, welches er zunächst als *"Nicht-aus-und-ein-Wissen"* deutet (152). Mit dieser Deutung kommt er zurück auf seine Hölderlin-Vorlesung: im Reinentsprungenen waltet als eine der vier Ursprungsmächte die Not; sie ist "Andrang, Schranke, Ausweglosigkeit, so zwar, daß sie damit zu einer Entscheidung nötigt ..." (oben 34). Die Not als Nicht-aus-und-ein-Wissen eröffnet nach Heideggers Erläuterung in der "Grundfragen"-Vorlesung den unbetretenen Raum eines Zwischen, in dem sich das Seiende erst vom Unseienden scheidet, in dem der Mensch sich erstmals erfährt als "geworfen" in das *"Inmitten* des Seienden" (152). Die Not ist ein *"Auseinanderwerfen"* des Seienden und Unseienden, sie schafft dem Denken seinen Wesensraum; in ihm kann das Denken das Seiende als solches "vernehmen" und es "erstmals nennen" (153). Diese Gedanken leiten sich her aus Heideggers Auslegung des Parmenides-Spruchs χρὴ τὸ λέγειν τε νοεῖν τ' ἐὸν ἔμμεναι in "Einführung in die Metaphysik", dort übersetzt: "Not ist das λέγειν sowohl als auch die Vernehmung, nämlich das Seiend in dessen Sein" (oben 88). Im *"Auseinanderwerfen"* des Seienden klingt das widerwendige Wesen von λόγος, Πόλεμος, ἀντίξουν nach, ebenso das Walten der φύσις als "Weltwerden" (oben 76). Die Not nötigt Heidegger zufolge in den Raum der Unentschiedenheit des Seienden; dieser ist "das offene Zwischen, in das das Seiende und das Unseiende im Ganzen ... hereinstehen ..." (160). Mit dem Hereinstehen des Seienden in das offene Zwischen ist der Unterschied von Sein und Seiendem angesprochen, und zwar dasjenige Geschehen an ihm, das Heidegger 1957 als "sich bergende Ankunft" des Seienden "in die Unverborgenheit" faßt. Das Auseinanderwerfen aus der Vorlesung von 1937/38 ist dasselbe Phänomen wie das Auseinanderhalten und Auseinandertragen des 1957 so genannten "Austrags" (ID 56 ff).[39]

Die Not gehört, wie Heidegger sagt, zur "Wahrheit des Seyns selbst" (153). Sie waltet als *"Grundstimmung"* (155). Die Grundstimmung versetzt in einen neuen Bezug zum Seienden, sie ist *"dieses Ver-setzende, das dergestalt versetzt, daß es den Zeit-Raum der Versetzung selbst mitgründet"* (154). Dieser Gedanke stammt ebenfalls aus der Hölderlin-Vorlesung (oben 60) und ist in der Kunstwerk-Abhandlung aufgenommen (GA 5,39). Mit "Not" bezeichnet Heidegger also den Bezug von Seyn und Mensch sowohl vom Seyn aus, als Grundstimmung, als auch vom Menschen her, als Nicht-aus-und-ein-Wissen. Er greift damit die beiden im Wort "Not" liegenden Bedeutungen des 'Drängenden' sowie des 'bedrängten Zustandes' auf (oben 34 Anm.).

Das eröffnende, gründende, versetzende Walten der Grundstimmung *"er*nötigt", das heißt schafft und erringt,[40] den "Zeit-Spiel-Raum" (155) für das Seiende und für den Bezug des Menschen zu ihm. Der Zeit-Spiel-Raum entspricht dem in der Hölderlin-Vorlesung so genannten "Machtbereich" der Dichtung. Das Wort "Zeit-Spiel-Raum" bringt zum Ausdruck, daß Zeit und Raum in anderer Weise ineinanderspielen, als daß Räumlichkeit auf Zeitlichkeit zurückzuführen ist, wie Heidegger in "Sein und Zeit" annahm. Heideggers gewandelte Auffassung hängt zusammen mit der raumhaft oder als "Gesichtskreis" verstandenen ἀλήθεια (oben 96; 146), mit dem an einer Waldlichtung ausgerichteten Wesen der Wahrheit: der "Lichtung", dem "Offenen" (oben 110 ff).

Die Not kommt als Grundstimmung über den Menschen (160). Es verhält sich mit ihr also ähnlich, wie nach Heideggers Auslegung von "Germanien" die Trauer über Mensch und Dinge kommt (oben 60). Solche "Überkommnis" denkt Heidegger

---

[39] Das Wort "Austrag" ist gebildet im Anschluß an das Heraklitische διαφέρον aus Fr. 8 (zitiert oben 82) sowie διαφερόμενον aus Fr. 51 (zitiert oben 33) und Fr. 10. Als "Austrag" denkt Heidegger in seinen späteren Schriften außer der Differenz (διαφέρειν - differre) von Sein und Seiendem (ID 53 f) auch den Unterschied von Welt und Ding (GA 12,22).

[40] Vgl. oben 94 Anm.

im Vortrag "Die onto-theo-logische Verfassung der Metaphysik" (1957) als die zweite Bewegung, die den Austrag von Sein und Seiendem kennzeichnet (ID 56). Indem die Not den Menschen zwischen das unentschiedene, aber zu entscheidende Seiende und damit in einen bestimmten Weltbezug versetzt, gründet sie ein neues Wesen des Menschen, läßt sie Geschichte anfangen (170).

Diejenige Grundstimmung nun, die in den Anfang des Denkens versetzte, war das θαυμάζειν, das Platon (Theait. 155 d 2 ff) und Aristoteles (Met. 982 b 11 ff) als Anfang der Philosophie bezeichnen.[41] Heidegger übersetzt θαυμάζειν mit "Er-staunen" (155) und versteht es, wie viele andere Verben mit "er"-, ausdrücklich "transitiv" (168).[42] Daß die Philosophie aus dem Erstaunen entspringt, heißt: "Sie *ist* etwas Erstaunliches in ihrem Wesen und wird um so erstaunlicher, je mehr sie wird, was sie ist" (163). Heidegger identifiziert die Philosophie hier gewissermaßen mit dem Anfang. Wenn die Philosophie erst wird, was sie ist, so steht sie genauso wie das Reinentsprungene, das Heidegger als Vorbild für das Gesetz des Anfangs dient, unter dem Gebot der Pindar-Gnome: γένοι' οἶος ἐσσὶ μαθών.

Die Grundstimmung des Er-staunens, die in die Notwendigkeit des Anfangs nötigte, macht Heidegger in dreizehn Punkten sichtbar; diese sollen nicht alle dargestellt werden; sie sind eine differenziertere Ausarbeitung des am Wesen der Not Aufgewiesenen.

Heidegger ist beim fünften Frageschritt folgendermaßen vorgegangen: Er wollte die Notwendigkeit des ersten Anfangs aufweisen. Notwendigkeit aber muß aus dem Wesen der Not verstanden werden. Der Rückblick auf die Hölderlin-Vorlesung führt zur Not als einem Nicht-aus-und-ein-Wissen. Aus der "Einführung in die Metaphysik" wird, ohne daß er genannt würde, der Parmenides-Spruch wieder aufgenommen: χρὴ τὸ λέγειν τε νοεῖν τ' ἐὸν ἔμμεναι, wobei Heidegger das "Not ist ..." jetzt nicht mehr im Sinne von 'es ist nötig' deutet und auch nicht so, daß das Menschsein die "Not der Vernehmung und Sammlung" ist (oben 88), sondern so, daß die Not, das heißt das Seyn als Grundstimmung, den Menschen in das λέγειν und νοεῖν nötigt, so daß er das Seiende "vernimmt und sammelt" (170). Zuerst hatte Heidegger "Not" gewissermaßen als 'bedrängten Zustand' aufgefaßt, während sie jetzt das 'Drängende' selbst ist. Der anhand des Parmenides-Verses τὸ γὰρ αὐτὸ νοεῖν ἐστίν τε καὶ εἶναι aufgedeckte Wesensbezug des Menschen zum Sein wird jetzt weitergedacht zum Bezug des Seyns und seiner Wahrheit zum Menschen. Bei der ersten Auslegung war τὸ αὐτό als "Zusammengehörigkeit" von Mensch und Sein gefaßt. Jetzt entspricht τὸ αὐτό dem χρή, das heißt der Not, das heißt dem Seyn. Aus dem Bezug Seyn - Mensch ergibt sich erst das Verhältnis des Menschen zum Sein als der Seiendheit des Seienden. Die beiden Parmenides-Verse werden in ihrem triadischen Aufbau konsequenter als 1935 zusammengedacht, so daß sich entsprechen: 1. τὸ αὐτό, χρή, Seyn; 2. νοεῖν, λέγειν-νοεῖν, Mensch; 3. εἶναι, ἐὸν ἔμμεναι, Sein des Seienden.

---

[41] Vgl. Phil 24 f.

[42] In dieser Bedeutung nennt Hölderlin in V.17 der Elegie "Brod und Wein" die Nacht: "die Erstaunende" (SW 2,90).

Der Parmenides-Spruch χρὴ τὸ λέγειν τε νοεῖν τ᾽ ἐὸν ἔμμεναι, der die Erörterung in diesem Abschnitt ungenannt trägt, wäre also in Heideggers Sinn so auszulegen: Die Not nötigt (χρή) den Menschen in das Sammeln (λέγειν) und Vernehmen (νοεῖν); zu sammeln und zu vernehmen ist das Seiende in seinem Sein (ἐὸν ἔμμεναι). Daß Heidegger die unpersönliche Verbform 'es ist nötig' (χρή) auseinanderfaltet in den Bezug Seyn - Mensch, ist ein analoges Verfahren wie im Vortrag "Zeit und Sein" (1962), wo er im ἔστι γὰρ εἶναι des Parmenides, der Fortsetzung des zuletzt besprochenen Verses,[43] "Es gibt Sein", ein Geben und seine Gabe unterscheidet (SD 8 f); in der Diktion von 1937/38 wäre dies das Verhältnis Seyn - Sein.

Die Not als ein Nicht-aus-und-ein-Wissen sowie die Not als das Nötigende, das heißt als das Seyn, wendet Heidegger auf die Grundstimmung des Erstaunens an. Er spricht also bereits aus der Grundstimmung der künftigen Philosophie, der "Verhaltenheit", er ist somit auf den Bezug zum Seyn gestimmt (oben 128). Platons und Aristoteles' Worte vom θαυμάζειν als Anfang der Philosophie sind Heideggers Anknüpfungspunkt, um in einem *"Rückentwurf"* (171; 189) das Er-staunen als Grundstimmung des ersten Anfangs der abendländischen Geschichte zu denken.

Heideggers weitere Erörterung ist wie folgt. Alle Weisen der Verwunderung, nämlich Sichwundern, Bewunderung und Bestaunen, gehören nicht zur Grundstimmung des Er-staunens, denn sie richten sich auf ein einzelnes Ungewöhnliches in seiner Abgesetztheit vom Gewöhnlichen. Das Er-staunen hingegen versetzt vor das Gewöhnliche als das Ungewöhnlichste, es läßt "Seiendes *als* seiend" erfahren (167). Bereits in seiner Freiburger Antrittsvorlesung von 1929 rückt Heidegger die Angst als eine Grundstimmung in den Blick, die das Seiende in seiner Befremdlichkeit zeigt: "daß es Seiendes ist - und nicht Nichts" (GA 9,114). Wie die Angst so versetzt auch das Er-staunen vor das Seiende im Ganzen. Das Seiende wird, wie Heidegger sagt, auseinandergeworfen in "das Offene eines noch kaum geahnten und bedachten Spielraumes, in dem das Seiende als ein solches ins Spiel kommt, nämlich als das Seiende, das es *ist,* in das *Spiel seines Seins"* (169). Auf die Offenheit eines Spielraums hatte auch Heideggers kritische Besinnung über die Wahrheit als Richtigkeit geführt (oben 131). Im Ins-Spiel-Kommen des Seienden ist wieder das eine Moment des später so genannten Austrags von Sein und Seiendem angedeutet, außerdem der Denkschritt zum Sein als Ortschaft angebahnt. Heideggers Leitwort für beide Gedanken ist die ʼΑληθείη εὐκυκλής des Parmenides.

Das Er-staunen wirft den Spielraum für das Seiende auseinander und versetzt den Menschen mitten unter es und damit in die erste Entschiedenheit seines Wesens. Bevor der Mensch der Er-staunende ist, ist er bereits der Er-staunte. Damit ist gesagt, daß die Grundstimmung über den Menschen kommt, der er-staunende Mensch gewissermaßen antwortet auf etwas, das ihm widerfährt. Wie im Falle der "Not" so denkt Heidegger auch im "Er-staunen" den Bezug von Seyn und Mensch; beim Seyn ist "er-staunen" aktiv und transitiv gebraucht, beim Menschen als dem "Er-staunten" passiv. Versetzt in das Seiende als das "Aufgebrochene" hat der Mensch dieses anzuerkennen, es in seiner Enthüllung zu "er-sehen" (169) und seine Unverborgenheit zu erfahren und auszuhalten. Das Er-sehen ist die Erkenntnis des Wesens und seine Grundlegung (oben 138). Beim ʼAufbrechen' denkt Heidegger an

---

[43] Fr. 6 (Diels-Kranz 1,232).

das χωρεῖ aus der "Antigone" des Sophokles, das ihn 1935 vom "Einbruch" des Seins und vom Menschen als "Bresche" reden ließ (oben 85). Vom "Spielraum" spricht Heidegger auch in "Sein und Zeit", und zwar in dem Sinne, daß sich das Dasein existierend je schon einen Spielraum eingeräumt hat (GA 2,486). Hier, in der Vorlesung "Grundfragen der Philosophie", geschieht die Eröffnung des Spielraums durch die Grundstimmung in einer Bewegung auf den Menschen zu.

Für das anfängliche griechische Denken war die Unverborgenheit des Seienden, die ἀλήθεια, wie Heidegger weiter sagt, "das Wesen des Seins selbst. Unverborgenheit meint das aufgehende Hervortreten, die Anwesung ins Offene" (169). Im aufgehenden Hervortreten ist die ἀλήθεια wesenseinig mit der φύσις. Während Heidegger aus dieser Wesenseinheit in "Einführung in die Metaphysik" schloß, die Wahrheit (ἀλήθεια) gehöre zum Wesen des Seins (φύσις) (oben 75), die φύσις also gleichsam die ἀλήθεια umgreift, er aber andererseits die ἀλήθεια als das "Innere" zwischen φύσις und λόγος hervorhob (oben 96), ist die ἀλήθεια in der "Grundfragen"-Vorlesung "das Wesen des Seins selbst" und "versammelt" in sich die φύσις (oben 145). Die ἀλήθεια tritt für Heidegger also immer weiter in den Vordergrund. Heidegger schreibt "Wesen des Seins" (mit "i"), weil hier das von den Griechen Erfahrene und noch Wesende gemeint ist. Das "Wesen des Seyns" (mit "y") (oben 128) ist das Zukünftige, noch Verborgene, das Heidegger erst entwerfen möchte, dem sein "Vorsprung" im ersten Vorlesungskonzept gilt; es ist das in den Worten ἀλήθεια und φύσις liegende Unerfahrene und Ungedachte, nämlich ihr zeithaftes Wesen; "Zeit" ist dabei allerdings, wie Heidegger in der Parmenides-Vorlesung betont, erst ein "Vorname" (GA 54,113). Mit der Grundstimmung wird ein Phänomen in den Blick gebracht, das zum Wesen bzw. der Wahrheit des Seyns gehört, sie aber nicht erschöpft. Bei der "Anwesung ins Offene" ist wie vorher beim 'Ins-Spiel-Kommen' das Sein als Ortschaft und der Austrag von Sein und Seiendem vorgedacht.

Im Versetztsein vor das Seiende als das Ungewöhnlichste erkennt der Mensch es nach Heidegger "in seiner Gegend" (172) an und hält es aus, indem er fragt, "was das Seiende als solches sei" (174). Hier fällt, ohne näher bedacht zu werden, das Wort "Gegend", das Heidegger im Zusammenhang mit der χώρα in seiner Heraklit-Vorlesung von 1944 wieder aufnimmt, das seiner "Erörterung der Gelassenheit" von 1944/45 zu Grunde liegt und in "Der Spruch des Anaximander" (1946) als Synonym für die "Lichtung" steht. Es ist anzunehmen, daß ein Ausdruck wie Seiendes "in seiner Gegend" oder "in seiner Unverborgenheit" (174 u.ö.) Heidegger beim erneuten Durcharbeiten seines Manuskriptes dazu bestimmt hat, Seyn und Wahrheit mehr und mehr ort- und raumhaft zu denken.

Der Vollzug der Notwendigkeit des Fragens im Aushalten des Seienden ist Heidegger zufolge ein "Er-denken" des Seienden und als dieses "wesentlich ein *Leiden*" (175). Bei allem, was Heidegger in der Vorlesung bisher über die Grundstimmung ausgeführt hat, dachte er an die "Halbgötter" aus der Hölderlin-Vorlesung. Worte wie "Zwischen", "Mitte", "aufbrechen", "entscheiden", "aushalten" belegen das. Die Halbgötter sind "Zwischenwesen", die die "vermittelnde Mitte" zwischen Göttern und Menschen auszuhalten haben; ihr schicksalhaftes Wesen ist ein "Leiden des Seyns" (oben 48). Denselben Text, aus dem Heidegger in der Hölderlin-Vorlesung das Wesen der Halbgötter hergeleitet hatte, führt er auch in der Vorlesung von 1937/38 an. Er lautet im zweiten Teil: "Denn alles fassen muß/ Ein Halbgott oder/

Ein Mensch, dem Leiden nach,/ Indem er höret, allein, oder selber/ Verwandelt wird, fernahnend die Rosse des Herrn" (176. SW 2,227). Heidegger deutet das Leiden danach als "ein Vernehmen oder Verwandeltwerden" und fügt hinzu: "wesentlich ist die hörende Zu-wendung und in eins mit ihr die Bereitschaft zum Übergang in ein anderes Seyn" (176). Heideggers Gedanken zum Übergang sind jeweils inspiriert von Hölderlins Aufsatz "Das Werden im Vergehen", wo Hölderlin das Wesen einer geschichtlichen Wende und ihre Darstellung in der Kunst beschreibt. Bereits in der Vorlesung von 1934/35 zitierte Heidegger aus dieser Schrift (oben 26).[44]

Daß, ebenso wie der Dichter, der Denker am Ort der Halbgötter steht, ist Heideggers Auffassung auch in der "Grundfragen"-Vorlesung. Das bedeutet: das "Wesen des *denkerischen Fragens"* liegt im Leiden, im Aushalten der nötigenden Grundstimmung, im Vollzug der Notwendigkeit (177). In der Grundstimmung des ersten Anfangs, dem Er-staunen, wurde das Seiende als Seiendes ausgehalten und anerkannt, was die Frage aufbrechen ließ: was ist das Seiende (τί τὸ ὄν)? In der Grundstimmung der künftigen Philosophie, der Verhaltenheit, wäre dann die *"Scheu* vor dem Fernsten", dem Seyn, zu ertragen (oben 128). Die "Bereitschaft zum Übergang in ein anderes Seyn" hat Heidegger wiederholt bekundet und seine Hörer und Leser dazu aufgerufen, indem er auf die Zeichen aufmerksam macht, die einen Wandel der Geschichte ankündigen.

Mit der Forderung einer "hörenden Zu-wendung" bezeichnet Heidegger die Art der vorher verlangten "Wandlung des Denk- und Fragestiles" (oben 147). Er gibt sich damit die Maxime für sein eigenes Denken vor, denn in den nächsten Jahren verläßt er die in der Vorlesung von 1937/38 und vorher geübte Denkweise, die durch "Fragen", "Schaffen", "Wissen", "Entscheidung" charakterisiert ist, allmählich und tritt in eine mehr vernehmende Haltung zurück. Zwanzig Jahre nach der Vorlesung, im Vortrag "Das Wesen der Sprache" von 1957/58, greift Heidegger das früher Gesagte auf, wenn ihm nicht mehr das Fragen als die "eigentliche Gebärde des Denkens" erscheint, sondern "das Hören der Zusage dessen, was in die Frage kommen soll" (GA 12,165). In der "Grundfragen"-Vorlesung wird gefordert, "daß wir dem Gehörten uns fügend es zurücknehmen in die Sammlung unseres Wesens" (176 f).

Für den Übergang in ein anderes Seyn wie für das von Hölderlin genannte Ahnen des Gottes ("fernahnend") gilt aber, daß "der Augenblick, wann es die Zeit ist" (177), nicht errechnet und willentlich herbeigeführt werden kann. Heidegger zitiert hier die Hölderlin-Verse, mit denen seine "Einführung in die Metaphysik" schloß:

---

[44] Hölderlin, "Das Werden im Vergehen": "Dieser Untergang oder Übergang des Vaterlandes (in diesem Sinne) fühlt sich in den Gliedern der bestehenden Welt so, daß in eben dem Momente und Grade, worinn sich das Bestehende auflöst, auch das Neueintretende, Jugendliche, Mögliche sich fühlt. Denn wie könnte die Auflösung empfunden werden ohne Vereinigung, wenn also das Bestehende in seiner Auflösung empfunden werden soll und empfunden wird, so muß dabei das Unerschöpfte und Unerschöpfliche, der Beziehungen und Kräfte, und jene, die Auflösung, mehr durch diese empfunden werden, als umgekehrt, denn aus Nichts wird nichts, und diß gradweise genommen heißt so viel, als daß dasjenige, welches zur Negation gehet, und insofern es aus der Wirklichkeit gehet, und noch nicht ein Mögliches ist, nicht wirken könne. - Aber das Mögliche, welches in die Wirklichkeit tritt, indem die Wirklichkeit sich auflöst, diß wirkt, und es bewirkt sowohl die Empfindung der Auflösung als die Erinnerung des Aufgelösten" (SW 4,282 f). - Für Heideggers Überlegungen zum geschichtlichen Übergang dürfte auch Hölderlins "Empedokles"-Drama eine Rolle gespielt haben. In "reifender Zeit" verkörpert Empedokles eine Gestalt, die der "Geist" sich "zuletzt" "wählt", mit der in "Fest" und "Feier" ein Volk untergeht. Danach beginnt eine "Neue Welt" (SW 4,118 ff).

"Denn es hasset/ Der sinnende Gott/ Unzeitiges Wachstum" (177. SW 2,225). Mit dem "Augenblick, wann es die Zeit ist", nimmt Heidegger offensichtlich Bezug auf den Beginn der Hymne "Die Titanen": "Nicht ist es aber/ Die Zeit" (SW 2,217). Diese Verse und ihre Fortsetzung: "Noch sind sie/ Unangebunden. Göttliches trift untheilnehmende nicht", wurden auf Heideggers Wunsch an seinem Grabe gesprochen.[45]

Nach den zuerst angeführten Hölderlin-Versen muß "Ein Halbgott oder/ Ein Mensch" "alles fassen". Dieses Fassen sieht Heidegger im Zusammenhang mit dem λέγειν und νοεῖν des Parmenides. Der Mensch muß als der Fassende, Sammelnde und Vernehmende dem Sein so gemäß werden, ihm so entsprechen, daß das Seiende damit in sein eigenes Wesen gelangt. Dem griechisch erfahrenen Seienden im Ganzen, φύσις, wurde der Mensch gerecht in der Grundhaltung der τέχνη. τέχνη heißt für Heidegger: "das von sich her aufgehende Seiende in dem fassen, als was es sich zeigt, in seinem Aussehen, εἶδος, ἰδέα ..." (179). Heideggers Deutung des Bezugs von φύσις und τέχνη, dem er schon in "Einführung in die Metaphysik" nachging, erinnert an seinen Vorbegriff der Phänomenologie aus "Sein und Zeit": "ἀποφαίνεσθαι τὰ φαινόμενα. Das was sich zeigt, so wie es sich von ihm selbst her zeigt, von ihm selbst her sehen lassen" (GA 2,46). Das ist nicht überraschend, denn Heidegger denkt das Wesen der φύσις ja in Verbindung mit φαίνεσθαι. Auf den Zusammenhang von Phänomenologie und griechischem Erfahren und Denken komme ich im Rahmen der Parmenides-Vorlesung zurück.

Der Bezug Sein - Mensch ist für Heidegger seit seiner "Einführung in die Metaphysik" das Erste und Ursprüngliche, dasjenige, welches die beiden Pole, Sein und Mensch, erst entspringen läßt. Außer als φύσις und τέχνη wird dieser Bezug in der "Grundfragen"-Vorlesung, genauso wie bereits 1935, noch darin gesehen, daß der Mensch der "Bewahrer" (178) der Unverborgenheit des Seienden ist. Der Bezug zum "Sein" (mit "i"), das heißt zur Seiendheit des Seienden, ist von den Griechen erfahren und von Parmenides ins Wort gefaßt worden, der Bezug zum "Seyn" (mit "y") ist das bislang Ungedachte, jenes Fragwürdige, das Heidegger der künftigen Philosophie zumutet. Im Hinblick auf die ἀλήθεια heißt das, daß die Unverborgenheit als Grundcharakter des Seienden von den Griechen gesehen und gesagt, die Unverborgenheit als "Gesichtskreis" jedoch übersehen wurde.

Heideggers Deutung der τέχνη lautet vollständig: "das von sich her aufgehende Seiende in dem fassen, als was es sich zeigt, in seinem Aussehen, εἶδος, ἰδέα, um diesem gemäß das Seiende selbst zu pflegen und wachsen zu lassen bzw. durch Herstellung und Aufstellung von Entsprechendem innerhalb des Seienden im Ganzen sich einzurichten" (179). 'Pflegen' und 'wachsen lassen' ist die ursprüngliche Bedeutung von Kultur: colere. "Herstellung und Aufstellung" verweist auf das Wesen der Kunst, die für Heidegger ein "Ins-Werk-setzen der Wahrheit" (190) ist. Entscheidend für eine so verstandene Kunst ist, daß sie sich am Seienden ausrichtet, diesem "gemäß" ist. Jeder eigenmächtige Zugriff durch den Menschen und alle Nutzung und Berechnung sind ihr fremd. Vielmehr hält solche Kunst "das Walten der φύσις in der Unverborgenheit" (179 f). Heidegger hat die griechische Kunst in der Tat so ver-

---

45 Gedenkschrift der Stadt Meßkirch an ihren Sohn und Ehrenbürger Professor Martin Heidegger. Meßkirch 1977. S. 14.

standen. In "Die Frage nach der Technik" heißt es 1953: Die Kunst als τέχνη "war fromm, πρόμος, d.h. fügsam dem Walten und Verwahren der Wahrheit" (VA 38). Heideggers Deutung der griechischen τέχνη trägt auch seine Kunstwerk-Abhandlung; der Bezug φύσις - τέχνη entspricht dort dem Bezug Unverborgenheit - Kunst (GA 5,59).

Wie 1935 (oben 91) so hebt Heidegger auch in der "Grundfragen"-Vorlesung an der griechischen φύσις zwei Aspekte hervor: einmal ist sie das Seiende im Ganzen, zum anderen ein Walten. Das jeweils doppeldeutige Wesen von φύσις und ἀλήθεια entspricht dem, was Heidegger mit der Differenzierung zwischen "Seyn" und "Sein" ausdrücken will: Als "Seyn" ist die ἀλήθεια "Raum" (oben 96), "Lichtung" (oben 113), "Gesichtskreis" (oben 146), als "Sein" ist sie der Grundcharakter des Seienden. Als "Seyn" ist die φύσις ein "Walten", das "Weltwerden" (oben 76), als "Sein" ist sie das Seiende im Ganzen. Im Wesen des λόγος gehört das Geschehen des "Sammelns" zum "Seyn", λόγος als "Gesammeltheit" nennt das "Sein" (oben 81 f). Die ontologische Differenz läßt sich daher auffächern in eine *aletheiologische,* eine *physiologische* und eine *logische* Differenz.[46] Entsprechende Gedanken werden in der Parmenides- und den Heraklit-Vorlesungen weiterverfolgt.

Weil die Notwendigkeit der Unterscheidung von "Seyn" und "Sein" mit dem triadischen Schema des Parmenides-Verses τὸ γὰρ αὐτὸ νοεῖν ἐστίν τε καὶ εἶναι zusammenhängt, weil Heidegger andererseits die im τὸ αὐτό ausgesprochene Zusammengehörigkeit später ausdrücklich als aus dem "Ereignis" herstammend begreift, deshalb bringt er im Vorlesungsmanuskript von 1937/38 den Vermerk an: "das Seyn als Ereignis" (47; oben 135). Der Trias Seyn - Wahrheit - Mensch aus dem ersten Vorlesungsentwurf von 1937/38 entspricht im Vortrag "Der Satz der Identität" (1957) dann die Trias Ereignis - Sein - Mensch (ID 14 ff). Dem Verhältnis Seyn - Sein denkt Heidegger später auch als Beziehung von ἕν (Einheit) und οὐσία (Anwesenheit) (GA 15,296) nach.

In der der φύσις gemäßen menschlichen Grundhaltung der τέχνη liegt nun, nach Heideggers weiterer Erörterung, daß die Grundstimmung des Er-staunens verlorengeht, daß die τέχνη zu einem Sichauskennen in den "Anblicken des Seienden", den "'Ideen'" (181), wird. So geschah es nach Heideggers Auffassung bei den Griechen: die ἀλήθεια als Unverborgenheit des Seienden trat zurück zugunsten der ὁμοίωσις, der Richtigkeit des Blickens. Mit dem Verlust der Grundstimmung bleibt die ursprüngliche Not und Notwendigkeit aus. Das Fragen und Denken ist kein vom Er-staunen genötigtes mehr, sondern versteht sich aus seiner eigenen Fähigkeit. Einsturz der ἀλήθεια, Ausbleiben der nötigenden Not, Verlagerung des Ortes der Wahrheit in die Aussage und in das menschliche Verhalten sind ein und derselbe Vorgang. Erst in diesem geschichtlichen Augenblick wird die zuvor unbefragte ἀλήθεια zum Problem. In den Abhandlungen des Aristoteles geht es sodann um die ἀλήθεια als Weise des richtigen Vorstellens und Vorgehens.

---

[46] Eine andere Art logischer Differenz als die zwischen Seyn und Sein ist die von Richard *Wisser* hervorgehobene "logische Differenz von *zu*-denkend Zu-*denkendem* und Denken". Richard *Wisser,* Hegel und Heidegger, oder: die Wende vom Denken des Denkens zum Seinsdenken. In: Synthesis Philosophica 4,2 (1987). S. 317.

Heidegger sieht den Wesenswandel der Wahrheit bei Platon und Aristoteles als einen geschickhaften Vorgang an. Er sagt: "So birgt der Anfang in sich selbst die unumgängliche Notwendigkeit, daß er, indem er sich entfaltet, seine Ursprünglichkeit aufgeben muß" (181). Das Vorbild für diesen Gedanken ist wieder die Quelle bzw. das aus ihr herkommende strömende Wasser: indem das Wasser von der Quelle wegströmt, gibt es seine Ursprünglichkeit, eben sein Quelle-sein, in gewisser Weise auf. Heidegger hat diesen Gedanken bereits in seiner "Einführung in die Metaphysik" ausgesprochen (oben 99). Zu ihm gehört als Pendant, daß der Anfang, wie die Quelle das ihr entströmende Wasser, das aus ihm Entsprungene bleibend bestimmt. Daß der Anfang seine Ursprünglichkeit aufgibt, bedeutet auf die ἀλήθεια angewendet dieses: sie bleibt im Anfang mit Notwendigkeit unbefragt. Die Grundhaltung der τέχνη und ihre Weiterentwicklung führen zwangsläufig zu einem "Abfall vom Anfang" (181; vgl. oben 141). Hatte Heidegger die Fraglosigkeit der ἀλήθεια zuerst vom griechischen Menschsein her, von der Inständigkeit der Griechen in ihrer Aufgabe (oben 146), der Notwendigkeit ihrer Frage nach dem Seienden, verdeutlicht, so ist das Nichtdenken der ἀλήθεια an dieser Stelle als eine Konsequenz gesehen, die sich aus dem Wesen des Anfangs selbst ergibt.

g) Die Not der Notlosigkeit.
Die Seinsverlassenheit des Seienden

Darin, daß das Wesen der Wahrheit für uns das Fraglose ist (oben 129), zeigt sich, daß unser Zustand dem ersten Anfang entspricht, und zwar als dessen *"Endzustand"* (183). Die Wahrheit war für die frühen Griechen das Ungefragte, wie sie für uns das Fraglose ist. Während sich das bei den Griechen aber aus der höchsten Not und Notwendigkeit, das Seiende selbst auszuhalten und nach ihm zu fragen, so verhielt, ist die Wahrheit für uns das Fraglose im Sinne des Gleichgültigen, von keiner stimmenden Not erzwungen. An diese Einsicht knüpft Heidegger die Frage: "Wie, wenn dieses, daß wir ohne Not sind, wie, wenn diese Notlosigkeit unsere - die noch verweigerte Not wäre? *Die Not der Notlosigkeit?*"[47] Von "verweigerter Not" spricht Heidegger im gleichen Sinne wie vom sich entziehenden Anfang (oben 134), vom Zurück- und Einbehaltensein des Nichtgeschehenen im Anfang (oben 142), von der Verborgenheit des Seyns (oben 128). Das macht deutlich, daß die primäre Not jetzt auf seiten des Seyns liegt, daß sie von dorther auf den Menschen zukommt bzw. verweigert bleibt, daß sich der Bezug des Menschen zum Sein für Heidegger gekehrt hat (oben 119). Als er in seiner Hölderlin-Vorlesung von der "Not der Notlosigkeit" sprach und diese in der "gänzlichen Unkraft zur Erfahrung der innersten Fragwürdigkeit des Daseins" (GA 39,134) ansiedelte, bedeutete "Not" noch nicht das auf den Menschen Zu-Wesende.

Die Not und Notwendigkeit des ersten Anfangs, der gemäß die Griechen erstaunten, ging aus dem Seienden im Ganzen selbst auf. Deshalb müßte auch die Not, die uns in den Übergang zum anderen Anfang stoßen könnte, nach Heideggers Überzeugung "wieder und *nur* aus dem Seienden im Ganzen kommen, sofern es hin-

---

[47] Vgl. oben 111.

sichtlich seines Seins zur Frage wird" (184). Dieses Argument ist eine Konsequenz aus der Größe des alles bestimmenden Anfangs, der das Selbe in gewandelter Form wiederbringt.

Wie die Wahrheit so ist für uns auch das Sein des Seienden das Geläufige und Selbstverständliche. Heidegger sagt: "Das Seyn ist wegen seiner Selbstverständlichkeit wie etwas Vergessenes. Die *Seinsvergessenheit* beherrscht uns ..." (185). Mit diesem Gedanken schwenkt Heidegger wieder in den Beginn seiner Vorlesung zurück. Der Gang der Besinnung führte zu demjenigen, das Heidegger als das Fragwürdigste vor Augen führen wollte: zum Seyn. Die Seinsvergessenheit ist kein Fehler auf seiten des Menschen; so wie Hölderlin erfuhr, daß die Götter geflohen und ihre Tempel verlassen sind, scheint es Heidegger - und er sinnt uns diese Erfahrung ebenfalls an -, "als ob das Seiende vom Sein verlassen sei". In der "Seinsverlassenheit" des Seienden ist "die Wahrheit des Seyns und damit das Seyn der Wahrheit" *"verweigert"* (185). Den Griechen war die Wahrheit des Seyns auch verweigert, aber aus der Not und Notwendigkeit, das Seiende in seiner Seiendheit zu erfahren und zu sagen, aus der Notwendigkeit, die der Anfang der Geschichte bei sich trug. Damals war das Seiende noch nicht seinsverlassen; die Macht seines Seins bekundete sich ja gerade als höchster Anspruch: im Er-staunen vor dem Seienden dieses als ein solches auszuhalten. Der Ausdruck "Wahrheit des Seyns" besagt, daß das Wesen der Wahrheit zum Seyn gehört, ohne dessen Wesen auszuschöpfen (oben 122). "Seyn" umfaßt also das Wahrheitswesen, die Grundstimmung, das in ἀλήθεια und φύσις Unerfahrene und Ungedachte. "Seyn der Wahrheit" besagt soviel wie: das zukünftige Wesen der Wahrheit.

Im Zusammenhang mit der verweigerten Wahrheit des Seyns macht Heidegger eine Bemerkung in Klammern: "die Verweigerung aber selbst als das Wesen des Seyns" (186). Hier handelt es sich wahrscheinlich um einen Zusatz, der später als 1937/38 in die Vorlesungshandschrift eingefügt wurde. Zur Zeit der Vorlesung glaubte Heidegger noch, die "Verborgenheit des Wesens des Seyns" (oben 128) durch sein Fragen aufhellen zu können. Erst in der Parmenides-Vorlesung wird die Seinsvergessenheit ganz geschickhaft gedacht. Zwischen der Auffassung 'das Wesen des Seyns ist verborgen' und dem Gedanken 'Seyn west als Verweigerung' liegt eine bedeutungsvolle Sinnverschiebung zugunsten einer Eigenbewegung des Seyns.[48]

Die Besinnung auf den ersten Anfang, die Heidegger in der "Grundfragen"-Vorlesung im letzten Frageschritt vollzieht, soll *"das* werden", "was sie ist: der Stoß in den Übergang" (186). Hier ist wieder die Pindar-Gnome γένοι' οἷος ἐσσὶ μαθών implizistiert. Heidegger trägt seinen Hörern und Lesern an, sich auf die von ihm vorgenommene Besinnung einzulassen um einer "Gestaltung des Künftigen" willen. Mit solcher Besinnung soll dasjenige vorbereitet werden, "wodurch allein ein Anfang anfängt": der "Sprung in das andere Wissen" (187). Heidegger räumt der Philosophie unter den schaffenden Mächten hier also den ersten Rang ein, anders als in der Kunstwerk-Abhandlung, wo diese Rolle der Dichtung zukommt. Nach Heideggers Auffassung bilden Denken und Dichten jedoch eine Einheit; Hölderlin dichtet denkend (oben 49); Parmenides' und Heraklits Denken ist ein dichtendes (oben 82). In

---

[48] In einer Abhandlung von 1944/46 der 1961 veröffentlichten Nietzsche-Bände schreibt Heidegger: "Das Ausbleiben des Seins ist das Sein selbst als dieses Ausbleiben" (N II 353).

den dichtend-denkend gesagten Worten ἀλήθεια und φύσις liegt etwas geborgen, das im ersten Anfang nicht bewältigt wurde, das im anderen Anfang denkend geleistet werden soll. Vom Anfang her gesehen verhält es sich so, daß das bislang in ihm Einbehaltene, Nichtgeschehene sich dann ereignen kann (oben 142).

Für den anderen Anfang fehlt aber in Heideggers Augen noch die stimmende Not einer Grundstimmung. Die Grundstimmung der "Verhaltenheit" (oben 128) erwächst aus der Not der Notlosigkeit; sie ist noch nicht die Grundstimmung des anderen Anfangs. Für dessen Gestaltung müßte eine echte Not aufbrechen, die zu ähnlicher Notwendigkeit führte wie das Er-staunen im ersten Anfang und die ein "anderes Wissen" zur Folge hätte. Einstweilen sieht Heidegger seine Aufgabe in der Vorbereitung und Weckung der Bereitschaft für einen geschichtlichen Übergang. Die Verhaltenheit ist für Heidegger offensichtlich die Grundstimmung des Übergangs.[49]

Heidegger hat in seiner Vorlesung keine neue Definition dessen, was Wahrheit ist, anzubieten. Insofern bleibt seine Erörterung "ohne Ergebnis" (187). Stattdessen sollten die "geschichtlichen Ausmaße und innersten Voraussetzungen" (188) der Wahrheitsfrage sichtbar geworden sein. Die geschichtlichen Ausmaße reichen von den frühen Griechen bis in unsere Zukunft. Die Voraussetzungen der Wahrheitsfrage behandelte Heidegger in den ersten drei Frageschritten; es ging um Art und Weise des Fragens, darum, daß die Wahrheitsfrage die Frage nach Wesen und Grund einschließt. Wie im ersten Konzept so hat die Wahrheitsfrage auch in der Vorlesung für Heidegger die Funktion einer "Vorfrage". Was bei den Hörern erreicht werden sollte, war die *Verwandlung* der Blickrichtung, der Maßstäbe und Ansprüche - eine Verwandlung, die zugleich nichts anderes ist als der *Einsprung* in eine ursprünglichere und einfachere Bahn wesentlicher Geschehnisse der Geschichte des abendländischen Denkens, welche Geschichte wir *selbst sind"* (188). Das will sagen: Nicht mehr auf die Aussage soll geblickt werden, ob sie das Seiende richtig oder falsch trifft, nicht mehr die Logik soll die Maßstäbe hergeben für diese Beurteilung; überhaupt ist der Anspruch, daß wir mit der Wahrheit hantieren, aufzugeben. Der Denkblick soll vielmehr auf die Offenheit sehen, die alles vorher genannte Verhalten umgreift. Die wesentlichen Geschehnisse, in deren Bahn es einzuspringen gilt, sind das Aufstrahlen der ἀλήθεια sowie ihr Verlöschen bzw. ihre Verschüttung in der Philosophie von Platon und Aristoteles. Wir selbst sind diese Geschichte, denn das Wesen der Wahrheit trägt alle Historie (vgl. oben 132); unsere abendländische Zivilisation ruht auf dem Wesen der Wahrheit als Richtigkeit.

In einem kritischen Rückgang auf den Grund der Wahrheit als Richtigkeit hatte Heidegger am Beginn seiner Vorlesung eine vierfache Offenheit aufgewiesen, die die Bedingung der Möglichkeit der Aussage ausmacht (oben 131). Die von den Griechen erfahrene Unverborgenheit als Grundcharakter des Seienden würde nur einem Aspekt dieser Offenheit entsprechen: der Offenheit des Gegenstandes. Die Offenheit des Menschen für die Dinge und für seine Mitmenschen ist ein Charakter des "Da-seins" (154), erschöpft aber dessen Wesen nicht, denn dieses liegt letztlich

---

[49] GA 65,15: *"Die Verhaltenheit* ..., die Vor-stimmung der Bereitschaft für die Verweigerung als Schenkung".

und eigentlich in seinem Bezug zum Seyn, liegt darin, die Wahrheit des Seyns auszustehen, wie es im Entwurf zur Vorlesung hieß (oben 117). Am Schluß der Vorlesung wendet sich Heidegger wieder der Offenheit zu. Das als *"Bereich"* und "Spielraum" bezeichnete Moment der vierfachen Offenheit (oben 130 f) kommt der jetzt gemeinten Offenheit am nächsten, allerdings ist sie nicht mehr bloß Spielraum der Richtigkeit. Weil die ἀλήθεια nicht dasselbe ist wie die Offenheit, kann die Offenheit auch nicht in einem erinnernden Rückgang als ein lediglich Vergessenes wiedergefunden werden (oben 140). Gleichwohl liegt in der ἀλήθεια ein "Vorklang" (188) der Offenheit, und das offensichtlich deshalb, weil das unverborgene Seiende das Seiende "in" seiner Unverborgenheit ist. Es klingt in der ἀλήθεια also sowohl der Unterschied von Sein und Seiendem als auch das Sein als Ortschaft an. Von der aufgezeigten vierfachen Offenheit, die der Wahrheit als Richtigkeit zu Grunde liegt, ist für Heidegger jetzt nicht das gegenüber der Richtigkeit *"urprünglichere* Wesen des Wahren", die Unverborgenheit des Seienden, (oben 139), und auch nicht die in "Sein und Zeit" als ursprünglichstes Phänomen der Wahrheit hervorgehobene Erschlossenheit des Daseins (GA 2,291) das Bedenkenswerte, sondern die bereich- und raumhaft verstandene Offenheit.

Heidegger vermutet, daß für uns die Notwendigkeit besteht, "die *Offenheit* selbst, in dem, als was sie west und wie sie west, *auf ihren Grund zu bringen"* (189). Hiermit kommt er auf den Beginn seiner Vorlesung zurück (oben 129). Eine Notwendigkeit könnte nur aus echter Not kommen; solche Not ist uns aber verweigert. So scheint es, daß wir über die Not der Notlosigkeit, aus der Einsicht in die Selbstverständlichkeit und Fraglosigkeit des Seienden, worin sich seine "Seins-Verlassenheit" (189) bekundet, einen Zugang zum Wesen der Wahrheit finden, indem wir, wie Heidegger sagt, "Ernst machen damit, daß das Sein sich dem Seienden entzieht, wodurch das Seiende zum bloßen Gegenstand der Machenschaft und des Erlebens herabfällt" (189). Unter "Machenschaft" versteht Heidegger die Vormacht des Seins in seiner neuzeitlichen Gestalt, in der das Seiende auf seine Machbarkeit hin angesehen wird (vgl. N II 21). Das Seiende ist dabei genauso auf das menschliche Subjekt zurückbezogen wie im "Erleben". Der Plan einer Gründung der Offenheit wird von Heidegger, wie jede andere Gründungsabsicht auch, in den nächsten Jahren aufgegeben.

Zu dem Befund, daß das Sein sich dem Seienden entzieht, sagt Heidegger: "Wie, wenn dieser Entzug selbst zum Wesen des Seyns gehörte? Wie, wenn dieses die noch nicht erkannte und von ihr auch nie zu erfahrende und aussprechbare Wahrheit der ganzen abendländischen Metaphysik wäre: daß das Seyn in seinem Wesen das Sichverbergen ist? Wie, wenn die Offenheit zuerst dieses wäre: die *Lichtung* inmitten des Seienden, in welcher Lichtung das *Sichverbergen des Seyns* offenbar werden soll?" (189) Die erste Frage bezieht sich auf die Epoche der Metaphysik, die sich zwischen dem Wesenswandel der Wahrheit bei Platon und dem zukünftigen Wandel der Geschichte erstreckt. In ihr geschieht das Wesen des Seyns als Entzug seiner selbst. "Das Sichentziehen ist die Weise, wie Sein west", heißt es dann in Heideggers Vorlesung "Der Satz vom Grund" von 1955/56 (SvG 122). Dieser Satz ist analog der im Manuskript von 1937/38 angebrachten Bemerkung, daß das Seyn als Verweigerung west (oben 156).[50]

---

[50] Eine eigenartige Form der Präsentation seiner Gedanken hat Ekkehard *Fräntzki* gewählt: er

Mit dem Wesen des Seyns als Sichverbergen erreicht Heidegger das im ersten Vorlesungsentwurf Entwickelte: Das Verhältnis des Seyns zum Seienden ist so, daß das Seyn als ein Sichverbergendes das Seiende umstellt, daß es als zögerndes Sichversagen sich am Seienden zeigt und zugleich entzieht. Als Lichtung inmitten des Seienden hat Heidegger die Wesung der Wahrheit für eine andere Geschichte entworfen (oben 113 ff). Daß in solcher Lichtung das Sichverbergen des Seyns offenbar werden soll, kann wie im ersten Vorlesungskonzept verstanden werden: als Geschehen des Unterschiedes, als Wesung der Wahrheit. Es kann sich aber auch auf unseren geschichtlichen Augenblick beziehen: Im Innewerden der Verborgenheit des Seyns, der Verweigerung seiner Wahrheit und der Verweigerung einer stimmenden Not kann die entscheidende Frage nach dem Wesen des Seyns aufbrechen. Dieser letzte Sinn liegt auch in einem Satz aus Heideggers Vortrag von 1938 "Die Zeit des Weltbildes": "Wie aber, wenn die Verweigerung selbst die höchste und härteste Offenbarung des Seins werden müßte?" (GA 5,112) In einer Nietzsche-Abhandlung von 1939, veröffentlicht 1961, schreibt Heidegger: "Die Wahrheit kündigt die Herrschaft *ihres* Wesens an: die Lichtung des Sichverbergens" (N II 28). Daraus lassen sich beide Bedeutungen herauslesen: der geschichtliche Augenblick und das Wesen der Wahrheit. Wenn Heidegger in seinem Brief an Richardson 1962 schreibt: "Setzen wir statt 'Zeit': Lichtung des Sichverbergens ..." (BR XXI), so ist hier wie im ersten Vorlesungsentwurf von 1937/38 das zeithafte Geschehen von Seyn und Wahrheit gemeint.[51]

Heideggers "Rückentwurf" des Anfangs der abendländischen Philosophie, den er im letzten Frageschritt vornahm, lag der in "Einführung in die Metaphysik" herausgearbeitete Bezug des Menschen zum Sein zu Grunde. Bei den Griechen bestand dieser Bezug, nach Heideggers "Rückentwurf", als φύσις und τέχνη, als Unverborgenheit und Bewahren der Unverborgenheit. Hieran knüpft Heidegger an, wenn er am Schluß seiner Vorlesung die Vermutung äußert, daß "der Mensch nicht nur der Wahrer des unverborgenen Seienden sei, sondern der *Wächter der Offenheit des Seyns"* (190). So lautet Heideggers Antwort auf die Frage, "wer wir selbst sind" (189), das heißt, wer der Mensch in einem anderen Anfang von Geschichte sein könnte.

---

fingiert ein Gespräch zwischen Heidegger und Fridolin *Wiplinger,* das 1972 stattgefunden haben soll und ihm, Fräntzki, ein Jahr später berichtet wurde, wobei die Heidegger-Schüler *Gadamer* und *Volkmann-Schluck* anwesend waren. In diesem "Gespräch" läßt Fräntzki die Gestalt "Heidegger" anscheinend das sagen, was Heidegger nach Fräntzkis Auffassung versäumt hat. So kommt es, wie Fräntzki glaubt, weder auf Entzug noch Verweigerung des Seins an; vielmehr sei das Sichverbergen des Seins (= Seyns) als ein Sichbergen und Ruhen im eigenen Wesen zu denken. *Fräntzki,* Von der Un-Verborgenheit, 20; 27. - Die Heidegger in den Mund gelegten Gedanken hat dieser jedoch keineswegs ausgelassen; sie finden sich vor allem in der Parmenides- und Heraklit-Vorlesung von 1943. Ich werde jeweils hierauf hinweisen.

[51] Die "Offenheit des Sichverbergens" versteht Ekkehard *Fräntzki* so, daß die Offenheit das Sichverbergen aufgehen läßt. In einer, wie mir scheint, akzeptablen Bezeichnung deutet Fräntzki das alpha privativum im Wort 'Α-Λήθεια als ein, in der Grammatik nicht existentes, "alpha liberativum": das Aufgehenlassen ist ein Freigeben; freigegeben wird die Verbergung und Verborgenheit des Seins. *Fräntzki,* Von der Un-Verborgenheit, 8 ff; 34. - Heidegger beschreibt dieses Phänomen im Zusammenhang mit Heraklits πῦρ und dem Blitz (unten 365 ff), ferner bei der Erläuterung von "Ent-bergung" in der inchoativen Bedeutung des "ent"- (unten 323).

§ 8. Das zeit- und orthafte Wesen des Seins.
GA 51: Grundbegriffe. Sommersemester 1941

Heideggers leitende Überlegung gilt dem "Wesen des Seins" "und der Art, wie es sich offenbart" (75).[1] "Wesen des Seins" meint den "Zeit"-Charakter des Seins, den Heidegger seit seiner "Einführung in die Metaphysik" verfolgt und zu dem er sich bereits in "Sein und Zeit" unterwegs wußte. In der Vorlesung "Grundbegriffe" fällt das Wort "Zeit" nur im Zusammenhang mit Anaximanders χρόνος, denn "Zeit" erscheint Heidegger jetzt als ein unangemessener Begriff für das, was er sich zu denken bemüht. Ebenfalls nicht erwähnt werden ἀλήθεια, φύσις und λόγος; und doch läßt Heidegger sich hauptsächlich von diesen Worten das zeit- und zugleich orthafte Wesen des Seins zeigen.

Der erste Teil der Vorlesung enthält zunächst eine "Erörterung" des "ist" (23), die sich weitgehend in den Bahnen des gewohnten, bisherigen Denkens bewegt, aber dessen Grenzen aufweist (1. Abschnitt). Dann werden in einer Besinnung auf das Sein, vollzogen entlang von acht Leitworten, "die Geleise des bisherigen Meinens verlassen" (41) (2. Abschnitt). Aus dieser Besinnung wird eine Wesensbestimmung des Menschen gewonnen (3. Abschnitt). Der Begriff "Erörterung" beschreibt präzise Heideggers Verfahren, denn Sein wird zunehmend als Ort und Ortschaft gedacht.[2]

Im zweiten Teil der Vorlesung weist Heidegger auf, daß bei Anaximander das Wesen des Seins und die Weise seiner Offenbarung als τὸ χρεών und als ἀρχή erfahren und gesagt sind.

Im folgenden soll Heideggers Gedankengang in der Vorlesung "Grundbegriffe" dargestellt werden, wobei die Gliederung des Textes übernommen wird.

a) Grund-Begriffe als Be-greifen und Ein-begriffen-sein

Die Einleitung, Seite 1 bis 22, behandelt den Bezug des Menschen zum Sein und des Seins zum Menschen. Sein kommt dabei als Grund des Seienden, als Anfang der Geschichte und als "das Wesenhafte" zur Sprache. Ausdrücklich nennt Heidegger den Bezug Sein - Mensch erst im dritten Abschnitt des ersten Teils der Vorlesung (unten 171).

Heideggers Weg der Besinnung auf das Sein nimmt in der Vorlesung seinen Ausgang von einem Spruch des Periandros, eines der Sieben Weisen: μελέτα τὸ

---

[1] Seitenangaben ohne Zusatz betreffen im folgenden GA 51.

[2] Zu den Verben mit "er"- vgl. oben 94 Anm.

πᾶν,[3] "'Nimm in die Sorge das Seiende im Ganzen'" (3), von Heidegger erläutert: "bedenke, daß am Seienden im Ganzen, an dem, was hieraus den Menschen anspricht, alles liegt" (4). Was den Menschen aus dem Seienden im Ganzen anspricht, ist das Sein. Einstweilen ist vom Sein aber noch nicht die Rede. Vielmehr wird der Titel der Vorlesung, "Grundbegriffe", erläutert. Es geht weder um Begriffe als Vorstellungen von etwas im allgemeinen noch um Grundbegriffe im Sinne von Leitvorstellungen eines bestimmten Wissensgebietes. "Grund-Begriffe", wie Heidegger sie hier denkt, sind ein wechselweises Greifen und Begreifen von Mensch und Grund. Das soll im folgenden gezeigt werden.

Das Wort "Grund-Begriffe" enthält nach Heidegger die Zumutung, den Grund von allem, was ist, das heißt den Grund des Seienden, zu erreichen und zu fassen (3; 6 f; 11 f). Dies soll geschehen in einem Wissen, das ursprünglicher ist als die in der geläufigen Unterscheidung von Denken, Fühlen, Wollen beschriebenen menschlichen Vermögen. "Ursprünglicher" heißt: "ausgreifender" als das gewohnte Erkennen, "entschiedener" als jedes Wollen, "inniger" als das übliche "Gefühl" (3).

Es ist ein "ahnendes Wissen". Ahnen, sagt Heidegger, "meint das Fassen von solchem, was auf uns zukommt, dessen Kommen längst waltet ..." (12). Mit diesem Gedanken blickt Heidegger zurück auf die zwei Jahre zuvor gehaltene Hölderlin-Rede von 1939, die der Auslegung von "Wie wenn am Feiertage ..." galt. In dieser Hymne spricht Hölderlin vom Ahnen der Dichter, davon, daß auch die "Natur" (V.13) "ahnend ruhet" (V.18)[4] und daß der Dichter dem Kommen des Heiligen (V.19 f) entgegenblickt.[5] Damals sagte Heidegger: "Die Ahnung denkt vor in das Ferne, das sich nicht entfernt, sondern im Kommen ist" (GA 4,55). Das in der Vorlesung von 1941 angestrebte ahnende Wissen, das sich dem Kommenden, welches "längst waltet", öffnen soll, ist auch verwandt der Haltung des Dichters in Hölderlins Hymne "Germanien"; der Dichter erfährt die kommenden Götter als die Gewesenen (oben 58). Daß das Ahnen[6] ein Fassen ist, weist ebenfalls zurück auf Heideggers erste Hölder-

---

[3] *Diels-Kranz* 1,65.

[4] Vgl. oben 42 f.

[5] Wenn Hölderlin vom 'Kommen' des Heiligen spricht, so nimmt er damit *Pindars* Charakterisierung der "Zeit" (χρόνος) als "herankommend" (ἐπελθών) auf, zum Beispiel: Ol. 10,7; Ol. 6,97. Pindar bezeichnet mit "Zeit" weder das Frühere noch die Gegenwart, sondern einzig die Zukunft; Zeit ist für ihn ein Kommen und Ankommen, ist "die Kraft, die alles heranführt, der Wind gleichsam der uns die Begebnisse zuweht". Hermann *Fränkel*, Die Zeitauffassung in der frühgriechischen Literatur. In: Ders., Wege und Formen frühgriechischen Denkens. 2. Aufl. München: Beck 1960. S. 10-22, das Zitat S. 13. - "Die Zeit fördert, gleich einem Geburtshelfer, die Dinge ans Licht". *Seifert*, o.c. 287. - Daß Heidegger sich 1923 mit Pindars Zeitauffassung auseinandergesetzt hat, geht aus einer Bemerkung in seinem Heraklit-Seminar mit Eugen Fink hervor: "Als ich der archaischen Vorstellung von der Zeit bei Pindar und Sophokles nachging, war das Auffallende, daß nirgends die Rede von der Zeit im Sinne des Nacheinander ist, sondern daß dort die Zeit in den Blick genommen wird als das, was das Nacheinander erst gewährt ..." (GA 15,102). Die genannte Schrift von Hermann Fränkel wurde in diesem Seminar referiert (GA 15,103).

[6] *Kluge*, 10: "Das Ztw. ist ... von der Präp. 'an' abgeleitet (wie 'äußern' von 'außer'): ez anet mir (als auch: mich) 'mich kommt an, überkommt' als Traum, Gesicht, Empfindung". Vgl. WhD 173. - Heidegger verwendet das Verb 'ahnen' nicht, um den Bezug Sein - Mensch vom Sein aus zu benennen. Die unpersönliche Form 'es ahnt mir' wäre jedoch dafür geeignet. Sie wäre analog Heideggers Auslegung des Hölderlin-Verses "Noch denket das mir wohl" (unten 216 ff). Auch die Feiertagshymne gäbe dafür einen Anhalt, denn sowohl die Dichter als auch die "Natur", nach Heideggers Deutung: das Seyn, "ahnen" (vgl. oben 43).

lin-Vorlesung: zum geschichtlichen Dasein gehört ein "Fassenkönnen des Seyns" (oben 55).[7]

Wenn Heidegger vom "Wissen" spricht, hier vom "ahnenden Wissen", in der Vorlesung "Grundfragen der Philosophie" von der Philosophie als "herrschaftlichem Wissen" (oben 129), so denkt er das Wissen im Zusammenhang mit dem Sehen, denn das Wort "Wissen" kommt von lat. videre.[8] In seiner Abhandlung von 1946 "Der Spruch des Anaximander" weist Heidegger hierauf hin: "Gesehenhaben ist das Wesen des Wissens" (GA 5,348 f). Kurz danach gibt Heidegger das Wort "Wissen" zur Kennzeichnung seiner eigenen Absicht auf. In einem "Gespräch von der Sprache" von 1953/54 heißt es: "Wissenwollen ist stets schon die versteckte Anmaßung eines Selbstbewußtseins, das sich auf eine selbsterfundene Vernunft und deren Vernünftigkeit beruft. Wissen*wollen will* nicht, daß es vor dem Denkwürdigen verhoffe" (GA 12,95). Das zeigt: Mit dem Wissen verhält es sich ähnlich wie mit dem Fragen: es wird Heideggers Denken, wie er es später versteht, nicht mehr gerecht. Das 1953/54 genannte 'Verhoffen' entspricht dem "Hören der Zusage", worin Heidegger 1957/58 die "eigentliche Gebärde des Denkens" erkennt (GA 12,165).

Heidegger erläutert den Titel "Grund-Begriffe" weiter: Im ahnenden Wissen scheint auf, daß unser Erreichen und Fassen des Grundes angewiesen ist darauf, daß der Grund selbst uns einbegreift in sein Wesen und daß alles Begreifen in solchem Einbegriffensein spielt. Heidegger sagt: "Das *Be-greifen* kündigt sich uns an als *Ein-begriffen-sein in das 'Wesen' des Grundes"* (22). "Wesen" steht in Anführungszeichen, weil nicht das traditionelle Wassein gemeint ist, sondern zeithaftes Währen und Walten. Das 'Sich-Ankündigen' ist das zuvor besprochene Innewerden eines Auf-uns-Zukommens.

Zum Erreichen und Fassen des Grundes bedarf es einer "Erinnerung". Sie geht auf das Anfängliche unserer Geschichte. Dies ist für Heidegger das Griechentum. Das Griechentum ist das "Früheste" und "Erste" "nach Rang und Reichtum, nach Ursprünglichkeit und Verbindlichkeit für unsere Geschichte und die bevorstehenden Entscheidungen" (7). Deshalb ist der Anfang bei den Griechen nicht das Vergangene, "sondern, weil er alles Kommende voraus entschieden hat, stets das Zukünftige" (15). Der Erinnerung an den Anfang entspricht in der Vorlesung "Grundfragen der Philosophie" der "Rückgang", dem Ahnen entspricht das *'Vorspringen in die Zukunft'* (oben 133). Unter "Anfang" versteht Heidegger in der Vorlesung "Grundbegriffe": "die ursprünglichen Entscheidungen, die das Wesenhafte der abendländischen Geschichte tragen und voraustragen" (15). Zu solcher Auffassung von Geschichte ließ Heidegger sich von Pindar und Hölderlin anregen. Wie nach dem Wesensgesetz des Reinentsprungenen der Anfang das ihm Entsprungene überspringt und ihm vorspringt, so tragen die von den Griechen getroffenen Entscheidungen das Wesenhafte unserer Geschichte voraus. Dieses Wesenhafte steht uns bevor und muß von uns entscheidungshaft übernommen werden. Daß der Grund uns einbegreift, hat seine Entsprechung darin, daß der Anfang uns "bestimmt" und "durchwaltet" (20).

---

[7] Zu 'fassen' vgl. auch oben 152.

[8] *Kluge,* 864: "ich habe gesehen, ich weiß".

Mit der Erinnerung an das Anfängliche unserer Geschichte geht eine Versetzung in das Wesenhafte zusammen (8). Die Bezüge zum Wesenhaften sind allerdings, so Heidegger, weitgehend "verschüttet" (7); genauso ist das anfängliche Wesen der Wahrheit, die ἀλήθεια, verschüttet, worauf Heidegger in seiner Vorlesung
von 1937/38 hinwies (oben 140). Was Heidegger hier "das Wesenhafte" nennt, hieß
im Entwurf zur Vorlesung von 1937/38 *"Wesung des Seyns"* (oben 122). Dort wie
hier gehört die Wahrheit zu diesem Wesen, und das nicht unter anderem, sondern
"zuerst" (15). Die Versetzung in das Wesenhafte geschieht nun aber nicht so, als ob
wir uns zunächst außerhalb seiner befänden; es kommt vielmehr darauf an, des Wesenhaften, in dem wir immer schon stehen, innezuwerden, "in die Nähe" dieses Wesenhaften zu gelangen, damit es uns "trifft", in das "hineinzuhören", "wohin wir selbst
gehören", uns dem "Anspruch" des Wesenhaften aufzuschließen (20). Im "Betroffenwerden durch das Seyn im Ganzen" sah Heidegger in seiner Hölderlin-Vorlesung
das den Deutschen Aufgegebene (oben 55).

Den Grund begreifen, sich an den Anfang erinnern, sich in das Wesenhafte versetzen - damit variiert Heidegger das eine Thema: daß wir uns im Bezug zum Sein
wissen sollen. Vom Sein aus gesehen bedeutet das: der Grund begreift uns ein in
sein Wesen, der Anfang durchwaltet und bestimmt uns, das Wesenhafte läßt uns in
seine Nähe gehören.

Am Anfang unserer Geschichte, im Griechentum, wurden Entscheidungen getroffen, die nicht nur hinter uns liegen, sondern uns übergreifen und daher auf uns
zukommen. Indem wir uns auf eine Besinnung über diese Entscheidungen einlassen,
geben wir uns frei für Entscheidungen der Zukunft unserer Geschichte. Das ahnende Wissen dessen, was aus unserer gewesenen Geschichte auf uns zukommt, ist nach
Heidegger "im Gebirgszug der Geschichte das Urgestein" (22). Dieses Bild ist beeinflußt von Hölderlins mythischer Geographie, in der die Gebirge, vor allem die Al-
pen, geschichtsträchtige Erscheinungen sind. Insbesondere denkt Heidegger wohl an
die Verse 63 f aus Hölderlins Gedicht "Der Mutter Erde": "Und die Zeiten des
Schaffenden sind/ Wie Gebirg ..." (oben 50).

Die weitreichenste Entscheidung betrifft die abendländische Auffassung dessen,
was als "Wahrheit" gilt; in ihr laufen alle anderen Entscheidungen zusammen. Deshalb kann Heidegger sagen: Geschichte bedeutet *das Ereignis einer Entscheidung
über das Wesen der Wahrheit.* In solcher Entscheidung gründet sich und wandelt sich
die Art, wie das Seiende im Ganzen offenbar ist und den Menschen innestehen läßt
in diesem Offenbaren" (21). Bereits in der "Grundfragen"-Vorlesung vermutete Heidegger, daß wir vor einem "Wandel" des Wesens der Wahrheit stehen (oben 147).
Die abendländische Geschichte ist, nach Heideggers Verständnis in den Vorlesungen von 1934 bis 1944 insgesamt, eine Geschichte des Wesens der Wahrheit. Das
anfängliche Wahrheitswesen, die ἀλήθεια, ging verloren durch Platons Entscheidung für die ἰδέα und ist seitdem "verschüttet" geblieben (oben 140). Im Hinblick
auf die künftige Geschichte stehen wir vor der Entscheidung, was "Wahrheit" in Zukunft heißen soll bzw. ob die ἀλήθεια eines Tages zur Mitte unseres Daseins werden
kann (oben 143; 146). Mit der geforderten Entscheidung über das Wesen der Wahrheit geht die Entscheidung zusammen über Ankunft oder endgültige Flucht der
Götter (oben 30; 141).

b) Die Unterscheidung von Sein und Seiendem
als Aufenthalt des Menschen

Das Leitwort der Vorlesung "Grundbegriffe" ist der Spruch des Periandros: με-λέτα τὸ πᾶν. τὸ πᾶν heißt für Heidegger: das Seiende im Ganzen. An diesem Begriff setzt die Erörterung im ersten Abschnitt des ersten Teils an. Heidegger argumentiert zunächst in der Weise des traditionellen Denkens. Damit zeigt er, wie die am Anfang unserer Geschichte getroffenen Entscheidungen unser Denken bestimmen.

Der herkömmliche Versuch, das Seiende und das Seiende im Ganzen zu denken, richtet sich darauf, *"daß das Seiende 'ist'"* und *"was es 'ist'"*(23). Damit ist die Differenzierung von existentia und essentia aus der mittelalterlichen Ontologie angesprochen, die auf Aristoteles zurückgeht. Daß das Wesen (οὐσία) des Seienden im Wassein (τί ἐστιν, essentia) liegt, ist bereits in der Platonischen ἰδέα vorgezeichnet (oben 135 ff). Die Antwort der frühen Griechen auf die Frage, was das Seiende sei, lautete nach Heideggers Ausführungen in der "Grundfragen"-Vorlesung: φύσις und ἀλήθεια (oben 145). Um das Seiende vollständig, "im Ganzen", zu bedenken, sehen wir uns gezwungen, außer dem Wirklichen auch das Mögliche und das Notwendige als Seiendes anzuerkennen. Diese drei Weisen, *wie* das Seiende ist, betrachtet die Metaphysik als '"die' 'Modalitäten'" (24);[9] das Wesen des Seins scheint sich mit ihnen zu erschöpfen.

Außer der Feststellung, daß und was und wie das Seiende ist, muß am Seienden aber auch das "ist" bedacht werden. Dieses halten wir für das Selbstverständlichste am Seienden. Das "ist" hat für uns die leerste und allgemeinste Bedeutung (34).[10] Gemäß der Grammatik und Logik gilt das "ist" als Copula von Satzsubjekt und Prädikat (33). Immer wieder macht Heidegger darauf aufmerksam, daß seit Aristoteles die Wahrheit in der Aussage (λόγος) angesiedelt ist (oben 80; 110) und daß das keineswegs selbstverständlich ist, sondern auf einer geschichtlichen Entscheidung beruht. Eine sich im Beginn der Neuzeit ausbildende Vorstellung besagt, daß das "ist", weil es nicht am '"Objekt'" auffindbar ist, im '"Subjekt'" liegen müsse und nur aus dem Bezug zum Subjekt verständlich sei (27 f).

Alle diese entscheidungshaften Bestimmungen des Seins, auf denen unser Denken beruht, lassen das "Wesen des Seins" (24) unbefragt, halten es für selbstverständlich; Heidegger sieht in ihm das Fragwürdigste.

Um darzulegen, daß sich hinter der Leere und Unbestimmtheit des "ist" ein "kaum bedachter Reichtum" verbirgt (30), gibt Heidegger einige Beispiele.[11] '"Dieser Mann ist aus dem Schwäbischen'" etwa heißt: er stammt dorther; '"der Vortrag ist im Hörsaal 5'" meint: er findet dort statt, usw. Bei allen Beispielen schließt Hei-

---

[9] *Kant,* Kritik der reinen Vernunft B 106/ A 80: Kategorien der Modalität.

[10] *Aristoteles,* Met. 1001 a 20 ff: τὸ ἓν καὶ τὸ ὂν ... ἐστι καθόλου μάλιστα πάντων. Bereits in "Sein und Zeit" und in "Einführung in die Metaphysik" knüpfte Heideggers Seinsfrage hieran an (oben 70 Anm.).

[11] Ähnlich in "Einführung in die Metaphysik", oben 71. Ferner: GA 48,323 f.

degger eine Erläuterung für das "ist" an; einzig beim Goethe-Wort "Über allen Gipfeln/ Ist Ruh"[12] versagt sich das "ist" einer eindeutigen Erklärung. Es spricht in ihm für Heidegger "das Einzige eines gesammelten Reichtums". Beim Hören der Goethe-Verse sind wir "eingelassen in ein Unerschöpfliches" (31). Heidegger nennt den Reichtum 'einzig' und 'gesammelt', weil er das "ist" aus dem griechischen ἕν, dem λόγος und dem συνεχές versteht (oben 82 ff). Unser Eingelassensein in ein Unerschöpfliches ist wie das Einbegriffensein in das Wesen des Grundes. Unerschöpflich ist die Quelle; ihr Bild gebraucht Heidegger öfter, um den Anfang unserer Geschichte und das uns von dorther bestimmende Sein zu kennzeichnen. Der besonders im Goethe-Wort aufscheinende Bedeutungsreichtum des "ist" bekundet demnach die "Wesensfülle des Seins" (45).

In der Rede "das Seiende 'ist'" wird das Seiende und sein Sein, letzteres angesprochen im "ist", unterschieden. Jedoch ist die Unterscheidung von Seiendem und Sein für Heidegger keine solche, die der Mensch trifft, sondern wir "halten" uns "in" der Unterscheidung (25), "bewegen" uns "innerhalb" ihrer (44). Diese Unterscheidung "durchwaltet" jedes Verhalten zum Seienden und alles Sagen von ihm (25). Die Unterscheidung von Seiendem und Sein ist "der Ursprung aller Unterschiede" (44). Sie ist das "Wesenhafte", von dem wir "bestimmt" (44), 'umstimmt' und 'durchstimmt' sind (48). Hiermit ist auf die Grundstimmung angespielt.

Daß der Mensch seinen "Aufenthalt" "in" der Unterscheidung hat (47), sein Einbegriffensein vom Grund und sein Eingelassensein in das Unerschöpfliche des "ist", diese Gedanken zeigen an, daß Heidegger Sein raum- und orthaft denkt, daß er "Topologie des Seyns" betreibt (GA 13,84). Seit der "Einführung in die Metaphysik" ist der Gedanke des Unterschiedes mit demjenigen des Seins als Ortschaft verknüpft. Im zweiten und dritten Abschnitt des ersten Teils der Vorlesung "Grundbegriffe" ist der vermehrte Gebrauch der Präposition "in" in Verbindung mit dem Sein (66 ff; 81 ff; 93) ein Indiz für Heideggers ort- und raumhaftes Verständnis des Seins. Die erste Erörterung des "ist" abschließend, spricht Heidegger dies betont aus: Die "Unterscheidung des Seienden und des Seins hält Unterschiedenes auseinander, und dieses Auseinander ist in sich eine Weitung und Weite, die wir als den Raum aller Räume erkennen müssen ..." (48). Die Unterscheidung als solcher Raum ist dasselbe wie das Wesen der Wahrheit als "Offenheit" und "Lichtung" (oben 110 ff), dasselbe wie der von der Grundstimmung ernötigte "Zeit-Spiel-Raum" (oben 148). Beim 'Auseinanderhalten' denkt Heidegger offenbar an Heraklits Πόλεμος, ἀντίξουν und διαφέρον, außerdem an Parmenides' συνεχές und, wie bei allem Komposita von 'halten', hier besonders beim Wort "Aufenthalt", an die Etymologie 'hüten, weiden' (oben 128). Als Heidegger in seiner "Einführung in die Metaphysik" forderte, das Sein in der ganzen "Weite" seines Wesens zu bedenken (oben 100), sagte er das zunächst im Sinne von 'Fülle' und 'Reichtum'. Jetzt bezeichnet "Weite" den Ortscharakter des Seins.[13]

---

[12] *Goethes* Werke. 1,142.

[13] In diesem Sinne lautet eine Randbemerkung Heideggers zu seinem "Brief über den 'Humanismus'", angebracht in der 1. Auflage von 1949: "Weite: aber nicht die des Umgreifens, sondern der ereignenden Ortschaft; als die Weite der Lichtung" (GA 9,331). Vgl. auch GA 13,47; GA 13,207.

Weil es Heidegger wesentlich auf die Unterscheidung von Sein und Seiendem ankommt, ist am Seienden im Ganzen (τὸ πᾶν) nicht maßgebend, was es ist (ob ἐνέργεια etwa oder Wille zur Macht), sondern Heidegger möchte zeigen, daß das Sein das Seiende als Seiendes "auszeichnet". Die "Ganzheit" ist dabei nur ein "Trabant" des Seins. Die Ganzheit beruht nicht auf einem nachträglichen Zusammenstellen des Seienden, sondern hat, als Sein, "den Vorsprung des Bestimmenden" (42). In solcher Weise waltet die in der Vorlesung "Grundbegriffe" nicht behandelte Grundstimmung. "Vorsprung" bedeutet, daß das Sein im Verhältnis zum Seienden das Erste ist, es bedeutet aber auch ein Überspringen und Überkommen, wie es der Grundstimmung eigen ist.

In der Vorlesung "Grundbegriffe" differenziert Heidegger nicht zwischen "Seyn" und "Sein". Das in anderen Vorlesungen so genannte "Seyn" kommt hier zur Sprache als "Wesen des Seins", als "Sein selbst", als das "Wesenhafte" der "Unterscheidung" und damit als "Raum aller Räume", als "Grund" und "Anfang"; es klingt an als das "Bestimmende" und Stimmende im Sinne der Grundstimmung.

c) Das zwiespältige Wesen des Seins

Im zweiten Abschnitt des ersten Teils der Vorlesung geht es um eine Besinnung auf "das Sein selbst" (69). Sie dient der Vorbereitung für den Entschluß, den Spruch des Periandros, μελέτα τὸ πᾶν, zu befolgen (76). Die bisherigen Denkschritte gingen von τὸ πᾶν, dem Seienden im Ganzen, zum "ist" und jetzt zum "Sein selbst". Die Besinnung folgt acht Leitworten. Es wird jeweils im Rahmen des herkömmlichen Denkens zunächst das Sein vom Seienden her betrachtet, um es dann als das Andere zu allem Seienden in den Blick zu bringen.[14] Heideggers Überlegungen sind folgende.

Durch die bisherige Erörterung des "ist" als des "Verbindungswortes" (Copula) im Satz hat sich ein doppelter Charakter des "ist" gezeigt, das heißt ein "Zwiespalt" im Sein: einerseits haben "ist" und "sein" die leerste und allgemeinste Bedeutung, andererseits spricht zum Beispiel aus dem Goethe-Wort ein Reichtum und "Überfluß", "der aus eigener Quelle fließt" (49). Dieser Zwiespalt ist keine Zerstörung des Seins in seinem Wesen, im Gegenteil: das Zwiespältige ist "in der Einheit eines Wesens zusammengehalten" (50). Das will sagen: das zwiespältige Sein des Seienden, Leere und Reichtum, ist geeint (ἕν) und zusammengehalten (λόγος, συνεχές) durch das Wesen des Seins. Dieses ist die Quelle, aus der der Reichtum des "ist" fließt. Das erste Leitwort für eine Besinnung auf das Sein lautet: *"Das Sein ist das Leerste und zugleich der Überfluß"* (50; 54).[15]

Das Sein, angesprochen im "ist", ist das allem Seienden Gemeinsame und so "das Gemeinste" (50). Während das mannigfaltige Seiende aber an anderem Seienden immer seinesgleichen findet, ist das Sein *gegenüber allem Seienden einzig"* (51). Zur Gleichheit bedarf es immer mehrerer, das einzige Sein dagegen ist "überall *das*

---

[14] Ähnlich in der Vorlesung von 1940, "Nietzsche: Der europäische Nihilismus" (GA 48,322 ff).

[15] Ähnlich GA 48,326.

Selbe, nämlich es selbst" (52). Nun scheint es ein Drittes zum Seienden und zum Sein zu geben: das Nichts. Jedoch, wenn es das Nichts "gibt", wenn das Nichts "ist", so bedarf es zu seinem Wesen des Seins. Heidegger sagt bedeutungsvoll: "vielleicht ist sogar das Nichts das Selbe wie das Sein" (54). Darin, daß das Nichts den Menschen "entsetzt" und aus seinem gewohnten Verhalten zum Seienden "heraussetzt" (74), bekundet sich seine Selbigkeit mit dem Sein, denn eine Weise, wie das Sein west, ist das in der Vorlesung "Grundfragen der Philosophie" aufgewiesene ver-setzende Walten der Grundstimmung (oben 148). Das zweite Leitwort besagt: *"Das Sein ist das allem Gemeinste und zugleich die Einzigkeit"* (54).[16] Mit der Einzigkeit im Wesen des Seins nimmt Heidegger wieder Bezug auf das Parmenideische und Heraklitische ἕν und denkt dieses im Zusammenhang mit λόγος und συνεχές. Auch die Metaphysik spricht vom Einen, bezeichnet damit aber das Seiende (71).[17]

Wissenschaft und Forschung gehen von der uneingeschränkten Verständlichkeit des Seienden aus. Auch das bislang Unaufgeklärte ist in den Kreis des Verständlichen eingeordnet. Das Verständlichste am Seienden scheint dessen Sein. Um das Sein zu erklären und zu begreifen, fehlen jedoch die Mittel, denn das Sein läßt sich nicht auf bekanntes und schon erklärtes Seiendes zurückführen. Das Sein entzieht sich einer Erklärung aus dem Seienden, und dies gehört zu seinem Wesen. Indem sich das Sein aus der Offenbarkeit des Seienden zurückzieht, verbirgt es sich selbst, hält es an sich mit der Enthüllung seines Wesens. Heidegger fragt: "wie, wenn das Sein selbst mit der Enthüllung seines Wesens an sich hielte, und das nicht nur gelegentlich und zufällig, sondern seinem Wesen gemäß?" (64) Das Sein ist also nach Heidegger *"das Verständlichste und zugleich die Verbergung"* (60).[18] Das Ansichhalten des Seins, ἐποχή, kennzeichnet die von Heidegger später so genannte Seinsgeschichte. Derselbe Gedanke wie das Ansichhalten des Seins ist: das Seyn als Sichverbergendes (oben 113 ff), der ständig sich entziehende Anfang (oben 134).

Daß das Sichverbergen zum Wesen des Seins gehört, kann aber nicht bedeuten, daß uns das Sein völlig unzugänglich wäre, denn wir nehmen es in allem Betreiben des Seienden ja ständig in Anspruch. Durch diesen Gebrauch ist das Sein zwar nicht begriffen, aber vernutzt und abgegriffen; es ist sogar "das Abgegriffenste" (61). Dennoch können wir das Sein nicht entbehren. Sogar in einer Stimmung des äußersten Überdrusses, wenn wir wünschten, "statt des Seienden möge das Nichts *sein"* (61), rufen wir das Sein. In der gewünschten Vernichtung alles Seienden erscheint das Sein. Nach Heideggers Freiburger Antrittsvorlesung, "Was ist Metaphysik?", ist es die Grundbefindlichkeit der Angst, die vor das Nichts und somit vor das Sein zwingt (GA 9,111 ff). Im Herbeiwünschen des Nichts - so heißt es in der Vorlesung "Grundbegriffe" weiter - erscheint das Sein "wie ein Erstmaliges und Unberührtes, aus dem alles Seiende und sogar dessen mögliche Vernichtung noch herstammt" (61). Aus

---

16 Ähnlich GA 48,327.

17 *Aristoteles,* Met. 1003 b 23: τὸ ὂν καὶ το ἓν ταὐτὸν καὶ μία φύσις.

18 Die Verbergung und das Sichbergen des Seins in die eigene Verborgenheit hält Ekkehard *Fräntzki* für das eigentlich Denkwürdige. Alles Weitere, das heißt die Ansetzung des Seins als Unverborgenheit, scheint ihm "ein Schritt zu viel". *Fräntzki,* Von der Un-Verborgenheit, 21; 33 ff. Wie die oben zitierte Frage Heideggers belegt, hat er das von Fräntzki 'ursprünglicher' Gedachte bereits 1941 ausgesprochen.

dem Sein entspringt alles Seiende. Daher ist das Sein *"das Abgegriffenste und zugleich der Ursprung"* (62).

Bei aller Infragestellung des Seienden und einzelner seiner Gebiete bleibt auf das Sein Verlaß; anders könnten wir das Seiende weder bejahen noch bezweifeln. Das Sein ist "das Verläßlichste" (62). Wenn wir aber auf dieses Vertraute und Verläßliche unsere Absichten und Haltungen bauen wollen, erscheint das Sein als das Bodenlose, als dasjenige, das keinen Grund und Untergrund bietet. Als solche Absage für ein Bodennehmen ist das Sein der *"Ab-grund"*. Heidegger schließt: *"Das Sein ist das Verläßlichste und zugleich der Ab-grund"* (63).[19]

Die Verläßlichkeit des Seins geht hervor aus allem "ist"-Sagen, in jedem "'Zeitwort'" unserer Sprache wird das Sein genannt (jedes Verb läßt sich mit 'sein' umschreiben, etwa 'blühen' als 'blühend sein'), aber auch in jedem Hauptwort nennen wir, insofern es ein Seiendes bezeichnet, das Sein mit. Daraus folgt: *"Das Sein ist das Gesagteste in allem Sagen, weil Sagbares nur im Sein zu sagen ist"* (63). Das Sein wird zwar ständig gesagt, gleichwohl verhüllt es in diesem Gesagtsein sein Wesen. Weil zum Wesen des Seins die Verbergung gehört, andererseits das Sein aber einen ausgezeichneten Bezug zum Sagen hat, ist die Sageform der Verbergung: "die *Verschweigung"*. Aus diesem "wesenden Schweigen" stammt jedes Wort. Die Verschweigung ist *"der Ursprung der Sprache"* (64). Heidegger meint hier die wesentlichen Worte: die Worte der anfänglichen Denker oder das Wort des Dichters, der, vom Gott gezwungen, das "vorweltliche Schweigen" bricht (GA 39,218). Wenn die Sprache aus dem wesenden Schweigen, das heißt dem Sein, kommt, die Sprache aber das den Menschen Auszeichnende ist, dann muß die Sprachlosigkeit des Tieres aus dem fehlenden Bezug zum Sein begriffen werden. Das nur dem Menschen Eigentümliche, die Sprache, steht dann "zur Einzigkeit des Seins in einem Wesensbezug". Heidegger faßt zusammen: *"Das Sein ist das Gesagteste und zugleich die Verschweigung"* (64).[20]

Obwohl das Sein in allem Verhalten zum Seienden "das Nächste" (65) bleibt, wird es zugunsten des Seienden übergangen. Weil es das Verständlichste ist, scheint es keiner Frage wert. So wird es hinsichtlich seiner Fragwürdigkeit vergessen. Zum Wesen des Vergessens gehört, daß ihm nicht nur das Vergessene entfällt, sondern auch es selbst als Vergessen. Der Vergessende vergißt, daß er vergißt. Die "Seinsvergessenheit" (68) darf, genauso wie in der Vorlesung "Grundfragen der Philosophie", nicht als ein Fehler des Menschen verstanden werden. Daß der Mensch das Sein vergessen hat, ist ja eine Folge dessen, daß das Sein selbst als Verbergung und Verweigerung west, daß es an sich hält mit der Enthüllung seiner selbst.

Trotz seiner Vergessenheit ist es das Sein, welches uns "das Seiende überhaupt innewerden läßt" (66). Wie Heidegger in "Was ist Metaphysik?" gezeigt hat, macht das in der Grundstimmung der Angst offenbare Nichts bzw. das Sein die Aufdringlichkeit und Befremdlichkeit des Seienden erfahrbar und läßt die Frage aufbrechen: warum ist überhaupt Seiendes und nicht vielmehr Nichts? (GA 9,122). Durch das Sein werden wir des Seienden inne und dessen, "daß wir inmitten des Seienden

---

[19] Ähnlich GA 48,328. SvG 93.
[20] Ähnlich GA 48,329.

selbst Seiende sind". Das Sein *"er-innert uns in das Seiende und an das Seiende"* (66). Die Erinnerung "in" das Seiende geschieht als Versetzung (unten) und ist deshalb, wie ersichtlich, dasselbe wie das - in der Vorlesung "Grundbegriffe" nicht behandelte - Walten der Grundstimmung (oben 61; 148). Die Erinnerung "in" das Seiende als Versetzung in es ist so zugleich Erinnerung "an" das Seiende im Sinne des Erfahrbarmachens des Seienden. Das Sein *"ist* die eigentliche Erinnerung" (66). In dem betont gesagten "ist" liegt das Walten der Grundstimmung beschlossen. Als Erinnerung läßt das Sein uns innewerden "jegliches, was als Seiendes ins Offene kommt" (66). Daß Heidegger den Akkusativ verwendet - das Sein läßt uns "jegliches", das heißt "das Seiende", innewerden - hat einen Grund; es wird mit ihm zweierlei ausgedrückt: 1. Das Sein läßt uns des Seienden innewerden, erinnert uns "an" es; 2. das Sein läßt das Seiende für uns überhaupt erst ins Offene kommen, versetzt uns mitten unter es und erinnert uns so "in" es. Es ergibt sich das Leitwort: *"Das Sein ist das Vergessenste und zugleich die Erinnerung"* (66).[21]

Solange wir Menschen sind, das heißt solange wir sind inmitten des Seienden, zwingt uns das Sein in eine Begegnung mit dem Seienden. Diese "Zwingnis", als welche "das Sein selbst west", ist allem Andrang, der aus dem Seienden kommt, weit überlegen. *"Das Sein ist das Verzwingendste"* (67). Dennoch ist dieser Zwang nicht zu spüren wie die Bedrängnis durch das Seiende. Das Sein "umspielt und durchspielt" uns wie ein Unerfahrbares, das doch die "einzige Eindeutigkeit des Einzigen" hat. Es geht aller Erfahrung voraus, denn es ist selbst das "Öffnende", das den Raum der Erfahrung erst aufschließt. In den Raum dieses "Offenen" werden wir vom Sein "versetzt". Mit diesem Offenen wird erst die Möglichkeit gewährt für die Unterscheidung von Seiendem und Sein. Heidegger sagt: "Das Sein setzt erst Sein und Seiendes auseinander und versetzt in diese Auseinandersetzung und versetzt in das Freie" (68). Das in diesem Satz zuerst genannte "Sein" ist das Versetzende und Auseinandersetzende - sonst auch "Seyn" geschrieben -, das zweite "Sein" bezeichnet die Seiendheit des Seienden, das heißt das vom Seienden Unterschiedene und Auseinandergesetzte. Wahrscheinlich steht auch hier der Parmenides-Vers im Hintergrund: χρὴ τὸ λέγειν τε νοεῖν τ᾽ ἐὸν ἔμμεναι. Während Heidegger in der Vorlesung "Grundfragen der Philosophie" das χρή als "Not" im Sinne der Grundstimmung auslegte (oben 148), bilden die Worte χρή, ἐόν, ἔμμεναι das Muster für das in dem zitierten Satz zum Ausdruck kommende Verhältnis von Sein (= Seyn), Seiendem und dessen Sein. Das Adverb "erst" aus diesem Satz verweist auf das Sein als Ursprung.

Das öffnende Wesen des Seins ist das in φύσις und ἀλήθεια liegende "Weltwerden", "Erscheinen" und 'Raum-Aufreißen', welches Heidegger in der "Einführung in die Metaphysik" hervorhob (oben 76; 94).[22] Der Bereich des "Offenen" klingt ebenfalls in der griechischen ἀλήθεια an, insofern die Unverborgenheit "Raum" ist für das erscheinende Seiende (oben 96). Bei seiner Besinnung auf die ἀλήθεια greift Heidegger die "Unverborgenheit" zunächst im Sinne des frühgriechischen Verständ-

---

[21] Ähnlich GA 48,328.

[22] Auch das χάος aus *Hesiods* Theogonie, V.116, versteht Heidegger "im engsten Zusammenhang mit einer ursprünglichen Auslegung des Wesens der ἀλήθεια" "als den sich öffnenden Abgrund" (GA 44,96 f). *Hesiod,* Theogony. Edited with Prolegomena and Commentary by M. L. West. Oxford: Clarendon Press 1966. p. 116.

nisses als einen Charakter des Seienden auf; geleitet durch das Parmenides-Wort von der ᾽Αληθείη εὐκυκλής, wird die "Offenheit" des Seienden dann als "Lichtung" gefaßt (oben 110 ff). Das "Offene" als "Spielraum" für das Seiende (oben 150) ist bereits ganz topologisch gedacht. Heidegger selbst spricht von "Topologie" erst 1947 (GA 13,84); auch das Wort "Ort" fällt im Zusammenhang mit dem Wesen des Seins weder in der "Grundfragen"- noch der "Grundbegriffe"-Vorlesung.

In seiner Einzigkeit ist das Sein im griechischen ἕν vorgedacht. Das auseinandersetzende Wesen des Seins spricht aus Heraklits Πόλεμος und διαφέρον, das versetzende Wesen waltet als Grundstimmung. Der Raum des "Offenen", "Freien" ist der Bereich für alle Unterscheidung von Sein und Seiendem, ist die Stätte, in der alle Erfahrung von Seiendem für den Menschen spielt, und zwar so, daß das Sein selbst als dieses Spiel west.

Heidegger führt seine Überlegungen weiter: Mit der Versetzung in das Freie wird der Mensch in seine Zugehörigkeit zum Sein "befreit"; so wird er frei für das Seiende, zugleich aber auch frei "vom" Seienden und frei "vor" ihm, insofern die Maßstäbe für alles Verhalten nicht aus dem Seienden kommen. Heidegger sagt: "Die Versetzung in das Sein ist die *Befreiung* in die Freiheit. Diese Befreiung allein ist das Wesen der Freiheit" (68). Das Sein ist also sowohl das Versetzende wie die Stätte der Versetzung, es ist das Auseinandersetzende und der Raum der Auseinandersetzung, es ist das Öffnende und das Offene,[23] es ist Befreiung und Freiheit. Wenn das Sein den Menschen in der Weise der Befreiung bestimmt, dann ist Freiheit keine menschliche Eigenschaft, sondern die dem Menschen vom Sein zugewiesene Stätte, sein "'Da'" (67).[24] Auch am Phänomen der Freiheit zeigt sich, daß für Heidegger im Bezug Sein - Mensch jetzt alle Bewegung vom Sein ausgeht. Freiheit ist nicht mehr, wie in "Vom Wesen des Grundes", 1929 (GA 9,123-175), in der Transzendenz des Daseins verwurzelt, sondern ist das Sein selbst als Befreiung. Heideggers Besinnung auf das Sein selbst kommt zu dem letzten Leitwort: *"Das Sein ist das Verzwingendste und zugleich die Befreiung"* (68).

Indem Heidegger das zwiespältige Wesen des Seins sichtbar macht, möchte er die eingefahrenen Denkgewohnheiten in Frage stellen. Die Hörer und Leser sollen "den Mut haben, sich im Bereich der Unterscheidung des Seienden und des Seins umzusehen und einfach anzuerkennen, was hier waltet" (77).

Zusammengefaßt: Das Wesen des Seins als das Andere zu allem Seienden kommt in Heideggers Leitworten zur Sprache als: Überfluß, das Einzige, als Verbergung, als Ursprung, als Ab-grund, Verschweigung, Erinnerung und Befreiung.

Das Sein als das Einzige ist bereits im griechischen ἕν erfahren, als Ursprung in der griechischen ἀρχή. Das Sein als Verbergung spricht aus Heraklits ἁρμονίη ἀφα-

---

[23] Das "Bereichgebende" wie das "Bereichhafte". Vgl. *de Waehlens - Biemel*, o.c. 490. - Das von Heidegger als das Öffnende und das Offene gedeutete Sein könnte man in Analogie sehen zu dem Verständnis von "Licht", wie es - vor der bei Platon beginnenden Lichtmetaphysik - aus der frühgriechischen Dichtung spricht. "Licht ist als die Kraft des Erscheinenlassens und das Medium des Erscheinens das Erhellende und die Helle, in sich Wirkliches zeigt als das, was es ist ...". *Bremer*, Licht und Dunkel, 12.

[24] In diesem Sinne prägt Heidegger in seiner Schelling-Vorlesung den Merksatz: "Freiheit nicht Eigenschaft des Menschen, sondern: Mensch Eigentum der Freiheit" (GA 42,15).

νής und aus seinem Wort φύσις κρύπτεσθαι φιλεῖ. Die Verschweigung ist die Sage-form des Seins als Verbergung. Erinnerung und Befreiung sind das versetzende und auseinandersetzende Wesen des Seins, wobei der Bereich der Versetzung und Aus-einandersetzung das Sein selbst ist. Indem Heidegger das Wesen des Seins als Erin-nerung und Befreiung im dargestellten Sinne faßt, verfolgt er eine "Topologie" des Seins. Das Sein als Ab-grund ist gegen alle Kausalitätsvorstellung gedacht; als das Grundlose, weil nicht auf anderes zurückführbar, ist das Sein der Grund und Boden selbst. In späteren Schriften rückt Heidegger das Sein als Grund und Boden im Zu-sammenhang mit dem menschlichen Wohnen in den Blick.

Der "Zeit"-Charakter des Seins, in Wesenseinheit mit seinem Ortscharakter, wurde in der Vorlesung "Grundbegriffe" bisher sichtbar: 1. als die Bewegung des Öffnens und der Weitung, als Bewegung des Versetzens und der Befreiung des Menschen, als Bewegung des Auseinandersetzens von Sein (= Seiendheit des Seien-den) und Seiendem; 2. als der Ort des Offenen, Freien und der Weite, als "Raum al-ler Räume"; 3. als ein Walten und Spielen an diesem Ort.

Alle diese zeithaften Weisen des Seins könnte man unter dem Hölderlin-Wort "Wie du anfiengst, wirst du bleiben" begreifen: das Sein als Öffnen, Versetzen, Be-freien und Auseinandersetzen vollzieht eine Bewegung des Anfangens; als Walten und Spielen ist das Sein ein bleibendes Geschehen; mit 'Bleibe' wäre auch der Orts-charakter des Seins bezeichnet. Der Hölderlin-Vers wäre somit nicht nur ein Mo-dell, an dem sich Heideggers Verständnis der abendländischen Geschichte ausbil-det, sondern auch ein ungenanntes Leitwort für das Wesen des Seins. Heidegger selbst spricht im Zusammenhang mit dem Wesen des Seins in der Vorlesung "Grundbegriffe" weder von "Zeit" noch von "Ort".

d) Der Bezug des Menschen zum Sein und des Seins zum Menschen

Der Spruch des Periandros wird von Heidegger im dritten Abschnitt des ersten Teils der Vorlesung nicht mehr erwähnt. Und doch ist dieser Abschnitt gewisser-maßen eine Ausfaltung des Spruches μελέτα τὸ πᾶν, "Nimm in die Sorge das Sei-ende im Ganzen'" (23); nach den vorausgegangenen Erörterungen heißt das: 'nimm das Sein selbst in die Sorge'. Heidegger kommt mit der "Besinnung auf den Bezug des Menschen zum Sein" (92) in diesem Abschnitt auf die Einleitung seiner Vorle-sung zurück, wo dieser Bezug bereits als Bezug zum Grund, zum Anfang und zum Wesenhaften angesprochen wurde (oben 160 ff).

Wie vorher schon, so argumentiert Heidegger zunächst in der Weise des uns ge-läufigen Denkens. Wenn das Sein als das Verständlichste, das Gesagteste, das Ver-gessenste aufgefaßt wird, scheint es nachträglich in Beziehung gesetzt zu unserem Verstehen, Sagen und Vergessen. Damit würde das Sein selbst nicht '"objektiv"', sondern aus dem '"Subjektiven"' verstanden; es würde '"anthropomorph"' vorgestellt (78 f). Solche Einwände verkennen jedoch, daß erst seit dem Beginn der Neuzeit in der Subjekt-Objekt-Relation gedacht wird und daß sich das Wesen des Menschen nicht in seinem Subjektsein erschöpft; auch ist das Sein selbst, dem Heideggers Be-sinnung gilt, kein Objekt.

Ein anderes Bedenken liegt in folgendem. In den Leitworten vom Sein hieß es jeweils: "das Sein 'ist' das Leerste" usw. Indem das Sein als etwas angesprochen wird, das "ist", wird es doch in ein Seiendes "verkehrt" (82; 88), so daß der Versuch, das Sein im Unterschied zum Seienden zu fassen, von vornherein mißlingt. Von hierher erscheint das Sein als "'Abstraktion'" (80), und das Vergessen seiner Fragwürdigkeit wäre nichts anderes als der Umstand, daß es hinsichtlich des Seins gar nichts Ernsthaftes zu fragen gibt, daß es sich vielmehr um eine "Scheinfrage" (81) handelt. Aber gerade wenn wir uns an das Seiende halten und von ihm sagen, daß es "ist", denken wir, in diesem "ist"-Sagen, aus dem Sein. Heidegger betont: "Das Sein überfällt uns immer wieder als dasjenige, was wir niemals nicht denken können" (80). Hier bekundet sich wieder die "eigentümliche Zwiefältigkeit des Seins" (81), die schon in den acht Leitworten zum Vorschein kam. Einerseits verleugnen wir ein eigenes Wesen des Seins, insofern wir es beim Versuch, es zu denken, sogleich zu einem Seienden machen: *Das Sein wird von uns verworfen* (80). Anderseits müssen wir erfahren: *Das Sein hat sich schon über uns geworfen und uns zugeworfen* (81). Daß das Sein uns "überfällt" und sich "über uns geworfen" hat, zeigt, daß es in der Weise der Grundstimmung waltet (oben 60; 148 f). Das "schon" im letzten Zitat weist auf den öffnenden und ursprunghaften Charakter des Seins, durch den alles Betreiben des Seienden erst möglich wird. Daß das Sein sich uns "zugeworfen" hat, entspricht der Erfahrung des Dichters am Beginn von Hölderlins Rheinhymne; der Dichter vernimmt, wie "Geheim noch manches entschieden/ Zu Menschen gelanget" (oben 43).

Indem wir das Sein einerseits verworfen haben, anderseits es erfahren als sich uns zuwerfend, finden wir uns in einer Ausweglosigkeit. Sie ist aber nichts Negatives, sondern ist der "einzigartige Aufenthalt", in den wir vom Sein selbst "versetzt" sind (81). Das uns versetzende Wesen des Seins wurde bereits als "Erinnerung" und "Befreiung" behandelt. Vom Sein als "Verwerfung zugleich und Zuwurf" (82) in eine auswegdlose Lage gebracht, sollen wir - so fordert Heidegger seine Hörer und Leser auf - nicht auf Auswege sinnen, sondern uns an dieser Stätte "umsehen", in ihr "erst einmal Fuß fassen und darin heimisch werden" (83). Heidegger sagt "erst einmal", um zu betonen, daß der Bezug des Menschen zum Sein allem Verhalten zum Seienden voraufgeht. Die Ausweglosigkeit, in der wir uns finden, ist so ein "Wink", "der dahin zeigt, wohin wir schon im Grunde versetzt sind, da wir uns zu Seiendem verhalten" (83). Dieser Grund des Seienden ist das Sein.

Die Stätte, dahin wir vom Sein selbst versetzt sind und als die das Sein selbst west, ist, so Heidegger, der "noch verborgene Aufenthalt, dem das Wesen unserer Geschichte seinen Ursprung verdankt" (83). Am Anfang unserer Geschichte konnten die Griechen nur deshalb vor dem Seienden erstaunen, es als Seiendes aushalten und nach ihm fragen, weil sie bereits im Sein ihren Aufenthalt hatten. Das Sein blieb als solche Stätte aber genauso verborgen, wie die ἀλήθεια als "Gesichtskreis" für das Erscheinen des unverborgenen Seienden von den Griechen übersehen wurde (oben 146). Während den Griechen ihr Aufenthalt im Sein aber notwendig verborgen blieb, denn sie hatten ihre ganze denkerische Kraft ja auf die Frage nach dem Seienden zu verwenden, ist es nach Heidegger unsere Aufgabe, dieses Aufenthalts "im Bereich des Seins" innezuwerden und zu lernen, ihn als unsere "eigenste Heimat" (89) zu bewohnen.[25] In seinen Vorlesungen "Andenken" und "Der Ister",

---

[25] Ekkehard *Fräntzkis* Kritik an Heidegger geht dahin, daß das Sein dem Menschen nicht als

gehalten in den beiden Semestern nach der "Grundbegriffe"-Vorlesung, geht Heidegger solcher Art des Heimischwerdens nach.

Weil Heidegger nicht mehr wie in unserer bisherigen Geschichte nach dem Seienden fragt, geht es ihm auch nicht mehr um den Menschen als eine bestimmte "Art von 'Lebewesen' (animal, ζῷον)" (83); vielmehr kann sich nach seiner Auffassung das geschichtliche Menschenwesen nur aus dem "Aufenthalt im Sein" (89) entscheiden. Ähnlich wurde im ersten Konzept zur Vorlesung "Grundfragen der Philosophie" die "Lichtung" als "tragender Grund" des Menschseins hervorgehoben (oben 116). Als "einzige Bestimmung" des Menschen gibt Heidegger dem Nachdenken anheim: "in einem vom Sein selbst ausgebreiteten Aufenthalt zu stehen" (85).[26] Die Bewegung des Ausbreitens ist der "Zeit"-Charakter des Seins.[27] In der Anaximan-

---

Heimat dienen könne. Das Sein erscheint Fräntzki vielmehr als das Unvertrauteste, Un-heimlichste, weshalb die Bestimmung des Menschen auch nicht als Sorge, Wächterschaft oder Hüten des Seins begriffen werden dürfe. Fräntzki sieht das Wesen des Menschen im *"Standhalten* in der Inständigkeit im Un-heimlichen der Verbergung des Seins". *Fräntzki, Von der Un-Verborgenheit,* 38. - Heidegger verfolgt das Sein als "das Unheimliche" in seiner Sophokles-Interpretation (unten 247 ff).

[26] "Aufenthalt" heißt griechisch ἦθος. Hierauf geht Heidegger im "Brief über den Humanismus'" ein (GA 9,354 ff).

[27] In seiner Vorlesung "Die Grundbegriffe der Metaphysik" von 1929/30 spricht Heidegger im Zusammenhang mit dem Grundgeschehen des Weltentwurfs von "ausbreiten" und "Ausbreitsamkeit". "Jeder Entwurf enthebt zum Möglichen und bringt in eins damit zurück in die ausgebreitete Breite des von ihm her Ermöglichten" (GA 29/30, 528). Während solcher Entwurf ein Geschehen im Dasein ist, ereignet sich nach der "Grundbegriffe"-Vorlesung das Ausbreiten des Aufenthalts vom Sein her für den Menschen. - "Ausbreiten", "umbreiten", "verbreiten", "breiten", "umherbreiten", "Breite" sind Worte, die Hölderlin zur Zeichnung der Landschaften in seinen spätesten Gedichten verwendet (SW 2,285; 292; 293; 297; 300; 301; 305). Heidegger hat sich zu diesen Texten nicht ausführlich geäußert. In einer kurzen Rede (Literaturangabe unten 328) behandelt er die Zeile "Das Glänzen der Natur ist höheres Erscheinen" (SW 2,299); das Gedicht "Griechenland" (SW 2,306) hat er am Schluß seines Vortrags "Hölderlins Erde und Himmel" (1959) vorgelesen (GA 4,181). Mir scheint jedoch, daß Hölderlin in diesen Gedichten denjenigen Raum ausmißt und dessen Dimensionen benennt, den Heidegger als "Lichtung" und "das Offene" entworfen hat. Zum Beispiel wird in dem Gedicht "Der Sommer" ("Die Tage gehn vorbei mit sanffter Lüffte Rauschen ...", SW 2,301), entstanden 1842, also ein Jahr vor Hölderlins Tod, ein *zeitlicher* wie *räumlicher* Wechselbezug der Phänomene "Lüffte", "Wolke", "Feld", "Thal", "Berge" usw. gezeichnet. Vgl. hierzu: Friedrich Hölderlin, Vier Gedichte aus den letzten Lebensjahren. Begleitblatt zum Plakat. Text von Gregor *Wittkop* und Valérie *Lawitschka.* Tübingen: Hölderlin-Gesellschaft 1987. - Zu den spätesten Gedichten insgesamt vergleiche man die schon genannte Arbeit von Wilfried *Thürmer* (oben 101). - Heideggers "Lichtung" ist ein Name für die Wahrheit des Seyns. Was Hölderlin in seinen spätesten Gedichten gestaltet, ist das Walten und der Raum der "Natur". Meiner Ansicht nach könnte man diese Gedichte in Heideggers Sinn so lesen, daß sie von φύσις und ἀλήθεια sagen. Besonders augenfällig ist das an der Zeile: "Das Glänzen der Natur ist höheres Erscheinen" (SW 2,299). Die Phänomene Hell-Dunkel, Tag-Nacht, Licht-Schatten, die in Hölderlins letzten Gedichten gespiegelt sind, versteht Heidegger, wie besonders in der Parmenides-Vorlesung deutlich wird, als Geschehen im Wesensbereich der ἀλήθεια.

In dem von Hölderlin gestalteten Raumhaften der spätesten Gedichte sieht Ulrich *Gaier* die Hauptformen des Gartens, wie sie in der orientalisch-abendländischen Kultur vorkommen, erinnert und aufgenommen. Ulrich *Gaier,* Hölderlins Gärten. In: Turm-Vorträge 1987/1988. Hölderlin und die Griechen. Hg. Valérie Lawitschka. Tübingen: Hölderlin-Gesellschaft 1988. S. 54-97. Wenn man den Garten als einer einer Waldlichtung ähnliche Ortschaft betrachtet, so würde sich auch von hierher eine Beziehung des von Heidegger entworfenen zukünftigen Wesens der Wahrheit und der "Lichtung", zu dem von Hölderlin Gedichteten ergeben. Das Verhältnis des Gärtners zum Garten wäre durchaus in dem Sinn, wie Heidegger den Bezug des Menschen zum Seyn und dessen Wahrheit denkt, nämlich als ein Hüten (oben 128), als Wächterschaft (oben 159). Heideggers schönes Wort, der Mensch sei der "Hirt des Seins" (GA 9,342), wäre auch so denkbar, daß der Mensch als der 'Gärtner des Seins' fungiert.

der-Interpretation des zweiten Teils der Vorlesung wird dieser Gedanke aufgegriffen. Das Ausbreiten des Aufenthalts für den Menschen durch das Sein ist die gleiche Bewegung wie das Öffnen des Offenen (oben 169). Von der "einzigen" Bestimmung spricht Heidegger deswegen, weil der Mensch in einem Wesensbezug steht zur Einzigkeit des Seins (oben 167). Das Stehen des Menschen in einem vom Sein selbst ausgebreiteten Aufenthalt ist ähnlich wie die *"Ausgesetztheit in die Übermacht des Seyns"*. Das Ausbreiten des Aufenthalts durch das Sein ist die gleiche Bewegung, wie wenn die Grundstimmung unserem Dasein Ort und Zeit bestimmt. Beide Gedanken stammen aus dem Gespräch mit Hölderlin (oben 41; 63).

Wird das Sein so erfahren, daß es dem Menschen seinen "Wesensaufenthalt" ausbreitet, erschließt sich auch unsere "Verwerfung" des Seins als vom Sein selbst zugelassen, und zwar so, daß sich das Sein "gleichsam in die Zerstörung seiner selbst preisgibt" (85) und nur deshalb von uns als ein Seiendes aufgefaßt wird. Infolge solcher Erfahrung wird nicht länger ein Ausweg gesucht aus dem Dilemma "Verwerfung" und "Zuwurf", sondern der Wesensaufenthalt wird in seiner "Unumgänglichkeit" und "Unantastbarkeit" anerkannt (85).

Die Erfahrung eines dem Menschen vom Sein selbst ausgebreiteten Wesensaufenthaltes stellt eine "Zumutung" dar. Diese Zumutung - so betont Heidegger - stammt aber nicht von ihm, sondern "entspringt einem Anspruch des Seins selbst". "Der Anspruch kommt aus dem noch verborgenen Wesen der Geschichte" (85). Damit ist folgendes gemeint. Unsere Geschichte nimmt ihren Ausgang vom Griechentum. Damals wurden die Worte für das Sein geprägt: φύσις und ἀλήθεια. Aus ihnen kommt der Anspruch, dem Heidegger antwortet, denn das aufgehende (φύεσθαι) und erscheinende (φαίνεσθαι) Walten von φύσις und ἀλήθεια sagt vom selben Phänomen, das Heidegger mit dem 'Ausbreiten' anspricht. In der ἀλήθεια, Unverborgenheit, liegt auch, von den Griechen nicht bedacht, daß sie "Raum" ist für das Erscheinen des Seienden (oben 96) und somit auch "Wesensaufenthalt" für den Menschen. Auch der innige Bezug von Sein und Mensch ist keine Erfindung Heideggers, sondern ihm zugesprochen aus dem Anfang unserer Geschichte, von Parmenides (oben 82 ff). Da die Art und Weise, wie wir von unserem eigenen Anfang, das heißt von den Griechen, bestimmt werden, weitgehend im Dunkeln liegt, ist das Wesen unserer Geschichte "noch verborgen". Ihm gelten Heideggers Vorlesungen der nächsten Jahre. Immer deutlicher wird dabei, daß die Verbergung, die gemäß der "Grundbegriffe"-Vorlesung zum Wesen des Seins selbst gehört (oben 167), auch unsere Geschichte geschickhaft bestimmt, so daß wir uns seit Platon mit Notwendigkeit in der "Dimension der Verbergung" bewegen, wie Heidegger es 1962 dann nennt (SD 44). Das Sichverbergen des Seins, das wir beim Versuch, es aus dem Seienden her zu denken, erfahren müssen, ist also so alt wie unsere Geschichte. Der "Anspruch" des Seins, auf den wir hören sollen, ist vergleichbar dem Anspruch der Götter aus Heideggers erster Hölderlin-Vorlesung (oben 46).

Um den Wesensaufenthalt des Menschen als einen vom Sein selbst ausgebreiteten erfahren zu können, bedürfen wir der Geschichte. Die Geschichte gibt uns "Winke zur Besinnung" (86); sie kommen vor allem aus den - in der Vorlesung "Grundbegriffe" nicht behandelten - am Anfang des abendländischen Denkens gesprochenen Worten φύσις und ἀλήθεια. Aber auch durch die Erinnerung an den Spruch des Anaximander im zweiten Teil der Vorlesung werden wir des Seins inne und der Art, "wie es anfänglich west und als Anfängliches noch west, ohne dadurch je ein gegenwärtiges Seiendes zu werden" (86). Ein früher bestehendes Seiendes ist unwiderruflich vergangen. Das anfänglich wesende Sein jedoch ist das "Gewesene", das heißt das "nochwesende Sein" (86). Es bestimmt uns aus dem Anfang unserer Geschichte mit der gleichen Mächtigkeit, wie nach Pindar die φυά das heroische Leben prägt. Das gewesene und noch wesende Sein "aber ist das in seiner Anfänglichkeit Verborgene" (86). Damit ist dasselbe gesagt, wie daß das Wesen unserer Geschichte noch verborgen ist, wie daß der Anfang sich uns entzieht (oben 134).

Obwohl verborgen und aus dem Selbstverständlichen unerfahrbar, ist der Anfang des Seins bei den Griechen uns "näher" (87) als alles Seiende. Die Nähe des Seins zum Menschen drückt Heidegger seit "Sein und Zeit" mit dem Titel "Dasein" aus (oben 117 ff). In der Vorlesung "Grundbegriffe" kommt es darauf an zu hören, daß sich uns aus den griechischen Worten vom Sein die Möglichkeit zuspricht, das Sein als unseren "Wesensaufenthalt" zu erfahren. Indem wir uns solches "sagen lassen" (86), erkennen wir, daß nur im "Wesensbereich des Seins" (87) uns Seiendes begegnen kann, an uns vorbeigehen, vergehen und dann das Vergangene sein kann im Sinne des Historischen. Man könnte sagen: das Sein als Ort, an dem wir uns aufhalten, ist uns näher als ein an diesem Ort Begegnendes, wie etwa beim Schwimmen im Wasser das Element uns näher ist als ein gleichfalls im Wasser schwimmender Fisch. In solcher Art von Nähe ist der Anfang bzw. das Sein "das Übernahe", "das Nächste alles Nahen" (87).

Das noch wesende, aber verborgene Sein ist wie die entflohenen Götter aus Hölderlins Hymne "Germanien" (oben 58). In den "Raum ihrer uns schonenden Flucht" zu gelangen, was auch Heidegger in seiner Lesung von Hölderlin-Gedichten 1963 beabsichtigt (GA 4,195), ist ähnlich wie das Ansinnen, des uns vom Sein am Anfang unserer Geschichte ausgebreiteten, obzwar verborgenen, Wesensaufenthaltes innezuwerden. Weil das Sein das aus dem Anfang her noch Wesende ist, ist es, wie Heidegger sagt, "das eigentlich Geschichtliche"; es ist "das anfänglich Gewesene und anfänglich wieder Wesende" (87). Seit seiner "Einführung in die Metaphysik" denkt Heidegger der "Wiederkehr" des großen Anfangs entgegen. Diesen anderen Anfang vorzubereiten, sieht er als seine und unsere geschichtliche Aufgabe an (oben 69).

Dem anfänglich wieder wesenden Sein, das sich uns als "Zu-kunft" und "Zuwurf" gibt, kommen wir entgegen in einem "erinnernden Rückgang" (88), in einem Zurückdenken in unseren eigenen Anfang. Damit versammeln wir unsere Besinnung auf den "'Grund'", begreifen den Grund, wie der Titel der Vorlesung nahelegt (oben 160 ff). Heidegger betont: "Grund ist hier das Aufnehmen, aus sich, in sich Sammelnde, welche Sammlung das Offene gewährt, darin alles Seiende ist. *'Grund' meint das Sein selbst und dieses ist der Anfang*" (88). Das Sein als solcher Grund wurde von Heraklit in das Wort λόγος gefaßt.[28] Am Ende des ersten Teils der Vorlesung zeigt sich, obwohl von Heidegger nicht genannt, daß sein Auseinanderlegen des Titels "Grund-Begriffe" als Begreifen des Grundes bzw. als Einbegriffensein vom Grund vom Heraklitischen λόγος und λέγειν (aufnehmen, sammeln) getragen

---

[28] Dies war, wie Heidegger 1955/56 sagt, ein "seinsgeschichtlich hoher und vielleicht höchster Augenblick" (SvG 180).

war. Als Grund im Sinne des Sammelnden und der Sammlung gewährt das Sein das Offene, den Wesensbereich für das Seiende; insofern ist das Sein Grund auch in der Bedeutung, wie von "Vorder- und Hinter- und Mittelgrund" (88) gesprochen wird: Grund als Boden, Ort, Stätte. Das Sein als Grund ist demnach sowohl Bewegung und das Bewegende als auch Ort, ebenso wie das Sein das Versetzende ist und der Ort der Versetzung (oben 171).

Im dritten Abschnitt des ersten Teils der Vorlesung kommt das zeithafte Wesen des Seins zum Vorschein: 1. als Bewegung des Sammelns und Einbegreifens, das heißt als Grund, als Bewegung des Ausbreitens, ferner als Bewegung des Uns-Überfallens bzw. Sich-über-uns-Werfens, außerdem als Zuwurf, Zu-kunft und Anspruch; 2. als Ort des Offenen und des Grundes; dieser ist Wesensbereich des Seienden und Wesensaufenthalt des Menschen und der Geschichte. Alle Bewegungen sind eröffnende, anfangende. Heidegger denkt bei ihnen außer an φύσις und ἀλήθεια an die griechische ἀρχή, die er im zweiten Teil der Vorlesung auslegt. Unter dem Anspruch der ᾿Αλήθεια nennt Heidegger in der Parmenides-Vorlesung dann die Bewegung des Eröffnens: Entbergung. Bei der Bewegung des In-sich-Sammelns (Grund) und des Ausbreitens ist der ortsstiftende Charakter des Seins stärker betont als bei den Bewegungen des Zuwurfs, Anspruchs, der Zu-kunft. Zeithaftes Wesen des Seins heißt: das Sein breitet eine Stätte aus, als die es selbst west; in dieser Stätte geht es den Menschen an an Anspruch, Zuwurf usw. Dieses Geschehen darf man sich aber nicht als ein Nacheinander denken, es ist vielmehr ein Alles-zumal. Die Zeitvorstellung der Sukzession soll ja gerade überwunden werden. Wie schon gesagt, spricht Heidegger selbst im Hinblick auf das Sein in der Vorlesung weder von "Zeit" noch von "Ort".

Dem aus unserem eigenen Anfang, dem Griechentum, wesenden Sein kommen wir entgegen in einer erinnernden Besinnung. Diese ist zugleich ein "Vordenken in den anfänglicheren Anfang" (92). Der Komparativ will sagen, daß das aus dem ersten Anfang wesende Sein als Sein selbst erfahren werden soll und nicht länger nur als Sein des Seienden. In der Einleitung nannte Heidegger solches Vordenken "ahnendes Wissen" (oben 161). Das Sein selbst wird erfahren, wenn wir seiner innewerden als des von den Griechen her entschiedenen, obwohl verborgenen, Wesensaufenthaltes unserer Geschichte.

Auf den Vorlesungstitel und die Einleitung zurückkommend sagt Heidegger: *"Das Sein begreifen, heißt den 'Grund' begreifen. Be-greifen heißt hier 'inbegriffen werden' im Sein vom Sein"* (93). "Grund" steht in Anführungszeichen, um das Wort abzuheben vom geläufigen Verständnis von Grund als αἰτία, causa, ratio. Daß wir "im" Sein inbegriffen werden, macht den von mir herausgestellten Ortscharakter des Seins aus, das Inbegriffenwerden "vom" Sein ist sein Bewegungs-, das heißt "Zeit"-Charakter. Heidegger möchte, daß seine Hörer und Leser rückblickend im Vorlesungstitel all das beschlossen finden, was seine Überlegungen leitete: das zeit- und orthafte Wesen des Seins.

Das geforderte Be-greifen zielt eine "Wandlung des Menschentums" (93) an, die zugleich eine Entscheidung über das Wesen der Wahrheit bedeutet (oben 163). Die Bereitschaft zu solcher Wandlung möchte Heidegger vorbereiten. Sein Denken ist somit vor-läufig im eigentlichen Sinne, nämlich als "Voraus-laufen in eine Zukunft der Geschichte" (93). Heidegger versteht dies als "ein unbeeiltes Denken, das nie zu spät und höchstens zu früh kommt" (93). Solch unbeeiltes Denken bleibt seine Haltung auf seinem weiteren Denkweg; er spricht dann auch von "Warten", von "Gelassenheit".

Das unbeeilte Denken ist eine Antwort darauf, daß der Anfang selbst keine Eile kennt; "wohin soll er auch eilen, da alles Anfängliche nur anfängt, wenn es in sich selbst zu ruhen vermag?" (93). Auf die "Eile" kommt Heidegger zu sprechen, weil er seit seiner ersten Hölderlin-Vorlesung immer, wenn er an den Anfang denkt, den Strom und seine Quelle vor Augen hat. Der entsprungene Strom eilt von seiner Quelle fort.[29] Dagegen ist der Anfang als noch nicht entsprungener der Bereich des Dunklen, Erdhaften und somit das In-sich-Ruhende. Als solches In-sich-Ruhen ist der Anfang dasselbe wie das Sein als Verbergung und Verschweigung (oben 167 f), in welcher Gestalt er unsere Geschichte seit Platon bestimmt. Der in sich ruhende Anfang ist wie Hölderlins "Natur", die nach Vers 18 der Feiertagshymne "ahnend ruhet" (SW 2,118). Mit dem unbeeilten Denken kündigt sich eine andere Denkhaltung an, als sie Heidegger in der "Einführung in die Metaphysik" bekundete, wo er dem geschichtlichen Fragen ein Schaffen, Bauen und Gründen zutraute (oben 68). Das unbeeilte Denken ist verwandt der hörenden Zuwendung, die in der "Grundfragen"-Vorlesung zur Sprache kam (oben 152).

Zusammenfassung: Heideggers leitende Überlegung im ersten Teil der Vorlesung "Grundbegriffe" gilt dem "Wesen des Seins" "und der Art, wie es sich offenbart" (75). Die Erörterung schlägt zwei Wege ein: eine Besinnung auf die Unterscheidung von Sein und Seiendem (1. und 2. Abschnitt) und eine Besinnung auf den Bezug des Seins zum Menschen bzw. des Menschen zum Sein (Einleitung und 3. Abschnitt). Die Besinnung kommt zu folgenden Mutmaßungen: Als Unterscheidung, als Auseinanderhalten von Sein und Seiendem öffnet sich das Sein (sonst auch "Seyn" geschrieben) und west als "Raum aller Räume" (oben 165). Der Bezug des Seins zum Menschen ist so, daß das Sein dem Menschen dessen Wesensaufenthalt ausbreitet und daß es selbst als diese Stätte west.

"Wesen des Seins" bedeutet in dieser Vorlesung also sowohl den Topos-Charakter des Seins als auch seinen "Zeit"-Charakter in der Form der genannten Bewegungen. Unter dem Namen "Wesen des Seins" verfolgt Heidegger seine drei Grundgedanken des Bezugs Sein - Mensch, der Differenz von Sein und Seiendem und des Sachverhalts "Sein und Zeit".

e) Das Verhältnis von Seiendem und Sein im Spruch des Anaximander

Gemäß dem ersten Entwurf zur Vorlesung "Grundfragen der Philosophie" von 1937/38 sollte die Entfaltung der Wahrheitsfrage sich dort als "Vorsprung in die Wesung der Wahrheit" sowie als "Erinnerung an das erste Aufleuchten des Wesens

---

[29] Gemäß Hölderlins Ode "Stimme des Volks", V.8, "eilen" die Ströme ins Meer (SW 2,49. GA 39,225).

der Wahrheit, der ἀλήθεια (Unverborgenheit) als Grundcharakter des Seienden", vollziehen (GA 45,193). Der Vorsprung ist von Heidegger 1937/38 ausgeführt (oben 107 ff), die Erinnerung nicht, jedenfalls sind keine entsprechenden Manuskripte veröffentlicht. Die erste von fünf im Rahmen der Erinnerung damals ins Auge gefaßten Stufen der Besinnung sollte das "unausgesprochene Aufleuchten der ἀλήθεια im Satz des *Anaximander"* (GA 45,222; oben 124) zum Gegenstand haben. Im zweiten Teil der Vorlesung "Grundbegriffe" läßt Heidegger sich hierauf ein.

Der Spruch des Anaximander lautet: ἐξ ὧν δὲ ἡ γένεσις ἐστι τοῖς οὖσι, καὶ τὴν φθορὰν εἰς ταῦτα γίνεσθαι κατὰ τὸ χρεών· διδόναι γὰρ αὐτὰ δίκην καὶ τίσιν ἀλλήλοις τῆς ἀδικίας κατὰ τὴν τοῦ χρόνου τάξιν.[30]

1946 hat Heidegger den Spruch des Anaximander erneut interpretiert. Die Auslegungen in der "Grundbegriffe"-Vorlesung können aber keineswegs als "Dubletten" der Abhandlung von 1946 betrachtet werden.[31] Heidegger hat 1946 den Text vor κατὰ τὸ χρεών als nicht ursprünglich gestrichen, womit er Burnet folgt, und auch den Schluß κατὰ τὴν τοῦ χρόνου τάξιν als "aristotelisch" weggelassen (GA 5,340 f), weshalb er auf die "Zeit" nicht mehr zu sprechen kommt. Die die Interpretation von 1941 leitende ἀρχή als Verfügung wird 1946 nur kurz erwähnt (GA 5,368), wogegen dann im Mittelpunkt steht: κατὰ τὸ χρεών, "entlang dem Brauch" (GA 5,368), 1941 ausgelegt als "entsprechend der nötigenden Not" (94). Was 1941 nur angedeutet wird, das "unausgesprochene Aufleuchten der ἀλήθεια", trägt die Auslegung 1946 von Grund auf: die Unverborgenheit als offene Gegend, in der alles An- und Abwesen spielt. Heidegger verfolgt 1946 also wesentlich konsequenter eine "Topologie des Seyns" als 1941.

Das Belangvolle der Untersuchung von 1941 besteht darin, daß der Zusammenhang mit Heideggers in der "Einführung in die Metaphysik" begonnenen Parmenides-Auslegung deutlich wird, woraus sich die Notwendigkeit einer Unterscheidung nicht nur zwischen Sein und Seiendem, sondern im Sein selbst ergibt. Heidegger interpretiert 1941 den Spruch des Anaximander im Lichte seiner vorhergehenden Parmenides-Rezeption, die ihrerseits durch die Auseinandersetzung mit Hölderlin von 1934/35 geprägt ist, um dann 1946 festzustellen, daß das Wesen von Ἕν und Μοῖρα des Parmenides sowie das Wesen des Heraklitischen Λόγος "vorgedacht" sind "im Χρεών des Anaximander" (GA 5,369). Bei der Übersetzung von τὸ χρεών mit "Brauch" bedient sich Heidegger 1946 eines Hölderlin-Wortes, das schon 1934/35 für die "höchste Fragwürdigkeit im Wesen des Seyns" stand (oben 39). Im folgenden gebe ich Heideggers Analysen von 1941 wieder.

Heidegger strebt zunächst "ein klares Verstehen dessen, was die Worte sagen" (95), an. Bei allen seinen Interpretationen von Texten geht er so vor; nicht der Sinn eines Satzes interessiert ihn zunächst, sondern das einzelne gewichtige Wort. Hierauf komme ich noch zurück. Was die Worte sagen, soll sich einem "einfachen Hinhören" (100) erschließen. Dieses kommt zum Tragen, wenn "wir dem Spruch uns fügen" (113).

---

[30] Diels-Kranz 1,89.

[31] Otto *Pöggeler,* Den Führer führen? Heidegger und kein Ende. In: Philosophische Rundschau 32 (1985). S. 58.

Zur Zeit von Heideggers Vorlesung war gerade ein Aufsatz von Karl Deichgräber über Anaximander erschienen.[32] Die von Deichgräber vertretenen Maximen hält Heidegger für "baren Unsinn" (95). Die "anaximandreische Philosophie in ihren Grundlinien nachzuzeichnen" - so Deichgräbers Anspruch -[33] ist utopisch. So etwas mag bei einem Philosophen des 19. oder 20. Jahrhunderts gelingen, bei einem Denker des Anfangs, von dem nur Bruchstücke vorliegen, ist es Heidegger zufolge nötig, sich auf die Worte einzulassen. Deichgräber redet im Hinblick auf Anaximander von der "Einheit eines großen religiösen, ethischen, rationalen und physikalischen Denkens".[34] Damit werden spätere Vorstellungen gedankenlos auf ein Denken angewendet, dem diese Formen der Weltauslegung fremd waren. Gegenüber solch '"wissenschaftlicher Philologie'" behauptet Heidegger von seinem Verfahren, es sei '"philologischer'", "das heißt hier, wissender hinsichtlich der inneren Wesensbedingungen jeder historischen Auslegung, daß sie nämlich ohne ein je entschiedenes Grundverhältnis zur Geschichte nichts sind und ohne dieses Verhältnis alle philologische Exaktheit bloße Spielerei bleibt" (95 f). Heidegger hat sich für ein Grundverhältnis zur Geschichte entschieden in Form einer Bindung an den ersten Anfang der abendländischen Geschichte, welche Bindung er aber um der Zukunft willen eingeht, um der Vorbereitung des anderen Anfangs willen. Deshalb ist sein Geschichtsdenken sowohl Rückgang und Erinnerung als auch Vorsprung. Die Philologie hat keine Entscheidung hinsichtlich ihres Verhältnisses zur Geschichte getroffen, so daß ihr gewissermaßen der Spielraum für ihre Forschungen fehlt.

Heidegger möchte seinen Hörern und Lesern den alten Spruch nicht mit geläufigen Vorstellungen handlich machen, im Gegenteil: "wir sollen uns erfahren als die vom Spruch Ausgeschlossenen, als die Entfernten und endgültig Entfernten von dem, was der Spruch sagt, und was als solche Sage *ist*" (96). Das soll heißen: Wir sind ausgeschlossen vom Spruch des Anaximander durch die Geschichte, die zwischen uns und den frühen Griechen liegt, die bestimmt ist durch die Verschüttung der ἀλήθεια und durch das Wesen der Wahrheit als Richtigkeit, woraus eine andere Einstellung zur Welt resultiert als die griechische. Aber gerade aus dem Innewerden der Befremdlichkeit des Spruches und unserer Ferne zu ihm kann eine Annäherung erwachsen. Heidegger verfolgt die Zusammenhänge von geschichtlicher Nähe und Ferne in der Vorlesung des nächsten Semesters, "Andenken". Wenn wir uns erfahren als vom anfänglichen Denken ausgeschlossen, so liegt darin die Anerkenntnis der Mächtigkeit des Anfangs. Es ist die gegenteilige Einstellung zu allem Fortschrittsdenken, das im Vergangenen nur unvollkommene Vorformen des Gegenwärtigen findet.

Heideggers entschiedenes Verhältnis zur Geschichte ruht, wie er sagt, in seiner "Besinnung auf das Sein" und auf die "Unterscheidung von Seiendem und Sein" (101). Seit der "Einführung in die Metaphysik" ist diese Besinnung anders verfaßt als im Umkreis von "Sein und Zeit". Aus Heideggers Denkweg von 1935 bis zum ersten Teil der Vorlesung "Grundbegriffe", 1941, entspringt seine Übersetzung des Anaximander-Spruches. Sie lautet:

---

[32] Karl *Deichgräber*, Anaximander von Milet. In: Hermes 75 (1940). S. 10-19.

[33] *Deichgräber*, o.c. 10.

[34] *Deichgräber*, o.c. 19.

"Von woheraus aber der Hervorgang ist dem jeweilig Anwesenden auch die Entgängnis in dieses (als in das Selbe) geht hervor entsprechend der nötigenden Not; es gibt nämlich jedes Anwesende selbst (von sich aus) Fug, und auch Schätzung (Anerkennung) läßt eines dem anderen, (all dies) aus der Verwindung des Unfugs entsprechend der Zuweisung des Zeitigen durch die Zeit" (94; 101 f).

Unmittelbar anschließend sagt Heidegger: "Das Sein ist das Übernahe" (192). Das ist so zu verstehen: Jeder Nähe liegt immer ein gewisser Abstand zu Grunde. Unser Verhältnis zum Sein ist aber abstandslos, da wir es, als Da-sein, ja selbst sind (vgl. oben 117 ff). Insofern ist das Sein uns 'übernah'. Heidegger fährt fort: "Das Sein steht nie von uns ab, weil es das ist, worin wir versetzt sind" (102). Diesen Gedanken greift Heidegger aus dem ersten Teil der Vorlesung auf (oben 169). Außerdem ist das Sein hier offensichtlich so wie die Grundstimmung und die Lichtung gedacht: der Mensch ist in die Grundstimmung versetzt (oben 60; 148), er steht in der Lichtung (oben 116). Grundstimmung einerseits und Lichtung als die Wahrheit andererseits sind Phänomene, die gemäß "Grundfragen der Philosophie" zum Wesen des Seyns gehören (oben 122; 148). Daß Heidegger sagt, wir seien "in" das Sein versetzt, zeigt wieder, daß er Sein raum- und orthaft versteht. Der Leitspruch der Vorlesung von 1941, μελέτα τὸ πᾶν, heißt - so sagt Heidegger im zweiten Teil der Vorlesung - "jetzt und künftig: Sei inständig im Sein! Innestehen im Sein!" (102) Der Gedanke des Innestehens stammt aus der Hölderlin-Vorlesung (oben 59). Gegenüber der ersten Übersetzung des Spruches, "'Nimm in die Sorge das Seiende im Ganzen'" (23), die dem Menschen eine gewisse Aktivität zuschreibt, bedeutet das Innestehen ein Sichfügen dem Sein.

Der Spruch des Anaximander besteht aus zwei Sätzen. Heidegger geht bei der Auslegung so vor, daß er zunächst den Gehalt beider Sätze getrennt durchdenkt, um dann ihr Verhältnis zu klären. Den zweiten Satz wegen des γάρ als "'Begründung'" des ersten aufzufassen, weist er als voreilig zurück.[35] Es könnte sein, daß es sich umgekehrt verhält, daß im ersten Satz der "'Grund'" für den zweiten liegt, der dann eine Folge dieses Grundes aussprächne (103).

Zum ersten Satz: Die beiden Worte γένεσις und φθορά, üblicherweise als "'Entstehen und Vergehen'" gefaßt (103), übersetzt Heidegger als "Hervorgang" und "Entgängnis". Dabei denkt er "griechisch" (104), insofern er offensichtlich die φύσις vor Augen hat. Deren Walten ist ein Aufgehen (φύεσθαι) und ein In-sich-Zurückgehen, wie es die Pflanze zeigt und wie Heraklit es nennt: φύσις κρύπτεσθαι φιλεῖ.[36] Griechisch zu denken bedeutet für Heidegger ferner: bei Hervorgang und Entgängnis das "'wohin hervor' und 'von wo hinweg' notwendig mitdenken" (104). Damit deutet er auf dasjenige, was im Spruch unausgesprochen aufleuchtet: auf die ἀλήθεια. Die φύσις ihrerseits waltet als "In-die-Unverborgenheit-hervorkommen" (oben 96) und Weggehen aus ihr in die Verborgenheit.

---

[35] *Deichgräber,* o.c. 12 f: "Der zweite Satz ist hier die Begründung des ersten (γάρ), die ethische Formulierung die Begründung der physikalischen Anschauung vom Kreislauf der Stoffe". Nach Meinung Deichgräbers enthält der erste Satz ein "physikalisches Weltgesetz", das im zweiten "in ethischen und juristischen Vorstellungen" ausgesprochen ist (l.c.).

[36] In seiner zweiten Anaximander-Auslegung, 1946, sagt Heidegger: γένεσις und φθορά sind "aus der φύσις und innerhalb dieser zu denken: als Weisen des sich lichtenden Auf- und Untergehens" (GA 5,341 f).

Von γένεσις und φθορά heißt es bei Anaximander, daß sie zukommen τοῖς οὖ-σι, "dem jeweilig Anwesenden" (104). Das griechische Wort für "Sein", οὐσία, legt Heidegger seit "Sein und Zeit" als "Anwesenheit" aus; er stellte fest: "Seiendes ist in seinem Sein als 'Anwesenheit' gefaßt ..." (GA 2,34; oben 77). In der Anaximander-Interpretation heißt es jetzt: "In die Anwesenheit hervor und aus ihr weg geht das Hervor- und Entgehende" (104). In "Sein und Zeit" meint "in seinem Sein" ein Merkmal des Seienden, in der Vorlesung "Grundbegriffe" ist die Anwesenheit, "in" die das Seiende hervorkommt, raum- und bereichhaft verstanden. Es verhält sich analog wie mit der Unverborgenheit als Charakter des Seienden und als "Raum".

Im griechischen Pluralwort τὰ ὄντα (dat. τοῖς οὖσι) kommt zum Ausdruck: "das Seiende im Ganzen und das jeweilig in dieses Ganze gehörige vereinzelte Seiende". Da im Spruch davon gesagt wird, was dem Seienden "eignet" (ἐστι τοῖς οὖσι), nämlich Hervorgang und Entgängnis, ist also vom *"Sein des Seienden"* (105) die Rede. Heidegger faltet mit diesem Argument den nominalen und verbalen Anteil des Partizips ὄν auseinander. Aber dies ist nicht der Kerngehalt des ersten Satzes. Es ist zu bedenken, "von wo heraus der Hervorgang ist" (ἐξ ὧν δὲ ἡ γένεσίς ἐστι), das heißt woher das Sein des Seienden entspringt. Von diesem 'Woher' (ἐξ ὧν)[37] heißt es nun, daß es dasselbe ist, wohin (εἰς ταῦτα) auch die Entgängnis (καὶ τὴν φθοράν) hervorgehe (γίνεσθαι). Das 'Hervorgehen' der Entgängnis und das 'Wohin' sind schwer zusammenzudenken; erst im Zusammenhang mit der ἀρχή (unten 186 ff) wird diese Schwierigkeit behoben. Weil im ersten Teil des Spruches eine Identität der beiden Satzteile behauptet wird (ἐξ ὧν = εἰς ταῦτα), möchte Heidegger das ταῦτα, "dieses", als ταὐτά, "das Selbe", lesen. Dieses Selbe, "Ausgang des Hervorgangs und Eingang der Entgängnis", ist κατὰ τὸ χρεών, "entsprechend der nötigenden Not" (106). Daß Heidegger τὸ χρεών[38] als "nötigende Not" faßt, macht deutlich, daß er dieses Wort, ähnlich wie das χρή des Parmenides, im Zusammenhang mit der Grundstimmung und als zur Wahrheit des Seyns gehörig versteht (oben 147 f).

Hervorgang und Entgängnis nennen das Sein des Seienden. Hervorgang und Entgängnis sind das Selbe (ἐξ ὧν = εἰς ταῦτα) gemäß τὸ χρεών, gemäß der nötigenden Not. Mit der Diktion der Vorlesung "Grundfragen der Philosophie" könnte man sagen, daß Heidegger aus dem ersten Satz des Anaximander-Spruches das Verhältnis von Seyn und Sein herausliest. Das Verhältnishafte überhaupt ist durch die Präposition κατά, "entsprechend", vorgegeben. Bringt man den ersten Satz des Spruches in Verbindung mit den beiden Parmenides-Versen τὸ γὰρ αὐτὸ νοεῖν ἐστίν τε καὶ εἶναι und χρὴ τὸ λέγειν τε νοεῖν τ' ἐὸν ἔμμεναι, deren triadische Struktur seit "Einführung in die Metaphysik" auf Heideggers Denken einwirkt, so würden sich entsprechen: τὸ αὐτό, χρή, "Seyn", τὸ χρεών einerseits und εἶναι, ἐὸν ἔμμεναι, "Sein", γένεσις - φθορά andererseits. Durch die Parmenides-Verse und den Spruch

---

37 Heidegger übersetzt ἐξ ὧν als "von wo heraus", denn seine Interpretation ist getragen vom Achten auf die Unterscheidung von Seiendem und Sein, die, um sich zu entfalten, auf einen "Be-reich" (unten 183) angewiesen ist. Man kann das Relativpronomen auch auf τὰ ὄντα beziehen und übersetzen: "Aus welchen [seienden Dingen] die seienden Dinge ihr Entstehen haben, dorthin findet auch ihr Vergehen statt". *Die Vorsokratiker*. 1. Milesier, Pythagoreer, Xenophanes, Heraklit, Parmenides. Griechisch-deutsch. Ausw. d. Frg., Übers. u. Erl. v. Jaap Mansfeld. Stuttgart: Reclam 1983. S. 73.

38 *Passow* 3,2502 χρέω, χρεών: "ein Zwingendes, Nöthigendes, Zwang, Nöthigung, Bedürfniss".

des Anaximander steht Heidegger, wie schon gesagt, vor der Notwendigkeit, einen Unterschied im Sein selbst zu verfolgen, und zwar zwischen der Seiendheit des Seienden und demjenigen, woher diese ihre Bestimmung empfängt. Während Heidegger in "Einführung in die Metaphysik" an den Parmenides-Worten den Bezug Sein - Mensch herausarbeitete, läßt er sich jetzt, wie in der "Grundfragen"-Vorlesung, beide Male von ihm nicht genannt, von diesen Versen bestimmen, das Verhältnis des Seins (= Seyns) zur Seiendheit des Seienden zu bedenken. Daß Heidegger bei seiner Anaximander-Auslegung auf "das Selbe" zu sprechen kommt, legt nahe, daß das Parmenideische τὸ αὐτό im Hintergrund steht. τὸ χρεών bedeutet lexikalisch auch "Schicksal". Heidegger nennt Schicksal an dieser Stelle genauso ein "Rätselwort" (107), wie er in seinem Text "Moira" von 1954 schreibt, τὸ αὐτό bleibe für das Denken des Parmenides "das Rätselwort" (VA 233). Das zeigt, daß für Heidegger das Anaximandreische τὸ χρεών dieselbe Stelle einnimmt wie das Parmenideische τὸ αὐτό. Schicksal ist auch deswegen rätselhaft, weil es das Wesen des Reinentsprungenen ausmacht.

Daß Hervorgang und Entgängnis gemäß der nötigenden Not geschehen (κατὰ τὸ χρεών), bedeutet, daß τὸ χρεών gewissermaßen der "'Ursprung'" (106) von γένεσις und φθορά ist. Dieser Gedanke gibt Heidegger das Stichwort, um sich auf das andere von Anaximander überlieferte Wort zu besinnen: (ἡ) ἀρχὴ τῶν ὄντων τὸ ἄπειρον.[39] Heidegger übersetzt: "'Die Verfügung für das jeweilig Anwesende ist die Verwehrung der Grenzen'" (107). Durch die Auslegung dieses Fragments sollen "Wort und Begriff" τὸ χρεών aufgehellt werden (117). Ein Zusammendenken von beiden Anaximander-Fragmenten ist dadurch gerechtfertigt, daß beide von den ὄντα sagen.

ἀρχή hat zwei Bedeutungen: Anfang und Herrschaft. In seinem Aufsatz "Vom Wesen und Begriff der Φύσις. Aristoteles, Physik B,1" von 1939 spricht Heidegger von der ἀρχή als "Ausgang" und "Verfügung" (GA 9,247). Hierauf kommt er in der Anaximander-Auslegung zurück, wenn er erläutert: "Die ἀρχή ist der verfügende Ausgang" (108). Die ἀρχή bahnt die Art und den Bereich für ein Hervorgehen; sie gibt das aus ihr Hervorgehende frei, aber so, daß sie es in ihrer Verfügung einbehält. Solche Gedanken hatte Heidegger zuerst im Zusammenhang mit dem Reinentsprungenen in seiner Hölderlin-Vorlesung entwickelt. Heidegger faßt die ἀρχή als "Verfügung", weil er sie zusammendenkt mit der δίκη, die nach seiner Auslegung als "fügender Fug" waltet (oben 75).[40]

Wenn die ἀρχή über Hervorgehen und Entgehen verfügt, so muß sie nach Heidegger auch das "Zwischen" fügen, welches "nicht mehr nur Hervorgang, aber noch nicht nur Entgängnis ist: den Übergang. Der Übergang ist der eigentliche Hervorgang, gleichsam seine Spitze" (108). Beim Übergang erinnert sich Heidegger wieder an Hölderlins Schrift "Das Werden im Vergehen" (oben 152). In der "Andenken"-Vorlesung werden ebenfalls Passagen hieraus zitiert. Das "Nicht-mehr-Wirkliche" und das "Noch-nicht-Wirkliche" - so sagt Heidegger dort in Auslegung Hölderlins -,

---

[39] Diels-Kranz 1,89: A.... ἀρχὴν εἴρηκε τῶν ὄντων τὸ ἄπειρον.

[40] Nach *Deichgräbers* Interpretation ist das "Zeitmaß" für alles Werden und Vergehen "zugleich das Gesetz der Dike". *Deichgräber*, o.c. 14.

das ist jener '"Zustand' zwischen Sein und Nichtsein" (GA 52,117 f), das heißt der Übergang.[41] Während Heidegger in der Vorlesung "Grundfragen der Philosophie" den geschichtlichen Übergang zum anderen Anfang behandelt, geht es in der Anaximander-Interpretation um das Seiende im Übergang zwischen Hervorgehen und Entgehen. Beim Übergang als der "Spitze" des Hervorgehens ist an die griechische ἀκμή zu denken.

Indem die ἀρχή den Übergang durchwaltet, dem Hervorgehen und Entgehen vorwaltet (vgl. "vorspringen" im Wesen des Reinentsprungenen, oben 35), hat sie noch einen dritten Charakter: den des "Be-reichs" als das "Durchmeßbare und Durchmessene" (109). Dieser Bereich wird von der ἀρχή, da sie Ausgang ist, selbst eröffnet. Die ἀρχή als Be-reich ist wesenseinig mit der raumhaften ἀλήθεια (oben 96), mit der "Lichtung" (oben 113), mit der Offenheit als Bereich und Spielraum (oben 130; 150), mit dem "Zeit-Spiel-Raum" (oben 148), mit dem "Raum aller Räume" (oben 165), mit dem "Offenen" (oben 169). Die ἀρχή und ihr Be-reichs-Charakter sind dafür maßgebend, wenn Heidegger in seinem Vortrag "Zeit und Sein" von 1962 die vierte Dimension der Zeit als "an-fangendes Reichen" faßt (SD 16); der Bindestrich in "Be-reich" betont bereits 1941 das Reichen.

Das volle Wesen der ἀρχή als "Verfügung" liegt nach Heideggers weiteren Erläuterungen in der "dreifachen Einheit von *Ausgang, Durchwaltung und Bereich*" (109). Mit dieser Deutung faßt Heidegger zusammen, was im Wort ἀρχή liegt, Anfang und Herrschaft, das heißt für ihn Ausgang und Verfügung, und was seine Überlegungen zur Ἀληθείη εὐκυκλής als Bereich der "Lichtung" und zur φύσις als "aufgehend-verweilendem Walten" ergaben. Der eröffnende Charakter der ἀρχή ist dasselbe Phänomen, das Heidegger auch am Walten der φύσις hervorgehoben hatte: das Weltwerden (oben 76) und Raum-Aufreißen (oben 94). Während in Heideggers Aufsatz von 1939 (oben 182) Ausgang und Verfügung als zwei Wesenszüge der ἀρχή gesehen wurden, ist die Verfügung jetzt das übergeordnete Moment, das Ausgang, Durchwaltung und Bereich umfaßt. Das dreifach einige Wesen der ἀρχή, Ausgang, Durchwaltung und Bereich, hat die "Zeit"- und Ortscharaktere, die bereits im ersten Teil der Vorlesung zum Vorschein kamen (oben 171; 176). In der ἀρχή nur ein philosophisches '"Prinzip"' zu sehen, ist für Heidegger demnach eine unzureichende Betrachtungsweise. Im Anfang des Denkens, als das Wort ἀρχή geprägt wurde, herrschte noch "der ungebrochene Reichtum der Bezüge" (109). Dies ist der Gedanke, den Heidegger von Pindar übernommen hat: daß der Anfang das Mächtigste ist, das alle Möglichkeiten in sich schließt.

Von der ἀρχή sagt Anaximander, sie sei τὸ ἄπειρον. Heidegger deutet τὸ ἄπειρον als "das allen Grenzen Wehrende", als "Verwehrung der Grenzung" (110). τὸ ἄπειρον als '"das Grenzenlose"', das '"Unendliche"' (109), wie es meist verstanden wird, wäre ein Seiendes. Da ἀρχή sich auf τὰ ὄντα bezieht, und zwar so, daß die ἀρ-

---

[41] Hölderlin, "Das Werden im Vergehen": "Im Zustande zwischen Seyn und Nichtseyn wird aber überall das Mögliche real, und das wirkliche ideal, und diß ist in der freien Kunstnachahmung ein furchtbarer aber göttlicher Traum" (SW 4,283). - Hölderlins Reflexionen bestimmen auch Hans-Georg *Gadamer*, in seinem Aufsatz "Über leere und erfüllte Zeit" festzustellen: "Übergang erscheint wie das wahre Sein von Zeit, sofern in ihm alles zugleich ist und eben damit Vergangenheit und Zukunft beisammen". Hans-Georg *Gadamer*, Kleine Schriften III. Idee und Sprache. Platon, Husserl, Heidegger. Tübingen: Mohr 1972. S. 233.

χή über das Seiende verfügt, das allem Seienden Zukommende aber das Sein ist, schließt Heidegger: "Die ἀρχή betrifft das Sein und zwar so wesentlich, daß sie als ἀρχή eben das Sein selbst ausmacht" (110). Wenn die ἀρχή als Sein dem Seienden Verfügung ist und dies als τὸ ἄπειρον, als Verwehrung der Grenzen, dann kann τὸ ἄπειρον kein Seiendes, sondern muß das Sein nennen. "τὸ ἄπειρον ist die ἀρχή des Seins" (110). Dieser Satz besagt zunächst: die Verwehrung der Grenzen ist "Verfügung über das Sein" (110). So ergibt sich eine zweifache Bedeutung von "Sein". Daß die ἀρχή das Sein selbst ausmacht, heißt: das Sein west als Ausgang, Durchwaltung und Bereich. Bei der ἀρχή als Verfügung "über" das Sein bezeichnet "Sein" die Seiendheit des Seienden. In anderen Vorlesungen differenziert Heidegger in diesem Fall zwischen "Seyn" und "Sein". Mit dieser Zweideutigkeit hält sich Heidegger an das Wort ἀρχὴ τῶν ὄντων (im Partizip ὄν den verbalen Anteil betonend) als genitivus subiectivus und genitivus obiectivus: Verfügung als das Sein selbst und Verfügung über das Sein. Somit enthält auch Heideggers Satz von der "ἀρχή des Seins" diese Doppeldeutigkeit. Sie ist aufgelöst, wenn Heidegger sagt: die ἀρχή ist "der Anfang des Seins, ist das Sein als der Anfang" (122).

τὸ ἄπειρον als das "erste Wort, das über das Sein fällt" (111) ist genauso ein privativer Ausdruck wie das maßgebende Wort für die Wahrheit: ἀλήθεια, Unverborgenheit. An diesen Sachverhalt knüpft Heidegger zwei Fragen, denen in der Vorlesung "Grundbegriffe" nicht weiter nachgegangen wird: "Besteht nicht gar ein anfänglicher Bezug zwischen dem privativen Wesen des Seins als ἄ-πειρον und dem privativen Wesen der Wahrheit als ἀ-λήθεια? Kündigt sich hier nicht eine noch nicht erfragte Wesenseinheit des Seins selbst und der Wahrheit an?" (112).

Heideggers Übersetzung von τὸ ἄπειρον mit "Verwehrung der Grenzen" ist philologisch nicht möglich. Sie ist etwa so zu rechtfertigen: Weil das "Grenzenlose"[42] ein Seiendes ist, Heideggers Besinnung aber auf das Sein geht, wie er zu Beginn seiner Auslegung ausdrücklich vermerkt, und das Sein dasjenige ist, das alles Seiende bestimmt, ihm sozusagen vorausgeht, ruht das grenzenlose Seiende in einer Verfügung, die Verwehrung der Grenzen ist. Durch eine Verfügung des Seins (τὸ ἄπειρον als Verwehrung der Grenzen) wird das Seiende das Grenzenlose (τὸ ἄπειρον im lexikalischen Sinne). Das Verhältnis Sein - Seiendes wird so gewissermaßen aus dem Wort τὸ ἄπειρον herausgehört.

Das Sein des Seienden (τὰ ὄντα) haben die Griechen erfahren und begriffen als "Anwesung des Anwesenden" (110; vgl. oben 181). In seiner "Einführung in die Metaphysik" hatte Heidegger herausgestellt, daß das Sein von den Griechen in einer vierfachen Beschränkung erfahren und gefaßt wurde, und zwar in der Scheidung gegen das Werden, den Schein, das Denken und das Sollen. Der sich in den vier Scheidungen durchhaltende Grundcharakter des Seins, οὐσία, ist die *"ständige Anwesenheit"* (oben 100). Hierauf greift Heidegger jetzt zurück; allerdings will er im Spruch des Anaximander eine andere Art von "Zeit" aufweisen als die in der οὐσία liegende "Gegenwart" (oben 77). Das Befremdliche und schwer zu Denkende besteht darin: zum einen hat das Sein des Seienden, die "Anwesung", "in sich den Bezug und Zug zu Beständigung" (112), das heißt den Zug, sich festzumachen und sich dadurch in

---

[42] *Passow* 1,307: "unbegrenzt, unendlich, unermesslich".

eine Grenze zu stellen; zum anderen sagt das erste Wort über das Sein, das Wort Anaximanders, von einer Verfügung über das Sein als einer Verwehrung der Grenzen. Unsere Schwierigkeit, uns auf Anaximanders Wort einzulassen, kommt daher, daß wir geprägt sind durch die Tradition, denn seit Platon gilt das Immerseiende (ἀεὶ ὄν) als das Seiende im höchsten Sinne (113).[43]

Wenn Anaximanders Wort als ein anfängliches ernst genommen wird, als ein Wort, das vom Wesen des Seins, das heißt der Anwesung, sagt, und zwar, daß ihr Grenzen verwehrt seien, dann gehört nach Heidegger die Beständigung zwar zu diesem Wesen, aber als sein Unwesen. Das Wesenhafte der Anwesung liegt in ihrem Hervor- und Aufgehen, in der γένεσις, sowie in ihrem Zurück- und Entgehen, der φθορά. Wird Anwesen als beständige Vorhandenheit gedacht, so wird es gewissermaßen abgeschlossen, das heißt dem Hervorgehen und Entgehen wird eine Grenze gesetzt; so wird die Anwesung um ihr Wesenhaftes gebracht. An dieser Deutung wird klar, wie sehr Heidegger gegenüber aller philosophischen Tradition bemüht ist, Sein als Bewegung, als "Zeit", zu denken.

γένεσις und φθορά folgen nicht bloß aufeinander. Vielmehr gehören beide in der Weise zusammen, daß sie hervorgehen "in das Selbe" (114), denn auch die Entgängnis ist ja ein Hervorgehen (καὶ τὴν φθορὰν ... γίνεσθαι). Es wird also von zweierlei Art des Hervorgehens gesprochen: dem hervorgehenden Wesen der γένεσις und dem Hervorgehen (γίνεσθαι) von γένεσις *und* φθορά in den Bereich ihres Wesens. Das Hervorgehen (γίνεσθαι) von Aufgang (γένεσις) und Entgängnis (φθορά) gehorcht sozusagen der Verfügung (ἀρχή), die besagt, daß Grenzen verwehrt sind (ἄπειρον), womit die Anwesung des Anwesenden in ihr eigenes Wesen freigelassen wird. Die Verfügung über Aufgang und Entgängnis "in das Selbe" geschieht als Eröffnung des "Be-reichs" für alles Anwesen des Anwesenden.

Das entgängliche Hervorgehen sammelt sich in seine Wesensfülle, wenn es Übergang ist. Übergang ist das eigentliche Hervorgehen, seine "Spitze" (oben 183). Im Übergang ist das über das Sein des Seienden Verfügte, die Verwehrung der Grenzen, gewahrt, so daß sich der Übergang als das "eigentliche Sein des Seienden" (114) enthüllt. Heidegger befindet sich mit diesem Gedanken im Widerspruch zur gesamten abendländischen Tradition. Deren Auslegung des Seins als beständiger Anwesenheit erfaßt nach Heideggers Analyse des Anaximander-Spruches nur das Unwesen des Seins. Es verhält sich mit dem Sein, οὐσία als beständiger Anwesenheit, für Heidegger also analog wie mit der Wahrheit als Richtigkeit: beides sind keine ursprünglichen Phänomene; beide kommen in der Philosophie Platons auf. Wie aus vielen Stellen bisher zu ersehen, ist es Platon, mit dem Heidegger die γιγαντομαχία περὶ τῆς οὐσίας (GA 2,3) austrägt, indem er Sein zeithaft zu denken sucht.[44]

Die ἀρχή als ἄπειρον, als Verwehrung der Grenzen, ist aber nicht nur Abwehr, sondern, wie Heidegger sagt, "zuerst, und das heißt im voraus, Verweisung in die

---

[43] Zum Beispiel Phaidon 79 d 2: τὸ καθαρόν τε καὶ ἀεὶ ὂν καὶ ἀθάνατον καὶ ὡσαύτως ἔχον.

[44] Der "Dialog Heideggers mit Platon" durchzieht "unausgesprochen sein ganzes Werk". Walter *Hirsch*, Platon und das Problem der Wahrheit. In: Durchblicke. Martin Heidegger zum 80. Geburtstag. Frankfurt: Klostermann 1970. S. 208.

Anwesung". Damit rettet und verwahrt sie das Wesen der Anwesung und ist selbst "das Innehalten der ganzen fügenden Bestimmung" (115). Beim "Innehalten" klingt das συνεχές des Parmenides nach; auch die Etymologie von 'halten' als 'hüten' spielt herein und führt auf das Phänomen des Rettens und Bewahrens. Ebenso steht Heraklits λόγος als "sammelnde Gesammeltheit" im Hintergrund, ferner ἁρμονία und ἕν.

Heidegger denkt das Verhältnis der ἀρχή zur Anwesung dreifach: als Ausgang, Durchwaltung und Bereich (oben 183). Als ausgängliche Verfügung ist die ἀρχή Verweisung in die Anwesung, als durchwaltende Verfügung ist sie das Innehalten der fügenden Bestimmung, als bereichhafte Verfügung eröffnet sie der Anwesung ihren Wesensraum und hält ihn offen.

Heideggers Auslegung von (ἡ) ἀρχὴ τῶν ὄντων τὸ ἄπειρον blickt auf das Verhältnis des Seins zur Seiendheit des Seienden (mit der Schreibweise anderer Vorlesungen: das Verhältnis von Seyn und Sein), genauso wie seine Deutung von τὸ χρεών in Beziehung auf γένεσις und φθορά. Im Fragment 6 von Parmenides besteht dieses Verhältnis zwischen χρή und ἐὸν ἔμμεναι. Es würden sich also entsprechen: χρή; ἀρχή: τὸ ἄπειρον, das heißt Verfügung als Grenzen wehren; "Sein" einerseits - und ἐὸν ἔμμεναι; τὰ ὄντα, diese griechisch erfahren als Anwesendes in seiner Anwesung (der nominale und verbale Anteil im Partizip ὄν); "Sein" des Seienden andererseits. Das Verhältnis von Verfügung: Anwesung: Anwesendem kommt im Protokoll zum Seminar "Zeit und Sein" von 1962 wieder zur Sprache, und zwar als Anwesenlassen: Anwesenlassen: das Anwesende (SD 40). Das triadische Gefüge der Parmenides-Verse bestimmt Heideggers Denken also bis zu seinen letzten Arbeiten.

Mit der Auslegung der ἀρχή sollte das Kernwort des ersten Satzes im Fragment des Anaximander, τὸ χρεών, verdeutlicht werden. Beide Worte, ἀρχή und τὸ χρεών, sind in ihrer Beziehung auf die ὄντα gesprochen. τὸ χρεών, die nötigende Not, waltet, da wesenseinig mit der ἀρχή, als Verfügung in der dreifachen Weise von Ausgang, Durchwaltung und Bereichseröffnung für die Anwesung des Anwesenden. τὸ χρεών als nötigende Not ist das Selbe (ἐξ ὧν = εἰς ταῦτα), von wo heraus das Hervorgehen und wohin zurück das Entgehen west. Heidegger sagt: "Dieses Selbe und in seiner Notwendigkeit Eine und in seiner Einheit Einzige und in seiner Einzigkeit Anfängliche ist der *Anfang*" (117). Dieser Satz ist ein Resultat von Heideggers Durchdenken der Parmenideischen Worte τὸ αὐτό, χρή, ἕν, συνεχές sowie der Anaximandreischen Worte τὸ χρεών und ἀρχή. τὸ χρεών ist der Anfang. Heidegger fährt fort: "Der Anfang ist als die Verfügung über die Anwesung des jeweilig Anwesenden das Wesen der Anwesung: das Sein selbst" (117). Der Gedanke, daß der Anfang das Sein selbst "ist", läßt zwei Versionen zu. "Sein" (sonst auch "Seyn" geschrieben) kann als Verfügung über die Anwesung verstanden werden. Zweitens kann das "ist" transitiv und aktiv gelesen werden (vgl. ID 56; GA 15,325), wodurch "Sein" die Anwesung des Anwesenden, das Wesen der ὄντα, bezeichnen würde. Im zuerst genannten Sinne schließt Heidegger seine Deutung des ersten Satzes im Spruch des Anaximander: dieser Satz "nennt das Sein selbst als das Selbe, in dessen Verfügung jedes jeweilig Anwesende ist" (117). Sein und Anfang werden von Heidegger bereits in seiner Vorlesung "Grundfragen der Philosophie" (oben 142) und im ersten Teil der Vorlesung "Grundbegriffe" (oben 175) als das Selbe gedacht.

Während der erste Satz des Fragments das Sein nennt, sagt der zweite vom Seienden selbst (αὐτά). Heidegger interpretiert den Satz wie folgt: Das jeweilig Anwesende (τὰ ὄντα) gibt von sich aus (αὐτά) Fug (δίκην), und eines läßt dem anderen (ἀλλήλοις) Schätzung und Anerkenntnis (τίσιν). Das alles aber geschieht τῆς ἀδικίας. Mit dem Genitiv ist bezeichnet, daß das jweilig Anwesende in einem Bezug steht zur ἀδικία, zum "Un-Fug". Der Unfug bedeutet ein "Sichnichtfügen in die Verfügung" (118). Das geschieht so: Da das Seiende von sich aus (αὐτά) Seiendes ist, hat es den Zug zur Beständigung in die Beständigkeit, besteht es auf der Anwesung, will es Vollendung und somit eine Grenze finden. In solchem endgültigen Fortdauern ist das Seiende von seinem Wesen, Aufgang und Entgängnis, abgeschnitten. Die ἀδικία, der Unfug, ist das Unwesen und Gegenwesen zur ἀρχή als Verfügung, die besagt, daß Grenzen verwehrt sind (ἄπειρον).

Das jeweilig Anwesende braucht aber nicht auf seinem Fortdauern zu bestehen, es kann auch dem Wesen der Anwesung entsprechen. Dem Wesen der Anwesung, das als "Übergang des Hervorgehens in die Entgängnis" verfügt ist, entsprechend, gibt das jeweilig Anwesende selbst den Fug (διδόναι ... δίκην), fügt es sich in die Verfügung, ist es κατὰ τὸ χρεών. Heidegger liest aus διδόναι ... αὐτὰ δίκην das Verhältnis des Seienden zum Sein heraus und deutet es so, daß das Seiende selbst dem Sein den Fug gibt, womit διδόναι ... δίκην, Fug geben, der ἀρχή, der Verfügung, antwortet. Wenn das jeweilig Anwesende dem Sein Fug gibt, so anerkennt und schätzt sich das Seiende auch untereinander (διδόναι ... τίσιν ἀλλήλοις). Heidegger macht im Lesen des Spruches also nach δίκην eine Zäsur und bezieht δίκη auf das Verhältnis des Seienden zum Sein, τίσις dagegen auf das Verhältnis des Seienden untereinander.

In diesem Fuggeben des Seienden gegenüber dem Sein und der gegenseitigen Anerkennung und Schätzung des einzelnen Seienden liegt die "Verwindung des Unfugs" (119). Offensichtlich versteht Heidegger den Genitiv τῆς ἀδικίας als genitivus respectus: 'im Hinblick auf den Unfug'. Da ἀδικία das Unwesen von δίκη bezeichnet und ein Sichnichtfügen fordert, im Fuggeben und Sichfügen des Seienden gegenüber dem Sein das Seiende aber in sein Wesen findet, muß diese Wesensfindung sich als "Verwindung" des Unwesens vollziehen.

Aus der Verwindung des Unfugs (τῆς ἀδικίας) geschieht ein Sichfügen (διδόναι ... δίκην) der Verfügung (ἀρχή bzw. τὸ χρεών). Verfügt ist das Anwesende in den Übergang. In ihm wesen Hervorgehen und Entgehen zumal. Heidegger sagt: "Der Übergang enthält so in sich jenes Selbe, woraus das Hervorgehen und wohin die Entgängnis wesen, ja der Übergang ist der reine Hervorgang jenes Selben. Dieses Selbe ist das Sein selbst" (120). Das Sein ist hier, wie vorher schon, als wesenseinig mit dem Anfang gedacht, als Einheit von τὸ χρεών und ἀρχή. Daß das Sein als das Selbe von Hervorgang und Entgängnis der reine Hervorgang ist, liegt an dem ausgänglichen und bereicheröffnenden Charakter der ἀρχή. Der "reine Hervorgang" ist ein Echo auf das Reinentsprungene aus Hölderlins Rheinhymne, an dessen Wesensgesetz, "Wie du anfiengst, wirst du bleiben", Heidegger sich auch bei der Anaximander-Interpretation erinnert, denn er vermerkt, daß "das Sein durch ein 'Bleiben' ausgezeichnet 'bleibt'" (115). Das Sein als dasjenige, "woraus" und "wohin" Hervorgang und Entgängnis wesen, ist die ἀρχή als "Be-reich". Seit seiner "Einführung in die Metaphysik" betont Heidegger immer häufiger das raum-, ort- und bereichhafte Wesen des Seins. 1946, in seiner zweiten Zuwendung zum Fragment des Anaximander konzentriert sich die Auslegung auf die "offene Gegend der Unverborgenheit" als Bereich für alles An- und Abwesen (GA 5,346).

Hervorgang und Entgängnis des Seienden spielen "im" Selben, nämlich im Sein als Bereich. Der bereichhafte ἀρχή-Charakter des Seins ist dasselbe wie die "Lichtung", in die das unverborgene Seiende hereinsteht (oben 124). Beide Gedanken bereiten denjenigen Aspekt der Differenz von Sein und Seiendem vor, den Heidegger 1957 als "Ankunft" des Seienden in der Unverborgenheit faßt (ID 56).

Das Fuggeben des Seienden gegenüber dem Sein sowie die Anerkennung des Seienden untereinander, womit der Unfug verwunden wird, erfolgen κατὰ τὴν τοῦ χρόνου τάξιν. Durch das κατά ist, genauso wie im ersten Satz des Spruches, ein Verhältnis angezeigt. Das jeweilig Anwesende, (τὰ ὄντα) αὐτά, entspricht "der Zuweisung des Zeitigen durch die Zeit" (120). τάξις versteht Heidegger als "Zuweisung" in Analogie zur ausganghaften Verfügung (ἀρχή) und zur nötigenden Not (τὸ χρεών). Die Zeit weist das Zeitige zu, wie das Sein Aufgang und Entgängnis und ihr Eigentliches, den Übergang, verfügt und ernötigt.

χρόνος, "griechisch" erfahren, ist nach Heidegger "die je günstige und gegönnte Zeit im Unterschied zur Unzeit" (120 f). Damit spielt Heidegger auf den καιρός an; dieser offenbart als der rechte Augenblick das zugewiesene "Zeitige". Sicherlich denkt Heidegger auch an den Beginn von Hölderlins Rheinhymne, wo den Dichter "ohne Vermuthen" "Ein Schiksaal" trifft (oben 43). Dieser Text bestimmte schon Heideggers Parmenides-Auslegung und Aufweis des Seinsgeschehnisses in "Einführung in die Metaphysik". Der antike καιρός, der Beginn der Rheinhymne und die τάξις Anaximanders lassen Heidegger vom "Zuweisungscharakter, der in der Zeit selbst als der je schicklichen, schickenden, gönnenden und fügenden Zeit liegt" (121), sprechen. Für das Sein als "Verweisung" (oben 186) und die Zeit als "Zuweisung" scheinen Heidegger die Verse 8 f der Rheinhymne, kurz bevor das Wort "Schiksaal" fällt, als Vorbild zu dienen, wo es heißt, daß "Geheim noch manches entschieden/ Zu Menschen gelanget". Beim 'Gönnen' erinnert sich Heidegger wohl an die φιλία (oben 75).

Das Zeitige ist das jeweilig Anwesende. Heidegger betont: "Die Zeit ist die Entbreitung der je verfügten Weile, der entsprechend das Anwesende je ein je*weiliges* ist" (121). Die Entbreitung durch die Zeit ist dasselbe wie die ausgängliche und eröffnende Verfügung durch das Sein. Was entbreitet wird, die Weile, ist ein anderes Wort für das, was verfügt wird: der Übergang. Dem Übergang bzw. der Weile entsprechend (κατά), ist das Anwesende ein jeweiliges. Auch das Wort "Weile" stammt von Hölderlin; in der Rheinhymne lauten die Verse 182 f: "Und ausgeglichen/ Ist eine Weile das Schiksaal" (SW 2,147).

Aufgang, Entgängnis, Übergang sind das zeithafte Sein des Seienden. Das Walten der Verfügung, das heißt das Walten des Seins als ἀρχή, ist das Sichzeitigen der Zeit selbst. Wie ein Unterschied besteht zwischen dem Sein als nötigender Not (τὸ χρεών) und als Verfügung (ἀρχή), wofür Heidegger sonst auch "Seyn" schreibt, einerseits - und dem Sein des Seienden, der Anwesung des Anwesenden andererseits, so muß auch differenziert werden zwischen der Zeit als Entbreitung und Zuweisung (τάξις) und der Zeitigkeit des Seienden als Übergang bzw. Weile. Um dieses Unterschiedes willen liest Heidegger aus χρόνος sowohl "die Zeit" als auch "das Zeitige" heraus. Damit deutet er den Genitiv in τοῦ χρόνου τάξις sowohl als subiectivus: Zeit als Zuweisung, "Zeit selbst", und ebenso als obiectivus: Zeit als das zugewiesene Zeitige. Man kann analog der ontologischen Differenz hier von einer *chronologischen Differenz* sprechen. Im dritten Vortrag "Das Wesen der Sprache" von 1958 arbeitet Heidegger eine andere Art von Unterschied im "Wesen der Zeit" heraus, und zwar: Die Zeit zeitigt das Gleich-Zeitige; das ist "die Gewesenheit, die Anwesenheit und die Gegen-Wart, die uns entgegenwartet und sonst die Zukunft heißt" (GA 12, 201). Das Sein des Seienden und dessen Zeitigkeit ist gemeint, wenn Heidegger in der "Grundbegriffe"-Vorlesung sagt: *"das Sein selbst ist Verweilung, Anwesung"* (121). In diesem Satz muß das "ist" wieder transitiv verstanden werden, denn "das Sein selbst" entspricht dem sonst so genannten "Seyn".

Mit der Zeit als "Entbreitung" greift Heidegger seinen eigenen Gedanken aus dem ersten Teil der Vorlesung auf, als er den "Zeit"-Charakter des Seins, obwohl von ihm nicht ausdrücklich so bezeichnet, als 'Ausbreiten' hervorhob (oben 173).

Nachdem die beiden Sätze im Spruch des Anaximander durchdacht sind, bleibt noch ihr Verhältnis aufzuklären. Der erste Satz nennt das Sein als nötigende Not (τὸ χρεών), die, in Wesenseinheit mit der ἀρχή, das Seiende (τὰ ὄντα) in sein Wesen verfügt. Dieses ist das Zwischen von Aufgang und Entgängnis: der Übergang. Gemäß dem zweiten Satz hält das Seiende selbst das vom Sein Verfügte aufrecht dadurch, daß es von sich her (αὐτά) dem Sein Fug gibt und das andere Seiende anerkennt. Beides geschieht aus einer Verwindung des Unfugs. Indem sich das Seiende einer Verfügung seitens des Seins fügt, folgt es zugleich einer Zuweisung der Zeit, schickt es sich in das Zugewiesene: je nur eine Weile zu verweilen.

Im ersten Satz liegt also für Heidegger, entgegen der üblichen Auslegung, der "'Grund'" für den zweiten; das meint: das Sein ist der Grund des Seienden, das Seiende folgt einer Verfügung des Seins. Weil "zum Wesen des Seins der Übergang gehört" (122), besteht das Seiende nicht auf einer Beständigung, dauert es nur eine Weile. Die begründende Konjunktion γάρ am Beginn des zweiten Satzes deutet Heidegger folgendermaßen: Der zweite Satz gibt dem Nachdenken eine "Weisung" für die "Erfahrnis des Seins" (122). Das kann man so verstehen, als wollte Anaximander seinen Leser auffordern, die Wahrheit des ersten Satzes über das Sein in einem Hinsehen auf das Seiende zu überprüfen, etwa: das Sein waltet als Verfügung über das Seiende, 'denn' (blicke auf das Seiende!) das Seiende gibt von sich aus Fug und anerkennt sich untereinander, so daß es nicht fortwährend, sondern je nur eine Weile dauert.[45]

Für das "Wesen des Seins" im Sinne von Verfügung, Zuweisung, nötigender Not schreibt Heidegger an anderer Stelle: "Wesung des Seyns" (oben 122). Das Wesen des Seins als der Seiendheit des Seienden dagegen ist die Anwesung. Es heißt "Anwes*ung*", weil zum Ausdruck gebracht werden soll, daß nicht die in der Platonischen

---

[45] In der Bedeutung "das wird daran sichtbar, daß ..." erläutert Klaus *Held* das γάρ in den beiden Heraklit-Fragmenten 85 und 88. Diese Bedeutung des γάρ gilt auch für alle anderen Stellen, wo es bei Heraklit steht. Klaus *Held*, Heraklit, Parmenides und der Anfang der Philosophie und Wissenschaft. Eine phänomenologische Besinnung. Berlin - New York: de Gruyter 1980. S. 239; 285 f.

Philosophie fundierte οὐσία als beständige Anwesenheit, dauernde Gegenwart gemeint ist, vielmehr eine andere Art von "Zeit", nämlich: Weile, Übergang. "Anwesen*heit*" wird von Heidegger in seiner Anaximander-Auslegung als identisch mit "Unverborgenheit" raum- und bereichhaft gefaßt (oben 181).

In beiden Sätzen des Anaximander-Fragments ist das Sein des Seienden in einer Entsprechung gesagt (κατά); im ersten in der Entsprechung zu seinem '"Anfang'", im zweiten in der Entsprechung "zu seinem Wesen, das heißt zur Anwesung, das heißt zur Weile, das heißt zur 'Zeit'" (123). Heidegger denkt "Wesen" hier verbal. "Zeit" steht in Anführungszeichen, um die seit Aristoteles geltende Auffassung der Zeit als "Erstreckung und diese als Rechnung der ablaufenden Jetztpunkte" (120) abzuwehren.[46] "Zeit" im Sinne Heideggers bedeutet in diesem Text: 1. Zuweisung ("Zeit" als Sein selbst, sonst auch "Seyn" geschrieben), 2. Übergang, Weile ("Zeit" als Seiendheit des Seienden). "Anfang" ist nicht im gewöhnlichen Sinn als Beginn zu verstehen, sondern als das erfüllte Wesen der ἀρχή.

Zusammenfassend bemerkt Heidegger zum Spruch des Anaximander: *"Der Spruch sagt die Verfügung des Seins und das Sein als die Verfügung. Die Verfügung aber ist der Anfang. Der Spruch ist das anfängliche Sagen des Seins"* (123). Im ersten Satz Heideggers ist der doppeldeutige Genitiv ἀρχὴ τῶν ὄντων auseinandergefaltet (vgl. oben 184). Der Anfang ist somit erstens Verfügung über das Sein, zweitens das Sein selbst. Weil Anaximander in dieser Weise vom Anfang spricht, ist sein Wort "anfängliches Sagen". Erst in zweiter Linie ist es ein Wort, das am Anfang des abendländischen Denkens steht.

Anaximander sagt vom Sein und vom Anfang: τὸ ἄπειρον. In solcher Wehrung der Grenzen "rettet die Verfügung sich zu ihr selbst in das Selbe, das sie selbst ist, zurück. So allein ist der Anfang der Anfang, der nur wesen kann im Anfangen" (123). τὸ ἄπειρον heißt also jetzt, daß nicht nur das Seiende sich nicht in eine Beständigung festmachen darf, sondern daß der Anfang selbst sein Wesen, eben das Anfangen, aufgeben würde, wenn er als Verfügung erstarrte. Der Anfang rettet sein Wesen, bewahrt sich die Möglichkeit des Anfangens, wenn er zu sich selbst zurückgeht. Heidegger sagt: "Der Anfang aber ist als das Zurückgehen in sich selbst das Verborgenste" (123).[47] Heidegger schließt den zweiten Teil der Vorlesung mit demselben Gedanken wie den ersten Teil: dem In-sich-Zurückgehen bzw. In-sich-Ruhen des Anfangs (oben 177), das heißt seiner Verborgenheit. Dieser Gedanke ist ähnlich demjenigen aus der Vorlesung "Grundfragen der Philosophie", daß das Nichtgeschehene im Anfang zurück- und einbehalten sei (oben 142). In seiner Parmenides-Vorlesung von 1942/43 befaßt sich Heidegger erneut mit der Verborgenheit des Anfangs.

---

[46] *Aristoteles,* Physik 219 b 1 ff: τοῦτο γάρ ἐστιν ὁ χρόνος, ἀριθμὸς κινήσεως κατὰ τὸ πρότερον καὶ ὕστερον. οὐκ ἄρα κίνησις ὁ χρόνος, ἀλλ᾽ ᾗ ἀριθμὸν ἔχει ἡ κίνησις. Vgl. "Sein und Zeit" (GA 2,556).

[47] Von solchem In-sich-Zurückgehen, das zum Wesen der φύσις gehört (oben 75), spricht auch Rainer Maria *Rilke* in einem "Sonett an Orpheus" (1. Teil, XIX): "Wandelt sich rasch auch die Welt/ wie Wolkengestalten,/ alles Vollendete fällt/ heim zum Uralten". *Rilke,* Sämtliche Werke. 1,743. Heidegger geht auf diesen Text 1946 in der Rede zu Rilkes zwanzigstem Todestag ein (GA 5,274).

Der Zusammenhang zwischen erstem und zweitem Teil der Vorlesung "Grundbegriffe" besteht vor allem darin, daß Anaximanders τὸ χρεών und ἀρχή Grund-Begriffe sind, die uns und alles Seiende einbegreifen in den Bezug zum Grund, das heißt zum Anfang der Geschichte und dem damals entschiedenen Sein.

Den Reichtum des im Anfang herrschenden Bezughaften (oben 183) weist Heidegger im ersten Teil der Vorlesung als Bezug Sein - Mensch auf; er entspricht damit einem Anspruch, der besonders aus den Worten φύσις und ἀλήθεια sowie aus zwei Parmenides-Versen kommt. Im zweiten Teil wird im Hören auf Anaximander das Bezughafte als Verhältnis und Unterschied von Sein und Seiendem dargestellt. Sowohl der Bezug Sein - Mensch als auch der Unterschied Sein - Seiendes werden von Heidegger nicht als starres Gefüge, sondern als Geschehen, also zeithaft, gedacht.

§ 9. Der Übergang von der gewesenen in die künftige Geschichte. GA 52: Hölderlins Hymne "Andenken". Wintersemester 1941/42

Zu Beginn der Vorlesung nennt Heidegger fünf Gedichte, die er besprechen wollte: "Andenken", "Der Ister", "Die Titanen" , "Mnemosyne", "Reif sind ..." (1).[1] Die Auslegung der "Andenken"-Hymne nahm jedoch das ganze Semester in Anspruch, der "Ister"-Hymne gilt die Vorlesung des folgenden Semesters, die übrigen drei Gedichte werden nur kurz berührt. Heidegger hat also seinen ursprünglichen Plan nicht durchgeführt (vgl. Nachwort des Herausgebers; 199 ff).

Schon seiner ersten Hölderlin-Vorlesung von 1934/35 hatte Heidegger einen Vers von "Andenken" als Motto vorangestellt, und zwar den Schlußvers: "Was bleibet aber, stiften die Dichter". Dieser Vers ist das oberste Leitwort für Heideggers Zuwendung zu Hölderlin, ja für seine Erörterungen zu Dichtung und Sprache insgesamt. In Heideggers Augen ist Hölderlin derjenige Dichter, der das Bleibende gestiftet hat, der den anderen Anfang von Geschichte evoziert.[2]

Die "Andenken"-Vorlesung trägt die Überschrift: "Die Vorlesung ist nur ein Hinzeigen" (1). Ähnlich sah Heidegger bereits sein Verfahren in der ersten Hölderlin-Vorlesung (oben 28).

Es sollen zunächst Heideggers "Vorbetrachtungen" (1), die dem "dichtenden Wort" (6 ff) gelten, dargestellt werden, wobei auch die vorbereitenden Bemerkungen aus dem Hauptteil der Vorlesung mit einbezogen werden (vgl. Nachwort des Herausgebers; 202).

a) Das dichtende Wort

Worauf es in der Vorlesung allein ankommen soll, ist das Hören auf Hölderlins Wort. Heidegger möchte "das geschichtliche Wesen der Hölderlinschen Dichtung zugänglich" machen (4). Das will sagen: Hölderlins Dichtung ist geschichtlich, weil in ihr - entsprechend dem letzten Vers von "Andenken" - Geschichte gestiftet ist. Dieses geschichtliche Wesen der Dichtung Hölderlins macht Heidegger zugänglich, indem er selbst, wie auch in den vorangegangenen Semestern, geschichtlich fragt und denkt und hierzu auch die Hörer und Leser auffordert.

---

[1] Seitenangaben ohne Zusätze beziehen sich im folgenden auf GA 52.

[2] In seinem "Brief über den 'Humanismus'" von 1946 schreibt Heidegger: "Aber das Weltgeschick kündigt sich in der Dichtung an ..." (GA 9,339).

Heidegger betont: "Geschichte öffnet sich nur der Geschichte. Nur der selbst geschichtestiftende Dichter läßt erkennen, was Dichtung ist und vielleicht sein muß. Nur der geschichtegründende Denker bringt gewesene Denker zum Sprechen. Nur Bauleute im Bauwerk der Geschichte zeigen die Gänge" (3 f). Damit hängt all das zusammen, was Heidegger bisher über die "Schaffenden" ausführte. Der die zukünftige Geschichte stiftende Dichter, der uns erkennen läßt, was Dichtung ist, ist für Heidegger Hölderlin. Offenbar versteht Heidegger sich selbst als geschichtegründenden Denker, genauso wie in seiner Vorlesung "Grundfragen der Philosophie" von 1937/38. Bereits in der "Einführung in die Metaphysik" ging es ihm darum, das Sein neu zu eröffnen und zu gründen (oben 103). Auf seinem weiteren Denkweg gibt Heidegger diese eher aktive Haltung jedoch auf, worauf schon hingewiesen wurde, und versteht sein Denken zunehmend als ein Danken, etwa im Nachwort zu "Was ist Metaphysik?" von 1943 (GA 9,310). Ein Jahr vor seinem Tod, 1975, schreibt Heidegger, auf das in der "Andenken"-Vorlesung Gesagte Bezug nehmend: "Stiftender als Dichten,/ gründender auch als Denken,/ bleibet der Dank" (GA 13, 242).

Heidegger hat in der "Andenken"-Vorlesung das Ziel, "das Wesen des ungeschichtlich gewordenen planetarischen Menschen ins Wanken und damit in die Besinnung" zu bringen (6). Der "planetarische" Mensch ist der neuzeitliche, durch die den ganzen Planeten umspannende Technik beherrschte Mensch.

Seinen Weg zum Hören auf Hölderlins Wort umreißt Heidegger so: "Das Erste und Einzige, was die Vorlesung versucht, beschränkt sich darauf, das, was Hölderlin gedichtet hat, zu denken und denkend ins Wissen zu bringen. Das Gedichtete dieser Dichtung aber ruht in Solchem, was schon *ist* ..." (5). Dieses Letztere kann das von Heidegger sonst so genannte "Gewesene" bezeichnen, das uns aus dem Anfang der abendländischen Geschichte bestimmt. Das von Hölderlin Gedichtete würde dann im Anfang der Geschichte bei den Griechen ruhen, etwa die von Hölderlin gedichtete "Natur" in der griechischen φύσις. Das, "was schon *ist*", kann aber auch das von Hölderlin für den anderen Anfang Gestiftete hervorheben; in diesem Fall wäre das, was schon ist, das aus Hölderlins Wort auf uns Zukommende, Zukünftige. Was mit dem "Gedichteten" gemeint ist, wird im Laufe der Vorlesung ans Licht treten.

Damit, daß das Gedichtete gedacht werden soll, ist der "Wesensbezug" (5) von Dichten und Denken angesprochen, auf den Heidegger in seiner ersten Hölderlin-Vorlesung gestoßen war und den er in seinen späteren Veröffentlichungen, besonders der Vortrags- und Aufsatzsammlung "Unterwegs zur Sprache", verfolgt, von dem er in der "Andenken"-Vorlesung aber sagt, daß "ein Dunkel" über ihm liegt (5). Dichten und Denken sind für Heidegger nicht beliebige Beschäftigungen, sondern "geschichtliches Handeln" (27), dies vor allem deshalb, weil sie Geschichte stiften und gründen können. Die Zusammengehörigkeit von Dichten und Denken leitet Heidegger aus dem Gedicht "Andenken" selbst ab: der Titel nennt eine Art des Denkens, Andenken, der letzte Vers, "Was bleibet aber, stiften die Dichter", spricht von der Bestimmung des Dichters. Wenn das Gedichtete einem Denken zugänglich sein soll, dann - so sagt Heidegger - muß "das Dichten Hölderlins in sich ein Denken" sein (16). Heidegger argumentiert hier in der Tradition der Lehre des Empedokles, wonach die Erkenntnis des Gleichen durch das Gleiche erfolgt (oben 117); außerdem blickt er voraus auf die Auslegung von "Andenken".

Beim Hören auf Hölderlins Wort geht es um die Zuwendung zu dem von Hölderlin ins Werk Gesetzten, zu dem in seinem Wort Verborgenen und Geborgenen. Unser Hören ist aber darauf angewiesen, daß das "im dichtenden Wort Angerufene und Gerufene von sich her einen Bezug zu uns aufnimmt und demzufolge uns anspricht, ob dieser Anspruch, wenn er spricht, unser Wesen angeht ..." (6). Heidegger kommt hiermit ebenfalls zurück auf seine erste Hölderlin-Vorlesung. Das Rufen des Dichters galt dort den entflohenen Göttern; davon sagen die beiden ersten Strophen von "Germanien" (oben 58). Auch der an den Menschen ergehende Anspruch wurde zunächst als Anspruch der Götter aufgewiesen (oben 45 f). Nachdem Heidegger seit seiner "Einführung in die Metaphysik" den Bezug des Seins zum Menschen mehr und mehr so denkt, daß das Sein selbst diesen Bezug aufgehen läßt, faßt er dieses Aufgehen auch als "Anspruch" an uns. Bei seiner Auslegung der griechischen Worte für das Sein war Heidegger bereits so verfahren, daß er auf das hörte, was aus ihnen spricht und uns anspricht. Damit brachte er "gewesene Denker zum Sprechen" (oben 192). Jetzt, in der "Andenken"-Vorlesung kommt es darauf an, sich dem in Hölderlins Wort Geborgenen zu öffnen, damit dieses "von sich her" in einen Bezug zu uns tritt. Die Denk- und Frageweise ist also wesentlich zurückhaltender als in der ersten Hölderlin-Vorlesung, wo Heidegger eine "Auseinandersetzung mit der in dieser Dichtung errungenen *Offenbarung des Seyns"* anstrebte (oben 27). Heideggers Denken wandelt sich, wie mehrfach betont wurde, von einem Fragen, Schaffen, Gründen, Entscheiden zu einem Hören, Warten, Vernehmen. Dies wird auch in den Vorbetrachtungen zur "Andenken"-Vorlesung selbst deutlich. Das für Hölderlins Wort geforderte Hören ist nach Heidegger "zuerst Horchen. Horchen ist Innehalten mit allem sonstigen Vernehmen. Horchen ist das völlige Alleinsein mit Kommendem" (14). Offenbar hat Heidegger bei diesen Gedanken zwei Hölderlin-Stellen im Sinn, und zwar die erste Strophe der Rheinhymne, wo es heißt, Vers 9 ff: "... so/ Vernahm ich ohne Vermuthen/ Ein Schiksaal" (SW 2,142), und die Verse 19 f von "Wie wenn am Feiertage ...", "Jezt aber tagts! Ich harrt und sah es kommen,/ Und was ich sah, das Heilige sei mein Wort" (SW 2,118). Das 'Harren' ist aufgegriffen, wenn Heidegger die Hörenden, das heißt Horchenden, als "Wartende" bezeichnet und sagt: die Hörenden sind "Wagende und Wartende zumal" (14). Die beiden Zeilen aus der Feiertagshymne liegen nicht nur Heideggers Vorbetrachtungen zum Wort zu Grunde, sondern tragen auch, wie ich noch zeigen werde, seine Auslegung von "Andenken" insgesamt. Auch das Wort "Wort" läßt Heidegger sich aus diesen Zeilen zusprechen.

Eine andere Stelle aus der Feiertagshymne, und zwar die Verse 56 ff, ist darin gegenwärtig, wie Heidegger das Wort Hölderlins und das in ihm Geborgene im Verhältnis zu uns charakterisiert: das Wort ist wie die "himmlische Gaabe", bergend den Blitz des Gottes, die der Dichter seinem "Volk" reicht (oben 41). Damit hängen die zwei Arten von Anspruch zusammen, die Heidegger in seinen Vorbetrachtungen zur Vorlesung behandelt: einmal ist es der Anspruch, der aus dem Wort Hölderlins an uns ergeht, zum anderen der Anspruch, der zuvor an Hölderlin erging und ihn das Wort sprechen ließ. In diesem letzten Sinn wurde der Dichter von dem, was er ruft, selbst in sein Dichtertum "berufen", "von dem, was er zu dichten hat, allererst selbst gedichtet" (13).

Das dichtende Wort enthält demnach nicht das von Hölderlin seinerzeit Vorgestellte, sondern "nennt Solches, was über den Dichter kommt und ihn in eine Zugehörigkeit versetzt, die nicht er geschaffen, der er selbst nur folgen kann" (7). Hierbei denkt Heidegger an die Grundstimmung, denn das 'Überkommen' und 'Versetzen' macht deren Wesensmerkmale aus (oben 60; 148). Heidegger fährt fort: "Das Gedichtete birgt sogar selbst noch in sich ein Verschlossenes, was über die Kraft des Wortes geht. *Das Wort des Dichters und das in ihm Gedichtete überdichten den Dichter und sein Sagen"* (7).[3] Das "überdichten" kann man zweifach verstehen: einmal als ein Überhöhen in dem Sinne, daß das Wort einen Raum um sich aufschließt. Zweitens ist das Überdichten analog dem Geschehen des Reinentsprungenen aus Hölderlins Rheinhymne, bei dem der Anfang das aus ihm Entsprungene "überspringt" und ihm vorspringt (oben 35). Daß Heidegger selbst hieran denkt, geht aus seinem nächsten Satz hervor: *"wesentliche* Dichtung" "allein dichtet Anfängliches; sie allein entbindet Ursprüngliches zu seiner eigenen Ankunft" (7). Wie schon öfter klar wurde, ist für Heidegger das Reinentsprungene ja das Leitbild für das Geschehen der abendländischen Geschichte.

Das dichtende Wort Hölderlins hat also dasselbe Wesen wie der Anfang. Heidegger traut Hölderlins Wort die gleiche geschichtsgründende Macht zu wie der ἀλήθεια, von der er in seiner Vorlesung "Grundfragen der Philosophie" vermutete, sie könne einst zur Mitte unseres Daseins werden und sich als "Wahrheit des Seyns" ereignen (oben 143). Der Gedanke, daß das Gedichtete ein Verschlossenes birgt, knüpft an den Schluß des ersten Teils der "Grundbegriffe"-Vorlesung an, wo Heidegger vom In-sich-Ruhen des Anfangs sprach.

Aber nicht nur der Dichter, erst recht die auf ihn Hörenden werden von seinem Wort "überdichtet" (7). Das bedeutet: genauso wie der Anfang der abendländischen Geschichte über uns hinweggreift und dadurch auf uns zukommt (oben 133), verhält es sich mit dem Wort Hölderlins. Bei beidem geht es um den anderen Anfang von Geschichte. Das dichtende Wort "öffnet" und "verhüllt" Heidegger zufolge einen "Bereich", in dem sowohl der Dichter selbst als auch die auf sein Wort Hörenden stehen (7). Auch dieser Gedanke verweist auf den "Anfang", nämlich auf die griechische ἀρχή, die Heidegger als *"Ausgang, Durchwaltung und Bereich"* deutete (oben 183). Das öffnende und verhüllende Wesen des Wortes ist ferner wie das Walten von φύσις und ἀλήθεια. Eine öffnende, anfangende Bewegung und ein "Bereich" bestimmten auch das "Wesen des Seins" aus Heideggers Vorlesung "Grundbegriffe"; beides macht den "Zeit"- und Ortscharakter des Seins aus (oben 171; 176).

Nicht nur vom "Bereich" spricht Heidegger, sondern auch davon, daß das dichtende Wort einen "Reichtum" "öffnet und verschließt", "der unerschöpflich ist, weil er die Art des Anfänglichen und d.h. des Einfachen hat" (13). Offensichtlich hört Heidegger in den Wörtern "Bereich" und "Reichtum" sowohl das Adjektiv 'reich' als auch das Verb 'reichen';[4] vor allem letzteres hat zu tun mit der "Zeit". In seinem Vortrag "Zeit und Sein" von 1962, wo Heidegger das "Eigene der Zeit" bedenkt,

---

[3] Entsprechend heißt es im Vortrag "Das Wort" von 1958, daß das Rätselhafte der Schlußstrophe aus Trakls Gedicht "Das Wort" uns "überwächst" (GA 12,219).

[4] Ein Zusammenhang ist zwar nicht erwiesen, aber möglich: germ. raikjan = reichen, Ablautstufe zu rikja = Reich, reich. *Kluge,* 66 und 591 f. - In seinem Vortrag "Das Wort" von 1958 sagt Heidegger: *"Reich* heißt: vermögend zum Gewähren, vermögend im Reichen, vermögend im Erreichen- und Gelangenlassen" (GA 12,223). Zu "Gewähren" vgl. oben 92 Anm.

kommt er hierauf zurück (SD 13 ff). Daß der Reichtum "unerschöpflich" heißt, verweist, wie schon öfter, auf die Quelle.

Das dichtende Wort hat für Heidegger "noch das Eigene, daß es in einer eigentümlichen gesammelten Vieldeutigkeit schwingt" (10). Das 'Sammeln' ist das ursprüngliche Wesen des griechischen λόγος. Seit langem wird die Sprache jedoch als "Verständigungswerkzeug" (10) aufgefaßt, weshalb man von ihr Eindeutigkeit verlangt. Hierin sieht Heidegger eine "Entfremdung zum Wort", die "metaphysische Gründe" hat (11). Heidegger meint das uns beherrschende Denken der Subjektivität. Daß eine "'Logik'" ausgebildet wurde, die auf Eindeutigkeit der Begriffe sieht, bezeugt für Heidegger gerade, "wie entschieden das Wort und Sagen von sich aus vieldeutig *ist*" (15). Das dichtende Wort hat, wie Heidegger weiter sagt, "seine verborgenen und vielfältigen Schwingungsräume", sein Gedichtetes hält sich "im Bereich dieser sich überschwingenden Räume" (15). Mit diesem Gedanken greift Heidegger das "Schwingungsgefüge des Sagens" aus seiner ersten Hölderlin-Vorlesung auf. Dieses wurde, da wesenseinig mit der Grundstimmung, als Ursprung der dichterischen Sprache hervorgehoben (GA 39,14 f). Der "Reichtum des Bedeutens", der das dichtende Wort auszeichnet, ist jedoch kein "bloß verstreutes Vielerlei von Bedeutungen", vielmehr "die einfache Einheit des Wesentlichen" (15). Das will sagen, daß dieser Reichtum das Zusammengehörige ist im Sinne des Heraklitischen und Parmenideischen ἕν, des συνεχές, der ἁρμονία und des λόγος.

Heidegger charakterisiert das dichtende Wort somit, wie ersichtlich, aus dem Anfang der Geschichte des Wortes, aus dem griechischen λόγος und den sinnverwandten Namen. Das ist nicht verwunderlich, denn Heidegger hatte auch das Denken von Parmenides und Heraklit als ein "dichtendes" aufgefaßt (oben 82). Das heißt, daß die Worte dieser Denker, genauso wie das Wort Hölderlins, denkende und dichtende Worte zugleich sind. In diesem Sinne hält Heidegger in der "Andenken"-Vorlesung fest: "jedes echte Wort dichtet" (10). Heidegger meint mit "Wort" also nicht die grammatische Einheit, wobei mehrere solche Einheiten einen Satz bilden, sondern das gewichtige, uns angehende Wort, so wie man vom Wort Gottes oder vom Spruch eines Gerichtes redet. Das Wort ist für Heidegger nicht ein Segment der Sprache, sondern umgekehrt: "Sprache selbst gibt es nur da, wo Worte sind, wo das Wort ist. Das Wort ist der Ursprung der Sprache" (33).

Man könnte Hölderlins Wort ein "anfängliches" nennen - Heidegger tut das an dieser Stelle nicht -, denn in seinem Überdichten ist es wie der Anfang der abendländischen Geschichte, der über uns hinweggreift, in seinem öffnenden und bereichhaften Charakter ist es wie die ἀρχή, in seiner gesammelten Vieldeutigkeit ist es wie das ursprüngliche Wort, der λόγος. Auf die Auslegung von "Andenken" vorausblickend sagt Heidegger, "daß im Wort sich Anfängliches ereignet" (14). Was dies ist, werde ich noch darstellen.

Bei seiner "Annäherung" (17) an das Wort Hölderlins möchte Heidegger das Gedichtete, das heißt das im Wort Geborgene und uns wie den Dichter Überdichtende, "ahnen und aus diesem Ahnen ein wesentliches *Wissen*" entfalten (8). Solch ahnendes Wissen verfolgte Heidegger auch in der Vorlesung des vorigen Semesters (oben 161).

Heideggers Gedanken zum dichtenden Wort zeigen, daß er sich von einem literaturwissenschaftlichen Verfahren abgrenzt. Er möchte sich vielmehr - so vermerkt er im Laufe der Vorlesung - der "unmittelbaren menschlichen Erfahrung" und der "eigentümlichen Weisheit der Sprache" anvertrauen. Beide helfen nach seiner Auffassung "uns eher auf den Weg zum Eigentlichen" (108).

Im Zusammenhang damit, daß die Hörenden "Wagende und Wartende zumal" sein müssen (oben 194), sagt Heidegger zu seinem eigenen Verfahren: "Wir haben schon gewagt" (14). Sein Wagnis liegt in der Auffassung, daß das dichtende Wort sich selbst, den Dichter und uns überdichtet, das heißt uns geschichtlich angeht. Heideggers Wagnis ist aber nicht Willkür, sondern aus dem Hören auf Hölderlins Wort erwachsen. In diesem Sinn ließen sich Heideggers Erörterungen zum dichtenden Wort auf die beiden Verse "Was bleibet aber, stiften die Dichter", in der Vorlesung von 1934/35 gedeutet als: Dichtung ist "Stiftung des Seyns" (oben 40), und "Wie du anfiengst, wirst du bleiben", woraus sich das 'Überspringen' bzw. 'Überdichten' herleitet, zurückführen.

An die Vorbetrachtungen zum dichtenden Wort schließt sich die Lesung des Gedichtes "Andenken" an (19 ff). Danach bespricht Heidegger die üblichen Ansichten über ein Gedicht, von denen er sich distanziert. Er möchte nicht "'über'" das Gedicht reden, sondern erreichen, daß sein Wort zu uns spricht. Er möchte nicht bei der Bewunderung über die "'Schönheit'" des Gedichtes stehen bleiben, denn so wird das Wort nur an unserem Geschmack und Erleben gemessen und rührt nicht an unser Wesen. Das Gedicht ist auch nicht ein durch das Schaffen des Künstlers hervorgebrachter "'Gegenstand'" und ein Schatz unserer Kultur. Ebensowenig ist es eine Wiedergabe persönlicher Erlebnisse Hölderlins, nämlich seines Aufenthalts in Südfrankreich. Der "'Inhalt'" des Gedichtes deckt sich nicht mit dem von Heidegger gemeinten "Gedichteten" (21 ff). Es ist klar, was Heidegger an solcher Betrachtungsweise ablehnt: daß sie sich in der Subjekt-Objekt-Relation bewegt. Heidegger dagegen möchte beim Hören auf das Gedicht *"in"* den Bereich zu stehen kommen, "den es als Wort ist" (30). Diese Absicht ist derjenigen aus der ersten Hölderlin-Vorlesung verwandt, die ein *"Einrücken in den Machtbereich der Dichtung"* erreichen wollte (oben 28), ebenso Heideggers Verfahren der geschichtlichen Besinnung in seiner Vorlesung "Grundfragen der Philosophie", das sich als "Eingehen auf den Sinn des Geschehenden, der Geschichte" verstand, wobei "Sinn" als *offener Bereich* der Ziele, Maßstäbe" usw. gefaßt wurde (oben 133). In den Bereich des Wortes, das Hölderlin als die Hymne "Andenken" gesprochen hat, gelangen wir nach Heideggers Auffassung nur so, daß das Wort *'von sich aus"* uns aufnimmt in den "Raum seiner Wahrheit" (37). Hieran läßt sich wieder Heideggers gewandelte Denkhaltung ablesen. Was den Dichter überkam und ihn in die Zugehörigkeit zu ihm versetzte, soll uns in gleicher Weise, aber vom Wort ausgehend, bewegen.

Heidegger will bei seiner Auslegung der "Andenken"-Hymne "unmittelbar auf das Wort hören"; er geht "aufmerksam der Abfolge der fünf Strophen entlang" (30). Hierbei verweilt er bei einzelnen gewichtigen Worten, die das tragende Gerüst seiner Interpretation bilden. Nicht nur bei den anfänglichen Denkern, von denen nur Fragmente vorliegen, so daß bei der Auslegung das einzelne Wort im Vordergrund stehen muß (oben 178), wendet Heidegger dieser Verfahren an, sondern alle seine Textinterpretationen richten sich auf das Wort. Dieses Verfahren Heideggers hat eine gewisse Ähnlichkeit mit Hölderlins hymnischem Sprechstil. Die für die Pindar-Übertragungen und späten Hymnen kennzeichnende, von Norbert v. Hellingrath so genannte, "harte Fügung" sprengt die syntaktische Ganzheit der Sätze und "tut alles, das Wort selbst zu betonen". "So, von schwerem Wort zu schwerem Wort reißt diese Dichtart den Hörer, läßt ihn nie zu sich kommen, nie im eigenen Sinn etwas verstehen, vorstellen, fühlen: von Wort zu Wort muß er dem Strome folgen und dieser Wirbel der schweren stoßenden Massen in seinem verwirrenden und festlich klaren Schwunge ist ihr Wesen und eigentlicher Kunstcharakter".[5] Bei dieser Sprechweise wird dem einzelnen Wort sein Gewicht und seine Freiheit bewahrt.[6] Heideggers Auslegung eines Textes schreitet ihrerseits "von schwerem Wort zu schwerem Wort"; oft wird sogar nur ein einziges Wort umkreist; so gilt seine Parmenides-Auslegung von 1942/43 nur dem einen Wort aus Parmenides' Lehrgedicht: Ἀλήθεια. Wenn Heidegger antike Texte "wörtlich" übersetzt (etwa unten 278; vgl. GA 5,329), so ist damit gemeint, daß das Schwergewicht auf das einzelne Wort gelegt wird. Bei der Deutung der Worte hört Heidegger oft auf die Etymologie, dieses aber nur, um zu zeigen, aus welchem Erfahrungsbereich die Worte sprechen.

Heideggers "Andenken"-Auslegung soll nicht in ihren einzelnen Schritten verfolgt, es soll vielmehr versucht werden, in einem systematischen Aufriß das für Heideggers Geschichtsdenken Maßgebende herauszuheben. Dies sind seine Gedanken zum Finden, Aneignen und Gebrauchenkönnen des Eigenen (b), zum Wesenszusammenhang zwischen Geschichte und Fest (c) und zum Andenken als dem eigentlichen Wesen des Denkens (d).

b) Das Wesenhafte aller Geschichte ruht im Finden, Aneignen und Gebrauchenkönnen des Eigenen

Heideggers Erörterungen hierzu gründen sich vor allem auf drei Hölderlin-Texte: 1. den Brief an Böhlendorff vom 4.12.1801, 2. eine Variante zur Schlußstrophe von "Brod und Wein", 3. das Bruchstück "Einst hab ich die Muse gefragt ...".

Die entscheidenden Sätze aus dem Brief lauten: "Wir lernen nichts schwerer als das Nationelle frei gebrauchen. Und wie ich glaube, ist gerade die Klarheit der Darstellung uns ursprünglich so natürlich wie den Griechen das Feuer vom Himmel" (131). "Aber das Eigene muß so gut gelernt seyn, wie das Fremde" (188). "Deßwegen sind uns die Griechen unentbehrlich. Nur werden wir ihnen gerade in unserem Eigenen, Nationellen nicht nachkommen, weil, wie gesagt, der *freie* Gebrauch des *Eigenen* das schwerste ist" (105. SW 6,425 f).[7]

---

[5] Norbert *v. Hellingrath,* Pindarübertragungen von Hölderlin. In: Ders., Hölderlin-Vermächtnis. Eingel. v. Ludwig von Pigenot. München: Bruckmann 1936. S. 23 f.

[6] Vgl. Hölderlin, Bruchstück 81: "Die *apriorität* des Individuellen über das Ganze" (SW 2,339). Hierzu: *Szondi,* Hölderlin-Studien, 156.

[7] Wie schon bemerkt, versteht Heidegger den Böhlendorff-Brief als Aussage über das Wesen der Geschichte, Peter *Szondi* und andere Autoren als Beitrag zur Ästhetik. Hölderlin richtet sich gegen die These Winckelmanns, die *"Nachmung der Alten"* sei *der einzige Weg für uns, groß, ja wenn es möglich ist, unnachahmlich zu werden".* Schon in seinen Homburger Aufsatzfragmenten hat sich Hölderlin mit dem Problem des Klassizismus befaßt und gegen das Prinzip der Nachahmung als solches protestiert. *Szondi,* Hölderlins Brief, 261 f. - Daß Szondi "einseitiges Gewicht auf die ästhetische Seite der Frage" des Vaterländischen legt, wird kritisiert von Ulrich *Gaier,* Hölderlins vaterländische Sangart, 13.

Die Lesart zu "Brod und Wein" beginnt: "nemlich zu Hauß ist der Geist/ Nicht im Anfang, nicht an der Quell" (189. SW 2,608).

Das für Heideggers Geschichtsdenken wichtige Bruchstück 17 lautet: "Einst hab ich die Muse gefragt, und sie/ Antwortete mir/ Am Ende wirst du es finden./ Vom Höchsten will ich schweigen./ Verbotene Frucht, wie der Lorbeer, ist aber/ Am meisten das Vaterland. Die aber kost'/ Ein jeder zulezt" (134. SW 2,220). Bereits in seiner ersten Hölderlin-Vorlesung hatte Heidegger diesen Text, genauso wie den Böhlendorff-Brief, zur Auslegung des "Vaterlandes" herangezogen.

Die von Heidegger besprochene Problematik wird in der Hölderlin-Forschung unter dem Titel "Griechenland und Hesperien" behandelt.[8] Das Hesperische im Sinne Hölderlins ist nicht dasselbe wie das Abendländische, wovon Heidegger spricht. Während Hölderlin mit dem Hesperischen das Vaterländische seiner eigenen Zeit bezeichnet, das er dichterisch für deren Zukunft gestaltet und das im Gegensatz steht zum Griechischen,[9] meint Heidegger mit dem Abendländischen den Geschichtsgang von den Griechen bis zu uns. Das Verhältnis Griechenland - Hesperien im Sinne Hölderlins entspricht dem Verhältnis zwischen dem Anfang des Abendländischen einerseits und seinem Ende bzw. anderen Anfang andererseits.

Heidegger formuliert die Aufgabe, der er sich verpflichtet, so: "Das Wesen der Geschichte denken heißt das Abendländische in seinem Wesen denken und damit aus seinem Bezug zu seinem ersten Anfang, d.h. zum Griechentum und zum Griechenland" (68). Hieraus ist ersichtlich, daß Heideggers Geschichtsdenken nichts zu tun hat mit einer Konzeption von 'Universalgeschichte' oder 'Weltgeschichte'. Das Abendländische, wie Heidegger es versteht, ist sowohl einzige Geschichte (vgl. oben 44) als auch endliche Geschichte; letzterer Charakter entspricht der Geschichtlichkeit des Daseins (oben 20).

Folgende Erläuterungen zu den drei zitierten Hölderlin-Passagen gibt Heidegger in der "Andenken"-Vorlesung: Das Eigene der Deutschen ist die "Klarheit der Darstellung", das Eigene der Griechen das "Feuer vom Himmel". Das Eigene des einen Volkes ist jeweils auf ein anderes, auf das ihm Fremde, bezogen: das Feuer vom Himmel verlangt die Darstellung, die Klarheit der Darstellung verlangt das Darzustellende: das Feuer vom Himmel (131). Indem das Eigene offen ist für das ihm Zugewiesene (145), das heißt für die Deutschen, indem die Klarheit der Darstellung offen ist für das Darzustellende, wird der "freie Gebrauch des Eigenen" gelernt. Die Begabung der klaren Darstellung wird entfaltet aus dem Verhältnis zu dem, was dargestellt werden muß; dieses ist zunächst das Fremde. Hölderlin schreibt im sel-

---

[8] Ihren Ausgang nahm die Diskussion von dem gleichnamigen Kapitel aus Friedrich *Beissners* Dissertation (1933), die Heidegger gekannt hat und für eine "wichtige Schrift" (GA 4,90) und eine "sorgfältige philologische Arbeit" (GA 53,156) hält. Friedrich *Beissner*, Hölderlins Übersetzungen aus dem Griechischen. 1. Aufl. 1933. 2. Aufl. 1961. Stuttgart: Metzler. S. 147-184: Griechenland und Hesperien. - Auch die Dissertation von Beissners Schüler Lawrence *Ryan* hat ein Kapitel "Griechenland und Hesperien". *Ryan*, o.c. 344-364. - Wichtige Arbeiten zum Thema sind ferner: Wolfgang *Binder,* Hölderlin und Sophokles, o.c. Ders., Hölderlins Rheinhymne, o.c. Ders., Hölderlins Hymne "Die Wanderung". In: Hölderlin-Jahrbuch 21 (1978-1979). S. 170-205.

[9] Vgl. Hölderlin, "Brod und Wein", V.149 f: "Was der Alten Gesang von Kindern Gottes geweissagt,/ Siehe! wir sind es, wir: Frucht von Hesperien ists!" (SW 2,150). Vgl. Hölderlins "Anmerkungen zur Antigonä" (SW 5,267).

ben Brief an Böhlendorff von Homer, daß "dieser ausserordentliche Mensch seelenvoll genug war, um die abendländische *Junonische Nüchternheit* für sein Apollonsreich zu erbeuten und so wahrhaft das fremde sich anzueignen" (154. SW 6,426).[10] Wie es vorher hieß, muß aber das Eigene ebenso gut gelernt sein wie das Fremde. Nun haben sich die Griechen zwar das Fremde angeeignet, das Eigene aber nicht.[11] Als Beleg für diese Auffassung führt Heidegger das Bruchstück 31 an: "Nemlich sie wollten stiften/ Ein Reich der Kunst. Dabei ward aber/ Das Vaterländische von ihnen/ Versäumet und erbärmlich gieng/ Das Griechenland, das schönste, zu Grunde" (68; 123. SW 2,228). Heidegger bezieht das "Reich der Kunst" auf die Geschichte der Griechen, denn Geschichte gründet in seinen Augen in der Kunst, die ihrerseits wesenhaft Dichtung ist.[12] Gemäß dem letzten Vers von "Andenken" sind es ja die Dichter, die das Bleibende, das heißt Geschichte, stiften.

Das im Böhlendorff-Brief so genannte "ursprünglich" Natürliche, das Eigene eines Volkes, ist der Ursprung für seine Geschichte. Geschichte entspringt aber nicht unmittelbar aus dem Eigenen, sondern das Eigene muß erst eigentlich werden durch die Aneignung. Nur wenn ein Menschentum frei wird für sein Eigenes, gelangt es an den wirklichen Ursprung seiner Geschichte. In diesem Sinne sagt Heidegger: "Freiheit ist Offenheit zum Ursprünglichen und Anfänglichen" (145).

Das "Höchste", das erst "am Ende" zu finden ist, wird von der Muse dem Dichter zugesprochen (Bruchstück 17). Nur der Dichter findet das Eigene, denn ihm ist aufgegeben, es zu stiften (132). Ebenso muß der Dichter als erster lernen, das Eigene frei zu gebrauchen, das heißt der deutsche (hesperische) Dichter muß die "Klarheit der Darstellung" ins Werk setzen und sie in seinem Wort an das Darzustellende binden (182). Mit solcher Aneignung des Eigenen wird der Anfang von Geschichte vorbereitet. Zusammenfassend kann Heidegger festhalten: "Im Finden, Aneignen und Gebrauchenkönnen des Eigenen besteht die Freiheit eines Menschentums zu sich selbst. Darin ruht die Geschichtlichkeit der Geschichte eines Volkes", das "Wesenhafte aller Geschichte" (130). Das Wort "Finden" übernimmt Heidegger aus dem Bruchstück "Einst hab ich die Muse gefragt", "Aneignen und Gebrauchenkönnen des Eigenen" bezieht sich auf den Böhlendorff-Brief.

Hölderlins Gedanke, daß "das Eigene" "gut gelernt" sein muß, in Heideggers Worten: daß das Eigene erst angeeignet werden muß, spiegelt die Pindar-Gnome γένοι᾽ οἷος ἐσσὶ μαθών wider, die sowohl Hölderlins Konzeption der Rheinhymne

---

[10] Hölderlin nennt die abendländische Nüchternheit wahrscheinlich deshalb "Junonisch", weil in seinem mythologischen Handbuch, nämlich Benjamin *Hederichs* "Gründlichem mythologischen Lexicon" im Artikel über die Göttin Juno steht: "Indessen wird sie auch mit der Erde für einerley gehalten, da sodann Jupiter die Luft bedeutet". Dem "Feuer vom Himmel", der Sphäre Jupiters, würde sich die erdhafte Nüchternheit als Bereich der Juno entgegenstellen. Vgl. *Szondi*, Hölderlins Brief, 263.

[11] In bezug auf die Kunst hat Hölderlin diese Ansicht auch im Brief an seinen Verleger Wilmans vom 28. September 1803 vertreten. Zu seinen Sophokles-Übersetzungen schreibt er: "Ich hoffe, die griechische Kunst, die uns fremd ist, durch Nationalkonvenienz und Fehler, mit denen sie sich immer herum beholfen hat, dadurch lebendiger, als gewöhnlich dem Publikum darzustellen, daß ich das Orientalische, das sie verläugnet hat, mehr heraushebe, und ihren Kunstfehler, wo er vorkommt, verbessere" (SW 6,434). - Das "Orientalische" ist das Eigene der Griechen: das "Feuer vom Himmel". Anders als Friedrich *Beissner* (vgl. SW 2,862) sieht Peter *Szondi* in Hölderlins Brief an Wilmans eine "Korrektur" der im Böhlendorff-Brief vertretenen Thesen. *Szondi*, Hölderlins Brief, 160.

[12] In der Kunstwerk-Abhandlung heißt es: "*Alle Kunst* ist ... *im Wesen Dichtung* (GA 5,59).

als auch Heideggers Auslegung derselben bestimmte, die von daher Heideggers Geschichtsdenken prägt und sich vermutlich bereits in den Daseinsstrukturen Existenzialität und Faktizität niedergeschlagen hat (oben 21; 35 f). Sicherlich denkt Heidegger auch in der "Andenken"-Vorlesung, wenn er das Eigene das "aus der Geburt Kommende" nennt (122), an die Pindarische φυά.

Beim Gedanken, daß das Eigene angeeignet werden muß, spielen für Heidegger auch die Verse 92 f aus "Die Wanderung" herein: "Unfreundlich ist und schwer zu gewinnen/ Die Verschlossene, der ich entkommen, die Mutter" (135. SW 2,141). Das "Eigene" entspricht der "Mutter", das 'Lernen' (Hölderlin) bzw. "Aneignen" (Heidegger) entspricht dem "gewinnen". Das betonte Wort "schwer" steht auch im Böhlendorff-Brief.

In der Hymne "Der Ister" sagt Hölderlin vom Donaustrom, der von Westen nach Osten fließt, Vers 41 ff: "Der scheinet aber fast/ Rükwärts zu gehen und/ Ich mein, er müsse kommen/ Von Osten" (186. SW 2,191). Diese Verse enthalten für Heidegger die Gedanken aus dem Böhlendorff-Brief vom Lernen des Eigenen. Der rückwärts gehende Strom zeigt die Rückkehr aus der Fremde in die Heimat, denn der Ursprung, das Eigene, ist nur im Hindurchgang durch das Fremde zu gewinnen.[13] Hölderlins Wort vom rückwärts gehenden Strom ist in Heideggers Augen "die scheue Ahnung des verborgenen Wesens des Anfangs und der Geschichte" (186); "scheue Ahnung" deshalb, weil Hölderlin sagt: "Der scheinet aber ..." und "Ich mein". In der Vorlesung des nächsten Semesters stehen diese "Ister"-Verse im Mittelpunkt von Heideggers Erörterungen.

Die Lesart zur Schlußstrophe von "Brod und Wein", "nemlich zu Hauß ist der Geist/ Nicht im Anfang, nicht an der Quell" (189), versteht Heidegger so: Am Beginn der Geschichte ist der "Anfang" noch nicht das Angeeignete, er ist nur das "Mitgegebene", wie es in der Vorlesung von 1934/35 hieß (oben 56). Zunächst sind die Menschen in ihrem Anfang nicht zu Hause, wohnen nicht im Anfang. Das "Geheimnis der Geschichte und des Anfangs" liegt darin: "Der Anfang fängt nicht mit dem Anfang an" (189). Dieser Gedanke ist vorbereitet durch denjenigen, daß der Anfang sich entzieht (oben 134), daß er notwendig seine Ursprünglichkeit aufgeben muß (oben 155). Zu dem Wort "Geist" nimmt Heidegger nicht ausdrücklich Stellung. Einmal spricht er vom "Geist der Heimat" (190), einmal deutet er den Bezug zu den Versen 43 f der Feiertagshymne an: "Des gemeinsamen Geistes Gedanken sind,/ Still endend in der Seele des Dichters" (191. SW 2,119). In der Vorlesung des nächsten Semesters wendet sich Heidegger der "Brod und Wein"-Variante erneut zu.[14]

---

[13] Im "Hyperion" schreibt Hölderlin: "Lächle nur! Mir war es sehr Ernst. Bestehet ja das Leben der Welt im Wechsel des Entfaltens und Verschließens, in Ausflug und Rükkehr zu sich selbst, warum nicht auch das Herz des Menschen?" (SW 3,38). Vgl. oben 24. - Offenbar von Hölderlin beeinflußt ist Hans-Georg *Gadamer*, wenn er, Hegel interpretierend, festhält: "Im Fremden das Eigene zu erkennen, in ihm heimisch zu werden, ist die Grundbewegung des Geistes, dessen Sein nur Rückkehr zu sich selbst aus dem Anderssein ist". Hans-Georg *Gadamer*, Wahrheit und Methode. Grundzüge einer philosophischen Hermeneutik. 4. Aufl. Tübingen: Mohr 1975. S. 11.

[14] Die Hölderlin-Forschung hat inzwischen nachgewiesen, daß beim späten Hölderlin "Geist" für "Gott" steht. Der angeführte Text bezieht sich wohl auf den Halbgott Dionysos. Vgl. *Mommsen*, o.c. 351 ff. Vgl. zusammenfassend *Szondi*, Hölderlins Brief, 27.

Der nächste Vers aus diesen Text lautet: "Kolonie liebt, und tapfer Vergessen der Geist" (189). Heidegger zieht die Variante zu "Brod und Wein" und die Verse aus "Der Ister" zur Erläuterung der "Fahrt" der "Schiffer" aus Vers 4 von "Andenken" heran und verknüpft diese Gedanken mit den Einsichten aus dem Böhlendorff-Brief. So ergibt sich: Um des Heimischwerdens im Eigenen willen muß die Fahrt in die Fremde unternommen werden. Durch den Aufenthalt in der Fremde und die Befremdung, das heißt dadurch, daß das Fremde als das Fremde erkannt wird, kann sich an ihm das Eigene abzuheben beginnen, kann die Zuneigung zum Eigenen geweckt und die Heimkehr ins Eigene angetreten werden (175 f). Erst nach der Heimkehr hebt das "eigentliche Heimischwerden" an (174). Das Wort vom "Geist", der nicht "im Anfang" heimisch ist, wäre also aus der Situation der Ausfahrt, des Aufenthalts in der Fremde oder der begonnenen Rückkehr gesprochen.[15] Bereits in der ersten Hölderlin-Vorlesung bildeten der Brief an Böhlendorff und das Bruchstück 17 - die "Brod und Wein"-Lesart war erst seit Friedrich Beissners Dissertation, 1933, bekannt - den Rahmen für Heideggers Erörterungen (oben 54). Heideggers Auslegung der Hymne "Andenken" ist von den drei genannten Texten getragen, so daß er das sprechende Ich der Hymne, den Dichter, so verstehen kann, daß dieser als einziger aus der Fremde heimgekommen ist ins Eigene (167; 173; 192) und sich nun um das eigentliche Heimischwerden bemüht.

Heidegger deutete in seiner Vorlesung von 1934/35 die "Klarheit der Darstellung" aus dem Böhlendorff-Brief als "Fassenkönnen des Seyns", das "Feuer vom Himmel" aber als "Betroffenwerden durch das Seyn". In beiden Wendungen wird der Bezug des Menschen zum Seyn artikuliert. Das "Wesen des geschichtlichen Daseins", des deutschen wie des griechischen, sah Heidegger in der "widerstreitenden Innigkeit des Mitgegebenen und Aufgegebenen" (oben 56). Während beim Zusammenhang zwischen Mitgegebenem und Aufgegebenem für ein Volk, genauso wie zwischen Darstellung und Darzustellendem, der Weg vom Anfang zum Ziel eine einphasige Bewegung beschreibt, entsteht durch Heideggers Verknüpfung des Brieftextes mit der "Fahrt" aus "Andenken" eine zweiphasige Bewegung, Hin- und Rückweg, oder eine gebogene Bahn, eine Art 'Kehre' und 'Wende',[16] die mit Heideggers

---

[15] Schon Friedrich *Beissner* sah die "Brod und Wein"-Variante im Zusammenhang mit dem Böhlendorff-Brief und mit Fragment 17: "Das Nationelle des deutschen Geistes ist die Nüchternheit, seine gegebene 'Kolonie', also die griechische junonisch-nüchterne 'Kunst', durch die er gekräftigt und erzogen wird (wie Jason in der Schule des Chiron), durch die er den freien Gebrauch des Eigenen lernt, so daß er dann die verbotene Frucht des Vaterlandes kosten kann". *Beissner,* Hölderlins Übersetzungen, 158. Beissner stützt sich auf die Passage aus dem Böhlendorff-Brief: "Aber das Eigene muß so gut gelernt seyn, wie das Fremde. Deßwegen sind uns die Griechen unentbehrlich". Für Beissner lernt der deutsche Geist sein Eigenes in der "Kolonie" am Vorbild von dem, was den Griechen das Fremde war: der Nüchternheit. - Weil Heidegger das Motiv der Ausfahrt in die Fremde ("Andenken") und der Rückkehr in die Heimat in seine Überlegungen einbezieht, wird für ihn das Eigene erst nach der Rückkehr in die Heimat, nach dem Gang an die Quelle angeeignet. "nemlich zu Hauß ist der Geist/ Nicht im Anfang" heißt für Heidegger: der Geist ist zunächst nicht in seinem eigenen Anfang heimisch, muß ihn erst gewinnen, für Beissner heißt es: "am Anfang ist der Geist nicht in der Heimat" (o.c. 157). Beissner faßt "im Anfang" als Zeitbestimmung auf, während für Heidegger der Anfang das Eigene, Mitgegebene ist. - Eine Übersicht zur Problemlage um die "Brod und Wein"-Variante gibt: Hans Joachim *Kreutzer,* Kolonie und Vaterland, o.c.

[16] Heidegger schreibt in seiner Abhandlung "Andenken" von 1943 über die Fahrt in die Fremde: "Bei den *Indiern* [Andenken, V.49] ist die Ortschaft der Wende der Wanderschaft vom Fremden in das Heimische" (GA 4,140). - Zum Motiv der gebogenen Bahn bei Hölderlin vgl. oben 21 Anm. Ferner:

Begriffen aus der ersten Hölderlin-Vorlesung so zu beschreiben wäre: Das den deutschen Dichtern Mitgegebene ist das Fassenkönnen des Seyns; auf der Fahrt in die Fremde werden sie (die "Schiffer") vom Seyn betroffen; nach der Rückkehr in die Heimat wird das erfahrene Seyn ins Wort gefaßt, ins Werk gesetzt.

Die drei zu Beginn dieses Abschnittes zitierten Hölderlin-Texte besagen zusammengefaßt: In der Aneignung des Eigenen, im Heimischwerden im eigenen Anfang wird "am Ende" das "Höchste" gefunden.

Vom eigentlichen Heimischwerden nach der Rückkehr aus der Fremde sprechen Heidegger zufolge die Verse 38 f von "Andenken": "Mancher/ Trägt Scheue, an die Quelle zu gehen" (173). Die Quelle ist das Eigene, der Ursprung. "Mancher" heißt für Heidegger eine "Wahl durch das Schicksal" (171) und schließt den sprechenden Dichter ein. Heidegger versteht die Verse nicht so, daß mancher sich vor dem Gang an die Quelle scheut und ihn deshalb unterläßt, sondern: Bei ihrem Gang an die Quelle sind die Wenigen, die vom Schicksal dazu bestimmt sind, von der Stimmung der Scheu getragen. Heidegger sagt: "Die Scheu ist als ursprünglich gefestigtes Ansichhalten vor dem Gescheuten zugleich die innigste Zuneigung zu diesem" (171). Die Scheu dieser Wenigen ist somit ähnlich der Grundstimmung der Verhaltenheit, die die zukünftige Philosophie auszeichnen soll (oben 128). Der Gang an die Quelle ist kein direkter Weg, denn die Quelle weist zunächst von sich weg in die Richtung des aus ihr entsprungenen Stromes. Erst nach der Ausfahrt in die Fremde und der Rückkehr in die Heimat kann der Quellbereich selbst betreten werden. Während des Aufenthalts in der Fremde wird am Fremden das Eigene als das "fernher Vertraute" (172) erblickt. Das heißt, das Eigene ist zwar das Vertraute und Nächste, aber erst als ein Fernes wird es in seiner Fülle offenbar.[17] Ihm entspricht die Scheu als Ansichhalten und Zögern; sie ist die Zuneigung zum Nächsten als einem Fernen.

Das "Gegenwort" (173) zu "Mancher/ Trägt Scheue, an die Quelle zu gehen" liest Heidegger aus den Versen 18 f von "Die Wanderung" - mit ihnen schließt die Kunstwerk-Abhandlung (GA 5,66) -: "Schwer verlässt/ Was nahe dem Ursprung wohnet, den Ort" (173. SW 2,138).[18] Wie im Böhlendorff-Brief fällt hier wieder das Wort "Schwer". Das Wohnen in der Nachbarschaft zum Eigenen und zum Ursprung macht es schwer, diesen Ort zu verlassen und sich aufzumachen zur Aneignung des

---

"Stimme des Volks", 1. Fassung, V.48: die den Menschen angemessene Lebensform ist, "die geschwungnere Bahn zu wandeln" (SW 2,50). In der Vorrede zur vorletzten Fassung des "Hyperion" steht: "Wir durchlaufen alle eine excentrische Bahn, und es ist kein anderer Weg möglich von der Kindheit zur Vollendung" (SW 3,236).

[17] Aus der Absicht einer ontologischen Analytik des Daseins hieß es in "Sein und Zeit": "Das Dasein ist zwar ontisch nicht nur nahe oder gar das Nächste - wir *sind* es sogar je selbst. Trotzdem oder gerade deshalb ist es ontologisch das Fernste" (GA 2,21).

[18] Diese Verse beziehen sich auf den Aufbruch des Dichters nach Osten. Die "Wanderung" wird unternommen, um die Grazien Griechenlands einzuladen, nach Hesperien zu kommen. Von der Rückkehr in die Heimat sagen die Verse 92 f: "Unfreundlich ist und schwer zu gewinnen/ Die Verschlossene, der ich entkommen, die Mutter" (SW 2,141; oben 201). Aufbruch und Rückkehr stehen unter dem gleichen Stichwort: "schwer". Vgl. Binder, Hölderlins Hymne "Die Wanderung", o.c. - Bereits in der Vorlesung von 1934/35 zitierte Heidegger die Verse vom "Ursprung" (oben 34). Sie stehen im Zusammenhang mit dem künftigen Ursprung von Geschichte, mit dem von Hölderlin entworfenen "Vaterland" (oben 54).

Eigenen; denn zunächst verschließt die Quelle das Eigene, und die Fülle des Eigenen, der Reichtum der Quelle, läßt sich nur über die Ausfahrt in die Fremde gewinnen. Nach der Heimkehr ist das Schwerste zu leisten: zur Quelle selbst vorzudringen. Die Verse aus "Die Wanderung" sind "Gegenwort" zu den "Andenken"-Zeilen nicht im Sinne des Entgegengesetzen, sondern des Gegenüber: beide Worte sagen vom Selben: vom schweren Gang zum Ursprung, der zunächst vom Ursprung weg führt.

In den folgenden Versen von "Andenken", 40 f, heißt es: "Es beginnet nemlich der Reichtum im Meere" (175). Der Reichtum der Quelle ist dort am ehesten sichtbar, wo der aus der Quelle entsprungene Strom ins Meer mündet, wo, Vers 55 f, "meerbreit/ Ausgehet der Strom". Der ausgebreitete Reichtum der Quelle ist der Ort, wo die Rückkehr zum Ursprung einsetzt. Beginnt die Darreichung des Reichtums auch im Meer, so wird der Reichtum doch erst am "Anfang", an der Quelle, am Ursprung erworben. Der Anfang wird erst "zuletzt" gefunden (oben 200). Erst in diesem Letzten wird das Erste eigentlich, wird das Eigene des Ursprungs angeeignet. Heidegger bezeichnet demnach mit "Anfang": 1. den Ursprung im Sinne des Eigenen, Mitgegebenen, 2. das angeeignete Eigene.

Das "tapfer Vergessen" aus der Variante zu "Brod und Wein" liest Heidegger in Verbindung mit Vers 56 f aus "Andenken": "Es nehmet aber/ Und giebt Gedächtniß die See". Die See nimmt das "Zurückdenken" an die verlassene, unangeeignete Heimat; sie gibt im Fremden das "Vordenken" an das Andere des Fremden, das Eigene (192 f).

"Andenken" gipfelt in dem Vers: "Was bleibet aber, stiften die Dichter". Den Dichtern ist es Heidegger zufolge aufgetragen, "mit dem Anfang aus dem Anfang dichterisch anzufangen" (191). Wenn dieser "freie Gebrauch des Eigenen", der allerdings "das Schwerste" darstellt, gelernt ist, dann ist der "Geist" "zu Hauß", ist das "Höchste" gefunden, ist der Gang zur Quelle, zum Ursprung vollzogen. Dann "ereignet sich" das "Wahre", fängt Geschichte an. Darauf soll jetzt eingegangen werden.

c) Das Fest als Grund und Wesen der Geschichte.
Das Ereignis

Nach Heideggers Auffassung liegt der "Andenken"-Hymne der "Wesenszusammenhang zwischen Fest und Geschichte" zu Grunde (68). Der Zusammenhang wird von Hölderlin in dieser Form nirgends ausgesprochen, das Wort "Fest" kommt in "Andenken" nicht einmal vor. Trotzdem behauptet Heidegger: Hölderlins Dichten "entspringt solchem Denken" (77). Diese Behauptung stützt sich auf die Annahme, daß das "Ereignis des Wahren" das "Brautfest" zwischen Göttern und Menschen ist und daß dieses Fest vorbereitet wird durch "Feiertage". Ich möchte das erläutern.

Schon in der ersten Hölderlin-Vorlesung führte Heidegger im Zusammenhang mit der Frage nach der Zeit die Verse 16 f aus "Mnemosyne" an: "... Lang ist/ Die Zeit, es ereignet sich aber/ Das Wahre" (oben 50). Diese Zeilen werden jetzt aufgegriffen. Vor dem eigentlichen Geschichtsanfang, der vorbereitet wird durch das "Finden, Aneignen und Gebrauchenkönnen des Eigenen", von Hölderlin nach Heideggers Auslegung dargestellt als Fahrt der Schiffer und als Gang zur Quelle, ist die Zeit "lang". Heidegger sagt: "Diese lange Zeit ist der Zeit-Raum einer verborgenen Geschichte" (180).

Das Wahre ereignet sich dann, wenn Menschen und Götter einander begegnen im "Brautfest".[19] Von ihm heißt es in der Rheinhymne, Vers 180 ff: "Dann feiern das Brautfest Menschen und Götter./ Es feiern die Lebenden all,/ Und ausgeglichen ist eine Weile das Schiksaal" (92. SW 2,147). Die Beziehung dieser Zeilen zu "Andenken" liegt, allein vom einzelnen Wort aus geschen, darin, daß Heidegger "feiern" und "Brautfest" verknüpft mit den "Feiertagen" aus Vers 17 und Vers 47 von "Andenken", daß er außerdem das "ausgeglichen" verbindet mit den Versen 20 f von "Andenken", "Zur Märzenzeit,/ Wenn gleich ist Nacht und Tag".[20] An den Worten "ausgeglichen", "Weile", "Schiksaal" aus der Rheinhymne richtet sich Heideggers Deutung des "Festes" aus, das nach seiner Auffassung für Hölderlin "Grund und Wesen der Geschichte" (92) darstellt.

Im einzelnen geht Heidegger so vor: Das Wort "Feiertage" aus Vers 17 von "Andenken" nimmt er zum Anlaß für eine Reflexion auf das Wesen des Feierns, wobei er auch auf "Germanien" zurückblickt (60), in dessen Schlußstrophe steht: "Bei deinen Feiertagen/ Germania ..." (SW 2,152). Das Feiern als ein "Ruhenlassen der Arbeit" (64) - hierbei denkt Heidegger an den Zusammenhang mit lat. feriae -[21] trifft nicht das Wesen. Vielmehr hat das Innehalten mit der Arbeit seinen Grund in einem Ansichhalten, in Fragen und Besinnung, wodurch die Menschen des Gewöhnlichen ledig und damit frei für das Ungewöhnliche werden. Die zunächst begegnenden Dinge und Mitmenschen sind in ihrem eigenen Wesen meist nicht angeeignet; das Alltägliche ist das Gewöhnliche, Uneigentliche (65). Offensichtlich bestimmt das "Eigene" aus dem Böhlendorff-Brief Heidegger dazu, seine Analysen zur Eigentlichkeit und Uneigentlichkeit des Daseins aus "Sein und Zeit" (GA 2,57 ff) aufzugreifen.

Vom Feiern als dem Freiwerden für das Ungewöhnliche sagt Heidegger: es "ist Erwartung des Eigentlichen, ist Vorbereitung der Aneignung des Wesenhaften, ist Erharren des Ereignisses, in dem das Wesenhafte sich offenbart" (66). Daß Heidegger vom "Erharren" spricht, verweist, wie schon 1934/35, auf zwei bestimmte Hölderlin-Passagen, wodurch die "lange Zeit" vor dem Ereignis des Wesenhaften mit der "dürftigen Zeit" der Gottferne zusammenfällt (oben 51). Das "Wesenhafte" stand in der Vorlesung "Grundbegriffe" als ein anderes Wort für das Sein (oben 160).

---

[19] Die "Vollendung des Vaterländischen" wird in einigen späten Gedichten Hölderlins "mit der Vorstellung des kommenden Göttertages verknüpft, ja sie scheint geradezu mit der Wiederkunft der Götter, der Kulmination der menschlichen Geschichte zusammenzufallen". *Ryan,* o.c. 358.

[20] Auch in der Hölderlin-Forschung wird die "Märzenzeit" aus "Andenken" in Verbindung gesehen mit dem Schicksalsausgleich aus der Rheinhymne. Die Märzenzeit "ist der zeitlose Augenblick, wo sich die Lichtseite und die Schattenseite der Zeit aufwiegen und die Sukzession der Jahreszeiten in einem wunderbaren Schwebezustand aufgehoben ist. Dieses Zeitlose ist das Wesen der 'Feier'". Jochen *Schmidt,* Hölderlins letzte Hymnen, 19.

[21] feriae: Tage, "an denen keine Geschäfte vorgenommen werden, Ruhetage". Alois *Walde,* Lateinisches etymologisches Wörterbuch. 3. neu bearb. Aufl. v. J.B. *Hofmann.* 2 Bde. Heidelberg: Winter 1954. 1,481. Vgl. *Kluge,* 189.

Heidegger versteht die Feiertage als "Vortage des Festes" (79).[22] Zu dieser Auffassung kommt er nicht durch Befragen der Etymologie, denn feriae und festus haben die gleiche Bedeutung,[23] sondern er hört wohl auf Hölderlins Ode "An die Deutschen", die er in seiner Vorlesung von 1934/35 zitierte, Vers 9 f: "Und das Schweigen im Volk, ist es die Feier schon/ Vor dem Feste? die Furcht, welche den Gott ansagt?" (GA 39,101. SW 2,9) Heidegger unterscheidet zwischen dem Fest und dem Festlichen. Das Festliche trägt, durchstimmt und bestimmt "als eine lautlose Stimme" (69) das Ereignis des Festes. Dieses Festliche und anfänglich Stimmende ist nun nach Heidegger: "das Heilige", von dem Hölderlin in der Feiertagshymne sagt: "Jezt aber tagts! Ich harrt und sah es kommen,/ Und was ich sah, das Heilige sei mein Wort". Diese Zeilen beeinflußten bereits Heideggers Vorbetrachtungen zum dichtenden Wort (oben 194). 1939 hielt Heidegger einen Vortrag, der der Auslegung von "Wie wenn am Feiertage ..." galt. Dabei betonte er: "Das Heilige ist das Wesen der Natur" (GA 4,59). In den Versen 21 ff dieser Hymne heißt es: "Denn sie, sie selbst, die älter denn die Zeiten/ Und über die Götter des Abends und Orients ist,/ Die Natur ist jezt mit Waffenklang erwacht". Nur weil Heidegger die Natur und das Heilige in eins denkt, kann er in der "Andenken"-Vorlesung das Heilige als "über den Menschen und 'über die Götter'" (77) begreifen und das Kommen des Heiligen ("ich harrt und sah es kommen") als "anfänglichen Gruß" (70) bezeichnen. Daß Heidegger den Anspruch des Heiligen als 'Grüßen' deutet, hängt mit Vers 5 von "Andenken" zusammen, wo der Sprecher des Gedichtes dem "Nordost" zuruft: "Geh aber nun und grüsse ...". Hierauf werde ich noch eingehen.

Das Heilige, das Festliche grüßt Menschen und Götter. Erst als die so Gegrüßten vermögen sie, sich wechselweise zu grüßen und einander entgegenzukommen. Heidegger sagt: "Das Fest als Brautfest ist das Ereignis des anfänglichen Grußes. - Dieser anfängliche Gruß ist das verborgene Wesen der Geschichte. Dieser anfängliche Gruß ist *das* Ereignis, *der* Anfang" (70). Bisher sprach Heidegger zwar schon öfter von unserer "verborgenen Geschichte" (oben 104; 147; 174), sagte aber noch nicht, wie hier, worin ihr Wesen läge. Im Fest kommen Götter und Menschen sich entgegen, gewähren und übereignen sich wechselweise ihr Wesen; diese Wesensgewährung ist "Er-eignis" (77). In der "Einführung in die Metaphysik" hieß es: das "Weltwerden ist die eigentliche Geschichte" (oben 76). Dieses Weltwerden nennt Heidegger jetzt "Ereignis" und betont: "Das Ereignis ist die eigentliche Geschichte" (77).

Der anfängliche Gruß des Heiligen macht es möglich, daß Götter und Menschen sich aneinander halten (70). Mit diesem Gedanken schließt Heidegger an die Verse 45 f der Titanenhymne an: "Gut ist es, an andern sich/ Zu halten. Denn keiner trägt das Leben allein" (70; 165. SW 2,218). In diesem Gedicht ist nicht eindeutig das Verhältnis von Göttern und Menschen angesprochen. Heidegger sieht diese Verse jedoch in Verbindung mit einer Stelle aus "Kolomb" über die Einsamkeit der Himmlischen (70) und offensichtlich auch mit den Versen 47 ff aus diesem Gedicht-

---

[22] Richard *Schaeffler* schreibt, daß Heideggers "Befassung mit Hölderlin in der Bemühung ihr Zentrum findet, ein angemessenes Verständnis der kultischen Funktionen von Fest und Feier zu gewinnen". *Schaeffler*, Die Wechselbeziehungen, 12.

[23] *Walde-Hofmann*, 481; 489.

entwurf, die er in seiner Vorlesung von 1934/35 vorgetragen hat: "Nemlich öfters, wenn/ Den Himmlischen zu einsam/ Es wird, daß sie/ Allein zusammenhalten" (GA 39,272. SW 2,245).

Das Ansichhalten und Innehalten der Menschen im Feiern, das Ansichhalten der Scheu, das Zusammenhalten der Himmlischen, das Sich-aneinander-Halten der Götter und Menschen bestimmt sich aus demjenigen, was Heidegger in seinem Vortrag "Hölderlins Erde und Himmel" von 1959 dann das "unendliche Verhältnis" von Erde und Himmel, Göttlichen und Sterblichen nennt (GA 4,163). Bei den verschiedenen Zusammensetzungen mit 'halten' hört Heidegger im Stammwort jeweils die Etymologie 'hüten, weiden', worauf schon hingewiesen wurde.

Die im Fest sich ereignende Wesensgewährung und -übereignung faßt Heidegger auch als "Gespräch". Die Verse 32 f aus "Andenken", "... Doch gut/ Ist ein Gespräch ..." (156), veranlassen ihn, auf den Hymnenentwurf "Versöhnender ..." zurückzublicken, dem er sich in seiner ersten Hölderlin-Vorlesung zugewandt hatte (oben 45). In der "Andenken"-Vorlesung betont Heidegger: "Das Gespräch ist seinem ursprünglichen Wesen nach jenes Einigende in der Entgegnung, durch das die Menschen und die Götter ihr Wesen einander zu-sagen" (157). In solchem Gespräch hat nach Heideggers Auffassung die Sprache ihren Ursprung (157). Zuvor hieß es, das Wort sei der Ursprung der Sprache (oben 196). Beide Gedanken deuten die Sprache aus ihrem Bezug zu den Göttern, denn das Wort ist ja wesenhaft dichtendes Wort und der Dichter spricht es, nach Heideggers Auslegung, unter dem Anspruch des Gottes (oben 41). Daß Heidegger die Sprache, und deren Ursprung, das Gespräch, als das Einigende, das heißt im Sinne des ἕν, des συνεχές und des λόγος, versteht, weist schon voraus auf die Sprache als "Verhältnis aller Verhältnisse", wie es im Vortrag "Das Wesen der Sprache" von 1957 dann heißt (GA 12,203).

Die "Andenken"-Verse von den "Feiertagen" aus der zweiten Strophe des Gedichtes lauten zusammenhängend, Vers 17 ff: "An Feiertagen gehn/ Die braunen Frauen daselbst/ Auf seidnen Boden,/ Zur Märzenzeit,/ Wenn gleich ist Nacht und Tag ..." Zur Zeit der Frühjahrs-Nacht-und-Taggleiche scheinen Winter und Sommer innezuhalten, zu zögern und in ihrem Wesen zu ruhen, ehe der Tag die Nacht übersteigt und damit der Sommer sich behauptet. "Märzenzeit" ist eine Zeit des Ausgleichs ("wenn gleich ist ...") und des Übergangs. Beim Übergang ist für Heidegger nicht das Vorübergehen wesentlich - das wäre die Zeitvorstellung der Sukzession -, sondern Übergang ist, wie er sagt, "das in sich gesammelte Bleiben, das Eines und das Andere einigt und so beide aus ihrem bleibenden Wesensgrund hervor-gehen und in ihm allererst bleiben läßt" (86). Die Wendung "aus ihrem ... Wesensgrund hervor-gehen" nimmt Bezug auf den Beginn des Anaximander-Fragments, ἐξ ὧν δὲ ἡ γένεσίς ἐστι ... Wie bei dessen Auslegung in der Vorlesung "Grundbegriffe" die Deutung des Übergangs von Hölderlins Aufsatz "Das Werden im Vergehen" beeinflußt war (oben 182 f), so auch in der "Andenken"-Vorlesung. Jetzt benennt Heidegger das Charakteristische des Übergangs mit dem Hölderlin-Wort "Bleiben". Daß das Bleiben 'gesammelt' und 'einigend' heißt, deutet auf λόγος und ἕν. Ausdrücklich verwendet Heidegger den Aufsatz "Das Werden im Vergehen" zur Deutung der "Träume" aus Vers 23 von "Andenken" (120; 126), worauf ich nicht näher eingehe.

Die "Andenken"-Zeilen von der "Märzenzeit,/ Wenn gleich ist Nacht und Tag", sind in Heideggers Augen "das verhüllende Wort von höchstem anfänglichem Ausgleich" (88),[24] das heißt vom Ausgleich, wie er sich als Wesensgewährung und -übereignung zwischen Menschen und Göttern im Fest ereignet, welches Anfang und Grund von Geschichte ist.[25] Auf die Einsichten aus dem Böhlendorff-Brief bezogen, besagt Übergang: "Hinübergehen aus dem Eigenen zum Fremden des Anderen und Herübergehen aus diesem anerkannten Fremden ins Eigene" (86).

Zur Märzenzeit sind Nacht und Tag gleich. Heidegger sagt: "'Nacht und Tag' nennen die Zeiträume des Dunkels und der Helle, des Verschlossenen und Geöffneten, des Verborgenen und Enthüllten, des Fernen und Nahen" (87). Hieraus ist ersichtlich, daß Heidegger die Phänomene Tag und Nacht in Verbindung mit dem Wahrheitsgeschehen bringt. Die Nacht steht für den Bereich des Verschlossenen, Verborgenen. "Die Nacht übernimmt in Wahrheit die Dämmerung des Abends in den Untergang und bringt die Dämmerung des Morgens in den Aufgang" (87). Das betont gesetzte "in Wahrheit" heißt nicht nur 'tatsächlich' oder ähnliches, sondern verweist auf die Wahrheitsproblematik. Vermutlich denkt Heidegger auch an die Verse 92 f von "Germanien": "... Muss zwischen Tag und Nacht/ Einsmals ein Wahres erscheinen" (SW 2,151; oben 51). Im Untergehen der Abenddämmerung in die Nacht ist der "Grundzug der Bergung" veranschaulicht, den Heidegger in seiner Parmenides-Vorlesung herausarbeitet.

Der Übergang ist für Heidegger somit in dreierlei Hinsicht bedeutsam: 1. als Übergang von der Nacht zum Tag, vom Winter zum Sommer (unausgesprochen das Wahrheitsgeschehen Verborgenheit-Unverborgenheit); 2. als Übergang vom Eigenen zum Fremden und zurück zum Eigenen; 3. als Wesensgewährung und -übereignung zwischen Menschen und Göttern im Fest.

Der Zeitraum der Nacht ist dasselbe wie die "lange Zeit", wie die "dürftige Zeit" der Gottferne (oben 51; 205). Dieses letzte Wort stammt aus der Elegie "Brod und Wein", die in besonderer Weise von der Nacht handelt. Heidegger hat dieses Gedicht und vor allem Vers 36, "Heilig Gedächtniß auch, wachend zu bleiben bei Nacht", im Sinn, wenn er sagt: "die Nacht ist der Zeit-Raum des ganz eigenen Bezugs zu den Göttern und vor allem zu dem, was das Entgegenkommen der Götter und Menschen trägt und bestimmt. Nacht ist der Zeit-Raum des trauernden Geden-

---

[24] Daß das dichterische Sagen das Geheimnis verhüllen müsse, stellt Heidegger in seiner ersten Hölderlin-Vorlesung dar (GA 39,118 f).

[25] Der Zusammenhang zwischen Fest, Geschichte und dem Heiligen ist auch ein Ergebnis der kulturgeschichtlichen Forschungen Vilhelm *Grønbechs*. In seinem Buch "Götter und Menschen" geht Grønbech der griechischen Erfahrung des Heiligen nach. Das Heilige bestimmt ihm zufolge zur "Festzeit" "das Leben auf seinem Höhepunkt", die "Fülle des Lebens". Das Heilige ist "in der vollen Bedeutung des Wortes als die Geschichte aufzufassen". Die "Begebenheiten des Festes" sind der "Urbeginn alles Bestehenden". Auf das Fest als ἀρχή kann ein Zeitbegriff, welcher Zeit als einen Strom versteht, der aus ferner, unbekannter Vorzeit unaufhaltsam einer ebenso unbekannten Zukunft entgegenfließt, nicht angewandt werden. Grønbech konstatiert: "Die Festzeit ist nicht im Strom der Zeit enthalten, sondern liegt außerhalb oder richtiger gesagt, über dem Alltag, wie eine Hochebene, von der die Flüsse in das Tiefland des Augenblicks herabströmen. Aus dieser Arche entrollt sich die Zeit". Vilhelm *Grønbech*, Götter und Menschen. Griechische Geistesgeschichte II. Reinbeck: Rowohlt 1967. S. 168 ff. Dänische Originalausgabe Kopenhagen 1942-1945. - Zu ζάθεος χρόνος bei Pindar (Pai. 6,5), "die (jetzige) Festzeit", vgl. *Fränkel*, o.c. 20. Heidegger geht auf das Pindarische ζάθεος ein: GA 55,93; VA 265.

kens, des Denkens *an* die gewesenen, aber nicht vergangenen Götter" (87). Außer
von "Brod und Wein" sind diese Gedanken auch von der Hymne "Germanien" beeinflußt, bei deren Auslegung Heidegger die Grundstimmung der Trauer hervorgehoben und gezeigt hatte, daß die gewesenen Götter zugleich die kommenden sind
(oben 58). In diesem Sinne heißt es jetzt in der "Andenken"-Vorlesung: "Das Denken an die Gewesenen und so noch Wesenden denkt an die Ferne; aber diese Ferne
ist geheimnisvoll, weil sie als Ferne zumal in sich birgt das Gewesene und das Kommende" (87).[26] Der oben angeführt Vers 36 aus "Brod und Wein" liegt auch zu
Grunde, wenn Heidegger die Feiertage "Nachtwachen für das Schicksal" nennt (92;
96).

"Schiksaal" ist ein weiteres bedeutungsschweres Wort aus den Versen 180 ff der
Rheinhymne. In "Sein und Zeit" bezeichnete "Schicksal" das Geschehen der eigentli-
chen Geschichtlichkeit des Daseins (oben 10). Wie Heideggers Gedanken zum
Seinsgeschehnis in "Einführung in die Metaphysik" bereits von den Hölderlin-Zeilen
"so/ Vernahm ich .../ Ein Schiksaal" beeinflußt waren, so prägt das "Schiksaal" auch
Heideggers Überlegungen zum Fest und Ereignis, und zwar folgendermaßen.

Wenn die reine Wesensgewährung zwischen Göttern und Menschen sich ereignet im Fest, schicken sich beide in das Schickliche. Unter dem Schicklichen versteht
Heidegger zunächst - dabei läßt er sich von der gebräuchlichen Bedeutung leiten -[27]
das, "was sich gehört im Sinne der Wahrung der Zugehörigkeit ins Wesen". Außerdem ist das Schickliche aber das Gehörige selbst, das heißt das, "was über das Sich-
gehörende verfügt und es so fügt, daß alles, was im Wesen bleiben soll, dieser Fügung sich fügen muß" (89). Dies gilt für das Schickliche alles Seienden. Das Schickliche für Götter und Menschen ist, daß sie einander gehören, sich aneinander halten,
wie es vorher hieß, indem sie sich dem fügen, was das Fest stimmt und trägt; dieses
ist das Heilige. Das Heilige schickt Menschen und Götter "in ihren Wesensstand"
(100), läßt sie einander gehören und ist so für sie das Schickliche. Heidegger betont:
"Die Schickung fügt die Bezüge des Heiligen zu den Menschen und zu den Göttern,
die Bezüge der Götter und der Menschen zum Heiligen, die Bezüge der Menschen
und Götter zueinander und die Bezüge dieses Zueinander selbst zum Heiligen"
(100). Hiernach ist das Heilige sowohl das Schickende und Fügende als auch ein
Glied dieses Gefüges. In seiner Anaximander-Interpretation hatte Heidegger die
"Zeit selbst" genauso charakterisiert wie hier das Heilige: die Zeit ist schicklich,
schickend, gönnend, fügend (oben 188). Beim 'Fügen' denkt Heidegger an δίκη und
ἀρχή Anaximanders sowie an die ἁρμονίη Heraklits; er fuhr das Fragment 54, ἁρμονίη ἀφανὴς φανερῆς κρείσσων, eigens an (101). Schon in der ersten Hölderlin-
Vorlesung sah Heidegger die ἁρμονίη im Zusammenhang mit Hölderlins "Innigkeit"
(oben 33 f). In der "Andenken"-Vorlesung heißt es: "Hölderlin selbst nennt den Wesensbereich und Wesensgrund des Schicksals, wenn er das Wort 'Innigkeit' sagt"
(91).

---

[26] Hierauf und auf den Grundzug der Bergung aus der Parmenides-Vorlesung zurückkommend,
schreibt Heidegger 1943 in seiner "Andenken"-Abhandlung: "Die Nacht ist die Zeit der Bergung des
Vergangengöttlichen [Germanien, V.100] und der Verbergung der kommenden Götter" (GA 4,110).

[27] *Grimm* 14,2658: 1. "dem zweck, der bestimmung, der absicht, der zeit, den umständen angemessen, entsprechend". 2. "in verfeinertem sinne von dem, was gehörig ist, wol ansteht".

Das "Schickliche" ist ein Hölderlin-Wort.[28] Im Zusammenhang mit der "Anden-ken"-Auslegung und dem Gedanken der Aneignung des Eigenen hört Heidegger vor allem auf die Verse 9 f der Isterhymne: "... lange haben/ Das Schikliche wir gesucht" (186. SW 2,190). Das "lange" Suchen des Schicklichen entspricht der "langen Zeit" vor dem Ereignis des Wahren. Das Schickliche ist in diesem Fall "das Eigene, dem ein Menschentum, das geschichtlich dem Schicksal gehört, übereignet wird" (181). Heidegger spricht also vom Schicklichen in vier Bedeutungen; es ist 1. das, was sich gehört, 2. das Gehörige als das Verfügende und Fügende, 3. im Bezug zwischen Göttern, Menschen und dem Heiligen ist es das Heilige als das Schickende, 4. ist es das Eigene eines Menschentums. Demgegenüber meint "Schicksal" die "Schickung" (oben 209), das heißt "die Weise, wie das Gehörige und d.h. das Zusammengehörige in den Einklang [ἁρμονία] und Ausgleich ['ausgeglichen'] geschickt oder aber im Unausgeglichenen gelassen wird". Außerdem ist Schicksal die Weise, wie Götter und Menschen sich in ihr Wesen schicken, indem sie dem Zugeschickten und Schic-kenden sein Wesen lassen (89 f). "Schicksal" betont also stärker das Geschehen, die Bewegung, das Zeithafte.

Was Heidegger in der "Andenken"-Vorlesung über das Schickliche und das Schicksal sagt, wirkt sich offensichtlich auf seine Auseinanderfaltung des "Es gibt" im Vortrag "Zeit und Sein" von 1962 aus (SD 5 ff). Das "Es", welches gibt, würde dem Schicklichen und Schickenden als dem Heiligen entsprechen, die Gabe (im Vortrag: das Sein) wäre das Zugeschickte, und das Geben (im Vortrag: lichtendes Reichen) wäre das Schicksal.

Vom Heiligen und den Bezügen der Götter und Menschen zu ihm handelt Hei-degger, indem er Hölderlins Wort deutet. Seine eigene Antwort auf ἕν und ἁρμονία sowie auf Hölderlins "Innigkeit" lautet: "Die Einheit und Einfachheit dieser ur-sprünglichen Bezüge ist die Fuge, die alles fügt und Jegliches bestimmt, was der Fug ist. Diese Fuge nennen wir das Seyn, worin alles Seiende west" (100). Das Seyn ist also einerseits das Fügende, wie das Heilige und die Zeit, andererseits ist es die Fu-ge wie ἁρμονία und Innigkeit. Außerdem ist es der Ort für das Seiende, was aus dem "worin" hervorgeht. Ähnliche Ergebnisse zeigten bereits Heideggers Überle-gungen in der Vorlesung "Grundbegriffe", wo das Wesen des Seins sowohl Bewe-gung als auch Ort war (oben 171; 176).

In seiner Vorlesung von 1934/35 hatte Heidegger Hölderlins "Natur" als das "Seyn im Ganzen" und dieses als durchwaltet von den Wesensmächten Götter, Erde, Menschen und Geschichte gedeutet (oben 41 f). Das damals so genannte Seyn im Ganzen ist dasselbe wie das Seyn als Fuge. Später nennt Heidegger es auch, etwa im Vortrag "Die Sprache" von 1950: das "Geviert von Himmel und Erde, Sterblichen und Göttlichen: die Welt" (GA 12,19); außerdem, einen Begriff Hölderlins aufneh-mend, im Vortrag "Hölderlins Erde und Himmel" von 1959: das unendliche Verhält-nis (GA 4,163). Das Wort "Geviert" bringt sowohl das Seyn als Ort als auch das Seyn als Fuge zum Ausdruck. Die "Vierung" (VA 173) entspricht dem Schicksal aus der "Andenken"-Vorlesung.

---

[28] Vgl. GA 39,176 ff.

Daß das Seyn alles "bestimmt" (oben 210) heißt, daß es als Grundstimmung waltet. Heidegger weist hierauf hin, wenn er sagt, daß "in jeder Grundstimmung die
Stimme des Seyns spricht" (72). In der "langen Zeit" der Gottferne und vor der Aneignung des Eigenen herrscht die Grundstimmung der Trauer. Anfänglicher und ursprünglicher als sie ist das Festliche (71), denn die Grundstimmung des Festlichen
waltet dann, wenn das Wahre sich ereignet, wenn Götter und Menschen sich entgegenkommen im Fest, wenn Geschichte anfängt.

Das letzte schwere Wort aus den Versen 180 bis 193 der Rheinhymne heißt
"Weile". Während Heidegger dieses Wort in seiner Anaximander-Interpretation ver-
wendete, um die Zeitigkeit des Seienden im Übergang zwischen Hervorkommen
und Entgehen zu benennen (oben 188), bedeutet "Weile" jetzt die Zeit des Festes
(94).[29] Unsere übliche Zeitauffassung ist seit Aristoteles geprägt von einem Rechnen mit der Zeit, von einem Zählen der ablaufenden Jetztpunkte (ἀριθμὸς κινήσεως; oben 190). Andererseits gilt uns - und dies geht auf Platon zurück (oben 185)
- das Dauerhafte als das eigentlich Wirkliche. Heidegger vermutet: "Vielleicht stehen wir vor der fernen Bestimmung, ein lang eingefahrenes Denken, das zum Rechnen geworden ist und in der Ewigkeit des Andauerns die höchste Wirklichkeit sieht,
von Grund aus 'um'zudenken und das Wesen des Seins aus der anfänglichen 'Zeit'
und Weile zu erfahren" (93).

Seit 1927 geht Heidegger der Frage "Sein und Zeit" nach. Seit der "Einführung
in die Metaphysik", 1935, bringt er das zeithafte Wesen des Seins in verschiedenen
Vollzügen zum Aufweis, indem er auf das hört, was aus den griechischen Grundworten für das Sein spricht, was aber in der Tradition nicht wirksam geworden ist. Von
Hölderlin läßt Heidegger sich die Worte "bleiben" und "Weile" zusprechen; er verwendet sie als Namen für eine nicht mehr metaphysisch erfahrene Zeit. Das Wesen
des Seins aus der Weile zu erfahren, würde bedeuten, radikal geschichtlich zu denken und den Anfang von Geschichte in der Begegnung von Menschen und Göttern
zu sehen.

In seiner Vorlesung von 1934/35 hatte Heidegger aus den Versen 9 ff der
Rheinhymne, "so/ Vernahm ich .../ Ein Schiksaal", abgeleitet, daß das Wesen des
Geschichtlichen die Einzigkeit sei. In der "Andenken"-Vorlesung heißt es: "Der Anfang bleibt, indem er je eine Weile ist und in dieser Weile die Unerschöpflichkeit
des Einzigen verschließt" (94). Am Beginn des Satzes lebt Vers 48 der Rheinhymne
auf, "Wie du anfiengst, wirst du bleiben". Der Anfang birgt, indem er bleibt, das je-

---

[29] Das Wort "Weile" aus Vers 183 der Rheinhymne steht auch in der Elegie "Brod und Wein",
V.31 f: "... daß in der zaudernden Weile,/ Daß im Finstern für uns einiges Haltbare sei" (SW 2,91).
Meiner Ansicht nach beeinflußten diese Zeilen Heideggers Erörterung der Langeweile in seiner Vorlesung "Die Grundbegriffe der Metaphysik" von 1929/30. Dort heißt es: "Wir wehren uns *gegen* den sich
verlangsamenden und uns *zu* langsamen Gang der Zeit, der uns in der Langeweile *hinhält*, gegen dieses
eigentümliche Zaudern und Zögern der Zeit" (GA 29/30,147). - In seiner Abhandlung "Der Spruch des
Anaximander" von 1946 schreibt Heidegger von den ἐόντα, dem "Je-weiligen": "im Übergang von Herkunft und Hingang durchgehen sie zögernd die Weile" (GA 5,359). Vgl. oben 78 Anm. - Hans-Georg
Gadamer hat offenbar hierbei die Hölderlin-Verse herausgehört. Allerdings fließen für ihn Hölderlins
und Heideggers Diktion derart ineinander, daß er Hölderlin falsch, nämlich mit Heideggers Worten zitiert. Gadamer schließt seinen Aufsatz "Über leere und erfüllte Zeit": "Vielleicht darf ich mit einem
Hölderlin-Wort das zusammenfassen, was auch unser Zeitgefühl eines Übergangs und unsere Empfindung erfüllter Zeit ausspricht. Es lautet: 'Daß in der zögernden Weile einiges Haltbare sei'". *Gadamer*,
Kleine Schriften III, 236.

weilige Einzige. Das Bleiben geschieht als "je eine Weile". Unerschöpflich ist das Einzige, weil es den Reichtum der Quelle in sich schließt. Wie schon in seiner Anaximander-Auslegung (oben 186) denkt Heidegger den Anfang in seiner Einzigkeit und Unerschöpflichkeit als dasselbe wie das Sein (= Seyn). Er spricht das in seiner "Andenken"-Vorlesung auch aus, wenn er betont, daß "die Fülle des Einzigen und Einfachen" "nicht anders sein kann als das Seyn selbst, das hier in der Dichtung seine Wahrheit enthüllt, indem es sie verbirgt" (125). Das heißt, daß in Hölderlins Wort die Wahrheit des Anfangs und des Seyns enthüllt, zugleich aber verborgen ist, weil in verhüllender Weise von ihr gesprochen wird.

Zur Weile des bleibenden Anfangs sagt Heidegger: "Was im Gesichtsfeld der Rechnung kurz dauert, kann doch alles Und-so-weiter des bloßen Fortdauerns überdauern in der Weise des anfänglichen, *aus* dem Anfang *und in ihn zurück* wesenden Bleibens" (104).[30] Dies ist der Gedanke aus der Deutung des Reinentsprungenen: daß der Anfang das aus ihm Entsprungene überspringt. Das Entsprungene entspricht dem "bloßen Fortdauern", das Überspringen dem Überdauern. In den Vorbetrachtungen zum dichtenden Wort kam diese Bewegung bereits als "überdichten" zur Sprache (oben 195). Die Bewegung des Überdauerns ist das *"aus* dem Anfang" wesende Bleiben. Durch das *"in ihn zurück"* wesende Bleiben rettet der Anfang sein Wesen, nämlich Anfangen und Entspringen, wie Heidegger es bereits in seiner Anaximander-Interpretation darlegte (oben 190). Auf das Anaximander-Fragment verweist auch Heideggers Wortgebrauch: *"aus* dem Anfang" und *"in ihn zurück"* nimmt ἐξ ὧν ... εἰς ταῦτα aus dem Fragment auf sowie die Überlegungen zur ἀρχή. Der Unterschied der Gedanken aus der Anaximander-Auslegung und aus der "Andenken"-Vorlesung liegt darin, daß es sich im Zusammenhang mit dem Fragment um das Seiende (τὰ ὄντα) in seinem Hervorgehen und Entgehen handelte, bei der "Andenken"-Deutung dagegen um den Anfang der Geschichte im Fest.

Heidegger führt seine Überlegungen weiter: "Die Einzigkeit der einen Weile bedarf nicht der Wiederkehr, weil sie als Gewesene jeder Wiederholung abhold ist" (104). Dies scheint Heideggers Absicht einer Wiederholung und Verwandlung des Anfangs, wie er sie in "Einführung in die Metaphysik" bekundete, zu widersprechen. Der Widerspruch löst sich auf, wenn man berücksichtigt, daß Heidegger jetzt nicht mehr beim geschichtlichen Fragen und Denken ansetzt, sondern 'vom Sein ausgeht'; nicht mehr das Denken geht mit dem Anfang um, sondern die Eigenbewegung des Anfangs ist das Entscheidende. Deshalb bedarf die Einzigkeit der einen Weile nicht der Wiederkehr, denn sie ist das Gewesene und noch Wesende. Der Wiederholung abhold ist sie insofern, als nicht wir es sind, die mit ihr hantieren, wie im Zählen der ablaufenden Jetztpunkte, sondern sie selbst das Wesende ist.

Anschließend sagt Heidegger: "Die Weile des Einzigen ist auch nicht überholbar, weil sie in alles Künftige hinein- und diesem entgegenstrahlt, so daß alles Kommende nur in der Weile der Einzigkeit des Gewesenen seine Ankunft hat" (104). Das will sagen: Wir können die Weile des Einzigen nicht überholen, weil sie ja umgekehrt uns überdauert. Indem sie uns so überdauert (bzw. indem der Anfang uns

---

[30] Dieselbe Bewegung hebt Heidegger in der "Erörterung der Gelassenheit" von 1944/46 hervor: "... indes Bleiben allerdings Rückkehr ist" (GA 13,69).

überspringt), strahlt sie in alles hinein, was für uns das Künftige, das heißt auf uns Zukommende, ist. Die Weile des Einzigen ist die "anfängliche 'Zeit'" (oben 211), und zwar als das Gewesene und als das Kommende. Diesen Gedanken faßt Heidegger 1952 dann so: "Aber die wahre Zeit ist Ankunft des Gewesenen" (GA 12,53).

Für das volle Wesen des Anfangs, sein Aus-sich-heraus- und In-sich-zurück-Wesen, verwendet Heidegger, wie vorher schon für den "Zeit"-Charakter des Übergangs, das Hölderlin-Wort "Bleiben". In "je einer Weile" zeitigt sich der Anfang zum Ereignis des Wahren, zum Fest zwischen Menschen und Göttern.[31] Bereits in seinem Vortrag von 1939 zu Hölderlins "Wie wenn am Feiertage ..." nannte Heidegger den "Zeit"-Charakter des Anfangs "Bleiben", und zwar: "Das Bleiben als Kommen ist die unvordenkliche Anfänglichkeit des Anfangs" (GA 4,75).[32] Da Heideggers Gedanken zum Anfang seit 1934/35 mit dem strömenden Wasser verbunden sind, könnte man sich das Bleiben als Kommen so anschaulich machen: wir stehen auf einer Brücke und blicken flußaufwärts, so, daß das strömende Wasser, in dem die Quelle gegenwärtig ist, auf uns zukommt.[33] Die im strömenden Wasser geborgene

---

[31] In seinem Buch "Heidegger. Denker in dürftiger Zeit" schreibt Karl *Löwith*: "'Sein und Zeit' hat die Frage nach der ewigen Wahrheit nur scheinbar beseitigt. In Wirklichkeit hat sie Heidegger neu gestellt, indem er in einer Kehre von der endlichen Zeitlichkeit des Daseins zu einem bleibenden Ursprung hinausdenkt". *Löwith*, Heidegger, 36. - Wie eben dargestellt, ist der Anfang für Heidegger zwar durch ein "Bleiben" charakterisiert, aber dieses Bleiben hat nichts zu tun mit einer "ewigen Wahrheit". Heidegger bemüht sich seit "Einführung in die Metaphysik", Sein anders zu denken als die Tradition, für die Sein besagt: ständige Anwesenheit. Bei diesem Seinsverständnis ist das ἀεὶ ὄν das Seiende im höchsten Sinne (oben 185), christlich gedeutet als das Ewige. Solches "endlose 'Und-so-weiter'" ist nach Heideggers Auffassung "die ordinärste Form der Dauer" (GA 52,93). - Das "Bleiben" des Anfangs, wie Heidegger es meint, ist durchaus endlich, insofern es einzig und allein um die abendländische Geschichte geht. Deren Anfang, der uns entscheidend prägt, ist das Griechentum; er kann sich einst in den anderen Anfang verwandeln. Wie gemäß "Sein und Zeit" der Tod das endliche menschliche Dasein bestimmt, so bestimmt der Anfang die endliche abendländische Geschichte (vgl. oben 20; 199). - Heidegger ist der Auffassung, daß das griechische ἀεί und ἀίδιον zunächst nicht das Ewige bedeutet, sondern "zuerst das Jeweilige" (GA 9,269). Genauso Wolfgang *Schadewaldt*: "Bei Heraklit steht jenes aei, 'immer', das nicht die Dauer bezeichnet, sondern die Jeweiligkeit". *Schadewaldt*, o.c. 414. - Im Rahmen einer "temporalen Interpretation des Kunstwerkes" geht Hans-Georg *Gadamer* auf den "Zeitcharakter des Festes" ein. Dieser ist nach seinen Ausführungen nicht von der üblichen Zeiterfahrung der Sukzession her zu fassen, sondern liegt darin, daß das Fest begangen wird. Die Stiftung oder allmähliche Einführung des Festes bestimmt, daß es regelmäßig gefeiert wird. Das Fest scheint also als dasselbe wiederzukehren, und verändert sich doch von Mal zu Mal. Gadamer schreibt: "Es ist also seinem eigenen originalen Wesen nach so, daß es stets ein anderes ist (auch wenn es 'genau so' gefeiert wird). Seiendes, das nur ist, indem es stets ein anderes ist, ist in einem radikaleren Sinne zeitlich, als alles, was der Geschichte angehört. Es hat nur im Werden und im Wiederkehren sein Sein". *Gadamer*, Wahrheit und Methode, 115 ff. - Zeitlichkeit als "Werden" und "Wiederkehren" ist das von Heidegger so genannte "Bleiben" als das Gewesene und das Kommende. Auf die "Weile" aus Heideggers Anaximander-Interpretation weist Gadamer ausdrücklich hin (o.c. 118 Anm.). Gadamers Unterscheidung zwischen dem, "was der Geschichte angehört", und dem "in einem radikaleren Sinne" Zeitlichen entspricht Heideggers Trennung von Vergangenem und Gewesenem, wobei das Gewesene als das noch Wesende und deshalb als das Kommende gedacht wird.

[32] Die Zeitstruktur "Bleiben als Kommen" liegt *Gadamers* Ausführungen zur sprachlichen Überlieferung in seinem Buch "Wahrheit und Methode" zu Grunde. Die Überlieferung "kommt" "auf uns zu" (432); sie bleibt "Eines und dasselbe" und ist "doch ein anderes", denn: "Jede Aneignung der Überlieferung ist eine geschichtlich andere" (448). Am Beispiel des Klassischen macht Gadamer dessen "sich überliefernde und bewahrende Geltung" (271) deutlich.

[33] Um die archaische griechische Zeitauffassung, die "Zeit" als "Herankommen der Begebnisse" versteht, von der klassischen Auffassung, wonach die Zeit im menschlichen Tun und Dasein ist, zu unterscheiden, gebraucht Hermann *Fränkel* das Bild: "Wir stehen nicht mehr im Strom der Zeit, sondern wir treiben mit den Fluten, die uns zugleich umspülen, an wechselnden Ufern vorbei". *Fränkel*, o.c. 14.

Quelle wäre wie die im Bleiben des Anfangs verschlossene Weile des Einzigen. Die zuletzt wiedergegebenen Gedanken Heideggers knüpfen an den Schluß seiner "Grundbegriffe"-Vorlesung an.

Mit dem vollzogenen Übergang vom Eigenen zum Fremden und zurück zum Eigenen, mit dem Übergang im Sinne der Wesensgewährung von Göttern und Menschen im Fest ereignet sich eine weitere Art Übergang: der Übergang aus einem Zeit-Raum der Geschichte in einen anderen. Dem gilt das Folgende.

d) Das eigentliche Wesen des Denkens: Andenken

Das Gedicht "Andenken" beginnt: "Der Nordost wehet,/ Der liebste unter den Winden/ Mir, weil er feurigen Geist/ Und gute Fahrt verheißet den Schiffern" (31. SW 2,188). Der erste Vers, "Der Nordost wehet", nennt Heidegger zufolge den "Zeit-Raum, aus dem die stimmende Gunst der jetzt nötigen und künftigen Dichtung kommt" (32). Heidegger blickt mit diesem Gedanken zurück auf die Vorlesung "Grundfragen der Philosophie" und alles dort zur "Not" als Grundstimmung Gesagte. Damals konstatierte er, daß uns eine solche Not noch verweigert sei. Jetzt bezeichnet er den Zeit-Raum, aus dem diese Not kommen kann. Da Geschichte in der Dichtung, für Heidegger in der Dichtung Hölderlins, gestiftet ist, ist der Zeit-Raum der für uns künftigen Dichtung derselbe wie der unserer künftigen Geschichte. (In der Vorlesung von 1934/35 nannte Heidegger Hölderlins Werk noch "zeit-raum-los", oben 62.)

Heidegger erläutert die ersten vier "Andenken"-Verse wie folgt. Der Nordost ist der scharfe, kühle Wind, der in der schwäbischen Heimat Hölderlins den Himmel rein und die Luft "klar" macht (31). Nach Heideggers Auffassung beginnt "Andenken" mit der Nennung des Nordost, weil über dem ganzen Gedicht schon "die kühle Klarheit und reine Entschiedenheit eines einfachen Wissens" liegt (32). Hieraus geht hervor, daß Heidegger den ersten Vers von "Andenken" in Verbindung sieht mit der "Klarheit" und "Nüchternheit", die nach Hölderlin das Eigene der Deutschen ausmacht (oben 198 ff). Hölderlin hätte somit, nach Heideggers Deutung, im Gedicht "Andenken" die Klarheit der Darstellung ins Werk gesetzt und in seinem Wort an das Darzustellende gebunden. Von der klaren Luft des Nordost sagt Heidegger: "Das Kalte, Kühne und Unbestechliche öffnet sich mit ihr" (31).[34]

Der Wind "verheißet" "feurigen Geist", "den Schiffern" verheißt er "gute Fahrt".[35] Der Wind weist in die Ferne ("Fahrt") und deutet auf Kommendes ("ver-

---

Das archaische Zeitverständnis eines Stehens im Strom der Zeit scheint mir ähnlich wie Heideggers "Bleiben als Kommen". - Von Identität und Wechsel in der Erfahrung des strömenden Wassers handelt auch das Heraklit-Fragment 12: ποταμοῖσι τοῖσιν αὐτοῖσιν ἐμβαίνουσιν ἕτερα καὶ ἕτερα ὕδατα ἐπιρρεῖ ... Vgl. hierzu *Held,* Heraklit, 326 ff.

[34] Heidegger verwendet hier dieselben Adjektive, wie sie Hölderlin in seiner Ode "Gesang des Deutschen", V.48, zur Charakterisierung der zukünftigen Dichter und Weisen gebraucht: 'kalt, kühn, unbestechbar' (SW 2,4).

[35] Hölderlins Ode "Vulkan" beginnt: "Jezt komm und hülle freundlicher Feuergeist,/ Den zarten Sinn der Frauen in Wolken ein,/ In goldne Träum!" (SW 2,60). Nach Friedrich *Beissners* Erläuterungen in der Stuttgarter Hölderlin-Ausgabe ist hier Vulkan (Hephaistos) angerufen "als der den Men-

heißet"). Heidegger versteht "feurigen Geist" als "Feuer des Himmels", von dem Hölderlin in seinem zweiten Brief an Böhlendorff vom 2.12.1802 schreibt, es habe ihn "beständig ergriffen" (23. SW 6,432). Im ersten Brief an Böhlendorff erkennt Hölderlin das "Feuer vom Himmel" als das Natürliche und Eigene der Griechen, im Unterschied zur "Klarheit der Darstellung". Heidegger sieht das Eigene der Griechen auch in Verbindung mit den "goldenen Träumen" aus Vers 23 von "Andenken" (106; 113); ferner verweist er auf das "Feuer des Süd" aus der Elegie "Der Wanderer", Vers 44 (112; 128. SW 2,81), denn das Feuer und das Feurige überhaupt stellt nach Heideggers Auffassung "das Eigenste" der Griechen dar (122). Außerdem hat Heidegger bei den Eingangsversen von "Andenken" den Beginn der Hymne "Der Ister", "Jezt komme, Feuer!" (SW 2,190), im Sinn, deren Zusammenhang mit "Andenken" er ausdrücklich hervorhebt (1; 11), wohl auch das "himmlische Feuer" aus Vers 54 der von ihm 1939 interpretierten Hymne "Wie wenn am Feiertage ..." (GA 4,70). Weil Heidegger die Verse 3 f aus "Andenken" so deutet, daß der "feurige Geist" den Schiffern verheißen wird, und weil er das "Feuer vom Himmel" aus den Böhlendorff-Briefen hiermit verbindet, das als das Fremde auf das Eigene des Dichters zukommt, kann er schließen: "'Die Schiffer' sind die Dichter" (41).[36]

Das Gedicht "Andenken" fährt fort, indem der Sprecher den Nordost anredet, Vers 5 ff: "Geh aber nun und grüße/ Die schöne Garonne,/ Und die Gärten von Bourdeaux". Heideggers Auslegung ist wie folgt. Das Wort "Geh" ist zweideutig, einmal heißt es: 'wehe, Wind, sei der Nordost', zum anderen sagt es: 'geh fort'. Der Wind kommt aus Nordosten an und geht fort nach Südwesten. Indem er so geht, das heißt weht, bleibt er, was er ist: der Nordost. Hieraus ist ersichtlich: Für Heidegger wird am Phänomen des Windes, nämlich Gehen (Wehen, Bleiben) und Kommen, das Wesen des Anfangs, Bleiben und Kommen, das zunächst am strömenden Wasser ausgerichtet war, erneut deutlich. Heidegger nennt das Wehen des Windes ein "Kommen und Gehen, Tragen und Bringen" (55). So wurde im frühen Griechentum "Zeit" erfahren: bei Pindar bedeutet "Zeit" ein "Kommen und Ankommen" (oben 161 Anm.), bei Homer, mit Heideggers vom "Nordost" gesagten Worten, ein "Tragen und Bringen" ($\phi\epsilon\rho\epsilon\iota\nu$).[37] Das an den Nordost gerichtete "Geh aber nun" im Sinne von 'geh fort' spricht von Abschied. An der Zweideutigkeit des "Geh", das Ab-

---

schen in die häusliche Geborgenheit und Ruhe einladende Geist des im Winter wieder angezündeten Kaminfeuers" (SW 2,527). - Auch der "feurige Geist" im Gedicht "Andenken" könnte sich meiner Meinung nach auf Vulkan beziehen, zumal auch in der Ode "Vulkan" der Nordwind, der "Boreas" (V.9), genannt wird, allerdings als "Mein Erbfeind" (V.10) und nicht als der "liebste unter den Winden/ Mir" wie in "Andenken", V.2 f. Syntaktisch muß sich im Gedicht "Andenken" "feuriger Geist" nicht auf "den Schiffern" beziehen; "verheißet" kann apokoinu zu "feurigen Geist" einerseits und zu "gute Fahrt" "den Schiffern" andererseits stehen, wofür auch die Versfuge zwischen den beiden Akkusativobjekten spricht.

[36] Vielleicht denkt Heidegger auch an den Beginn von Hölderlins Ode "Die Heimath" (SW 2,19), wo der Sprecher des Gedichtes sich mit den Schiffern vergleicht.

[37] *Homer,* Ilias 8,541: ὡς νῦν ἡμέρη ἥδε κακὸν φέρει Ἀργείοισιν. Genauso: Ilias 13,828. Homeri Opera. Rec: David B. Monroe et Thomas W. Allen. Ilias. 2 vol. 1st Edition 1902. 3rd Edition 1920. Repr. 1949/50. - Vgl. *Fränkel,* o.c. 6: "Der Tag ist das was bringt (vgl. Θ 541, N 828), ist der Schritt und Gang des Kommenden". - Im Heraklit-Seminar von 1966/67, wo Fränkels Schrift referiert wurde (GA 15,103), weist Eugen *Fink* auf die Zeit als das Bringende hin anhand von Heraklits Fragment 100: ὧρας ἃι πάντα φέρουσι (GA 15,46). - Das Charakteristische der Zeit als Bringen ist auch dem "anfangenden Reichen" verwandt, worin Heidegger 1962 das "Eigene der Zeit" erkennt (SD 16).

schied und Bleiben meint, liegt es, daß Heidegger sagen kann: "Abschied ist nicht
Ende - eher vielleicht ein anderer Anfang" (49).[38]

Aus dem Vers "Geh aber nun und grüße ..." ist noch das Grüßen zu klären. Heidegger sagt: "Das Grüßen ist ein Seinlassen der Dinge und der Menschen" (50).[39]
Eine eigene Art des Grüßens vermag der Dichter: "Der einfachste und zugleich innigste Gruß ist jener, durch den das Gegrüßte erst eigens in sein Wesen neu zurückkehrt, wie ein Anfängliches erscheint und sich wie zum ersten Mal findet" (51). 'Einfach' und 'innig' heißt der dichterische Gruß wegen seiner Zugehörigkeit zum
Schicklichen bzw. zum Seyn (oben 209 ff).

Heideggers Erläuterung des Grüßens bezieht Vers 13 von "Andenken" mit ein,
der lautet: "Noch denket das mir wohl ..." So spricht nach seiner Deutung der Dichter, der als einziger von der "Fahrt" zurückgekehrt ist, während die anderen "Schiffer" noch unterwegs sind. Der Dichter grüßt die Landschaft des südlichen Frankreich als das Ferne, Gewesene; im Gruß kehrt das Gegrüßte neu in sein Wesen zurück. Der Dichter denkt an das Gegrüßte, und zwar so, daß im Hindenken zu ihm
das Gegrüßte in der Gegenrichtung auf den Dichter zukommt, ihm zudenkt: "Noch
denket das mir wohl". Heidegger nimmt diese Wendung der schwäbischen Volks-
grammatik, die besagt 'ich erinnere mich noch gut daran',[40] wörtlich und sagt: "Das
Gegrüßte selbst neigt sich, auf den Grüßenden hindenkend, diesem zu" (54). Das
Gewesene wird zukünftig. Die Einheit von Gewesenheit und Zukunft spricht sich in
Vers 13 selbst aus, denn 'es denkt mir' heißt einmal: 'ich erinnere mich daran, ich
denke an Gewesenes', zum anderen: 'es denkt sich mir zu, kommt auf mich zu'. Weil
Heidegger Grüßen und Denken als Einheit sieht, kann er sagen, daß das Gegrüßte
auf den Grüßenden 'hindenkt' (54), sich 'zudenkt' (55; 59), daß das Gegrüßte 'zu-
rückgrüßt' (59). Das Grüßen des Dichters ist ein Denken: er denkt an das Gegrüßte,
das Gegrüßte denkt ihm zu. Das Sagen des grüßenden Wortes aber ist ein Dichten,
so daß im Gruß Dichten und Denken das Selbe sind (55). Aus dem Vers "Noch denket das mir wohl" spricht in Heideggers Augen eines der "Geheimnisse des 'An-denkens', das wir sonst die 'Erinnerung' nennen" (54). Das Geheimnis liegt in der Doppeldeutigkeit des Verses beschlossen, ähnlich wie das an den Nordost gerichtete
"Geh" Fortgehen und Bleiben zugleich besagte, was Heidegger zu der Mutmaßung
brachte, Abschied sei vielleicht ein neuer Anfang.

---

[38] In seiner "Andenken"-Abhandlung von 1943 spricht Heidegger von Hölderlins "unvergängli-
chem Abschied, der zum Anfang seines Dichtertums geworden" (GA 4,99). Bezogen auf Hölderlins
Biographie, könnte Heidegger damit den Abschied von Bordeaux meinen, wo Hölderlin von Januar bis
Juni 1802 Hauslehrer war und das die Hymne "Andenken" vergegenwärtigt, aber auch Hölderlins Abschied von Susette Gontard, nach welchem in einem neuen Anfang Hölderlins eigentliches Dichtertum
begann; in dieser Zeit entstanden die Vaterländischen Gesänge und späten Hymnen, denen sich Heidegger hauptsächlich zuwendet. - Eine Zeiterfahrung des Anderswerdens bestimmt nach Hans-Georg
Gadamer die Phasen des Lebenslaufs wie auch die Epochen der Geschichte. Gadamer schreibt: "Wo
eine neue Epoche anbricht, gilt es vielmehr, vom Alten Abschied zu nehmen. Das ist kein Vergessen,
sondern eher ein Erkennen. Denn im Abschied geschieht immer Erkenntnis". *Gadamer,* Kleine Schriften III, 232.

[39] Grüßen: "ausgangspunkt die causative bedeutung 'zum sprechen veranlassen', 'zum klingen
bringen'". *Grimm* 9,1001.

[40] Vgl. Hermann *Fischer,* Schwäbisches Wörterbuch. 2. Bd. Tübingen: Laupp 1908. S. 147. Vgl.
Grimm 2,938.

Wenn man Heidegger den Vorwurf machen wollte, in beiden Fällen auf eine bloße Äquivocation hereinzufallen, so würde man im Sinne der Sprachwissenschaft argumentieren. "Äquivocation" ist ein Terminus aus dem von der Subjektivität geprägten Denken, wo ein Subjekt den Objekten Begriffe zuordnet. Dagegen handelt es sich für Heidegger darum, daß die Sprache selbst, die der Ort des Wahrheitsgeschehens ist,[41] uns in Worten wie "Geh" oder "Andenken" etwas Wesenhaftes über den Anfang bzw. die "Zeit" und über das Denken zuspricht.

Die Bewegtheit des An-denkens bzw. der Erinnerung sieht Heidegger so: Das Hindenken verläßt die Gegenwart und geht fort zum Gewesenen. Zugleich aber kommt das Gewesene auf den Denkenden zu. Das Erinnerte kehrt wieder, macht aber nicht in der Gegenwart halt, sondern: "Das Erinnerte schwingt sich über unsere Gegenwart hinweg und steht plötzlich in der Zukunft. Es kommt auf uns zu ..." (54). Das ist der Gedanke, den Heidegger seit seiner Vorlesung von 1934/35 immer wieder ausspricht: der Anfang überspringt das Entsprungene, der Anfang greift über uns hinaus (oben 35; 134), die anfängliche Weile überdauert das bloße Fortdauern (oben 212).

Daß das so Erinnerte für Heidegger dasselbe ist wie der Anfang, geht auch aus folgendem hervor. Heidegger sagt im Zusammenhang mit den Versen 32 f, "Doch gut/ Ist ein Gespräch ...": "Erinnerung, recht verstanden, ist hier das Vertrautwerden mit dem Wesenhaften als dem, das immer einmal schon weste" (161). Das "Wesenhafte" steht für das Sein; "immer einmal schon" zu wesen, ist die Auszeichnung des Anfangs: die Weile des Einzigen (oben 212 f).

Ebenfalls auf den Anfang verweist es, wenn Heidegger im selben Zusammenhang sagt: "Das Erinnerte ist erfüllt von Solchem, was sich zugleich entzieht und die Erinnerung im Verborgenen festbindet" (162). Dies ist das Geheimnis des Anfangs, daß er nicht mit sich selbst anfängt, daß er sich vielmehr zunächst entzieht (oben 201). Daß die Erinnerung im Verborgenen festgebunden wird, könnte man in Verbindung sehen mit dem, was zum Zusammenhalten, Sich-aneinander-Halten und zum Gehören gesagt wurde, besonders aber mit der ἁρμονίη ἀφανής, dem verborgenen Einklang (oben 206 f; 209 f).

Heidegger führt seine Gedanken weiter: "Offenbar zu werden im Sichentziehen ist aber die Art, wie das Schicksal west, das geschichtlich ist im Fest ..." (162). Das ist derselbe Gedanke wie aus der Vorlesung "Grundfragen der Philosophie", daß das Sichverbergen des Seyns in der Lichtung offenbar werden soll, und zwar im Sinne des geschichtlichen Augenblicks, also der zweiten gegebenen Deutung (oben 159).

Weil das Denken Hindenken und Sichzudenken ist, vermutet Heidegger: "vielleicht ist 'das Denken' eigentlich stets 'Andenken'" (55). Das soll heißen: Das Denken ist angewiesen auf den Anspruch des Seins (oben 194); dieser Anspruch ist dasselbe wie das Sichzudenken. Im Andenken als Hindenken und Sichzudenken liegt also der Bezug des Denkens zum Sein, so daß solches Andenken das "eigentliche

---

[41] In der Kunstwerk-Abhandlung heißt es: "die Sprache bringt das Seiende als ein Seiendes allererst ins Offene" (GA 5,61). Die Bewegung von Hindenken und Sichzudenken ist analog derjenigen von Auslösen des Wurfes und sich zu-werfender Unverborgenheit in der Kunstwerk-Abhandlung (GA 5,59 ff).

Wesen des Denkens" (55) ausmacht. Durch die Einheit von Denken und Grüßen einerseits und durch das Bezughafte des Andenkens andererseits ist es möglich, die Bezüge zwischen Göttern, Menschen und dem Heiligen als ein "Grüßen" zu fassen (oben 206).

In den Versen 5 ff von "Andenken" grüßt der Dichter das südliche Frankreich. Im Brief an Böhlendorff vom 2.12.1802, den Hölderlin fünf Monate nach seiner Rückkehr aus Bordeaux schrieb, heißt es: "Das Athletische der südlichen Menschen, in den Ruinen des antiquen Geistes, machte mich mit dem eigentlichen Wesen der Griechen bekannter" (80 f. SW 6,432). Diese Bekundung Hölderlins, daß er in Südfrankreich mit dem Wesen der Griechen bekannter wurde, außerdem Heideggers Auffassung über den Wesenszusammenhang zwischen Geschichte und Fest, der das Gedicht "Andenken" trägt, lassen ihn schließen: Der Gruß des Dichters gilt eigentlich "nicht dem, was während des Aufenthaltes in Südfrankreich an Land und Leuten angetroffen wurde, sondern dem gewesenen Fest, der gewesenen Entgegnung der gewesenen Götter und Menschen des Griechenlandes" (81).

Der Gruß des Dichters an das gewesene Fest in Griechenland ist aus einer ähnlichen Lage gesprochen wie die Eingangsstrophen von "Germanien". Dort trauert der Dichter um die gewesenen Götter "in dem alten Lande" (V.2) - Heidegger weist in der "Andenken"-Vorlesung hierauf hin (80) -, er erfährt aber auch, daß die alten Götter die Erde neu besuchen wollen, daß sie auf ihn zukommen und somit die künftigen Götter sind. Der Gruß des Dichters an das Gewesene meint nach Heideggers Auffassung "vordeutend die gewandelte Art des Künftigen", er meint "überdies, ja eigentlich, den Übergang vom Gewesenen in das Künftige" (96). Die gewesenen Götter, das gewesene Fest können nur in gewandelter Art wiederkehren, denn die Menschen, die ihnen entgegenkommen, sind ja nicht dieselben wie ehemals.

Beim Übergang vom Gewesenen ins Künftige ist eine andere Bewegtheit gedacht, als wenn das Gewesene und Erinnerte sich über uns hinwegschwingt und dadurch das Zukünftige wird. Der Übergang vom Gewesenen ins Künftige ist wie der Gang über eine Brücke. Heidegger nennt dieses Beispiel auch und sagt: "'die Brükke' senkt sich, ganz zugleich und in einem den Strom überschwingend, über diesen und macht so die Ufer erst zu Ufern und öffnet das Offene eines Herüber und Hinüber" (97).[42] Das eine Ufer wäre dann das Gewesene: das gewesene Fest in Griechenland, das "Feuer vom Himmel" als das Eigene dieses Menschentums. Das andere Ufer wäre das Künftige: das "Brautfest", das Menschen und Götter "Dann" feiern, das Ereignis des Wahren, der Zeit-Raum der "Klarheit" und "Nüchternheit". Der Übergang vom Gewesenen ins Künftige, von Griechenland zu Germanien (128), "aus einer Festzeit und Geschichte in die andere" (112), entspricht dem, was Heidegger in der Vorlesung "Grundfragen der Philosophie" zum Übergang vom Ende des ersten Anfangs in den anderen Anfang sagte. Schon damals sah er diesen Übergang im Werk Hölderlins und Nietzsches vorbereitet. Auch damals stand die Brücke

---

[42] Anscheinend hat Heidegger die alte Neckarbrücke in Heidelberg vor Augen. Ihr gilt die zweite Strophe von Hölderlins Ode "Heidelberg": "Wie der Vogel des Walds über die Gipfel fliegt,/ Schwingt sich über den Strom, wo er vorbei dir glänzt,/ Leicht und kräftig die Brüke,/ Die von Wagen und Menschen tönt" (SW 2,14). In seinem Vortrag "Bauen, Wohnen, Denken" von 1951 greift Heidegger die Hölderlin-Worte auf (VA 146; 151).

als Zeichen für den Übergang (oben 144). Der Übergang vom Gewesenen ins Künftige ist die vierte Art von Übergang, die Heidegger in der "Andenken"-Vorlesung behandelt (oben 208).

Die bisherige Festzeit muß offensichtlich als die Göttergegenwart in Griechenland und die darauf folgende "lange", "dürftige" Zeit der Gottferne verstanden werden. Bezogen auf die Geschichte des Denkens und des Seins, würde das griechische Fest dem Anfang, das heißt der Zeit zwischen anfänglichem Anfang und anfänglichem Ende, entsprechen (oben 95). Danach entzieht sich der große Anfang (oben 134), das Sein verbirgt sich, wie auch die Götter fliehen. Die "andere" Festzeit wird überhaupt möglich dadurch, daß Hölderlin den Zeit-Raum, in dem sie spielen kann, gestiftet hat.

Dies ist nun Heidegger zufolge in der Hymne "Andenken" geschehen. Er sagt: "Das Gedichtete des Gedichtes 'Andenken' ist das Wesen und der Wesens-Zeit-Raum eines Denkens, das aller bisherigen Denklehre unbekannt bleiben muß. Das andenkende Denken denkt an das gewesene Fest, indem es vordenkt an das kommende" (194).[43] Hölderlin läßt den Dichter, der in seinen Augen - und Heidegger schließt sich dem an - das Bleibende stiftet, die Landschaft Südfrankreichs grüßen. Dieser Gruß - so Heidegger - meint "eigentlich" das gewesene Fest der Entgegnung von Menschen und Göttern in Griechenland, denn Hölderlin wurde in Südfrankreich "mit dem eigentlichen Wesen der Griechen bekannter".

Der sprechende Dichter im Gedicht "Andenken" vertraut seinen Gruß dem Nordost an; damit öffnet Hölderlin den Zeit-Raum der Klarheit und Nüchternheit, in dem die künftige Dichtung und die künftige Geschichte spielen können. Das andenkende Denken Hölderlins, vollzogen vom sprechenden Dichter in der Hymne "Andenken", denkt nach Heidegger an das gewesene Fest und denkt vor an das kommende Fest. Heidegger findet in "Andenken" die Bewegtheit seines eigenen geschichtlichen Denkens und Fragens wieder, die jeweils vor und zurück gerichtet ist, im Entwurf zur "Grundfragen"-Vorlesung etwa als "Vorsprung in die Wesung der Wahrheit" und als Erinnerung an die griechische ἀλήθεια. Weil Heidegger sich um ein geschichtliches Denken bemüht und weil das Andenken diese Struktur hat, kann das Wort "Andenken" für ihn das "eigentliche Wesen des Denkens" benennen (oben 218).

Der in Hölderlins Gedicht "Andenken" im andenkenden Sprechen des Dichters entworfene Zeit-Raum stellt sich als das "Gedichtete" heraus, von dem Heidegger in den Vorbemerkungen zur Vorlesung sprach. Im Hören auf Hölderlins Wort in diesen Zeit-Raum einzutreten ist dasselbe wie die "Bereitschaft zum Übergang in ein anderes Seyn", wie das Achten auf die Zeichen, die einen Wandel der Geschichte ankündigen (oben 121; 152).

Wie die Brücke das Offene für einen Übergang öffnet, so ist nach Heideggers Deutung im Gedicht "Andenken" der Übergang in eine andere Geschichte eröffnet.

---

[43] In "Der Satz vom Grund" (1955/56) schließt Heidegger an diesen Gedanken an: "An-denken das Gewesene ist Vor-denken in das zu-denkende Ungedachte. Denken ist andenkendes Vordenken" (SvG 159). - Zur Struktur des Andenkens und Vordenkens in den von Heidegger selbst veröffentlichten Schriften vgl. Werner *Marx*, o.c. 121-127.

Das gilt jedoch nicht nur für dieses Gedicht, sondern für das Wort von Hölderlins Hymnendichtung insgesamt. Heidegger sagt: "Dies Wort ist wie das einsame Gebirge einer gewachsenen Not, das erst einen anderen Raum der Wahrheit um sich öffnet" (38). Beim "Gebirge" denkt Heidegger offenbar an die Verse 63 f aus "Der Mutter Erde": "Und die Zeiten des Schaffenden sind/ Wie Gebirg ..." (SW 2,125; oben 50; 163).

Mit dem anderen Raum der Wahrheit, dem anderen Seyn, der anderen Festzeit meint Heidegger ein Erfahren und Denken jenseits der Metaphysik. Metaphysisches Denken wird in der "Andenken"-Vorlesung folgendermaßen charakterisiert:

1. Die Sprache gilt als Werkzeug der Verständigung, was bis zu einer "technischen Instrumentierung des Wesens der Sprache" (35) geführt hat. Die werkzeughafte Auffassung der Sprache hängt mit der Ausbildung von Begriffen zusammen. Auch Hölderlin verwendet in seinen theoretischen Schriften die Begriffssprache der Metaphysik des Deutschen Idealismus (119). Hölderlin denkt in Heideggers Augen "noch metaphysisch. Aber er dichtet anders" (120). Zum "Begriff" äußert sich Heidegger in der "Andenken"-Vorlesung nicht näher; sonst weist er auf die Herkunft des Begriffs aus dem Platonischen εἶδος und der ἰδέα hin (GA 5,341).

2. Seit Aristoteles gibt es einen feststehenden Begriff der Zeit (104), der geprägt ist durch ein Rechnen mit der Zeit.

3. Das rechnende Denken sieht alles Seiende in unabänderlichen Ursache-Wirkungs-Verhältnissen. Was die Metaphysik und das sich aus ihr beweisende Christentum ferner auszeichnet, ist der Bezug alles Seienden auf eine erste oberste Ursache (90 f).[44]

4. Die alle abendländische Kunstbetrachtung leitende Unterscheidung zwischen Sinnlichem und Übersinnlichem geht auf Platon zurück (34). Die Platonische ἰδέα ist dafür verantwortlich, wenn wir in einer Dichtung Bilder, Symbole, Metaphern zu erkennen glauben (40; 178). Daß Hölderlin in "Andenken" von den "Freunden" (V.37) - nach Heideggers Deutung von den Dichtern - sagt, sie seien "Wie Maler" (V.42), enthält für Heidegger "die verborgene Wahrheit über das Wesen des Dichtertums der Dichter, die noch nicht auf die andere Seite hinübergegangen. Sie sind Dichter im Wesensbereich der 'Metaphysik'" (178).

Für Hölderlins Dichtung trifft solches Denken alles nicht zu: Sprache ist nicht Werkzeug, sondern vom Gott dem Dichter zugesagt. "Zeit" wird - nach Heideggers Auslegung - aus der Weile und dem Fest erfahren. Hölderlins Götter haben ein anderes Wesen als der christlich verstandene Gott im Sinne einer ersten obersten Ursache. Die Unterscheidung 'sinnlich - übersinnlich' ist auf Hölderlins Dichtung nicht anwendbar. Diesen letzten Punkt greift Heidegger in der Vorlesung des nächsten Semesters auf. Heidegger hält fest, daß "in der Dichtung Hölderlins zum ersten Mal der Bereich der Kunst und der Schönheit und alle Metaphysik, worin beide ihre Stätte haben, überschritten wird" (63).

Das geschichtliche Wesen von Hölderlins Dichtung macht Heidegger zugänglich, indem er, durch die Auslegung der "Andenken"-Hymne, seinen Hörern und Le-

---

[44] In seiner Nietzsche-Vorlesung von 1940 hat Heidegger dargestellt, wie in der Platonischen ἰδέα als ἀγαθόν der Charakter des Ermöglichens und Bedingens bereits angelegt ist (GA 48,301 f).

sern den Zusammenhang zwischen Fest und Geschichte, den Hölderlin gedichtet
hat, erläutert und klarlegt, inwiefern dies für unsere eigene künftige Geschichte von
Bedeutung ist. Damit regt er zu einer Besinnung über das ungeschichtlich gewordene Wesen des Menschen an (oben 193). Ungeschichtlich ist - obwohl Heidegger das
in der Vorlesung so nicht sagt - alles metaphysische Denken, denn dieses erkennt im
Immerseienden (ἀεὶ ὄν) das wahrhaft Seiende, versteht Sein überhaupt als "beständige Anwesenheit". Radikal geschichtlich zu denken ist dasselbe wie Heideggers Absicht einer "Überwindung aller Metaphysik", wofür er bei Hölderlin "Vorboten"
(143) wahrnimmt; es ist dasselbe wie das zeithafte Wesen des Seins zu erfahren und
zu denken.

Gemäß dem letzten Vers von "Andenken" stiften die Dichter das Bleibende.[45]
Hierzu bemerkt Heidegger: "Um das Bleibende stiften zu können, muß der Dichter
selbst ein bleibender sein" (194). Von solcher Art des Bleibens sagt Hölderlin in den
letzten Versen der Hymne "Am Quell der Donau": "Darum, ihr Gütigen, umgebet
mich leicht,/ Damit ich bleiben möge ..." (SW 2,129). Mit diesen Versen schließt
Heidegger seine "Andenken"-Vorlesung (194). In der Abhandlung "Andenken", geschrieben zum 100. Todestag Hölderlins, 1943, kommt er auf das Bleiben des Dichters zurück, indem er seine Gedanken aus der Vorlesung weiterführt.[46]

---

[45] In der "Andenken"-Abhandlung von 1943 nennt Heidegger auch Hölderlins Entwurf zu diesem
Vers: "Ein Bleibendes aber stiften die Dichter" (GA 4,145. SW 2,801).

[46] Anmerkung in Form eines Exkurses:
In der Vorlesung hieß es von der Scheu, die den Dichter bei seinem Gang zur Quelle bestimmt,
sie sei ein "ursprünglich gefestigtes Ansichhalten vor dem Gescheuten" und "zugleich die innigste Zu-
neigung zu diesem" (oben 203). Mit dem Wort 'gefestigt' nimmt Heidegger Bezug auf seinen Vortrag
von 1939 "Wie wenn am Feiertage ...". Der von Heidegger wiedergegebene Text dieser Hymne endet:
"Und tieferschüttert, eines Gottes Leiden/ Mitleidend, bleibt das ewige Herz doch fest" (GA 4,50).
Heidegger deutet in diesem Vortrag das "ewige Herz" als das Heilige (GA 4,73). In der "Andenken"-
Abhandlung von 1943 erläutert Heidegger den Bezug des Dichters zur Quelle, zum Ursprung wie folgt.
In der Scheu des Dichters auf dem Gang zur Quelle ist die Quelle das "Gescheute". In der Quelle ist
die Scheu "schon befestigt". Also - so schließt Heidegger - "muß die Quelle das Feste sein" (GA 4,146).
Der Ursprung muß wie die Quelle, damit er ständig entspringen kann, in seinem Wesen fest sein, und
zwar so, daß er sich "in sich selbst zurückfestigt" (GA 4,146). Dieser Gedanke stammt aus Heideggers
Anaximander-Interpretation und speziell den Erläuterungen zur ἀρχή. Das Wesen des Ursprungs liegt
darin, daß er aus sich entspringen läßt. Dieses sein Wesen behält der Ursprung dadurch, daß er sich in
seinen Wesensgrund zurückfestigt. Heidegger schreibt: "Der Ursprung behält sein Wesen durch dieses
Sichfestigen in den Grund, der dadurch erst als ein Grund erlangt wird. Das Sichfestigen des Ursprungs ist ein Erfestigen des Grundes" (GA 4,146; zu den Verben mit 'er'- vgl. oben 94 Anm.). Außerdem: "Das ursprüngliche Quellen der Quelle quillt in ihren Grund zurück. Sie ist nicht nur verborgen
durch die Erde, sondern ihr Quellen ist ein sichverbergendes Bergen in den Grund" (GA 4,146). Vom
Phänomen her ist dies Letztere nur zu verstehen, wenn das aus der Quelle entspringende Wasser nicht
über der Erde als Bach weiterfließt, sondern wieder in die Erde sickert. Wahrscheinlich hat Heidegger
hierbei die "Donauversickerung" im Gebiet der Schwäbischen Alb vor Augen (vgl. unten 255 Anm.).
Heidegger ist bei seinem Bedenken des Wesens der Wahrheit und des zeithaften Wesens des Seins immer an den Phänomenen orientiert: dem Aufgehen einer Pflanze (φύσις), Tag und Nacht, Hell und
Dunkel (ἀλήθεια), dem Strömen des Wassers, dem Quellen der Quelle (Anfang und Geschichte). - Mit
dem Sichfestigen des Ursprungs in den Grund, dem Zurückquellen der Quelle in die Erde, dem sichverbergenden Bergen in den Grund ist von Heidegger der Unterschied von Sein und Seiendem gedacht, und zwar diejenige Gestalt, die er in der Kunstwerk-Abhandlung als Sich-ins-Werk-setzen der
Wahrheit (GA 5,59), als Sicheinrichten der Offenheit in ein Seiendes (GA 5,48) faßt. Der Grund entspricht dem Erdhaften des Kunstwerkes. - Mit dem Wort 'fest' und seinen Derivata bezeichnet Heidegger also sowohl den Bezug des Dichters zum Ursprung (Bezug Mensch - Sein) als auch das Verhältnis
des Ursprungs zum Grund (Unterschied Sein - Seiendes). - Die Aufgabe des Dichters besteht nach der
"Andenken"-Abhandlung nun darin, daß er den Ursprung in seiner Erfestigung und seinem Entsprin-

Das Hölderlin-Wort 'bleiben' verwendet Heidegger vermehrt statt eines 'ist', wenn es um seine eigensten Gedanken, das heißt um das Sein und den Bezug des Menschen zum Sein, geht. In der Vorlesung "Der Satz vom Grund" von 1955/56 heißt es: "Nur Seiendes 'ist', das 'ist' selber, das 'Sein' 'ist' nicht" (SvG 93). Für dieses letztere 'ist' steht nun in Heideggers Spätwerk oft das Wort 'bleiben'. Zum Beispiel sagt Heidegger in "Der Satz der Identität" von 1957, daß der Mensch "auf das Sein bezogen bleibt" (ID 18), daß das An-wesen dem Menschenwesen "übereignet" "bleibt" (ID 19). Oder in "Der Satz vom Grund": "das Wesen des Menschen bleibt durch diesen Bezug in der Ortschaft des Seins beheimatet" (SvG 157).[47]

Im Hölderlin-Wort 'bleiben' konzentriert sich für Heidegger alles das, was er zum Anfang, zur "Zeit", zum Wesen des Seins ausgearbeitet hat. Auch wenn Heidegger die Epoche der Verborgenheit des Seins, die Metaphysik, als ein "Ausbleiben des Seins" faßt (N II 353 ff; SvG 51; VA 174 u.ö.), steht wahrscheinlich das von Hölderlin übernommene 'bleiben' im Hintergrund.[48]

---

genlassen "zeigt" (GA 4,147). Zu dieser Auffassung kommt Heidegger durch die Etymologie: dichten - dictare - δείκνυμι (oben 49). Der Dichter zeigt den Ursprung, indem er nach der Rückkehr von der Wanderschaft sich dem Ursprung nähert. Dadurch wird sein Zeigen "im Festen des Ursprungs selbst festgesteckt. Dies heißt: gestiftet" (GA 4,147). Das feststeckende Stiften ist die ursprünglichste Art des Stiftens; aus ihr werden die anderen Weisen des Stiftens, Schenken, Gründen, Anfangen, die Heidegger in der Kunstwerk-Abhandlung erörtert (GA 5,63), erst möglich. Indem der Dichter den Ursprung zeigt und das Zeigen, das seine Aufgabe ist, im Ursprung feststeckt, stiftet er sein Bleiben als Dichter - die Bitte an die "Gütigen" ergeht ja, damit der Dichter "bleiben möge" (oben 221). Das Bleiben des Dichters bedeutet, daß er "nahe dem Ursprung wohnet" (oben 203; zu 'bleiben' = wohnen vgl. oben 41). Solches Bleiben und Wohnen "west als das ursprüngliche *Andenken*" (GA 4,149 f). Dieses ist nicht nur ein Denken an Gewesenes und an Kommendes, Vor- und Zurückdenken, sondern es ist "An-denken" (GA 4,143), das heißt: Festmachen des erfahrenen Fremden im Eigenen, wodurch dieses zum "angeeigneten Eigentum" (GA 4,150) wird. Das stiftende, an-denkende Bleiben und Wohnen des Dichters bereitet das Wohnen für die anderen Menschen, die dann *dichterisch wohnen auf dieser Erde*" (GA 4, 149; vgl. oben 40).

[47] Außerdem: SvG 91. GA 9,307. GA 9,363 u.ö.

[48] In Hölderlins Hymne "Der Einzige", V.36 ff, wird Christus angeredet: "Mein Meister und Herr!/ o du mein Lehrer! was bist du ferne/ Geblieben? Und da/ Ich fragte unter den Alten,/ Die Helden und/ Die Götter, warum bliebest/ Du aus?" (SW 2,154)

§ 10. Geschichte als Heimischwerden.
GA 53: Hölderlins Hymne "Der Ister".
Sommersemester 1942

Heideggers "Ister"-Vorlesung gliedert sich in drei Teile: der erste gilt dem Wesen der Ströme; dieses erweist sich als dasselbe wie das im dritten Teil behandelte Wesen des Dichters. Der zweite Teil geht davon aus, daß Hölderlins Hymnendichtung geprägt ist von einer Zwiesprache mit Sophokles, weshalb Heidegger wenige Worte aus der "Antigone" erläutert. Insgesamt handelt Heideggers Vorlesung vom Heimischwerden des abendländischen Menschentums aus der Überwindung des Unheimischseins. Auf solchem Heimischwerden beruht für Heidegger die zukünftige Geschichte.

Seine Gedanken in der "Ister"-Vorlesung versteht Heidegger als "Anmerkungen" zu einigen Dichtungen Hölderlins.[1] Die Hörer sollen hierauf "aufmerksam" werden, sich etwas "merken", das heißt behalten, um dann vielleicht etwas zu "merken", das heißt etwas zu ahnen, von Hölderlins Wort. Heidegger möchte mit seinen Anmerkungen "Merk-male, Zeichen für das Aufmerken, Haltepunkte[2] für die Besinnung" setzen (1 f).[3] Daß Heidegger das Verb 'merken' und dessen Derivata benutzt, um sein Vorhaben zu kennzeichnen, hat offenbar auch damit zu tun, daß er sich mit Hölderlins "Anmerkungen zur Antigonä" beschäftigt hat. Schon in der ersten Hölderlin-Vorlesung wirkte dieser Text sich auf Heideggers Wortwahl aus (oben 55 f); in der "Ister"-Vorlesung weist er ebenfalls auf ihn hin (144; 170). Das Geben von "Merk-malen" und "Zeichen" ist ähnlich wie Heideggers "Hinzeigen" aus der "Andenken"-Vorlesung (oben 192).

Heidegger möchte mit seiner Vorlesung den "Zeitraum des Gedichteten" (8), den "Gesichtskreis" (203), aus dem Hölderlin in seiner Hymnendichtung von den Strömen sagt, aufweisen. Ähnlich wollte er in der "Andenken"-Vorlesung den "Wesens-Zeit-Raum" des andenkenden Denkens erschließen (oben 219), in seiner ersten Hölderlin-Vorlesung Zugang zum "Machtbereich" der Dichtung finden (oben 28).

Genauso wie im letzten Semester sind Heideggers Erörterungen in der "Ister"-Vorlesung von Anfang an geleitet von den Einsichten, die ihm Hölderlins Brief an Böhlendorff und die Lesart zu "Brod und Wein" eröffnen; erst im dritten Teil der

---

[1] Heideggers "Weise des Sprechens" und den "Prozeß des Deutens" in der "Ister"-Vorlesung zu fassen, ist das Ziel eines Aufsatzes von Walter *Biemel,* dem Herausgeber dieser Vorlesung. Nicht behandelt wird von ihm der zweite Teil über Sophokles. Walter *Biemel,* Zu Heideggers Deutung der Ister-Hymne. Vorlesung S.S. 1942. GA 53. In: Heidegger Studies 3/4 (1987/88). p. 41-60.

[2] Zu 'halten' vgl. oben 128.

[3] Seitenangaben ohne Zusätze betreffen im folgenden GA 53.

"Ister"-Vorlesung zitiert er beide Texte (157; 168). Der Brief handelt vom Verhältnis des Eigenen zum Fremden, die Lesart davon, daß der "Geist" zunächst nicht "zu Hauß" ist. Das Nachhausekommen und Heimischwerden rückt jetzt ins Zentrum der Betrachtung. Hier, in der "Ister"-Vorlesung haben Heideggers Gedanken zum Wohnen und zur "Heimat" ihre Wurzeln. Das Heimischwerden, um das es Heidegger geht, steht im Zusammenhang mit dem Sein. In diesem Sinne lenkte er schon in der Vorlesung "Grundbegriffe" den Blick auf die Notwendigkeit, den "Bereich des Seins" als unsere "eigenste Heimat" zu bewohnen (oben 172). Wenn Heidegger 1946 im "Brief über den 'Humanismus'" die Nähe zum Sein "Heimat" nennt (GA 9,337 f), so ist das vor allem eine Konsequenz seiner Ausführungen in der "Ister"-Vorlesung.

Während bei der Auslegung von "Andenken" die Erfahrung des Fremden und die Heimkehr ins Eigene an der "Fahrt" der "Schiffer" verdeutlicht wurde, macht die "Ister"-Vorlesung diese Bewegtheit am Donaustrom sichtbar. Bei der Erörterung des Wesens der Ströme denkt Heidegger auch an die "heimatlichen Wasser" aus der Hymne "Germanien" (oben 60).

Der Böhlendorff-Brief hat auf Heideggers Denken einen entscheidenden Einfluß ausgeübt. Was im Brief "das Eigene" heißt, das es nach Heideggers Auslegung anzueignen gilt, denkt Heidegger später als: die Sprache. Solche Gedanken klingen bereits in der Vorlesung des letzten Semesters an (oben 196 f).

Im Zusammenhang mit den "Mnemosyne"-Versen "... Lang ist/ Die Zeit, es ereignet sich aber/ Das Wahre" wurde behauptet, daß sie Heideggers Geschichtsdenken in nuce enthalten, insofern in ihnen die beiden Bewegungsformen zur Sprache kommen, in denen sich für Heidegger die Geschichte des Abendlandes bewegt: Geschehen und Geschehnis (oben 50 ff). Diese beiden Bewegungsformen der Geschichte wurden in der "Andenken"-Vorlesung behandelt als "lange Zeit" des Findens, Aneignens und Gebrauchenlernens des Eigenen, als Zeit-Raum einer verborgenen Geschichte einerseits und als das Kommen des Heiligen im Fest, als Ereignis andererseits. Auch in der "Ister"-Vorlesung geht es um die beiden Bewegungs- das heißt Zeitformen der Geschichte; sie werden jetzt ausdrücklich "Zeit" genannt. Der "langen Zeit" entsprechen die verschiedenen Wanderungen, die vom zeit- und orthaften Wesen der Ströme bestimmt sind; dem blitzhaften Augenblick, wenn "das Wahre" sich "ereignet", entspricht die Zeit der Dichter, die bestimmt ist von deren Ruf "Jezt komme, Feuer!" (Blitz = Feuer).

Der im Entwurf zur Vorlesung "Grundfragen der Philosophie" von Heidegger so genannte Bezug des Seyns und dessen Wahrheit zum Menschen (oben 119) wird in der "Ister"-Vorlesung, gemäß den beiden Geschichtsformen, folgendermaßen aufgewiesen: in der Epoche der Wanderungen als Bezug der Ströme zu den Menschen, im Augenblick des Ereignisses als Bezug des Heiligen, des Feuers, zu den Menschen. Das Sein wird in seinem Bezug zum Menschen außerdem gedacht als: πόλις (offene Stätte), als δεινόν (das Unheimliche), als ἀρχή-τάμήχανα (das Schickliche), als καλόν (das Scheinende), als φύσις (Erscheinen).

Heideggers Einschätzung von Hölderlins Dichtung lautete 1934/35: Hölderlin hat den "Anfang einer anderen Geschichte gegründet" (oben 26). Somit steht Hölderlin in Heideggers Augen der gesamten abendländischen Tradition gegenüber. Diesen schon in der "Andenken"-Vorlesung aufgegriffenen Gedanken (oben 220 f) führt Heidegger jetzt im Hinblick auf die Kunst weiter; ich gebe ihn verkürzt wieder.

Seit Platon wird zwischen einem Bereich des Sinnlichen (αἰσθητόν, ὁρατόν) und des Nichtsinnlichen (νοητόν) unterschieden,[4] wobei letzterer, allein der Seele und dem Geist zugänglich, für die wahre Wirklichkeit gehalten wird. Innerhalb dieses Denkhorizontes stellt die Kunst sinnlich faßbare Erscheinungen in einem "'Bild'" dar und gibt diesem eine geistige Bedeutung, einen "'Sinn'"; das Bild drückt einen (geistigen) Sinn aus, ist "'Sinn-bild'". Deswegen kann Dichtung und Kunst überhaupt verstanden werden als: Allegorie, Metapher, Symbol, Gleichnis.[5] Die Unterscheidung des sinnlich Faßbaren und des Übersinnlichen ist das "Grundgefüge" der Metaphysik, in deren Begriff ja schon ein Hinausgehen (μετά) über das Physische und die "'Physik'" liegt (18).[6]

In der Nachfolge Platons ist alle abendländische Weltauffassung und Weltauslegung metaphysisch und alle Kunst sinnbildlich (19). Entscheidend ist dabei, daß das Übersinnliche das Unvergängliche, Ewige ist, daß das "Wesen" des Seienden von vornherein feststeht. Mit dem "Wesen" befaßte sich Heidegger in seiner Vorlesung "Grundfragen der Philosophie" (oben 135 ff). Im Laufe von zwei Jahrtausenden wandelte sich allerdings das sinnbildliche Wesen der Kunst, je nachdem, wie die Wirklichkeit des Wirklichen bildhaft zur Erscheinung gebracht und worin sie angesetzt wurde. Bei Nietzsche kehrt sich die Rangordnung von Sinnlichem und Übersinnlichem um. Die verschiedenen Epochen der abendländischen Kunst richten sich - so Heidegger - nach dem "reichen inneren Wandel des Wesens der Metaphysik, der einem uns noch verborgenen Gesetz einer verborgenen Geschichte folgt ..." (28). Von dieser verborgenen Geschichte sprach Heidegger schon öfter. Wie schon gesagt, ist damit zunächst die Notwendigkeit ihrer Aufhellung angesprochen. Je konsequenter das Geschickhafte der Geschichte bedacht wird, desto mehr werden Metaphysik und Verbergung als Wesenseinheit gesehen.

Gegenüber der skizzierten Auffassung der Kunst ist Hölderlins Dichtung ein "Nennen". Darunter versteht Heidegger: "das Genannte im dichtenden Wort zu seinem Wesen rufen und dieses Wesen als dichterisches Wort gründen" (24). Mit diesem Gedanken stützt Heidegger sich ausdrücklich auf die Hymne "Germanien" (25. SW 2,149 ff), in der Hölderlin den "Adler, der vom Indus kömmt" (V.42), die Priesterin Germania auffordern läßt: "Und nenne, was vor Augen dir ist" (V.83), außerdem: "O nenne Tochter du der heilgen Erd'!/ Einmal die Mutter" (V.97 f). Als Beleg dafür, daß Hölderlin selbst sein Dichten als ein Nennen versteht, führt Heidegger die Verse 65 f aus der Hymne "Am Quell der Donau" an: "Wir nennen dich, heiliggenöthiget, nennen/ Natur! dich wir ..." (25. SW 2,128, V.89 f). Heidegger sieht, wie vorher schon (oben 206), die "Natur" als dasselbe an wie "das Heilige".[7]

---

[4] Etwa *Platon*, Pol. 509 d.

[5] Zum Unterschied zwischen frühgriechischem "Zeichen" (σύμβολον) und metaphysischem "Symbol", welches aus dem Chorismos von aisthetischem und noetischem Seinsbereich in der Philosophie Platons hervorgeht, vgl. *Bremer,* Licht und Dunkel, 10 ff.

[6] "Das Seiende von der Idee, vom Übersinnlichen her denken, ist das Auszeichnende des Denkens, das den Namen 'Metaphysik' bekommt" (GA 55,254). Vgl. GA 55,302.

[7] Zu den eben zitierten Versen sagt Heidegger: "Hier geht das Nennen bis ins Höchste, über das Nennen der Götter hinaus zum Nennen der 'Natur', der 'Naturmacht', unter welchem Namen Hölder-

Während die metaphysisch geprägte Kunst an einem bereits feststehenden "Wesen" des Seienden, etwa der Ströme, orientiert ist, hebt Hölderlin durch sein Nennen das Genannte erst ins Wesen. Offensichtlich hat Heidegger mit diesem Gedanken den letzten "Andenken"-Vers, "Was bleibet aber, stiften die Dichter", auf Hölderlin selbst angewendet.

Wenn Hölderlins Stromdichtung, die Heidegger für das "Herzstück" (73) der Hymnendichtung hält, nicht ein schon bekanntes Wesen der Ströme wiedergibt, sondern die Ströme erst dichtet - man könnte sagen: sie zu ihrem Wesen er-nennt -, dann heißt das, daß diese Dichtung nicht sinnbildlich ist. Das führt Heidegger zu der "weitertragenden Behauptung: Diese Dichtkunst ist nicht metaphysisch" und daher "auch nicht mehr 'Kunst'". Diese Feststellungen möchte Heidegger "zunächst nur als Anmerkung" genommen wissen (30).

Im folgenden sollen a) Heideggers Überlegungen zum Wesen der Ströme dargestellt werden. Sie sind deshalb so interessant, weil mit ihnen die Frage nach der "Zeit" weiter vorangetrieben wird und weil der Bezug des Seins zum Menschen hier in spezifischer Form zur Sprache kommt. Die anschließend (b) behandelte Interpretation des Chorliedes aus Sophokles' "Antigone" beruht ebenfalls auf Heideggers Grundgedanken des Bezugs Sein - Mensch. Wie Heidegger das Gesetz der Geschichte als Heimischwerden aufdeckt, soll c) verfolgt werden. Die drei Abschnitte entsprechen den drei Teilen der Vorlesung.

a) Das zeit- und orthafte Wesen der Ströme

Hölderlins Hymne "Der Ister" dichtet einen Strom, den Donaustrom. Die Griechen kannten die Donau nur in ihrem Unterlauf und nannten sie Ἴστρος. "Ister" ist die römische Bezeichnung für die untere Donau, während die obere Donau "Danubius" hieß (10). Hölderlin schildert in der zweiten Strophe der Hymne mit der Landschaft, wo diejenigen, die "vom Indus her/ Fernangekommen und/ Vom Alpheus"

---

lin das denkt, was er zuletzt das Heilige nennt" (GA 53,25). Mit dem "Höchsten" nimmt Heidegger Bezug auf den Hymnenentwurf "Einst hab ich die Muse gefragt ...", dessen erste Verse seine Vorlesung von 1934/35 umrahmten und in der "Andenken"-Vorlesung im Zusammenhang mit der Aneignung des Eigenen eine wichtige Rolle spielten (oben 199). Daß das Nennen des Höchsten "über" das Nennen der Götter hinausgeht, knüpft an "Wie wenn am Feiertage ..." an, wo es von der "Natur" heißt, sie sei "über die Götter" (oben 206). Von "Naturmacht" spricht Hölderlin in seinen "Anmerkungen zum Ödipus" (SW 5,201). Hieraus zitiert Heidegger in der "Ister"-Vorlesung einen Satz und ergänzt im Zitat zu "Naturmacht" in Klammern: "das Heilige" (33). - Heideggers Bemerkung, Hölderlin nenne die Natur zuletzt das Heilige, legt ein Mißverständnis nahe. Tatsächlich kommt das Substantiv "das Heilige" außer in "Wie wenn am Feiertage ..." in Hölderlins Spätwerk nur noch einmal vor, und zwar in dem Bruchstück "Einst hab ich die Muse gefragt ...", Vers 35 (SW 2,221). Zahlreich ist jedoch beim späten Hölderlin die Verwendung des Adjektivs "heilig". Heidegger deutet diese Stellen nun immer so, daß "das" Heilige zum Beispiel dem "heiligen Vaterland" sein Wesen gewährt. Den Satz aus Hölderlins Widmung seiner Sophokles-Übersetzungen an die Prinzessin von Homburg, er wolle "die Engel des heiligen Vaterlandes singen" (SW 5,120), erläutert Heidegger: Hölderlin "will das Heilige sagen, worin das Vaterland sein Wesen hat" (GA 52,132). Das "worin" in diesem Satz deutet darauf hin, daß Heidegger das Heilige, wie das Sein, ort- und bereichhaft versteht. In diesem Sinne spricht er im "Brief über den 'Humanismus'" (1946) vom Heiligen als "Wesensraum" und "Dimension" (GA 9,338; 351).

(V.7 ff)[8] "bauen" "wollen" (V.15),[9] nach Heideggers Deutung "das obere Donautal zwischen Beuron und Gutenstein im beginnenden Herbst" (46). Heidegger nennt diese Landschaft "die Heimat des Dichters" (45). Wovon er nicht spricht, ist, daß seine eigene Heimat, Meßkirch, der Donau zwischen Beuron und Gutenstein noch näher liegt als Hölderlins Geburtsort Nürtingen.[10] Daß Hölderlin die obere Donau mit dem Namen für ihren Unterlauf, "Ister" (V.21; V.40), nennt,[11] ist bedeutsam. Es scheint - so sagt Heidegger -, "als ob die untere Donau an die obere und damit an ihre Quelle zurückgekehrt sei" (10). Was damit gesagt sein soll, wird im Laufe von Heideggers weiteren Ausführungen ans Licht kommen.

Wie Heidegger bei der Interpretation der Rheinhymne als Wesen des Geschichtlichen, im Unterschied zu einer typologischen Betrachtung, die Einzigkeit hervorgehoben hatte (oben 44), so macht er auch auf "einzige Bezüge" (52) in der "Ister"-Hymne aufmerksam: "Hertha" (V.58) ist der germanische Name für die "Mutter Erde" (52) - "Mutter Erde" ist Reminiszenz des gleichnamigen Gedichtes, außerdem des Verses 98 aus "Germanien" (oben 225). Der Ister hat "Den Herkules zu Gaste geladen" (V.28), der "Vom heissen Isthmos kam" (V.31). Außerdem spricht Hölderlin von den Strömen "Indus" (V.7) und "Alpheus" (V.9). Heidegger bemerkt hierzu: das obere Donautal und die heimatliche Erde, "Hertha", stehen in einem "klar genannten, aber doch rätselhaften Verhältnis" (52) zu Griechenland und zum Indus.

Bereits 1934/35 las Heidegger die ersten beiden Strophen von "Stimme des Volks" (GA 39,225. SW 2,49; 51).[12] Die zweite Strophe dieser Ode zieht Heidegger jetzt zur Klärung des Wesens der Ströme heran. Sie lautet: "Wer liebt sie [die Ströme] nicht? und immer bewegen sie/ Das Herz mir, hör ich ferne die Schwindenden/ Die Ahnungsvollen, meine Bahn nicht/ Aber gewisser ins Meer hin eilen" (12). Heidegger erläutert wie folgt.

In ihrem Ahnen sind die Ströme auf das Kommende bezogen, als Schwindende gehen sie weg in das Gewesene. Die Ströme haben ihr Wesen also "aus einem verborgenen einheitlichen Bezug zum Gewesenen und zum Künftigen - also zum Zeithaften" (12). Das zeithafte Wesen der Ströme liegt aber nicht darin, daß sie sich "'in der Zeit'" verströmen, sondern: "Die Ströme ahnen und schwinden in die Zeit hinein, so zwar, daß sie selbst dieses Zeithafte und die Zeit selbst sind" (12). Das ah-

---

[8] Zu Hölderlins Auffassung, Asien sei die Urheimat des Abendlandes, zur Ausgestaltung dieses Gedankens in Hölderlins Werk und zu den Quellen vgl. Hans Joachim *Kreutzer*, o.c.

[9] V.21 f: "Man nennet aber diesen den Ister./ Schön wohnt er. Es brennet der Säulen Laub,/ Und regt sich. Wild stehn/ Sie aufgerichtet, untereinander; darob/ Ein zweites Maas, springt vor/ Von Felsen das Dach". V.34 ff: "... Darum zog jener [Herkules] lieber/ An die Wasserquellen hieher und gelben Ufer,/ Hoch duftend oben, und schwarz/ Vom Fichtenwald, wo in den Tiefen/ Ein Jäger gern lustwandelt/ Mittags, und Wachstum hörbar ist/ An harzigen Bäumen des Isters" (SW 2,190 f).

[10] Aus der bei Erscheinen seines Buches, 1963, noch unveröffentlichten "Ister"-Vorlesung referiert Otto *Pöggeler*, Denkweg, 220-228. Pöggeler schreibt: Der Ister, die Donau "ist für Hölderlin der eigentlich *heimatliche* Strom, und auch für Heidegger ist das obere Donautal bei Beuron, das Hölderlin besingt, das Land der Herkunft und Heimat" (o.c. 220).

[11] Der Titel des Gedichtes, "Der Ister", stammt von Norbert v. *Hellingrath*. Heidegger erkennt diese Wahl als "geglückt" an (GA 53,11).

[12] Es heißt "Stimme des Volks" und nicht, wie der Herausgeber von GA 53 schreibt, Stimme des Volkes" (GA 53,11).

nende Wesen der Ströme ist dem Ahnen des Dichters ähnlich, das sich auf das Kommen des Heiligen richtet (oben 161). Wie sich noch zeigen wird, gehören die Ströme und der Dichter wesenhaft zusammen. Das schwindende Wesen der Ströme läßt sich mit dem In-sich-Zurückgehen der φύσις, genannt in Heraklits φύσις κρύπτεσθαι φιλεῖ (oben 75), und mit der φθορά, "Entgängnis", von der Anaximander spricht (oben 178 ff), vergleichen.[13] Daß Heidegger die Ströme "die Zeit selbst" nennt, ist eine Konsequenz dessen, daß die Ströme den Reichtum der Quelle ausbreiten (oben 204). In dieser Bewegung sah Heidegger bei seiner Anaximander-Auslegung das Charakteristische der Zeit; er faßte es als "Entbreitung der je verfügten Weile" (oben 188).

Die Ströme sind nach Heideggers Deutung aber nicht nur in ihrem Ahnen auf das Kommende und in ihrem Schwinden auf das Gewesene bezogen, sondern beide Wesenszüge der Ströme haben je für sich den doppelten Zeitbezug. Denn wenn das Kommende aus dem Gewesenen und noch Wesenden kommt, läßt sich auch das Gewesene ahnen, ist diese Ahnung zugleich Erinnerung. Heidegger sagt: "Echte Erinnerung ist Zuwendung zum unerschlossenen Inwendigen des Gewesenen" (34). Solche Gedanken beruhen darauf, daß das Gewesene, das heißt der Anfang, uns überspringt und so auf uns zukommt bzw. daß wir uns auf das Gewesene zurückwenden. Daß das Kommende aus dem Gewesenen kommt, gilt für die Götter aus Hölderlins Hymne "Germanien" (oben 58), es gilt für das Andenken des Dichters an das "Fest" (oben 218). Wie das Gewesene geahnt werden kann, so muß auch das Schwinden sich nicht im Verschwinden als einem Erledigtsein erschöpfen. Vielmehr: "Wegschwinden kann auch sein: das unauffällige Weggehen in das Kommende, in die entschiedene Zugehörigkeit zu diesem" (34). Offenbar denkt Heidegger auch hierbei an das Fragment des Anaximander und besonders die Worte, daß "auch die Entgängnis hervorgeht" (καὶ τὴν φθορὰν γίνεσθαι, oben 178). Das Strömen des Wassers selbst kann als ein Schwinden im Sinne des "Weggehens in das Kommende" verstanden werden, insofern das Wasser vom Betrachter wegströmt, in seinem Strömen überhaupt aber erhalten bleibt durch die Quelle, die für den Strom stets das Kommende darstellt.

Heideggers Überlegungen zur "Ister"-Hymne nehmen ihren Ausgang von dem "Jezt" und dem "Hier" aus den Versen 1 und 15: "Jezt komme, Feuer!" - "Hier aber wollen wir bauen". "Jezt" ist eine Zeit- und "Hier" eine Ortsbestimmung. Dem geht Heidegger wie folgt nach. "Jezt komme, Feuer!" rufen nach seiner Auslegung die Dichter. Sie sind die Rufenden und gleichzeitig die Gerufenen und Berufenen, weil sie vom kommenden Feuer selbst gerufen sind (6). Genauso hatte Heidegger in der "Andenken"-Vorlesung den Bezug des Dichters zu dem von ihm Gedichteten erläutert (oben 194). In Heideggers Augen gehört seit der ersten Hölderlin-Vorlesung das Rufen zur Bestimmung des Dichters (in V.3 von "Germanien" heißt es von den Göttern: "Sie darf ich ja nicht rufen mehr"). Das erste Wort der "Ister"-Hymne, "Jezt", nennt also "die Zeit des Rufens der Berufenen, eine Zeit der Dichter" (8). Mit dem "Jezt" hebt Hölderlin nach Heidegger "die rechte und die unschickliche

---

[13] Wie Heidegger in der "Ister"-Vorlesung vom 'Weggehen' der Ströme in das Gewesene spricht, so versteht er 1946 auch die Anaximandreische φθορά als ein 'Hinweggehen', als "Weggang" (GA 5,343).

Zeit, den Augenblick" (16) hervor. Auf diese Zeitform kam Heidegger bereits mehrfach zu sprechen; mit ihr hängt der antike καιρός, die eigentliche Gegenwart des Daseins aus "Sein und Zeit" sowie das "Seinsgeschehnis" und "Ereignis" zusammen. Bei der Erörterung des Ereignisses in der "Andenken"-Vorlesung standen die Verse 19 f aus der Feiertagshymne im Hintergrund, die ebenfalls das schicksalhafte "Jezt" nennen: "Jezt aber tagts!" (oben 206); Heidegger weist auf dieses Wort auch in der "Ister"-Vorlesung hin (9).

Genauso betont am Versanfang wie das "Jezt" steht das "Hier": "Hier aber wollen wir bauen". So sprechen diejenigen, die von zwei Strömen hergekommen sind, vom Indus und vom griechischen Alpheus, und die "Hier", am Ister, bauen wollen. Warum die Menschen an Strömen wohnen, sagen die folgenden Verse Hölderlins, 16 ff: "Denn Ströme machen urbar/ Das Land. Wenn nemlich Kräuter wachsen/ Und an denselben gehn/ Im Sommer zu trinken die Thiere,/ So gehn auch Menschen daran". Danach bestimmt der Strom die Wohnstatt des Menschen. Heidegger sagt: "Das Wohnen nimmt einen Aufenthalt und ist ein Innehalten des Aufenthaltes, und zwar des Menschen auf dieser Erde" (23). In den Komposita mit 'halten' hört Heidegger immer die ursprüngliche Bedeutung 'hüten, weiden'. Der zweite Teil des Satzes ist ein Echo auf den Hölderlin-Vers: "... dichterisch wohnet der Mensch auf dieser Erde". Bei allem, was Heidegger später zum Bauen und Wohnen ausführt, etwa in seinem Vortrag von 1951 (VA 139 ff), hat er diesen Hölderlin-Vers im Sinn. Wie nach der "Ister"-Hymne der Strom für die Menschen das Land urbar macht, so auch gemäß der Rheinhymne: "Der Vater Rhein" "baut" den Menschen das Land (oben 44; 48).

Auf die Etymologie 'wohnen' = 'bleiben, verweilen' (oben 41) zurückgreifend, fährt Heidegger fort: "Der Aufenthalt ist ein Verweilen. Er bedarf der Weile" (23). Mit dem Hölderlin-Wort "Weile" charakterisierte Heidegger in seiner Anaximander-Auslegung die Zeitlichkeit des Seienden (oben 188) und in der "Andenken"-Vorlesung das Wesen des Anfangs (oben 211 f). In der Weile - so sagt Heidegger weiter - "findet der Mensch die Ruhe ... Ruhe ist das gegründete Beruhen in der Beständigkeit des eigenen Wesens. In der Ruhe ist das Wesen des Menschen in seiner Unverletzlichkeit aufbewahrt" (23). Dieser letzte Satz faßt "Ruhe" offensichtlich als ein anderes Wort für das Sein selbst, denn dieses gewährt dem Menschen sein Wesen, breitet ihm seinen Aufenthalt aus (oben 173). Ruhe als "gegründetes Beruhen" ist ähnlich demjenigen, was aus den Worten λόγος, ἁρμονία, "Innigkeit", "Fuge" spricht.[14]

Die Verbindung von Ruhen einerseits und Verweilen, Wohnen andererseits ist vom Phänomen her überzeugend, wenn die Verweilenden eine Wanderschaft been-

---

[14] 1934/35 las Heidegger eine Briefstelle, in der Hölderlin von der "lebendigen Ruhe, wo alle Kräfte regsam sind, und nur wegen ihrer innigen Harmonie nicht als thätig erkannt werden", spricht (GA 39,8). 1939 schrieb Heidegger: "Ruhe ist eine Art der Bewegung; nur das Bewegliche kann ruhen" (GA 9,249). 1941 hieß es im Zusammenhang mit dem Aristotelischen τέλος: "Die Ruhe verwahrt die Vollendung des Bewegten"; die Ruhe ist "Sammlung" (N II 404). - Wie Heinrich Wiegand *Petzet* sich erinnert, hingen in Heideggers Arbeitszimmer Pergamentrollen mit zwei Stücken des *Laotse*: "Wer aber ist imstande, ein quirlend Wasser durch die Behutsamkeit der Stille zu klären/ wer aber ist imstande, die Ruhe durch die Behutsamkeit dauernder Bewegung zu erzeugen?" (Übers. Walter Strolz) Heinrich Wiegand *Petzet, Auf einen Stern zugehen. Begegnungen und Gespräche mit Martin Heidegger 1929-1976.* Frankfurt: Societäts-Verlag 1983. S. 177 f.

det haben, wie es bei den im Gedicht Sprechenden, die aus Indien und Griechenland herkommen, ja der Fall ist.[15]

Heidegger führt seine Überlegungen weiter. Das Wohnen und der Aufenthalt des Menschen haben ihren Ort. Von ihm erklärt Heidegger: "Die Weise, wie der Ort den Aufenthalt bestimmt, die Art, wie der Ort je der Ort ist, nennen wir die Ortschaft des Ortes" (23). Weil es der Strom ist, der das Land urbar macht, so daß die Menschen "Hier" wohnen können, sagt Heidegger: "Der Strom *ist*' die Ortschaft, die den Aufenthalt des Menschen auf der Erde durchwaltet, ihn dahin bestimmt, wohin er gehört und wo er heimisch ist" (23). Offenbar wird der Strom von Heidegger als etwas Ähnliches gesehen wie die Grundstimmung, die ebenfalls den Wesensbereich des Menschen durchwaltet und bestimmt. Wie gemäß der Vorlesung von 1934/35 die Grundstimmung dem Dasein "Ort und Zeit seines Seins" bestimmt (oben 63), so hat dieses Vermögen jetzt der Strom, und zwar so, daß er selbst die Ortschaft ist.

Heidegger hebt mit "Ort" und "Ortschaft" an dieser Stelle definitionsartig dasjenige hervor, was seit 1934/35 - in der Zwischenzeit sprach er nicht im eigentlichen Sinne vom "Ort" - schon öfter mitgedacht war, und zwar bei der raumhaft verstandenen ἀλήθεια, beim "Offenen", bei der "Weite", beim "Bereich" und immer dann, wenn das Verhältnis des Seienden oder des Menschen zum Sein mit der Präposition 'in' bezeichnet wurde. Indem Heidegger jetzt ausdrücklich den Ort und die Ortschaft bedenkt, bereitet er den letzten großen Schritt auf seinem Denkweg vor, den er 1969 rückblickend als "'Frage nach dem Ort oder der Ortschaft des Seins'" beschrieben hat (GA 15,344).

Daran, daß die Ströme "Die Schwindenden/ Die Ahnungsvollen" heißen, knüpft Heidegger noch folgende Überlegungen. Das in sich zwiefach gerichtete Wesen der Ströme, das sie sowohl ins Gewesene wie ins Kommende gehen läßt, ist "eine Wanderung von einziger Art" (33). Was Heidegger vorher am Wesen der Ströme als das "Zeithafte und die Zeit selbst" hervorhob, faßt er jetzt als "Wanderung". Genauso definitionsartig wie zur "Ortschaft" bemerkt er: "Wir nennen das erfüllte Wesen der Wanderung die Wanderschaft, in der Entsprechung zur Ortschaft des Ortes. Der Strom ist die Wanderschaft". Als Wanderschaft "bestimmt" (Grundstimmung!) der Strom "die Weise, wie der Mensch auf dieser Erde heimisch wird" (35).

Das Wort "Wanderung" für den Zeitcharakter der Ströme läßt Heidegger sich von Hölderlin zusprechen; eine der späten Hymnen heißt "Die Wanderung". Aus diesem Gedicht führt Heidegger die Verse von der "schwer" zu gewinnenden "Mutter" an, die bereits in der "Andenken"-Vorlesung im Zusammenhang mit der Aneignung des Eigenen von Bedeutung waren (oben 201), und die darauf folgenden Zei-

---

15 Daß Heidegger die Ruhe im Zusammenhang mit dem Wohnen, das heißt Bleiben, erwähnt, liegt auch an zwei gleich strukturierten Hölderlin-Versen, die in der "Andenken"-Vorlesung bedeutsam waren: Vers 112 von "Am Quell der Donau", "Damit ich bleiben möge" (oben 221), und Vers 28 aus der Hymne "Andenken", "Damit ich ruhen möge". - Ein anderer, praktischer Grund wäre darin zu sehen, daß das Pindar-Fragment "Die Asyle" - Heidegger nimmt hierauf Bezug (GA 53,23) -, in dessen Kommentar Hölderlin von den "stillen Ruhestätten" der Menschen spricht, in der Hellingrath-Ausgabe (Stuttgarter Ausgabe ebenfalls) auf der Seite (V,271) vor dem Fragment "Das Belebende" abgedruckt ist, so daß Heidegger den urbar machenden "Stromgeist" (unten 261 Anm.) mit den "Ruhestätten" zusammendenkt.

len, wo es heißt, daß der Rheinstrom "in die Ferne" "schwand" (35), womit erneut das zeithafte Wesen der Ströme belegt wird. Wie Heidegger die Hymne "Die Wanderung" einschätzt, wird am Schluß der "Ister"-Vorlesung klar, wo er die letzten Verse vorliest. Zuvor sagt er, daß dieses Gedicht "alles in sich birgt", was in der Vorlesung "stückweise vermerkt wurde" (206). Damit ist gemeint, daß das Wesen der Geschichte, das Heidegger sich zu denken bemüht, von Hölderlin im Gedicht als Verwandtschaft von Deutschen und Griechen gestaltet ist. Während in der "Ister"-Hymne eine Wanderung vom Indus und vom griechischen Alpheus an die obere Donau zur Sprache kommt, handelt das Gedicht "Die Wanderung" von Wanderungen verschiedener Art.[16]

In "Sein und Zeit" wurde die Zeitlichkeit des Daseins aus dessen Erstrecktheit zwischen Geburt und Tod expliziert. Nachdem Heidegger das "Zeithafte und die Zeit selbst" als "Wanderung" ausgelegt hat, kann er 1957 dann das Wohnen als die Weise begreifen, "nach der die Menschen auf der Erde unter dem Himmel die Wanderung von der Geburt in den Tod vollbringen" (GA 13,138 f), und 1950 vom Sterben als der "Wanderschaft zum Tode" reden (GA 12,20).

Nach Heideggers Ausführungen in der Vorlesung wandern sowohl die Ströme ("Die Schwindenden/ Die Ahnungsvollen") als auch die Menschen. Deren Unterwegssein und die Orte ihres Aufenthaltes richten sich aber nach den Strömen. Der Strom erlaubt es den Menschen, an ihm entlang zu gehen (V.20: "So gehn auch Menschen daran") und von hier aus das Land zu bebauen. Der Strom ist es, der die Ortschaft für das Wohnen der Menschen und die Wanderschaft für ihr Heimischwerden bestimmt. Heidegger faßt zusammen: "Wir behaupten: Der Strom ist die Ortschaft des Wohnens des geschichtlichen Menschen auf dieser Erde. Der Strom ist die Wanderschaft des geschichtlichen Heimischwerdens am Ort der Ortschaft. Der Strom ist Ortschaft und Wanderschaft" (39). Daß der Strom die Wanderschaft "ist", heißt jetzt nicht nur, daß er selbst ein wandernder ist, insofern er ins Gewesene und ins Kommende geht, sondern, daß er den Menschen ihre Wanderschaft gewährt.

In der "Andenken"-Vorlesung hatte Heidegger die "lange Zeit" vor dem Ereignis des Wahren den "Zeit-Raum einer verborgenen Geschichte" genannt (oben 205). In diesen Zeitraum kommt jetzt einiges Licht, indem er erkannt wird als durchzogen von Wanderungen.

---

[16] Das Thema von "Die Wanderung" ist der Aufbruch des Dichters nach Osten und seine Ankunft in Griechenland. Die Absicht dieser Wanderung ist, die Grazien Griechenlands einzuladen, nach Hesperien zu kommen. Die letzte Gedichtstrophe gibt eine Vision von der Ankunft der Grazien. In der dritten bis fünften Strophe erzählt Hölderlin einen (erfundenen) Mythos: "Die Eltern", "das deutsche Geschlecht" sind "einst" (V.32) "Still fortgezogen von Wellen der Donau" (V.33) und am schwarzen Meer "Mit Kindern der Sonn'" (V.36) zusammengekommen, wo sie mit ihnen einen Bund schlossen. Aus ihrer Vereinigung entstand das Geschlecht der Griechen. Die Kinder der Sonne müssen nicht aus Afrika oder Ägypten kommen; für Hölderlin gelten auch der Osten und Südosten als heiße Weltgegend. Vielleicht sind sie am "Indus" (Der Ister, V.7) oder am "Kaukasos" (Die Wanderung, V.25) zu Hause. Die Kinder der Sonne kommen aus einem heißen Land, und sie vererben den Griechen ein feuriges Naturell. Im Brief an seinen Verleger Wilmans vom 28.9.1803 nennt Hölderlin diesen Charakterzug der Griechen "das Orientalische" (oben 200 Anm.), im Brief an Böhlendorff vom 4.12.1801 das "Feuer vom Himmel" (oben 198). Hölderlins Hymne "Die Wanderung" behandelt also die Wanderung des Dichters nach Griechenland und die Wanderung zweier Völker, die die Eltern der Griechen wurden, zum schwarzen Meer. Vgl. *Binder*, Hölderlins Hymne "Die Wanderung". l.c.

Die Einheit des Wesens der Ströme, daß sie Ortschaft und Wanderschaft zumal sind, drückt Heidegger "formelhaft" so aus: "Der Strom ist die Ortschaft der Wanderschaft. Der Strom ist die Wanderschaft der Ortschaft" (42; 52). Diese Sätze scheinen - so Heidegger - ein bloßes Spiel mit Wörtern zu sein. Vom Begreifen solcher Sätze sind wir, wie er sagt, "so lange ausgeschlossen, als nicht ein wesentlicher Wandel unseres Wesens sich 'ereignet' hat". Diesen Wandel möchte Heidegger vorbereiten, zunächst aber ein Wissen davon wachrufen, "daß der Strom ein 'Rätsel' ist" (40). Hiermit ist Vers 46 aus Hölderlins Rheinhymne aufgegriffen, worauf Heidegger selbst hinweist (40): "Ein Räthsel ist Reinentsprungenes". Das Rätselhafte kommt auch in den Schlußversen der "Ister"-Hymne zur Sprache, wo Hölderlin sagt: "Was aber jener thuet der Strom/ Weis niemand" (21). Heidegger geht es nicht darum, das Rätsel zu lösen, sondern "uns das Rätsel als Rätsel näher zu bringen" (41).

Am Wort "Rätsel" zeigt sich, daß der Strom für Heidegger nicht nur wesenseinig mit der Grundstimmung ist, sondern mit dem Sein (Seyn) überhaupt. Nach Heideggers Ausführungen in "Der Spruch des Anaximander" von 1946 liegt im Unterschied von Sein und Seiendem, der sich im partizipialen ὄν verbirgt, "das Rätsel des Seins" (GA 5,344); dem Denken stellt sich dann die Aufgabe, "am Rätsel des Seins [zu] dichten" (GA 5,373). Im Vortrag von 1958 "Hegel und die Griechen" erblickt Heidegger in der Ἀλήθεια das in der ganzen Geschichte der Philosophie Ungedachte und somit: "das Rätsel selbst - die Sache des Denkens" (GA 9,440). Auch Anaximanders und Parmenides' Namen für das Sein (Seyn), τὸ χρεών und τὸ αὐτό, sind nach Heidegger Rätselworte (oben 182).

Wenn Heidegger vom Strom als einem Rätsel spricht, so meint er damit keinen wirklichen Strom und nicht den Strom als Bild für etwas Geistiges - das wäre "metaphysisch" gedacht -, sondern den von Hölderlin gedichteten Strom, dessen Wahrheit uns aus Hölderlins Wort anspricht. Die Wesenseinheit von Strom und Sein (Seyn) geht auch daraus hervor, daß der Strom ebenso beides ist, nämlich Zeit und Ort, als Wanderschaft und Ortschaft, wie das Seyn; dieses ist nach der "Andenken"-Vorlesung sowohl das Fügende (Zeit) als auch die Fuge, worin das Seiende west (Ort) (oben 210). Das Stromwesen als "Ortschaft der Wanderschaft" will Heidegger so verstanden wissen, daß der Strom den Ort bestimmt, von wo das Heimischwerden ausgeht, und den Ort, wo das Heimischwerden ankommt. Weil es in Vers 22 der "Ister"-Hymne von diesem heißt: "Schön wohnt er", sagt Heidegger: "Indem der Strom selbst den Ort des Wohnens der Menschen bewohnt, behütet er wohnend diesen Ort in seinem Wesen, *ist* er seine Ortschaft" (42). Offensichtlich gebraucht Heidegger die Vorsilbe 'be'- betont in transitiver Bedeutung,[17] ebenso, wie vorher schon (oben), das Wort "ist".[18]

Ähnlich wie mit dem Strom, der einmal den Ort des menschlichen Wohnens bewohnt und be-hütet, zum anderen aber dessen Ortschaft selbst ist, verhielt es sich in der Vorlesung "Grundbegriffe" mit dem Sein: das Sein wurde gedacht als das Öff-

---

[17] Im Präfix 'be'- liegt "etwas von einer Zusammenfassung der Verbenenergie, die nun unmittelbar auf ein Objekt gelenkt wird: *be*- hat das Vermögen, ein Verbum zu transitivieren". Wolfgang *Kayser*, o.c. 15.

[18] In diesem Sinne sagt Heidegger 1957 vom "Sein, welches das Seiende ist": "Das 'ist' spricht hier transitiv, übergehend" (ID 56).

nende und das Offene, als Befreiung und Freiheit, als das Versetzende und der Ort der Versetzung, als das Ausbreitende und der ausgebreitete Aufenthalt (oben 176 f).

Das Stromwesen als "Wanderschaft der Ortschaft" soll heißen, daß das Wesen des Ortes, von dem das Heimischwerden ausgeht und in den es eingeht, so ist, daß es wandert. Diese selbst wandernden Orte nennt Hölderlin, nach Heideggers Auslegung, in der "Ister"-Hymne mit den Namen der Ströme: Indus, Alpheus, Ister (obere Donau). Die Wanderung geht also von Osten nach Westen. Wenn - so gibt Heidegger seinen Hörern und Lesern zu bedenken - der Strom, wie vorher behauptet, die Wanderschaft wäre, dann müßte der Ister seinem eigenen Strömen, nämlich von Westen nach Osten, entgegenlaufen (42). Ähnliches vermutet Hölderlin tatsächlich. Die dritte Strophe der "Ister"-Hymne beginnt, Vers 41 ff: "Der scheinet aber fast/ Rükwärts zu gehen und/ Ich mein, er müsse kommen/ Von Osten./ Vieles wäre/ Zu sagen davon". Hierzu bemerkt Heidegger: "Der Strom geht in Wahrheit rückwärts. Seine Herkunft hat diese Art" (43). Heidegger meint die Wahrheit der Geschichte, die Hölderlin geahnt und in dieses Wort verschlossen hat (oben 201).

Hölderlins Vermutung ("Ich mein") entspringt in Heideggers Augen "aus dem Mut und dem Gemüt der dichterischen Grundstimmung" (43). Diese wird in der Vorlesung nicht näher bezeichnet. Daß es im Irrealis heißt: "Vieles wäre/ Zu sagen davon", bedeutet nach Heidegger: es ist noch nicht "an der Zeit", solches zu sagen, denn zuvor muß anderes ausgetragen werden (44). Mit dem gleichen Gedanken schloß Heidegger seine Vorlesung von 1935, "Einführung in die Metaphysik": die "rechte Zeit, d.h. der rechte Augenblick", ist noch nicht gekommen (oben 79). Was bis dahin nottut, ist ein "Warten-können" (68).

Wie Hölderlin, als er das Wort vom rückwärts gehenden Strom sprach, durch eine Ahnung bestimmt war vom Wesen der Geschichte, so sollen die Hörer und Leser von Heideggers Vorlesung aus diesem Wort das dichterische Wesen der Ströme ahnen, das von der Wanderschaft der Ortschaft erfüllt ist und somit das Heimischwerden des Menschen vollbringt (45). In das Stromwesen ist die Geschichtlichkeit des Menschen gegründet. Heidegger hält fest: "Wenn hier und überall in den Anmerkungen von 'dem Menschen' die Rede ist, dann meinen wir stets das Wesen des geschichtlichen Menschen der Geschichte, in die wir selbst gehören: das Wesen des abendländischen Menschentums" (51). Hieraus ist erneut abzulesen, daß Heideggers Geschichtsdenken den Intentionen einer 'Weltgeschichte' im üblichen Sinn fernsteht und sich einzig auf die Zeit seit den Griechen richtet. Die Geschichte, in die wir gehören, ist damit genauso endlich, wie das Dasein durch Endlichkeit charakterisiert ist (oben 20).

Beim Wesen des abendländischen Menschentums sind von Heidegger, wie er sagt, "die wesentlichen Bezüge mitgedacht, in denen dieses Menschentum steht: der Bezug zur Welt, der Bezug zur Erde, der Bezug zu den Göttern und zu den Gegengöttern und Abgöttern". In der Einheit dieses Gefüges liegt das volle Wesen des Menschseins (52). Später spricht Heidegger von diesem Verhältnis als "Geviert" (GA 12,19 u.ö.).

Eine andere Überlegung Heideggers ist folgende. Die rätselhafte Einheit von Ortschaft und Wanderschaft im Wesen der Ströme ist eine ursprüngliche Einheit.

Solche Einheit läßt "das Einige erst entspringen, ohne daß es vom Grunde dieser Einheit abspringt" (46). Wenn Heidegger von "Einheit" spricht, so bezieht er sich dabei immer auf die Parmenides- und Heraklit-Worte ἕν, συνεχές, τὸ αὐτό, λόγος. An der Einheit von Ortschaft und Wanderschaft ist - so erläutert Heidegger - das für uns zunächst Faßbare, daß sie rückführbar erscheint auf die Einheit von "'Raum und Zeit'" (46), denn einen Ort denken wir als eine Stelle im Raum, und das Wandern scheint uns eine Abfolge von Schritten wie das gleichmäßige Ablaufen einer Bewegung in der Zeit. Diese Denkweise ist in der Tradition verwurzelt, und zwar nach Heidegger, in groben Zügen, folgendermaßen. Zum Raum: Seit dem Beginn der Neuzeit wird das Wirkliche in einem "mathematisch-technischen Entwurf" von der leblosen Natur aus - anders als bei der griechischen φύσις - begriffen und in eine "'Ordnung'" zu bringen gesucht, das heißt das Verhältnis des Wirklichen untereinander wird gesehen als "berechenbare Zuordnung" (47). Aus diesem Bestreben werden drei Raumkoordinaten, "Zuordnungslinien" (48), angesetzt, mit deren Hilfe eine Raumstelle definiert wird. Zur Zeit: Sowohl die alltägliche wie die wissenschaftliche Auffassung der Zeit ist fundiert in der Definition des Aristoteles, "wonach χρόνος ist ἀριθμὸς κινήσεως - das gezählte Zählende an der Bewegung" (57).[19] In der mathematisch-technischen Naturbetrachtung wird die Zeit als vierte Dimension den drei Raumkoordinaten zugeordnet, um so die wechselnde Raumstelle eines bewegten Körpers beschreiben zu können.

An die Vorstellung, daß Orte Stellen "im" Raum bezeichnen, daß wir uns "im" Raum und "in" der Zeit bewegen, knüpft Heidegger folgende Fragen: Sind Raum und Zeit etwa "riesenhafte Behälter" für alle möglichen Raum- und Zeitstellen? Dann müßte ja gefragt werden, wo, das heißt in welchem Raum, sich der Behälter "'Raum'" befindet und wann, das heißt zu welcher Zeit, es den Behälter "'Zeit'" gibt (55). Wenn durch diese Aporie eingesehen wird, daß Raum und Zeit keine Gegenstände, keine Objekte sind, bleibt noch die Möglichkeit, sie als "Formen des Vorstellens" (56), also subjektiv, zu denken. Aber - so fragt Heidegger - ist der Raum, um den Völker kämpfen, etwas Subjektives? Es zeigt sich: Raum und Zeit lassen sich nicht unter das Schema subjektiv-objektiv bringen.

Seit Beginn der Neuzeit fungieren Raum und Zeit als Ordnungsgrößen für den rechnend beherrschenden Zugriff des Menschen auf die Natur. Was der Raum selbst und die Zeit selbst sind, wird im Horizont dieses Denkens nicht gefragt; ebenso bleibt der Ursprung ihrer Einheit fraglos und dunkel. Die Rückführbarkeit der Einheit von Ortschaft und Wanderschaft auf die Einheit von Raum und Zeit entpuppt sich demnach als Schein. Während diese eine "Einheit der Verknüpfung" ist, ist jene eine "Einheit des Ursprungs" (67). Heidegger äußert folgende Vermutung: "es könnte sein, daß der Wesensursprung von Raum und Zeit in dem verborgen liegt, was wir unter dem Namen Ortschaft und Wanderschaft einheitlich zu denken versuchen". Im "Wesensbereich" (58) von Ortschaft und Wanderschaft bewegt sich nach Heideggers Auffassung Hölderlin, wenn er die Ströme dichtet. Heidegger läßt diesen Wesensbereich vorerst namenlos; erst gegen Ende seiner Vorlesung kommt er hierauf zurück.

---

[19] *Aristoteles,* Physik 219 b. Zitiert oben 190 Anm.

Die geläufigen Raum- und Zeitvorstellungen, deren "metaphysische Herkunft" (58) in der "Subjektivität" (203) zu suchen ist, berührt Heidegger in seiner Vorlesung einzig deshalb, weil, wie er sagt, "die Loslösung aus solcher Überlieferung weder über Nacht, noch gewaltsam, noch besinnungslos geschehen kann". Durch eine Besinnung auf die metaphysischen Begriffe kann "das Andere, was Hölderlin dichtet" (58) und was aus der Metaphysik herausfällt, hervortreten. Heidegger möchte sich aus einer Überlieferung lösen, in der "Ort und Zeit nicht aus dem Bezug zur Geschichte und zum geschichtlichen Menschen begriffen sind, sondern aus dem Hinblick auf bloße Bewegungsvorgänge" (65 f), wofür Aristoteles in seiner "Physik" den Grund gelegt hat. Dagegen möchte Heidegger auf Hölderlins Wort von den Strömen hören, denn Hölderlin dichtet die Geschichtlichkeit des Menschen aus dem Stromwesen, das heißt aus Ortschaft und Wanderschaft, das heißt aus einem nicht metaphysisch verstandenen Ort und einer ebensolchen Zeit.

Die Ströme hat Hölderlin nach Heideggers Auffassung deshalb gedichtet, weil diese einen ausgezeichneten Bezug zum Heimischwerden im Eigenen haben und weil die "Findung des Eigenen und die Aneignung des gefundenen Eigenen" "das Schwerste" sind (60). Heidegger will damit sagen, daß Hölderlin seine im Brief an Böhlendorff entwickelte Ansicht über - wie Heidegger es deutete - das "Wesenhafte aller Geschichte" (oben 200) in der "Ister"-Hymne dichterisch gestaltet hat. Obwohl Heidegger an dieser Stelle Hölderlins Brief nicht erwähnt, ist offenkundig, daß er auf seine Auslegung dieses Textes in der "Andenken"-Vorlesung zurückgreift. Heidegger unterstreicht: "Das Heimischwerden im Eigenen ist die einzige Sorge der Dichtung Hölderlins, die in die Gestalt der 'Hymne' eingegangen ist ..." (60).

Hölderlins Erkenntnisse aus dem Böhlendorff-Brief interpretiert Heidegger jetzt als "Gesetz", und zwar: "Wenn das Heimischwerden eines Menschentums die Geschichtlichkeit seiner Geschichte trägt, dann ist das Gesetz der Auseinandersetzung des Fremden und des Eigenen die Grundwahrheit der Geschichte, aus welcher Wahrheit sich das Wesen der Geschichte enthüllt" (60 f). In Hölderlins Brief heißt es ja, daß das Eigene *und* das Fremde "gut gelernt" sein müßten (oben 198). Die Auseinandersetzung des Eigenen und Fremden bezieht sich auf unser Verhältnis zu den Griechen. Hölderlin baut auf ihr seine Konzeption des Vaterländischen auf; Heidegger begreift seine Auseinandersetzung mit den Griechen als Vorbereitung für ein "anderes Denken", wie er es im 1966 aufgezeichneten Spiegel-Interview genannt hat (SI 212).[20] Beides, vaterländische Dichtkunst und Denken in Heideggers Sinn, sind auf einen Wandel der Geschichte gestimmt. Weil Hölderlins Verhältnis zum Griechentum, wie es aus seinem Brief an Böhlendorff hervorgeht, anderer Art ist, als daß die Griechen ihm Maßstab und Vorbild sind oder daß er zu ihnen zurückwill, beurteilt Heidegger dieses Verhältnis als "weder klassisch, noch romantisch, noch metaphysisch" (67).[21]

---

[20] 1934/35 sprach Heidegger von einer "anderen Metaphysik" (oben 39).

[21] Ähnlich: GA 39,293; GA 52,78. - Zur Frage, ob Hölderlin in die Geschichte der deutschen Literatur als klassischer oder romantischer Autor einzuordnen ist, vgl. *Ryan*, o.c. 363 f. Ryan ist der Auffassung, daß Hölderlins "Wille zur Vollendung in der Gesetzmäßigkeit" ihn "ziemlich eindeutig zum Klassiker stempelt" (l.c.). Hier liegt eine unterschiedliche Verwendung des Begriffs "klassisch" vor. Heidegger spricht davon, daß die Griechen für Hölderlin nicht "klassisch" waren, Ryan hält Hölderlins Dichtung selbst für "klassisch".

Wenn nun - so erläutert Heidegger - das geschichtliche Heimischwerden auf einer Auseinandersetzung des Eigenen und Fremden beruht, dann muß auch die dichterische Besinnung auf das Heimischwerden von solcher Art sein, das heißt sich als "geschichtliche Zwiesprache mit den fremden Dichtern" vollziehen (61). Offensichtlich argumentiert Heidegger hier, wie schon öfter, im Sinne des alten Denkprinzips "Gleiches zu Gleichem".

Zwei griechische Dichter sind es, die Hölderlins Sorge um das Heimischwerden im "Zeitraum" der späten Hymnen entsprechen: Pindar und Sophokles. Wie Geschichte überhaupt, so ist Heidegger zufolge auch Hölderlins geschichtliche Zwiesprache mit Pindar und Sophokles durch "Einzigkeit und Eindeutigkeit" ausgezeichnet (61). Hölderlin hat um die Jahrhundertwende Pindarische Siegesgesänge und Sophokleische Tragödien übersetzt; an letzteren erprobte er seine Auffassung von vaterländischer Dichtkunst.[22] An den Gesängen Pindars ist das Kompositionsprinzip von Hölderlins späten Hymnen orientiert; speziell die so genannte "harte Fügung" ist Pindarisch (oben 198). Heidegger macht darauf aufmerksam, daß gerade im Hinblick auf das Heimischwerden und Heimischsein in Hölderlins Hymnendichtung immer wieder Gedanken der beiden griechischen Dichter anklingen. Bei Pindar denkt Heidegger vor allem an das von Hölderlin übersetzte und kommentierte Fragment "Das Belebende"; dessen Verbindung zur "Ister"-Hymne und dem in ihr gedichteten Heimischwerden liegt darin, daß Hölderlin Pindars "Centauren" als "Stromgeist" deutet (unten 261 Anm.). Hölderlins Zwiesprache mit Pindar erwähnt Heidegger zwar, verfolgt sie aber nicht weiter. Ein Zeugnis für diese Zwiesprache sind die von mir an Vers 48 der Rheinhymne aufgewiesenen Zusammenhänge (oben 35 ff). Da das Spannungsverhältnis von Pindars φυά und γένοι' οἷος ἐσσί das gleiche ist wie im Brief an Böhlendorff zwischen Eigenem und Lernen des Eigenen, mit Heideggers Worten aus der Vorlesung von 1934/35: zwischen Mitgegebenem und Aufgegebenem, da ferner das Heimischwerden im Eigenen Heidegger zufolge die einzige Sorge von Hölderlins Hymnendichtung ist, kann man sagen, daß Hölderlins Hymnen aus der Zwiesprache mit diesem letztlich Pindarischen Gedanken schöpfen.

b) Heimischwerden aus der Zugehörigkeit zum Sein

Der Zwiesprache Hölderlins mit Sophokles gilt der zweite Teil von Heideggers "Ister"-Vorlesung. Heideggers Ausführungen entfalten die These, daß Sophokles im ersten Standlied der "Antigone" das Unheimischsein des Menschen ins Wort gefaßt hat und daß dieses in einem Vergessen des Seins beruht.

Als Hölderlin seine späten Hymnen dichtete, wurde ihm Heidegger zufolge dieses Chorlied immer wieder zugesprochen (69; 152). Denn das Heimischwerden des Menschen, welches Hölderlin gestaltet, schließt ein, "daß der Mensch zunächst und langehin und zuweilen für immer nicht heimisch ist" (60), daß, worüber in der "Andenken"-Vorlesung gesprochen wurde, der "Geist" im Anfang nicht "zu Hauß" ist.

---

[22] Vgl. *Binder*, Hölderlin und Sophokles. l.c.

Hölderlin wußte also um das Unheimischsein und hielt darüber Zwiesprache mit Sophokles. Heidegger betont: "Der Anklang des ersten Standliedes aus der Antigone-Tragödie des Sophokles in der Hymnendichtung Hölderlins ist eine geschichtlich-dichterische Notwendigkeit innerhalb der Geschichte, in der sich das Heimisch- und Unheimischsein des abendländischen Menschentums entscheidet" (69 f). Um die denkerische Bestimmung des Menschseins durch Parmenides besser zu verstehen, hatte Heidegger in seiner "Einführung in die Metaphysik" einen dichterischen Entwurf des Menschseins zu Rate gezogen, und zwar eben das Chorlied aus der "Antigone" (oben 85). Wie dort so ist Heidegger auch in der "Ister"-Vorlesung der Auffassung, daß hierin das Wesen des Menschen gedichtet ist (69).

Besonders interessant an Heideggers Ausführungen im zweiten Teil der Vorlesung sind die durch Hölderlins Böhlendorff-Brief angeregten Überlegungen zum Übersetzen. Wenn, wie Hölderlin schreibt, das Eigene ebenso gut gelernt sein muß wie das Fremde, in Heideggers Worten: wenn das Eigene und das Fremde angeeignet werden sollen (oben 198 ff), dann wird ein um solche Aneignung bemühtes Übersetzen - so betont Heidegger jetzt - "deutscher" sein müssen als bisherige Übersetzungen und "griechischer" (100) denken müssen als die Griechen selbst. Heidegger würde mit seinen Übertragungen antiker Texte bei den Philologen weniger Anstoß erregen, wenn diese Zusammenhänge beachtet würden.

Wie in allen seinen Schriften so ist Heidegger auch in der "Ister"-Vorlesung bewegt von der Frage nach dem Sein. Im zweiten Teil der Vorlesung hört er auf solche Sophokleischen Worte, die, nach seiner Deutung, dichterisch das Sein nennen.

Genauso wie seine Auslegung der "Ister"-Hymne so versteht Heidegger seine Ausführungen zum Chorlied als "Anmerkungen" (70). Hölderlins Übersetzungen heranzuziehen kommt für Heidegger deshalb nicht in Frage, weil sie nur aus dem Ganzen der Hölderlinschen Übertragung verständlich seien (70). Die Hörer und Leser müssen auch auf Begründungen Heideggers für seine Übersetzung und Erläuterung verzichten, weil Heideggers "Auslegung des Griechentums" "von allen bisherigen sich wesentlich unterscheidet" und daher nicht auf sie rückführbar ist, so daß Heideggers Erläuterungen den "Anschein des 'Dogmatischen'" haben (71). Heidegger charakterisiert sein Vorhaben aber nicht nur negativ, sondern auch positiv: Seine Deutung des Chorliedes ist geleitet von einem "Vorblick" auf das dichterische Wesen der Ströme und damit auf das "Grundgesetz des Heimischwerdens" (73).

Ich skizziere zunächst Heideggers Überlegungen zum Übersetzen. Übersetzen erschöpft sich nicht in der Benutzung eines Wörterbuches, denn die verzeichneten Wörter beruhen ja auf einer "voraufgehenden Auslegung der sprachlichen Zusammenhänge" (74). Echtes Übersetzen in Heideggers Sinn fragt dem "Wesensbereich" eines Wortes nach (75) und ist so in sich schon ein Auslegen. Heidegger hält fest: "Jede Übersetzung ist Auslegung. Und alles Auslegen ist Übersetzen" (79). Heideggers Auffassung des Übersetzens ist geprägt von dem aus Hölderlins Böhlendorff-Brief abgeleiteten "Gesetz" der Geschichtlichkeit (oben 235). Das geht aus folgendem Gedanken Heideggers hervor: Da Geschichtlichkeit ein Heimischwerden ist, muß ein geschichtliches Volk auch erst lernen, in der eigenen Sprache zu wohnen; dies geschieht in der Zwiesprache mit fremden Sprachen. Heidegger sagt: "Aus der geschichtlichen Besinnung gedacht ist das Übersetzen die Auseinandersetzung mit der fremden Sprache umwillen der Aneignung der eigenen". Das Übersetzen ist dann ein '"*Über*setzen'" im Sinne des Hinübergehens in die fremde Sprache (80).

Das uns angehende Fremde schlechthin ist in Heideggers (wie in Hölderlins) Augen: das Griechentum. Deshalb sagt Heidegger: "Wir lernen die griechische Sprache, damit das verborgene Wesen unseres eigenen geschichtlichen Anfangs für uns sich in die Klarheit unseres Wortes finde. Dazu gehört aber, daß wir das einzige Wesen des Griechentums kennen und in seiner Einzigkeit anerkennen" (81). Das Wort "Klarheit" ist ein Hinweis auf die "Klarheit der Darstellung", die für die Deutschen das zu lernende Eigene ist, aus dem Böhlendorff-Brief.

Man kann die Art der Übersetzung, die Heidegger vorhat, demzufolge ein *geschichtliches Übersetzen* nennen, denn Heidegger bindet sich an das von ihm erkannte "Gesetz" der Geschichtlichkeit: er überträgt Sophokles' Wort so, daß es zur Aneignung unserer eigenen Sprache helfen soll.[23] Damit unterscheidet er sich von allen bisherigen Auslegungen des Griechentums. Auch seine Anaximander-Deutung hielt Heidegger wegen seines entschiedenen Verhältnisses zur Geschichte für '"philologischer'" als die '"wissenschaftliche Philologie'" (oben 179). Heideggers Erörterungen über das Heimischwerden und seine Gedanken zur Aneignung der Sprache aus der "Ister"-Vorlesung sind die Basis dafür, daß er 1960 von der "Sprache a l s Heimat" redet (GA 13,180). Ich komme auf Heideggers Art des Übersetzens im Zusammenhang mit der πόλις zurück.

Bei seiner Auslegung des Chorliedes grenzt Heidegger vier Stücke aus, die nach seiner Auffassung zusammengehören und "das verborgene Gezüge des Gesanges" stimmen (73): 1. die Verse 332 f, 2. Vers 360, 3. die Verse 370 f, 4. die Verse 373 f.[24] Heidegger erläutert diese Stellen nacheinander. Er geht aus von der lexikalischen Bedeutung von δεινόν, die eine gegenwendige ist, um dann im Menschen als dem δεινόν im höchsten Sinne die Gegenwendigkeit als sein innerstes Wesen aufzuzeigen. Alles läuft zu auf die Schlußverse, in denen im Wort "Herd" dichterisch das Sein genannt ist. Da Heidegger zufolge der ganze Chorgesang von diesem Schlußwort aus "erst gedacht und schon gesagt" ist (133), möchte ich, gegenläufig zu Heideggers Verfahren, seine Erläuterungen von diesen Versen aus, verkürzt, wiedergeben. Wie die Überlegungen zum Wesen der Ströme, so sind auch die folgenden Erläuterungen getragen von Heideggers Grundeinsicht in den Bezug des Seins zum Menschen.

Die Verse 373 f des Chorliedes lauten: μήτ' ἐμοὶ παρέστιος/ γένοιτο μήτ' ἴσον φρονῶν ὃς τάδ' ἔρδοι, nach Heideggers Übersetzung: "Nicht werde dem Herde ein Trauter mit der,/ nicht auch teile mit mir sein Wähnen mein Wissen, der dieses führt ins Werk" (115). Heidegger will "wenige Hinweise auf wesentliche Worte" geben (130). Diese Absicht bestätigt das von mir im Zusammenhang mit der "Andenken"-Vorlesung Hervorgehobene: Genauso wie Hölderlins hymnischer Sprech-

---

[23] Einen anderen Akzent setzte Hölderlin bei seinen Sophokles-Übertragungen: er wollte das in der griechischen Kunst von den Griechen verleugnete Eigene, "das Orientalische", herausheben und damit ihren Kunstfehler korrigieren (oben 200 Anm.). Hölderlin glaubte damit, entsprechend seiner Idee des Vaterländischen, die Sophokleischen Tragödien griechisch-vaterländisch gestaltet zu haben.

[24] *Sophocles,* The Plays and Fragments. By R.C. Jebb. Part III. The Antigone. 2nd Edition. Cambridge: University Press 1891. p. 76.

stil beschaffen ist, geht Heideggers Weg der Auslegung jeweils "von schwerem Wort zu schwerem Wort" (oben 198). Heideggers Sophokles-Auslegung hat damit zugleich Ähnlichkeit mit Hölderlins Sophokles-Übersetzung, denn diese zeigt die "Neigung, auf Einzelworte heftigen Nachdruck zu legen".[25]

Sein Hauptaugenmerk richtet Heidegger bei den zitierten Versen auf das Wort ἑστία, das in παρέστιος steckt. Dafür, daß es sich hier um ein Wort für das Sein handelt und daß diese Auslegung von den Griechen selbst vollzogen wurde, gilt Heidegger zunächst das Fragment 7 von Philolaos als Beleg: τὸ πρᾶτον ἁρμοσθὲν, τὸ ἕν, ἐν τῶι μέσωι τᾶς σφαίρας ἑστία καλεῖται.[26] Heidegger übersetzt: "das als der anfängliche Einklang Wesende, das einigende Eine, in der Mitte der Kugel wird 'Herd' genannt" (140). Die "Mitte" der Kugel versteht Heidegger als "Mitte des Seienden". Hieran knüpft er folgende Überlegungen: Worauf alles Seiende "anfänglich bezogen bleibt", ist das Sein. Daher: "Das Sein ist der Herd". Der Herd hat - so erläutert Heidegger - dasselbe Wesen wie die φύσις. φύσις ist "das von sich aus aufgehende Leuchten" (140). Das ergibt sich aus den Worten φύεσθαι und φαίνεσθαι (oben 73 ff). Das Phänomen des Leuchtens kommt also in beiden Worten für das Sein zur Sprache, in φύσις und ἑστία.[27] Da die φύσις durch nichts anderes vermittelt ist, denn sie ist ja das *von sich her* Aufgehende, ist sie die Mitte selbst. Von ihr sagt Heidegger: "Diese Mitte ist das anfänglich Bleibende und alles Umsichsammelnde - jenes, worin alles Seiende seine Stätte hat und als das Seiende heimisch ist" (140). Im "anfänglich Bleibenden" ist das Reinentsprungene gegenwärtig; das "Umsichsammelnde" verweist auf den λόγος. Daß die Mitte jenes ist, "worin" das Seiende heimisch ist, bezeichnet den von mir aufgewiesenen Ortscharakter des Seins.

Wegen des doppelten "Nicht" (μή) in den Schlußzeilen des Chorliedes liest Heidegger aus ihnen eine Verwerfung. Auf der einen Seite ist es eine "Verstoßung vom Herde" (115), auf der anderen Seite geht die Verwerfung das "Wissen" an. Zunächst zu letzterem: Da im Sophokles-Vers von zwei ungleichen Arten des Wissens die Rede ist, unterscheidet Heidegger zwischen "Wähnen" und "Wissen". Das Wähnen

---

[25] *Beissner,* Hölderlins Übersetzungen, 140.

[26] Diels-Kranz 1,410. Um zu zeigen, daß *Platon* an die Ἑστία erinnert, führt Heidegger eine Stelle aus dem "Phaidros" an. Aus μένει γὰρ Ἑστία ἐν θεῶν οἴκῳ (Phaidr. 247 a 1) schließt er, daß Hestia "die Bleibende - Ständigste" ist, die "Mitte aller Beständigkeit und Anwesenheit - das Wesende im Sein" (GA 53,141 f). - Es ist erstaunlich, daß Heidegger nicht eine Passage aus dem "Kratylos" heranzieht, die seine Deutung von ἑστία als dem Sein besonders gut stützen würde: ἡ τῶν πραγμάτων οὐσία Ἑστία καλεῖσθαι ἔχει λόγον (Krat. 401 c), "es hat guten Grund, daß das Wesen der Dinge Ἑστία heißt".

[27] Heideggers Hinweis, daß ἑστία von einem Stamm abgeleitet wird, der 'glänzen' und 'brennen' bedeutet (GA 53,130), bezieht sich auf: Georg *Curtius,* Grundzüge der griechischen Etymologie. 5. Aufl. Leipzig: Teubner 1879. S. 398 f. - Ἑστία hängt wortgeschichtlich außerdem zusammen mit ahd. 'wesan', 'sein', und idg. 'ꭇes', 'verweilen'. Vgl. *Walde-Hofmann,* s.v. "Vesta". - Es besteht also nicht nur, über das Leuchten, ein phänomenaler Zusammenhang zwischen φύσις als dem griechisch gedachten Sein und ἑστία, sondern auch ein wortgeschichtlicher zwischen der ahd. Bedeutung 'sein' und ἑστία. - Worauf Heidegger nicht eingeht, was aber gut zu seiner Auslegung vom Herd als dem Sein und beidem als Ziel des Heimischwerdens paßt, ist, daß Ἑστία verwandt ist mit "Hertha". Dieser Name steht in der "Ister"-Hymne nach Heidegger für die heimatliche Erde (oben 227). Ἑστία "ähnl. dem Sinne nach Plat. Crat. 101 von ἑσσία = οὐσία, nach späteren Deutungen jedoch die Erde, Hertha". W. *Pape* - G. *Benseler,* Wörterbuch der griechischen Eigennamen. Nachdr. d. 3. Aufl. 1911. 2 Bde. Graz: Akademische Druck- und Verlagsanstalt 1959. S. 395.

kommt dem vom Herd Verstoßenen zu, dieser hat nicht das "eigentliche Wissen vom Herde" (131). Worin dieses aber liegt, wird von Sophokles nicht gesagt. Heidegger deutet solches Wissen als die "echte Ahnung" (132). Jenes Wissen aber, so argumentiert Heidegger, das die Verstoßung vom Herde ausspricht, muß einer "Zugehörigkeit zum Herde" entstammen (132).

Da der Herd die Stätte des Heimischseins ist, wird der vom Herd Verstoßene zu einem Unheimischen. Das äußerste Unheimischsein besteht dann, wenn der Mensch den Herd vergißt. Bezogen auf das Sein bedeutet das: nur das Seiende betreibend, ist der Mensch "(wie) aus dem Sein vertrieben" (93). Allein der Mensch kann sich zum Seienden als einem solchen verhalten und dabei das Sein verstehen; wie es in "Sein und Zeit" hieß: der Mensch ist ausgezeichnet durch Seinsverständnis (GA 2,16). Deshalb kann auch nur er das Sein vergessen (94). Heideggers Gedanke der Seinsvergessenheit ist entsprechend seiner eigenen Beurteilung von 1946 und 1962 eine Grunderfahrung von "Sein und Zeit" (GA 9,328; SD 31) und zieht sich durch sein ganzes Werk. Der Gedanke wird in den Vorlesungen ab 1935 insofern modifiziert, als die Seinsvergessenheit mehr und mehr als eine vom Sein selbst zugeschickte gedeutet wird.

Wenn der Mensch auf die äußerste Weise unheimisch ist, so, daß er das Sein vergessen hat, ist die Katastrophe schlechthin geschehen, denn der Mensch ist in solcher Umkehrung (καταστροφή) vom eigenen Wesen, nämlich das Sein zu verstehen, abgekehrt (94).[28] Daß Heidegger sagt, der Mensch sei "aus" dem Sein vertrieben, weist wieder auf sein Verständnis des Seins als Ort und Ortschaft.

Aus den Schlußversen des Chorliedes spricht aber nach Heidegger nicht nur eine Verstoßung vom Herd, sondern auch ein "Wink in die Heimstatt", ein "Anstoß zum Aufmerken auf das Heimische und zur Wagnis der Zugehörigkeit in dieses" (143). Aus dem Aufmerken auf das Heimische kann der Unheimische dessen innewerden, daß ein Heimischsein möglich ist und gewagt werden kann. Es verhält sich damit ähnlich wie mit der Meerfahrt der Schiffer aus der "Andenken"-Vorlesung, denen, Heidegger zufolge, in der Fremde und am Fremden das Eigene aufgeht, was sie die Heimkehr antreten läßt (oben 202). Mit dem Gedanken des möglichen Heimischwerdens hat Heidegger an Sophokles dasjenige aufgewiesen, dem auch Hölderlins dichterische Sorge gilt (oben 235).

Im Unheimischsein liegt also eine "wesenhafte Zweideutigkeit" (144): Derjenige ist unheimisch, der aus der Vergessenheit des Herdes, das heißt des Seins, sich nur an das Seiende hält. Ein solcher Unheimischer kann aber auch, aufmerkend, die "Vergessenheit des Seins brechen durch das 'Andenken' an das Sein" (144). Heidegger nennt diese beiden Arten des Unheimischseins uneigentlich und eigentlich (146).

Das uneigentliche Unheimischsein erläutert Heidegger, ohne es dabei selbst so zu bezeichnen, an zwei Wortpaaren aus dem Chorlied: παντοπόρος - ἄπορος und

---

[28] *Platon* spricht im "Staat" von der Umkehrung der Seele aus einer Art nächtlichem Tag zum wahren Tag (Pol. 521 c) bzw. von der Umkehr der Seele vom Werden zur Wahrheit und zum Sein (Pol. 525 c): περιστροφή, περιαγωγή, μεταστροφή.

ὑψίπολις - ἄπολις.[29] Im ersten Fall handelt es sich um eine Verstrickung im Seienden im Hinblick auf den πόρος, im zweiten im Hinblick auf die πόλις. In den gegenwendigen Worten παντοπόρος - ἄπορος und ὑψίπολις - ἄπολις ist nach Heidegger das gegenwendige Wesen des Menschen geahnt und entschieden ans Licht gebracht, dies aber in einem dichterischen Sagen; Heidegger möchte es denkerisch entfalten (114).

Vers 360, das zweite von Heidegger aus dem Chorlied herausgehobene Stück, lautet vollständig: παντοπόρος ἄπορος ἐπ᾽ οὐδὲν ἔρχεται, in Heideggers Übersetzung: "Überallhinausfahrend unterwegs erfahrungslos ohne Ausweg kommt er zum Nichts" (73).[30] Folgende Erläuterung gibt Heidegger: Der Mensch fährt überall hinaus und umher, lernt alles kennen, kommt auch "zu etwas", das heißt er bringt manches in seine Gewalt. Obwohl er auf diese Weise alles erfährt (παντοπόρος), bleibt er doch ohne Erfahrung (ἄπορος), weil er nicht den Eingang findet ins eigene Wesen. Heidegger verwendet den Begriff "Erfahrung" also dreifach: als Umherfahren, als Kennenlernen und als Zugang zum eigenen Wesen. Indem der Mensch zu allem kommt und zu etwas kommt, also zum Seienden, kommt er zum Nichts (ἐπ᾽ οὐδὲν ἔρχεται), denn er bleibt am jeweiligen Seienden haften und faßt nicht dessen Sein und Wesen. Damit bleibt der Mensch von seiner eigenen Wesensmitte ausgeschlossen. Er wähnt sich heimisch im Seienden, und ist doch der Unheimische.

Die Wesensmitte des Menschen liegt für Heidegger darin, daß der Mensch als einziges Seiendes das Sein versteht (oben 240). Heidegger erläutert: "Das 'Nichts', zu dem er kommt, ist das, was, gegenwendig zum Sein, den Menschen unmittelbar vom Sein schlechthin ausschließt" (93). Somit ist das Unheimischsein des Menschen kein Mangel und Fehler von seiner Seite, sondern beruht auf einem "Wesenszug des Seins selbst" (96). In seiner Vorlesung "Grundbegriffe" vermutete Heidegger, daß das Nichts das Selbe ist wie das Sein (oben 166 f). Die menschlichen Möglichkeiten, παντοπόρος und ἄπορος zu sein, haben also ihren Grund im nichthaften Walten des Seins.

Im Chorlied der Sophokleischen "Antigone" ist nach Heideggers Ansicht "die Gegenwendigkeit des Seins selbst bewahrt und zur Erscheinung" gebracht (95). Damit erreichte die Geschichte des Griechentums die "Höhe seines Wesens". Dagegen blieb die mit Platon beginnende Metaphysik "dem Wesen des 'Negativen' nicht gewachsen" (95). Heidegger setzt das "Negative" in Anführungszeichen, um anzuzeigen, daß damit nicht das Gegenwendige des Seins getroffen ist, denn das Negative ist vom negare, der Verneinung, her verstanden (96). Das wiederum hängt mit der Ansetzung der Wahrheit in der Aussage zusammen. Als die eine Seite der Gegen-

---

[29] Heidegger beachtet nicht den Punkt zwischen den Wörtern παντοπόρος· ἄπορος und ὑψίπολις· ἄπολις, der in den neueren Sophokles-Ausgaben steht. Zur Kritik vgl. *Pöggeler, Den Führer führen?* 57. - Allerdings trifft Pöggelers Kritik Heideggers Anliegen nicht. Wie Heidegger ausdrücklich bekundet, geht seine Auslegung auf "wesentliche Worte" (oben 238). Dabei ist es gleichgültig, ob diese einzelnen gewichteten Worte syntaktisch verbunden sind oder nicht. Heidegger bemüht sich nicht um den Sinn von Sätzen, sondern, wie immer, um den Wesensbereich, aus dem die *Worte* sprechen.

[30] Genauso übersetzt: GA 40,156. Auch hier ändert Heidegger das Satzende: er nimmt den Punkt nicht nach τὸ μέλλον an, sondern nach ἔρχεται und folgt damit Hölderlin (SW 5,220), weshalb ἐπ᾽ οὐδὲν auch nicht ἄπορος zugeordnet wird, 'in nichts unerfahren', sondern dem Verb ἔρχεται, so daß sich der Sinn ergibt: der Mensch "kommt" "zum Nichts". Bei Hölderlin: "Zu nichts kommt er".

wendigkeit von Sein und Nichts zum Minderen und Unteren herabgesetzt, indem sie als μὴ ὄν begriffen wurde - die Platonische Philosophie ist ein "Zeichen" für diesen "Wandel" - war Heidegger zufolge der "Niedergang" des Griechentums "entschieden" (95). Die Gegenwendigkeit des Seins ist in Heideggers Augen vor allem im Wort δεινόν bewahrt, weshalb er dieses Wort für das "Grundwort des Griechentums" hält (76; 82). Ich gehe hierauf noch ein.

Die Verse 370 f bilden das dritte von Heidegger erläuterte Stück aus dem Chorlied: ὑψίπολις ἄπολις ὅτῳ τὸ μὴ καλὸν/ ξύνεστι τόλμας χάριν. Heidegger übersetzt: "Hochüberragend die Stätte, verlustig der Stätte/ ist er, dem immer das Unseiende seiend/ der Wagnis zugunsten" (82; 97).[31] Heidegger geht es um den "Wesensbereich, aus dem her und in den zurück" die Worte sprechen (97) (vgl. ἐξ ὧν - εἰς ταῦτα, oben 178). Nach Heideggers Auffassung kommt in dem Wortpaar ὑψίπολις - ἄπολις das gegenwendige Wesen des Menschen und des Seins noch entschiedener hervor als in den Worten παντοπόρος - ἄπορος (97). Denn bei παντοπόρος ist das "überallhin" nicht näher bestimmt, es ist nicht gesagt, wohin der Gang und Durchgang (πόρος) führt. Vers 370 dagegen nennt die πόλις. Die πόλις ist nach Heideggers Verständnis nicht aus dem Politischen zu begreifen, dieses ist nämlich erst eine Folge aus dem Wesen der πόλις, ebenso wie das "'Logische'" aus dem Wesen des λόγος und das "'Ethische'" aus dem Wesen des ἦθος folgen (98). Heidegger ist der Auffassung, daß die πόλις für die Griechen "das eigentlich Frag-würdige" war (105; 100; 118) und daß die "späten Betrachtungen" Platons und Aristoteles' über die πόλις deren Wesen verkennen (99 f).

Zum Wesen der πόλις bemerkt Heidegger: "Die πόλις ist πόλος, d.h. der Pol, der Wirbel, in dem und um den sich alles dreht" (100).[32] Nach dem von Heidegger benutzten Wörterbuch besteht eine Wortverwandtschaft von πόλις und πέλω;[33] neuere Werke verzeichnen diesen Zusammenhang nicht.[34] An den Phänomenen πόλις und πόλος tritt aber auch eine Wesensverwandtschaft zutage, die πόλις hat, wie Heidegger sagt, etwas "wesenhaft 'Polares'", insofern das offenbare Seiende sich um sie dreht. Heidegger nennt den πόλος[35] auch deshalb, um den Bogen zu schlagen zum πέλει aus Vers 2 des Chorliedes. Hierzu komme ich noch. πόλις wie πόλος be-

---

[31] Genauso übersetzt: GA 40,157. - ὑψίπολις· ἄπολις wird von Karl *Reinhardt* übertragen als "Volkes Zier: Volkes Fluch". *Sophokles, Antigone.* Übers. v. Karl Reinhardt. 1. Aufl. 1942. 2. Aufl. Godesberg: Küpper 1949. S. 43. - ὑψίπολις wird ferner gedeutet als: "steht zum Ruhme der Bürgerschaft". *Sophokles,* Antigone. Griech. u. deutsch. Übertr. v. Ludwig Friedrich Barthel. 2. Aufl. München: Heimeran 1941. S. 35. - "Proudly his city shall stand". *Sophocles.* With an English Translation by F. Storr, B.A. Vol. 1. London: Heinemann. Cambridge, Mass.: University Press. 1967-68. p. 343. Diese Auslegung geht zurück auf den Antigone-Kommentar von R.C. Jebb (zitiert oben 238), der ὑψίπολις als ὑψηλὴν πόλιν ἔχων faßt (o.c. 77). - "Citizen of a proud city". Henry *Liddell* and Robert *Scott,* A Greek-English Lexicon. Oxford: Clarendon Press 1968. p. 1910. - Hölderlin übersetzt ὑψίπολις· ἄπολις mit "Hochstädtisch" - "unstädtisch" (SW 5,220). Er begreift, genauso wie die neueren englischen Übersetzungen, ὑψίπολις nicht als 'in der Stadt hoch dastehend', also nicht als ein Verhältnis des Menschen zur Stadt, sondern als eine Eigenschaft der Stadt selbst. Zu diesem Verfahren vgl. oben 112 Anm.

[32] πόλος: "der Wirbel od. die Angel, worum sich etwas dreht, die Achse" *(Passow* 2,993).

[33] πόλις: "im weiteren Sinne: eine ganze Gegend, insofern sie durch Gründung einer Stadt angebaut u. von Menschen bewohnt ist ... (von πέλω, eig. nur Aufenthaltsort, der durch gegenseitigen Verkehr der daselbst Wohnenden belebt wird...)" *(Passow* 2,989).

[34] *Frisk* 2,576.

[35] abgeleitet von πέλομαι: *Frisk* 2,550. *Passow* 2,993.

zeichnen Heidegger zufolge: "das Beständige und den Wechsel" (100). Weil πέλειν ein Wort für 'sein' ist,[36] kann Heidegger auch die πόλις mit dem Sein in Verbindung bringen: "Die πόλις ist auf die Wahrheit und das Wesen des Seins gegründet, von wo aus alles Seiende bestimmt wird" (106). Heidegger sagt das im Zusammenhang mit Platons Forderung, daß die Philosophen Herrscher werden müßten in der πόλις (Pol. 473 c-d). Da die Philosophen sich mit dem Sein befassen,[37] wäre die πόλις dann auf das Sein gegründet.

Den entscheidenden Hinweis auf das Wesen der πόλις findet Heidegger in der deutschen Sprache: Das Polhafte der πόλις entspricht weder der "Stadt" noch dem "Staat", sondern meint "zuvor und eigentlich 'die Statt'" (101).[38] Diese deutet Heidegger als "Stätte des Aufenthaltes des geschichtlichen Menschen inmitten des Seienden" (108). In ihr "sammelt" sich alles Verhalten zum Seienden (196). Ihr entspringen "Fug" und "Unfug", das "Schickliche" wie das "Unschickliche" und der Bezug zu den Göttern (101). Diese letzten Gedanken Heideggers beruhen darauf, daß das Sein der Aufenthalt ist, den es selbst für den Menschen ausbreitet (oben 173), daß es als λόγος die Gesammeltheit des Seienden und als δίκη Fug und Unfug ausmacht (oben 74 f; 82 ff). Offenbar ist "das Heilige" aus der "Andenken"-Vorlesung (oben 206 ff) als das Schickliche, Schickende, alle Bezüge Fügende und das "Fest" Stimmende nach Heideggers Verständnis desselben Wesens wie die πόλις. Das Heilige hat, als Geschehen der Schickung, zeithaften, aber ebenso orthaften Charakter (vgl. oben 226 Anm.). Genauso ist die πόλις in ihrem polhaften Wesen das Beständige und der Wechsel, also Zeit, und außerdem: die "offene Stätte" "der Schickung, aus der sich alle Bezüge des Menschen zum Seienden ... bestimmen" (102). Der Zeitcharakter der πόλις entspricht ferner dem einen Wesenszug der Ströme, der Wanderschaft, ihr Ortscharakter dem anderen Wesenszug der Ströme, der darin liegt, als Ortschaft das Heimischwerden des Menschen zu durchwalten.

Den Aristotelischen Satz vom Menschen als einem ζῷον πολιτικόν[39] möchte Heidegger so verstanden wissen, daß der Mensch dasjenige Wesen ist, "das der Zugehörigkeit zur πόλις fähig ist" (102). Das sagt Heidegger, weil sich für ihn das Menschenwesen aus der Zugehörigkeit zum Sein bestimmt, weshalb dessen Wahrheit auch der Grund der πόλις ist.

Daß Heidegger das deutsche Wort "Statt" zur Erläuterung des Wesens der πόλις heranzieht, ist deshalb gerechtfertigt, weil seine Auslegung des Chorliedes, wie er ausdrücklich vermerkt, sich im Horizont eines Vorblickes auf das Heimischwerden bewegt (oben 237) und deshalb die Wohnstatt des Menschen im Blickfeld steht.

Im ganzen hat Heideggers Art der Auslegung folgenden Charakter: Hölderlin hat Sophokles so übersetzt, daß "das Orientalische", das die griechische Kunst verleugnet hat, mehr herausgehoben wurde. Dadurch glaubte er, den Kunstfehler der Griechen zu verbessern (oben 200 Anm.; oben 238 Anm.). Das Orientalische ist das

---

[36] Etwa *Homer,* Ilias 8,64; 9,134.

[37] Ἔστιν ἐπιστήμη τις ἣ θεωρεῖ τὸ ὂν ᾗ ὂν καὶ τὰ τούτῳ ὑπάρχοντα καθ᾿ αὐτό. *Aristoteles,* Met. 1003 a 21. Vgl. oben 75 Anm.

[38] Stadt bedeutet "Ort, Stätte". "Urspr. eines mit Statt und Stätte". *Kluge,* 736.

[39] *Aristoteles,* Politica 1253 a 3.

Eigene der Griechen, dessen Aneignung sie in Hölderlins Augen versäumt haben. Offenbar tut Heidegger etwas Ähnliches wie Hölderlin. Seine Sophokles-Auslegung ist, wie jede andere seiner Interpretationen eines antiken Textes, nicht darauf aus aufzuspüren, was Sophokles gemeint haben könnte, sondern: dem Wesensbereich (vgl. oben 237), in dem sich das Gesagte hält, nachzufragen, und das heißt das Ungedachte, wie Heidegger es später nennt, zu denken. Damit denkt er in gewisser Weise "griechischer" (100; oben 237)[40] als Sophokles selbst, oder - in der Sprache des Böhlendorff-Briefes - er bemüht sich um das Lernen des Eigenen der Griechen, das für uns das Fremde ist. Anders als Hölderlin sieht er dieses Eigene der Griechen aber nicht in ihrem feurigen Naturell (oben 231 Anm.), sondern in der griechischen Sprache, im Wesensbereich, aus dem die Worte sprechen. Auch die Zuwendung zu ἀλήθεια und φύσις - für Heidegger das zu denkende Ungedachte schlechthin - zielt auf etwas, das von den Griechen selbst nicht geleistet wurde, dies allerdings nach Heideggers Auffassung notwendigerweise nicht (oben 146).

Im Hinblick auf die πόλις liegt in der griechischen Sprache eine Wortverwandtschaft von πέλειν, 'sein', und πόλος geborgen und eine Wesensverwandtschaft von πόλος und πόλις. Indem Heidegger darauf aufmerksam macht, daß "Stadt" ursprünglicher die Stätte und der Ort ist, denkt er "deutscher" (100), als es bisher geschah. Damit hilft er zur Aneignung unserer eigenen deutschen Sprache.[41]

Heideggers geschichtliches Übersetzen, wie ich es genannt habe, hat also den Anspruch, "griechischer" zu denken als die Griechen selbst und damit zur Aneignung des uns Fremden beizutragen, gleichzeitig aber "deutscher" zu denken als bislang und dadurch die Aneignung des Eigenen zu leisten. Heideggers Verfahren als ein bloßes Etymologisieren zu betrachten, würde sein Geschichtsdenken verkennen, denn es geht ihm ja darum, etymologische Zusammenhänge nicht nur zu konstatieren, sondern die zur Sprache kommenden *Phänomene* und den Wesensbereich, in dem sie spielen, zu *denken,* das heißt für ihn: sie im Bezug zu sehen zum Sein.

An die Verse 370 f schließt Heidegger noch folgende Überlegungen an: Der "gegenwendige Aufenthalt" des Menschen in der πόλις beruht auf deren Wesen: einerseits "in die Übersteigerung zu drängen", so daß der Mensch ὑψίπολις ist, "hochüberragend die Stätte", andererseits "in den Sturz zu reißen", wodurch der Mensch ἄπολις wird, "verlustig der Stätte" (107). Das eben ist das gegenwendige Wesen des Menschen: "als der in der Stätte seines Wesens Sich-versteigende zugleich der Stätte-lose zu sein" (107). Daß Heidegger von 'über*ragen*' spricht, schließt an das griechische πέλειν an.

Aus den Versen 370 f fehlt noch die Auslegung von ὅτῳ τὸ μὴ καλὸν/ ξύνεστι τόλμας χάριν. τὸ μὴ καλόν versteht Heidegger als "das Unseiende". Er macht sich selbst den Einwand, daß es '"wörtlich"', das heißt mit Hilfe des Wörterbuches übersetzt, heißen müßte '"das Un-Schöne"'. "Allein", so fährt Heidegger fort, "das echte

---

[40] An dieser Auffassung hat Heidegger festgehalten. 1953/54 sagt er in einem "Gespräch von der Sprache": "Unserem heutigen Denken ist es aufgegeben, das griechisch Gedachte noch griechischer zu denken" (GA 12,127).

[41] Vgl. *Biemel,* Zu Heideggers Deutung der Ister-Hymne, 55: "Es würde sich lohnen, die Heideggerschen Übersetzungen aus dem Griechischen zu durchdenken, zu zeigen, wie er im Deutschen eine neue Sprache schuf".

Übersetzen geht keineswegs darin auf, die 'gleichen' Wörter der verschiedenen Sprachen zu setzen, sondern den Übergang in das entsprechende Wort zu finden" (108). Solcher Übergang ist der geschichtliche Weg der Aneignung des Fremden um des Eigenen willen (oben 237). Die Übersetzung von τὸ μὴ καλόν als "das Unseiende" gründet sich auf die "wesensmäßige Zusammengehörigkeit" des Seienden (ὄν) und des Schönen (καλόν), die wir erblicken, wenn wir "griechisch" denken. Das Seiende ist "das von sich her Aufgehende und also Anwesende" (109 f). Heidegger meint, ohne sie hier zu nennen, die φύσις. Da zum Wesen der φύσις für Heidegger das φαίνεσθαι gehört und da Platon von der Schönheit als ἐκφανέστατον spricht,[42] gehören das Seiende und das Schöne also wesensmäßig zusammen. Eine Übersetzung von τὸ μὴ καλόν als "das Unschöne" verbietet sich für Heidegger, weil nach heutigem Sprachgebrauch das Schöne "aus dem Bewußtsein vom Schönen", das heißt ästhetisch, bestimmt wird (109).

Gemäß den Versen 370 f ist - in Heideggers Übersetzung - dem Menschen "immer das Unseiende seiend/ der Wagnis zugunsten". Das bedeutet: Der Mensch kann wegen seines gegenwendigen Wesens sich am Seienden versehen, so, daß er Unseiendes für das Seiende und dieses für jenes hält (108). Wenn der Mensch auf diese Weise Unseiendes für Seiendes nimmt, setzt er das Seiende der Vernichtung aus, setzt es aufs Spiel. Er handelt dann "der Wagnis zugunsten". In der Wagnis wagt der Mensch aber nicht nur das Seiende, sondern auch sein eigenes Wesen und riskiert damit das äußerste Unheimischsein, und zwar so: Das Seiende ist "das Aufgehende und Erscheinende" (φύσις und φαίνεσθαι), aber zugleich "das Sich-verbergende und nur Scheinende" (111). Als Letzteres spielt es seinen eigenen Schein gegen den Menschen aus. Dieser versucht seinem Wesen gemäß, das darin liegt, das Seiende zu verstehen und sich zu ihm zu verhalten (oben 240), inmitten des Seienden heimisch zu werden. Bei solcher Wagnis des Heimischwerdens muß der Mensch dann erfahren, daß ihm das Heimische versagt ist. "Stets auf dem Weg in die heimische Stätte und zugleich auf das Spiel der Verwehrung des Heimischen gesetzt, ist der Mensch im Innersten seines Wesens der Unheimische" (111). Die Unheimischkeit aber hat selbst ihren "verborgenen Grund" im "gegenwendigen Bezug des Seins zum Menschen" (112). Daß der Mensch die Wagnis des Seienden und seines Wesens vermag, ist "eine Weise, wie das Sein selbst den Menschen in seinem Wesen sein läßt" (112).

Heideggers Gedankengang beruht auf folgendem: τὸ μὴ καλόν, "das Unseiende", aus Vers 370 gibt ihm Gelegenheit, auf das Seiende und das Sein zu sprechen zu kommen, ebenso wie ἐπ' οὐδὲν ἔρχεται aus Vers 360 ihm erlaubte, über das Nichts zum Sein zu gelangen. Das nichthafte Walten des Seins wird einmal als Ausschließung, ähnlich einer Vertreibung (oben 240 f), einmal als Verwehrung des Heimischen (oben) gedacht. In beiden Fällen ist es das Sein selbst, das den Menschen in ein solches Wesen bestimmt. Mit der Ausschließung, Vertreibung, Verwehrung denkt Heidegger in bezug auf den Menschen den gleichen Gedanken wie in seiner Vorlesung "Grundfragen der Philosophie" im Hinblick auf das Seiende, nämlich daß das Sein sich entzieht. Damals vermutete er, daß "dieser Entzug selbst zum Wesen des Seyns" gehört (oben 158).

---

[42] *Platon,* Phaidros 250 d.

Die πόλις war von Heidegger bestimmt worden als "Stätte des Aufenthaltes des geschichtlichen Menschen inmitten des Seienden" (oben 243). Daß der Mensch überhaupt einen Aufenthalt haben kann, gründet - so erläutert Heidegger jetzt - darin, daß "das Sein sich dem Menschen geöffnet hat und dieses Offene ist, als welches Offene es den Menschen für sich einnimmt und so dazu bestimmt, in einer Stätte zu sein" (113). Alles Stättehafte hat also im Sein als dem Offenen seinen Grund. Das Offene ist der von mir vielfach aufgezeigte Ortscharakter des Seins. Das Sichöffnen, den Menschen Einnehmen und Bestimmen ist die Bewegung, mit der das Sein seinen Bezug zum Menschen aufgehen läßt, also sein Zeitcharakter. Solches Eingenommenwerden des Menschen durch das Sein geschieht so, daß das Sein ihn und alles Seiende etwa, wie Heidegger sonst hervorhebt, als Grundstimmung überkommt. Das Sein als das Öffnende und Offene behandelte Heidegger in seiner Vorlesung "Grundbegriffe". Dort hieß es auch, daß das Sein dem Menschen seinen Aufenthalt ausbreitet (oben 173).

Heidegger führt seine Überlegungen weiter. Nicht nur der Mensch hat im Grunde seinen Aufenthalt im Sein, sondern auch alles Seiende steht als Unverborgenes im Offenen. Heidegger hält fest: "Wir sprechen hier vom Offenen im Hinblick auf das, was im recht verstandenen Wort und Begriff ἀλήθεια, Unverborgenheit des Seienden, selbst gesagt ist" (113). Um dieses rechte Verstehen bemüht sich Heidegger. Wie gezeigt wurde, deutete er die ἀλήθεια zunächst als einen Charakter des Seienden, seit der "Einführung in die Metaphysik" aber als "Raum" für das Seiende (oben 96). Von den Griechen selbst wurde das rechte Verstehen der ἀλήθεια, wie Heidegger an anderer Stelle ausführt, nicht erreicht, allerdings notwendigerweise nicht (oben 146). Auch die "Grunderfahrung", die sich im Wort ἀλήθεια niedergeschlagen hat, ging verloren (113). 1935 nannte Heidegger dies den "Einsturz" der ἀλήθεια (oben 96).[43]

Während Heidegger zuvor in Interpretation einer Platon-Stelle sagte, die πόλις gründe sich auf das Wesen des Seins (oben 243), wird mit dem Sein als dem Offenen dieser Grund selbst von ihm gedacht. Somit enthüllt sich der "Wesensbereich", aus dem Sophokles' Wort von der πόλις spricht und in den es zurückspricht (oben 242), als das Offene.

Die gegenwendigen Worte παντοπόρος - ἄπορος und ὑψίπολις - ἄπολις verhalten sich nach Heideggers Darlegung wie "das Durchfahren der Stätte, d.h. ihrer Reichweite, und die Stätte selbst" (111). Das bedeutet: die Worte geben einerseits eine Bewegung, andererseits Stätte und Ort zu bedenken.

Die Worte παντοπόρος - ἄπορος und ὑψίπολις - ἄπολις nennen vier Weisen des Unheimischseins des Menschen und damit des Ausgeschlossen- und Vertriebenseins aus dem Sein. Das eigentlich Gegenwendige in diesen Worten liegt deshalb, wie ersichtlich, nicht darin, daß sie im Hinblick auf πόρος und πόλις jeweils zwei ge-

---

[43] Den Beginn von *Rilkes* achter Duineser Elegie, "Mit allen Augen sieht die Kreatur/ das Offene" (WW 1,714) hält Heidegger für ein "tief unwahres Wort", das auf einen "nicht bewältigten Biologismus" zurückzuführen ist (GA 53,113 Anm.). Die Kreatur kann für Heidegger niemals einen Bezug zum Offenen, das heißt zum Sein, haben, weil dieser Bezug ja das den Menschen Auszeichnende ist. Vgl. GA 54,226 ff. GA 55,210; 220.

geneinander stehende äußerste Möglichkeiten des Menschen nennen, sondern daß alle vier Weisen des Menschseins eine Wegwendung vom Sein vollziehen.

Ich habe Heideggers Erläuterungen des zweiten, dritten und vierten von ihm aus dem Chorlied herausgegriffenen Stücks in groben Zügen referiert. Das vierte Stück spricht im dichterischen Wort "Herd", nach Heideggers Auslegung, vom Sein. Die Verbindung zum ersten Stück, den Eingangsversen des Chorliedes, liegt darin, daß auch hier, im Wort πέλει, das Sein zur Sprache kommt.

Die Anfangsverse des Chorliedes, 332 f,[44] lauten: πολλὰ τὰ δεινὰ κοὐδὲν ἀνθρώπου δεινότερον πελει. Heidegger übersetzt: "Vielfältig das Unheimliche, nichts doch/ über den Menschen hinaus Unheimlicheres ragend sich regt" (88).[45] Heideggers Auslegung geht erstens auf das Wort δεινόν, zweitens auf das Wort πέλειν.

Zunächst zum δεινόν: Heidegger hält es für das "Grundwort" nicht nur dieser, sondern der griechischen Tragödie überhaupt, sogar für das "Grundwort des Griechentums" (76; 82), und dies deshalb, weil in diesem Wort das gegenwendige Walten von Sein und Nichts bewahrt ist (oben 242). Das ganze Chorlied ist nach Heideggers Auffassung eine Ausfaltung des δεινόν (134); sie konkretisiert sich auch in den gegenwendigen Worten παντοπόρος - ἄπορος und ὑψίπολις - ἄπολις. τὸ δεινόν bedeutet: 1. das Furchtbare, 2. das Gewaltige, 3. das Ungewöhnliche. Heidegger folgt hiermit den lexikalischen Angaben.[46] Diese drei Bedeutungen von δεινόν sind jedoch nach Heidegger jede in sich gegenwendig: das Furchtbare ist das Fürchterliche und das Ehrfurcht Gebietende; das Gewaltige ist das Waltende, aber auch das Gewalttätige (genauso oben 86); das Ungewöhnliche ist das Ungeheure, kann aber auch eine Geschicklichkeit in etwas bezeichnen.[47] Heidegger möchte mit seiner Übersetzung von τὸ δεινόν als "das Unheimliche"[48] die drei Bedeutungen und ihre jeweilige Gegenwendigkeit "einheitlich" denken, und zwar so, daß "der Grund ihrer ursprünglichen wechselweise gegenwendigen Zusammengehörigkeit erfahrbar wird" (83; 90). Dieser "Wesensgrund" (84) des vielfältig Unheimlichen (πολλὰ τὰ δεινά) liegt nach Heidegger im Menschen als dem "Unheimlichsten des Unheimlichen" (οὐδὲν ἀνθρώπου δεινότερον).

Heidegger unterstreicht, daß "das griechische Wort τὸ δεινόν nicht nur das Unheimliche bezeichnet, sondern als echtes Wort sein Gesagtes so nennt, daß es als Wort selbst von der Art des Genannten, also selbst ein unheimliches Wort ist" (83). Offensichtlich will Heidegger damit die Einheit von Wort und Genanntem betonen und die von Aristoteles getroffene und seither maßgebende Differenzierung in

---

[44] Die Angabe "333/34" auf Seite 73 der Vorlesung ist ein Versehen des Herausgebers.

[45] Genauso übersetzt: GA 40,155. - Hölderlins erste Übersetzung, 1801: "Vieles Gewaltige giebts. Doch nichts/ Ist gewaltiger als der Mensch" (SW 5,42). Aus seiner vollständigen Übersetzung der "Antigone", 1804: "Ungeheuer ist viel. Doch nichts/ Ungeheuerer, als der Mensch" (SW 5,219). Heidegger beurteilt die zweite Fassung als die "reifere", die "dichterischer" ist als die erste (GA 53,85).

[46] *Passow* 1,597.

[47] Vgl. δεινὸς λέγειν. *Sophocles, The Plays and Fragments. Part I. The Oedipus Tyrannus. By Richard C. Jebb, Litt. D. 1st Edition 1883. 3rd Edition 1893. Reprinted 1914. Cambridge: University Press. p. 80. - δεινὸς πράγμασι χρῆσθαι *Demosthenis* Orationes 1,3. Recogn. S.H. Butcher. 1st Publ. 1903. Repr. 1978. Oxonii: Clarendoniano.

[48] Genauso übersetzt Karl *Reinhardt* 1942, im Jahr der "Ister"-Vorlesung, zitiert oben 242.

stimmlich Verlautbartes, seelisch Erfahrenes und Ding in Frage stellen (oben 109 Anm.).

In Hölderlins Übersetzung des δεινόν mit 'das Ungeheure' (oben 247 Anm.) findet Heidegger einen Hinweis auf seine eigene Auslegung, obwohl er nicht glaubt, daß Hölderlin es so verstanden hat: Das Ungeheure ist "eigentlich das Nicht-Geheure. Das Geheure ist das Vertraute, Heimische.[49] Das Ungeheure ist das Un-heimische" (86). Bei seiner Übersetzung des δεινόν mit "unheimlich" denkt Heidegger "in die Richtung des Nicht-geheuren", pronanciert gesagt: "Das Unheimliche meinen wir im Sinne dessen, was nicht daheim - nicht im Heimischen heimisch ist" (87).[50] Dies Letztere ist der Gedanke aus Hölderlins Böhlendorff-Brief vom nicht angeeigneten Eigenen. Im Unheimischsein des Menschen, wozu er allein unter allem Seienden fähig ist, liegt also der "Wesensgrund" alles Unheimlichen (δεινά). Mit "unheimlich" in Heideggers Sinn ist demnach nicht ein Eindruck auf uns beschrieben, sondern das Unheimliche ist die "Grundart" (89), der "Grundzug" (113) des Menschenwesens selbst.

Das Wesen der Unheimlichkeit selbst offenbart sich nach Heidegger so: als "Anwesung in der Art einer Abwesung, so zwar, daß das An- und Abwesende zugleich der offene Bereich aller An- und Abwesung ist" (92). An- und Abwesung sind das gegenwendige Walten von Sein und Nichts, wobei das Sein zugleich der offene Bereich, die Ortschaft dieses Geschehens ist. Weil im Menschen und seinem Nichtheimischsein alles Unheimliche seinen "Wesensgrund" hat, kann Heidegger auch sagen, daß das "eigentliche und demnach einzige Wesen der Unheimlichkeit" das "Unheimischsein" des Menschen ist (103). Das widerspricht nicht dem vorigen Zitat, denn das Unheimischsein ist eine Art der Abwesung.

Heidegger denkt einen Zusammenhang zwischen dem δεινόν und der πόλις, und zwar: Der gegenwendige Aufenthalt in der πόλις läßt den Menschen sich in der Stätte seines Wesens versteigen und zugleich den Stättelosen sein (oben 244). Diese zwiefältige Möglichkeit geht - so Heidegger - auf die Unheimlichkeit selbst zurück, "worin der verhüllte und fragwürdige Grund der Einheit dieser Zwiefalt waltet". Heidegger sagt: "Weil der Mensch die in der πόλις erscheinende und sich verhüllende Unheimlichkeit nach ihrer äußersten Gegenwendigkeit in seinem geschichtlichen Sein muß walten lassen, ist er das unheimlichste Seiende" (107). Der Mensch steht also in einem Verhältnis zur πόλις - das Verhältnishafte liegt in den Worten ὑψίπολις - ἄπολις - und ebenso zu der in der πόλις erscheinenden und sich verhüllenden Unheimlichkeit. Nun ist die πόλις aber nicht das Gleiche wie die Unheimlichkeit. Man könnte so sagen: Die πόλις als Stätte, die im Offenen gründet (oben 246), steht für den Ortscharakter des Seins. Die "in" der πόλις erscheinende und sich verhüllende Unheimlichkeit ist das Walten von Sein und Nichts, von Anwesung und Abwesung. Das in die Übersteigerung drängende und in den Sturz reißende Wesen der πόλις macht eine Weise des Bezugs des Seins zum Menschen aus. In diesem Be-

---

[49] Das Wort 'geheuer' hängt zusammen mit griechisch κεῖμαι, 'liegen'. "Aus dem Begriff des Lagers hat sich 'Heimstätte' entwickelt". Das Adjektiv besagt ursprünglich "der gleichen Siedlung angehörig". *Kluge,* 241.

[50] Sowohl 'heimisch' wie 'heimlich' sind von 'Heim' abgeleitet. Auch 'heimlich' bedeutet 'zum Haus gehörig'. *Kluge,* 300.

zug ist das Sein selbst das Anfangende und deshalb der Grund des zwiefältigen, gegenwendigen Menschenwesens.

Das vielfältig unheimliche Seiende (πολλὰ τὰ δεινά) hat somit im Menschen als dem Unheimlichsten seinen Wesensgrund. Das Menschenwesen wiederum gründet in der Unheimlichkeit selbst, das heißt im Sein. Seinen Anhalt findet diese Deutung des Unheimlichen (δεινόν) im zweiten tragenden Wort aus den Eingangsversen: πέλει. πέλειν versteht Heidegger als: "das sichregende Ragen, das wechselvolle Insichruhen, das Aussichhervorkommen und als dieses Kommen und Gehen doch Insichbleiben".[51] Er fährt fort: "dies nennen die Griechen sonst φύσις, und das ist das Wort für das Sein" (135). Die gegebene Bedeutung von φύσις entspringt aus dem Verb φαίνεσθαι und Heraklits φύσις κρύπτεσθαι φιλεῖ; außerdem spielt das Anaximander-Fragment mit herein.

Offensichtlich bezieht Heidegger das Verb πέλει sowohl auf πολλὰ τὰ δεινά als auch auf δεινότερον, weshalb er sagen kann: "Der Spruch blickt, das Unheimliche alles und in seinen Möglichkeiten überblickend, auf das Sein alles Seienden" (135). Vom vielfältig Unheimlichen und ebenso vom Menschen, dem Unheimlichsten, ist also gesagt, daß sie 'sind' (πέλει). Heidegger erläutert: Wenn auch der Mensch als das Unheimlichste, das heißt als das Umheimischste, überall hinausfährt (παντοπόρος), so bleibt er doch "im Umkreis des Seins selbst". Mag er auch einen Ausweg (πόρος) suchen, wohin er zurückgestoßen (ἄπορος) und hinabgeworfen (ὑψίπολις - ἄπολις) wird, er "fällt dabei in den Umkreis des Seins zurück" (135). Heidegger liest also jetzt aus dem Chorlied den Bezug des Seins zum Menschen heraus, ohne, wie vorher bei der Auslegung der gegenwendigen Worte παντοπόρος - ἄπορος den Weg über das Nichts zu gehen.

Sein und Nichts, Anwesung und Abwesung, erscheinende und sich verhüllende Unheimlichkeit machen das gegenwendige Wesen des Seins aus. Demnach spricht Heidegger in verschiedener Weise vom Sein: das πέλει, 'ist', bezieht sich auf das "Sein alles Seienden". Der "Umkreis" des Seins (gen. subiect.) ist das Sein als Stätte, Ort, Wesensbereich, als das Offene, sonst auch "Lichtung" genannt. In dieser Stätte walten Sein und Nichts als Anwesen und Abwesen, als Erscheinen und Sichverhüllen. Weil das Walten von Sein und Nichts im Sein als "Umkreis" geschieht, kann Heidegger sagen: "Das Unheimische bleibt bei aller Unheimischkeit im Umkreis des Seins. Das Unheimische bleibt auf das Heimische bezogen" (135). Man könnte ergänzen: In seinem Unheimischsein ist der Mensch bezogen auf das nichthafte Walten des Seins, auf das Sein als Abwesung und Verhüllung.

Der Zusammenhang der Eingangs- mit den Schlußversen des Chorliedes ist also so zu denken: Der Mensch und alles Seiende 'ist' (πέλει). Wegen seiner Verstoßung vom Herd, das heißt der Vertreibung aus dem Sein, ist der Mensch unheimisch und deshalb das Unheimlichste des Unheimlichen. Bei allem Unheimischsein bleibt der Mensch aber auf das Heimische bezogen. Von solcher Zugehörigkeit zum Sein gibt es ein Wissen (φρωνῶν, V.373) in der Art einer Ahnung.

---

[51] *Passow* 2,798: πέλω "urspr. Bdtg.: in Bewegung seyn, sich regen u. bewegen..." Stammverwandte Wörter: πολέω, πόλος, πόλεμος ... "allgemeinere Bdtg.: seyn, weil jede Bewegung an einem Ort ein daselbst befindlich Seyn, ein befindlich Seyn aber auch in der Regel eine Bewegung am Orte voraussetzt".

Bisher wurden Heideggers Gedanken zu den vier von ihm ausgewählten Stükken aus dem Chorlied und ihr Zusammenhang dargestellt. Bei der Erläuterung der gegenwendigen Worte παντοπόρος - ἄπορος und ὑψίπολις - ἄπολις ging es um verschiedene Weisen des uneigentlichen Unheimischseins. Das eigentliche Unheimischsein, welches aufmerkt auf das Heimische und ein Heimischwerden wagt (oben 240), ist nun nach Heidegger in der Gestalt der Antigone gedichtet. Dies wird von Heidegger an weiteren Stellen aus der Tragödie aufgewiesen. Ich zeichne seine Erörterungen in groben Zügen nach.

Im Gespräch mit ihrer Schwester Ismene sagt Antigone, Vers 95 f: ἀλλ᾿ ἔα με ... παθεῖν τὸ δεινὸν τοῦτο, nach Heideggers Übersetzung: "Doch überlaß dies mir ...: ins eigne Wesen aufzunehmen das Unheimliche, das jetzt und hier erscheint" (123). Hieraus geht Heidegger zufolge hervor, daß Antigone dem "Bereich des δεινόν angehört" (136) und daß das Unheimischsein, welches ja der Wesensgrund der Unheimlichkeit ist, "nichts ist, was der Mensch selbst macht, sondern was umgekehrt ihn macht zu dem, was er ist und der er sein kann" (128). Das παθεῖν ist der "eigentliche Bezug zum δεινόν", es ist ein Erfahren, ein Erleiden und Leiden und als solches "der Grundzug jenes Tuns und Handelns: τὸ δρᾶμα, was das 'Dramatische', die 'Handlung' der griechischen Tragödie ausmacht" (128). Augenscheinlich erinnert sich Heidegger an die Hölderlin-Verse "Denn alles fassen muß/ Ein Halbgott oder/ Ein Mensch, dem Leiden nach ...", aus denen er in seiner Vorlesung "Grundfragen der Philosophie" ableitete, daß das denkerische Fragen wesentlich ein Leiden sei (oben 151). Auf den Halbgott, den Heros aus Hölderlins Versen blickt Heidegger zurück, wenn er betont, daß das "'Tragische'" der griechischen "'Helden'" sich bemißt "nach der Wahrheit des Seins im Ganzen und nach der Einfachheit, in der es erscheint" (128).

Daß Heidegger vom 'Erscheinen' spricht, auch in der Übersetzung von τὸ δεινὸν τοῦτο als "das Unheimliche, das jetzt und hier erscheint", hängt zusammen mit den Versen 456 f der Tragödie, wo Antigone im Gespräch mit Kreon sagt: οὐ γάρ τι νῦν γε κἀχθές, ἀλλ᾿ ἀεί ποτε/ ζῆ ταῦτα, κοὐδεὶς οἶδεν ἐξ ὅτου 'φάνη, nach Heideggers Übersetzung: "Nicht nämlich irgend jetzt und auch nicht/ gestern erst, doch ständig je/ west dies. Und keiner weiß, woher es eh' erschienen" (145).[52] Das ζῆν, 'wesen', und φαίνεσθαι, 'erscheinen', aus diesen Versen bezieht Heidegger auf das Unheimliche (τὸ δεινὸν τοῦτο), das Antigone zu leiden (παθεῖν) entschlossen ist. Weil das 'Erscheinen' das Wesen der φύσις ausmacht und weil φύσις ein Wort für das Sein ist, kann Heidegger von der "Wahrheit des Seins im Ganzen" sprechen.

Zum Sein führen noch zwei andere Worte Antigones. Sie sagt in dem erwähnten Gespräch mit Ismene, Vers 92: ἀρχὴν δὲ θηρᾶν οὐ πρέπει τἀμήχανα, von Heidegger übersetzt: "Als Anfang aber jenes zu erjagen, unschicklich bleibt's,/ wogegen auszurichten nichts" (124). Bei dieser Übersetzung liegt Heidegger wieder allein "an der Verdeutlichung des Wortes" (124). τἀμήχανα, "das, wogegen nichts auszurichten

---

[52] Heidegger weist auf diese Verse und die vorausgehenden, welche von den ἄγραπτα νόμιμα sprechen, im Zusammenhang mit den "Großen Gesezen" aus Hölderlins Gedichtentwurf "Griechenland" in seinem Vortrag "Hölderlins Erde und Himmel" von 1959 hin. Dort übersetzt er die Sophokles-Verse so: "Nicht von heut denn und von gestern, doch während je und je/ Aufgeht sie (die Weisung) und keiner hat dorthin/ Geschaut, von wo aus sie ins Scheinen kam" (GA 4,167).

ist" versteht Heidegger als "das Zu-geschickte, das *Geschick* und seinen Wesens-grund" (124). Dieses Verständnis ist gerechtfertigt dadurch, daß οὐ πρέπει, 'es ist unschicklich', auf das Schickliche bezogen ist. Das Schickliche (τὸ πρέπον) "im wesentlichen Sinne" ist für Heidegger "das was im Gesetz des Seins gefügt und verfügt ist" (126). Diese Einsicht stammt aus der Deutung des "Heiligen" in Heideggers "Andenken"-Vorlesung (oben 209).

Das Wort ἀρχήν aus Vers 92 faßt Heidegger nicht als Adverb auf, 'anfangs', sondern als Prädikatsnomen zu τάμήχανα. ἀρχήν als 'anfangs' gedeutet, ergäbe nach Heidegger den "Unsinn": das Unausrichtbare gleich anfangs zu erjagen, sei unschicklich, später aber wäre es wohl erlaubt (125). Auch Hölderlins Übersetzung dieses Verses, "Gleich Anfangs muß Niemand Unthunliches jagen" (SW 5,209), trifft in Heideggers Augen "das Wesentliche nicht" (125). ἀρχή, nach Heideggers Verständnis, "bedeutet das, wovon etwas ausgeht, so zwar, daß das, wovon etwas ausgeht, nicht zurückbleibt, sondern über alles hinweg, was von ihm ausgeht, vorauswaltet und es bestimmt. ἀρχή bedeutet zumal Beginn, Ausgang, Ursprung, Herrschaft" (125). Diese Gedanken stammen aus der Auslegung des Reinentsprungenen, ferner aus der Auslegung der ἀρχή Anaximanders, wobei Heidegger die ἀρχή als "das Sein selbst" aufwies (oben 184). Sowohl τάμήχανα als auch ἀρχή sind also Worte für das Sein, so daß Heidegger offenbar den zitierten Vers etwa so versteht: 'es ist unschicklich, das Sein erjagen zu wollen', denn dieses ist ja das Geschick selbst.

Gleichfalls aus dem Gespräch mit ihrer Schwester stammt das Wort Antigones, Vers 96 f: πείσομαι γάρ οὐ/ τοσοῦτον οὐδὲν ὥστε μή οὐ καλῶς θανεῖν, nach Heideggers Auslegung: "Erfahren nämlich werd' ich allenthalben Solches nichts, daß nicht zum Sein gehören muß mein Sterben" (123). Heidegger geht es um das Wort καλῶς θανεῖν. Da "griechisch" gedacht καλόν und ὄν dasselbe sagen (oben 245), ist im καλῶς demnach "die Zugehörigkeit zum Sein" ausgedrückt (129).

Aus dieser Verdeutlichung einiger wesentlicher Worte durch Heidegger sind folgende seiner Gedanken einsichtig: Antigone nimmt die Unheimlichkeit in ihr eigenes Wesen auf (παθεῖν τὸ δεινόν). Da das Wesen der Unheimlichkeit das Unheimischsein ist, nimmt Antigone also dieses auf sich. Das Unheimischsein liegt darin, daß das Sein selbst in seinem gegenwendigen Walten das Heimischsein verwehrt. Indem Antigone in den Tod geht, erleidet sie aus der Zugehörigkeit zum Sein (καλῶς) das nichthafte Walten des Seins als äußerste Unheimischkeit. Offensichtlich blickt Heidegger 1950 auf die Antigone zurück, wenn er in seinem Vortrag "Das Ding" sagt: "Der Tod birgt als der Schrein des Nichts das Wesende des Seins in sich. Der Tod ist als der Schrein des Nichts das Gebirg des Seins" (VA 171). Auch das Wort "Schrein" stammt aus der "Ister"-Vorlesung. Im Zusammenhang mit dem Problem des Übersetzens stellt Heidegger vor die Entscheidung, ob wir "die eigene Sprache nur als ein technisches Instrument gebrauchen oder sie als den verborgenen Schrein würdigen, der, zum Sein gehörig, das Wesen des Menschen in sich verwahrt" (81). "Gebirg" versteht Heidegger im Vortrag von 1950 als gesammeltes[53] Bergen; das Bergen wird in der Parmenides-Vorlesung als ein Grundzug des Wesens von φύσις und ἀλήθεια herausgearbeitet. Außerdem erinnert sich Heidegger an die Höl-

---

[53] Vgl. unten 264 Anm.

derlin-Verse von den "Zeiten des Schaffenden", die sind "Wie Gebirg" (oben 50). Das Geborgenwerden der Toten im Hades, wovon Homer spricht (unten 290), ist im Vortrag von 1950 weitergedacht zum Tod als dem Bergenden selbst.

Antigone gehört also, nach Heideggers Auslegung, dem Bereich des δεινόν an, fügt sich dem Schicklichen (ἀρχή τἀμήχανα) und weiß sich dem Sein zugehörig (καλῶς). Daß Antigone das Heimischwerden im Sein wagt, geht für Heidegger hauptsächlich aus ihrer Antwort an Kreon, Vers 456 f, hervor (oben 250), und das aus folgendem Grund: Zum Wesen von φύσις und ἀλήθεια, das heißt zum Wesen des griechisch verstandenen Seins, gehört das φαίνεσθαι, 'erscheinen'. Da Antigone sich hierauf beruft (ἐφάνη), schließt Heidegger: "Dem also Unverborgenen gehört das Wesen der Antigone" (146).

Wenn aus der offenbar gewordenen Zugehörigkeit zum Sein das Heimischwerden gewagt wird, so ist das "das unheimlichste Wagnis, das nichts Geringeres wagt als das Wesen der Unheimlichkeit selbst" (δεινόν). Dieses ist das gegenwendige Walten von Sein und Nichts, von Anwesung und Abwesung, das im Menschen seinen Wesensgrund hat. Heidegger sagt: "Antigone selbst ist diese höchste Wagnis innerhalb des Bereichs des δεινόν". Und: "Sie übernimmt als Wesensgrund ἀρχή τἀμήχανα - das, wogegen nichts auszurichten ist, da es, keiner weiß woher, von sich aus erscheint" (146 f). Heidegger verknüpft also ἀρχή mit τἀμήχανα, dem "Schicklichen", und beides mit dem Von-sich-aus-Erscheinen (ἐφάνη), welches das Wesen der φύσις ausmacht. Alles dies sind, ebenso wie τὸ δεινόν, Worte für das Sein, weshalb Heidegger sagen kann, daß Antigone, "griechisch gedacht, das Sein selbst nennt" (147).

Im Heimischwerden der Antigone denkt Heidegger "den Bezug des Menschen zum Sein selbst" (147). Daß Antigone in den Tod geht und so das äußerste Unheimischsein erleidet, ist ein Stattgeben dem nichthaften Walten des Seins (oben 241). Der Bezug zum "Sein selbst" umgreift in Heideggers Verständnis das Walten von Sein und Nichts, so daß die Zugehörigkeit des Menschen zum Tod sich erst aus diesem Bezug bestimmt.

Man kann also drei verschiedene Weisen des Unheimischseins unterscheiden: 1. den Umtrieb im Seienden aus der Vergessenheit des Seins, 2. das Heimischwerden im Sein aus dem Andenken an das Sein, hierin eingeschlossen 3. das Heimischwerden als ein Sichfügen dem nichthaften Walten des Seins und Übernehmen des Todes.

Heideggers "Antigone"-Auslegung läßt sich etwa so zusammenfassen: In den Schlußversen des Chorliedes ist in παρέστιος das Wort ἑστία, Herd, genannt. Dieses ist ein dichterisches Wort für das Sein. Antigone spricht in der Tragödie noch in anderer Weise vom Sein: ἀρχή, τἀμήχανα, καλῶς, φαίνεσθαι, δεινόν. Aus dem Schlußwort vom Sein (Herd) gedacht, sagt der Chorgesang folgendes: Das vielfältig unheimliche Seiende (πολλὰ τὰ δεινά) hat im Menschen als dem Unheimlichsten seinen Wesensgrund. Dessen gegenwendiges Wesen, das heißt sein Unheimischsein, aber auch sein Heimischwerdenkönnen, wird vom gegenwendigen Walten der Unheimlichkeit selbst bestimmt. Dieses Walten geschieht als Sein und Nichts, als Anwesung und Abwesung, als Erscheinen und Sichverhüllen. δεινόν ist also: das Seiende, der Mensch, das Sein. Der gegenwendige Aufenthalt des Menschen im Seienden als παντοπόρος - ἄπορος und ὑψίπολις - ἄπολις führt letztlich zum Nichts (ἐπ᾽ οὐδέν) und ist so ein Vergessen des Seins. Da alle δεινά einschließlich des Menschen 'sind', πέλει, bleibt der Mensch in allem Betreiben des Seienden aber immer im "Umkreis" des Seins. Deshalb kann er auch das Vergessen des Seins brechen durch ein Andenken an das Sein und ein Heimischwerden im Sein wagen. Diese Möglichkeit ist in der Gestalt der Antigone gedichtet.

Sophokles' Wort vom Herd ist ein dichterisches. Den Wesensbereich, aus dem es spricht, *denkt* Heidegger als das Sein. Die Verstoßung vom Herd sagt dichterisch von dem, was Heidegger eine Vertreibung und Ausschließung aus dem Sein nennt, durch welche Vertreibung die Wesensbeziehung des Menschen zum Sein die Gestalt des Vergessens und der Verblendung bekommt. Wie in der "Andenken"-Vorlesung (oben 193) geht es Heidegger darum, das Gedichtete zu denken.

Zum Abschluß seiner "Antigone"-Deutung macht Heidegger einige Bemerkungen über das Dichten und seine Zusammengehörigkeit mit dem Denken. In Verbindung mit der Erläuterung des "Herdes" verweist Heidegger darauf, welchen Platz bei Hesiod und Pindar Ἑστία in der Genealogie der Götter einnimmt.[54] Dieser Hinweis gibt ihm das Stichwort "Mythologie". Nach Heideggers Ansicht ist Mythologie "der geschichtliche 'Prozeß'", "in dem das Sein selbst dichterisch zur Erscheinung kommt" (139). Die Betonung liegt auf "dichterisch". Dem Denken dagegen eignet ein "eigener, dem Dichten gleichwesentlicher, aber deshalb gerade grundverschiedener Ursprung" (139).[55] Die gängige Auffassung, daß das Denken den Mythos entmythisiert - sie kommt etwa zum Ausdruck, wenn eine Höherentwicklung des Denkens vom Mythos zum Logos angenommen wird -,[56] weiß in Heideggers Augen "weder, was Dichtung ist, noch versteht sie das Wesen des Denkens" (139). Nur von dem mit Sokrates und Platon aufkommenden begrifflichen, metaphysischen Denken aus kann von einer "'Entmythisierung'" gesprochen werden. "Aber", sagt Heidegger bedeutungsvoll, "das metaphysische Denken ist nicht das einzige Denken des Seins" (140). Anzeichen für ein Überschreiten des Bereichs der Metaphysik findet Heidegger in Hölderlins Dichtung (oben 220; 226). Er selbst bemüht sich in seinem Geschichtsdenken um ein solches die Metaphysik überschreitendes Denken.

Die "Wahrheit" des Sophokleischen Chorliedes verbirgt sich nach Heidegger "in dem, was das unmittelbar Gesagte nicht nur ungesagt läßt, sondern durch sein Sagen erst zum Ungesagten dichtet" (148). Mit diesem Gedanken kommt Heidegger auf seine erste Hölderlin-Vorlesung zurück, wo er aus einer Passage von Hölderlins "Grund zum Empedokles" abgeleitet hatte, die "ursprünglich stiftende dichterische Sprache" müsse "das Unsagbare ungesagt lassen, und zwar in ihrem und durch ihr Sagen" (GA 39,119). Heideggers Auffassung hängt auch mit den für ihn zentralen

---

54 *Hesiod,* Theog., V.453 f: ῾Ρείη δὲ δμηθεῖσα Κρόνῳ τέκε φαίδιμα τέκνα,/ ῾Ιστίην <καὶ> Δήμητρα καὶ ῞Ηρην χρυσοπέδιλον. - *Pindar,* Nem. 11, V.1 f: Παῖ ῾Ρέας, ἅ τε πρυτανεῖα λέλογχας, ῾Εστία,/ Ζηνὸς ὑψίστου κασιγνήτα καὶ ὁμοθρόνου ῞Ηρας.

55 Vgl. oben 26.

56 Wilhelm *Nestle,* Vom Mythos zum Logos. Die Selbstentfaltung des griechischen Denkens von Homer bis auf die Sophistik und Sokrates. 2. Aufl. Stuttgart: Kröner 1942. - Auf die "geläufige Meinung", daß sich der Beginn der abendländischen Philosophie als "Ablösung des 'Logos' (der Vernunft) vom 'Mythos'" vollzieht, weist Heidegger in der Parmenides-Vorlesung hin (GA 54,8).

Versen 46 ff aus der Rheinhymne zusammen: "Ein Räthsel ist Reinentsprungenes. Auch/ Der Gesang kaum darf es enthüllen" (oben 31 f).

Zu dem Befund der historisch-philologischen Forschung, daß die Tragödie aus dem Chor entstanden sei, bemerkt Heidegger: "Der Chor ist nicht allein 'entwicklungsgeschichtlich' der Ursprung der Tragödie, sondern er wird im Chor*lied* wesensgeschichtlich zu ihrer Wesensmitte, die dichterisch das Ganze der Dichtung um sich sammelt; er ist das zu Dichtende" (148). Den "allgemeinen Gehalt" des ersten Chorliedes aus der "Antigone" zu konstatieren und deshalb den Bezug zum übrigen Inhalt der Tragödie zu suchen, ist für Heidegger ein Mißverständnis. Das Chorlied enthält nach seiner Auffassung "die Einzigkeit des Sagens vom Einzigen δεινόν und seinem Wesensgrund, und dieses erscheint in der einzigen Gestalt der Antigone. Sie ist das reinste Gedicht selbst" (149). Der angeblich "allgemeine Gehalt" des Chorliedes gibt Heidegger Gelegenheit, im Widerspruch dazu, auf die Einzigkeit zu sprechen zu kommen, die ein Charakter des Seins ist (oben 167).

Daß das Sein als δεινόν sowie als ἀρχή τἀμήχανα seinen Wesensgrund im Menschen hat, wie Sophokles es, nach Heideggers Auslegung, in der Gestalt der Antigone dichtete, ist ein ähnlicher Gedanke wie im Entwurf zur Vorlesung "Grundfragen der Philosophie": das Seyn "bedarf" der Wahrheit, die als Lichtung ihrerseits den Grund des Menschseins bildet (oben 115 ff). Später spricht Heidegger davon, daß das Sein den Menschen "braucht".

Es stellt sich nun die Frage, was "das Zu-Dichtende" und was das Dichten ist. Heidegger erläutert: Das wesenhaft Zu-Dichtende läßt sich niemals im Seienden als Seiendes finden; vom findbaren Seienden aus gesehen kann es nur *"er-funden"* werden. "Aber dieses dichtende Er-finden ist nicht das Er-finden eines Seienden, sondern es ist ein reinstes Finden eines reinsten Suchens, das sich nicht an das Seiende hält. Das Dichten ist ein sagendes Finden des Seins" (149).[57] An den Worten ἀρχή, τἀμήχανα, καλῶς und ἐφάνη hatte Heidegger ja aufgewiesen, daß in der "Antigone"-Tragödie vom Sein die Rede ist. Beim "Finden" hört Heidegger offenbar das Versprechen der Muse an den Dichter: "Am Ende wirst du es finden" (oben 199).

Im Dichten als "sagendem Finden" hat der Dichter eine gleichsam 'passivere' Rolle als beim "weisenden Offenbarmachen", wie Heidegger das Dichten 1934/35 auslegte (oben 49). Diese gewandelte Auffassung von Dichtung korrespondiert dem veränderten Denk- und Fragestil, den Heidegger anstrebt (oben 152). Beides liegt daran, daß sich für Heidegger der Bezug des Menschen zum Sein "gekehrt" hat in den Bezug des "Seyns und dessen Wahrheit" zum Menschen (oben 119). Der von Heidegger in der Schreibweise gemachte Unterschied von "zu Dichtendem" und "Zu-Dichtendem" betont im ersten Fall den Bezug des Dichters von diesem aus zum Sein, im zweiten Fall diesen Bezug vom Sein aus.

---

[57] Von einem "reinen Finden" sprach Heidegger bereits 1929 in seiner Freiburger Antrittsrede, "Was ist Metaphysik?". Er wies das reine Finden auf als ein "Sichbefinden inmitten des Seienden im Ganzen" (GA 9,110). Während es sich dort im Zusammenhang mit der Grundstimmung der Angst um das Verhältnis des Daseins zum Seienden im Ganzen handelte, geht es in der "Ister"-Vorlesung um das dichterische Sagen.

c) Das Gesetz des Unheimischseins als Gesetz des Heimischwerdens.
Das Wesen des Dichters

Die geheimnisvollen Zeilen aus der "Ister"-Hymne, in denen Hölderlin, gemäß Heideggers Ausführungen in der "Andenken"-Vorlesung, das "Wesen des Anfangs und der Geschichte" geahnt hat (oben 201), von deren "Wahrheit" Heidegger bereits im ersten Teil der "Ister"-Vorlesung sprach (oben 233), stehen im Mittelpunkt seiner "Anmerkungen" zum Gedicht "Der Ister" im dritten Teil der Vorlesung. Es sind die Verse 41 ff, in denen es vom Ister heißt: "Der scheinet aber fast/ Rükwärts zu gehen und/ Ich mein, er müsse kommen/ Von Osten" (178). Der Ister, die obere Donau, ist nicht nur, wie Heidegger sagt, der "eigentlich heimatliche Strom" Hölderlins (201), sondern auch der Heideggers eigene Herkunft und Heimat bestimmende Strom (vgl. oben 227). Der Schein des Rückwärtsgehens entsteht dadurch, daß die obere Donau zögernd fließt; oft scheint das Wasser stillzustehen oder in Wirbeln rückwärts zu drängen.[58]

Hölderlins Wort vom rückwärts gehenden Strom legt Heidegger auf zwei verschiedene Arten aus: einmal als Rückkehr von einer Wanderung, zum anderen so, daß der Ister in der Nähe seiner Quelle verweilt, weil er dort Zwiesprache hält mit einem fremden Gast.

Zunächst zur ersten Deutung. Die beiden Texte, die schon den Erörterungen im ersten Teil der Vorlesung zu Grunde lagen, werden jetzt zitiert; es sind die späte Lesart zu "Brod und Wein" und Hölderlins Brief an Böhlendorff vom 4.12.1801. Die Lesart lautet: "nemlich zu Hauß ist der Geist/ Nicht im Anfang, nicht an der Quell./ Ihn zehret die Heimath./ Kolonie liebt, und tapfer Vergessen der Geist./ Unsere Blumen erfreun und die Schatten unserer Wälder/ Den Verschmachteten. Fast wäre der Beseeler verbrandt" (157. SW 2,608). Die maßgebenden Sätze des Briefes lauten: "Wir lernen nichts schwerer als das Nationelle frei gebrauchen. Und wie ich glaube, ist gerade die Klarheit der Darstellung uns ursprünglich so natürlich, wie den Griechen das Feuer vom Himmel" (168). Von Heidegger nicht zitiert, jedoch mit bedacht: "Aber das Eigene muß so gut gelernt seyn, wie das Fremde" (SW 6, 426).

Hölderlins Brief und die "Brod und Wein"-Variante erhellen sich in Heideggers Augen gegenseitig. Der Brief handelt nicht nur von der griechischen und deutschen Dichtungsart, geht also nicht nur, wie von einigen Hölderlin-Forschern angenommen, die ästhetische Praxis an, sondern ist eine "Besinnung auf das, was das wesenhaft Zu-Dichtende ist". "Und das ist", so betont Heidegger: "das Heimischwerden des geschichtlichen Menschentums der Deutschen innerhalb der abendländischen Geschichte" (154). In der "Ister"-Hymne ist dieses wesenhaft Zu-Dichtende gestaltet.

---

[58] Zwischen Geisingen oberhalb von Tuttlingen und Sigmaringen durchbricht die Donau den Südwesten der Schwäbischen Alb und fließt in einem engen, von steilen Jurakalkhängen begrenzten Tal. Im klüftigen Kalk des Talbettes verschwindet ein Teil des Wassers, wodurch der Eindruck entsteht, als käme der Fluß zum Stillstand. Bei Niedrigwasser verschwindet sogar der ganze Fluß. Das Wasser fließt unterirdisch weiter und tritt in der Aachquelle wieder zu Tage, um über die Hegauer Aach den Bodensee zu erreichen, wo es sich mit dem Wasser des Rheins vermischt. Vgl. *Westermann* Lexikon der Geographie. Bd 1. Braunschweig: Westermann 1968. S. 837.

Hölderlin hat nach Heideggers Verständnis "die deutsche Not des Unheimischseins" (155) dichterisch erfahren, wie er es auch war, der die Not der Flucht der Götter ins Wort faßte (oben 44; 58). Hölderlins Wort kann uns - und hierauf kommt es Heidegger entscheidend an - dazu verhelfen, daß wir "das Wesen der Geschichte in seinem wahren Gesetz erfahren, und d.h., daß wir von der Not der Geschichtlichkeit getroffen werden" (155). Damit ist von Heidegger etwas Ähnliches gesagt, wie daß ein zum metaphysischen Denken anderes Denken des Seins begonnen werden muß (oben 226; 253). Im folgenden gebe ich Heideggers Deutung der "Brod und Wein"-Lesart in groben Zügen wieder.

Daß es vom "Geist" heißt, er sei nicht "zu Hauß", läßt erkennen, inwiefern Heidegger im zweiten Teil der Vorlesung bei der Herausarbeitung des Unheimischseins im Sophokleischen Chorlied ständig in der Nähe der Hölderlinschen Dichtung geblieben ist (157). Das "Hauß", in dem der Geist heimisch werden soll - denn das Eigene soll ja "gut gelernt" werden (Böhlendoff-Brief) -, sagt vom Selben wie der "Herd", auf den sich das Heimischwerden richtet, in das Sophokles einen Wink gibt (oben 240). Die beiden wesentlichen Worte - um solche ist es Heidegger ja zu tun - 'Haus' und 'Herd' stehen nebeneinander in Hölderlins Gedicht "Die Wanderung", das nach Heideggers Einschätzung alles in sich birgt, worum er sich in der Vorlesung bemüht (oben 231). In der ersten Strophe dieses Gedichtes preist Hölderlin seine Heimat als "Glükseelig Suevien, meine Mutter" und sagt von ihr: "denn nah dem Heerde des Hausses/ Wohnst du ..." (166. SW 2,138). 'Haus', 'Herd', 'Heimat' sind für Heidegger Worte, die dichterisch das Sein zur Sprache bringen. An ihnen wird erneut deutlich, daß Heidegger Sein jetzt als Ortschaft versteht. Im Sein heimisch zu werden, ist nach seiner Auffassung dasjenige, was uns für die künftige Geschichte aufgetragen ist. Heidegger unterstreicht: "Geschichte ist nichts anderes als solche Rückkehr zum Herde" (156).[59]

Für das Verständnis dessen, was "Geist" in der Lesart zu "Brod und Wein" bedeutet, zieht Heidegger die Verse 43 f aus "Wie wenn am Feiertage ..." zu Rate; sie lauten: "Des gemeinsamen Geistes Gedanken sind/ Still endend in der Seele des Dichters" (160. SW 2,119). Der erste Vers hat mit der Metaphysik des Deutschen Idealismus zu tun. Für diese ist der Geist, wie Heidegger sagt, "das alles Bestimmende und daher das allem Seienden wesenhaft Gemeinsame" (158). Außerdem manifestiert sich nach dem Idealismus der Geist im Denken, so daß der Geist seine Gedanken selbst *ist*. Hölderlin übernimmt diese Bedeutung von "Geist". Trotzdem ist er auf das metaphysische Denken "in der Weise einer Überwindung und Abkehr bezogen" (158). Das zeigt sich am zweiten Vers, "Still endend in der Seele des Dichters".

Nach Heideggers Auslegung denkt für Hölderlin der Geist zwar allem Seienden "das Schickliche seines Seins" zu, hierzu ist aber auch der Mensch gebraucht, dessen Auszeichnung darin besteht, für das Schickliche und ihm als Geschick Zugewiesene offen zu sein. Die Verse 9 f der "Ister"-Hymne sagen: "... lange haben/ Das Schikli-

---

[59] An dieses Wort erinnert sich Heidegger in der "Erörterung der Gelassenheit" von 1944/45. Dort heißt es: "Kann denn in der Rückkehr, die doch Bewegung ist, die Ruhe sein?" "Gar wohl, falls die Ruhe der Herd und das Walten aller Bewegung ist" (GA 13,48). - In der Heraklit-Vorlesung des Sommersemesters 1944 sagt Heidegger: "Die Geschichte ist in ihrem verborgenen Gang nicht Fortgang von einem Anfang zu einem Ende, sondern sie ist die Rückkehr des Einstigen in den Beginn" (GA 55,288).

che wir gesucht" (168). Nur der Mensch kann das Schickliche und Unschickliche als "den Wesensgrund und Ungrund" seines Seins übernehmen (159). Dadurch ist er geschichtlich. In ausgezeichneter Weise ist dieses Übernehmen des Schicklichen, nach Heideggers Interpretation, in der Gestalt der Antigone gedichtet.

Heidegger bringt bei seiner Deutung des "Geistes" das "Heilige", ebenfalls aus Hölderlins Feiertagshymne, ins Spiel, das von ihm in der "Andenken"-Vorlesung im Zusammenhang mit dem "Fest" erläutert wurde, denn das Heilige ist das Schickende und Schickliche im höchsten Sinne (oben 209). Aus diesem Grund sagt Heidegger jetzt: "'Der Geist' ist das dichterische Wesen des Heiligen ..., sofern dieses sich zum Wort bringt und als das Wort den Menschen in den Anspruch nimmt" (160). Dieser letzte Gedanke stammt ebenfalls aus der Feiertagshymne: der Dichter faßt das Heilige ins Wort (oben 194; 206); aus diesem Wort kommt der Anspruch des Heiligen bzw. des Gottes an die anderen Menschen (oben 41 f).

Daß die Gedanken des Geistes "Still endend" heißen "in der Seele des Dichters", besagt demnach für Heidegger dasselbe wie daß das Heilige in das Wort des Dichters kommt. Die "Seele des Dichters" verknüpft Heidegger mit dem Wort "Beseeler" aus der "Brod und Wein"-Lesart, so daß er zu dem Schluß kommt: "Weil in der 'Seele' des Dichters des Geistes Gedanken auf der Erde heimisch werden, ist der Dichter 'der Beseeler', sofern der Dichter dichtend den Geist im Seienden walten läßt, indem er das Seiende, es sagend, in seiner Begeisterung erscheinen läßt. 'Dichten' ist das Sagen der Gedanken des Geistes; Dichten ist dichtender Geist" (160). In der Deutung des Dichtens als Erscheinenlassen sind δείκνυμι und ἀποφαίνεσθαι lebendig (oben 49).

Der Unterschied zwischen Hölderlins Auffassung und der Metaphysik des absoluten Geistes liegt demnach vor allem in der herausragenden Rolle, die Hölderlin dem Dichter für das Sagen der Gedanken des Geistes bzw. des Heiligen zuerkennt. Daß es der Offenheit des Menschen für das Schickliche bedarf, ist auch eine Weiterentfaltung von Heideggers eigenem Gedanken des Seinsverständnisses aus "Sein und Zeit", der in der Vorlesung bereits angesprochen wurde (oben 240), ebenso der in der Vorlesung von 1937/38 dargelegten Offenheit des Menschen für das Seiende (oben 131).

"Geist", nach Heideggers Deutung, ist erstens das Wesen des Heiligen, zweitens dichtender Geist. Der dichtende Geist ist der Geist, der "die Geschichte eines geschichtlichen Menschentums gründet" (160). Das ist derselbe Gedanke wie im letzten Vers von "Andenken", "Was bleibet aber, stiften die Dichter".

Der erste Satz aus dem auszulegenden Hölderlin-Text lautet: "nemlich zu Hauß ist der Geist/ Nicht im Anfang, nicht an der Quell". Anders als in der "Andenken"-Vorlesung versteht Heidegger "im Anfang" als Zeitbestimmung: "Anfang nennt hier Beginn" (161). Das heißt: am Beginn seines Weges ist der Geist nicht "zu Hauß". Zwar hält er sich - so Heidegger - "im Hause seines Wesens" auf, er "west in und aus seinem Wesensbereich, aber er gehört diesem Bereich doch noch nicht sogleich als Geist, d.h. im freien Denken und Gebrauchen des Ursprünglichen" (161). Der freie Gebrauch des Eigenen und Ursprünglichen ist nach Hölderlins Brief an Böhlendorff das Schwerste. Der Geist wird erst dann "an der Quell" heimisch, wenn der Dichter den schweren Gang zur Quelle gewagt hat. Heidegger kommt hiermit auf Gedanken aus der "Andenken"-Vorlesung zurück, auf die er eigens hinweist (162 Anm.; oben 203). Die Quelle ist wie der Herd der Ort des Heimischen.

Der nächste Satz aus der "Brod und Wein"-Lesart, "Ihn zehret die Heimath", nennt nach Heideggers Auffassung den Grund, warum der Geist im Beginn nicht an der Quelle heimisch ist (162). "Heimath" steht hier für das "noch unbefreite Eigene" (163), das nur "Mitgegebene", wie Heidegger es in seiner ersten Hölderlin-Vorlesung bezeichnete, das unangeeignete Eigene. Das bedeutet: Dem geschichtlichen Menschentum ist zwar sein Geschick zugewiesen, es ist aber noch dagegen verschlossen, ihm fehlen noch die Kräfte, sich in das Geschick schicklich zu fügen. So den eigenen noch ungefügen und ungeübten Kräften überlassen, zehrt die Heimat am Geist und bedroht ihn mit der Auszehrung (163). Mit dieser Auslegung ist eine dritte Bedeutung von "Geist" ans Licht getreten: Geist als Geschick und Geschichte eines Menschentums. Wie sehr Heidegger, bis in die Wortwahl, bei der Deutung der "Brod und Wein"-Lesart von Hölderlins Böhlendorff-Brief beeinflußt ist, dürfte sichtbar sein.

Heidegger setzt seine Erläuterungen folgendermaßen fort. Im Geist waltet die "Sehnsucht zu seinem eigenen Wesen". Der Geist strebt danach, "das Ganze seiner alles bestimmenden Gedanken zu denken" und so "gemeinsamer Geist", wie es in der Feiertagshymne heißt, zu sein (163).[60] Aus dem "Gehorsam zur Aneignung des Eigenen" (163) muß der Geist in seinem Beginn das Fremde und Unheimische suchen. So deutet Heidegger Hölderlins nächsten Satz: "Kolonie liebt, und tapfer Vergessen der Geist". Der Geist nimmt das wesenhafte Unheimischsein, die Kolonie, in den "Willen seiner Liebe" auf. Liebe - so sagt Heidegger - "ist der wesentliche Wille zum Wesentlichen" (164).[61] Das "und" vor "tapfer Vergessen" versteht Heidegger, wie sonst auch öfter, explikativ, so daß sich der Sinn ergibt: um der Liebe zur Kolonie willen sucht der Geist das "tapfer Vergessen". Das Vergessen kann eine Vergeßlichkeit, ein Entfallen oder ein Ausweichen auf seiten des Menschen sein. "Aber", sagt Heidegger mit Nachdruck, "es ist noch eine andere Vergessenheit, bei der nicht wir etwas vergessen, bei der wir vielmehr vergessen werden und selbst die Vergessenen sind" (165).[62] Heidegger meint die sonst von ihm so genannte Seinsvergessenheit. Gegenüber "Sein und Zeit" und "Einführung in die Metaphysik" ist der Gedanke jetzt so, daß nicht der Mensch das Sein, sondern das Sein den Menschen vergessen hat, Vergessenheit "des" Seins jetzt als genitivus subiectivus gefaßt ist. Heidegger wird mit solchem "mehrfältigen Denken" dem in sich mehrdeutigen Phänomen der Vergessenheit gerecht, wovon er im Brief an Richardson 1962 dann spricht (BR

---

[60] Heidegger nimmt hier Begriffe des Deutschen Idealismus auf, etwa: *Hegel,* Werke 2,24: "Das Wahre ist das Ganze". Zu "Sehnsucht" vgl. Heideggers Schelling-Vorlesung (GA 42,211 ff). In seinem Seminar "Die onto-theo-logische Verfassung der Metaphysik" von 1956/57, das sich als "Gespräch mit Hegel" versteht (ID 31), ist es Heidegger darum zu tun, im '"Schritt zurück"' "das Ganze" der Geschichte des Denkens zu erblicken (ID 40).

[61] Zur Liebe als Wille vgl. den Anhang zur Schelling-Vorlesung (Einzelausgabe Niemeyer), 210 ff. Heidegger sieht, Augustinus' volo ut sis folgend, die Liebe meistens im Zusammenhang mit dem Wollen, z.B. GA 39,82; GA 52,41; GA 4,125.

[62] Ähnlich heißt es in einem nicht vorgetragenen Zusatz der Parmenides-Vorlesung: "Wie, wenn nicht nur der Mensch das Wesen des Seins vergessen, sondern wenn das Sein selbst den Menschen vergessen und ihn in die Selbstvergessenheit losgelassen hätte?" (GA 54,250)

XXIII). In der Vorlesung fährt Heidegger fort: "Es kann geschichtliche Zeiten geben, in denen der Mensch selbst nicht nur der Vergeßliche, sondern der Vergessene ist. Vergessensein in diesem Sinne bedeutet dann: Nicht mehr gegrüßt sein in jener wesentlichen Bedeutung, die früher umschrieben wurde" (165). Die geschichtliche Zeit solchen Vergessenseins ist für Heidegger, hier von ihm nicht genannt, die Epoche der Metaphysik. Das fehlende Gegrüßtsein des Menschen bezieht sich auf den Gruß des Heiligen und der Götter aus der "Andenken"-Vorlesung (oben 206), worauf Heidegger selbst aufmerksam macht (165 Anm.).

Hölderlin nennt das Vergessen "tapfer". Heidegger begreift Tapferkeit als "wissenden Mut". Solch wissend mutiges Vergessen richtet sich auf das Erfahren des Fremden, um "im Fremden vom Fremden um des Eigenen willen zu lernen und dergestalt das Eigene, bis es die Zeit ist,[63] hintanzustellen" (165). Nach Hölderlins Böhlendorff-Brief muß ja sowohl das Eigene wie das Fremde "gut gelernt" sein. In Verbindung mit dem Gedanken, daß der Geist "Kolonie liebt", ist nach Heidegger das Lernen des Eigenen zunächst ein Hintanstellen des Eigenen und Erfahren des Fremden. Während bisher die Lesart durch den Brief erläutert wurde, ist es bei diesem Gedanken umgekehrt. Das zeitweise "tapfer Vergessen" des Eigenen ist ein "eigentümliches Nicht-denken" (166); es ist gerade kein Aus-den-Augen-Verlieren, sondern Wissen, Mut, Entschlossenheit.

Wenn Heidegger bei der Deutung der "Kolonie" von "Ausfahrt" (166) und "Wanderung" (165 u.ö.) spricht, so hängt das erste mit der "Fahrt" der "Schiffer" aus "Andenken", letzteres mit den vom Indus und Alpheus Angekommenen aus der "Ister"-Hymne zusammen.

Es fehlt noch die Deutung der letzten beiden Zeilen von Hölderlins Text, "Unsere Blumen erfreun und die Schatten unserer Wälder/ Den Verschmachteten. Fast wäre der Beseeler verbrannt". Daß der Beseeler für Heidegger der Dichter ist, wurde bereits gesagt. Die Blumen und die Schatten der heimatlichen deutschen Wälder nehmen den aus der Fremde heimgekehrten Dichter auf, der sich jetzt aufmacht zum Gang an die Quelle. In der Fremde wäre der Dichter "fast verbrannt", weil er das Fremde, das ist das Eigene der Griechen als das "Feuer vom Himmel" (Böhlendorff-Brief), erfahren mußte. Daß Hölderlin selbst sich in dieser Rolle sah, geht für Heidegger aus dem zweiten Brief an Böhlendorff hervor, in welchem Hölderlin sich, nach Heideggers Ausdruck, als der "vom Gott des Lichtes Geschlagene" bezeichnet (170).[64]

Das in der Fremde erfahrene "Feuer" ist nicht dasselbe wie das, welches die vom Indus und Alpheus an die obere Donau Gekommenen anrufen mit: "Jezt komme, Feuer!" (oben 228) Jenes ist das Eigene des anderen geschichtlichen Menschentums, der Griechen; dieses bezieht sich auf die künftige Geschichte der Deutschen.[65]

---

[63] Vgl. oben 153; 233: "Die Titanen": "Nicht ist es aber/ Die Zeit".

[64] "Das gewaltige Element, das Feuer des Himmels und die Stille der Menschen, ihr Leben in der Natur, und ihre Eingeschränktheit und Zufriedenheit, hat mich beständig ergriffen, und wie man Helden nachspricht, kann ich wohl sagen, daß mich Apollo geschlagen" (SW 6,432). Heidegger liest diesen Brief zu Beginn seines Vortrages "Hölderlins Erde und Himmel" von 1959 (GA 4,157 f).

[65] Zwischen dem "'Feuer' der Begegnung mit den Göttern" und dem "von den Hesperischen anzueignenden 'Feuer'" unterscheidet, gegen die Auffassung Beissners, *Ryan*, o.c. 358 Anm.

Heidegger faßt seine Auslegung der Lesart zu "Brod und Wein" zusammen: "Wir behaupten: In dem genannten Bruchstück nennt Hölderlin das Gesetz des Unheimischseins als das Gesetz des Heimischwerdens. Das Gesetz ist jener Wesenszug, in den die Geschichte eines geschichtlichen Menschentums gesetzt ist" (166). Dieser letzte Gedanke erinnert an die Daseinsstruktur der Geworfenheit (GA 2,180 ff).[66] Hölderlin hat nach Heideggers Auffassung nicht ein allgemeines Gesetz der Geschichte erkannt, sondern "geschichtlich dichterisch" das Gesetz "für die einzige Geschichte der Deutschen" gefunden (168). Die geschichtliche Einzigkeit hatte Heidegger im Laufe seiner Vorlesung bereits mehrfach betont.

Das Heimischsein, dem ein Heimischwerden aus dem Unheimischsein voraufgeht, ist das Wohnen. Heidegger kommt jetzt ausdrücklich auf diejenigen Zeilen zurück, die bei seinen bisherigen Hölderlin-Interpretationen immer mitgedacht waren. Sie stammen, wie Heidegger sagt, aus Hölderlins "spätestem und befremdlichstem Wort", dem Gedicht "In lieblicher Bläue ...", und heißen: "Voll Verdienst, doch dichterisch wohnet/ Der Mensch auf dieser Erde" (171. SW 2,372). Während Heidegger bisher eher das Wort "dichterisch", das heißt die Bestimmung des Dichters und seine Rolle für die Geschichte eines Menschentums, auslegte, blickt er jetzt auf das Wohnen. Heidegger vermutet, "daß das abendländische geschichtliche Menschentum seit langem schon auf dem Wege ist, so unheimisch zu werden, daß es die Sage des Heimischwerdens vergißt" (172). Deshalb muß das Gesetz des Heimischwerdens erfahren und gesagt werden. Wenn das Wohnen der Menschen ein dichterisches ist - und Heidegger übernimmt diesen Gedanken von Hölderlin als seine eigene Überzeugung -, dann muß auch das Wesen der Dichtung neu gedacht werden. Beides entspricht der "innersten Not der Geschichte" (172).

Derjenige deutsche Dichter, der das Wesen der Dichtung gedichtet und das Gesetz des Heimischwerdens gesagt hat, ist für Heidegger Hölderlin selbst. Hölderlin hat in der Zwiesprache mit der griechischen Dichtung das griechische "Feuer vom Himmel" erfahren und gelernt, "wie das Feuer zum stillen Scheinen der Götter wurde" (172). Das Wort von Hölderlins eigener Dichtung, ihr Zu-Dichtendes, ist nach Heidegger "das Heilige" (173). Sowohl das griechische Geschick als auch das deutsche kommen demnach aus dem Feuer vom Himmel bzw. dem Heiligen. Vorher hatte Heidegger das Heimischwerden der Deutschen als das Zu-Dichtende hervorgehoben (oben 255). Beides ist aufeinander bezogen: Das Heimischwerden kommt an sein Ziel, wenn das vom Heiligen geschickte "Fest" zwischen Göttern und Menschen sich ereignet, wie Heidegger in der "Andenken"-Vorlesung darlegte (oben 206).

Daß Heidegger das Heilige als das ursprünglich Zu-Dichtende Hölderlins ansieht, liegt an den Versen 19 f aus der Feiertagshymne, "Jezt aber tagts! Ich harrt und sah es kommen,/ Und was sich sah, das Heilige sei mein Wort" (SW 2,118). Weil Hölderlin das Wesen der Dichtung und des Dichters erst neu dichtet - Heidegger nannte ihn deswegen den *Dichter des Dichters"* (oben 42) -, sind in Heideggers Gedankenführung das Wort "der Dichter" und Hölderlins Name oft austauschbar.

---

[66] Vgl. GA 32,53: "Die Voraussetzung der Philosophie" "ist die schon geschehende Geschichte der Offenbarkeit des Seienden als solchen im Ganzen, in die wir uns gesetzt finden ..."

Heideggers weitere Überlegungen sind folgende. Wenn der Dichter das Heilige zu sagen hat, das noch "über" den Göttern ist - an diesem Gedanken hält Heidegger seit seiner Auslegung der Feiertagshymne, 1939, fest (oben 206) -, er andererseits das Wohnen des geschichtlichen Menschen gründet, dann steht der Dichter zwischen Menschen und Göttern. Das geht aus den Versen 56 ff der Feiertagshymne hervor (oben 41) und ebenfalls aus der Rheinhymne, wo Hölderlin diese, wie Heidegger es nannte, "Zwischenwesen", als "Halbgötter" denkt (oben 47). Weil Hölderlin den Rheinstrom als Halbgott gedichtet hat und weil der Dichter in seinem Stehen zwischen Menschen und Göttern dasselbe Wesen hat, deshalb kann Heidegger jetzt sagen: "Der Stromgeist ist der dichterische Geist" (173). Das Wort "Stromgeist" nimmt einen Ausdruck Hölderlins aus dem Kommentar zu einem Pindar-Fragment auf.[67] Der dichterisch gründende Geist wurde von Heidegger bei der Deutung der "Brod und Wein"-Lesart besprochen (oben 257).

Hölderlins Wort vom Ister, "Der scheinet aber fast/ Rükwärts zu gehen", wurde von Heidegger, wie dargestellt, bisher durch den Böhlendorff-Brief und die Lesart zu "Brod und Wein" erläutert. Eine zweite Auslegung dieses Wortes hängt mit den Versen 26 ff der "Ister"-Hymne selbst zusammen: "So wundert mich nicht, dass er/ Den Herkules zu Gaste geladen,/ Fernglänzend am Olympos drunten,/ Da der, sich Schatten zu suchen/ Vom heissen Isthmos kam". Diese Geschichte geht auf Pindar zurück, worauf Heidegger eigens hinweist (177),[68] und ist ein weiteres Zeugnis für Hölderlins Zwiesprache mit diesem Dichter. Das zögernde Fließen des Ister läßt sich in Verbindung mit den zitierten Versen so deuten, "daß dem ursprünglichen Entspringen eine geheime Gegenströmung entgegendrängt" (178). Die Gegenströ-

---

[67] Es handelt sich um Fragment 166 (Snell), von Hölderlin überschrieben "Das Belebende" (SW 5,289). Dort heißt es: "Der Begriff von den Centauren ist wohl der vom Geiste eines Stromes, sofern der Bahn und Gränze macht, mit Gewalt, auf der ursprünglich pfadlosen aufwärtswachsenden Erde". - Heidegger war von diesen Zeilen, die er in seiner Vorlesung von 1934/35 vortrug (oben 48), offensichtlich nachhaltig beeindruckt, denn er greift sie in seiner Vorlesung "Was heißt Denken?" von 1952 wieder auf. Dort geht es um das 'Brauchen' und die Verse 69 f aus der "Ister"-Hymne, "aber Stiche vom Fels/ Und Furchen die Erd'" (WhD 117). Das Wort "Stiche" gibt den Anlaß, auf den Kentaur zurückzukommen. Außerdem nimmt Heidegger in der "Andenken"-Abhandlung von 1943 auf die Hölderlin-Zeilen Bezug, so daß er, genauso wie in der "Ister"-Vorlesung schreibt: "Der Stromgeist ist der dichterische Geist" (GA 4,97). Die Verse aus der "Ister"-Hymne, daß die Ströme das Land "urbar" machen, stehen im Hintergrund, wenn Heidegger an derselben Stelle vom "urbarmachenden Geist" spricht (GA 4,98). Auch in der Parmenides-Vorlesung hat Heidegger offenbar einen Strom vor Augen, wie er im Fragment "Das Belebende" gezeichnet ist. Im Zusammenhang mit der Tendenz auf Sicherung und Vergegenständlichung in unserer heutigen Welt sagt Heidegger: "Der Strom erströmt sich nicht mehr im geheimnisvollen Lauf seiner Windungen und Kehren seine von ihm erweckten Ufer, sondern er schiebt nur noch sein Wasser zwischen den gleichförmigen Bändern der Betonmauern, die keine Ufer mehr sind, dem umweglos vorgerichteten 'Ziel' zu" (GA 54,190). Das Gewaltsame des Stromes drückt Heidegger mit dem 'er-strömen' aus. Zu den Verben mit 'er'- vgl. oben 94 Anm. - Emil Staiger vergleicht Hölderlins Anmerkungen zum Pindar-Fragment mit der Ode "Chiron" (SW 2,56 f) und kommt zu dem Ergebnis: "Die Ode Chiron und diese Pindardeutung, beide schwer verständlich, hellen sich gegenseitig auf ... Der Strom ist der Dichter, der Dichter der Strom. Chiron, der Kentaur, jedoch ist eine besondere Gestalt des Stroms, so wie der blinde Sänger eine besondere Gestalt des Dichters ist". Emil Staiger, Hölderlin: Drei Oden. In: Ders., Meisterwerke deutscher Sprache aus dem neunzehnten Jahrhundert. 1. Aufl. 1943. 4. Aufl. Freiburg: Rombach 1961. S. 48. - Daß der Strom dasselbe ist wie der Dichter, behauptet auch Heidegger, allerdings mit einer anderen Begründung.

[68] Nach Pindars 3. Olympischer Ode, Vers 11 ff, hat Herakles den Ölbaum von den schattigen Quellen des Ister (Ἴστρου ἀπὸ σκιαρᾶν/ παγᾶν) nach Olympia verpflanzt (vgl. SW 2,814 f). Hölderlin hat den Beginn dieser Ode übersetzt (SW 5,51).

mung kommt von dem fremden Gast, den der Ister geladen hat. Da Herkules zu den Halbgöttern gehört und der Dichter dasselbe Wesen hat wie diese, legt Heidegger die "Ister"-Verse so aus: "Der Gast, d.h. der griechische Dichter des himmlischen Feuers, ist die Gegenwart des Unheimischen im Heimischen". Durch den fremden Gast wird das "heimische Denken zu einem ständigen Andenken an die Wanderschaft in die Fremde (die 'Kolonie')" (177). Der dichterische Grund für das zögernde Strömen wäre also einmal, daß der Stromgeist von einer Wanderung zurückgekehrt ist, zum anderen, daß der fremde Halbgott den Stromgeist ins Eigene zurückdrängt. Das "Andenken" muß nicht Erinnerung an eine vollzogene Wanderung besagen, es kann auch ein Vordenken sein, wie noch gezeigt werden soll. Beide, Stromgeist und Halbgott, sind wesenseinig mit dem Dichter. Heidegger unterstreicht: "Die Aneignung des Eigenen *ist* nur als die Auseinandersetzung und gastliche Zwiesprache mit dem Fremden" (177). Solche Auseinandersetzung und Zwiesprache hat Hölderlin mit Sophokles und Pindar gehalten. In den Zeilen vom rückwärts gehenden Strom ist diese geschichtliche Zwiesprache gedichtet.

Die Zwiesprache ist also eine mehrfache: Hölderlins Zwiesprache mit den griechischen Dichtern, die von Hölderlin (und Pindar) gedichtete Zwiesprache zwischen dem Stromgeist des Ister und dem Herkules, die im Wort vom fast rückwärts gehenden Strom verschlossene Zwiesprache zwischen Eigenem und Fremdem, worauf die Besinnung des Böhlendorff-Briefes geht.

Es sollen jetzt noch Heideggers Ausführungen zum Wesen des Dichters wiedergegeben werden. Mehrfach betont Heidegger die Identität von Stromgeist und Dichter: "die Ströme sind die Dichter, die das Dichterische stiften, auf dessen Grund der Mensch wohnt" (183). In diesem Gedanken sind die beiden Verse enthalten, die allen Hölderlin-Interpretationen Heideggers zu Grunde liegen: "Was bleibet aber, stiften die Dichter", und "...dichterisch wohnt der Mensch".

Zu den Versen 16 f der "Ister"-Hymne, "Denn Ströme machen urbar/ Das Land", sagt Heidegger: "Der dichterische Stromgeist macht in einem wesentlichen Sinne urbar, er bereitet den Boden für den Herd des Hauses der Geschichte. Der Dichter öffnet den Zeit-Raum, innerhalb dessen überhaupt eine Zugehörigkeit zum Herd und zum Heimischen möglich ist" (183). Der zweite Satz bezieht sich auf das Geschichte stiftende Wort des Dichters. Den "Zeitraum" des von Hölderlin Gedichteten zu betreten, ist das Ziel von Heideggers Vorlesung (oben 223). Wenn der "Geist" "zu Hauß" ist ("Brod und Wein"-Lesart), bereitet er den Menschen, wie Heidegger sagt, "den Boden für den Herd des Hauses der Geschiche".[69] "Herd" ist nach Heideggers Sophokles-Auslegung ein dichterisches Wort für das Sein. Vom "Haus der Geschichte" spricht Heidegger später nicht mehr, wohl dagegen vom "Haus des Seins". Im "Brief über den 'Humanismus'" heißt es 1946: "Die Sprache ist das Haus des Seins. In ihrer Behausung wohnt der Mensch" (GA 9,313).[70] Dieser Gedanke stammt aus Heideggers "Ister"-Deutung und hängt speziell mit den Versen 49 ff zusammen, wo Hölderlin sagt: "Umsonst nicht gehn/ Im Troknen die Ströme. Aber

---

[69] Hölderlin verbindet "Haus" und Geschichte des öfteren, etwa: SW 2,91, V.55; SW 2,154, V.34; "Friedensfeier", V.117 (SW 3,536).

[70] Nach Heideggers Büchlein "Hebel - der Hausfreund" von 1957 bewohnt der Mensch als der Sterbliche das "Haus der Welt" (GA 13,139).

wie? Sie sollen nemlich/ Zur Sprache seyn".[71] Die Sprache war bereits zuvor als "Schrein", "zum Sein gehörig", bezeichnet worden (oben 251).

Meiner Ansicht nach ist das Sprachdenken in Heideggers Spätwerk vor allem durch die "Ister"-Vorlesung vorbereitet und aus ihr hauptsächlich durch die Auseinandersetzung mit dem Böhlendorff-Brief und der Lesart zu "Brod und Wein". Das Lernen des Eigenen (Böhlendorff-Brief), das Wohnen im Eigenen ("zu Hauß"-sein des Geistes) aus der "Ister"-Vorlesung stehen auch im Hintergrund, wenn Heidegger in seinem Vortrag "Die Sprache" von 1950 sagt: "Alles beruht darin, das Wohnen im Sprechen der Sprache zu lernen" (das "lernen" ist ein Indiz für die Rezeption von Hölderlins Brief). Auch Heideggers Wort an derselben Stelle "Die Sprache spricht" (GA 12,30) hat direkten Bezug zur "Ister"-Vorlesung; die figura etymologica nimmt die Sprachgestalt aus Vers 815 der Sophokleischen "Antigone" auf: ὕμνος ὕμνησεν, worauf Heidegger zu Beginn der Vorlesung bei der Erläuterung des Titels "Hymne" hinweist (1).

Nicht nur Hölderlin hielt, nach Heideggers Darlegung, Zwiesprache mit den griechischen Dichtern und hatte dabei das Ziel der Aneignung des Fremden. Man muß auch Heideggers Zuwendung zu den Griechen so verstehen; später hebt er dies selbst hervor (GA 5,333; GA 9,363; GA 15,188; u.ö.). Da Heidegger aber, wie Hölderlin, die Aneignung des Fremden um der Aneignung des Eigenen willen betreibt, ist es nicht überraschend, wenn er bei der Auslegung antiker Texte zu anderen Ergebnissen kommt als die Philologen, die sich nicht an das für Hölderlin wie für Heidegger maßgebende "Gesetz" der Geschichte binden.

Daß die Ströme "Zur Sprache seyn" sollen, bedeutet Heidegger zufolge, daß die Ströme als die Halbgötter "die zum Wort und zum Sagen des Wortes Gerufenen" sind (185). Weil Ströme und Halbgötter dasselbe Wesen haben wie die Dichter, sind diese die in einem ausgezeichneten Sinne Gerufenen und Berufenen, wie Heidegger schon im ersten Teil der Vorlesung hervorhob (oben 228). "Sprache" aus dem "Ister"-Vers meint nach Heidegger "die Sprache im eigentlichen und ursprünglichen Sinne: das Wort" (188). Das Wort ist deswegen ursprüngliche Sprache, weil es vom Gott bzw. vom Heiligen dem Dichter zugesagt ist; eigentlich ist es, weil es zum Eigenen eines geschichtlichen Menschentums gehört. Sprache als Verständigungsmittel oder als Ansammlung von Sprachzeichen ist erst ein spätes Derivat des eigentlichen Wortes. Indem Heidegger das Wort als Sprache im eigentlichen Sinne faßt, begründet er sein Verfahren bei der Auslegung des Anaximander-Fragments (oben 178), der Hölderlinschen Hymnen (oben 197 f) und des Chorliedes aus der "Antigone" (oben 238).

An die aus der "Ister"-Hymne zitierten Verse Hölderlins schließen sich folgende an, 51 ff: "Ein Zeichen braucht es/ Nichts anderes, schlecht und recht, damit es Sonn'/ Und Mond trag' im Gemüth', untrennbar,/ Und fortgeh, Tag und Nacht

---

[71] Diese Verse zitierte Heidegger bereits in seiner ersten Hölderlin-Vorlesung (GA 39,149). An sie dachte er, als er dort von der Sprache sagte, daß sie "nur täglich ihr eigenes Sagen in der Tiefe seines Strömens überplätschern und überbrüllen kann, weil sie im Verborgenen noch Strom ist, worin und als welchen das Seyn selbst sich stiftet" (GA 39,256). Zum Sich-selbst-Stiften des Seyns oben 42. - In der Stuttgarter Ausgabe wird der Satz "Sie sollen nemlich/ Zur Sprache seyn" nur als Lesart verzeichnet (SW 2,810).

auch, und/ Die Himmlischen warm sich fühlen aneinander". Das "Zeichen", das "es" "braucht", ist für Heidegger: der Dichter. Der Vers besagt dann: "Ein Dichter und Dichter müssen sein. Einen Dichter braucht es" (187). Bereits in seiner ersten Hölderlin-Vorlesung hatte Heidegger auf den Zusammenhang des Wortes 'dichten' mit dem griechischen δείκνυμι, 'zeigen', aufmerksam gemacht. Das "Zeichen" ist nach Hölderlins Versen aus einem dreifachen Grunde gebraucht: "damit es Sonn'/ Und Mond trag' im Gemüth'", damit es "fortgeh, Tag und Nacht auch" und damit "Die Himmlischen warm sich fühlen aneinander". Das "Gemüth", in dem das "Zeichen" Sonne und Mond trägt, sieht Heidegger in Verbindung mit der "Seele des Dichters", in der die Gedanken des Geistes enden (oben 256). "Das Gemüt", sagt Heidegger, "ist der Wesensgrund alles Mutes und als dieser die Wesensauszeichnung des Menschen" (187).[72] Den zweiten Teil des Finalsatzes deutet Heidegger so, daß das Zeichen Tag und Nacht durchwandern muß. Hierbei hat er wohl die Elegie "Brod und Wein" im Sinn und vor allem die Verse von den Dichtern, "Welche von Lande zu Land zogen in heiliger Nacht" (SW 2,94; oben 51 Anm.), aber auch die beiden ersten Strophen von "Wie wenn am Feiertage ...", welche von der Nacht sagen, bevor die dritte Strophe anhebt mit: "Jezt aber tagts!". Dies geht aus Heideggers Sätzen hervor: "die Nacht ist die Mutter des Tages; in ihr bereitet sich das Tagen und Aufgehen des Heiligen vor" (186). Der dritte Teil des Finalsatzes, "damit ... Die Himmlischen warm sich fühlen aneinander", bedeutet nach Heidegger dasselbe wie die achte Strophe der Rheinhymne: die "Seeligsten" "brauchen" einen Anderen, der in ihrem Namen "Theilnehmend" fühlt (192 f; oben 39). Sowohl die "Ister"-Verse als auch die Rheinhymne enthalten das für Heidegger hochbedeutsame Wort 'brauchen'; mit ihm bezeichnet er in seinen späteren Schriften den Bezug des Seins zum Menschen.

Das von Hölderlin gedichtete Wesen des Dichters, daß dieser gebraucht ist als Zeichen und daß er, wie vorher herausgestellt wurde, derjenige ist, der das Wohnen der Menschen gründet, verdichtet sich im Schlußvers von "Andenken", für Heidegger dem "höchsten Wort vom Wesen des Dichters" (188) und meines Erachtens dem obersten Leitwort von Heideggers Hölderlin-Interpretation insgesamt: "Was bleibet aber, stiften die Dichter". Heidegger greift auf Gedanken aus seiner "Andenken"-Auslegung des vorigen Semesters und ebenso auf seine Analysen der Geschichtlichkeit des Daseins aus "Sein und Zeit" zurück, wenn er sagt: "Andenken meint hier nicht bloß Denken an das Gewesene (nämlich die Wanderschaft in die Fremde), sondern zugleich vor-denken 'an' das Kommende, das Bedenken der Ortschaft des Heimischen und ihres zu stiftenden Grundes" (188). In solcher Lage ist der Dichter nach der Rückkehr von der Meerfahrt oder der Wanderung, wenn er sich aufmacht zum Gang an die Quelle. "An-denken" als "mehrfach gerichtetes Hindenken" (188) ist dasselbe wie das Hinzeigen, weshalb der Dichter im Verhältnis zu den anderen Menschen "Zeichen" ist. "An-denken", mit Bindestrich geschrieben, betont den Cha-

---

[72] Heidegger faßt die Vorsilbe 'ge'- später meist in kollektiver Bedeutung auf, wie er im Seminar in Zähringen, 1973, akzentuiert: "Im Ge- spricht die Versammlung, Vereinigung, das Zusammenbringen ..." (GA 15,391). Auf diese Weise, nämlich als Versammlungsgeschehen, versteht Heidegger in seinen späteren Schriften: "Ge-stell" (GA 15,391); "Ge-birg" (VA 248); "Geschick" (VA 214); "Geheiß" (GA 12,27); "Gesang" (GA 12,216); "Gebärde" (GA 12,102); "Gedächtnis" (VA 123; 131), "Gewesen" (GA 12,146); "Geläut" (GA 12,30). - Zum Präfix 'ge'- vgl. Wolfgang *Kayser*, o.c. 11.

rakter des Stiftens als eines Festmachens, wie Heidegger es in seiner "Andenken"-Abhandlung von 1943 entwickelt (oben 222 Anm.).

Das Wort "Zeichen" veranlaßt Heidegger, sich dem Beginn von Hölderlins Hymne "Mnemosyne" zuzuwenden: "Ein Zeichen sind wir, deutungslos/ Schmerzlos sind wir und haben fast/ Die Sprache in der Fremde verloren" (189. SW 2,195).[73] Heidegger versteht diese Zeilen so, als sprächen in ihnen die Dichter. Mnemosyne ist in der griechischen Mythologie die Mutter der Musen.[74] Heidegger überträgt Μνημοσύνη mit "Andenken" und folgert, daß dieses der "Schoß und ... Ursprung der Dichtung und somit deren Wesen" ist (189). Wie Mnemosyne die Mutter der Musen, so ist nach Heidegger das Andenken der Ursprung der Dichtung. Heidegger will damit nicht sagen, daß in Hölderlins Gedichten die Göttin Mnemosyne als der Ursprung der Dichtung genannt sei. Dies ist auch nicht der Fall. Vielmehr ist es das Heilige ("Wie wenn am Feiertage ..."), das in das Wort des Dichters kommt. Heidegger geht auf den Namen der Mnemosyne nur deshalb ein, weil er auf das hinweisen will, was er schon erörtert hat: Andenken als das Wesen des Denkens (oben 214 ff) und als das Wesen des Dichtens.

Daß nach Hölderlins "Mnemosyne"-Zeilen das "Zeichen", gemäß Heideggers Deutung die Dichter, "fast/ Die Sprache in der Fremde verloren" haben, besagt für Heidegger dasselbe wie der Schluß der Lesart zu "Brod und Wein": "Fast wäre der Beseeler verbrannt". Vom Verlust der Sprache und dem Verbrennen war in Heideggers Augen Hölderlin selbst bedroht; er war "angesichts des 'Feuers' geblendet und geschlagen" (189). Das bezieht sich auf Hölderlins Bekundung in seinem zweiten Brief an Böhlendorff (oben 259 Anm.).

"Schmerzlos" und "deutungslos" aus den "Mnemosyne"-Versen heißt Heidegger zufolge, daß die Dichter noch nicht zu deuten und zu zeigen vermögen, weil sie von dem in der Fremde erfahrenen Feuer "fast wie ausgebrannt" sind, so daß der Schmerz "sich noch nicht rührt" (190). "Der Schmerz", sagt Heidegger, "ist das eigentliche Wissen des Unterschiedenseins, in dem das einander Zugehören der Menschen und Götter erst die Geschiedenheit der Ferne und damit die Möglichkeit der Nähe und so das Glück des Erscheinens hat" (190).[75] Solch schmerzvolles Schicksal hat der Dichter; er muß wie ein Halbgott "zwischen" Göttern und Menschen aushalten; er hat den Widerstreit zwischen Bereitschaft für die Götter und Verzicht auf ihr Rufen leidend auszutragen (oben 58). Dem Einander-Zugehören von Menschen und Göttern wird das "Glück des Erscheinens" zuteil, wenn der Dichter vom "Erscheinenden als dem Zu-Dichtenden zuvor schon beschienen ist" (189). Dieses Erscheinende ist das Heilige, das kommende "Feuer" (nicht das in der Fremde erlittene "Feuer", vgl. oben 259).

---

[73] Auf diese Verse geht Heidegger erneut ein in seinem Vortrag "Was heißt Denken?" von 1952 (VA 131 ff).

[74] *Hesiod*, Theogonie, V.53 ff: Τὰς ἐν Πιερίῃ Κρονίδῃ τέκε πατρὶ μιγεῖσα/ Μνημοσύνη, γουνοῖσιν 'Ελευθῆρος μεδέουσα,/ λησμοσύνην τε κακῶν ἄμπαυμά τε μερμεράων.

[75] Heidegger kommt hierauf zurück in seinem Vortrag "Wer ist Nietzsches Zarathustra?" von 1953: "Die andenkende Nähe zum Fernen ist das, was unsere Sprache die Sehnsucht nennt". "Die Sehnsucht ist der Schmerz der Nähe des Fernen" (VA 104). Ebenso schließt Heideggers Auslegung eines Trakl-Verses in seinem Vortrag "Die Sprache" von 1950 an den Gedanken aus der "Ister"-Vorlesung an: "Der Schmerz ist die Fuge des Risses". "Der Schmerz ist der Unter-Schied selber" (GA 12,24).

Wenn Heidegger in seinem Vortrag von 1959 "Der Weg zur Sprache" zur Be-
nennung der Sage, worin das Sprachwesen beruht, das alte Wort *"die Zeige"* vor-
schlägt (GA 12,242), so ist hierin sowohl der Zusammenhang des Dichtens mit δєίκ-
νυμι als auch das "Zeichen"-sein des Dichters bewahrt.

Im Zusammenhang damit, daß die Dichter "deutungslos" sind, das heißt, daß sie
das Zeigen noch nicht vermögen, zitiert Heidegger zwei Zeilen einer Lesart zu
"Brod und Wein", Vers 87 f, die die gleiche Struktur haben wie die für Heidegger
hochbedeutsamen "Mnemosyne"-Verse, gemäß denen er vom "Ereignis des Wahren"
spricht und die Heideggers Geschichtsdenken in nuce umschließen (oben 52): "Lang
und schwer ist das Wort von dieser Ankunft aber/ Weiß (zuerst: Hell) ist der Augenblick ..." (190. SW 2,603).

Heidegger faßt seine Überlegungen zusammen: "Das Zeichen, der Halbgott,
der Strom, der Dichter, all dies nennt dichterisch den einen und einzigen Grund des
Heimischwerdens des geschichtlichen Menschen und seine Stiftung durch den Dichter" (192).

An die "Ister"-Verse von den Strömen, die "Zur Sprache seyn" sollen, und vom
"Zeichen", das gebraucht ist, schließt sich an, Vers 56 ff: "Darum sind jene auch/
Die Freude des Höchsten. Denn wie käm er sonst/ Herunter? Und wie Hertha
grün,/ Sind sie die Kinder des Himmels". Heidegger gibt folgende Auslegung. Die
Ströme sind die Freude "des höchsten Gottes, des Vaters Aether" (195). Das sagt
Heidegger im Zusammenhang mit den Versen 66 ff aus "Der Einzige", erste Fassung, die er bereits in der ersten Hölderlin-Vorlesung zur Deutung der Halbgötter
heranzog (oben 47), wo es vom "Vater" heißt: "Immer stehet irgend/ Eins zwischen
Menschen und ihm./ Und Treppenweise steiget/ Der Himmlische nieder" (195).
Heidegger zieht Parallelen zwischen dem "Höchsten" und dem "Himmlischen", zwischen den Strömen und demjenigen "zwischen" Menschen und dem "Vater", zwischen dem Herunterkommenkönnen - das "Und" in Vers 58 ist nach Heidegger wieder explikativ gesagt (197) - und dem "Treppenweise"-Niedersteigen. Die "Kinder
des Himmels" aus Vers 59 der "Ister"-Hymne wären dann die vom Himmel kommenden Wasser. Von den Strömen heißt es aber auch, daß sie "wie Hertha grün"
seien. Also sind sie auch Söhne der Erde. Tatsächlich entspringen die Ströme ja der
Erde, wie ihr Wasser vom Regen und vom tauenden Schnee des Himmels kommt.
"Kinder des Himmels" heißen demnach "die Ströme als die Halbgötter und diese
Genien der Sprache als die Dichter" (199).

In der "Ister"-Hymne ist von Hölderlin, nach Heideggers Auslegung, das Wesen
der Ströme und damit zugleich das Wesen der Dichtung gedichtet. Heidegger sagt
mit Nachdruck: "Der Dichter ist der Strom. Und der Strom ist der Dichter. Beide
sind dasselbe auf dem Grunde ihres einzigen Wesens, Halbgötter zu sein, im Zwischen zwischen den Göttern und den Menschen zu sein. Das Offene dieses Zwischen ist offen in das Heilige, das über den Göttern und Menschen west" (203). Daß
Heidegger das Heilige als "über" den Göttern und Menschen versteht, liegt daran,
daß er die "Natur", von der Hölderlin solches sagt, mit dem Heiligen zusammendenkt (oben 206). In dem Gedanken des offenen Zwischen, das offen ist "in" das
Heilige, liegt schon ein raum- und orthaftes Verständnis des Heiligen, wie es dann
im "Brief über den 'Humanismus'", 1946, ausdrücklich wird, wo Heidegger von der

"Dimension des Heiligen" (GA 9,351) und vom Heiligen als "Wesensraum" für die Gottheit (GA 9,338) spricht. Wie in der "Andenken"- (oben 210) so denkt Heidegger auch in der "Ister"-Vorlesung das von Hölderlin als "das Heilige" Gedichtete als: das Sein (194).[76]

Auf das zeit- und orthafte Wesen der Ströme aus dem ersten Teil der Vorlesung zurückblickend, sagt Heidegger: "Die Einheit von Ortschaft und Wanderschaft kann nicht aus 'Raum' und 'Zeit' begriffen werden, denn der uns geläufige Raum und die uns gewohnte Zeit sind selbst Abkömmlinge eines Bereiches, der aus sich erst alle Offenheit entspringen läßt, weil er das Lichtende und [lichtend-Er-eignende] ist" (203 f).[77] Der Bereich des Lichtenden erschließt sich als die im ersten Teil der Vorlesung angedeutete Einheit von Ortschaft und Wanderschaft (oben 232).

Das im Bereich des Lichtenden geschehende Lichten, Reichen und Er-eignen erörtert Heidegger in seinem Vortrag "Zeit und Sein" von 1962. Dort werden Zeit und Sein als Gabe eines "Es gibt" aufgewiesen (SD 5 ff), das heißt "Sein" meint dort nur die Seiendheit des Seienden, nicht "das Sein selbst" oder "Seyn". Offensichtlich folgt die Struktur von Heideggers Gedanken, Es gibt: Zeit und Sein, auch in diesem Vortrag dem triadischen Schema der Parmenides-Worte τὸ αὐτό: νοεῖν - εἶναι einerseits, sowie χρή: λέγειν-νοεῖν - ἐὸν ἔμμεναι andererseits, die, wie gezeigt wurde, seit der "Einführung in die Metaphysik" für Heideggers Denken so bedeutsam sind. Zeit als Gabe eines "Es gibt" faßt Zeit nur als Zeitigkeit des Seienden, nur als eine Seite der - wie ich es genannt habe - *chronologischen Differenz*. Das heißt, Heidegger macht 1962 keinen Unterschied zwischen der "Zeit selbst" und dem "Zeitigen" wie in seiner Anaximander-Interpretation (oben 189). Die damals so genannte "Zeit selbst" heißt 1962: "das Ereignis" (SD 20). Mit den Strömen als der "Zeit selbst" aus dem ersten Teil der "Ister"-Vorlesung ist etwas anderes gemeint als mit der aus der Differenz gedachten "Zeit selbst" der Anaximander-Auslegung, nämlich der Wesenszug der Wanderschaft.

Der Bereich des Lichtenden und Ereignenden oder, wie es sonst heißt, der "Lichtung" birgt nach Heideggers Vortrag "Das Ende der Philosophie und die Aufgabe des Denkens" von 1964 nicht nur die gewohnte Zeit, sondern auch die von ihm 1927 entworfene ekstatische Zeit (SD 73).

In "Sein und Zeit" wollte Heidegger mit seiner Daseinsanalytik das Fundament bauen für die Ontologie - daher der Begriff "Fundamentalontologie"; er wollte die Metaphysik in einer Metaphysik des Daseins gründen. In den Vorlesungen der dreißiger und vierziger Jahre ist "Grund" dasselbe wie der "Anfang der Geschichte" (vgl. oben 205), wobei von Heidegger zunächst die Gestaltung dieses Anfangs und Grundes durch die schaffenden Mächte der Geschichte, nämlich Dichten, Denken und staatliches Handeln, betont wird, es dann aber auf die Eigenbewegung des Anfangs bzw. des Grundes ankommt.[78] Seit der "Ister"-Vorlesung betrachtet Heidegger den

---

[76] Ein Jahr nach der "Ister"-Vorlesung schreibt Heidegger im Nachwort zu "Was ist Metaphysik?": "Der Denker sagt das Sein. Der Dichter nennt das Heilige" (GA 9,312).

[77] Eckige Klammern gemäß Angaben des Herausgebers in der Handschrift (GA 53,204 Anm.).

[78] Wie Heidegger das Gründenwollen, das sein Denken im Umkreis von "Sein und Zeit" bestimmt, allmählich aufgibt, ist dargestellt von *Pöggeler,* Denkweg, 159 ff.

"Grund" als Boden für ein Wohnen und Bleiben, in dem Sinne, wie ihn etwa das Wort 'Wiesengrund' ausdrückt. Den drei von Heidegger bezeichneten Phasen seines Denkweges (GA 15,344; oben 14) lassen sich demnach drei Arten von "Grund" zuordnen: Grund als Fundament für eine Konstruktion, Grund als Ausgang einer Bewegung, Grund als Ortschaft für ein Wohnen. Man hat es also mit einem *architektonischen*, einem *archēologischen* und einem *topologisch-oikologischen* "Grund"-Begriff zu tun.

In den *"Machtbereich"* von Hölderlins Dichtung einzutreten (oben 28), in den "Wesens-Zeit-Raum" seines Denkens (oben 219), in den "Zeitraum" seines Gedichteten (oben 223) zu gelangen, bedeutet nach dem zuvor Gesagten, eine andere Auffassung von Raum und Zeit auszubilden, das heißt beides nicht mehr metaphysisch, sondern aus dem Bezug zur Geschichte zu begreifen (oben 235). Um unserer zukünftigen Geschichte willen fordert Heidegger, das dichterische Wort Hölderlins "und das Wort selbst in seinem eigenen Wesensraum zu erfahren". Hierzu ist nötig: "eine Umwandlung der Denkungsart und des Erfahrens, die das Ganze des Seins angeht" (205).

Heidegger schließt seine Vorlesung mit dem Ausblick: wenn wir die "Wahrheit" von Hölderlins Dichtung und ihr Gedichtetes "nur aus der Ferne, und d.h. kaum, bedenken", kann es geschehen, daß wir von ihr plötzlich betroffen werden (205). Mit dem Hinweis auf den "rechten Augenblick", der sich plötzlich, unvermutet einstellt, beendete Heidegger auch seine "Einführung in die Metaphysik" von 1935. Im gleichen Sinne zitiert er am Ende der "Ister"-Vorlesung die letzten Zeilen aus der Hymne "Die Wanderung", welche seine Vorlesung in besonderer Weise bestimmte: "Zum Traume wirds ihm, will es Einer/ Beschleichen und straft den, der/ Ihm gleichen will mit Gewalt./ Oft überrascht es den,/ Der eben kaum es gedacht hat" (206. SW 2,141).[79]

In seiner "Ister"-Vorlesung denkt Heidegger Zeit und Ort nicht mehr metaphysisch, sondern aus dem Bezug zur Geschichte. Legt man die Hölderlin-Verse von der "langen Zeit" und vom "Ereignis des Wahren" als für Heideggers Geschichtsdenken strukturbildend zu Grunde, so bedeutet Zeit in der Epoche der "langen Zeit": das Wesen der Ströme als Wanderschaft, dieses aber in Einheit mit ihrem orthaften Wesen. Die Zeit des Ereignisses, des geschichtlichen Augenblicks, ist die Zeit der Dichter, die das Kommen des Feuers, das heißt des Heiligen, herbeirufen.

In anderer Weise als bei den Strömen besteht bei der πόλις und beim Heiligen eine Einheit von Zeit und Ort. Als das Beständige und der Wechsel ist die πόλις Zeit, als offene Stätte ist sie Ort. Das Heilige, in Wesenseinheit mit dem Geist, ist das Schickliche, das heißt Zeit; das Heilige ist ebenfalls das Offene, in dem Götter und Menschen ihr Wesen haben, also Ort.

Gewissermaßen umrundet werden diese Weisen von Zeit und Ort vom Bereich des Lichtenden.[80] Dies ist ein genuiner Gedanke Heideggers, der ihm nicht in erster

---

[79] Heidegger liest "Die Wanderung" auf seiner Schallplatte mit Hölderlin-Gedichten und spricht besonders die Schlußverse mit bewegter Stimme. Martin Heidegger liest Hölderlin. Pfullingen: Neske 1963.

[80] Wie Heidegger im "Brief über den 'Humanismus'" schreibt, bleibt die Dimension des Heiligen verschlossen, "wenn nicht das Offene des Seins gelichtet und in seiner Lichtung dem Menschen nahe ist" (GA 9,351 f).

Linie durch Hölderlin oder Sophokles zuwächst, sondern aus dem Bedenken der ἀλήθεια stammt. Die Lichtung sieht Heidegger auch 1965 noch als "die ausgezeichnete Sache eines anderen Denkens" (FBSD 18).

Die genannten Zeit- und Ortsformen sind aber nicht nur eine Phänomenbeschreibung, sondern gehen uns selbst geschichtlich an. Da es für Heidegger darauf ankommt, den Bereich des von Hölderlin Gedichteten zu betreten - und dies sinnt er seinen Hörern und Lesern an -, können wir von der Wahrheit dieser Dichtung genauso ereignishaft getroffen werden, wie es Hölderlin vom Feuer und vom Heiligen gesagt hat, das über die Dichter kommt.

Der Gedanke, daß die Wahrheit unserer künftigen Geschichte sich aus dem Machtbereich und Zeitraum der Hölderlinschen Dichtung erschließt, wird von Heidegger später erweitert, so daß dieser Bereich einfach heißt: die Sprache. Die Sprache birgt auch das in der "Ister"- und der "Andenken"-Vorlesung nach Hölderlin so genannte "Eigene", das der Aneignung bedarf. Im Vortrag "Der Satz der Identität" von 1957 sagt Heidegger: "Insofern unser Wesen in die Sprache vereignet ist, wohnen wir im Ereignis" (ID 26). Diese Gedanken stammen aus der "Ister"-Vorlesung.

§ 11. Geschichte als Geschehen der ’Αλήθεια. GA 54: Parmenides. Wintersemester 1942/43

Heideggers Vorlesung von 1942/43 gilt dem Sein, dem Anfang, der ’Αλήθεια. Alle drei Worte nennen das Selbe; es ist jenes, das nach Heideggers Überzeugung die Geschichte des Abendlandes trägt und bestimmt. Sein und Anfang wurden von Heidegger seit seiner Vorlesung von 1937/38 bereits mehrfach als identisch gedacht. Wenn dieses Selbe jetzt unter dem Namen ’Αλήθεια steht, so ist das eine Konsequenz von Gedanken, die Heidegger seit 1935 vorträgt, denn von allen griechischen Grundworten für das Sein ist ἀλήθεια sozusagen die Mitte und das Umfassende. Heideggers Zuwendung zum Griechentum kulminiert jetzt in einem Bedenken des Wesens der ’Αλήθεια.

Der Anfang der Geschichte ist aber nicht nur als der erste Anfang bei den Griechen bedeutsam, sondern auch als der kommende, wie Heidegger jetzt sagt, "anfängliche" Anfang. In der "Einführung in die Metaphysik" wollte Heidegger den ersten Anfang wiederholen, um ihn in den anderen Anfang zu verwandeln. Dem Wiederholen entspricht in der Parmenides-Vorlesung ein denkendes Gehen in die Nähe des Anfangs, dem Verwandeln entspricht Heideggers anfänglicheres Denken. Es geht Heidegger jetzt nicht mehr um den ersten und den anderen Anfang, sondern er erkennt das Gesetz des Einen Anfangs, dem er sich denkend unterstellt.

Die von Heidegger aufgeworfene Seinsfrage, die die Wahrheitsfrage einschließt, bleibt für ihn auf seinem weiteren Denkweg frag-würdig. Sie konzentriert sich jetzt auf das "Ungedachte im Gedachten der ganzen Denkgeschichte", wie es im Heraklit-Seminar von 1966/67 heißt (GA 15,262): auf die ’Αλήθεια.[1] Heidegger betrachtet in den Vorlesungen seit "Grundfragen der Philosophie" sein Verfahren nicht mehr ausdrücklich als "Fragen". Offenbar erscheint ihm dies jetzt als ein unangemessener Zugriff auf die Sache; so hat er es 1957/58 dann auch formuliert (vgl. oben 152). In den letzten Semestern verstand Heidegger sein Vorgehen eher als Hören (oben 152; 192), als Verstehen (oben 178), als ahnendes Wissen (oben 161 u.ö.), als Denken (oben 193). Entsprechend wollte er für seine Hörer Merkmale und Zeichen setzen (oben 223), ihnen Hinweise geben (oben 238) oder auf etwas hinzeigen (oben 192).

In der Parmenides-Vorlesung geht Heidegger zunächst davon aus, daß ἀλήθεια das erste Wesen der Wahrheit ist, welches bei Platon und Aristoteles eine entscheidende Wandlung erfährt. Dadurch, daß Parmenides von ’Αλήθεια, nach Heideggers Deutung, als Göttin spricht, bildet sich Heideggers Auffassung der ’Αλήθεια

---

[1] Ähnlich im Vortrag "Hegel und die Griechen" von 1958: "Die ’Αλήθεια ist das ungedachte Denkwürdige, *die* Sache des Denkens" (GA 9,444).

als derjenigen Macht heraus, die nicht nur das Griechentum, sondern die ganze abendländische Geschichte bestimmt. Um sichtbar zu machen, daß ' Ἀλήθεια das Schickende, Fügende, Stimmende in der Geschichte, daß sie unser Schicksal ist, schreibt Heidegger das Wort nach der Parmenides-Vorlesung meist mit großem Anfangsbuchstaben.

Gemäß dem Entwurf zu einem Vorwort der Gesamtausgabe seiner Schriften, kurz vor seinem Tode verfaßt, versteht Heidegger seine Arbeit als Echo auf die ' Ἀλήθεια (oben 145). Ebenfalls aus seinen letzten Lebensmonaten stammt ein Grußwort an die Teilnehmer des 10. phänomenologischen Kolloquiums in Chicago vom 11.4.1976. Die Schlußsätze lauten: "So könnte die Seinsfrage bedrängender und erfahrbar werden als das, was sie in Wahrheit ist:[2] Das Vermächtnis aus dem Anfang der Geschichte des Seins, das in ihm und für ihn notwendig noch ungedacht geblieben ist - die ' Ἀλήθεια als solche - in ihrer Eigentümlichkeit zu denken und dadurch die Möglichkeit eines gewandelten Weltaufenthalts des Menschen vorzubereiten".[3]

Im Namen der ' Ἀλήθεια entfaltet Heidegger in der Parmenides-Vorlesung seine Grundgedanken des Unterschiedes von Sein und Seiendem, des Bezugs Sein - Mensch und des Sachverhaltes "Sein und Zeit". Heideggers Geschichtsdenken erreicht in dieser Vorlesung seinen Höhepunkt.

Bei seiner Auslegung der griechischen Texte ist es Heidegger, wie in seiner Sophokles-Interpretation des letzten Semesters und sonst auch, nicht darum zu tun herauszubekommen, was Hesiod, Homer, Pindar, Platon, Aristoteles gemeint haben könnten. Vielmehr: nach Heideggers Einsicht, die er zuerst in der "Einführung in die Metaphysik" äußerte, bewegt sich alles Erfahren und Sagen der frühen Griechen im Horizont der ἀλήθεια. Die ἀλήθεια war den Griechen stets gegenwärtig; sie war ihnen das "Mächtigste", allerdings auch das "Verborgenste" (oben 110). Bei ihrer Befassung mit dem im Gesichtskreis der ἀλήθεια erscheinenden Seienden mußten die Griechen den Gesichtskreis selbst notwendig übersehen (oben 146). Heidegger möchte die in griechischen Worten liegenden Erfahrungen, die auf die ἀλήθεια hinweisen, *denken.*

Daß Heidegger die ἀλήθεια als Gesichtskreis und Erfahrungsbereich alles griechischen Sagens erblickt, ist das "Eigene" in dem Sinne, wie er in einer Abhandlung der Nietzsche-Bände von 1940 festhält: jede Auslegung muß "unvermerkt Eigenes aus *ihrer* Sache dazugeben" (N II 262). Indem Heidegger die von den Griechen ins Wort gebrachten Phänomene ursprünglicher faßt, denkt er zugleich "griechischer" als die Griechen (oben 237; 244). Ähnliches hatte Hölderlin bei seinen Sophokles-Übertragungen im Sinn. Mit dem Erblicken der ἀλήθεια als des Gesichtskreises für alles frühgriechische Erfahren und Sagen ist von Heidegger zugleich der Grund der Metaphysik freigelegt. Damit wird auch der Boden bereitet für ein Seins- und Wahrheitsverständnis, das sich von der Metaphysik abkehrt.

---

[2] Die Seinsfrage ist demnach auf Heideggers Denkweg erst geworden, was sie ist. Hieran läßt sich ablesen, wie die Pindar-Sentenz γένοι' οἷος ἐσσὶ μαθών noch Heideggers spätestes Denken prägt.

[3] Martin *Heidegger,* Neuzeitliche Naturwissenschaft und moderne Technik. Grußwort an die Teilnehmer des zehnten Colloquiums vom 14.-16. Mai 1976 in Chicago. Jahresgabe der Martin-Heidegger-Gesellschaft 1989. S. 13.

Heideggers Analysen in der Parmenides-Vorlesung werden von neueren philologischen Arbeiten über den Zusammenhang von Wahrheit, Licht und Erkenntnis sowie über die Hell-Dunkel-Sprache der frühen Griechen bestätigt.[4] Dennoch besteht ein fundamentaler Unterschied. Die Philologie deckt Zusammenhänge bloß auf. Heidegger möchte die Phänomene *denken,* das heißt sie in Verbindung bringen mit dem Wesen des Seins. Zweitens erblickt Heidegger etwas, das nicht nur alles frühgriechische Erfahren und Sagen bestimmt, sondern, seit Platon und Aristoteles allerdings in der Weise des Entzugs, die abendländische Geschichte trägt und durchwaltet: die 'Αλήθεια. Heideggers, wie er es erfährt, Echo auf die 'Αλήθεια, nämlich sein Gedanke der Lichtung und des Offenen, nennt den ersten und letzten denkbaren Bereich, in dem alles Wesen und Walten, Raum und Zeit, Wahrheit und die menschliche Geschichte sich halten. Der dritte Punkt, in dem Heidegger sich von der Philologie abhebt, ist der Bezug seines Denkens zur künftigen Geschichte: wie Hölderlin mit seiner Idee des Vaterländischen, so sieht auch Heidegger sich vor einem Wandel der Geschichte.

Die einleitenden Bemerkungen in Heideggers Vorlesung gehen über den Bezug der Denker zum Anfang und über unseren Bezug zum Wort dieser Denker. Die drei anfänglichen Denker sind für Heidegger Anaximander, Parmenides und Heraklit. Sie heißen "anfänglich", weil sie den Anfang denken. Der Anfang ist das in ihrem Denken zu Denkende und Gedachte (10).[5] Dieses Gedachte ist "das eigentlich Geschichtliche, was aller nachfolgenden Geschichte vorauf- und d.h. vorausgeht" (1). Der Anfang der abendländischen Geschichte ist für Heidegger ja beschaffen wie der reine Ursprung, der das aus ihm Entsprungene überspringt und ihm vorspringt. Als das Voraufgehende und alle Geschichte Bestimmende kommt "das Anfängliche" auf uns zu, macht sich "immer einmal wieder einem Zeitalter eigens zum Geschenk" (1 f). Nach Heideggers "Andenken"-Vorlesung weste der Anfang "immer einmal schon" (oben 217); dies ist die "Weile des Einzigen", die "anfängliche 'Zeit'" (oben 212 f).

Der Anfang erscheint freilich - so Heidegger in der Parmenides-Vorlesung - zuerst in einer "eigentümlichen Verhüllung" (2). Auch hierbei denkt Heidegger offenbar an den Strom, denn die Quelle zeigt sich nicht selbst, sondern nur, gewissermaßen verhüllt, im Strömen des Wassers.[6] Der Anfang ist Heidegger zufolge "das, was in der wesenhaften Geschichte zuletzt kommt" (2). Für diesen Gedanken sind Heideggers Überlegungen in der "Andenken"- und der "Ister"-Vorlesung von der Aneignung des Eigenen und vom Rückwärtsgehen des Ister ausschlaggebend, besonders die Hölderlin-Verse vom "Vaterland" als der "Verbotenen Frucht", die erst "zuletzt" zu kosten ist (oben 54; 199).

Unter "Denken" versteht Heidegger "die Achtsamkeit auf das Wesenhafte. In ihr besteht das wesentliche Wissen" (4). Solches Wissen geht nicht auf das jeweilige Seiende, sondern auf das "was das Seiende in seinem Grunde ist - auf das Sein" (5).[7] Heidegger erinnert damit an das in seiner "Einführung in die Metaphysik" Heraus-

---

[4] *Luther,* o.c. *Bremer,* o.c.

[5] Seitenangaben ohne Zusätze beziehen sich im folgenden auf GA 54.

[6] Gemäß "Germanien", V.84 ff, ist das "Geheimniss" "lange verhüllt" (GA 39,12. SW 2,151).

[7] Ähnlich oben 129.

gearbeitete: den Wesensbezug des Denkens zum Sein. Das Wort, das die anfänglichen Denker gesprochen haben, nennt Heidegger ihren "Spruch" und meint damit "das Ganze ihres Sagens" (4). Zu ihrem Spruch fanden die Denker in einem "Zurücktreten vor dem Sein" (5; 10; 11), in einem "Aufmerken" auf den "Anspruch des Seins" (5). Wie in früheren Vorlesungen so versteht Heidegger das wesentliche Denken auch hier als Geschichte gründende Tat. Denken bedeutet "die Geschichte, daß ein Denker ist, sein Wort sagt und so der Wahrheit eine Stätte gründet innerhalb eines geschichtlichen Menschentums" (9).

Wenn das zu Denkende und Gedachte der Anfang ist, Denken als Achtsamkeit auf das Wesenhafte, das heißt auf das Sein, aber unter dem Anspruch des Seins steht, dann heißt das: "Das Sein ist der Anfang" (10). Wie bei Anspruch und Spruch die Bewegtheit des Geschehens vom Sein aus zum Denker geht, so sagt es Heidegger auch vom Anfang: "Die Denker sind die vom *An-fang An-gefangenen,* von ihm in ihn Eingeholten und auf ihn Versammelten" (11). Der Bezug des Anfangs bzw. des Seins zu den Denkern ist damit genauso wie das Verhältnis des "Feuers" zu den Dichtern: die Dichter sind die vom kommenden Feuer Gerufenen und Berufenen (oben 228). Heidegger artikuliert also mit den beiden Verben 'anfangen' und 'rufen' den Bezug des Seins zum Menschen vom Sein aus.

Seine Hörer und Leser möchte Heidegger in einen "echten Bezug" (2) bringen zu den anfänglichen Denkern. Hierzu ist nötig, auf die Worte dieser Denker aufzumerken (3),[8] auf den Anspruch zu achten, der aus dem denkenden Wort kommt (4). Während der anfängliche Denker seinen Spruch unter dem Anspruch des Seins sagte, spricht beim Hören auf den Spruch der Anspruch aus dem Wort des Denkers. Das Verhältnis ist genauso wie nach Hölderlins Feiertagshymne das Verhältnis zwischen dem Blitz des Gottes bzw. dem Heiligen und dem Wort des Dichters einerseits und zwischen diesem Wort und dem "Volk" andererseits (oben 41).

Ursprünglich hieß der Titel der Vorlesung von 1942/43: "Parmenides und Heraklit". Wegen der "fast gänzlichen Auseinandersetzung mit Parmenides" hielt der Herausgeber den Titel "Parmenides" für angebracht (Nachwort, 251). Aber auch dieser Titel könnte falsche Erwartungen wecken, denn tatsächlich behandelt wird in der Vorlesung ein einziges Parmenides-Wort: 'Αλήθεια. Heidegger hat seinen Hörern eine Abschrift des sogenannten Lehrgedichts von Parmenides ausgehändigt; er wollte einzelne Stücke hieraus erläutern. Er hat auch die Verse 22 bis 32 aus Fragment 1 vorgetragen. Um diesen Text zu verstehen, sollte im voraus das Wesen der ἀλήθεια geklärt werden. Dieses Unternehmen füllte jedoch das ganze Semester aus, so daß Heidegger auch auf Fragment 1 nicht mehr zu sprechen kommt.

Im einzelnen war das Vorgehen folgendermaßen begründet: In den den Versen 22 bis 32 voraufgehenden Zeilen schildert ein sprechendes Ich seinen Weg zum Haus einer Göttin, zu dem es in einem von Stuten gezogenen Wagen gelangt.[9] Der Sprecher ist für Heidegger der "Denker Parmenides" (6). Der von Heidegger vorgelesene Text enthält die Begrüßung durch die Göttin und deren erste Worte. Wer die Göttin ist, soll zwar erst aus dem Ganzen des Lehrgedichtes einsichtig werden, Hei-

---

[8] Ähnlich oben 223.
[9] Diels-Kranz 1,228 ff.

degger gibt jedoch die vorwegnehmende Antwort: "Die Göttin ist die Göttin 'Wahrheit'" (6 f).[10] Diese Göttin spricht - nach Heideggers Deutung - zu dem Denker Parmenides, er solle erfahren: ἠμὲν 'Αληθείης εὐκυκλέος ἀτρεμὲς ἦτορ/ ἠδὲ βροτῶν δόξας, ταῖς οὐκ ἔνι πίστις ἀληθής,[11] gemäß Heideggers Übersetzung: "sowohl der Unverborgenheit, der wohlumringenden, unverstelltes Herz,/ als auch das den Sterblichen scheinende Erscheinen, dem nicht einwohnt Verlaß auf das Unverborgene" (6; 13). Heidegger versteht den ersten Vers so, als gäbe die Göttin hier dem Denker ihr eigenes Wesen, ihr "Herz", zu erkennen und als nenne sie sich selbst 'Αλήθεια. Seine Übersetzung, so bemerkt Heidegger, "enthält schon die Auslegung des Textes"; die Übersetzung "sagt in deutscher Sprache das griechische Wort" (12). Heidegger kommt mit dieser Auffassung zurück auf seine Überlegungen in der "Ister"-Vorlesung. Ich habe solches Übersetzen ein geschichtliches genannt. Der Spruch des Denkers Parmenides bringt also in den folgenden Fragmenten des Lehrgedichtes, Heidegger zufolge, das Wort der Göttin 'Αλήθεια zur Sprache (6; 37); anders gesagt: die Wahrheit selbst ist von Parmenides als Göttin erfahren (7).

Bereits in der Vorlesung von 1937/38 bestimmte die Parmenideische 'Αληθείη εὐκυκλής Heideggers Gedanken zum Wesen der Wahrheit und führte ihn dazu, die Offenheit des Seienden wie eine Waldlichtung zu sehen.

Die ganze Parmenides-Vorlesung bemüht sich um die Klärung des Namens der Göttin, 'Αλήθεια, bzw. des Wesens der "Wahrheit". Auf die eigentümliche Übersetzung von βροτῶν δόξας mit "das den Sterblichen scheinende Erscheinen" - in der "Einführung in die Metaphysik" hieß es noch "der Menschen Ansichten" (GA 40, 120) - geht Heidegger nicht mehr ein. Das "scheinende Erscheinen" ist nach Heideggers Ausführungen in der Vorlesung von 1935 ein Wesenszug der φύσις.

Die Vorlesung heißt zwar "Parmenides", behandelt wird aber nicht, was Parmenides von der 'Αλήθεια sagt, sondern welche Erfahrungen in diesem Wort geborgen liegen. Als Zeugnisse werden griechische Dichter, Hesiod, Homer, Pindar, und griechische Denker, Platon und Aristoteles, gehört.

Heidegger möchte in seiner Vorlesung "denkend in die Nähe des Wesens der ἀλήθεια ... gelangen, um von ihr angegangen zu werden" (16). Wie die Worte des Anaximander, des Parmenides und des Heraklit aus einer "Dimension" gesprochen sind, in der die ἀλήθεια das "Zu-denkende" war, so bleibt für Heidegger die ἀλήθεια auch "inskünftig, obzwar verhüllt", das "Zu-denkende" (16). Das "Zu-denkende" ist sowohl das dem Denken Aufgegebene als auch, bei Betonung auf der ersten Silbe, dasselbe wie das Sein als Anspruch, wie das Anfängliche als das Kommende. Der Gedanke, daß alles Erfahren und Denken eine Entsprechung ist zu einem Wesen und Walten, welches auf den Menschen zu geschieht, beruht auf einer Erfahrung, die Heidegger im Gespräch mit Hölderlin gemacht hat. Maßgebend ist vor allem der Beginn der Rheinhymne, wo es heißt, daß "Ein Schiksaal" "Zu Menschen gelanget", ferner die ersten beiden Strophen von "Germanien" von den kommenden Göt-

---

[10] Ähnlich "Sein und Zeit" (GA 2,294): "die Göttin der Wahrheit". - Heideggers These, daß im Gedicht des Parmenides 'Αλήθεια als die offenbarende Göttin spricht (vgl. auch WhD 126; VA 49; VA 239; GA 9,479), ist gemäß Jochen *Schlüter* "eine der Konstanten in Heideggers Parmenides-Auslegung". *Schlüter*, o.c. 342.

[11] Diels-Kranz 1,230.

tern sowie die Verse aus der Feiertagshymne von "Gottes Gewittern" und vom Kommen des Heiligen.

Heideggers Weg in die Nähe der griechischen ἀλήθεια folgt in der Vorlesung dem deutschen Wort "Unverborgenheit".[12] Mit seiner Hilfe soll das "anfängliche Wesen der Wahrheit" (38) aufgespürt werden. "Unverborgenheit" fungiert als *über*setzendes Wort; das Wort soll uns übersetzen in den "Erfahrungsbereich" (16), aus dem Parmenides das Wort sprach. Die von Heidegger in der "Ister"-Vorlesung vorgetragenen Gedanken zum Übersetzen bzw. die Absicht, "griechischer" und "deutscher" als bisher zu denken, haben auch in der Parmenides-Vorlesung Gültigkeit, allerdings liegt die Betonung jetzt nicht mehr, Hölderlin folgend, auf der Aneignung des Fremden um des Eigenen willen, sondern die ʼΑλήθεια wird als unser eigener geschichtlicher Anfang gesehen, als das die ganze abendländische Geschichte Bestimmende.

Übersetzen, wie Heidegger es versteht, muß sich nicht zwischen zwei verschiedenen Sprachen vollziehen; auch in der eigenen Sprache gibt es ein *"Über*setzen unseres ganzen Wesens in den Bereich einer gewandelten Wahrheit" (18). Solches Übersetzen vermag das Wort eines Dichters oder eines Denkers.[13] Schon in der ersten Hölderlin-Vorlesung ging es um ein derartiges Übersetzen: um das Einrücken in den Machtbereich der Hölderlinschen Dichtung. Heidegger verwendet den Begriff *"Über*setzen" jetzt im gleichen Sinne, wie er vom geschichtlichen "Übergang" spricht (oben 218). Das Übersetzen durch das Wort ist analog dem Versetzen durch die Grundstimmung (oben 148).

"Unverborgenheit" dient Heidegger in der Vorlesung als "Leitwort für die Besinnung auf das Wesen der ἀλήθεια" (17). Der Ausdruck "Unverbergung" wird von Heidegger zwar erwogen, aber zugunsten des von ihm geprägten Wortes "Entbergung" fallen gelassen (17). Um in den Erfahrungsbereich der ἀλήθεια überzusetzen, müssen wir Heidegger zufolge "erst aufwachen" und der "Weisung" folgen, die uns das übersetzende Wort "Unverborgenheit" gibt (18). Das "Aufwachen" hat zu tun mit einem Platon-Text, der im Laufe der Vorlesung besprochen wird.

Das übersetzende Wort "Unverborgenheit" läßt vier Weisungen für das Nachdenken erkennen. Die ersten beiden Weisungen werden noch im Einleitungsteil behandelt. Den größten Raum nimmt die Besinnung auf die dritte Weisung im ersten Teil der Vorlesung ein, mit der vierten Weisung befaßt sich der zweite Teil. Beim Verfolgen dieser Weisungen gibt Heidegger seinen Hörern "Hinweise" (30; 181; 196 u.ö.), er strebt ein "Weisen, das uns die Augen öffnet", an (45). Ähnlich verstand Heidegger sein Vorgehen in den beiden zurückliegenden Semestern.

Im folgenden soll dargestellt werden, welche Weisungen Heidegger aus dem Wort "Unverborgenheit" heraushört. Dabei wird der Gang seiner Gedanken nachvollzogen, um Heideggers "mehrfältiges Denken" (BR XXIII) zu zeigen, das in dieser Vorlesung besonders augenfällig wird.

---

[12] Vgl. oben 93 ff.

[13] Vgl. oben 197; 218 f.

a) Verborgenheit und Streit im Wesen der ἀλήθεια

Die erste Weisung wird vernommen, wenn betont wird: "Un-*verborgenheit*". Das heißt: wir werden verwiesen auf Verborgenheit. Wo Verborgenheit herrscht, sagt Heidegger, "muß sich Verbergung ereignen oder ereignet haben" (22). Verbergung ist uns in mancherlei Formen bekannt: als "Verhüllung, Verschleierung", als "Verdeckung", aber auch als "Aufbewahrung, Behütung" (19), als "Zurücklegen", als "Verschließen und ursprüngliches Verwahren". Zu letzterem gibt Heidegger das Beispiel der "Quelle, die nur solange quillt, als sie schon verwahrt" (22). Der Bereich, in dem das Verborgen-Unverborgen, das Verbergen-Nichtverbergen spielt, ist uns Heidegger zufolge unmittelbar vertrauter und zugänglicher als der Bedeutungsbereich des Wortes "'Wahrheit'" (19).

Es zeigt sich somit: die Verborgenheit macht einen "Grundzug" (20) im Wesen der Unverborgenheit aus; Verbergung "durchwaltet das anfängliche Wesen der Wahrheit" (38).

Die zweite Weisung des Leitwortes ist zu hören bei der Betonung *"Un*-verborgenheit" (22). Die Vorsilbe 'un' entspricht dem ἀ-privativum in ἀ-λήθεια.[14] "Un-verborgenheit" kann bedeuten, daß Verborgenheit "weggenommen, beseitigt, überwunden, gebannt ist", ferner daß Verborgenheit "gar nicht zugelassen ist, daß sie, die möglich ist und ständig droht, nicht besteht und nicht aufkommen kann" (20). Unverborgenheit als Beseitigung der Verborgenheit wie als Nicht-Aufkommenkönnen von Verborgenheit macht deutlich, daß hier eine Art Streit erfahren ist. Heidegger hält fest: "Das anfängliche Wesen der Wahrheit ist streithaft" (38).

Wie Verborgenheit auf dem Ereignis der Verbergung beruht, so wird Unverborgenheit erstritten durch "Entbergung" (27). In diesem Wort denkt Heidegger das aufgehende Wesen der φύσις (φύεσθαι) mit der ἀλήθεια zusammen; das in sich zurückgehende Wesen der φύσις entspricht der Verbergung. Entbergung und Verbergung verhalten sich außerdem wie γένεσις und φθορά aus dem Anaximander-Fragment.

b) Das griechische Gegenwesen zur ἀλήθεια: λαθόν und ψεῦδος

Aus dem streithaften Wesen der Unverborgenheit kommt die dritte Weisung, die das Leitwort gibt: die Wahrheit steht in "'gegensätzlichen' Beziehungen" (27). "Gegensätzlich" ist mit Anführungszeichen geschrieben, weil dieser Begriff aus dem vorstellenden, setzenden Denken stammt. In einer "Erinnerung an die Wesensgeschichte der Wahrheit im abendländischen Denken" (28) geht Heidegger auf die Worte ein, die das "Gegenwesen" (30) der Wahrheit benennen.

Heidegger möchte die "Grundbedeutung der Wörter" aufspüren (31). Nach der griechischen Grammatik und "Logik" fügen sich Wörter, denen Begriffe entsprechen, zu Sätzen im Sinne von Aussagen zusammen. Das Allgemeine des Begriffs gilt

---

[14] *Grimm* 24,7. - Zum privativen Ausdruck ἀ-λήθεια vgl. oben 93.

als die Grundbedeutung eines Wortes.[15] Heideggers Hindenken auf die Grundbedeutung ist von einer anderen Auffassung des Wortes und der Sprache geleitet. Was er die "Grundbedeutung der Wörter" nennt, ist "ihr Anfängliches, was nicht zuerst, sondern zuletzt erscheint". Ehe das Anfängliche eines Wortes erscheint, waltet es "verhüllt" in allen seinen Sageweisen (32). Das Wort als das sich Verhüllende und erst "zuletzt" Erscheinende hat demnach dasselbe Wesen wie der Anfang (oben 272).[16] Damit ist gesagt, daß der Anfang sich uns aus dem Wort der Denker zuspricht.

Heidegger setzt seine Besinnung fort: Als Gegensatz zur Wahrheit gilt allgemein die Unwahrheit im Sinne der Falschheit. Auch das griechische ψεῦδος wird üblicherweise mit "das Falsche" übersetzt. ψεῦδος ist aber nicht das einzige "Gegenwort" zu ἀληθής, "wahr" (30 ff); als ein solches ist auch das Partizip λαθών, λαθόν anzusehen. Heidegger möchte nachweisen, daß aus diesen beiden Gegenworten zu ἀληθής der "Grundzug der Verbergung" (35) spricht.

---

[15] Vgl. *Aristoteles*, Met. 1017 b 35 ff; 1018 b 32 ff; 1023 b 29 ff.

[16] Nach *Ritters* "Historischem Wörterbuch der Philosophie" besteht die ältere Etymologie, die sich vorwiegend im Synchronen bewegt, im "Streben nach dem wahren und ewigen Wortinhalt". Diese Betrachtungsweise soll in der Philosophie Heideggers "ihre den Denkstil mitbestimmende Rolle spielen". *Ritter* 2,816. - Hierzu ist zu sagen: Wenn Heidegger von der "Grundbedeutung der Wörter" spricht, so ist damit etwas ganz anderes gemeint als der "wahre und ewige Wortinhalt". Die "Grundbedeutung der Wörter" ist sogar radikal zeitlich und geschichtlich, allerdings auch nicht im Sinne der diachronen, historischen Vorgehensweise der neueren Etymologie. Diese bemüht sich, "die Geschichte der Wörter möglichst weit zurückzuverfolgen" (l.c.). Heideggers Rede von der "Grundbedeutung" ist Bestandteil seiner Auffassung der abendländischen Geschichte, insofern diese dem "Gesetz des Anfangs" gehorcht (unten 324 ff). In der Parmenides-Vorlesung interessiert Heidegger die Bedeutung derjenigen Wörter, die aus dem Wesensbereich der ἀλήθεια erfahren und gesprochen sind: λήθη, φύσις usw. Die Bedeutung dieser Wörter war gemäß dem "Einsturz" der ἀλήθεια in der Epoche des sich entziehenden Anfangs verschüttet; im Zurückwesen des Anfangs in sich selbst wird sie "Grundbedeutung" im Hinblick auf die zukünftige Geschichte. Heideggers Verfahren läßt sich deshalb weder der älteren noch der neueren Etymologie zuordnen, da es ihm weder auf den "ewigen Wortinhalt" noch auf die "Geschichte der Wörter" ankommt. Die Wortgeschichte ist für ihn in der Parmenides-Vorlesung nur insofern maßgebend, als sie auf den Erfahrungszusammenhang mit der ἀλήθεια führt. - In seinem Vortrag "Das Ding" sagt Heidegger 1950 im Hinblick auf die deutschen Wörter "thing" und "dinc" sowie die römische "res": "In Wahrheit steht es darum hier und in den übrigen Fällen nicht so, daß unser Denken von der Etymologie lebt, sondern daß die Etymologie darauf verwiesen bleibt, zuvor die Wesensverhalte dessen zu bedenken, was die Wörter als Worte unentfaltet nennen" (VA 167). Zu Heideggers sogenannten Etymologien bemerkt Max *Müller* treffend: "Heideggers Etymologien sind nicht philologisch gemeint, auch dort, wo sie philologisch vielleicht sich als unhaltbar herausstellen, sind sie der Versuch, die in der Sprache sich bergenden und verbergenden Grunderfahrungen aufzuzeigen. Wenn die Grunderfahrung aufgewiesen nachvollzogen ist, dann kann die Philologie den Formen dieser Bergung und Verbergung und ihren geschichtlichen Entwicklungen nachgehen; und evtl. nachweisen, wo in dieser Formgeschichte Heidegger fehl ging und falsche Zusammenhänge behauptete. Aber daß die Mühe um die Auffindung der Grunderfahrungen in mehr oder minder adäquaten Nachvollzügen der Grunderfahrungen früher sein muß als die philologisch zu erforschende Geschichte des Zusammenhangs der sie wahrenden bergend-verbergenden Sprachformen, das dürfte klar sein; und insofern kann auch die Philologie, trotz ihres unbestreitbaren Rechts zu jener die Richtigkeit nachprüfenden Kritik, von der Wahrheit des Denkers lernen und von ihr auch dort ausgehen, wo sie nachher die sprachgeschichtliche Herleitung als anders verlaufen evtl. feststellen muß". Max *Müller*, o.c. 274. - In der Heraklit-Vorlesung des Sommersemesters 1944 warnt Heidegger: "Hände weg von allen leeren und zufälligen Etymologien; sie werden zur Spielerei, wenn nicht das im Wort zu Nennende auf langen, langsamen Wegen zuvor schon gedacht und immer wieder bedacht worden ist und in seinem Wortwesen geprüft und immer wieder geprüft wird" (GA 55,195).

Zunächst zu λαθών, λαθόν: Es ist das Partizip Aorist des Verbs λανθάνω und mit ἀλήθεια stammverwandt. Zur Erläuterung dieses Wortes zieht Heidegger zwei Homer-Stellen heran. Während Heidegger also zunächst auf das Phänomen der Verbergung aufmerksam machte, befragt er jetzt griechische Texte hierzu. Vers 93 des 8. Gesangs der Odyssee sagt von Odysseus: ἐνθ' ἄλλους μὲν πάντας ἐλάνθανε δάκρυα λείβων.[17] Heidegger übersetzt, "griechisch gedacht": "'da aber im Verhältnis zu allen anderen blieb er verborgen als der Tränen Vergießende'" (34).[18] Vom "Verhältnis" spricht Heidegger im Hinblick auf das Akkusativobjekt ἄλλους πάντας (abweichend vom Deutschen ist das Verb λανθάνω, 'verborgen sein', transitiv). Die gleiche grammatische Konstruktion findet sich in Vers 277 des 22. Gesanges der Ilias: Athene gibt Achilleus die Lanze zurück, λάθε δ' Ἕκτορα, das heißt "'Athene blieb vor Hektor verborgen bei (in) ihrem Zurückgeben der Lanze'" (35). Das Tun sowohl des Odysseus als auch der Göttin ist also so beschaffen, als sei eine Verborgenheit um sie gelagert, die sie den anderen Menschen entzieht (41).

Die mediale Form λανθάνομαι, gewöhnlich mit "vergessen" wiedergegeben, bedeutet Heidegger zufolge, "griechisch gedacht": "'ich bleibe mir verborgen in dem Bezug eines sonst Unverborgenen zu mir'" (36). Im Wort λανθάνομαι ist das Vergessen so erfahren, daß das Seiende in die Verborgenheit sinkt und "daß ich mir selbst bei dieser Verbergung des Seienden verborgen bleibe". Heidegger betont: "Im Vergessen entfällt uns nicht nur etwas, sondern das Vergessen fällt in eine Verbergung solcher Art, daß wir selbst in unserem Bezug zum Vergessenen in die Verborgenheit geraten" (36). Daß Heidegger "Vergessen" so auffassen kann, liegt daran, daß er erstens das Medium λανθάνομαι nach der Bedeutung der Stammsilbe λαθ- mit "ich bleibe mir verborgen" überträgt und zweitens den "Bezug", das "Verhältnis" zum Satzobjekt - bei λανθάνομαι steht es im Genitiv - mitberücksichtigt. Die verstärkte Form ἐπιλανθάνομαι bringt für Heidegger den Bezug zu dem, was durch die Verborgenheit dem Menschen entzogen wird, noch schärfer zum Ausdruck.

Heidegger faßt zusammen: "Die Griechen haben das Vergessen als ein Geschehnis der Verbergung erfahren" (42). Bei seiner Auslegung des griechisch erfahrenen Vergessens blickt Heidegger bereits voraus auf einen Pindar-Text, auf den er im Laufe der Vorlesung zu sprechen kommt.

Daß die frühen Griechen auch im zweiten Gegenwort zu ἀληθές, ψεῦδος, ein Verbergen denken, leitet Heidegger aus dem 2. Gesang der Ilias ab. Bei der Ausfahrt nach Troja hatte Zeus ein Zeichen gegeben: ἀστράπτων ἐπιδέξι', ἐναίσιμα σήματα φαίνων (V.353), nach Heideggers "wörtlicher" Übersetzung: "'Zeus, blitzeschleudernd, nach rechtshin günstige Zeichen erscheinenlassend'" (46); Nestor spricht zu den Griechen, daß für sie keine Hoffnung auf Heimkehr bestehe, ehe sie erfahren, ob die Zeichen des Zeus ψεῦδος seien oder nicht: πρὶν καὶ Διὸς αἰγιό-

---

[17] *Homeri* Opera. Rec. Thomas W. Allen. Odyssea. 2 vol. 1st Ed. 1908. 3rd Ed. 1917/1919. Repr. 1950/1951.

[18] Heidegger kommt hierauf zurück in seiner Abhandlung "Aletheia (Heraklit, Fragment 16)", veröffentlicht 1954 (VA 254). - Ekkehard *Fräntzki* greift diese Homer-Stelle ebenfalls auf. Was er seiner Meinung nach zu gelten gilt, ist, daß Odysseus für den Phäakenkönig in der Weise anwest, daß er ihm als der Sichverbergende aufgeht. Das kommt im Vers 94 zum Ausdruck: 'Αλκίνοος δέ μιν οἶος ἐπεφράσατ' ἠδὲ νόησεν. Diese Art der Verbergung weist nach Fräntzkis Auffassung "phänomenal in das ursprüngliche Wesen der 'A-Λήθεια". *Fräntzki*, Von der Un-Verborgenheit, 11.

χοιο/ γνώμεναι εἴ τε ψεῦδος ὑπόσχεσις, εἴ τε καὶ οὐχί (V. 348 f). Heidegger möchte ὑπόσχεσις[19] mit "Vorbehalt" übertragen. Gemeint ist "ein Vor- und Hinhalten, ein Zeigen, das hinhaltend zugleich etwas zurückhält, also nicht zeigt" (46). Solches Zeigen ist ein "zeigendes Verbergen" (47). Zeus' Blitzeszeichen verbirgt aber nicht nur, indem es zurückhält, das heißt den Einblick in das Kommende verwehrt, sondern es verbirgt, indem es verstellt. Die rechtshin fahrenden Blitze als Zeichen des günstigen Geschicks sind ψεῦδος, sie verstellen das den Griechen vorbehaltene Mißgeschick. Heidegger folgert: "Die leitende Grundbedeutung von ψεῦδος liegt im Verstellen" (47). Das Verstellen muß aber als "Geschehnis und Sachverhalt" (54) gedacht werden.[20]

"Verstellen", "verbergen" heißt in der deutschen Sprache auch "verhehlen" (47). Mit diesem Wort überträgt Heidegger Vers 233 aus Hesiods Theogonie. Dort heißt es von Pontos, daß er den Nereus zeugte: Νηρέα δ᾽ ἀψευδέα καὶ ἀληθέα γείνατο Πόντος. Heidegger übersetzt: "Nereus, den nicht-verstellenden, nichts verhehlenden καὶ ἀληθέα, 'und das heißt eben' den 'nicht-verbergenden'" (48). Nur weil Heidegger das καί wieder als explicativum versteht und das ἀψευδής durch das ἀληθής erläutert, kann er sagen: "das Nicht-verhehlen gründet im Nicht-verbergen. Nereus ist ohne Falsch aufgrund seines Bezugs zur Unverborgenheit" (48).

Das alte deutsche Wort "entehlen"[21] sieht Heidegger im Zusammenhang mit dem von ihm gebrauchten Wort "entbergen". Er sagt: "Falls wir zu seiner Zeit wieder die Entbergung und Unverborgenheit (ἀλήθεια) zu erfahren vermögen, dürfen wir auch das verloren gegangene Wort 'entehlen' wiederfinden und neu ins Eigentum nehmen" (55). Mit "zu seiner "Zeit" meint Heidegger die rechte Zeit, von der er schon öfter, angeregt durch Hölderlin, sprach; es ist der geschickliche Augenblick, der nicht erzwungen werden kann, der aber unsere Bereitschaft für ihn verlangt. Das Wort "Eigentum" macht deutlich, daß es Heidegger, wie vor ihm Hölderlin, um die Aneignung des Eigenen geht. Dieses Eigene ist für Heidegger später: die Sprache, das Wort. Unter dem Anspruch und im Namen der ᾿Αλήθεια nennt Heidegger jetzt dasjenige Phänomen "Entbergung", das er zuvor als Aufgehen der φύσις (oben 73), als Öffnen des Offenen (oben 169), als Weitung (oben 165) und als Entbreitung (oben 188) aufgewiesen hatte und worin das zeithafte Wesen des Seins zum Vorschein kam.

---

[19] *Passow* 3,2160: "das Versprechen, die Verheißung".

[20] In der Kunstwerk-Abhandlung von 1935 hebt Heidegger zwei Weisen des Verbergens hervor: das Versagen - ihm entspricht der "Vorbehalt" (oben) - und das Verstellen (GA 5,41). - Schon in "Sein und Zeit" und in den Vorlesungen der Sommersemester 1930 und 1931 begreift Heidegger ψεῦδος und ψεύδεσθαι als Verdecken und Verstellen (GA 2,44; GA 31,98 f; GA 33,61 ff). - Die Philologie deutet ψεῦδος als "die entstellende Wiedergabe eines Sachverhalts und zwar nicht nur aus der Absicht auf Irreführung, sondern ebenso auf Grund eines falschen Wissens". *Boeder*, o.c. 99. - In Abgrenzung vom philologischen Befund, daß ψεῦδος, ebenso wie ἀλήθεια, in den Bereich des Sagens gehört (vgl. *Boeder*, o.c. 90 ff), und in Verwandlung seiner These aus "Sein und Zeit", nach der das Verdecken mit dem Existenzial der Rede verbunden, also aus einer Seinsweise des Daseins gedacht ist (GA 2,43 f), geht es Heidegger in der Parmenides-Vorlesung um das Verdecken als "Geschehnis", das sich auf den Menschen zu ereignet. Die gewandelte Denkrichtung ist vor allem eine Frucht des Gesprächs mit Hölderlin.

[21] *Grimm* 10,786 f: "mhd. enteln, *aus der verborgenheit nehmen*, verheln *verbergen*".

Bei seiner Deutung des ψεῦδος ging Heidegger nicht auf die Wortgeschichte ein, sondern er benutzte die beiden Textstellen als "Zeugnisse" (48), um seine Auffassung zu belegen, daß das ψεῦδος von der Verbergung und Verstellung her verstanden werden muß, also in den Wesensbereich der ἀλήθεια gehört.

Dasselbe Wesen wie das ψεῦδος als Verstellen und Verhehlen hat nach Heidegger die ἀπάτη,[22] gewöhnlich mit "'Täuschung'" wiedergegeben (86). ἀ-πάτη ist der "Ab- und Seitenweg" (87; 97). Zum griechischen Begriff des Weges gehört für Heidegger "das Ausblickhafte und das Durchblickbietende" (87); der Weg ist von der Unverborgenheit bestimmt, insofern er ein gerades Zugehen auf das Unverborgene ist. Das wird im Laufe der Vorlesung noch an einem Pindar-Text aufgewiesen. Auf einem Ab- und Seitenweg bleibt das zu erfahrende Seiende verstellt. Nur weil bei der ἀπάτη dergestalt ein Vertauschen der Wege vorliegt, kommt es zu einem "'Täuschen'". Heideggers Hinweis auf das Wesen des Weges steht im Zusammenhang mit dem Eingang des Parmenideischen Lehrgedichtes, denn der Weg des Denkers zum Haus der Göttin 'Αλήθεια bestimmt sich nach Heidegger aus dem Wesen der Göttin (97).[23]

Heideggers weitere Überlegungen sind: An dem von Nereus gesagten ἀληθής wird eine Zweideutigkeit dieses Wortes offenbar: ἀληθής heißt in diesem Fall nicht "unverborgen", sondern: "nicht-verbergend", also "entbergend", genauso wie ein λόγος ἀληθής nicht eine unverborgene, sondern eine entbergende, wahre Aussage ist.[24] Die Zweideutigkeit des ἀληθές und der ἀλήθεια gehört jedoch in eines zusammen: "Zum Unverborgenen gehört Entbergung. Das Entbergende ist bezogen auf Entborgenes und Unverborgenes" (49).

Daß ἀληθές 1. entbergend und 2. entborgen, unverborgen bedeutet,[25] hat Heidegger aufgewiesen durch den "Umweg" (56) über das ψεῦδος, "verstellend", und dessen Gegenwort ἀψευδής, "nicht-verstellend": Die Zeichen des Zeus sind verstellend (ψεῦδος), Nereus ist der Nicht-Verstellende (ἀψευδής), der Nicht-Verbergende (ἀληθής). Durch den Umweg gelangt Heidegger vom Partizip Perfekt "entborgen, unverborgen" aus dem Leitwort "Unverborgenheit" zum Partizip Präsens "entbergend, nicht verbergend". Damit wird der Bezug zwischen dem unverborgenen Seienden und dem entbergenden Wort (bzw. Charakter des Nereus) ins Licht gerückt.

Die Doppeldeutigkeit des ἀληθές weist, so sagt Heidegger, "in die Mitte des Wesensbereiches der ἀλήθεια" (50). Um diesen Bereich in den Blick zu bekommen,

---

[22] Heidegger nennt die 'Απάτη vermutlich deshalb, weil sie in *Hesiods* Theogonie zu den Nachkommen der "Nacht" gehört, ebenso wie Λήθη (V.224 ff), die für Heidegger von Bedeutung ist als *"Vergessung"* (unten 295 ff).

[23] Vgl. "Gleiches zu Gleichem", oben 117.

[24] Den λόγος ἀποφαντικός machte Heidegger für seinen "Vorbegriff der Phänomenologie" in "Sein und Zeit" fruchtbar (GA 2,43 ff). Er erörterte ihn bereits in seiner Marburger Vorlesung von 1925, "Prolegomena zur Geschichte des Zeitbegriffs" (GA 20,115 ff). - Heideggers Auffassung des ἀληθής wird von der Philologie geteilt. Schon im altepischen Sprachgebrauch begegnet ἀληθής und ἀλήθεια sowohl als "unverbergende, enthüllende Richtigkeit des Sagens" als auch als "unverborgene, unverhüllte Wirklichkeit des Bestehenden, Seienden". *Friedländer,* o.c. 236. Der aktivische Gebrauch des ἀληθής in dem zitierten Hesiod-Vers als "nicht-verbergend", "ohne Verbergung" wird hervorgehoben von *Bremer,* Licht und Dunkel, 358.

[25] Ausführlich in GA 31,90 f.

muß das Wesen der Verbergung noch eindringlicher bedacht werden, denn weder am verstellenden Zeichen des Zeus noch am nichtverstellenden Charakter des Nereus wird das "Geschehnis" des Verstellens klar genug. Bevor Heidegger sich, einem Pindar- und einem Platon-Text folgend, hierauf einläßt, kommt er auf ein früheres Vorhaben zurück. Im ersten Entwurf zu seiner Vorlesung "Grundfragen der Philosophie" von 1937/38 faßte Heidegger fünf Stufen der Besinnung für das Fragen der Wahrheitsfrage, die sich als "Erinnerung an das erste Aufscheinen der ἀλήθεια" vollziehen sollte, ins Auge. Punkt 5 lautete: "Der mittelbar-vermittelte Übergang von der ἀλήθεια zur ὁμοίωσις auf dem Umweg über die Unrichtigkeit (Falschheit-ψεῦδος)" (GA 45,222; vgl. oben 124). Dem gelten Heideggers folgende Überlegungen in der Parmenides-Vorlesung. Sie geben eine "Skizze der Geschichte des Wesenswandels der Wahrheit" (80).[26]

c) Die Geschichte des Wesenswandels der Wahrheit. Das römische Gegenwesen zur Wahrheit: falsum. Das Verhältnis von verum und "wahr"

Das deutsche Gegenwort zu "wahr", nämlich "falsch", kommt vom römischen falsum, fallere, welches nach Heidegger mit griechisch σφάλλω, "zu Fall bringen, fällen, wankend machen" (57), zusammenhängt.[27] Anders als beim griechischen ψεῦδος, wo Heidegger antike Texte als "Zeugnis" (48) für seine Auffassung heranzog, geht er bei der Erläuterung des Wortes "falsch" von der Wortgeschichte aus.

σφάλλειν wurde im Griechentum nicht zum *eigentlichen* Gegenwort" zu ἀληθές, denn, "griechisch gedacht" (57), das heißt für Heidegger: aus der ἀλήθεια her verstanden, ist ein Fallen nur möglich durch ein Verstellen und Verbergen. Nur wenn dem Menschen Seiendes verstellt wird, so daß er nicht weiß, womit er es zu tun hat, gerät er ins Wanken, taumelt er, kommt er zu Fall. Das griechische Zu-Fall-

---

[26] Otto *Pöggeler* nennt Heideggers Verfahren einen "strengen Meditationsgang". *Pöggeler,* Den Führer führen? 59.

[27] Die gebräuchlichen Wörterbücher, die zur Zeit der Parmenides-Vorlesung vorlagen, *Boisacq, Walde-Hofmann* und *Walde-Pokorny* (zitiert oben 49; 205; unten 283), verzeichnen keine Wortverwandtschaft. σφάλλω, gehört danach zu einem idg. Stamm mit der Grundbedeutung "spalten, abspalten, absplittern, abreißen"; σφάλλω, heißt: "werfen, schleudern, stoßen" und "(zunächst beim Ringen) ein Bein stellen, im Kampf behindern", woraus "zu Fall bringen, schädigen, täuschen, betrügen", med. pass. "wanken, taumeln, fallen, in Nachteil geraten, besiegt werden, sich irren". *Walde-Pokorny* 1,677 f. - σφάλλω: "faire tomber, abattre, renverser; faire chanceler; faire chavirer". *Boisacq,* 927. - Derjenige idg. Stamm, dem das lateinische *fallo* zugeordnet wird, bedeutet: "sich krümmen, von der geraden Richtung abbiegen (auch geistig und sittlich) u. dgl." *fallo* hängt zusammen mit griechisch φηλόω, "betrüge", und meint: "täuschen, betrügen; unwirksam machen; sich entziehen; unbemerkt bleiben". *Walde-Pokorny* 1,643 f. - φηλός - fallo - "tromper". *Boisacq,* 1024. - fallo: "ausgleiten machen, einen Fehltritt tun lassen ..." Karl Ernst *Georges,* Ausführliches Lateinisch-deutsches Handwörterbuch. 2 Bde. 10. Aufl. Hannover: Hahn 1959. 1,2676 f. - fallo: "täusche, betrüge". *Walde-Hofmann* 1,447 f. Dieses Werk hält die im "Thesaurus Linguae Latinae", 4,181, aufgewiesene Bedeutung "zu Fall bringen" für "dicht. und sekundär". Das ist kein Einwand gegen Heideggers Erläuterungen, da ihm das Dichterische immer als das 'Primäre' gilt. - Ob ein etymologischer Zusammenhang zwischen σφάλλω und fallo vorliegt, ist für Heideggers Überlegungen jedoch unerheblich. Worauf es ankommt, ist, daß beide Verben den Sinn des "Zu-Fall-Bringens" haben.

Bringen ist deshalb in Heideggers Augen "nur eine Wesensfolge innerhalb des Wesensbereiches von Verstellung und Verbergung" (58). Weil Verstellung, wie zuvor aufgewiesen, das Wesen des ψεῦδος ausmacht, sieht Heidegger in ihm das eigentliche Gegenwort zu ἀληθές.

"Griechisch" denken heißt für Heidegger nicht, ein Denken nachvollziehen, wie es vor zweieinhalb Jahrtausenden praktiziert wurde, sondern heißt hier: in den Erfahrungsbereich des von Parmenides gesprochenen Wortes ἀλήθεια übersetzen und alles Erscheinen des Seienden und jedes Verhalten des Menschen aus diesem Bereich verstehen. In der griechischen Literatur, zum Beispiel in Kampfszenen bei Homer, wird das Wort σφάλλειν durchaus verwendet, ohne daß der Bezug zum Wesensbereich der ἀλήθεια sichtbar würde.[28] Heideggers Griechisch-Denken will ja "griechischer" sein, als es die Griechen selbst vermochten.

Für das römische fallere, falsum gilt nach Heidegger ein anderer Erfahrungsbereich als für das griechische σφάλλειν, und zwar: "Der für die Entfaltung des römischen falsum das Maß gebende Wesensbereich ist der des 'Imperiums' und des 'Imperialen'" (58). Er bestimmt "das römische Grundverhältnis zum Seienden überhaupt" (65). Imperium, Befehl, ist der "Wesensgrund der Herrschaft" (59). Hieran schließt Heidegger folgende Überlegungen an: Zur Herrschaft gehört das Obensein und Obenbleiben, das nur möglich ist als Überhöhung anderer, die unterliegen. Das Zu-Fall-Bringen kann als direktes Niederwerfen oder als Umgehen und Hintergehen, das heißt als Täuschen, geschehen. Die wesenhafte imperiale Aktion besteht darin, daß die Beherrschten nicht nur niedergeschlagen, sondern zur Bestandsicherung der Herrschaft in Dienst genommen werden; die Fallenden bleiben in gewisser Weise stehen, stehen aber nicht oben. Sie bewegen sich in bestimmten Grenzen, die durch die Herrschenden abgesteckt werden. Von "abstecken", pango, kommt das Wort pax, "Friede". Friede ist, so sagt Heidegger, "imperial gedacht, der festgesetzte Zustand der Zu-Fall-Gebrachten" (60). Das stehenlassende Hintergehen und Umgehen und die Sicherung der Herrschaft durch entsprechende Verträge kennzeichnet den Kampf Roms gegen die italienischen Städte; in ihm zeigt sich der "'große' Zug des Imperialen" (60).

Während Heidegger bei seinen Erläuterungen zu λαθόν und ψεῦδος griechische Texte befragte, stützen sich seine Ausführungen zum römischen falsum, wie ersichtlich, auf das historische Faktum des römischen Imperiums. Das Römertum hat nach seiner Auffassung das Falsche als die allein maßgebende Deutung der Unwahrheit im Abendland begründet. Hierbei spielte sowohl die staatliche Gestalt des Imperialen eine Rolle als auch das kirchliche Imperium des römischen Papstes. Durch die Übersetzung des griechischen ψεῦδος mit dem römischen falsum wird aus dem Erfahrungsbereich des Verstellens und Verbergens übersetzt in den imperialen Bereich des Zu-Fall-Bringens. Hierdurch vollzieht sich ein *"Wandel des Wesens der Wahrheit und des Seins"* (62). Wahrheit und Sein fallen im Griechentum ja, wie von Heidegger und der Philologie aufgewiesen (oben 93; 146), unter dem Aspekt der Unverborgenheit zusammen. Obwohl der Wandel der Wahrheit und des

---

[28] Etwa Ilias 23,719: οὔτ᾿ ᾿Οδυσσεὺς δύνατο σφῆλαι..., "weder vermochte Odysseus [den Ajas] zu Fall zu bringen ..." Odyssee 17,464: οὐδ᾿ ἄρα μιν σφῆλεν βέλος ᾿Αντινόοιο, "und der Pfeil des Antinoos brachte ihn nicht zu Fall".

Seins im Verborgenen bleibt, bestimmt er zum voraus unsere Geschichte. Dieser Wesenswandel ist für Heidegger "das eigentliche Ereignis in der Geschichte" (62).

Nach der Erläuterung des "Falschen" wendet sich Heidegger dessen Gegenwort zu: "wahr", "Wahrheit". Die Verwendung dieser Worte ist geprägt dadurch, wie in der lateinischen Kirchensprache die Begriffe verum und veritas gebraucht wurden (69). Deren Zusammenhang mit der deutschen Sprache stellt Heidegger wie folgt dar: verum, Stammsilbe "ver", ist verwandt mit den deutschen Worten "wehren", "die Wehr", "das Wehr". In diesen Worten liegt das Moment des Widerstandes, der Hemmung. "Ver" bedeutet nach Heidegger: "Sichwehren, Sichbehaupten", "in Stand-stehen, in Stand-bleiben, d.h. nicht-fallen (kein falsum), oben bleiben, sich behaupten, das Haupt-sein, Befehlen" (69). Im altlateinischen Wort veru, "Tor", "Tür", kommt genauso wie im deutschen Wort "das Wehr" eine andere Bedeutung zum Vorschein, die des Verschließens, Ab- und Zuschließens. Heidegger folgert: "Das Ursprüngliche in 'ver' und verum ist das Verschließen, Verdecken, Verbergen und Bergen" (70).[29] Damit kommen diejenigen Phänomene in den Blick, auf die das Leitwort der Vorlesung, "Unverborgenheit", zunächst verwies. Mit verum ist nach Heidegger auch das griechische ἔρυμα verwandt, "die Schutzwehr, die Bedeckung, die Verschließung" (70).[30]

Es zeigt sich, wenn man Heidegger folgt, etwas Erstaunliches: verum, das Wahre, bezeichnet das Entgegengesetzte zum griechischen Wort für "das Wahre", zur ἀλήθεια: "verum, ἔρυμα die Verschließung, Bedeckung; ἀλήθεια: die Entdeckung, Entbergung" (70). In ihrer Entgegensetzung halten sich beide Worte jedoch in derselben "Wesensdimension". Der Gegensatz zum verum als dem Verschließen ist das Öffnen: "ap-verio, lateinisch aperio, d.h. ich öffne" (70).[31] Das Partizip zu aperio, apertum, "das Un-verschlossene", entspricht dem griechischen ἀληθές, dem Unverborgenen; verum dagegen bedeutet dasselbe wie das griechische λαθόν (70).

Das römische verum gehört nach Heidegger zwar ursprünglich in den Bedeutungsbereich des griechischen ἀληθές, allerdings als sein Gegenteil, da es aber als Gegenwort zum falsum gesagt wird und für verum und falsum der Wesensbereich des Imperialen entscheidend ist, gewinnt das "ver" "den Grundzug der Deckung zur

---

[29] Offensichtlich folgt Heidegger hier *Boisacq,* 328. - Das Vergleichende Wörterbuch der Indogermanischen Sprachen von *Walde-Pokorny* verzeichnet 13 verschiedene Stämme "u̯er"-. Diejenige Sippe, der verus und "wahr" zugehören, hat nach diesem Werk die Grundbedeutung "freundliches, frohes erweisen, freundliche Hingabe, Vertrauen". Boisacqs Zuordnung wird abgewiesen. Alois *Walde,* Vergleichendes Wörterbuch der Indogermanischen Sprachen. Hg. u. bearb. v. Julius *Pokorny.* 2 Bde. Berlin und Leipzig: de Gruyter 1930. 1,285 f. - Ein anderer Stamm "u̯er"- bedeutet "verschließen, bedecken"; mit ihm hängt osk. veru zusammen sowie das deutsche "Wehr". *Walde-Pokorny* 1,280 f. - verus als "Vertrauen, freundliche Hingabe" verzeichnet auch *Walde-Hofmann* 2,768. - Zu "wahr" - verus vgl. auch *Kluge,* 832. - Heidegger hätte die genannten Wörterbücher benutzen und feststellen können, daß Boisacqs Zuordnungen widersprochen wurde. Damit wäre auch seine eigene Behauptung, verum hätte die ursprüngliche Bedeutung "Verschließen, Verdecken, Verbergen und Bergen", gefallen. Seine Hauptthese, der Wandel der Wahrheit aus dem Wesensbereich der ἀλήθεια, in dem das unverborgene Seiende und das entbergende Verhalten des Menschen ihren Ort haben, zu der in der menschlichen ratio begründeten Richtigkeit, wird hiervon jedoch nicht berührt.

[30] Gemäß *Walde-Pokorny* gehört ἔρυμα, genauso wie veru und "Wehr" zu demjenigen Stamm "u̯er"-, der die Bedeutung "verschließen, bedecken" hat. *Walde-Pokorny* 1,281 f. Vgl. auch *Kluge,* 844. Heidegger argumentiert so, als ob die beiden Wortstämme "u̯er"- ein und derselbe wären.

[31] aperio, ap-uerio, "öffne, erschließe, decke auf". *Walde-Hofmann* 1,56.

Sicherung gegen" (71), wie er auch im deutschen Wort "Wehr", "wehren" zum Ausdruck kommt. Verum wird im Gegensatz zum falsum als dem Fallenden, zu Fall Gebrachten: das Nichtfallende, "das Stehenbleibende, das Aufrechte, das nach oben Gerichtete, weil von oben her Richtende: verum ist rectum (regere, 'das Regime'), das Rechte, iustum" (71).[32] Veritas wird zur rectitudo, "Richtigkeit" (71). Die römische Prägung der Wahrheit als Richtigkeit macht - so sagt Heidegger - ihren "alles durchherrschenden Grundzug in das Wesensgezüge des abendländischen Wahrheitswesens" fest (71). Damit kommt sie einer Entfaltung des Wesens der Wahrheit entgegen, die bei Platon und Aristoteles einsetzt und den Beginn der Metaphysik ausmacht. Der Wandel des Wesens der ἀλήθεια ist nämlich gewissermaßen in der ἀλήθεια selbst angelegt. Denn: ἀληθές bedeutet zum einen "unverborgen", zum anderen "entbergend". Das heißt: Seiendes kann durch und für den Menschen nur so entborgen und zu einem Unverborgenen werden, "wenn das entbergende Verhalten sich an das Unverborgene hält und mit ihm übereinkommt" (72). Das entbergende Verhalten des Menschen ist "Angleichung" (73) an das entborgene Seiende. Die Begriffe, auf die Heidegger hier zurückkommt, sind ὁμοίωσις und ἀληθεύειν.[33] "Angleichung" und 'die Wahrheit sagen' - Heidegger übersetzt ἀληθεύειν in der Parmenides-Vorlesung mit "im erscheinenlassenden Sagen entbergend an das Unverborgene sich halten" (72) - bestimmen das Verhalten des Menschen; dieses ist: "das entbergende Entsprechen, das das Unverborgene ausspricht" (72).[34] Der λόγος, die Aussage, hat die Verfassung des οἴεσθαι, das heißt "etwas für etwas halten" (72).[35]

Indem Heidegger das menschliche Verhalten als Entsprechen und als Sichhalten an das Unverborgene faßt, denkt er es weniger 'aktiv' als in "Sein und Zeit", wonach ἀληθεύειν besagte: "das Seiende, *wovon* in der Rede die Rede ist, im λέγειν als ἀποφαίνεσθαι aus seiner Verborgenheit herausnehmen und es als Unverborgenes (ἀληθές) sehen lassen, *entdecken*" (GA 2,44). Dieses Verständnis des ἀληθεύειν entwickelte Heidegger in Verbindung mit seinem "Vorbegriff der Phänomenologie". Den Phänomenen (φαινόμενα) korrespondiert in der Parmenides-Vorlesung: das unverborgene Seiende, dem aufweisenden Sehenlassen (λέγειν, ἀποφαίνεσθαι, ἀληθεύειν) entspricht: das entbergende Verhalten des Menschen. Mit seiner Aufdeckung des griechischen Wahrheitswesens setzt Heidegger offenbar zugleich sein Anliegen einer Phänomenologie, jetzt unter dem Anspruch der ᾿Αλήθεια, fort. Zwar bezeichnet er sein Denken in der Parmenides-Vorlesung wie in den Semestern zuvor nicht ausdrücklich als Phänomenologie. In einem "Gespräch von der

---

[32] Vgl. *Kluge,* 588: "recht": rectus, "aufrecht", "gerecht", "berechtigt".

[33] Zu ὁμοίωσις vgl. oben 109 f. Das ἀληθεύειν des *Aristoteles* behandelt Heidegger anhand des Kapitels Θ 10 der "Metaphysik"; dieses ist in seinen Augen das "Kernstück" der Abhandlung (GA 21,170; GA 31,73; GA 2,44 f). Zum ἀληθεύειν vgl. oben 137. - In seinem Brief an Richardson von 1962 schreibt Heidegger: "Ein erneutes Studium der Aristotelischen Abhandlungen (im besonderen des neunten Buches der 'Metaphysik' und des sechsten Buches der 'Nikomachischen Ethik') ergab den Einblick in das ἀληθεύειν als entbergen und die Kennzeichnung der Wahrheit als Unverborgenheit, in die alles Sichzeigen des Seienden gehört" (BR XI f).

[34] In seiner Vorlesung des Wintersemesters 1935/36, "Die Frage nach dem Ding", weist Heidegger darauf hin, daß für *Aristoteles* "das Denken und Fragen und Aussagen immer sei ein λέγειν ὁμολογούμενα τοῖς φαινομένοις; de coelo Γ 7, 306 a 6: 'das sagen, was dem entspricht, was sich am Seienden selbst zeigt'" (GA 41,81 f).

[35] Auch οἴεσθαι ist ein Begriff aus dem 9. Buch der "Metaphysik", 1051 b 7. Vgl. oben 137 Anm.

Sprache" von 1957/58 bekundet er jedoch, er wolle "das Wesen der Phänomenologie ursprünglicher ... denken, um sie auf diese Weise eigens in ihre Zugehörigkeit zur abendländischen Philosophie zurückzufügen" (GA 12,91). Über den Zusammenhang von Phänomenologie und ᾽Αλήθεια hat Heidegger sich 1963 in "Mein Weg in die Phänomenologie" geäußert: "Was sich für die Phänomenologie der Bewußtseinsakte als das sich-selbst-Bekunden der Phänomene vollzieht, wird ursprünglicher noch von Aristoteles und im ganzen griechischen Denken und Dasein als ᾽Αλήθεια gedacht, als die Unverborgenheit des Anwesenden, dessen Entbergung, sein sich-Zeigen" (SD 87). 1973, im Seminar in Zähringen, verbindet Heidegger dann den Titel "Phänomenologie" mit demjenigen Parmenides-Vers, der sein Denken in den dreißiger und vierziger Jahren strukturbildend beeinflußt hat: τὸ γὰρ αὐτὸ νοεῖν ἐστίν τε καὶ εἶναι. Er sagt: "das Denken, dem hier nachgefragt wird, nenne ich das tautologische Denken. Das ist der ursprüngliche Sinn von Phänomenologie" (GA 15,399).

Heidegger erläutert in der Vorlesung weiter: Das "übereinkommende Entsprechen" (ὁμοίωσις, ἀληθεύειν) vollzieht sich zwar bei Aristoteles noch im Wesensbereich der ἀλήθεια, es wird jedoch "gleichsam die maßgebende 'Repräsentation' der ἀλήθεια" (73). Fortan zeigt sich die ἀλήθεια nur noch in dieser Wesensgestalt. Die im Wesensbereich des Imperialen angesiedelte veritas und rectitudo kommt nun von sich aus der ἀλήθεια in deren "'repräsentativer' Gestalt der ὁμοίωσις" (73) entgegen und nimmt sie in sich auf. Im Wort rectitudo (rectum: 1. das Gerichtete, 2. das Richtige, Rechte) liegt ein Sichrichten nach etwas. Rectitudo als Sichrichten nach ... und die griechische ὁμοίωσις "haben beide den Charakter der Angleichung der Aussage und des Denkens an den vorliegenden und feststehenden Sachverhalt" (73). Hieraus bestimmt sich der Wahrheitsbegriff der Metaphysik; er lautet: "Veritas est adaequatio intellectus ad rem" (73).[36] Das Wesen der Wahrheit als Richtigkeit trägt das abendländische Denken von Platon bis Nietzsche.

Während die griechische ὁμοίωσις, "Angleichung", und οἴεσθαι, "etwas für etwas halten", aber aus dem Wesensbereich des Entbergens und der Unverborgenheit erfahren wurden, bleibt die römische rectitudo, "sichrichten nach ...", und reor, "etwas für etwas halten", ohne diesen Wesensbereich. Das Substantiv zu reor heißt: ratio. Heidegger konstatiert: "Das Wesen der Wahrheit als der veritas und rectitudo geht an die ratio des Menschen über" (74). Damit ist der "Wesensraum der ἀλήθεια, der Unverborgenheit der Sachen und des entbergenden Verhaltens des Menschen", "völlig verschüttet und vergessen" (74). Hiervon sprach Heidegger bereits in seiner "Einführung in die Metaphysik" (oben 96) und in "Grundfragen der Philosophie" (oben 140); allerdings machte er in "Einführung in die Metaphysik" den "Einsturz" der ἀλήθεια an der Umdeutung der φύσις zur ἰδέα fest. Weil der Raum für das Erscheinen des unverborgenen Seienden wie für das entbergende Verhalten des Menschen jetzt fehlt, ist Heidegger zufolge das "Wesen der Wahrheit als veritas und rectitudo ohne Raum und Boden" (74). Das als veritas verfestigte Wesen der Wahrheit "verbaut" sogar in Heideggers Augen wie ein "riesiges Bollwerk" (78) den Wesensbe-

---

[36] Bei *Thomas,* Quaestio de veritate, qu. 1, art. 1, heißt es: adaequatio rei et intellectus. So zitiert Heidegger auch in "Sein und Zeit" (GA 2,284). - Zur Darstellung der Vorgeschichte der adaequatio-Formel durch die Philologie vgl. *Luther,* o.c. 188 ff.

reich der ἀλήθεια; die ἀλήθεια selbst ist in die Mauer dieses Bollwerks "eingemauert, nachdem sie zuvor durch die Umdeutung ein eigens zurechtbehauener Baustein geworden" (79). Auch hier scheint Heidegger, genauso wie beim "Einsturz" der ἀλήθεια, an einen Tempel zu denken, dessen Steine für profane Bauten, etwa Befestigungsanlagen zum Schutz gegen Feinde, verwendet werden. Heidegger beurteilt die Situation so: Das *"Wesen der Wahrheit ist längst aus seinem Anfang, und d.h. zugleich aus seinem Wesensgrund, gewichen, aus seinem Anfang herausgefallen und so ein Abfall"* (79).[37]

Im gewandelten Wesen der Wahrheit, der veritas als rectitudo, kommt es nach Heidegger zu einem "neuen Wandel" (75) am Beginn der Neuzeit; er hat folgenden Hintergrund: Wenn Wahrheit sich um die ratio als das "Grundvermögen" (74) des Menschen dreht, so ist die Voraussetzung dafür, daß das Wahre, das heißt das Richtige, getroffen wird: der Mensch muß sich des rechten Gebrauchs dieses Grundvermögens gewiß und sicher sein. Heidegger stellt fest: "Das Wesen der Wahrheit bestimmt sich aus dieser Sicherheit und Gewißheit. Das Wahre wird zum Gesicherten und Gewissen; das verum wird zum certum" (75). Dieser erneute Wandel des Wesens der Wahrheit ist genauso im Bereich des christlichen Glaubens vorbereitet, nämlich in der Suche nach Heilsgewißheit, wie das Wesen der Wahrheit als rectitudo sich durch die kirchliche Dogmatik verfestigte.

Mit dem Wesenswandel der veritas zur certitudo beginnt die neuzeitliche Metaphysik. Die beiden Grundbücher dieser Metaphysik, die "Meditationes de prima philosophia" des Descartes sowie Kants "Kritik der reinen Vernunft", fragen nach dem rechten Gebrauch des menschlichen Vernunftvermögens. Es geht - so Heidegger - um die "Sicherheit und ... Bestandsicherung der menschlichen Haltung und ihres Verhaltens" (76 f). Nach diesem Verständnis verbürgt der rechte Gebrauch der ratio das Wahre; der unrichtige Gebrauch dagegen erzeugt das Falsche im Sinne des Irrigen.

Die abendländische Metaphysik vollendet sich in zwei verschiedenen Gestalten der Wahrheit als Gewißheit. 1. Sicherung impliziert eine ständige Rückbezogenheit auf sich selbst. Diese wird bei Hegel absolut; Wahrheit liegt jetzt nicht mehr in der gesicherten Erkenntnis des Menschen, sondern Wahrheit ist die absolute Selbstgewißheit des absoluten Geistes (86). 2. Für Nietzsche ist der Grundzug des Wirklichen: der Wille zur Macht. Macht bedarf der dauernden Selbstsicherung in Form einer Machtsteigerung. Da für Nietzsche, genau wie für die ganze abendländische Geschichte, Wahrheit Richtigkeit ist, muß sich das Wahre nach dem Willen zur Macht richten und ihm entsprechen. Die Verfügung über das Wahre und Unwahre liegt also beim Willen zur Macht. So wird Wahrheit das Rechte im Sinne des "von oben her Richtenden" (oben 284): das Gerechte. Auf dem Gipfel der abendländischen Metaphysik gründet Nietzsche das Wesen der Wahrheit in die "Gerechtigkeit" (77).[38] Hierzu bemerkt Heidegger: "Diese Vollendung des römischen Wahrheitswesens ist der eigentliche und verborgene Sinn des 19. Jahrhunderts" (86).

---

[37] Zu "Abfall" vgl. oben 95; 97 ff; 141.

[38] Heidegger hat *Nietzsches* Auffassung der Wahrheit als Gerechtigkeit in seinen Nietzsche-Bänden dargestellt: N I 632 ff; N II 314 ff.

Wahrheit als veritas entfaltet sich in der abendländischen Geschichte also, wie referiert, als rectitudo, certitudo, iustitia, das heißt als Richtigkeit, Gewißheit, Gerechtigkeit.

Heidegger faßt seine Überlegungen zum verum und zu dem seit dem Römertum maßgebenden Bereich des Imperialen zusammen: "Wahrheit ist abendländisch veritas. Das Wahre ist das auf je verschiedenen Gründen Sichbehauptende, Obenbleibende, von oben Kommende, der Befehl, wobei wiederum das 'Oben' und das 'Höchste' und der 'Herr' der Herrschaft in verschiedenen Gestalten erscheint. 'Der Herr' ist der christlich verstandene Gott; 'der Herr' ist 'die Vernunft'; 'der Herr' ist der 'Weltgeist'. 'Der Herr' ist 'der Wille zur Macht'" (77).

Zum Wandel des Wesens der Wahrheit von der Unverborgenheit zur Richtigkeit gehört ein Wandel des Wesens der Unwahrheit vom verstellenden Verbergen zur Falschheit. Der Umschlag vom griechischen ψεῦδος zum römischen falsum ist sogar das ausschlaggebende Ereignis im abendländischen Wesen der Wahrheit. Mit dessen Darstellung hat Heidegger einen Punkt der von ihm 1937/38 geplanten "Erinnerung" an die ἀλήθεια ausgeführt.

Ich fasse die bisherigen Schritte von Heideggers Überlegungen in der Vorlesung kurz zusammen: Er geht vom Wort ἀλήθεια aus. Weil das ἀ ein ἀ-privativum ist, kommt es auf das Gegenwesen zur ἀλήθεια an. Um dieses Gegenwesen zu bedenken, greift Heidegger auf den Wortstamm λαθ-, ληθ- zurück. Im Verb λανθάνω kann er die Bedeutung 'ich bleibe mir verborgen' an zwei Homer-Stellen sichtbar machen. Nachdem das Gegenwesen zur Unverborgenheit als Verborgenheit angesprochen ist, wird diese Bedeutung auch an dem eigentlichen Gegenwort zu ἀληθές, nämlich ψεῦδος, aufgespürt, und zwar modifiziert als: verstellen. ἀληθές ist doppeldeutig, es heißt: 1. entborgen, unverborgen, 2. entbergend. Entsprechend bedeutet ψεῦδος 1. verstellt, 2. verstellend. Diesen zweiten Sinn weist Heidegger an einer Homer-Passage und, in der Negation, an einem Hesiod-Vers auf. Bei der Erläuterung des falsum wird zunächst auf seine Herkunft vom griechischen σφάλλω hingewiesen. Beides, fallere wie σφάλλειν, heißt: zu Fall bringen. Heidegger versteht σφάλλειν jedoch aus dem Erfahrungsbereich der ἀλήθεια, das falsum hingegen aus dem Erfahrungsbereich des Imperialen. Den Wesensbereich des Imperialen macht Heidegger nicht an bestimmten Textstellen fest, sondern am historischen Faktum des römischen Imperiums. Weil Heidegger das verum als Gegenwort zu falsum auffaßt, kann er im verum das Nicht-fallende, Aufrechte, nach oben Gerichtete sehen und den Zusammenhang dieser Gerichtetheit als eines Sichrichtens nach ... mit der Aristotelischen ὁμοίωσις aufdecken. Veritas ist rectitudo als das Sichbehauptende, Obenbleibende in verschiedenen Gestalten: Gott, Vernunft, Weltgeist, Wille zur Macht.

d) Geschichte als Zuweisung des Seins

Heidegger war bei seiner Skizze des Wesenswandels der Wahrheit - so bedeutet er seinen Hörern - von einer bestimmten Auffassung von Geschichte geleitet. Er meint die "Geschichte des Wesens selbst, der Wahrheit selbst" (80). Er sagt: "'Die

Geschichte', wesentlich begriffen, und d.h. *aus dem Wesensgrund des Seins selbst gedacht,* ist der Wandel des Wesens der Wahrheit" (80). Schon in seiner Vorlesung "Grundfragen der Philosophie" ging es Heidegger um die Geschichte als das Wesen der Wahrheit; in ihr sah er den Grund für historische Tatsachen (oben 132). Die Wahrheit und das Sein des Seienden wandelten sich, wie dargestellt, im Abendland mehrfach, wobei das einschneidendste Ereignis der Übergang aus dem Wesensbereich der ἀλήθεια in den des Imperialen, die *Über-*setzung vom griechischen ψεῦδος zum römischen falsum war. Innerhalb des Bereichs dieser gewandelten Wahrheit, nämlich der veritas als rectitudo, gab es einen weiteren Wandel am Beginn der Neuzeit. Aus diesen Wandlungen der Wahrheit und des Seins entspringen alle anderen Wesenszüge der Geschichte.

Während es Heidegger in seinen Hölderlin-Vorlesungen um die zukünftige Geschichte ging, um die mögliche Neubegegnung von Göttern und Menschen sowie um die mögliche Rückkehr ins Eigene nach einem Aufenthalt im Fremden, blickt er mit seiner Erörterung des Wesenswandels der Wahrheit zurück in das Gewesene, um Klarheit darüber zu schaffen, woher unser gegenwärtiges Wahrheits- und Seinsverständnis, das unsere Geschichte trägt, kommt.

Heidegger sagt weiter: "Bei den Wandlungen des Wesens der Wahrheit sind die unscheinbaren seltenen Augenblicke, da die Geschichte innehält. Diese innehaltenden Augenblicke der verborgenen Ruhe sind die *anfänglich geschichtlichen,* weil in ihnen das Wesen der Wahrheit dem Seienden anfänglich sich zuweist und zuschickt" (80 f). Aus letzterem geht wieder die Selbigkeit von Wahrheit und Sein des Seienden hervor. Der Augenblick der innehaltenden Geschichte ist der Umschlag, der Wechsel zwischen den Zeitaltern,[39] in "Einführung in die Metaphysik" als "Weltwerden" (oben 76) und als "Seinsgeschehnis" (oben 92) hervorgehoben, in der "Anden-ken"-Vorlesung als "Ereignis" des Festes (oben 206) und als Übergang von einer Festzeit der Geschichte in die andere (oben 218). Es ist ein Moment der Ruhe, weil in ihm alle Bewegung gesammelt ist und aus ihm entspringt.

Heideggers Ausführungen über den Wandel des Wahrheitswesens enthalten eine gewisse Zweideutigkeit. Das folgenreichste Ereignis eines Wandels war der Übergang des Wesens der Wahrheit aus dem Bereich der ἀλήθεια an die ratio des Menschen. Heidegger nennt aber auch die Entfaltung der veritas in die certitudo einen "Wandel". Dieser Wandel ist jedoch offensichtlich kein anfänglicher im Sinne eines Augenblicks der innehaltenden Geschichte, wie es im letzten Zitat hieß, sondern nur die Ausfaltung eines in der veritas angelegten Wesenszuges. Wie Heidegger in der Vorlesung des letzten Semesters hervorhob, birgt auch das Wesen der Metaphysik einen "reichen inneren Wandel" (oben 225).[40] Mit dem Wort "Wandel" bezeichnet Heidegger demnach verschiedene Qualitäten eines Umschlags und Wechsels. Aus den Wandlungen innerhalb der Metaphysik ergeben sich die von ihm an anderer Stelle so genannten Epochen des Seinsgeschicks (vgl. unten 341). Wahrscheinlich hat Heidegger in den zuletzt zitierten Sätzen vor allem den von ihm ver-

---

[39] Hölderlin spricht in seinem Aufsatz "Das Werden im Vergehen" von diesem "Moment" des Übergangs als einem "Anfang von Zeit und Welt" (SW 4,282).

[40] Den "letzten entscheidenden Wandel" erfuhr die Metaphysik durch das Denken *Kants* (GA 55,257).

muteten kommenden Wandel der Geschichte im Sinn, dessen Vorzeichen er auch in der Vorlesung "Grundfragen der Philosophie" zu erkennen glaubte (oben 121; 147).

Daß das Wesen der Wahrheit dem Seienden "anfänglich sich zuweist und zuschickt", ist wie das Verhältnis von ἀρχή und τὸ χρεών zu den ὄντα, bei dem Heidegger in solcher Zuweisung "die Zeit selbst" erblickte (oben 182 ff).

Heidegger unterstreicht: "Geschehen und Geschichte besagt: Geschick, Schikkung, Zuweisung" (81). Es ist das "Schiksaal", das "Zu Menschen gelanget", aus dem Beginn der Rheinhymne, welches Heidegger hier als Vorbild dient. Außerdem steht wohl die Μοῖρα aus dem Lehrgedicht des Parmenides im Hintergrund.[41] Heidegger fährt fort: "Echt deutsch sagend, dürfen wir nicht sagen: 'die' Geschichte im Sinne von 'Geschehen', sondern 'das Geschicht' im Sinne von: die *Zuweisung des Seins*" (81). Mit dem Wort "das Geschicht" gewinnt Heidegger "der Geschichte" eine Bedeutung ab, die dem Hölderlinschen "Schiksaal" nahekommt. "Das Geschicht" ist hier nicht als das Abgeschichtete, Sedimentierte aufzufassen, das, wie der überlieferte Bestand der Ontologie, destruiert werden soll - so plante es Heidegger in "Sein und Zeit" -, sondern als Versammlung eines Schickens. Im Präfix 'ge'- hört Heidegger ja meist eine kollektive Bedeutung (oben 264 Anm.). Was in der Vorlesung "Geschicht" heißt, nennt er später oft "Geschick", und das bedeutet für ihn: "versammelndes Schicken" (VA 28; VA 216 u.ö.). Der Ausdruck "Zuweisung des Seins" ist doppeldeutig; er kann meinen: das Sein ist das Zuweisende, Zuschickende (genitivus subiectivus); oder: das Sein ist das Zugeschickte (genitivus obiectivus). Dies ist der Unterschied von Seyn und Sein, von Geben und Gabe im "Es gibt" (SD 5 ff). Ganz im Sinne der Parmenides-Vorlesung und der voraufgegangenen Hölderlin-Auslegung betont Heidegger dann im Vortrag "Zeit und Sein" von 1962, daß Geschichte sich bestimmt "aus dem Geschickhaften eines Schickens, nicht aus einem unbestimmt gemeinten Geschehen" (SD 8 f).

In der Vorlesung heißt es weiter: "Wenn das Wesen des Menschen darin gründet, daß er dasjenige Seiende ist, dem das Sein selbst sich enthüllt, dann ist die wesenhafte Zu-schickung und das Wesen 'des Geschichts' die Enthüllung des Seins" (81). Im ersten Teil des Satzes ist der Gedanke des Seinsverständnisses aus "Sein und Zeit" aufgegriffen; allerdings ist die Bewegung innerhalb des Bezugs Sein - Mensch jetzt umgekehrt, insofern das Sein sich *für* den Menschen enthüllt.

Heidegger denkt Geschichte also aus dem Augenblick; in ihm schickt sich das Wesen der Wahrheit dem Seienden zu, in ihm enthüllt sich dem Menschen das Sein. In "Identität und Differenz", 1957, entspricht ersterem der "Austrag" von Sein und Seiendem, letzterem das "Ereignis".

---

[41] Ihr gilt Heideggers Aufsatz "Moira", veröffentlicht 1954 (VA 223-248).

e) Arten der Verbergung. Der μῦθος als anfängliches Wort. Drei einfache Ereignisse

Im nächsten Schritt seiner Darlegungen in der Vorlesung möchte Heidegger zeigen, daß es noch andere Arten der Verbergung gibt als das verstellende Verbergen, welches aus dem ψεῦδος spricht. Während er beim Hören auf die erste Weisung des Wortes "Unverborgenheit" zunächst auf das Phänomen der Verbergung überhaupt aufmerksam machte, geht es jetzt um die von den Griechen erfahrenen Weisen des Verbergens.

Sie werden vor allem durch die Verben κεύθω, κρύπτω, καλύπτω bezeichnet: "Bergen, Verbergen, Verhüllen" (88). Zu κεύθω gibt Heidegger Beispiele aus Homer, unter anderem Ilias 23,244, wo der Dichter von ῎Αϊδι κεύθωμαι spricht, vom "Geborgenwerden im Hades" (88).[42] Die Erde und das Untererdige, so erläutert Heidegger, ist hier das Bergende.[43] Damit wird der Wesenszusammenhang zwischen Tod und Verbergung sichtbar. Für die Griechen haben Heidegger zufolge Geburt und Tod ihr Wesen aus dem Bereich von Entbergen und Verbergen.

Verbergen und Verhüllen, κρύπτω und καλύπτω, werden im griechischen Epos oft von der Nacht gesagt.[44] Tag und Nacht zeigen in Heideggers Augen "das Ereignis der Entbergung und Verbergung" (89). Wie das Licht des Tages sich über das Seiende und den Menschen ausgießt, wie das Dunkel der Nacht über das Seiende und den Menschen hereinbricht, so "kommt" das Ereignis von Entbergung und Verbergung "'über'" den Menschen und alles Seiende (91). Es verhält sich damit wie mit der Grundstimmung der Trauer aus den Eingangsstrophen von "Germanien"; diese Trauer ergreift auch nicht nur den Menschen, sondern senkt sich auf die "heimatlichen Wasser" und alles übrige Seiende.

Daß die Nacht das Ereignis der Verbergung zeigt, gibt Heidegger das Stichwort für die Νύξ und die Genealogie der Götter bei Hesiod. Deshalb kommt er auf die "'Mythologie'" und den "'Mythos'" zu sprechen. Als "'Götterlehre'" aufgefaßt, wird für Heidegger der μῦθος nicht ursprünglich verstanden, denn auch die Götter empfangen ihr Wesen "aus dem Grundwesen des griechisch erfahrenen Seins, d.h. aus der ἀλήθεια" (89 f). Der μῦθος sagt von Tag und Nacht. Tag und Nacht sind die "Anfängnis des Ganzen" und deshalb das "anfänglich zu Sagende". Als das "anfängliche Sagen" ist der μῦθος: "die Sage" (90; 99). Insofern der μῦθος "aufschließt, entbirgt, sehen läßt" (89), bestimmt sich sein Wesen aus der ἀλήθεια. Hier wird wieder die Nähe zwischen griechischem Seins- und Wahrheitsverständnis, wie Heidegger es deutet, und seiner Auffassung von Phänomenologie aus "Sein und Zeit" sichtbar.

---

[42] *Homer,* Ilias 23,244: ... εἰς ὅ κεν αὐτὸς ἐγὼν ῎Αϊδι κεύθωμαι. - Auf diese Stelle verweist Ekkehard *Fräntzki*. Er interpretiert: "Die Erde verbirgt den Toten, d.h. sie birgt ihn *in den Tod.* Sie vermag das, weil sie als das Dunkel-Bergende selbst als das Ge-birg des Todes west". Das Bergen der Toten in die Erde ist phänomenal das Selbe wie die "bergende Verbergung", in welche - so Fräntzkis These - die ursprüngliche ᾽Α-Λήθεια das Sein freigibt. *Fräntzki,* Von der Un-Verborgenheit, 32 ff. - Heidegger selbst nennt 1950 den Tod "Gebirg des Seins" (VA 171).

[43] In seiner Kunstwerk-Abhandlung bezeichnet Heidegger die Erde als "das Bergende" (GA 5,28). In Hölderlins Hymne "Germanien" heißt die Erde "Die Verborgene" (vgl. oben 32).

[44] Etwa *Homer,* Ilias 5,310: ... ἀμφὶ δὲ ὄσσε κελαινὴ νὺξ ἐκάλυψεν.

Tag und Nacht, Licht und Erde, so sagt Heidegger, "sind ein μῦθος". Im "bewahrenden Wort" des μῦθος erscheinen "Lichtung und Verbergung als das Wesen des Hellen und Dunklen" und "in eins mit ihnen das, was in das Licht hervorkommt und in das Dunkel zurücktritt dergestalt, daß eben dieses Hervorgehen ins Lichte und das Entgehen ins Dunkle das Wesen ausmachen, worin alles An- und Abwesende west" (90). Hervorkommen ins Licht und Zurücktreten ins Dunkel ist das Wesen der φύσις; außerdem ist es γένεσις und φθορά. In solchem Wesen hat alles An- und Abwesende seinen Ort ("in", "worin"). Mit diesem Gedanken deutet Heidegger auf die Differenz von Sein und Seiendem. "Lichtung" aus dem Zitat ist gleichbedeutend mit Entbergung; es meint nicht wie in anderen Vorlesungen und gegen Ende der Parmenides-Vorlesung den Bereich des Offenen.

Heidegger unterstreicht: Das "'Mythische' - μῦθος-hafte ist das im entbergend-verbergenden Wort geborgene Entbergen und Verbergen, als welches das Grundwesen des Seins selbst anfänglich erscheint" (104).[45] Das Grundwesen des Seins ist, wie zuvor gesagt, die ἀλήθεια.[46] Der μῦθος der Griechen ist Heidegger zufolge "gleichursprünglichen Wesens" (113) mit dem Grundwesen des Seins, denn "wo immer" und "wie immer" das Seiende in die Unverborgenheit tritt, sich entbirgt, "da 'kommt' das Sein in einem vorzüglichen Sinne 'zum Wort'" (112). Die Doppeldeutigkeit des ἀληθές (oben 280) wird von Heidegger jetzt als Gleichursprünglichkeit von Wort und erscheinendem Seienden aufgewiesen.

Was Heidegger in der Vorlesung am μῦθος der Griechen im Zusammenhang mit der ἀλήθεια entwickelt, verfolgt er 1957 an dem George-Wort: "Kein ding sei wo das wort gebricht" (GA 12,153 ff). Das in der Parmenides-Vorlesung so genannte "gleichursprüngliche" Wesen von Sein (Entbergen-Verbergen) und Wort gilt in Heideggers Spätwerk für "die Sprache"; Wesen des Seins und Wesen der Sprache sind dort dasselbe.[47]

Weitere Erläuterungen zum μῦθος in der Parmenides-Vorlesung sind folgende. Als entbergend-verbergendes Wort schließt der μῦθος nicht nur auf, läßt nicht nur sehen, sondern verschließt und verhüllt zugleich. Deshalb hat das μῦθος-hafte Wort den Charakter des Geheimnisses. Das Geheimnis ist eine Weise der Verbergung, in

---

[45] Was Heidegger hier vom μῦθος sagt, behauptete er in seiner ersten Hölderlin-Vorlesung von der Sprache überhaupt: "In der Sprache geschieht die Offenbarung des Seienden", die "ursprüngliche Enthüllung" und "Verhüllung" (GA 39,62). Dem bergenden Wesen des μῦθος entspricht, daß gemäß Hölderlins Feiertagshymne im Wort des Dichters die "himmlische Gaabe" "ins Lied/ Gehüllt" ist (oben 41).

[46] In der Kunstwerk-Abhandlung hebt Heidegger Stein, Farbe, Ton und Wort als das Erdhafte des Kunstwerkes hervor, als dasjenige, wohin das Werk sich zurückstellt (GA 5,32). Aber nicht nur zur Kunst, sondern zu allen Weisen des Wahrheitsgeschehens gehört als Wesenszug: das Sicheinrichten der Offenheit in ein Seiendes (GA 5,48). Diesen Wesenszug nennt Heidegger jetzt "Bergen". Dasjenige Seiende, in das sich nach Heideggers Ausführungen in der Parmenides-Vorlesung das Wahrheitsgeschehen birgt, ist das Wort, μῦθος. - Die philologische Untersuchung von Dieter *Bremer* über "Licht und Dunkel in der frühgriechischen Dichtung" (o.c.) kann insgesamt als Bestätigung von Heideggers These gelesen werden, daß die frühen Griechen aus dem Wesensbereich der ἀλήθεια sprechen.

[47] Vgl. Friedrich-Wilhelm v. *Herrmann,* Nachbarschaft von Denken und Dichten als Wesensnähe und Wesensdifferenz. In: Martin-Heidegger-Gesellschaft, Jahresgabe 1988. S. 43.

der das Verborgene wie ein "Schatz" und "Reichtum" "behütet", "geborgen" und "gerettet" bleibt (92).[48]

Zusammengefaßt: Der μῦθος birgt das Grundwesen des Seins: Entbergung und Verbergung. Er entbirgt es, das heißt er läßt es sehen, zeigt es in Worten wie "Tag" und "Nacht". Zugleich verbirgt und verschweigt der μῦθος das Grundwesen des Seins in der Weise des Geheimnisses. Mit dem Geheimnischarakter des μῦθος wird noch ein anderes Wesen des Wortes erblickt, als es im Aristotelischen ἀληθεύειν oder in der von Heidegger in "Sein und Zeit" angezielten Phänomenologie liegt.

Ein Verbergen nach der Art eines Geheimnisses waltet Heidegger zufolge auch in "Schenkung und Stiftung wesentlichen Stils" (92). Hiermit meint er die in der Kunst, zum Beispiel in der Dichtung Hölderlins, gestiftete Wahrheit, die noch darauf wartet, von den Menschen entscheidungshaft übernommen und damit geschichtlich wirksam zu werden.

Im anfänglichen Wort der Griechen, im μῦθος, so erläutert Heidegger, "gibt sich das Sein des Seienden in den Bezug zum Wesen des Menschen" (100). Ähnlich beschrieb er das dichtende Wort Hölderlins (oben 194). Nach der griechischen Bestimmung des Menschseins, ζῷον λόγον ἔχον, ist der Mensch, gemäß Heideggers Auslegung, "dasjenige von sich selbst her aufgehende Seiende, das dergestalt aufgeht, daß es in diesem Aufgehen (φύσις) und für den Aufgang das Wort hat" (100).[49] Heidegger versteht ζῷον und ζωή also aus der φύσις.[50] Daß sich das Menschenwesen aus dem Bezug zum Sein bestimmt, ist ein Gedanke, den Heidegger seit 1935 in seinen Vorlesungen vorträgt. Jetzt bezeichnet er den Ort, wo dieser Bezug verwahrt ist, als: das Wort. Das Wort ist dasjenige, "worin das Sein sich dem Menschen zuweist" (115).

Strukturell unterscheidet sich offensichtlich das anfängliche Wort der Griechen, der μῦθος, nicht von Hölderlins Wort. Zwar sagt Heidegger nirgends, daß Hölderlins Wort das Wesen des Seins als ἀλήθεια birgt. Ich bin aber der Ansicht, daß man das sehr wohl behaupten könnte. Genauso, wie Heidegger 1958 im Vortrag "Hegel und die Griechen" die Frage stellt, ob bei Hegels Phänomenologie nicht die 'Αλήθεια als Entbergung im Spiel ist (GA 9,439 f), könnte man das etwa von den Versen 19 f aus "Wie wenn am Feiertage ..." vermuten: "Jezt aber tagts! Ich harrt und sah es kommen,/ Und was ich sah, das Heilige sei mein Wort" (vgl. oben 194; 206).[51] An-

---

[48] 1934/35 nannte Heidegger das Geheimnis "verbergende Bewahrung des eigentlichen Seyns" und sah in ihm die "höchste Gestalt der Wahrheit" (GA 39,119).

[49] Im vorigen Semester brachte Heidegger ζῷον λόγον ἔχον noch nicht in Verbindung mit der φύσις; damals deutete er es als: "*das* Seiende, das das Seiende als ein solches auf sein Sein ansprechen kann" (GA 53,102).

[50] Vgl. GA 55,281.

[51] Auch bei den anderen von Heidegger interpretierten Hölderlin-Texten geht es immer, so könnte man sagen, um ein Ereignis der Entbergung, wodurch Heidegger ja dazu kommt, vom "anderen Anfang" zu reden. Nach den Versen 92 f von "Germanien" "Muss zwischen Tag und Nacht/ Einsmals ein Wahres erscheinen" (oben 51). Am Beginn der Rheinhymne vernimmt der Dichter "Ein Schiksaal" "eben, da der goldene Mittag,/ Den Quell besuchend herunterkam/ Von Treppen des Alpengebirgs" (GA 39,155). Genauso lassen sich die ersten beiden Strophen der Elegie "Heimkunft" als Ereignis der Entbergung lesen (SW 2,96 f. GA 4,9 ff). Ferner vergleiche man: das "Feuer" aus der "Ister"-Hymne (oben 228), den "Lichtstral" als eine der Ursprungsmächte des Reinentsprungenen (oben 32) und na-

ders als Hegel steht Hölderlin aber auch im Zeichen des verbergend-bergenden Waltens der 'Αλήθεια, wenn er die Nacht als Zeit der Götterferne dichtet. Erst recht ließe sich das Weite, Offene aus Hölderlins spätesten Gedichten (oben 101) als Antwort auf die 'Αλήθεια deuten. Der Wesenszug des Offenen wird in der Parmenides-Vorlesung noch behandelt. Später denkt Heidegger den μῦθος der Griechen und das Wort Hölderlins, zusammen mit den Worten der anfänglichen Denker, als: die Sprache.

Aus dem anfänglichen Wesensbezug von Sein und Wort erfahren, faßt Heidegger in der Vorlesung den skizzierten Wandel des Seins und der Wahrheit in drei Titeln zusammen. Sie nennen die "einfachen Ereignisse", die *"die verborgene Wesensgeschichte des Abendlandes"* (113) tragen. Mit dem Wort "einfach" ist an Parmenides' und Heraklits ἕν sowie an Hölderlins "Innigkeit" erinnert. Der erste Titel lautet *"'Sein und Wort'"*; er kennzeichnet den *"ersten Anfang"* der abendländischen Wesensgeschichte (113). Das "und" in diesem Titel meint, so sagt Heidegger, "den Wesensbezug, den das Sein selbst, nicht etwa die darüber erst nachdenkenden Menschen, aufgehen läßt, um in ihm sein Wesen zur Wahrheit zu bringen". "Das Sein gibt sich anfänglich ins Wort" (113). Mit solchem Aufgehenlassen, Bringen und Sichgeben ist der Gedanke, daß das Sein "'zum Wort'" "'kommt'", präzisiert und vertieft. Sein und Wort sind also nicht nur "gleichursprünglich" (oben 291), sondern das Sein ist, indem es den Bezug zum Wort aufgehen läßt, sich ins Wort gibt, sein Wesen zur Wahrheit bringt, gewissermaßen selbst das Entspringenlassende. In anderen Vorlesungen schreibt Heidegger in diesem Fall "Seyn". Im Verhältnis von Sein selbst, Mensch und Wahrheit aus dem zuletzt zitierten Satz kann man wieder das von Parmenides vorgezeichnete triadische Schema erblicken.

Das zweite einfache Ereignis in der Wesensgeschichte des Abendlandes liegt bei Platon und Aristoteles: das anfängliche Wort wird zum λόγος im Sinne der Aussage. Damit beginnt die Metaphysik. In ihrer Entfaltung wandelt sich der λόγος zur ratio, zur Vernunft, zum Geist. Heidegger betont: "Die Metaphysik des Abendlandes, die Wesensgeschichte der Wahrheit des Seienden als solchen im Ganzen, die sich im Denken von Platon bis Nietzsche ins Wort bringt, steht unter dem Titel *"'Sein und Ratio'"* (113). Im ersten Anfang der Wesensgeschichte des Abendlandes ist also das Wort (μῦθος) die Stätte der Wahrheit und des Seins; in der Epoche der Metaphysik hat eine gewandelte Wahrheit ihren Platz in der ratio des Menschen. Während das anfängliche Wort das Sein birgt, verfügt die ratio über das Sein. Daß die Metaphysik auf die Wahrheit des Seienden aus ist, zeigt sich daran, daß ihre "Leitfrage", wie Heidegger sie nannte, lautet: "was ist das Seiende?" (oben 66)

Der dritte Titel heißt: *"'Sein und Zeit'"*. Er bezieht sich auf unsere künftige Geschichte. Von diesem Titel sagt Heidegger: "Der Name 'Zeit' ist in dem gemeinten

---

türlich die "Mnemosyne"-Verse, aus denen sich Heidegger das Wort "Ereignis" zusprechen läßt: "Lang ist/ Die Zeit, es ereignet sich aber/ Das Wahre" (oben 50). - Im Zusammenhang mit den "goldenen Träumen" aus Vers 23 von "Andenken" geht Heidegger in seiner Vorlesung von 1941/42 auch auf die griechische Erfahrung des Traumhaften, die aus den Versen 135 ff von *Pindars* 8. Pythischer Ode spricht, ein. Das Wesen des Menschen bewegt sich, nach Heideggers Auslegung, in der Spannung zwischen "Schatten" (σκιά) und "Glanz" (αἴγλα). In Vers 136 des Gedichtes heißt es, gemäß Heideggers Übersetzung: "Aber wenn der Glanz, der gottgeschenkte kommt ..." (GA 52,111; 115). Das Kommen des Glanzes kann man, analog dem Kommen des Heiligen, als Ereignis der Entbergung verstehen.

Titel gemäß der klar ausgesprochenen Zugehörigkeit zum Sein der Vorname für das ursprünglichere Wesen der ἀλήθεια und nennt den Wesensgrund für die Ratio und alles Denken und Sagen" 113).[52] "Vorname" bedeutet: 'vorläufiger Name', und dies in doppeltem Sinne: zum einen wird damit die Denkrichtung (Vorlaufen, Vorfragen, Vorspringen, Vordenken)[53] angesprochen, zum anderen heißt es, daß der Name "Zeit" der zu denkenden Sache nicht mehr angemessen ist, denn Raum und Zeit sind zwar ursprüngliche Phänomene, aber entscheidend ist der Ort, der sie entspringen läßt. Deshalb sagte Heidegger in der "Ister"-Vorlesung, Raum und Zeit seien "Abkömmlinge" des Bereichs der Lichtung (oben 267). Das zeithafte Wesen der ἀλήθεια ist ursprünglicher als die von den Griechen erfahrene und gesagte ἀλήθεια, denn diese bedeutete: Unverborgenheit als ein Charakter des Seienden.[54]

Dem ursprünglicheren Wesen der ἀλήθεια ist Heidegger seit seiner "Einführung in die Metaphysik" auf der Spur. Damals nannte er es allerdings noch nicht ausdrücklich "Zeit". Ein zeithaftes Wesen vermutete er dagegen in der griechischen οὐσία. Nachdem Heidegger in der ἀλήθεια das eigentliche Grundwort für das griechisch erfahrene Sein erkannt hat, ist es nur konsequent, wenn er jetzt auch das zeithafte Wesen der ἀλήθεια verfolgt. In der Parmenides-Vorlesung nahm er es bisher in den Blick als: Entbergung, Verbergung, Bergung, Streit.

Heidegger fährt fort: "'Zeit' ist in 'Sein und Zeit', so befremdlich das klingen muß, der Vorname für den Anfangs*grund* des Wortes" (113). Damit will Heidegger sagen, daß das Wort aufgeht zusammen mit der Entbergung des Seins und daß dies das Zeithafte der ἀλήθεια ist. Entbergung als das ursprünglichere Wesen der ἀλήθεια ist der von Heidegger erblickte "Anfangs*grund*" des Wortes und "Wesensgrund" für die Ratio sowie für alles Denken und Sagen.

Die ursprünglicher erfahrene ἀλήθεια führt somit vor dasjenige Problem, das Heidegger bereits in seinem Hauptwerk, 1927, verfolgte. Hierzu bemerkt er: "Die Abhandlung 'Sein und Zeit' ist nur der Hinweis auf das Ereignis, daß das Sein selbst eine *anfänglichere* Erfahrung dem abendländischen Menschentum zuschickt" (113 f). Heideggers Vermutung, die Zeit sei der Horizont des Seins (GA 2,577), stellte schon 1927 die herrschende Aristotelische Zeitauffassung in Frage. Daß das Problem "Sein und Zeit" von ihm erkannt wurde, möchte Heidegger als "Hinweis" verstanden wissen auf eine mögliche andere Erfahrung von Sein und von Zeit. Im Entwurf zur Vorlesung "Grundfragen der Philosophie" nahm Heidegger in der Philosophie Nietzsches und in Hölderlins Dichtung "Zeichen" wahr dafür, daß ein Zeitalter der Geschichte zu Ende geht. Der dort angenommene "Wandel der Geschichte" (oben 121) ist dasselbe wie das kommende "Ereignis".

---

[52] 1949 schreibt Heidegger in der Einleitung zu "Was ist Metaphysik?": "'Sein' ist in 'Sein und Zeit' nicht etwas anderes als 'Zeit', insofern die 'Zeit' als der Vorname für die Wahrheit des Seins genannt wird, welche Wahrheit das Wesende des Seins und so das Sein selbst ist" (GA 9,376). Ähnlich im Protokoll zu "Zeit und Sein" (SD 30).

[53] Oben 20; 66; 108; 219.

[54] Ekkehard *Fräntzki* denkt das "ursprüngliche Wesen der ᾿Αλήθεια'" so, daß die ᾿Α-Λήθεια die Verborgenheit aufgehen läßt, die Verbergung als solche freigibt, weshalb er das alpha privativum als ein, wie er sagt, alpha liberativum versteht. *Fräntzki, Von der Un-Verborgenheit*, ff. - Das von Fräntzki so genannte alpha liberativum entspricht dem zeithaften Wesen der ἀλήθεια als Ent-bergung in der von Heidegger hervorgehobenen inchoativen Bedeutung des "ent-" (unten 323).

Das von Heidegger vermutete Ereignis einer anfänglicheren Zuschickung des Seins schließt das von Hölderlin antizipierte "Brautfest" von Göttern und Menschen (oben 205) ein, denn auch die Götter stehen, wenn sie erscheinen, gewissermaßen im Zeichen der ᾽Αλήθεια als Entbergung. Die beiden Ereignisse unter den Titeln "Sein und Wort" und "Sein und Zeit" verhalten sich zueinander wie gewesenes und kommendes Fest (oben 218 f).

Vom kommenden Ereignis sagt Heidegger ferner: "Dieser *ursprünglichere Anfang* kann sich nur so wie der *erste Anfang* in einem abendländisch geschichtlichen Volk der Dichter und Denker ereignen" (114).[55] Hölderlin, der "erst kommende Dichter der Deutschen",[56] hat dieses Ereignis evoziert in seiner Ode "Gesang des Deutschen", deren erste beide Strophen Heidegger zitiert. Das Gedicht beginnt: "O heilig Herz der Völker, o Vaterland!" (114. SW 2,3)[57] Heidegger spricht jetzt nicht mehr vom "anderen" Anfang (oben 67), weil er inzwischen erkannt hat, daß es nicht zwei verschiedene Anfänge sind, sondern daß der Eine Anfang in sich selbst zurückgeht (oben 190) und dabei der "ursprünglichere" Anfang werden kann. Diese Einsicht erwuchs Heidegger aus dem Gespräch mit Hölderlin, vor allem aus der "Ister"-Auslegung, die ihn auch Geschichte als "Rückkehr" auffassen ließ (oben 256).

Der übergeordnete Gesichtspunkt in Heideggers zuletzt wiedergegebenen Ausführungen ist: das Gegenwesen zur griechisch verstandenen Wahrheit, zur ἀλήθεια, zu bedenken und andere Weisen des Verbergens als das verstellende Verbergen (ψεῦδος) ausfindig zu machen. Durch die Worte "Tag" und "Nacht" wurden Überlegungen zum μῦθος angeregt, die im Laufe der Vorlesung fortgesetzt werden. Tag und Nacht, so sagte Heidegger, zeigen das Ereignis von Entbergen und Verbergen. In der Vorlesung wendet er sich jetzt, entsprechend seinem Vorhaben, dem Ereignis der Verbergung zu. Das Ereignis der Entbergung hat er auch in anderen Vorlesungen schon erörtert, allerdings nicht durch das Wort des μῦθος geleitet, sondern durch die φύσις, durch Parmenides und Hölderlin: Die φύσις ist als aufgehendes Erscheinen das "Weltwerden"; auf Parmenides geht das "Seinsgeschehnis" zurück, auf Hölderlin der Gedanke, daß die Wahrheit des Seyns "sich ereignet". Das Phänomen der Entbergung behandelte Heidegger auch, ohne es so zu nennen, in seiner Vorlesung "Grundbegriffe" mit dem öffnenden Charakter des Seins (oben 169), außerdem mit allen seinen Überlegungen zur Grundstimmung.

f) Das anfängliche Wesen der Verborgenheit: λήθη.
Das Ereignis der Vergessung (Pindar)

Bei der Erläuterung des ersten Gegenwortes zu ἀληθές, λαθόν, hatte Heidegger bereits eine Deutung des griechisch erfahrenen Vergessens, λανθάνομαι und ἐπιλανθάνομαι, gegeben. Worauf es ihm jetzt ankommt, ist, das Vergessen als "Ge-

---

[55] Diese Ansicht hat Heidegger noch in dem 1966 aufgezeichneten Spiegel-Gespräch vertreten (SI 214 f).

[56] Vgl. oben 27.

[57] Vgl. oben 54.

schehnis" und "Ereignis" der Verbergung aufzuweisen. Um den Geschehnischarakter zum Ausdruck zu bringen, spricht Heidegger von *"Vergessung"* (106). Vergessung geschieht ähnlich wie der Einbruch der Nacht, so, daß eine Verbergung "zumal das Vergessene und den Vergessenden befällt, ohne doch beides auszulöschen" (105). Unter "Vergessenheit" dagegen versteht Heidegger das, "worein das Vergessene versinkt" (105). Vergessung und Vergessenheit verhalten sich demnach wie Zeit (Augenblick) und Ort ("worein").[58] Ähnlich unterschied Heidegger in seiner Anaximander-Auslegung zwischen "Anwesung" und "Anwesenheit" (oben 190).

Das Ereignis der Vergessung spricht für Heidegger aus dem griechischen Wort λήθη. λήθη nennt eine ursprünglichere Weise der Verbergung als ψεῦδος, ἀπάτη und σφάλλειν (116); aus ihr leiten sich die anderen Weisen erst her. Heidegger erblickt in der λήθη das *"anfängliche Gegenwesen"* zur ἀλήθεια (140). Nach Hesiods Theogonie wird Λήθη von der Göttin Ἔρις, die selbst eine Tochter der Νύξ ist,[59] geboren.[60] Λήθη hat ihr Herkommen also aus dem Streit und der Nacht. Hesiod sagt von der Λήθη, was Heidegger am Wort ἀ-λήθεια hervorgehoben hatte: die Herkunft aus dem Streit und den Bezug zur Verborgenheit (Nacht). Das von Hesiod als Genealogie angedeutete Wesen der λήθη ist von den Griechen nirgends ausdrücklich bedacht worden. Hieran knüpft Heidegger die Vermutung: "Vielleicht entspricht es dem Wesen der λήθη eher, daß sie verschwiegen wird" (108). Zum anfänglichen Wort, zum μῦθος, gehört ja nach Heideggers Auslegung das verbergende und verschweigende Sagen. In bezug auf die λήθη heißt das: In Worten wie "Nacht" oder "Tod" wird auf das Wesen der λήθη zwar hingezeigt, gleichwohl wird es verschwiegen und als Geheimnis bewahrt.

Heidegger verfolgt das Ereignis der Vergessung und den Wesenszusammenhang zwischen λήθη (dor. λάθα) und ἀλήθεια, indem er auf ein Wort Pindars aus der 7. Olympischen Ode hört, das in seinen Augen "die dichterisch schönste Wesenserhellung der λήθη" gibt (110). Ich möchte Heideggers Umgang mit diesem Text genau darstellen und philologisch kommentieren, weil Heideggers hieraus resultierende Gedanken für den Bezug Sein - Mensch von großer Bedeutung sind und weil seine These von der Seinsvergessenheit hierdurch eine wesentliche Modifizierung erfährt.

Die Verse 43 ff aus Pindars Gedicht lauten: ἐν δ᾽ ἀρετὰν/ ἔβαλεν καὶ χάρματ᾽ ἀνθρώποισι Προμαθέος Αἰδώς·/ ἐπὶ μὰν βαίνει τι καὶ λάθας ἀτέκμαρτα νέφος,/ καὶ παρέλκει πραγμάτων ὀρθὰν ὁδὸν/ ἔξω φρενῶν. Heidegger übersetzt: "zu/ aber Erblühen des Wesens/ wirft und Freude den Menschen ins Vordenken stimmende/ Scheu; darüber aber kommt zuweilen auch der Verbergung/ zeichenlose Wolke und zieht abseits der Handlungen/ geradeaus gehenden Weg ins Außerhalb/ des bedachtsam Entborgenen" (110). Bei dieser Übersetzung gibt Heidegger die griechische Wortfolge genau wieder. Nach dem Schema Subjekt-Prädikat-Objekt und der

---

[58] Zum Zeit- und Ortscharakter des Seins vgl. oben 171; 176.

[59] *Hesiod,* Theogonie 224 f: Νύξ ὀλοή ... Ἔριν τέκε καρτερόθυμον.

[60] *Hesiod,* Theogonie 226 f: Αὐτὰρ Ἔρις στυγερὴ τέκε μὲν Πόνον ἀλγινόεντα/ Λήθην τε Λιμόν τε καὶ Ἄλγεα δακρυόεντα. Heidegger zitiert diese Verse in der Parmenides-Vorlesung und übersetzt: "Aber die (Göttin) Streit, die finstere, gebar die Mühsal, die leidbringende,/ Vergessung auch und Ausbleib und das Leid, das tränenvolle" (GA 54,106).

lexikalischen Wortbedeutung müßte es heißen: 'Scheu der Vorsicht' (genitivus subiectivus oder obiectivus)[61] wirft den Menschen hinein ἀρετά und Freuden; allerdings kommt zuweilen darüber zeichenlos[62] die Wolke der Verbergung, und sie zieht der Handlungen geraden Weg beiseite, hinaus aus den φρένες.[63]

Heidegger interpretiert den Text folgendermaßen. Αἰδώς, Scheu, und λάθα, Verbergung, stehen einander gegenüber.[64] Wenn, so erläutert Heidegger, die λάθα Verbergung ist und Αἰδώς der λάθα entgegengesetzt, dann muß sich Αἰδώς auf Unverborgenheit beziehen.[65] Insofern "bestimmt die Scheu die ἀλήθεια, das Unverborgene nach seiner Unverborgenheit, in der das ganze Wesen des Menschen mit all seinen Vermögen steht" (110). ἀλήθεια meint hier die Seiendheit des Seienden.

Zum ersten Satz des Pindar-Textes: Er besagt: Προμαθέος Αἰδώς wirft den Menschen ἀρετά und Freuden zu. Heidegger faßt diesen Gedanken so auf, daß sich darin eine Weise des Bezugs Sein - Mensch artikuliert, wobei das Sein selbst diesen Bezug aufgehen läßt. Von der Scheu war bereits in der Auslegung der "Andenken"-Hymne die Rede. Dort bezeichnete "Scheu" die Stimmung des Dichters auf seinem schweren Gang zur Quelle (oben 203). Nach der Vorlesung "Grundfragen der Philosophie" gehört zur Grundstimmung der Verhaltenheit die Scheu vor dem Fernsten, dem Seyn (oben 128). Scheu ist also gemäß Heideggers bisherigen Darlegungen eine Grundstimmung. Die Αἰδώς Pindars gibt Heidegger Gelegenheit, Scheu mit dem Sein (= Seyn) in eines zu denken und als das den Menschen Stimmende aufzufassen ("wirft zu"). Damit wird Αἰδώς zwar nicht personal als Göttin verstanden, aber doch als die schickende, fügende Macht, ähnlich dem "Heiligen" Hölderlins.[66] In diesem

---

[61] *Passow* 2,1138: προμηθεύς = προμήθεια: "vorsorgende Klugheit". *Pape* 2,734: τὸ προμηθές, Gen. προμηθέος, "die Vorsicht", entspricht: ἡ προμήθεια. W. *Pape,* Griechisch-Deutsches Handwörterbuch. Nachr. d. 3. Aufl. 1914. Bearb. v. M. Sengebusch. 2 Bde. Graz: Akademische Druck- und Verlagsanstalt 1954.

[62] ἀτέκμαρτα ist neutrum plural und fungiert als Adverb.

[63] Nach *Dornseiffs* Übersetzung: "Stärke brachte und Freude den Menschen stets vordenkende Ehrfurcht. Freilich kommt auch wohl herbeigeschritten unvermerkt der Vergeßlichkeit Wolke und zieht der Handlungen geraden Weg ab, hinaus aus dem Gedächtnis". *Pindar.* Übers. u. erl. v. Franz Dornseiff. Leipzig 1921. S. 185. - Eine Übersetzung von *Schadewaldt* lautet: "Gedeihen hat und Freuden stets dem Menschen/ Gebracht die Beachtung der Voraussicht./ Doch kommt, wahrhaftig! über manches/ Auch unversehens des Vergessens Wolke/ und lenkt der Handlungen graden Weg/ Ab aus den Sinnen". *Pindars* Olympische Oden. Deutsch v. Wolfgang Schadewaldt. Frankfurt: Insel 1972. S. 34. - In Heideggers Pindar-Text, wahrscheinlich der Teubner-Ausgabe, ist Προμαθέος Αἰδώς mit großen Anfangsbuchstaben geschrieben. *Pindari* Carmina cum Fragmentis Selectis. Ed. Otto Schroeder. Leipzig: Teubner 1908. S. 41 f. Dies legt eine personale Auslegung von Προμαθεύς und Αἰδώς nahe. Zu dieser Frage und dem Problem, in Αἰδώς eine Tochter des Prometheus zu sehen, vergleiche man: Lewis Richard *Farnell,* Critical Commentary to the Works of Pindar. Amsterdam: Hakkert 1961. p. 53 f. Reprint of: The Works of *Pindar.* Vol. II. Critical Commentary. London 1932.

[64] Der erste Satz, ἐν δ' ἀρετάν ... Αἰδώς, und der erste Teil des zweiten Satzes, ἐπί ... νέφος, stellen einen gemilderten Parallelismus dar. Das Verb, in beiden Fällen in Tmesis, steht am Beginn, am Satzende steht betont das Subjekt mit einem Attribut im Genitiv: Προμαθέος Αἰδώς und λάθας νέφος. "Scheu der Vorsicht" und "Wolke der Verbergung" sind in Antithese aufeinander bezogen.

[65] Zur Stützung von Heideggers Auslegung, daß Αἰδώς und Unverborgenheit zusammengehören, könnte man *Pindars* Fragment 205 (Snell) heranziehen: Ἀρχὰ μεγάλας ἀρετᾶς,/ ὤνασσ' Ἀλάθεια, "Ursprung großer ἀρετά, Herrscherin Ἀλάθεια". Hier ist Ἀλάθεια der Ursprung von ἀρετά, genauso, wie in dem von Heidegger interpretierten Text Αἰδώς den Menschen ἀρετά zuwirft.

[66] Die Großschreibung von Προμαθέος Αἰδώς findet sich in den führenden Codices nicht, wie aus der Oxford-Ausgabe hervorgeht. Der Herausgeber, C.M. *Bowra,* ändert προμαθέως, welches A und B

Sinne sagt Heidegger in der Vorlesung: "Αἰδώς (Scheu) kommt über den Menschen als das Bestimmende und d.h. Stimmende" (110). Im 'Überkommen' sieht Heidegger seit der ersten Hölderlin-Vorlesung die Weise, wie eine Grundstimmung sich des Menschen und des übrigen Seienden bemächtigt. Im Pindar-Text steht zwar nicht, daß Αἰδώς den Menschen 'überkommt', aber der zweite, zum ersten parallel gebaute Satz sagt dies von der λάθα: Verbergung überkommt ... (ἐπιβαίνει).[67]

Das Verb des ersten Satzes, ἐνέβαλεν, übersetzt Heidegger mit: "wirft" "zu". In diesem Wort findet Heidegger einen weiteren Anhalt, Αἰδώς als Namen für das Sein zu lesen, denn gemäß der "Grundbegriffe"-Vorlesung ist ein Wesenszug des Seins: *"Das Sein hat sich schon über uns geworfen und uns zugeworfen"* (oben 172).[68] Sich-über-uns-Werfen und Überkommen benennen dasselbe Phänomen.

Heidegger erblickt in Αἰδώς "das Grundwort der pindarischen Dichtung und somit ein Grundwort des eigentlichen Griechentums" (110). In ihm wurde von Pindar dichtend das Sein erfahren (164). Ein anderes solches Grundwort ist δεινόν (oben 247). Αἰδώς, "griechisch gedacht" - was für Heidegger ja heißt, "griechischer" zu denken als die Griechen -, ist, so sagt Heidegger, "nicht ein Gefühl, das der Mensch hat, sondern die Stimmung als das Stimmende, das sein Wesen, d.h. den Bezug des Seins zum Menschen, bestimmt" (110). Das Verhältnis Αἰδώς - Sein - Mensch ist, wie ersichtlich, genauso triadisch strukturiert wie die beiden Heideggers Denken prägenden Parmenides-Verse; im Vortrag "Der Satz der Identität" entspricht es dem Verhältnis: Ereignis - Sein - Mensch.

Προμαθέος Αἰδώς deutet Heidegger so: "Die Scheu stimmt in das Vordenken auf das, was das Wesen des Menschen aus dem Seienden im Ganzen her stimmt" (110), das heißt: auf das Sein. Den Genitiv Προμαθέος als "ins Vordenken stimmend" (110) zu übersetzen, ist grammatisch nicht möglich. Weil Heidegger jedoch Αἰδώς, die Scheu, als das den Bezug Sein - Mensch Stimmende auffaßt und weil dieser Bezug sich vom Menschen aus gesehen als "Vordenken" entfaltet - damit ist erinnert an das Vorlaufen, Vorfragen, Vorspringen -, ist die Scheu auch dasjenige, was den Menschen ins Vordenken stimmt. Wie die Scheu den Menschen ins Vordenken stimmt, so stimmt sie auch das Sein. Heidegger sagt: "Das Sein selbst trägt die Scheu, nämlich zu sein. So anfänglich ist das Sein auf der Hut seines Wesens" (111).

Αἰδώς, die Scheu, bestimmt also nach Heideggers Deutung die Unverborgenheit des Seienden und, was dasselbe besagt: sie stimmt das Sein; Αἰδώς stimmt das

---

überliefern, aus metrischen Gründen in: προμαθέος. *Pindari* Carmina cum Fragmentis. Rec. C.M. Bowra. 1st Publ. 1935. 2nd Edition 1947. Repr. 1951. Oxonii: Clarendoniano. - Wahrscheinlich war Heidegger die Oxford-Ausgabe nicht zugänglich. Sie hätte seine Interpretation, nämlich eine nichtpersonale Auslegung von προμαθέος αἰδώς, bestätigt. Daß προμηθεύς, gen. προμηθέως, anstelle von προμήθεια = τὸ προμηθές stehen kann, stützt sich auf *Aesch.,* P.V. 86. Vgl. *Farnell,* o.c. 54.

[67] In der Tmesis der Verben, ἐν ... ἔβαλεν und ἐπί ... βαίνει, kommt genauso wie in μάν das Überraschende zum Ausdruck, das τί deutet auf Geheimnisvolles. *Pindar,* The Olympian and Pythian Odes. With an Introduction Essay, Notes and Indexes. By Basil L. Gildersleeve. Reprint of the Edition 1890. Amsterdam: Hakkert 1965. p. 188.

[68] Das Verb 'werfen' verwendet Heidegger auch in der Kunstwerk-Abhandlung, um den Bezug zwischen Mensch und Unverborgenheit des Seienden zu charakterisieren: das "Entwerfen" als "Auslösen eines Wurfes" steht der "sich uns zu-werfenden Unverborgenheit des Seienden" gegenüber (GA 5,59 ff).

Wesen des Menschen; sie stimmt beide, Sein und Mensch, in ihren Bezug.

Gemäß Pindars Text wirft Αἰδώς den Menschen zu: ἀρετά und χάρματα. Auf die 'Freuden' geht Heidegger nicht ein; er gibt lediglich einen Hinweis auf χάρις als "gewährende Huld des aufgehenden Seins" (115) aus Pindars 4. Nemeischer Ode;[69] aus der χάρις stammen sozusagen die χάρματα. Das Wort ἀρετά versteht Heidegger als: "das Aufgehen und Aufschließen und Einfügen des Grundwesens des Menschen in das Sein" (111). Von "Aufgehen und Aufschließen" kann Heidegger sprechen, weil er ἀρετά, wie er sagt, bezogen sieht "auf die φυά, mit welchem Wort Pindar das in die Unverborgenheit aufgehende Wesen des Menschen nennt" (111).[70] Das Wesen des Menschen, φυά, bestimmt sich also, nach Heideggers Auslegung, wie das übrige Seiende aus der φύσις, denn diese waltet als "In-die-Unverborgenheit-hervorkommen" (oben 96). Daß Heidegger von "Einfügen" redet, ergibt sich aus der Wortwurzel ἀρετή,[71] und dem Zusammenhang mit ἀρτύω.[72] ἀρετά, zusammengedacht mit φυά, besagt für Heidegger: "Ent-schlossenheit" (111). Da das Wesen des Menschen sein Bezug zum Sein ist, ist der Mensch in solcher ἀρετά "'entschieden' zum Sein des Seienden, entschieden, d.h. nicht abgeschieden von ihm" (111). Damit ist auf die Nähe von Sein und Menschenwesen verwiesen, die bereits im Terminus "Dasein" zur Sprache kommt (oben 117 f).

Während Αἰδώς den Bezug Sein - Mensch sowohl vom Sein als auch vom Menschen her kennzeichnet, bringen ἀρετά als "Ent-schlossenheit" und "Vordenken" diesen Bezug vom Menschen her in den Blick. Weil Heidegger ἀρετά im Zusammenhang mit φυά sieht, kann er ἀρετά mit "Erblühen des Wesens" (110) übersetzen.

Der erste Satz des Pindar-Textes hat nach Heideggers Deutung demnach folgenden Sinn: Αἰδώς, Scheu, stimmt die Menschen ins Vordenken, sie wirft den Menschen deren "Erblühen des Wesens" (ἀρετά - φυά) zu.

Zum zweiten Satz: Heideggers Interpretation ist getragen von der Auffassung, daß Pindars Verse als ein Sprechen aus dem Erfahrungsbereich der ἀλήθεια ver-

---

[69] *Pindar,* Nem. 4,6 ff: ῥῆμα δ' ἐργμάτων χρονιώτερον βιοτεύει,/ ὅ τι κε σὺν Χαρίτων τύχᾳ/ γλῶσσα φρενὸς ἐξέλοι βαθείας. Seinen Kunstvortrag vom 4.4.1967 in Athen schließt Heidegger mit diesen Versen. Er überträgt sie wie folgt: "Das Wort aber weiter hinaus in die Zeit als die Taten bestimmt es das Leben,/ wenn nur mit der Charitinnen Gunst/ die Sprache es herausholt aus der Tiefe des sinnenden Herzens" (HK 22). - Heidegger macht in der Parmenides-Vorlesung im Zusammenhang mit dem griechischen Götterwesen die Bemerkung, daß die Götter, anfänglicher gedacht, die "Stimmenden" sind (vgl. unten 311), weil "Scheu und Gunst und Glanz der Milde zum Sein gehören". Αἰδώς und χάρις sind dichtende Worte *Pindars* für das Sein (GA 54,164), "Glanz" und "Milde" offensichtlich ebenso. Diese Worte nehmen Bezug auf Pindar-Verse, die Heidegger in der "Andenken"-Vorlesung vortrug: ἀλλ' ὅταν αἴγλα διόσδοτος ἔλθῃ/ λαμπρὸν φέγγος ἔπεστιν ἀνδρῶν/ καὶ μείλιχος αἰών, nach Heideggers Übersetzung: "Aber wenn der Glanz, der gottgeschenkte kommt,/ Leuchtend Licht ist da bei den Männern"/ "und die Weltzeit der Milde" (GA 52,115 f). Von Heideggers Ausführungen in der Parmenides-Vorlesung könnte man die Pindar-Verse so verstehen: Der Glanz des Seins kommt zu den Menschen; er wird vom Gott den Menschen geschenkt. "Weltzeit der Milde" hatte Heidegger in der "Andenken"-Vorlesung als "Weile des Ausgleichs, d.h. das Fest", gedeutet (GA 52,116). - Bereits in der ersten Hölderlin-Vorlesung von 1934/35 gab Heidegger einen Hinweis auf das griechische Wort χάρις; es besagte für ihn: "Anmut, Zauber und darin unnahbare Würde" (GA 39,25).

[70] φυά und ἀρετά bezeichnen ein Grundverhältnis in den Pindarischen Epinikien. Vgl.: Hermann *Gundert,* Pindar und sein Dichterberuf. Frankfurt: Klostermann 1935. S. 15 ff.

[71] Eine mögliche Ableitung: "Fügung, Fug", zu ἀραρίσκω. *Frisk* 1,136.

[72] *Pape* 1,363: "zuammenfügen, anfügen". *Frisk* 1,156: "zurüsten, bereiten".

standen werden müssen, denn zwischen λήθη und ἀλήθεια besteht ein Wesenszusammenhang. Die Ausführungen lassen sich lesen als Einübung eines phänomenologischen Sehens, wie es etwa im Seminar von Le Thor 1968 verlangt wird (GA 15, 288). Im wesentlichen sind Heideggers Gedanken folgende: λάθας ἀτέκμαρτα νέφος faßt er als "zeichenlose Wolke der Verbergung" auf (117). Bei dieser Übersetzung ist ἀτέκμαρτα fälschlich als Attribut νέφος zugeordnet, während es tatsächlich Adverb zu ἐπιβαίνει ist. Für den Sinn des Satzes spielt es aber keine Rolle, ob es "zeichenlose Wolke" heißt oder: die Wolke 'kommt zeichenlos'. Daß Pindar die Verbergung "Wolke" nennt, gibt uns Heidegger zufolge einen "Wink" (120), wie das Vergessen, λανθάνεσθαι, von den Griechen erfahren ist, nämlich nicht als Erlebnis, sondern als Ereignis einer Verhüllung.[73] Den Genitiv in "Wolke der Verbergung" versteht Heidegger offensichtlich als subiectivus in dem Sinn, daß die Verbergung ein wolkenhaftes Wesen hat. Heidegger beschreibt das Phänomen der Wolke so: "Die Wolke, die vor der Sonne vorbeizieht oder steht, verbirgt das Heitere des Himmels, das Licht und entzieht die Helle. Sie bringt die Verdüsterung und Verfinsterung sowohl über die Dinge als auch über den Menschen, d.h. über den Bezug beider zueinander, über das, worin dieser Bezug west" (117).[74] Bei dieser Schilderung des Phänomens der Wolke muß man zwei Bewegungen unterscheiden, eine horizontale und eine vertikale: die Wolke zieht vor die Sonne; dadurch senkt sich Verdüsterung über den Menschen und die Dinge. Diese beiden Bewegungen sind im ersten Verb des zweiten Pindar-Satzes, ἐπιβαίνει, Heidegger sagt "darüber" "kommt", enthalten. Während die Wolke so über Mensch und Dinge kommt, daß sie gewissermaßen in der Höhe stehen bleibt, senkt sich die durch sie gebrachte Verdüsterung auf das Land herab. Die zweite Art des Überkommens ist der Grundstimmung eigen, wie sie Heidegger an den ersten Strophen von "Germanien" herausarbeitete. In ihrem Bringen der Verdüsterung ist die Wolke der Verbergung gleich mächtig wie die Grundstimmung.

Mit dem wolkenhaften Wesen der λήθη ist von Pindar etwas Ähnliches gesagt, wie wenn Hesiod die λήθη aus der Nacht herkommen läßt: Wolke und Nacht bringen eine Verhüllung des Menschen und der Dinge.

---

[73] In die Richtung eines ereignishaft gedachten Vergessens ging bereits Heideggers Auslegung einer Stelle aus *Platons* "Phaidros", 248 c, in seiner Nietzsche-Vorlesung von 1936/37. Nach der Erzählung des Sokrates wird die Seele, die unvermögend ist, das Wahrhafte zu erblicken, plötzlich (συντυχίᾳ) mit Vergessen angefüllt (λήθης πλησθεῖσα). Nach Heideggers Auslegung ist das eine "Verbergung des Seins", bei der die Menschen "in die Seinsvergessenheit verfallen" (GA 43,239).

[74] Ekkehard *Fräntzki* nimmt in dem von ihm fingierten Gespräch Heideggers mit Fridolin Wiplinger ausdrücklich auf die Parmenides-Vorlesung Bezug und läßt Heidegger 1972 bemerken - worin man Fräntzkis eigene Auffassung und seine Kritik an Heidegger zu erkennen hat -, Heidegger habe die Verbergung, die die Wolke bringt, lediglich als Entzug von Helle und Licht gedeutet. Wörtlich heißt es: "Über die Verbergung *als Entzug* bin ich nicht hinweggekommen und eben dadurch blieb mir das Wesentliche des Phänomens der Verbergung, zumal in früher Griechentum, verschlossen". Das Wesentliche der Verbergung liegt für Fräntzki, wie er schreibt, "nicht in der Verhüllung der Entborgenheit, sondern liegt in der Bergung bzw. im Sichbergen". *Fräntzki,* Von der Un-Verborgenheit, 30 f; 36. - Jedoch: das Phänomen der Verbergung im Sinne der Bergung hat sich Heidegger durchaus erschlossen. In den 1961 veröffentlichten Nietzsche-Bänden heißt es vom Ausbleiben des Seins: "Ist das Verbergen nur ein Verhüllen oder ist es zugleich ein Wegbergen und Verwahren?" (N II 354). Ähnlich 1955 in "Zur Seinsfrage": Die "Ver-bergung" ist "ein Bergen, das noch Unentborgenes verwahrt" (GA 9,415).

Von der über den Menschen und die Dinge kommenden und alles "verhüllenden Wolke der Vergessung" heißt es bei Pindar: παρέλκει πραγμάτων ὀρθὰν ὁδὸν/ ἔξω φρενῶν, nach Heideggers Übersetzung '"zieht sie abseits der Handlungen geradeaus gehenden Weg ins Außerhalb des bedachtsam Entborgenen"' (117). Zunächst gibt Heidegger eine Erläuterung zu πρᾶγμα. Er versteht das Wort aus dem Verb πράττειν und dieses als: "hindurchdringen, durchmessen, durch Unverstelltes hindurch einen Weg zurücklegen und auf diesem Weg bei etwas anlangen und so das, wobei das Hindurchgehen anlangt, als Anwesendes beistellen" (117 f).[75] Durch diese Deutung verknüpft Heidegger das vermeintlich Getrennte in πρᾶγμα, die sogenannte Tätigkeit und die sogenannte Sache.[76] Er behauptet: "Πρᾶγμα bedeutet ursprünglich und noch bei Pindar sowohl dieses Bei-stellen selbst als auch das Beigestellte" (118). Heideggers Auslegung des πράττειν ergibt sich aus einer Beschreibung des Phänomens des "Hindurchdringens". Hindurchdringen beinhaltet einen "Weg", "bei etwas anlangen" sowie ein Erlangtes. Ehe der Weg "anlangt", muß er "durch Unverstelltes hindurch" führen; im Anlangen wird das Erlangte "als Anwesendes" beigestellt. Durch die lexikalische Bedeutung von πρᾶγμα, 1. Tätigkeit, 2. Sache, hat Heidegger Gelegenheit, auf das Verhältnis des Menschen zum Seienden abzuheben, indem er das Phänomen des Hindurchdringens auseinanderlegt. Da sich die frühen Griechen und mit ihnen Pindar nach Heideggers Überzeugung im Wesensbereich der ἀλήθεια bewegen, erläutert er das Hindurchdringen als einen Gang durch "Unverstelltes" und als ein Anlangen beim "unverborgen Anwesenden" (118).

Das griechische Wort πρᾶγμα überträgt Heidegger mit "Handlung". Die Hand ist nach seiner Auffassung zusammen mit dem Wort die Wesensauszeichnung des Menschen, und zwar so, daß sie nur im Bereich des Wortes Hand ist, wogegen die Tiere Krallen, Pfoten usw. haben. Ähnlich wie πρᾶγμα lexikalisch sowohl 'Tätigkeit' als auch 'Sache' bedeutet, fungieren die deutschen Substantive auf -'ung' sowohl als nomina actionis als auch als nomina acti.[77] Tätigkeit und Sache (πρᾶγμα), Geschehensablauf und Ergebnis des Geschehens (-'ung'), faßt Heidegger gewissermaßen ursprünglicher, indem er den Ort ihres Vollzugs beachtet, den er "Handlung" nennt. Er sagt: "Unter 'Handlung' (πρᾶγμα) verstehen wir den einheitlichen Wesensbereich der 'vorhandenen' Dinge und des beistellenden 'handelnden' Menschen" (119). Daß die Hand in den Wesensbereich des Wortes gehört, besagt: Das Wesen des Menschen wird bestimmt durch den Bezug des Seins zu ihm. Dieser Bezug aber ist verwahrt im Wort. Weil das Sein der Grund des Seienden ist (oben 272), öffnet der im Wort verwahrte Bezug Sein - Mensch auch erst den Bereich, in dem das Verhältnis des Menschen zum Seienden spielen kann.

---

[75] *Passow* 2,1063: πράσσω "eig. durchdringen, hindurch dringen, ... durchfahren. gew. übertr. zu Ende bringen, zu Stande bringen, ausrichten, ausführen, beschaffen, erreichen, erlangen, erwerben, gewinnen, bewirken, bewerkstelligen, vollführen". Vgl. Heideggers Überlegungen im Entwurf zur Vorlesung von 1937/38 (oben 113).

[76] *Passow* 2,1056: πρᾶγμα "1. das Betriebene, Bewerkstelligte, Ausgerichtete, Vollbrachte, das Gethane, die That". "2. in die Bdtg. des abstracten πρᾶξις übergehend, a) das Thun, die Thätigkeit, die That, das Unternehmen, die Unterhandlung ..."

[77] *Duden* Grammatik der deutschen Gegenwartssprache. 3. Aufl. Duden Bd 4. Mannheim/ Wien/ Zürich: Bibliographisches Institut Dudenverlag 1973. § 960.

Nach Pindars Text und Heideggers Übersetzung "zieht" die "verhüllende Wolke der Vergessung" "geradeaus gehenden Weg", ὀρθὰν ὁδόν, "abseits" (117). "Weg" bedeutet für Heidegger: "der ausblickhafte Gang, der zwischen dem Vorhandenen und dem bei-stellenden 'handelnden' Menschen hin und her geht" (119). Mit "Weg" wird hier also das Verhältnis des Menschen zu den Dingen bezeichnet. ὀρθός meint nach Heidegger: "'geradeaus', längs und entlang, nämlich dem Ausblick und Durchblick auf das Unverborgene" (119 f). Diese Auslegung von ὀρθός beruht auf dem zu πρᾶγμα und πράττειν Gesagten: im Hindurchdringen öffnet sich ein "Ausblick" und "Durchblick", der das "Unverborgene", bei dem der Weg dann anlangen wird, erblickt.[78] Die "Grundbedeutung" von ὀρθός ist, so sagt Heidegger, "eine andere als die des römischen rectum, des nach oben gerichteten, weil von oben her richtenden und befehlenden und 'regierenden'" (120). Heidegger versteht ὀρθός, weil er es vom Weg her denkt, gewissermaßen horizontal, rectum dagegen, weil aus dem Gegensatz zum falsum, sozusagen vertikal. Die lexikalische Bedeutung beider Wörter umfaßt sowohl die senkrechte wie die waagerechte Richtung.[79] Zur "Grundbedeutung" verhelfen uns in Heideggers Augen jedoch nicht die Lexika, sondern sie ist dasjenige, das erst "zuletzt", das heißt im geschichtlichen Augenblick eines bevorstehenden Wandels, erkannt werden kann (oben 277). Das Erfassen der Grundbedeutungen ist daran gebunden, daß die zurückliegende Wesensgeschichte des Abendlandes aus dem Standort ihres Endes her übersehen wird.

Der "gerade Weg", ὀρθὰ ὁδός, führt aber nicht nur durch Unverstelltes und auf Unverborgenes zu, sondern das Gehen dieses Weges ist nach Heidegger selbst ein Entbergen, und zwar ein "entbergendes Sichangleichen an das Unverborgene innerhalb der Unverborgenheit" (120). So kann er interpretieren, weil er erstens Pindars Text als ein Sprechen aus dem Erfahrungsbereich der ἀλήθεια liest, weil zweitens der "gerade Weg" ein Weg der "Handlung" (πραγμάτων) ist, das meint in Heideggers Verständnis: der Weg hält sich im Bereich des Wortes; das Wort aber hat selbst entbergenden Charakter. Ein Entbergen durch die Hand im Wesensbereich des Wortes geschieht, wenn die Hand zeigt und zeichnet. In der Handschrift ist das Wort und der in ihm spielende Bezug des Seins zum Menschen, so Heidegger, "in das Seiende selbst eingezeichnet" (125). Die Erfindung des Buchdrucks am Beginn der Neuzeit, die Benutzung von Schreib- und Setzmaschinen weist darauf hin, daß sich "im Bezug des Seins zum Menschen ein Wandel ereignet" hat (125). Weil uns aber verhüllt bleibt, daß das Schreiben dadurch seinem Wesensbereich, nämlich der Hand, entzogen ist, sagt Heidegger: "Die Schreibmaschine ist eine zeichenlose Wolke, d.h. eine bei aller Aufdringlichkeit sich entziehende Verbergung ..." (126).

---

[78] Vielleicht denkt Heidegger hierbei auch an *Platons* "Phaidros", 249 e: πᾶσα μὲν ἀνθρώπου ψυχὴ φύσει τεθέαται τὰ ὄντα, nach Heideggers Übersetzung: "Jede Menschenseele hat ihrem Wesen nach im vorhinein das Seiende in seinem Sein erblickt" (GA 43,237). - In der dritten Pythischen Ode, Vers 103, spricht *Pindar* von ἀλαθείας ὁδός.

[79] *Pape* 2,375: ὀρθός, (ὄρνυμι) "grade: - a) grade in die Höhe, aufrecht, gradestehend; ... b) in grader Richtung fortgehend, in grader Linie; ... c) recht, richtig, wahr ..." *Georges* 2,2237 f: "rectus, a, um, PAdi. (rego), geradegerichtet, d.i. in gerader (waagerechter od. senkrechter) Richtung, gerade, griech. ὀρθός ... I) eig.: a) in waagerechter Richtung ... b) v. senkrechter Richtung, gerade, senkrecht, aufrecht... II) übtr.: 1) gerade, recht, aufrecht ... 2) übtr., v. allem, was nicht von der geraden Bahn, von der Regel usw. abweicht ..."

Der Weg des entbergenden Sichangleichens an das unverborgene Seiende verläuft nach dem letzten Zitat "innerhalb der Unverborgenheit". Damit ist gesagt, daß die Unverborgenheit Raum und Bereich ist, ganz so, wie vorher auch Vergessenheit und Anwesenheit verstanden wurden (oben 295).

Einen "geraden Weg" gehen im Sinne Pindars und der frühen Griechen heißt also, nach Heideggers Deutung, dasselbe wie ὁμοίωσις, Sichangleichen, und ἀληθεύειν, entbergendes Entsprechen (oben 284). Heidegger betont: "ʾΟμοίωσις ist ὀρθότης" (120). Offensichtlich trägt die Auslegung der ὀρθὰ ὁδός aus Pindars Gedicht dazu bei, Heidegger beim späteren Überdenken seiner Ausführungen einsehen zu lassen, daß ἀλήθεια von den Griechen "sogleich und nur als ὀρθότης" erfahren wurde. So sagt er 1964 im Vortrag "Das Ende der Philosophie und die Aufgabe des Denkens" (SD 78). An derselben Stelle nimmt er die Behauptung von einem "Wesenswandel der Wahrheit", wie sie der Parmenides-Vorlesung zu Grunde liegt, zurück (vgl. unten 344 f).

Heideggers Deutung des "geraden Weges" im Bereich der Unverborgenheit wirkt sich auch auf sein Verständnis von Phänomenologie aus. 1973 heißt es im Seminar in Zähringen: "So verstanden ist die Phänomenologie ein Weg, der hinführt vor ... und sich das zeigen läßt, wovor er geführt wird" (GA 15,399). Daß die griechische ʾΑλήθεια mit der Phänomenologie zu tun hat, schreibt Heidegger, auf seinen Denkweg zurückblickend, 1963 (SD 87; oben 285).

Das zweite Verb des auszulegenden Pindar-Satzes lautet: παρέλκει. Heidegger übersetzt: "zieht abseits". Nach dem bisher Gesagten ergibt sich: Durch die verhüllende Wolke - bei Pindar steht nur νέφος, aber, wie Heidegger gezeigt hat, gehört zum Phänomen der Wolke das Verhüllen - erfährt der ausblickhaft auf das Unverborgene gerichtete Weg des Menschen eine Verdüsterung. Diese "zieht" den Weg im Wesensbereich der "Handlung", das heißt innerhalb des Verhältnisses des Menschen zu den Dingen, "abseits". Dadurch wird der Mensch in eine Verborgenheit "versetzt" (120), so daß ihm kein Unverborgenes mehr zugänglich ist. Er wird damit aus seinem eigenen Wesensbereich, in dem er sich an das unverborgene Seiende hält, "hinausgestoßen" (121). Am Wort 'versetzen' wird, wie zuvor am 'darüber bringen', deutlich, daß die λήθη in Heideggers Augen waltet wie die Grundstimmung (vgl. oben 148).

Die letzten beiden Worte des Pindar-Textes heißen: ἔξω φρενῶν, nach Heidegger: "Außerhalb des bedachtsam Entborgenen". Diese Übertragung ist zunächst befremdlich. Die φρένες bezeichnen das spezifisch Menschliche.[80] Für Heidegger liegt das Wesen des Menschen, wie zuvor erläutert, in seinem Bezug zum Sein (oben 298). In diesem Bezug gestimmt wird der Mensch, gemäß Heideggers Auslegung des ersten Pindar-Satzes, durch die Scheu (Αἰδώς). Der so gestimmte Mensch denkt von sich aus dem Sein entgegen in einem "Vordenken". Zusammen mit dem Vordenken zum Sein vollzieht der Mensch ein Entbergen des Seienden. Heidegger

---

[80] *Pape* 2,1305: "φρήν, ἡ, dor. φράν, gen. φρενός, plur. φρένες, - 1) bei den ältesten Schriftstellern das Zwerchfell, das Herz und Lunge von den übrigen Eingeweiden absondert ... 2) die Seele, der Geist, Sinn, das Gemüth, übh. das Empfindungs-, Denk- u. Willensvermögen, oder wie wir es sinnlich bezeichnen, das Herz, der Sitz oder das Organ von μένος, νοῦς, μῆτις, βουλή ..." - In der Heraklit-Vorlesung des Sommersemesters 1944 deutet Heidegger φρόνησις, φρονεῖν, φρήν als "das sinnende Denken" (GA 55,373).

nennt es "bedachtsam", weil es getragen ist aus dem Vordenken. Die durch die Wolke gebrachte Verdüsterung zieht also den Weg des Menschen zum Seienden, zum "bedachtsam Entborgenen", abseits.

Es bleibt noch das Wort ἀτέκμαρτα zu klären. Nach Heidegger besagt es: Die Wolke der Verbergung kommt "zeichenlos", das heißt sie zeigt sich selbst nicht, verbirgt sich. Indem sie so ihre eigene Anwesenheit vorenthält, ist sie "abwesende Verbergung" (121).

Ich fasse Heideggers Erläuterungen zum zweiten Satz Pindars zusammen. Die Wolke der Verbergung (λάθας νέφος) kommt über den Menschen und das Seiende (ἐπιβαίνει) und bringt Verdüsterung über sie. Die Wolke kommt "zeichenlos" (ἀτέκμαρτα), das heißt sie wird nicht bemerkt. Die den Menschen und alles Seiende überfallende Verfinsterung geschieht so, daß sie den "geradeaus gerichteten Weg" (ὀρθὰν ὁδόν), der durch Unverstelltes hindurch auf das Unverborgene zugeht, denn er verläuft im Bereich der "Handlungen" (πραγμάτων), "abseits zieht" (παρέλκει). Damit ist das ganze Wesen des Menschen, sein Bezug zum Seienden bzw. zum Sein - von letzterem ist im ersten Satz Pindars die Rede - in die Verborgenheit gestellt. Mit der Auslegung dieser Pindar-Stelle hat Heidegger gezeigt, daß die Griechen das Vergessen als "Ereignis" (121) erfahren haben. Daß Pindar die λήθη, das Ereignis der Vergessung, zusammen nennt mit dem "Weg" im Bereich der "Handlungen", führt Heidegger auf das Verhältnis von Mensch und Ding. Das Verhältnishafte überhaupt war bereits an der Grammatik des Verbs λανθάνω sichtbar geworden. Heidegger schließt seine Erläuterung ab: "Die λήθη verbirgt, indem sie entzieht. Sie entzieht, indem sie, sich selbst vorenthaltend, das Unverborgene und dessen Entbergung in das Weg einer verhüllten Abwesung wegfallen läßt" (123).[81]

In seiner Vorlesung "Grundfragen der Philosophie" hatte Heidegger im Zusammenhang mit der Selbstverständlichkeit und Fraglosigkeit des Seienden dessen "Seinsverlassenheit" konstatiert und die Vermutung ausgesprochen, daß dieser "Entzug" vielleicht "zum Wesen des Seyns" gehört (oben 158). In derselben Vorlesung ist im Hinblick auf unsere künftige Geschichte davon die Rede, daß der große Anfang sich uns entzieht (oben 134). Durch das Wort παρέλκειν, 'wegziehen', aus Pindars Ode, werden diese Gedanken wieder vergegenwärtigt. Sie sind verwandt mit Heideggers Erörterung des Unheimischseins, das aus dem Chorlied von Sophokles' "Antigone" spricht: der Mensch scheint aus dem Sein vertrieben (oben 240), ausgeschlossen (oben 241), das Heimische ist ihm verwehrt (oben 245). Pindars Verse und Heideggers Auslegung zeigen, wodurch der Mensch aus dem Sein vertrieben ist: nämlich durch das Ereignis einer Verbergung, das, wie eine Wolke, Verdüsterung über alles gebracht hat. Mit dem entziehenden Ereignis der Verbergung (λήθη) bekommt Heideggers Gedanke der Seinsvergessenheit diejenige Gestalt, die seinem späteren Denken zu Grunde liegt: nicht mehr wir haben die Frage nach dem Sein vergessen, sondern das Sein hat sich uns entzogen durch ein Ereignis der Ver-

---

[81] In der ersten seiner Tübinger Vorlesungen von 1950-1972 kommt Wolfgang *Schadewaldt* ausdrücklich auf Heideggers Deutung der λήθη zurück. Er sagt: "Ich bin als Philologe überzeugt, daß die Heideggersche Deutung des Begriffs von lethe als 'Schwund', 'Entzogenheit' (von der das 'Vergessen' nur ein Teil ist) richtig ist, und daß aletheia also 'Unentzogenheit' bedeutet, wie ich es lieber nenne, weil 'Unverborgenheit' schon einen mythischen Klang hat". *Schadewaldt*, o.c. 31.

bergung am Anfang unserer Geschichte. Durch die ereignishaft gedachte Vergessung kann Heidegger seinem ursprünglich gebrauchten Wort "Seinsvergessenheit" (oben 103) einen neuen Sinn geben und muß nicht mehr, wie 1937/38, von "Seinsverlassenheit" reden (oben 111; 156).

An den Pindar-Versen hat Heidegger zunächst das Phänomen gezeigt, wie ein Ereignis der Verbergung den Menschen und die Dinge und ihr Verhältnis überkommt. Der Zusammenhang mit der abendländischen Geschichte ist angesprochen, wenn Heidegger vom gewandelten Bezug des Seins zum Menschen, der in der Benutzung der Schreibmaschine und der Maschinentechnik überhaupt zum Vorschein kommt, vermutet, "daß das Sein sich dem Menschen entzogen hat und daß der neuzeitliche Mensch in eine ausgezeichnete Seinsvergessenheit hinabgefallen ist" (128). In der Parmenides-Vorlesung hält Heidegger die Seinsvergessenheit offenkundig für überwindbar. Wäre die Vergessenheit eine totale, könnte Heidegger ja nicht, was er in der Vorlesung intendiert, das Wesen des Seins und der ἀλήθεια *denken*.

g) Das Wesen des griechischen Göttertums

Mit den Pindar-Versen und ihrer Auslegung brachte Heidegger seinen Hörern *dichterische* Worte zu Gehör, die vom Wesen der λήθη und ihrem Zusammenhang mit der ἀλήθεια sagen. Von den griechischen *Denkern* wurden weder ἀλήθεια noch λήθη, sagt Heidegger, *"je eigens auf ihr eigenes Wesen und auf ihren Wesensgrund durchdacht"* (129). Hierauf wies Heidegger bereits mehrfach hin (vgl. oben 110; 146). ἀλήθεια und λήθη sind nach Heideggers Überzeugung dasjenige, was allem Dichten und Denken voraufgeht, weil es das "Zu-denkende" (129) schon durchwest. Das bedeutet: Was auch immer das Denken als seine Aufgabe, das heißt als sein zu Denkendes, ergreift, das Denken und sein zu Denkendes sind von vornherein durchwaltet vom Ereignis von Entbergung und Verbergung. Nur wenn ἀλήθεια als Entbergung waltet, kann das Denken eine Zuweisung und Schickung empfangen, denn das entbergende Walten der ἀλήθεια ist selbst das Zudenkende (Betonung auf der ersten Silbe).

Dem Griechentum genügte es nach Heidegger, "von der ἀλήθεια selbst angesprochen und umfangen zu sein" (129). An diesem Satz wird deutlich, wie Heidegger sich anschickt, das von den Griechen erfahrene eigene Wesen der ἀλήθεια zu durch*denken*. Die ἀλήθεια als Anspruch ist ihr zuweisendes, zudenkendes Wesen. Beim "umfangen" hat Heidegger sicherlich das von Parmenides der 'Αληθείη zugefügte Adjektiv εὐκυκλής im Sinn, wodurch er schon 1937/38 angeregt wurde, "Wahrheit" wie einen freien, lichten Platz im dunklen Wald aufzufassen (oben 113). Das eigene Wesen der ἀλήθεια wäre dann als Anspruch und Zudenken: Zeit, als das Umfangende: der Ort der Lichtung. Den Zeitcharakter von Entbergen und Verbergen stellt Heidegger noch dar, indem er einen Sophokles-Text erläutert (unten 329 ff).

Es geht Heidegger in der Vorlesung immer noch um die dritte Weisung, die uns das übersetzende Wort "Unverborgenheit" gibt, um in den Erfahrungsbereich der ἀλήθεια zu gelangen: wir werden verwiesen auf das Gegenwesen zur Unverborgenheit, auf die Verborgenheit. Deren anfängliches Wesen ist die griechische λήθη, "die als Vergessung sich entziehende zeichenlose Verbergung" (140).

Der zweite Text, den Heidegger über das Wesen der λήθη befragt, ist der in Platons "Politeia" am Schluß des 10. Buches (614 b 2 bis 621 b 7) erzählte μῦθος. Mit diesem μῦθος wird nach Heideggers Ansicht das *"letzte Wort* des Griechentums" über das Wesen der λήθη gesprochen (140). Daß dieses Wort die Gestalt des μῦθος hat, besagt für Heidegger: bei Platon wird zwar das anfängliche zugunsten des beginnenden metaphysischen Denkens aufgegeben, aber dieses Denken muß "gleichwohl die Erinnerung in das anfängliche Denken behalten" (145).[82] Denken ist ja in Heideggers Augen: Andenken (oben 217). Der μῦθος schließt Platons Gespräch über das Wesen der πόλις ab und schließt es in einem anderen Sinn allererst auf (155). In diesem μῦθος sammelt sich, wie Heidegger sagt, der "Wesensblick des Denkens" auf den Ort der λήθη. Da Platons "Politeia" insgesamt ein Gespräch über die πόλις ist, greift Heidegger ausdrücklich auf seine Überlegungen zur πόλις aus seiner Sophokles-Interpretation zurück (133). Wie damals (oben 242 f) so stellt er auch jetzt das polhafte Wesen der πόλις und den Zusammenhang mit πέλειν, 'sein', heraus. Weil in der Parmenides-Vorlesung die herangezogenen Texte aber als ein Sprechen aus dem Erfahrungsbereich der ἀλήθεια gedeutet werden, so besagt πέλειν für Heidegger hier: "'aufgehend ins Unverborgene ragen'", und πόλις ist die "in sich gesammelte Stätte der Unverborgenheit des Seienden" (133). Sein, Wahrheit und Unverborgenheit sind im frühgriechischen Erfahren und Sagen nach Heideggers Darlegungen ja dasselbe.

Ein anderer Anknüpfungspunkt, auf früher Gesagtes zurückzukommen, liegt für Heidegger darin, daß das "Leitthema" (137) der "Politeia" die δικαιοσύνη ist. Damit wird an Anaximanders Wort von der δίκη erinnert (oben 86; 187), das auch in Heideggers Deutung des Hölderlinschen "Brautfestes" hereinspielte (oben 209). In der Parmenides-Vorlesung sagt Heidegger: "In der πόλις als der Wesensstätte des geschichtlichen Menschen, die das Seiende im Ganzen entbirgt und verbirgt, umwest den Menschen alles das, was ihm, nach dem strengen Sinn des Wortes, zu-gefügt, aber damit auch entzogen ist" (136 f). Das Wesen der δίκη als Zu-fügen bestimmt sich demnach aus dem entbergenden Wesen der ἀλήθεια. Heidegger betont: "Im Fug denken wir das weisende, zeigende, zuweisende und zugleich einweisende 'werfende' Fügen" (137). Mit dem 'werfen' deutet Heidegger offensichtlich auf die Pindarische Αἰδώς, die den Menschen ihr Wesen 'zuwirft'. Das stimmende, zuwerfende Walten der Αἰδώς hat den gleichen entbergenden Charakter wie das Fügen der δίκη. Die Zuweisung kann sich dem Menschen aber auch verbergen und entziehen, so daß er aus der πόλις herausgerissen und dadurch ἄπολις wird (137) - der "Stättelose", wie Heidegger in seiner Sophokles-Auslegung des vorigen Semesters sagte (oben 244).

---

[82] Im letzten Brief des ersten Bandes seines "Hyperion" zeigt Hölderlin die schöne harmonische Entfaltung des Volkes der Athener. Als letzte Stufe ihrer Bildung läuft ihre Philosophie wieder "in der geheimnißvollen Quelle der Dichtung zusammen" (SW 3,81). Hölderlin hat hierbei wahrscheinlich an die Mythen des Empedokles, die Mythen in den Platonischen Dialogen gedacht, die die philosophische Problematik zusammenfassen und transformieren. Vgl. *Gaier*, Hölderlins "Hyperion", 128. Den "Hyperion"-Text über die Athener trug Heidegger in seiner ersten Hölderlin-Vorlesung vor (GA 39,21); aus ihm stammt der Gedanke von Dichter, Denker und Staatsschöpfer als schaffenden Gewalten.

Aus der δίκη erfahren, ist der Mensch, Heidegger zufolge, δίκαιος, wenn er der "Fügsame" ist, ἄδικος dagegen, wenn er der "Ungefüge" ist; δικαιοσύνη bedeutet dann "Fügsamkeit" in den Fug (137).

Die πόλις als "Wesensstätte" einerseits und das Zusammenspiel von πόλις und πέλειν, 'sein', im Chorlied der "Antigone" andererseits stehen im Hintergrund, wenn Heidegger auf die geläufige Meinung, Platons πολιτεῖα sei nirgendwo wirklich und daher eine '"Utopie"', antwortet: dann müßte auch das Sein, weil es nirgendwo innerhalb des Seienden vorhanden ist, eine Utopie sein. Dezidiert sagt Heidegger: "In Wahrheit aber ist das Sein gerade und es allein *der* τόπος für alles Seiende ..." (141). Es wurde gezeigt, daß in Heideggers Vorlesungen immer wieder ein orthaftes Verständnis des Seins zu Tage trat, das aber erst in der "Ister"-Vorlesung bei der Auslegung des Wesens der Ströme als "Ortschaft" gefaßt wurde (oben 230). In der Entkräftung des Utopie-Einwandes gegen Platon fällt jetzt das Wort vom Sein als τόπος, an das Heidegger sich bindet, wenn er sein Denken 1947 als "Topologie des Seyn" bezeichnet (GA 13,84).

Aus dem Schlußmythos der Platonischen "Politeia" möchte Heidegger die "Hauptzüge in grober Zeichnung" herausheben und damit klären, "wie die λήθη im Ganzen dieses Mythos steht" (136). Seine Überlegungen sind im wesentlichen die folgenden. Im Gespräch mit Glaukon erzählt Sokrates von dem Krieger "Er", der im Gefecht sein Leben vollendet hatte, zwölf Tage nachher aber, als er bestattet werden sollte und schon auf dem Scheiterhaufen lag, ins Leben zurückkehrte. Der Krieger berichtete dann, was er "dort" (ἐκεῖ, 614 b 7) gesehen habe. Seine ψυχή sei aus dem Hiesigen herausgestiegen und mit vielen anderen auf die Fahrt gegangen. Sie wären an einen τόπον τινὰ δαιμόνιον, an einen - so sagt Heidegger zunächst - "irgendwie 'dämonischen' Ort" (146) gekommen. Da seien "erdwärts" zwei aneinander grenzende "Schlünde" (χάσματα) gewesen und auch "himmelwärts" zwei andere diesen gegenüber. Zwischen diesen Schlünden haben δικασταί gesessen, nach Heidegger "Weisende in die Fügsamkeit" (146), die ihm aufgetragen hätten, zum Boten für die Menschen zu werden über das Dortige (ἄγγελον ἀνθρώποις γενέσθαι τῶν ἐκεῖ). Die ψυχαί hielten sich an diesem Ort auf, ehe sie einen neuen "todesträchtigen Gang" (138) (περίοδος θανατοφόρος, 617 d 7) anträten.

Ehe Sokrates seine Erzählung beginnt, geht das Gespräch mit Glaukon um die δίκαιοι und ἄδικοι; es mündet in die Frage, ἃ τελευτήσαντα ἑκάτερον περιμένει (614 a 6). Hier setzen Heideggers Erläuterungen ein. Er versteht die Frage so: "Was bleibt und umgibt jeweils jeden (den Fügsamen sowohl als den Ungefügen), nachdem er (den todesträchtigen Durchgang) beendet hat? Was umgibt den Menschen, wenn er aus dem Hier der πόλις weg ist und sich aufhält 'dort', ἐκεῖ?" (138) Heidegger zieht das Verb auseinander in μένει und περί, so daß er sagt "bleibt und umgibt". Auf die gestellte Frage antwortet Platon durch den μῦθος vom Krieger "Er".

Vom griechischen Wort ψυχή, das sich in Heideggers Augen nicht übersetzen läßt, sagt er: "Ψυχή meint den Grund und die Weise des Bezugs zum Seienden",[83]

---

[83] "Ψυχή - der Bezug zum Seienden als einem solchen im Ganzen" (GA 55,317).

das "Gestelltsein in das Unverborgene" (147).[84] Für den Menschen, der ζῷον λόγον ἔχον ist, besteht dieser Bezug so, daß "im Wort das Sein sich enthüllt", während das andere Lebende, Tier und Pflanze, ohne den Bezug zum übrigen Seienden und zu sich selbst ist, gewissermaßen ζῷον ἄλογον, "ein Lebendes ohne das Wort" (147).

An den τόπος δαιμόνιος, wo die ψυχαί sich aufhalten, schließt Heidegger eine längere Besinnung an, die ihn zunächst vom Platon-Text wegführt. Es geht um die Aufhellung des δαιμόνιον. Da in Platons μῦθος die λήθη "der äußerste Ort" der im Dortigen, ἐκεῖ, durchwanderten Orte und da diese Ortschaft ein τόπος δαιμόνιος ist, trägt die Klärung des δαιμόνιον dazu bei, "den alles bestimmenden Ortscharakter der λήθη zu fassen" (156). Heidegger möchte seine Ausführungen zum δαιμόνιον als "Hinweis auf das Wesen des griechischen Göttertums" (181) verstanden wissen. Dessen Wesen denkt er "anfänglicher" (164) als die Griechen, insofern er es aus der ἀλήθεια deutet.

Bei Aristoteles (Eth. Nic. 1141 b 7 ff) steht ein Satz, der nach Heidegger die griechische "Grundauffassung" über das "Wesen der Denker" enthält (148): καὶ περιττὰ μὲν καὶ θαυμαστὰ καὶ χαλεπὰ καὶ δαιμόνια εἰδέναι αὐτοὺς φάσιν, ἄχρηστα δ', ὅτι οὐ τὰ ἀνθρώπινα ἀγαθὰ ζητοῦσιν. Das heißt in Heideggers Übersetzung: "'Man sagt, sie (die Denker) wissen zwar Überschwengliches und also Erstaunliches und somit Schwieriges und deshalb überhaupt 'Dämonisches', aber dies sei auch das Unbrauchbare, weil sie nicht das suchen, was so geradehin nach der Menschen Meinung für den Menschen das Taugliche ist'" (148). Wie früher schon so versteht Heidegger auch hier die drei letzten καί als explicativa:[85] δαιμόνια als das "alles befassende Wort" (149) umgreift das "Überschwengliche", "Erstaunliche" und "Schwierige".

Nach "der Menschen Meinung", τὰ ἀνθρώπινα, ist δαιμόνια "das Unbrauchbare", ἄχρηστα, weil "Schwierige", χαλεπά. Das bedeutet nach Heidegger: Die Vielen, die πολλοί, betreiben das, was nicht schwierig ist und ihnen brauchbar erscheint, sie verfolgen das jeweilige Seiende. Aber, so gibt Heidegger zu bedenken, bei allem Betreiben des Seienden haben sie doch das Sein im Blick, dies aber so, daß sie es sehen und doch nicht sehen. Indem sie sich an die "'Tatsachen'", an die "'Wirklichkeit'" halten, bleibt für sie alles "im Geheuren" (149). Das Sein ist demgegenüber "das 'über' das Geheure wegschwingende Überschwängliche", περιττά, und dadurch das "Un-geheure". Wo es eigens erblickt wird, scheint es das "Erstaunliche", θαυμαστά (149). Vom Geheuren und Ungeheuren spricht Heidegger wohl auch deshalb, weil man von einem "'dämonischen'" Ort sagt, dort sei es nicht geheuer.

Aristoteles faßt Met. 1003 a 21 die Philosophie als Wissenschaft vom Sein (oben 243 Anm.). Offensichtlich schließt Heidegger hieran an, wenn er das, was die Denker wissen (εἰδέναι), nämlich περιττά, θαυμαστά, χαλεπά, δαιμόνια als Namen für das Sein liest, wobei περιττά für den Bezug des Seins zum Seienden steht, θαυμα-

---

[84] "Das Wesen der ψυχή beruht somit in dem aufgehenden Sichöffnen ins Offene, welches Aufgehen jeweils das Offene auf- und in sich zurücknimmt und dergestalt im Offenen sich hält und aufhält" (GA 55,281). Dieses sagt Heidegger in der Heraklit-Vorlesung des Sommersemesters 1944. In ihr verfolgt er das Wesen der ψυχή im Zusammenhang mit Heraklits Fragment 45, wo es heißt, daß die ψυχή einen tiefen λόγος habe.

[85] Vgl. auch GA 55,238; 370; 373.

στά sowie das alles befassende δαιμόνια für den Bezug des Seins zum Menschen, ἄχρηστα und χαλεπά das Sein nach dem Urteil der Menge beschreiben. Während Pindar in Αἰδώς und χάρις dichtend das Sein erfuhr, sprechen die Aristotelischen Worte θαυμαστά und δαιμόνια für Heidegger von einer denkenden Erfahrung des Seins (164).[86]

Mit dem Wort "das Un-geheure" greift Heidegger auf die Hölderlinsche Übersetzung des δεινόν aus Sophokles' "Antigone" zurück (oben 247 Anm.). Heidegger sagt: "Das Ungeheure ist das, woraus alles Geheure aufgeht, worinnen alles Geheure, ohne es meist je zu ahnen, selbst hängt, wohin jedes Geheure zurückfällt" (151). Mit diesem Gedanken differenziert Heidegger das zuvor Gesagte: daß das Sein der τόπος für alles Seiende ist. Beim Ungeheuren, das heißt dem Sein als Ortschaft ("woraus", "worinnen", "wohin zurück"), ist zugleich auf die Differenz von Sein und Seiendem gedeutet, ohne daß der Gedanke hier ausgeführt würde. Das Geheure vollzieht die gleiche Bewegung wie γένεσις und φθορά aus dem Anaximander-Fragment: ἐξ ὧν - εἰς ταῦτα; außerdem folgt es der Bewegtheit der φύσις: Aufgehen und In-sich-Zurückgehen.

Das Ungeheure, sagt Heidegger ferner, ist das "in alles Geheure, d.h. das Seiende, hereinscheinende Sein", wodurch es das Geheure "umgibt" (150), es "durch- und umscheinend" (156). Dem Hereinscheinen des Ungeheuren in das Geheure entspricht, wie ersichtlich, das Hereinwesen des Seyns in das Gelichtete, dem 'Umgeben' entspricht das 'Umstellen'; beides sind Gedanken aus dem Entwurf zur Vorlesung "Grundfragen der Philosophie" (oben 113 ff). Vom 'Scheinen' spricht Heidegger, weil das griechisch erfahrene Sein φύσις - φαίνεσθαι ist und weil das Sein "anfänglicher" erfahren ein Entbergen im Sinne eines Sichlichtens ist (unten 311).

Indem das Ungeheure in das Geheure "hereinwest", "hereinwinkt", gibt es sich dar. Diesen Wesenszug des Sichdargebens, griechisch δαίω, hebt Heidegger hervor, wenn er mit der Assonanz der Wörter δαίμονες - δαίοντες spielt (151). Weil δαιμόνιον ein Wort für das Sein ist, gehört das Wesen der δαίμονες zum Sein; die δαίμονες erscheinen, insofern sie sich dargeben.[87] Nach Hölderlin sprechen die Götter durch "Winke" (oben 42); deshalb nennt Heidegger die δαίμονες auch die "Weisenden und Zeigenden" und "das Winkende" (151).[88]

Bisher hieß es: τὸ δαιμόνιον - das Ungeheure - das Sein. In der Parmenides-Vorlesung sollen alle besprochenen Phänomene aus dem Wesensbereich der ἀλήθεια gedacht werden. Das gilt auch für die δαίμονες. Sie sind die, die sie sind, "nur im Wesensbereich der Entbergung und des sich entbergenden Seins selbst" (151). Die δαίμονες sind also nicht deshalb δαίοντες, weil eine Wortverwandtschaft zwischen δαίμων und δαίω bestünde, sondern weil ihr Sichdargeben sich aus der Entbergung bestimmt.

---

[86] Zu θαυμάζειν vgl. oben 149. - An das θαυμαστόν denkt Heidegger, wenn er in seinem 1954 veröffentlichten Aufsatz "Aletheia (Heraklit, Fragment 16)" sagt: Um "in einem recht erfahrenen Fragen heimisch werden zu können", "braucht es das Vermögen, vor dem Einfachen zu erstaunen und dieses Erstaunen als Wohnsitz anzunehmen" (VA 251).

[87] "Frühgriechisches Weltverständnis verbindet die Grundbewegung des Hervorgehens in die Helle mit einem Göttlichen". *Bremer*, Licht und Dunkel, 267.

[88] 1950 sagt Heidegger: "Die Göttlichen sind die winkenden Boten der Gottheit" (VA 171).

Mit dem Wesenszug des Sichdargebens ist aber noch nicht das für die δαίμονες Charakteristische gesehen, denn aus der φύσις und ἀλήθεια, also griechisch erfahren, ist alles Seiende ein Aufgehen und Sichentbergen. Das die δαίμονες Auszeichnende liegt im Blicken. Dieses erläutert Heidegger wie folgt: Die δαίμονες sind die θεοί. Heidegger bringt θεός mit θεάομαι in Verbindung, und zwar verwendet er die nicht überlieferte aktive Form, die man mit 'sehen lassen' übersetzen könnte, um "das Blicken, worin das Blickende sich selbst zeigt, erscheint und 'da ist'" (152), zu benennen. Seinen Anhalt hat dieses Verfahren Heideggers an den Worten θέα, der Blick, und θεά, die Göttin (161). Daß dies ein und dasselbe Wort ist, ist für Heidegger ein "wesenhafter Gleichklang", die "verborgene zweideutige Sage" des Wortes (160),[89] sein "Anfängliches" (161); zu Beginn der Vorlesung nannte Heidegger es die "Grundbedeutung" des Wortes. Die Sage ist "verborgen", denn sie wird durch die bekannten Bedeutungen eines Wortes meist "verstellt und niedergehalten" (161). θεάω bezeichnet für Heidegger die eine Wesensform des Blickens, den "Blick der Anwesung", das Medium θεάομαι die andere, den "Blick des Erfassens" (159). Heidegger behauptet nicht, daß θέα, Blick, und θεά, Göttin, etymologisch zusammenhängen. Dies trifft nach Auskunft der Lexika auch nicht zu.[90] Seine Ansicht, die θεοί seien die Blickenden, knüpft vielmehr offenbar an den Befund an, daß die frühen griechischen Dichter die göttlich-menschlichen Beziehungen im Blick darstellen.[91] Das Blicken der θεοί ist gebunden an die menschliche Gestalt. Auch Menschen untereinander begegnen sich im Blick, erfassen im Blick das gesammelte Wesen des anderen (153; 158). Die θεοί aber sind die "ursprünglich Blickenden" (154).

Weil für die Griechen das Sein den "Grundzug des Sichentbergens" hat, konnte am "Ende des Griechentums", bei Platon, alles Seiende, so sagt Heidegger, "aus dem 'Anblick' und 'Aussehen', in dem etwas sich dargibt, aus dem 'Gesicht'", das etwas macht, als εἶδος und ἰδέα verstanden werden (154). Was Heidegger in seiner "Einführung in die Metaphysik" als Wesen der φύσις hervorgehoben hatte, nämlich ihr "Aufgehen" (oben 73) und daß sie "Raum" "aufreißt" (oben 94), ist dasselbe wie der

---

[89] Vgl. oben 196.

[90] *Frisk* 1,656 und 662. *Platon* spielt mit der sprachlichen Nähe von Gott, Göttin (θεός, θεά) und Schau (θέα) im Mythos von der Herkunft der Seele, der im "Phaidros", 246 a ff, erzählt wird. Vgl. *Hirsch*, o.c. 229. - Auch aus *Pindars* 5. Isthmischen Gedicht läßt sich ein Zusammenhang von θεῖον, das Göttliche, mit θεᾶσθαι, blicken, herauslesen. Dieses Gedicht beginnt: Μᾶτερ ᾿Αελίου πολυώνυμε Θεία, "Mutter der Sonne, vielnamige Theia". Nach Auffassung von Franz *Dornseiff* vertieft Pindar hier *Hesiod*, Theogonie 371 ff, "indem er die Θεία mit θεᾶσθαι zusammenbringt". Dornseiff behauptet: "Die Titanide Theia, die Mutter des Helios, der Selene und des Eros, zum 'Sehen' zu machen, war kein großer Schritt mehr". Pindars Anruf an Theia besagt demnach: "durch das Gesehenwerden sind Dinge schön". Franz *Dornseiff*, Die archaische Mythenerzählung. Folgerungen aus dem homerischen Apollonhymnos. Berlin und Leipzig: de Gruyter 1933. S. 80. - Entsprechend überträgt Uvo *Hölscher* den Beginn von Isthm. 5 mit: "Mutter des Sonnengotts, vielnamige Schau". *Pindar*, Siegeslieder. Deutsche Übertragungen. Zusammengest. v. Uvo Hölscher. Frankfurt: Fischer 1962. S. 141. - Vgl. Dieter *Bremer*, Theia bei Pindar - Mythos und Philosophie. In: Antike und Abendland 21 (1975). S. 85-96.

[91] Etwa ὄπις θεῶν, *Homer*, Od. 20,215. Od. 21,28. *Pindar*, Pyth. 8,72. Oder: γλαυκῶπις ᾿Αθήνη, *Homer*, Od. 1,80. Od. 1,44 u.ö. Oder, von Athene gesagt: δεινὼ δέ οἱ ὄσσε φάανθεν, *Homer*, Il. 1,200. - Was Heidegger mit der aktiven Form des Verbs θεᾶσθαι als "Blick der Anwesung" faßt, kommt dem Gebrauch des Verbs δέρκεσθαι bei Homer nahe. Mit ihm wird "nicht so sehr die Funktion des Auges, sondern das Strahlen des Auges, das ein anderer wahrnimmt", bezeichnet, die "Gebärde des Blickens". Bruno *Snell*, Die Entdeckung des Geistes. Studien zur Entstehung des europäischen Denkens bei den Griechen. Hamburg: Claaßen & Goverts 1946. S. 16. Weitere Literaturangaben: *Luther,* o.c. 10.

Grundzug des Sichentbergens. Wie damals so sieht Heidegger auch in der Parmenides-Vorlesung die Platonische ἰδέα als ein abkünftiges Phänomen.

Es sind also drei verschiedene Arten von "Blicken der Anwesung" (θεάω), auf die Heidegger aufmerksam macht: der Blick des Gottes, der Blick des Menschen und bei Platon der Anblick (εἶδος, ἰδέα) alles Seienden. Zum "Blick des Erfassens" (θεάομαι), der ein Vernehmen ist (160), ist einzig der Mensch fähig.

Was Heidegger am Phänomen des Blickes erneut aufweist, ist der Bezug des Seins zum Menschen. Der ursprüngliche Blick des Gottes vermag es genauso, diesen Bezug zu fügen und zu stimmen wie die Pindarische Αἰδώς. Deshalb nennt Heidegger die δαίμονες auch: "die Stimmenden" (164). Das Hereinblicken des Seins im ursprünglichen Blick der δαίμονες und das erfassende, vernehmende Blicken des Menschen verhalten sich wie Anspruch (155) und Entsprechung.

Indem Heidegger nachweist, daß die Griechen Sein als Entbergung erfahren, obwohl nicht gedacht haben, und zwar als blickhaftes Wesen des Gottes oder als Αἰδώς, wird auch das von Heidegger gesehene Phänomen des Bezugs Sein - Mensch, das sowohl das Griechentum wie auch die künftige Geschichte betrifft, als ein Entbergen und Aufgehen deutlich. Vom Ereignis "'Sein und Wort'" hieß es, daß das Sein selbst den Bezug zum Menschen und der Wahrheit aufgehen läßt (oben 293). Dieser Bezug ist demnach keine ein für allemal bestehende Verbindung wie etwa das "absolute Band" Gottes mit der Natur, von dem Schelling in seiner Freiheitsabhandlung von 1809 spricht.[92] Heidegger denkt vielmehr gleichsam das Binden des Bandes, das Ziehen des Bezugs und damit dessen Zeithaftes. Mit dem Namen "Zeit" ist ja, wie es vorher hieß, das erst zu denkende ursprünglichere Wesen der ἀλήθεια angezeigt.[93] Der Bezug Sein - Mensch wird jetzt gewissermaßen als "Echo" auf die 'Αλήθεια (oben 145) gedacht. Der Ort dieses Bezugs wurde aufgewiesen als das Wort (oben 292), als πόλις (oben 306) und als Blick. Das Entbergungs- bzw. Zeithafte des Bezugs von Sein und Mensch liegt auch schon im Gedanken der Grundstimmung als nötigender Not und als Er-staunen (oben 148 f) sowie im Gedanken des Anspruchs, der aus dem dichtenden Wort kommt (oben 194).

Im Griechentum war alles Sein und Wesen ein Aufgehen und Sichentbergen. Im Hinblick auf sein eigenes Denken sagt Heidegger von der Entbergung: "Wir nennen es das Sichlichten und die Lichtung". Damit vollzieht Heidegger, wie er sagt, ein "anderes Nennen", welches herkommt "aus einem anfänglichen Erfahren des Denkens, das die ἀλήθεια in ihrer eigenen, dabei erst zu vernehmenden 'Wahrheit' zu denken genötigt ist" (157 f). Das von den Griechen nicht bedachte Eigene der ἀλήθεια erfährt Heidegger anfänglicher als Lichtung; damit blickt er auf den Wandel der Geschichte, auf den früher so genannten anderen Anfang. Im Wort "genötigt" deutet er auf die zu diesem Anfang gehörende andere Grundstimmung. Nur weil die Lichtung sich ereignet, sagt Heidegger, "wird das Aufgehen und Anwesen, d.h. das

---

[92] Friedrich Wilhelm Joseph *Schelling*, Schriften von 1806-1813. Unveränd. reprograf. Nachdr. aus: Schellings sämtliche Werke. Stuttgart/ Augsburg: Cotta. 1. Abtheilung, 7.-9. Bd. 1860-1861. Darmstadt: Wissenschaftliche Buchgesellschaft 1968. S. 339.

[93] Das Blicken der θεοί beruht auf dem Grundzug der Entbergung, ist also Zeit. Hier könnte man an Hölderlins Wort vom Gott, der "nichts als Zeit ist", denken (SW 5,202. GA 39,54).

Sein, 'im Lichte' der Helle und des 'Lichtes' erfahren" (158). Das heißt: das ursprünglichere Wesen der ἀλήθεια, die Lichtung, ist der Boden und Raum für alles Aufgehen (φύσις) und Anwesen (οὐσία). Außerdem will Heidegger offenbar darauf hinweisen, daß die mit Platon beginnende Lichtmetaphysik sich im Bereich der Lichtung bewegt, ohne sie je als solche zu erblicken.

Ich fasse zusammen: τὸ δαιμόνιον wird von Aristoteles das Sein selbst genannt. Das Wesen der δαίμονες gehört also zum Sein. Da das Sein, griechisch erfahren, ein Sichentbergen ist, haben auch die δαίμονες ein solches Wesen: sie geben sich dar (δαίοντες), scheinen in das Seiende herein, blicken in das Seiende herein. Im Blick lassen sie den Bezug des Seins zum Menschen aufgehen. Daß sie die Blickenden sind, davon sagt ihr Name θεοί in einer verborgenen zweideutigen Sage. Die Götter (δαίμονες - θεοί) winken und weisen dem Menschen das Sein zu, stimmen ihn in den Bezug zum Sein. Hiermit hat Heidegger das Wesen der Götter "bereits anfänglicher" gedacht (164).

Der griechische Name für die Götter, θεοί, entstammt nach Heidegger einem Nennen im Sinne des μῦθος. "Der Name als das erste Wort", sagt Heidegger, "ist das, was das zu Nennende in dem, wie es anfänglich west, erscheinen läßt" (165). In der Philologie spricht man hier oft vom magischen Denken, welches als eine noch vor dem mythischen Denken liegende Stufe geistiger Entfaltung angesetzt wird.[94] Daß der μῦθος erscheinenlassendes Wort ist und daß in ihm die Götter die "Blickenden und Hereinscheinenden" (165) heißen, zeigt, daß sich der μῦθος "gleichwesentlich" wie die Götter von der Entbergung her bestimmt (166). Deshalb sagt der μῦθος der Griechen von den Göttern. Augenscheinlich beruht dieser Gedanke Heideggers auf dem alten ὅμοιον-ὁμοίῳ-Prinzip (oben 117). Wie der μῦθος und die Götter bestimmt sich auch der Mensch aus dem Sein als Entbergung. Er ist als ζῷον λόγον ἔχον das "in die Sage aufgehende und im Sagen sein Wesen innehaltende Seiende" (165; vgl. oben 292).

So zeigt sich denn, daß die ἀλήθεια "das Wesen des Seins selbst, das Wesen des Göttertums, das Wesen des Menschentums und das Wesen des Bezugs des Seins zum Menschen und des Menschen zum Seienden im voraus durchwaltet" (166).[95] Das bedeutet: Die ἀλήθεια durchwaltet das Sein, denn dieses hat den Grundzug der Entbergung, sie durchwaltet das Göttertum, denn die δαίμονες - θεοί sind die Hereinwesenden, Sichdargebenden. Die ἀλήθεια durchwaltet das Menschentum bei dessen Aufgehen in die Sage. Der Bezug des Seins zum Menschen ist ebenfalls ein Aufgehen, es geschieht im stimmenden Fügen der Αἰδώς oder des Blickens der Götter. Die ἀλήθεια öffnet auch den Bereich der "Handlung" (oben 301), in welchem sich der Bezug des Menschen zum Seienden hält. Alle diese Bezüge durchwaltet die

---

[94] "Das Wort ist im Griechentum zunächst vom Namen her verstanden worden. ὄνομα bedeutet zugleich Name und Eigenname, d.h. Rufname ... Sein Aussprechen bewirkt, daß das Gerufene zugleich berufen wird und gegenwärtig ist". *Luther,* o.c. 209. "Anfänglich ist im Namen die Sache selbst gegenwärtig". *Bremer,* Licht und Dunkel, 256.

[95] 1962 schreibt Heidegger nach einer Griechenlandreise an Erhart *Kästner:* "Dieses Meer, diese Berge, diese Inseln, dieser Himmel - daß hier und nur hier die ᾿Α-λήθεια aufgehen und in ihr bergendes Licht die Götter einkehren konnten, mußten, daß hier Sein als Anwesen waltete und menschliches Wohnen stiftete, ist mir heute staunenswürdiger und unausdenklicher denn je zuvor". Martin *Heidegger* - Erhart *Kästner,* Briefwechsel. Hg. Heinrich W. Petzet. Frankfurt: Insel 1986. S. 51.

ἀλήθεια "im voraus", denn sie ist Anfang und Wesensgrund des Seins bzw. der Wahrheit (oben 286; 288).

Die ἀλήθεια als das im voraus alle Bezüge Durchwaltende ist offensichtlich gleich mächtig wie das "Heilige" aus der "Andenken"-Vorlesung (oben 209). Auch darin, daß nach Hölderlins Feiertagshymne das Heilige in das Wort des Dichters kommt, ist es der ἀλήθεια verwandt, denn die von der ἀλήθεια durchwalteten Bezüge haben ihre Stätte im anfänglichen Wort, im μῦθος, in der Sage. Diese Stätte wird sozusagen verwaltet vom einzig Sagenden, vom Menschen.[96]

In Hölderlins Hymnendichtung wird die erneute Einkehr der geflohenen Götter erwartet. Indem Heidegger das Wesen der griechischen Götter "anfänglicher" (169) denkt, so, daß es im Walten der ἀλήθεια und des Seins als Entbergung beruht, blickt er voraus in den kommenden Anfang der Geschichte. Solches Denken sucht demnach seinerseits die Bereitschaft zu wecken für eine mögliche Wiederkehr der Götter. Erst wenn der Mensch die Einstellung der Subjektivität aufgibt und ein Gespür bekommt für ein Walten, Sichentbergen, Auf-ihn-zu-Wesen, ist eine Haltung gewonnen, die für einen Anspruch von Göttlichem überhaupt offen ist.

Noch ist aber das Wesen der ἀλήθεια und des Seins "durch Wandlungen verstellt" (166), von denen zuvor die Rede war. Heidegger fragt: "Was ist dann, wenn das Wesen des Seins und das Wesen der Wahrheit vergessen werden? Was ist dann, wenn die *Seinsvergessenheit* die Geschichte des geschichtlichen Menschentums ungesehen und zeichenlos umirrt?" (166) Die Worte "ungesehen und zeichenlos" nehmen das ἀτέκμαρτα aus den Pindar-Versen auf, wie überhaupt die Seinsvergessenheit jetzt mehr und mehr am Vorbild der verdüsternden Wolke aus diesen Versen gedacht wird.

Weiterhin fragt Heidegger: "Sollte, wenn das anfängliche Göttertum aus dem Wesen des Seins aufgeht, die Seinsvergessenheit nicht der Grund sein, daß, seitdem der Anfang der Wahrheit des Seins sich in die Verborgenheit entzogen hat, kein aus dem Sein selbst aufgehender Gott mehr erscheinen konnte?" (166)[97] Hier wird wieder der schon in der ersten Hölderlin-Vorlesung angeklungene Zusammenhang von Seinsfrage und Not der Flucht der Götter angesprochen (oben 44). Wenn das Sein als Walten, Wesen, Sichentbergen vergessen ist, fehlt dem Menschen auch das Organ für einen sich zeigenden Gott. Mit dem Ausdruck "aus dem Sein" ist erneut auf den τόπος-Charakter des Seins verwiesen.

Seit der "Einführung in die Metaphysik" hat sich für Heidegger der Bezug des Denkens zum Sein geklärt in den Bezug des Seins und dessen Wahrheit zum Men-

---

[96] Vgl. oben 90.

[97] Heideggers Nietzsche-Vorlesung von 1936/37, "Der Wille zur Macht als Kunst", trägt in seiner eigenen Veröffentlichung von 1961 als Motto ein Wort Nietzsches: "Zwei Jahrtausende beinahe und nicht ein einziger neuer Gott" (N I 11). - Nach Fridolin *Wiplingers* Überzeugung sucht Heideggers Denken einen "Weg zum 'göttlichen Gott'". Heideggers Aussagen "über das Verhältnis dieses Weges zum Gott des Glaubens" aber bleiben nach Wiplingers Auffassung "unklar und widerspruchsvoll", "vielleicht, weil auf ihm erst die Möglichkeit einer Offenbarung, eines Einbruchs des Gottes ins Sein sich zeigen kann". *Wiplinger*, o.c. 126 Anm. Aus dem oben Dargestellten geht hervor: nicht der Einbruch des Gottes ins Sein ist für Heidegger das Entscheidende, sondern dessen Aufgehen aus dem Sein. Das Sein ist die Sphäre, die den Gott umfaßt.

schen. Deshalb steht jetzt auch nicht mehr das Denken und sein Rückgang zum Anfang und Vorspringen in den anderen Anfang im Vordergrund; vielmehr versteht
Heidegger sein Denken als ein Vernehmen und Sichfügen, welches auf das ereignis-
hafte Walten des Seins bezogen ist. Da das Sein dasselbe ist wie der Anfang (oben
273), kommt es darauf an, den Anfang in seiner eigenen Bewegtheit zu erblicken.
Am Schluß seiner Vorlesung "Grundbegriffe" von 1941 hielt Heidegger das "Zurückgehen" des Anfangs in sich selbst für das "Verborgenste". Das bezog sich auf ἀρχή
und ἄπειρον des Anaximander (oben 190). In der Parmenides-Vorlesung betrachtet
Heidegger das In-sich-Zurückgehen des Anfangs im Hinblick auf den Verlauf der
abendländischen Geschichte. Er stellt die Frage nach dem "Wesen des geschichtlichen Untergangs": "Wie, wenn der Untergang des Griechentums jenes Ereignis wäre, wodurch das anfängliche Wesen des Seins und der Wahrheit in seine eigene Verborgenheit zurückgeborgen und damit erst zukünftig wird? Wie, wenn 'Untergang'
nicht Ende, sondern Anfang sein müßte?" (167 f).[98] Mit diesem Gedanken knüpft
Heidegger an Hölderlins Schrift "Das Werden im Vergehen" an, wo der "Untergang
oder Übergang des Vaterlandes" erörtert wird (oben 152), ebenso an die Verse, wonach "Das Griechenland" "zu Grunde" ging (oben 200).

Daran, daß Heidegger sagt, der Anfang habe sich vielleicht "in die Verborgenheit entzogen", das anfängliche Wesen des Seins vielleicht "in seine eigene Verborgenheit zurückgeborgen", läßt sich ablesen, daß Anfang und Sein jetzt aus der ἀλήθεια gedacht werden ("Verborgenheit", 'bergen', 'Entzug' durch die λήθη).

Vom "Ereignis" spricht Heidegger in der Parmenides-Vorlesung erstens als einem Augenblick des Wandels der Geschichte, zweitens im Hinblick auf das von den
Griechen erfahrene, aber erst von ihm bedachte ursprünglichere Wesen der ἀλήθεια: Entbergung und Verbergung. Beides ist: Zeit (vgl. oben 293 f).

Das Sich-Zurückbergen in die eigene Verborgenheit ist ein Phänomen wie das
Verwelken und scheinbare Absterben einer Pflanze im Herbst, bei dem alle Kräfte
in die Wurzel zurückgezogen werden. So hatte Heidegger das Walten der φύσις gedeutet (oben 75). Daß ein derartiger Untergang nicht Ende, sondern eher Anfang
ist, zeigt ebenfalls die Pflanze: im Winter bereitet sie sich auf das Grünen und Blühen im Frühjahr vor.[99] Ein weiteres Phänomen, an dem ein Sich-Zurückbergen in
den Blick kommt, ist das Verhältnis der Quelle zu dem Grund, aus dem sie entspringt. Von solchem Sich-Zurückfestigen in den Grund handelt Heidegger in seiner
"Andenken"-Abhandlung von 1943, aus demselben Jahr wie die Parmenides-Vorlesung (oben 221 Anm.).

---

[98] Ähnlich sprach Heidegger vom Abschied (oben 216). - Zur gleichen Art der Bergung vgl. oben
209 Anm.: die Nacht als "die Zeit der Bergung des *Vergangengöttlichen* und der Verbergung der kommenden Götter" (GA 4,110). In einem kurzen Text, vermutlich Anfang der vierziger Jahre von Heidegger verfaßt, "Das Wesen der Philosophie", heißt es: "Der Untergang ist der aufgehende Beginn des Anfangs". Martin-Heidegger-Gesellschaft, Jahresgabe 1987. S. 28.

[99] Die Einheit von Untergang und Anfang kommt auch in einem Gedicht von Gottfried *Benn* zur
Sprache: "Primäre Tage. Herbst". Gottfried *Benn*, Gedichte. Gesammelte Werke in 4 Bdn. Hg. Dieter
Wellershoff. 3. Bd. 4. Aufl. Wiesbaden: Limes 1960 und 1963. S. 421. - Von einer anderen Art Untergang als in der Parmenides-Vorlesung spricht Heidegger in seiner Abhandlung "Der Spruch des Anaximander" von 1946. Dort geht es um ein zukünftiges Ereignis, um das von Heidegger erblickte Ende der
Metaphysik. Heidegger schreibt: "Das bisherige Wesen des Seins geht in seine noch verhüllte Wahrheit
unter". Dies ist die "Eschatologie des Seins" (GA 5,327).

Weil sich für Heidegger Geschichte aus dem Anfang als ihrem "Größten" bestimmt (oben 69), kann er von der Geschichte sagen: "Geschichte geht unter, sofern sie in die Verborgenheit des Anfangs zurückgeht" (168). Mit solchem Untergehen - außer an die Pflanze kann man auch an den Untergang der Sonne denken - wird eine vertikale Bewegung vor Augen geführt, während die früher von Heidegger gedachte Eigenbewegung des Anfangs sich eher in der Horizontalen hielt; sie war wie das Verhältnis des Stroms zu seiner Quelle (oben 133 f). Hatte Heidegger in der "Ister"-Vorlesung Geschichte, als "Rückkehr zum Herde" (oben 256), vom Menschen aus gesehen, so betrachtet er sie jetzt ganz von ihr selbst, das heißt von ihrem Anfang her. War das Walten der φύσις zunächst für das Sein des Seienden von Bedeutung, so zeigt es jetzt die Eigenbewegung des Anfangs.

Der Untergang des Griechentums ist dasselbe Ereignis wie der Einsturz und die Verschüttung der ἀλήθεια (oben 96 f; 140). Dadurch, daß Heidegger dieses Ereignis jetzt als Untergang faßt, bringt er noch deutlicher als vorher zum Ausdruck, daß der Mensch nicht durch eigene Kraft etwas daran ändern kann; ein eingestürztes Bauwerk könnte man immerhin wieder aufrichten, den Schutt wegräumen, abbauen, 'destruieren'.

Die seit dem Untergang des Griechentums herrschende "Götter-losigkeit", der "wesensgeschichtlich" verstandene '"A-theismus"', ist nach Heideggers Verständnis der "Grundzug" der abendländischen Geschichte (166). Da die Götterlosigkeit zur Seinsvergessenheit gehört, muß in einem "An-denken", worum Heidegger sich bemüht, eine Hinwendung zum Wesen des Seins vollzogen werden. Das An-denken liegt aber nicht in der Verfügung des Denkens allein, sondern das Sein und sein Wesen müssen "aus der Vergessenheit in das An-denken" kommen (167). Als Anzeichen für ein solches Kommen will Heidegger sein Werk "Sein und Zeit" verstanden wissen (oben 294). Auch am An-denken zeigt sich der gewandelte Denk- und Fragestil Heideggers. Mit einem An-denken von der genannten Art wäre, wie Heidegger sagt, der "Bereich" erfahren, "in dem erst einmal die Entscheidung über Götterlosigkeit und Göttertum sich vorbereiten kann" (167).[100]

Durch Heideggers Aufweis, daß die griechisch erfahrenen δαίμονες aus dem anfänglichen Wesen des Seins, das heißt aus der ἀλήθεια als Entbergung, herstammen, hat er ihr Wesen anfänglicher gedacht und damit "in gewisser Weise" die Seinsvergessenheit verlassen (168 f). Anfänglicher gedacht, läßt sich vom griechischen Göttertum sagen: es "hat zu Grundweisen des Erscheinens das Blicken und das Sagen" (169). Das Sagen geschieht als lautloses Stimmen und Winken. Dem Blicken antwortet der Mensch mit einem erfassenden Blicken, dem Sagen mit einem Entsprechen durch den μῦθος. Von ihm sagt Heidegger: "Dieses Ent-sprechen ist überhaupt das anfängliche Wesen aller Ent-sprechung (Homologie), das Wort

---

[100] Fridolin *Wiplinger* ist der Meinung, *"daß die Gottesfrage,* und zwar im höchsten Sinn, eben nach einem göttlicheren Gott als dem der Metaphysik und christlichen Philosophie, überhaupt *die treibende Frage dieses Denkens ist"*, "das verborgene theologische oder besser religiöse Leitmotiv des ganzen Denkens Heideggers". *Wiplinger*, o.c. 124. Aus den oben wiedergegebenen Äußerungen Heideggers wie aus vielen anderen ist klar ersichtlich, daß nicht die Gottesfrage das Movens seines Denkens ist, sondern die Seinsfrage.

'Entsprechung' wesentlich wörtlich genommen".¹⁰¹ Es bedeutet, daß "ein Spruch, ein Wort, eine Sage dem Sein ent-spricht, d.h. es als das Selbe in einem Gleichen sagend entbirgt" (169). Sein und Wort sind sowohl das Selbe wie das Gleiche; das Selbe sind sie als Entbergung, das Gleiche als sich entbergendes Sein und entbergendes Wort.

In Heideggers Veröffentlichungen der fünfziger Jahre hat das Hören gegenüber dem Sehen einen deutlichen Vorrang. Das hängt auch damit zusammen, daß in der Epoche der Seinsvergessenheit kein Gott mehr erschienen ist und uns anblickt, daß die Sage des Seins für uns aber hörbar ist aus dem Wort des μῦθος.

Das Wort des μῦθος ist uns überliefert von den griechischen Dichtern. Dichtung hat in Heideggers Augen einen höheren Rang als die anderen Kunstwerke: Tempel, Bilder, Statuen, weil Dichtung unmittelbarer mit dem Wort umgeht.¹⁰² Die anderen Kunstwerke sind auf das Wort als "Entbergungsbereich" (169; 173) und "Medium" (173) angewiesen: In "schweigender Zwiesprache" (172) blickt der Gott den Menschen aus dem Standbild an, spricht ihn an aus seinem Tempel. Das Blicken des Gottes ist *"schweigendes Wort"* (172). Hieraus geht hervor, daß Heidegger das Wort sozusagen als das den Blick Umfassende denkt.

Philologische und religionswissenschaftliche Betrachtungen des Mythos befassen sich mit ihm als gesprochenem Wort und untersuchen seine Auswirkungen auf das Weltverständnis der damaligen Menschen. Danach wurde im mythischen Denken eine Gottheit so erfahren, daß sich ihre ἀρχή, die in ihrem Namen zum Ausdruck kommt, beständig wiederholt: überall wo Krieg war, da herrschte Ares; überall wo geliebt wurde, da war Aphrodite.¹⁰³ Ganz anders Heideggers Interesse am μῦθος. Ihm geht es um das Verhältnis von Sein und Wort, darum, wie das Sein ins Wort kommt. Er bedenkt also das Geschehen, auf welches der μῦθος erst antwortet, das dem μῦθος als gesprochenem Wort in gewisser Weise vorausliegt.

Heidegger deutet den μῦθος, als entbergend-verbergendes Wort, aus der ἀλήθεια. Der Mythos ist für ihn nicht eine vorphilosophische Weltauslegung, die vom Logos als Erkenntnis und Wissenschaft abgelöst wird, sondern im μῦθος kommt - wie es im letzten Semester hieß - "das Sein selbst dichterisch zur Erscheinung" (oben 253). Nach Heideggers Auffassung stehen sowohl das griechische Dichten wie das griechische Denken unter dem Anspruch der ᾿Αλήθεια. Eine gegebene Antwort stammt von Parmenides: ᾿Αληθείη εὐκυκλής.

Zuletzt ist Heidegger so vorgegangen: Das anfängliche Gegenwesen zur ἀλήθεια, die λήθη, soll, folgend auf eine Interpretation von Pindar-Versen, am Schlußmythos aus Platons "Politeia" erläutert werden. Während λήθη bei Pindar als ein Ereignis zur Sprache kommt, ist λήθη bei Platon ein Ort. Dieser Ort gehört zusammen

---

¹⁰¹ Diesem wesentlichen Entsprechen geht Heidegger in seiner Heraklit-Vorlesung von 1944 nach, indem er dem ὁμολογεῖν aus Fragment 50 nachdenkt (GA 55,243 ff). In ihm kommt nach seiner Deutung der "homologische Bezug des menschlichen λόγος zu dem Λόγος zur Sprache" (GA 55,296). Im Λόγος erkennt Heidegger das Sein selbst (vgl. unten 372).

¹⁰² In der Kunstwerk-Abhandlung schreibt Heidegger: *"Alle Kunst* ist ... *im Wesen Dichtung"* (GA 5,59). Dichtung "im engeren Sinne" ist "die ursprünglichste Dichtung im wesentlichen Sinne" (GA 5,62).

¹⁰³ Kurt *Hübner,* Mythische und wissenschaftliche Denkform. In: Philosophie und Mythos. Ein Kolloquium. Hg. Hans Poser. Berlin - New York: de Gruyter 1979. S. 84.

mit anderen Orten in eine Ortschaft, die δαιμόνιος τόπος ist. Also mußte zunächst das Wesen des δαιμόνιον geklärt werden, wofür Heidegger eine Aristoteles-Stelle zu Rate zog. Gemäß Heideggers Leitgedanken in der Vorlesung, daß sich alle von den Griechen erfahrenen Phänomene im Wesensbereich der ἀλήθεια halten, wurde auch das griechische Göttertum von ihm so ausgelegt. Das Erscheinen und Blicken der Götter zeigt sich als gegründet in der von Heidegger so genannten Entbergung. Wegen des δαιμόνιον war also von der Entbergung die Rede, obwohl das übergeordnete Thema immer noch das Gegenwesen zur ἀλήθεια, die λήθη, ist.

Nach der Erläuterung des δαιμόνιον sagt Heidegger vom τόπος: "Das Wesen des Ortes liegt darin, daß er als jeweiliges Wo den Umkreis dessen gesammelt hält, was zusammengehörig zu ihm und 'an' ihn, den Ort, gehört" (174). Der Ort ist in seinem sammelnden Umkreisen des Seienden demnach ein Zusammenspiel von λόγος und ᾿Αληθείη εὐκυκλής; er hat den Charakter der "Lichtung" (oben 311). In der "Ister"-Vorlesung waren Ort und Ortschaft im Hinblick auf die Wanderungen der Ströme und Menschen, von denen Hölderlin spricht, bedeutungsvoll. Zusammenfassend hält Heidegger vom δαιμόνιος τόπος fest: "Ein δαιμόνιος τόπος ist eine 'ungeheure Ortschaft'. Das sagt jetzt: ein Wo, in dessen Plätze und Gänge das Ungeheure eigens hereinscheint und das Wesen des Seins in einem ausgezeichneten Sinne west" (174).

h) Der Ort der Vergessung (Platon).
Entbergung und Bergung

Heidegger wendet sich wieder dem Platon-Text zu, und zwar dem letzten Stück; der mittlere Teil, 614 d bis 621 a, wird überschlagen. Ich gebe Heideggers Überlegungen verkürzt wieder. Der Krieger "Er" erzählt - wie Heidegger sagt - vom letzten Ort "innerhalb der Ortschaft des Un-geheuren" (175). Es ist τὸ τῆς Λήθης πεδίον, nach Heidegger "das Feld der entziehenden Verbergung im Sinne der Vergessung" (175).[104] Dieses Verständnis von λήθη ist ein Resultat der Pindar-Auslegung. τὸ τῆς Λήθης πεδίον versteht Heidegger so, daß die λήθη selbst das Feld, das "Orthafte und das Wo", ist (181). Der Krieger nennt diesen Ort κενὸν δένδρων τε καὶ ὅσα γῆ φύει, nach Heidegger "'verödet sowohl an Gewächsen als auch überhaupt leer an allem, was (die) Erde aufgehen lasse'" (176). Daß es im Feld der λήθη kein Aufgehen (φύειν) gibt, läßt Heidegger schließen: das "Feld der Verbergung ist gegen jede φύσις"; "griechisch" gedacht, ist die λήθη somit das "Gegenwesen" zur φύσις. Deren aufgehendes Walten ist ja dasselbe wie das entbergende Wesen der ἀλήθεια (vgl. oben 145). Die λήθη läßt an ihrem Wesensort alles verschwinden, zieht es weg, wie es bei Pindar hieß (παρέλκει). Alles, was im Feld der λήθη geschieht, ist dieses "ent-

---

[104] Im "Phaidros", 248 b, spricht *Platon* auch von: τὸ ἀληθείας πεδίον. - Vermutlich hat Heidegger noch bei seinen Aufzeichnungen zu einem Vorwort der Gesamtausgabe seiner Schriften an τὸ τῆς Λήθης πεδίον aus Platons μῦθος gedacht, wenn er vom "Wegfeld des sich wandelnden Fragens der mehrdeutigen Seinsfrage" spricht. Prospekt Klostermann, Juni 1989, S. 3. - τὸ τῆς Λήθης πεδίον hat denselben Charakter wie die "Dimension der Verbergung", in der sich, wie es in einem Protokoll zu "Zeit und Sein" (1962) heißt, die Metaphysik bewegt (SD 44).

ziehende Verschwindenlassen"; das einzig Anwesende ist die Leere (κενόν), ist das Wegwesen des Entzogenen (176).

Nach Heideggers Erläuterung muß etwas, das in das Feld der λήθη gehört, selbst von der "Wesensart" dieses Ortes sein (176). Das gilt von dem Fluß, von dem der Krieger berichtet, daß sie gegen Abend an ihm gezeltet hätte: παρὰ τὸν 'Αμέλητα ποταμόν, οὗ τὸ ὕδωρ ἀγγεῖον οὐδὲν στέγειν; Heidegger übersetzt: "'neben dem Fluß 'Ohnesorge', dessen Wasser kein Behältnis zudecken, d.h. bergen, könne'" (177). Dieses Wasser ist Heidegger zufolge "die reine Entgängnis selbst" (177).[105] Da λήθη das Gegenwesen zur ἀλήθεια ist und da der Fluß im Feld der λήθη dasselbe Wesen hat wie diese, bedeutet sein Name 'Αμέλης also: ohne Sorge um die Unverborgenheit, ohne Sorge darum, "daß das Seiende in das Unverborgene geborgen und darin beständig sei und bleibe" (177).

Die Erzählung des Kriegers besagt weiter: jeder der Wanderer, die sich am δαιμόνιος τόπος aufhalten und die sich wieder zu einem Gang auf die Erde anschikken, müßte "'ein gewisses Maß'", μέτρον τι, des Wassers trinken. Dadurch, daß das Wasser in den Menschen eingeht, bestimmt die λήθη ihn aus dem "Inneren seines Wesens" (187). Der Mensch ist dann so auf der Erde und inmitten des Seienden, daß sich dieses Stehen im Unverborgenen aus seinem Bezug zum entziehenden Verbergen bestimmt. Diejenigen nun, die das "gewisse Maß", von dem der Krieger spricht, überschreiten und zuviel des Wassers trinken, verfallen gemäß dem Namen des Flusses der "Sorg-losigkeit" (177) und kümmern sich nicht um die Bewahrung der Unverborgenheit des Seienden. Sie sind die, wie es bei Platon heißt, φρονήσει μὴ σωζόμενοι, "'die nicht durch Einsicht Geretteten'" (178). φρόνησις bedeutet nach Heidegger dasselbe wie Philosophie: "den Blick haben für das Wesenhafte" (178); oder: "Philosophie ist das Angesprochensein vom Sein selbst", die "Achtsamkeit" auf diesen Anspruch, sie ist "denkendes Denken" (179; vgl. oben 272).

Wenn die nicht durch Einsicht Geretteten der Sorg-losigkeit verfallen, so bedeutet das, daß die Einsichtigen sich durch "Sorge" bestimmen lassen, die für Heidegger Sorge um das Unverborgene ist. Dieser Gedanke gibt Heidegger Gelegenheit, wie vorher, auf sein Verständnis von Phänomenologie, ohne dieses Wort hier zu gebrauchen, zurückzukommen und es mit dem griechisch erfahrenen Wesensbereich der ἀλήθεια in Verbindung zu bringen. Aus der ἀλήθεια gedacht besagt dann σώζειν τὰ φαινόμενα: "das Sichzeigende *als* das Sichzeigende und wie es sich zeigt behalten und bewahren in der Unverborgenheit, nämlich vor dem Entgehen in die Verbergung und Verstellung" (178). Heideggers Gedanken gehen also von den "nicht durch Einsicht Geretteten" aus dem Platonischen μῦθος zum Retten des Unverborgenen, das die Einsichtigen aus "Sorge" vollbringen.

In Platons μῦθος erzählt der Krieger weiter: τὸν δὲ ἀεὶ πιόντα πάντων ἐπιλανθάνεσθαι, in Heideggers Worten: "'der aber, der ständig (dieses Wasser) trinke, dessen Bezug zum Seienden im Ganzen und zu sich selbst stehe in der Verbergung, die alles entzieht und nichts behalten läßt'" (183). Das von Heidegger hervorgehobene Bezughafte hat mit der Grammatik von λανθάνεσθαι zu tun (oben 278). Jemand, der auf die beschriebene Weise in der Verborgenheit stünde, könnte kein

---

[105] Zu "Entgängnis", φθορά, bei Anaximander vgl. oben 181 ff.

Mensch sein, weil es für ihn überhaupt kein Unverborgenes gäbe, worauf er sich entbergend beziehen könnte. Weil nach Platons μῦθος der auf der Erde weilende Mensch aus dem Feld der entziehenden Verbergung herkommt, kann Heidegger die Verbergung als "Wesensgrund der Entbergung" betrachten (183). Ein solcher Mensch hat aber ein Maß des Wassers aus der Ortschaft der Verbergung getrunken, so daß auch auf der Erde, das heißt "in der Unverborgenheit" (183), die Verbergung waltet. Die Verborgenheit als Grund der Entbergung ist derjenige Sachverhalt, den Heidegger schon in "Sein und Zeit" bemerkte, als er auf den privativen Ausdruck ἀ-λήθεια hinwies (oben 93).

Heideggers Gedanken, 1. daß der Fluß im Feld der λήθη von der Wesensart der λήθη sein muß, 2. daß die aus dem Fluß Trinkenden die im Namen des Flusses genannte Sorglosigkeit annehmen, 3. daß Verbergung auch auf der Erde waltet, weil die Menschen vorher vom Wasser aus dem Ort der Verbergung getrunken haben, alle drei Gedanken greifen auf das alte Denkschema "Gleiches zu Gleichem" zurück.

Die Erzählung des Kriegers endet so: Um Mitternacht sei ein Sturm und ein Erdbeben aufgekommen; jeder sei plötzlich, ἐξαπίνης, anderswohin vom Feld der λήθη weg getragen worden, und zwar ἄνω εἰς τὴν γένεσιν, nach Heidegger "'hinauf in das aufgehende Hervorragen (zum Sein auf der Erde)'" (186); er selbst sei allerdings davon abgehalten worden, von dem Wasser zu trinken; wie er aber in sein σῶμα, Heidegger sagt "sein 'leibhaftiges' Anwesen" (186), gelangt sei, wisse er nicht, nur, daß er plötzlich, ἐξαίφνης, den Blick aufschlagend, sich auf dem Feuerstoß liegend fand. Nach diesem Bericht über die Erzählung des Kriegers sagt Sokrates, und nach Heideggers Auffassung "Platon selbst", in Heideggers Übersetzung: "'Und so, oh Glaukon, ist eine Sage gerettet [μῦθος ἐσώθη] und nicht verloren gegangen, auch uns könnte sie wohl retten [ἂν σώσειεν], wenn wir ihr gehorsam sein möchten; und dann werden wir den im Felde der λήθη strömenden Fluß [τὸν τῆς Λήθης ποταμόν] - in der gemäßen Weise durchschreiten und 'die Seele', d.h. das Grundvermögen, das Seiende zu sagen [ψυχή], nicht entweihen'" (186).

Bei der Übersetzung von γένεσις als "aufgehendem Hervorragen" hat Heidegger offenbar φύσις und πέλειν (oben 249; 306) im Sinn. Der Krieger erzählt vom Übergang aus dem Feld der λήθη in den Bereich der Unverborgenheit auf der Erde. Weil zwischen λήθη und der in sie gegründeten ἀ-λήθεια eine wesenhafte Zugehörigkeit besteht, nach der beide "unmittelbar zueinandergehören", muß der Übergang vom einen zum anderen plötzlich, ἐξαίφνης, geschehen, das heißt "in einem Nu und aus dem Augenblick" (185). Im Zusammenhang mit Hölderlins "Märzenzeit" hatte Heidegger bereits den Übergang von der Nacht zum Tag, vom Winter zum Sommer besprochen (oben 207 f). Die gleiche Art des Übergangs ist die von der λήθη zur ἀλήθεια. Auch der Übergang zwischen γένεσις und φθορά aus dem Anaximander-Fragment gehört hierher; allerdings ging es dort um das Seiende (τὰ ὄντα) in einer schon geöffneten Welt. Dagegen ist der Übergang, den der Krieger im μῦθος erfährt, vergleichbar mit dem "Weltwerden" und Raum-Aufreißen der φύσις.

Daß "eine Sage gerettet" ist, bedeutet nach Heidegger: das Wesen der λήθη, der entziehenden Verbergung, ist ins Unverborgene geborgen. Weil es Platon auf das Wesen der λήθη ankommt, läßt er, so erläutert Heidegger, zuletzt den Sokrates noch einmal τὸν τῆς Λήθης ποταμόν nennen. Dies heißt nicht "'Lethefluß'", so als sei die λήθη selbst der Fluß, sondern meint den im Bereich der λήθη strömenden Fluß (gen. subiect.). Heidegger sagt mit Nachdruck: "Die λήθη ist πεδίον, Feld, Bereich, das Wesen des Ortes und Aufenthaltes, von dem ein plötzlicher Übergang ist zum Ort und Aufenthalt, der als die Unverborgenheit des Seienden das todesträchtige Fahren des Menschen umwaltet" (187). Sokrates spricht davon, daß die Sage auch uns retten könne, wenn wir ihr gehorchen. Für Heidegger heißt das, daß das Wesen des Menschen nur dann gerettet ist, wenn der Mensch "auf die Sage von der Verbergung horcht" (187).

Was Heidegger zuvor von den Denkern betonte, daß sie das Sichzeigende "behalten und bewahren", gilt auch von den Dichtern. Die Göttin Mnemosyne ist als Mutter der Musen, wie Heidegger sagt, der "Wesen*anfang* der Dichtung". Ihr Name bedeutet "die anfängliche freie Rettung und Wahrung des Seins, ohne welches ein Dichten überall ohne das zu Dichtende sein müßte" (188). Hieraus geht hervor: das zu Dichtende, genauso wie das zu Denkende (oben 272), ist nach Heideggers Auffassung: das Sein. Auch in der "Ister"-Vorlesung war die Verwandtschaft von Dichten und Denken zum Vorschein gekommen; sie lag im "Andenken". Wenn Homer zu Beginn von Ilias und Odyssee die "Göttin" und die "Muse" anruft, so besagt das nach der vorherigen Erläuterung des δαιμόνιον: das Sein selbst ruft als Göttin den Dichter an, spricht ihm das Wort zu; der Dichter wird so der "ἑρμενεύς, der Ausleger des Wortes" (188). Heidegger spielt hiermit auf Platons Bemerkung im Gespräch "Ion", 534 e, an, die Dichter seien die ἑρμηνῆς τῶν θεῶν.[106] Das dem Dichter von der Gottheit zugesagte Wort ist so "der Spruch und das Lied des Seins selbst" (188). Darauf, daß der Dichter das Wort vom Gott empfängt, wurde Heidegger zuerst aufmerksam durch die Zeilen aus Hölderlins Feiertagshymne von den Dichtern unter "Gottes Gewittern". Hölderlins "Andenken" wie die griechische Göttin Mnemosyne haben, wie Heideggers Deutung zeigt, dasselbe Wesen.

Durch Platons μῦθος vom Feld der λήθη ergibt sich für Heidegger die Möglichkeit, den im privativen Ausdruck ἀ-λήθεια liegenden Sachverhalt zu *denken*. Wie die auf der Erde weilenden Menschen aus dem untererdigen Ort der λήθη herkommen, so gilt vom Wesen der Verbergung: Das "entziehende und die Unverborgenheit 'vor-enthaltende' Gegenwesen zur Entbergung enthält im voraus ihr Wesen" (189).[107] In Platons μῦθος kommt das Wort ἀλήθεια nicht vor. Daß der Übergang

---

[106] Vgl. GA 12,115.

[107] Ähnlich vermutet Heidegger noch mehr als zwanzig Jahre nach der Parmenides-Vorlesung in seinem Vortrag "Das Ende der Philosophie und die Aufgabe des Denkens" (1964), daß "das Sichverbergen, die Verborgenheit, die Λήθη zur Ἀ-Λήθεια gehört, nicht als eine bloße Zugabe, nicht so wie der Schatten zum Licht, sondern als das Herz der Ἀλήθεια" (SD 78). Im Seminar in Zähringen, 1973, kommt Heidegger hierauf zurück. Obwohl Parmenides "nichts Derartiges" sagt, möchte Heidegger das der Ἀλήθεια zugesprochene ἀτρεμὲς ἦτορ so deuten (GA 15,395). Ekkehard *Fräntzki* schließt mit seiner Schrift "Von der Un-Verborgenheit" (1987) offensichtlich an diesen Gedanken Heideggers an. Vgl. oben 74 Anm. - Im Jahr der Parmenides-Vorlesung, 1943, hat Heidegger seinen Vortrag "Vom Wesen der Wahrheit", den er 1930 und 1932 mehrfach hielt, veröffentlicht. Meiner Ansicht nach ist die Auseinandersetzung mit Platons μῦθος in der "Politeia" und mit dem "Feld der Λήθη" als dem Ort, wo die ψυχαί sich aufhalten, ehe sie einen neuen Gang auf die Erde beginnen, der Grund dafür, daß Heidegger in "Vom Wesen der Wahrheit", 1943, schreibt: "Die Verborgenheit des Seienden im Ganzen, die eigentliche Un-wahrheit, ist älter als jede Offenbarkeit von diesem und jenem Seienden" (GA 9,193 f). In der unveröffentlichten Urfassung von 1930 hieß es dagegen nach einer Mitteilung von Alberto *Rosa-*

vom Ort der λήθη aber ein Übergang ins Unverborgene ist, davon sagt etwa die

---

les: "Diese Verborgenheit des Seienden ist so alt und nur so alt wie das Seinlassen von Seiendem selbst, das entbergend auch schon verborgen hält". Alberto *Rosales,* Transzendenz und Differenz, 311. - 1930 sind für Heidegger Verborgenheit und Seinlassen in der Existenz und Transzendenz des Daseins gegründet. 1943 ist Verborgenheit als ein Ereignis (Pindar) und als Ort (Platon) gedacht. Der Aufenthalt im Feld der Λήθη ist nach dem μῦθος früher und somit "älter" als der Gang im Unverborgenen auf der Erde. Diese Ansicht wird in dem zitierten Satz aus der Parmenides-Vorlesung durch das "im voraus" ausgedrückt. - Alberto *Rosales* vertritt die These, daß Heidegger den transzendentalen Ansatz aufgeben mußte wegen eines "Konfliktes im Umkreis der Frage nach der Unwahrheit des Seins", wie er in den beiden Sätzen von 1930 und 1943 zum Ausdruck kommt. Alberto *Rosales,* Zum Problem der Kehre im Denken Heideggers. In: Zeitschrift für philosophische Forschung 38 (1984). S. 241-262. Die Begründung von Rosales' These ist etwa die folgende: Die privativ verstandene Un-verborgenheit, die aus einer ihr vorausgehenden Verborgenheit entspringt, steht im Widerspruch zu einigen Grundthesen von "Sein und Zeit". Nach "Sein und Zeit" entwirft das transzendierende Verstehen den Seinshorizont. Wenn dieses Entwerfen ein ursprüngliches Entbergen ist, wie soll das Verstehen den Seinshorizont einer gänzlichen Verborgenheit entreißen? Es würde dabei ja völlig im Dunkeln herumtappen und wäre kein Verstehen. Heidegger stand also, folgt man Rosales, vor der Entscheidung, am transzendentalen Ansatz festzuhalten oder einzusehen, daß das Sein seinen Ursprung nicht in der Transzendenz hat, sondern sich selbst entbirgt. Daß Heidegger sich im zweiten Sinne und damit für eine der Un-verborgenheit vorausliegende Verborgenheit entschied, hängt nach Rosales mit Heideggers Grunderfahrung der Seinsvergessenheit zusammen. - Diese Argumente überzeugen mich nicht. Gemäß "Sein und Zeit" entwirft sich das Dasein auf Möglichkeiten seines In-der-Welt-seins als Weisen seiner Erschlossenheit gerade aus dem Vorlaufen in den Tod, das heißt aus dem Vorlaufen in seine schlechthinnige Verschlossenheit. Hierzu schreibt Friedrich-Wilhelm v. *Herrmann:* "Die im Vorlaufen in den Tod verstandene Verschlossenheit gehört so wesenhaft zur Erschlossenheit, daß sie ihr Quellgrund ist, dem sie entspringt". v. *Herrmann,* Zeitlichkeit des Daseins, 205. Wie die Erschlossenheit des Daseins sich aus der Todesverschlossenheit bestimmt, so kommt die Un-verborgenheit aus der Verborgenheit her (ἀ-λήθεια). - Daß der dritte Abschnitt des ersten Teils von "Sein und Zeit" nicht erschienen ist, hat, wie ich dargestellt habe, mit der Zeitproblematik zu tun, vor allem mit der Ekstase der Gegenwart. Das ganz Andere zum transzendentalen Ansatz erfuhr Heidegger im Gespräch mit Hölderlin: daß das Sein ein Wesen und Walten ist, das sich auf den Menschen zu ereignet. Damit hängt zusammen, daß ein Unterschied im Sein selbst zu denken ist zwischen dem Sein als dem Schickenden, Fügenden, Stimmenden einerseits und dem Sein des Seienden andererseits. Diesen Gedanken, wofür Hölderlin ihm die Augen öffnete, vollzieht Heidegger in der Auseinandersetzung mit Parmenides in der Vorlesung "Einführung in die Metaphysik". - In das verwendeten Exemplar der Schrift "Vom Wesen der Wahrheit" von 1943 hat Heidegger eine Randbemerkung zum Abschnitt 6, aus dem der oben zitierte Satz stammt, gemacht: "Zwischen 5. und 6. der Sprung in die (im Ereignis wesende) Kehre" (GA 9,193). Wann diese Bemerkung angebracht ist, ist nicht bekannt. Es war irgendwann in der Zeit zwischen 1943 und der Veröffentlichung des Bandes 9 der Gesamtausgabe, 1976. - Als Heidegger im Vortrag von 1964 "Das Ende der Philosophie und die Aufgabe des Denkens" und im Seminar in Zähringen, 1973, auf das Phänomen der Verborgenheit und des Sichbergens zurückkam, ging es ihm nicht mehr in erster Linie um das Sein des Seienden, vielmehr erschien ihm dann das geschichtlich wesende Sein im Abendland das eigentlich zu Denkende. - Ekkehard *Fräntzki* formuliert seine Auffassung, indem er sie Heidegger selbst in den Mund legt: "Wenn in meinem Denken überhaupt von einer 'Kehre' die Rede sein kann, dann im Sinne der Einkehr in das ursprüngliche Wesen der Ἀλήθεια. Im Vergleich zu dieser eigentlichen Kehre blieb jene, die - verkürzt gesagt - in einer Wende vom Dasein zum Sein bestand, eine uneigentliche. Das will sagen: Sie führte noch nicht in das Allereigentlichste der Sache meines Denkens. Allerdings hat auch jene eigentliche Kehre einen frühen Niederschlag gefunden - nämlich in *Vom Wesen der Wahrheit* -, jedoch nur in der Urfassung als Vortrag, die nicht veröffentlicht ist, gleichwohl ist mir erst sehr viel später klargeworden, welcher Blitz mich da getroffen hatte". *Fräntzki,* Von der Un-Verborgenheit, 7. Nach Fräntzki gilt es, nicht nur die Metaphysik zu überwinden - wovon Heidegger in den frühen vierziger Jahren sprach (oben 221) -, sondern auch den "Grund der Metaphysik - die Unverborgenheit". *Fräntzki,* Die Kehre, 129. - Ich kann Fräntzkis 1988 erneut vorgebrachter Behauptung, daß Heidegger die Verborgenheit zugunsten der Un-Verborgenheit "tilgt", nicht zustimmen. Ekkehard *Fräntzki,* ZU-GÄNGE in die Sache des Denkens. Pfaffenweiler: Centaurus 1988. S. 17 (Vortrag 1983). Heideggers wiederholtes Bedenken des Heraklit-Wortes φύσις κρύπτεσθαι φιλεῖ, der Hölderlin-Worte "Erde" und "Nacht" sowie seine Vermutung von 1964, die Λήθη sei das Herz der Ἀ-Λήθεια, beweisen doch das Gegenteil. Insofern wiederholt Fräntzki hauptsächlich Heideggers eigene Gedanken, nicht aber denkt er sie 'eigentlicher'.

Wendung ἄνω εἰς τὴν γένεσιν. Platon hat nach Heidegger die λήθη "nicht mehr rein ereignishaft erfahren" wie Pindar - dort war λήθη eine Überkommnis infolge der verdüsternden Wolke -, sondern "aus der Wesensherkunft und dem Geschick des Menschen gedeutet", so daß die λήθη zunehmend den Sinn des Vergessens als eines menschlichen Verhaltens bekommt. Darin liegt für Heidegger eine "Wandlung" der "Grundstellung des Denkens", die den Beginn der Metaphysik anzeigt (192). Trotzdem ist in Heideggers Augen Platons μῦθος ein "andenkendes Sagen", das die "anfängliche Enthüllung" der λήθη bei Hesiod und Pindar "bewahrt" (190).

Dem Gegenwesen von λήθη und ἀλήθεια entspricht auf seiten des Menschen das Gegeneinander von λανθάνεσθαι und Behalten-Bewahren. Für den Bezug von ἀλήθεια und Behalten, μέμνημαι, nennt Heidegger ein Zeugnis bei Homer, Ilias 23,361: dem Phoinix ist von Achilleus für das Wagenrennen zu Ehren des toten Patroklos aufgetragen, ὡς μεμνέῳτο δρόμους καὶ ἀληθείην ἀποείποι, nach Heideggers Übersetzung: "'damit er im Blick behalte den Lauf und demnach das Unverborgene zum Wort bringe'" (191; 193).[108] Das καί ist wieder explikativ verstanden. Über Homer hinausgehend und seinen eigenen Gedanken des Bezugs Sein - Mensch anwendend, sagt Heidegger vom Behalten des Unverborgenen: es ist "nicht das bloße Sichmerken, sondern das Sichhaltenlassen von der Unverborgenheit: der Aufenthalt in ihr als demjenigen, was gegen den Entzug der Verbergung das Unverborgene verwahrt" (191). 'Retten', 'horchen', 'behalten', 'bewahren', "Sorge" sind Worte für den Bezug des Menschen zum Sein; sie gehen in die Richtung des Gedankens vom Menschen als einem "Hirten des Seins", wie es 1946 dann heißt (GA 9, 342). Im zuletzt angeführten Satz ist die Unverborgenheit selbst das den Menschen Haltende und das unverborgene Seiende vor dem Entzug Bewahrende; mit diesem Vermögen entspricht sie dem von Heidegger sonst so genannten "Seyn".

Aus dem Leitwort der Vorlesung, "Unverborgenheit" gedeutet, sagt der von Heidegger erläuterte Passus aus dem μῦθος am Schluß der "Politeia" im wesentlichen folgendes: Ehe die Menschen in ihr endliches Dasein auf der Erde, ins Unverborgene, kommen, halten sie sich am Ort der Verbergung auf. Durch das Wasser, das sie an diesem Ort trinken, bringen sie die Verbergung mit auf die Erde, so daß auch in der Unverborgenheit die Verbergung waltet. Das Wasser, welches Verbergung und Vergessen bringt, stammt aus dem Fluß "Ohne-Sorge". Darin liegt, daß den ins Unverborgene (εἰς τὴν γένεσιν) bestimmten Menschen die Sorge zugehört; die Sorge gilt der Rettung und Bewahrung des Unverborgenen. Entsprechend der Herkunft des Menschen ist die Unverborgenheit in die Verbergung gegründet. Bei Platon liegt die Betonung auf dem Geschick des Menschen. Von Platon nicht, aber von Heidegger "anfänglicher" gedacht, ist die Unverborgenheit die den Menschen haltende, ihn in die Sorge stimmende und das Seiende bewahrende Macht. "Unverborgenheit" zeigte sich demnach bisher: 1. als ein Charakter des Seienden, 2. als Ort und Aufenthalt des Menschen, 3. als der eine Pol des Bezugs Sein - Mensch, außerdem 4.: als ein Walten, das die Grundzüge Entbergen und Verbergen hat, also "Zeit" ist.

---

[108] Auch die Philologie schenkt dieser Homer-Stelle im Hinblick auf die ἀλήθεια Beachtung: *Heitsch,* o.c. 26. *Luther,* o.c. 36.

Vom Leitwort der Vorlesung, "Unverborgenheit", läßt sich Heidegger noch eine vierte Weisung zusprechen; sie lenkt den Blick zunächst auf das Bergen. Dessen phänomenaler Gehalt kam etwa im griechischen Wort κεῦθω zum Vorschein, ferner darin, daß gemäß dem μῦθος aus der "Politeia" die Einsichtigen aus Sorge um das Unverborgene dieses in die Unverborgenheit retten und darin bewahren, außerdem im Behalten (μέμνημαι) des Unverborgenen, von dem zum Beispiel Homer redet. Gemäß Platons μῦθος gehen die Menschen, nach Heideggers Auslegung, aus dem Ort der Verbergung in die Unverborgenheit über. Das bedeutet im Hinblick auf das von den Menschen in die Sorge genommene Seiende: "Das Unverborgene ist anfänglich das in der Entbergung gegen die entziehende Verbergung Gerettete und also Geborgene und als solches das Unentgangene" (197).

Die Entbergung zeigt somit ein zweideutiges Wesen: Einmal ist sie die Wegnahme der Verbergung, und zwar der entziehenden Verbergung (λήθη) wie der verstellenden Verbergung (ψεῦδος). Entbergung in diesem Sinne ist "'Ent-hehlung'" (197), von der schon zu Beginn der Vorlesung die Rede war. Zum anderen versteht Heidegger Ent-bergung analog zu den Wörtern 'ent-flammen', 'ent-falten': So wie das Entflammen die Flamme in ihr Wesen bringt, wie das Entfalten das Mannigfaltige, das heißt das mannigfach Gefaltete, aufgehen läßt, so bedeutet Ent-bergen: *"in eine Bergung bringen"* (198). Dies ist die inchoative Bedeutung von 'ent'-; sie drückt ein Beginnen aus.[109] Entbergung waltet also gegen das Verbergen und für die Bergung. Dieses 'gegen' und 'für' ist das Streithafte im Wesen der ἀλήθεια, auf das bereits die zweite Weisung des Wortes "Unverborgenheit" führte. Aus dem Streit ist die ἀλήθεια einig, aus ihm fängt sie an, ist sie "Innigkeit" (199). Πόλεμος, ἁρμονία, und ἕν des Heraklit sind mitgedacht, wenn Heidegger die ἀλήθεια mit dem Hölderlin-Wort "Innigkeit" "ursprünglicher" (199) nennt.

Geborgen und gerettet wird nach dem μῦθος Platons das Unverborgene in die Unverborgenheit, das heißt das Seiende in das Sein; das Sein ist ja für alles Seiende der τόπος. Das Leitwort der Vorlesung, "Unverborgenheit", gibt somit am anfänglichen Wesen des Seins außer den Grundzügen der Verborgenheit (oben 276) und der Entbergung (oben 310) den *"Grundzug der Bergung"* (199) zu erkennen.

In der Vorlesung kamen bisher drei verschiedene Arten der Bergung zur Sprache: erstens eine Bergung des Seins in ein Seiendes, und zwar in das Wort des μῦθος (oben 291), zweitens eine Bergung des Seienden in das Sein, auf welchen Gedanken Heidegger durch den μῦθος aus der "Politeia" kam. Beide Formen der Bergung betreffen die Differenz von Sein und Seiendem. Eine Bergung der ersten Art behandelt Heidegger später etwa in seinem Vortrag "Das Ding" von 1951, wenn er davon spricht, daß der Krug das Geviert verweilt (VA 166 ff). In seinem Vortrag "Die onto-theo-logische Verfassung der Metaphysik" von 1957 faßt Heidegger das Differenzgeschehen von Sein und Seiendem vom Seienden aus als: "sich bergen in Unverborgenheit: also geborgen anwähren: Seiendes sein" (ID 56).[110] Das Bergen ist hier, wie ersichtlich, nach der zweiten Art gedacht, wie das Retten aus der Platon-Auslegung.

---

[109] *Grimm* 3,488.

[110] Vgl. GA 13,47 (1944/45): die Dinge "ruhen" und "beruhen" in der "Gegnet".

Eine dritte Weise der Bergung ist das Bergen und Sichbergen in eine Verborgenheit. Das Phänomen wird am Bergen der Toten in die Erde, κεύθειν, sichtbar (oben 290), ferner - von Heidegger allerdings zunächst nicht "Bergung" genannt - am griechisch erfahrenen λανθάνεσθαι (oben 278) sowie am Ereignis der Vergessung (oben 295 f). Dieses Phänomen der Bergung interessiert Heidegger im Hinblick auf die abendländische Geschichte. Er wies es auf als Untergang des Griechentums. Es ist jenes Ereignis, wodurch Sein und Wahrheit, wie es hieß, in ihre "eigene Verborgenheit zurückgeborgen" wurden (oben 314).

Das Ent-bergen, wie es zuletzt erläutert wurde, das heißt das Bergen in die Unverborgenheit, ist in der Vorlesung im Hinblick auf die Differenz von Sein und Seiendem bedeutsam, außerdem, zusammen mit dem Verbergen, das heißt Bergen in die Verborgenheit, in bezug auf die abendländische Geschichte. Beides, Ent-bergen und Verbergen, sind der Ereignis- bzw. Zeitcharakter des Seins. Unverborgenheit und Verborgenheit sind das Sein als τόπος, sein Ortscharakter.

i) Das Gesetz des Anfangs

Die griechische ἀλήθεια ist, nach Heideggers Auffassung in der Parmenides-Vorlesung, der Anfang der wesenden Wahrheit und des wesenden Seins. Sein und Wahrheit waren dasselbe, nämlich Unverborgenheit des Seienden. So die griechische Erfahrung. Indem Heidegger die von den Griechen übersehenen Züge der ἀλήθεια aufdeckt, Verborgenheit, Entbergung, beider Streit sowie die Bergung, denkt er die ἀλήθεια anfänglicher, ursprünglicher, zeithaft.

Seit seiner "Einführung in die Metaphysik" betont Heidegger, daß der Anfang des abendländischen Geschicks dessen Größtes ist. Der Mächtigkeit des Anfangs fügen wir uns, wenn wir dessen innewerden, daß die wesende Wahrheit und das Sein, wie Heidegger sagt, "zu ihrer Zeit geschickhafter das Menschenwesen geschichtlich" angehen (200 f).[111] Wenn wir das "Erst-Anfängliche" unserer Geschichte "andenkend" "ahnen" (199), halten wir uns frei für einen gewandelten Angang der Wahrheit und des Seins.

Das Phänomen, worauf die vierte Weisung des Leitwortes "Unverborgenheit" aufmerksam macht, ist im Wesen der ἀλήθεια nach Heidegger "das Nächste" und deshalb *"noch anfänglicher"* (201) als ihr anhand der dritten Weisung verfolgtes Gegenwesen. Bevor Heidegger der vierten Weisung weiter nachgeht, erläutert er den Zusammenhang von Nähe und Anfang, von dem er bereits in der Vorlesung "Grundbegriffe" sprach (oben 175), und formuliert ihn jetzt als "Gesetz". Weil der Anfang bzw. das Sein selbst den Bezug zum Menschen aufgehen läßt, bestimmt sich unsere Nähe zum Anfang und zum Sein aus dessen eigenem Gesetz.

Der Anfang, ebenso das Wort "anfänglich" hat in der Parmenides-Vorlesung mehrere Aspekte, die in ihrer Einheit das volle Wesen des Anfangs ausmachen. Bisher kamen zur Sprache: 1. der Anfang *in chronologischer Hinsicht,* und zwar a) der erste Anfang der abendländischen Geschichte, b) der ursprünglichere, anfängliche,

---

[111] Vgl. oben 79; 152.

kommende Anfang; 2. *Anfang als Sein,* und zwar a) das die Denker Anaximander, Parmenides und Heraklit An-fangende, sich ihnen Zudenkende, b) das Gedachte dieser Denker, ihr Spruch, c) Phänomene wie Tag und Nacht, Hell und Dunkel, die sich bergen im μῦθος, d) das dichtend gesagte Wort, der μῦθος, e) das uns aus dem Spruch der Denker, f) das uns aus dem μῦθος der Dichter ansprechende Sein; dieses Wesen des Anfangs ist eine Ausfaltung von Heideggers Grundgedanken des Bezugs Sein - Mensch; 3. die Eigenbewegung des Anfangs als *die abendländische Geschichte,* die in drei Phasen verläuft: Aufgang, Untergang, möglicher Neuaufgang (zu letzterem noch unten 339 f); 4. Anfang als *geschichtlicher Augenblick* des Übergangs; er geschieht in drei einfachen Ereignissen; 5. Anfang als *das erste Wesen der Wahrheit,* als ἀλήθεια. Anfang ist also chronologisch, als Sein, als Geschichte, als Ereignis, als ἀλήθεια verstanden.

Während Heidegger beim Anfang im Sinne des Verlaufs der abendländischen Geschichte (Punkt 3) zunächst offensichtlich die φύσις, etwa eine Pflanze oder die Sonne, vor Augen hatte (oben 314) und das Wesen der φύσις als ein Sichverbergen und Sichbergen, wovon Heraklit spricht, so kommt er bei dem von ihm erblickten "Gesetz des Anfangs" auf den Strom im Verhältnis zu seiner Quelle und das aus Hölderlins Rheinhymne abgelesene "Gesetz" des Reinentsprungenen zurück. Das "Gesetz" des Anfangs möchte Heidegger jetzt offenbar nicht mehr, wie in der Vorlesung "Grundfragen der Philosophie", schaffend ins Freie bringen (oben 134), sondern sich ihm eher als einem Walten fügen, ihm entsprechen.

Heidegger sagt in der Parmenides-Vorlesung: Das *"Gesetz der Nähe* gründet im *Gesetz des Anfangs.* Der Anfang läßt zuerst nicht seine in die eigene Innigkeit zurückwesende Anfängnis aufgehen" (201). Vom Zurückwesen des Anfangs in die eigene Innigkeit weiß Heidegger durch Hölderlins "Brod und Wein"-Lesart vom "Geist", der zunächst nicht "zu Hauß" ist, ferner durch Hölderlins Wort, daß der Donaustrom "fast/ Rükwärts zu gehen" scheint, und außerdem durch den Brief an Böhlendorff von der notwendigen Aneignung des Eigenen. Diese Gehalte machen die Hölderlin-Vorlesungen der beiden letzten Semester aus. Heideggers Gedanken in der Parmenides-Vorlesung sind so, daß nicht mehr der Dichter zur Quelle zurückgehen muß, nicht mehr die Menschen sich ihren Ursprung aneignen müssen, sondern hier wird nur die Eigenbewegung des Anfangs bzw. des geschichtlich wesenden Seins betrachtet.

Im zitierten Satz ist der "Anfang" das Aufgehen-lassende und Zurückwesen-lassende, die "Anfängnis" ist das Aufgehen und Zurückwesen; der Unterschied ist vergleichbar mit dem zwischen Sein (= Seyn) und Zeit. Die "Innigkeit" des Anfangs ist sein Einiges (ἕυ, ἁρμονία) und Streithaftes (Πόλεμος), wie Heidegger es am reinentsprungenen Rheinstrom erläutert hatte (oben 33).

Der seinem Wesensgesetz gehorchende Anfang beschreibt eine Bewegung des Zurück, genauso wie der Untergang der Geschichte des Griechentums. Beides besagt jedoch offensichtlich verschiedenes. Während im Untergang der Geschichte Sein und Wahrheit in die *Verborgenheit* geborgen werden, wie eine Pflanze im Winter oder die Sonne bei Nacht, ist das Zurückwesen des Anfangs in die eigene Innigkeit, seine Anfängnis, ein *Aufgehen* und somit das kommende Ereignis. Es ist jener Augenblick, von dem Hölderlin sagt: "Dann feiern das Brautfest Menschen und

Götter" (oben 205), der Augenblick, wenn das Eigene angeeignet, wenn der "Geist" "zu Hauß" ist (oben 255). Den phänomenalen Gehalt des Zurück nach der ersten Art fand Heidegger bei Heraklit (φύσις κρύπτεσθαι φιλεῖ) und bei Anaximander (γένεσις - φθορά), nach der zweiten Art in der "Andenken"- und "Ister"-Hymne Hölderlins von den Dichtern ("Schiffern") und vom eigentümlichen Strömen der Donau. Das Zurückwesen des Anfangs in die eigene Innigkeit ist dasjenige Phänomen, das Heidegger 1949 dann als "Kehre innerhalb der Geschichte des Seyns" bezeichnet (GA 9,201).[112]

Das Zurückwesen in die eigene Innigkeit geschieht "zuerst" nicht. Denn, so fährt Heidegger fort: "Der Anfang zeigt sich zuerst im Angefangenen, hier jedoch zunächst auch nicht einmal als dieses. Auch wenn das Angefangene als solches erscheint, kann das Anfangende und vollends das ganze 'Wesen' des Anfangs noch verhüllt bleiben" (201 f). Anfang und Anfangendes einerseits, Angefangenes und '"Wesen"' des Anfangs andererseits - Wesen ist verbal und nicht als Wassein gemeint - verhalten sich wie Ursprung und Entsprungensein im Gesetz des Reinentsprungenen.

Da in der Parmenides-Vorlesung der Anfang dasselbe ist wie das erste Wesen der Wahrheit, die ἀλήθεια, kann man die angeführten Sätze so verdeutlichen: Der Anfang, die ἀλήθεια, zeigt sich zuerst im Angefangenen, etwa in Aristoteles' Erörterungen des ἀληθεύειν, die Heidegger schon in "Sein und Zeit" verfolgte.[113] Selbst wenn das ἀληθεύειν als Angefangenes, das heißt als zum Wesensbereich der ἀλήθεια Gehöriges, erscheint, kann das Anfangende noch verhüllt bleiben. Das Anfangende selbst ist die - groß geschriebene - 'Αλήθεια, die Parmenides, nach Heideggers Deutung, als Göttin darstellte und die Heidegger als die die ganze abendländische Geschichte bestimmende Macht auffaßt:[114] die 'Αλήθεια ist "der Anfang selbst" (242).

Während beim "Einsturz" und der "Verschüttung" der ἀλήθεια diese wie ein Bauwerk, also ein von Menschen Geschaffenes, gesehen ist, geschah, wenn uns das Anfangende "verhüllt" bleibt, diese Verhüllung vom Anfangenden selbst aus. In diesem Sinne sagt Heidegger in der Parmenides-Vorlesung: "Dies und nur dieses, nämlich, daß das Wesen der Wahrheit als ἀλήθεια anfängt, so zwar, daß es sich zugleich alsbald verhüllt, ist *das Ereignis* in der Geschichte des Abendlandes" (218). Was hier *"das Ereignis"* heißt, ist als Anfangendes das zuvor so genannte Ereignis '"*Sein und Wort"'*, als Verhüllung ist es das Ereignis '"*Sein und Ratio"'* (oben 293), das heißt der Untergang des Griechentums.[115] Das Sichverhüllen der 'Αλήθεια hat Heidegger in

---

[112] "Wahrscheinlich ist die Tendenz zum Zurück das eigentliche Modell, von dem aus Heidegger von Kehre zu sprechen begann". Hans-Georg *Gadamer,* Der Eine Weg Martin Heideggers. Vortrag, gehalten am 25. Mai 1986 in Meßkirch. In: Martin-Heidegger-Gesellschaft, Jahresgabe für die Mitglieder 1986. S. 16.

[113] Vgl. Heideggers Brief an Richardson, oben 284 Anm.

[114] Ich spreche vom "Macht" im Anschluß daran, daß nach Heidegger die 'Αλήθεια den Griechen "das Mächtigste" war (oben 110) und für uns das "Vermächtnis" aus dem Anfang der Geschichte darstellt (oben 271). - Vgl. Heidegger on Heraclitus, p. 7: "What is thus thrust forward to us does not give us the original experiences, but rather provokes and enables our own thinking. Heidegger calls this enabling 'power' ἀλήθεια".

[115] In seiner Vorlesung "Der Satz vom Grund" spricht Heidegger von der "Incubation des Seins"

seinen spätesten Äußerungen wörtlicher und konsequenter gedacht als in der Parmenides-Vorlesung, und zwar so, daß "das Sichverbergen, die Verborgenheit", die Λήθη, das "Herz der Ἀλήθεια" ausmacht. Dies ist 1964 gesagt nach dem Parmenides-Wort Ἀληθείης εὐκυκλέος ἀτρεμὲς ἦτορ (SD 78; vgl. oben 320 Anm.).

In der Parmenides-Vorlesung heißt es vom kommenden Ereignis: "Der erste Anfang ist zwar das alles Entscheidende;[116] dennoch ist er nicht der *anfängliche Anfang*, d.h. der Anfang, der zugleich sich und seinen Wesensbereich lichtet und in solcher Weise anfängt. Die Anfängnis des anfänglichen Anfangs ereignet sich zuletzt. Wir aber wissen weder Art und Augenblick des Zuletzt der Geschichte noch gar sein anfängliches Wesen" (202). Vom "Zuletzt" der Geschichte, das zum Wesen des Anfangs gehört und das analog ist zu Hölderlins Idee des Vaterlandes, sprach Heidegger bereits in der Einleitung zur Vorlesung. Daß wir diesen Augenblick nicht wissen, äußert Heidegger seit der "Einführung in die Metaphysik".

Heidegger fährt fort: "Deshalb kann die *Vollendung der Geschichte des ersten Anfangs* ein geschichtliches Zeichen der Nähe des anfänglichen Anfangs sein, der die künftige Geschichte in seine Nähe einbezieht" (202). Diese Vollendung erblickte Heidegger hauptsächlich im Werk Nietzsches und Hölderlins (oben 141). Außer diesem "Zeichen" ist ihm seine eigene Abhandlung "Sein und Zeit" ein "Hinweis" auf den kommenden anfänglichen Anfang (oben 294). Aus den zitierten Sätzen geht hervor, daß für Heidegger jetzt nicht mehr das Denken zum Anfang vor- bzw. zurückläuft oder ihn wiederholt, sondern daß alle Bewegung vom Anfang selbst ausgeht. Der Gedanke des gekehrten Bezugs Sein - Mensch, zuerst im Entwurf zur Vorlesung "Grundfragen der Philosophie" hervorgehoben (oben 119), wird nämlich verstärkt durch die Pindarische Αἰδώς und dadurch, daß Parmenides in der Ἀλήθεια, nach Heideggers Deutung, eine Göttin sieht. Sein, Anfang, Ἀλήθεια sind das Selbe; in ihrer Macht liegt es, sich zu lichten und die künftige Geschichte in ihre Nähe einzubeziehen. Offenbar bereitet sich hier der Gedanke vor vom "an-fangenden Reichen" und der "nähernden Nähe", den Heidegger 1962 in seinem Vortrag "Zeit und Sein" ausspricht (SD 16).

In der Vorlesung sagt Heidegger weiter: "Das im Wesen der ἀλήθεια Nächste wird deshalb dem Gesetz zufolge, nach dem der Anfang anfängt, *auch von den Griechen notwendig übersehen*" (202). Diesen Sachverhalt führte er bereits in seiner Vorlesung "Grundfragen der Philosophie" aus (oben 146). Die damals so genannte "Inständigkeit" der Griechen in ihrer Bestimmung wäre jetzt als eine Antwort auf das Gesetz des Anfangs zu verstehen. Das Nächste im Wesen der ἀλήθεια ist nach Heidegger genauso schwer zu erblicken wie das Nächste beim Sehvorgang. Dieses sind nicht die sichtbaren Dinge, sondern "die Helle und das ihr eigene Durchsichtige" (201).[117] Da das Nächste im Wesen der ἀλήθεια, so erläutert Heidegger weiter, "zuvor in allem Nahen schon west", muß es im Sagen der Griechen, "wenngleich nur

---

und versteht hierunter "das Sichentziehen des Seins in die Verbergung, welche Verbergung die Quelle jeder Entbergung bleibt" (SvG 114).

[116] Vgl. oben 162.

[117] Vgl. oben 175.

beiläufig, d.h. eben im Sinne eines in gewisser Weise Gesehenen, aber nicht eigens Erblickten zum Wort kommen" (202).

Ähnlich wie mit dem Nächsten im Wesen der ἀλήθεια verhält es sich in Heideggers Augen mit der φύσις. Ihr aufgehend-hervorkommend-erscheinendes Wesen wird von den Griechen hauptsächlich so erfahren, daß das erscheinende Seiende auf seinen "Begegnischarakter" hin angesehen (203) und in Bezug gebracht wird zum νοῦς und der ψυχή des Menschen. Dies bezeugt etwa der Satz des Aristoteles aus Περὶ ψυχῆς, 431 b 21: ἡ ψυχὴ τὰ ὄντα πώς ἐστι, nach Heidegger: "Die Seele - das Wesen des ’Lebens’ - ist in gewisser Weise das Seiende" (206). Die φύσις als Erscheinen im Sinne eines "reinen Scheinens und Aufgehens" wird Heidegger zufolge von den griechischen Denkern "wie etwas Beiläufiges" übergangen und "zuletzt vergessen" (203).[118] Damit hängt, wie Heidegger sagt, der "eigentümlich schwebende Übergangscharakter" der beginnenden Metaphysik zusammen; sie ist einerseits "das letzte Leuchten des ersten Anfangs", andererseits "der erste Beginn der Vergessung des Anfangs und seiner Verbergung" (207).

Das reine Scheinen der φύσις denkt Heidegger offensichtlich wie etwa das Scheinen des Vollmonds, welches Phänomen in Versen der Sappho angesprochen ist (oben 74 Anm.). Als einen Nachklang der griechischen φύσις könnte man einige der spätesten Gedichte Hölderlins lesen, zum Beispiel die Zeile: "Das Glänzen der Natur ist höheres Erscheinen" (SW 2,299),[119] wobei "Scheinen" der φύσις und "Glänzen der Natur" sich entsprechen würden. Die Verwandtschaft der "Natur" aus Hölderlins spätesten Gedichten mit der griechischen φύσις wäre ein weiterer Beleg dafür, daß auch Hölderlin im Namen der ’Ἀλήθεια dichtet, denn φύσις und ἀλήθεια haben ja dasselbe Wesen. Hölderlins "Natur", die Heidegger als wesenseinig mit dem "Heiligen" sieht (oben 206; 225), hat mit dem neuzeitlich-physikalischen Begriff "Natur" nichts zu tun. In dessen Gehalt eine Übersetzung von φύσις zu erkennen, ist nach Heideggers Vorlesung eine Verstellung (207).

j) Das Nächste im Wesen der ἀλήθεια: das Offene

Der vierten Weisung des Leitwortes "Unverborgenheit" folgend, erblickt Heidegger als das Nächste im Wesen der ἀλήθεια: "das Offene". "Das Offene" ist ein Hölderlin-Wort (oben 101). "Das Offene" gehört zusammen mit der ἀλήθεια als "Raum" (oben 96), mit der "Lichtung" (oben 113), mit dem Sein als "Spielraum" für das Seiende (oben 150), ferner mit der der Wahrheit als Richtigkeit zu Grunde lie-

---

[118] Zu φύσις und ἰδέα als Erscheinen vgl. oben 94.

[119] Heidegger selbst bringt 1969 diesen Hölderlin-Vers in Verbindung mit *Heraklits* Fragment 123 (zu diesem Fragment unten 358 ff). Martin *Heidegger*, Fragen nach dem Aufenthalt des Menschen. Dankrede an der Geburtstagsfeier im Amriswil. In: Neue Zürcher Zeitung 5.10.1969, Nr. 606, S. 51. - In seiner Rede zu Hölderlins Hymne "Wie wenn am Feiertage ..." (1939) sagt Heidegger: "Hölderlins Wort ’die Natur’ dichtet ihr Wesen in diesem Gedicht nach der verborgenen Wahrheit des anfänglichen Grundwortes φύσις. Aber Hölderlin hat die auch heute noch kaum ermessene Tragkraft des anfänglichen Grundwortes φύσις nicht gekannt. Insgleichen will Hölderlin mit dem, was er ’Natur’ nennt, nicht das in alter griechischer Zeit Erfahrene nur wieder aufleben lassen. Hölderlin dichtet in dem Wort ’die Natur’ ein Anderes, das wohl in einem verborgenen Bezug zu Jenem steht, was einstmals φύσις genannt worden" (GA 4,57).

genden vierfachen Offenheit, und zwar deren "Bereichs"-Charakter (oben 130). "Das Offene" ist auch das aus "Sein und Zeit" weiter entfaltete Phänomen der "Erschlossenheit von Sein überhaupt" (GA 2,196).[120]

Mit dem Offenen schließt Heidegger in der Parmenides-Vorlesung an seine Erläuterungen zu Platons μῦθος an: Das Offene ist zunächst diejenige Stätte, in die die Menschen gelangen, wenn sie den Ort der λήθη verlassen und auf die Erde (ἄνω εἰς τὴν γένεσιν) zurückkehren. Das Offene steht hier für die Unverborgenheit als Ort, wohin das unverborgene Seiende durch die von Sorge um es bestimmten Menschen geborgen, gerettet und bewahrt wird. Bei den Wendungen mit der Präposition "in", zum Beispiel "in das Unverborgene geborgen" (oben 318) oder *"in eine Bergung bringen"* (oben 323), war das Offene bereits impliziert. Ebenfalls klang das Offene an in der πόλις als Stätte der Unverborgenheit des Seienden (oben 306).

Als "Zeugnis" für eine Erfahrung des Offenen in der griechischen Dichtung führt Heidegger einen "einfachen Spruch" an, der den Bezug von Entbergen, Erscheinen, Aufgehen einerseits und dem Verbergen andererseits nennt und damit die "Wesenseinheit" der Grundworte ἀλήθεια und φύσις bekundet. Zugleich sagt der Spruch vom ursprünglicheren Wesen der ἀλήθεια, von der Zeit. "Zeit" ist - so sagt Heidegger jetzt - das "Vorwort" "für das Sagen vom Wesen des Seins". Auf seine Abhandlung "Sein und Zeit" zurückblickend bemerkt Heidegger, dort sei Zeit "erfahren und genannt als das Vor-wort für das Wort 'des' Seins" (209). Den betonten Genitiv "'des' Seins" verstehe ich als subiectivus, so, als habe das Sein selbst Heidegger das Wort "Zeit" zugeschickt und ihm damit eine *"unfänglichere* Erfahrung" angekündigt (oben 294).

Auf das Offene verweisen, "obzwar im ungefähren" (208), die Verse 646 f aus dem "Aias" des Sophokles: ἅπανθ' ὁ μακρὸς κἀναρίθμητος χρόνος/ φύει τ' ἄδηλα καὶ φανέντα κρύπτεται,[121] nach Heideggers Übersetzung: "'Gar alles läßt die weite und dem Rechnen unfaßbare Zeit/ Aufgehen wohl Unoffenbares, doch auch Erschienenes verbirgt sie (wieder) in ihr selber'" (209). Das bedeutet für Heidegger im wesentlichen folgendes: Die Worte φύει und φανέντα (φαίνεσθαι) gehören zusammen mit der φύσις. Von ἀλήθεια handelt der Spruch nicht direkt, jedoch ist das Aufgehenlassen, φύειν, dasselbe Phänomen wie an der ἀλήθεια der Wesenszug der Entbergung. Ebenso gehört das Verbergen-Bergen, κρύπτεσθαι, zum Wesen der ἀλήθεια; ἄδηλον, das Unoffenbare, ist dasselbe wie das Verborgene; das heißt sein Gegenteil, τὸ δῆλον, entspricht dem Unverborgenen.

Nach den Sophokles-Versen ist es die Zeit, χρόνος, die aufgehen läßt, das heißt entbirgt, und in sich verbirgt. Was die Zeit aufgehen läßt, ist das Unoffenbare, τ' ἄδηλα; was sie in sich verbirgt, ist das Erschienene, φανέντα. So verfährt die Zeit mit allem (ἅπαντα), das heißt mit allem Seienden. Es handelt sich bei Sophokles al-

---

[120] Vgl. oben 18 ff. Die Erschlossenheit ist "Heideggers tiefste ontologische Erkenntnis, die er entfaltet hat bis zur Aletheia-Problematik". Friedrich-Wilhelm *v. Herrmann,* Lebenswelt und In-der-Welt-sein. Zum Ansatz des Weltproblems bei Husserl und Heidegger. In: Weltaspekte der Philosophie. Rudolph Berlinger zum 26. Oktober 1972. Amsterdam 1972. S. 138.

[121] *Sophocles,* The Plays and Fragments. By R.C. Jebb. Part VII. The Ajax. Cambridge: University Press 1896. 102. - Hauptsächlich diese Sophokles-Stelle meint Heidegger im Heraklit-Seminar mit Eugen Fink von 1966/67 (Her 100).

so offensichtlich um die Zeit in ihrem Verhältnis zum Seienden genauso wie, nach Heideggers Auslegung, im Fragment des Anaximander (oben 188 f). Zu χρόνος bemerkt Heidegger: "'Zeit' ist anfänglich für die Griechen stets und nur die 'rechte' oder 'unrechte', die geeignete oder ungeeignete Zeit. Darin liegt: jedes Seiende hat *seine* Zeit" (209). Solche Zeit ist Heidegger zufolge "'Zeitpunkt'", allerdings nicht im Sinne des "'Punktuellen' des Jetzt'" - so ist die Aristotelische und uns seither selbstverständliche Auffassung der Zeit -, sondern "im Sinne der Stelle, des Orts, dahin zeithaft je-'weils' ein Erscheinendes in seinem Erscheinen gehört" (209). Daß Heidegger die Zeit, χρόνος, in den Sophokles-Versen als Ort deuten kann, liegt am medialen Ausdruck κρύπτεται: die Zeit verbirgt *bei* sich ...[122] In diesem Sinne hält Heidegger fest: "Die griechisch zu verstehende 'Zeit', der χρόνος, entspricht im Wesen dem τόπος ..." (209). Offensichtlich deckt Heidegger mit diesem Gedanken zugleich die im griechischen καιρός liegenden Erfahrungen auf.[123]

Auf das Anaximander-Fragment nimmt Heidegger Bezug mit dem betont gesagten "je-'weils'"; die "Weile" ist ja dort die durch die "Zeit selbst" (χρόνος) verfügte Zeitigkeit des Seienden (τῶν ὄντων). Die Bewegtheit der ὄντα, ἐξ ὧν - εἰς ταῦτα, aus dem Fragment folgt, so könnte man sagen, dem durch die Zeit (χρόνος) vollbrachten Aufgehenlassen, φύειν, und Bei-sich-Verbergen, κρύπτεσθαι, wovon die Sophokles-Zeilen sagen. Dieses geschieht so: Im Aufgehenlassen entläßt die Zeit *aus* sich: das Unoffenbare, τ' ἄδηλα, welches damit zum Erscheinenden, φανέντα, wird; im Verbergen nimmt die Zeit das Erschienene *in* sich zurück und macht es dadurch wieder zum Unoffenbaren. Durch das Medium κρύπτεται, 'verbirgt und birgt bei sich', kann Heidegger die Zeit jetzt ausdrücklich in Einheit mit dem Ort sehen, so daß der durch Anaximander gewonnene Gedanke vertieft wird.

Die Zeit heißt bei Sophokles "weit", μακρός, Heidegger zufolge wegen der "Möglichkeit, Seiendes in das Erscheinen zu entlassen oder zurückzuhalten" (210). Dieser Gedanke der Weite macht es möglich, daß Heidegger die Zeit, von der So-

---

[122] *Passow* 1,1836: κρύπτω, Med.: a) "sich (se) verbergen", b) "etwas von sich verbergen ..., bei sich verbergen ..."

[123] Vgl. Manfred *Kerkhoff*, Zum antiken Begriff des Kairos. In: Zeitschrift für philosophische Forschung 27 (1973). S. 256-274. "Kairos wäre demnach sowohl der 'richtige (d.h. zukommende, rechtmäßige) Ort' als auch die 'richtige (d.h. erfüllende) Zeit (phase)'" (Kerkhoff, o.c. 262). Entstehungsgeschichtlich sind räumliche Orientierungen früher als zeitliche. So leitet sich καιρός wahrscheinlich von καῖρος her, womit "die dreieckige Öffnung" bezeichnet wird, "die beim Weben entsteht, wenn die Kettfäden gehoben bzw. gesenkt werden, um den Schußfaden oder Einschlag durchzulassen". ἀκμή bedeutet ursprünglich "Spitze, Schärfe, Schneide, Höhe", das Wort ὥρα geht wahrscheinlich auf den Sonnenlauf zurück (Kerkhoff, o.c. 257 ff). - Die Priorität des Räumlichen vor dem Zeitlichen zeigt sich auch daran, daß die griechischen Präpositionen "zunächst das räumliche Dimensionsverhältnis" bezeichnen. "Die räumlichen Beziehungen werden sodann auf die Zeit übertragen". Raphael *Kühner* - Bernhard *Gerth*, Ausführliche Grammatik der griechischen Sprache. Satzlehre. Erster Teil. 4. Aufl. Hannover: Hahn 1955. S. 449. Auch im Deutschen sind die ältesten Präpositionen aus Lokaladverbien entstanden. *Duden*, Grammatik, § 802. - Daß Heidegger sich mit diesen Fragen beschäftigt hat, geht aus einem Hinweis in "Sein und Zeit" auf *Humboldts* Schrift "Über die Verwandtschaft der Ortsadverbien mit dem Pronomen in einigen Sprachen" hervor (GA 2,159 f). - Die Entsprechung von Zeit und Ort läßt sich sogar an der Etymologie des deutschen Wortes "Ort" verfolgen. Ausgehend von der Bedeutung "(Waffen-) Spitze" (Kluge 525) kann es auch "Anfang" und "Ende" meinen. Das Wörterbuch von Johann Christoph *Adelung* verzeichnet "*Bis zu Tages Ort*, bis zum Anbruche des Tages". Zitiert nach: Rudolf *Zuberbühler*, Hölderlins Erneuerung der Sprache aus ihren etymologischen Ursprüngen. Berlin: Schmidt 1969. S. 82. Heidegger selbst weist 1966 auf diese Etymologie hin (SD 63).

phokles spricht, mit der Unverborgenheit im Sinne des Ortes zusammendenken und sie "das Offene" nennen kann.[124] Die Möglichkeit des Erscheinenlassens und Zurückhaltens ist nicht durch den Menschen bestimmbar; daher entzieht sich die Zeit auch seinem rechnenden Zugriff und ist: ἀναρίθμητος, unberechenbar.[125]

Durch das Wort τ' ἄδηλα bei Sophokles, "das Unoffenbare", geht Heidegger, wie vorher schon (oben 284), noch einmal auf das entbergende Sagen des λόγος ein. Der λόγος hat bei Aristoteles den Charakter des δηλοῦν und ἀποφαίνεσθαι. In "Sein und Zeit" faßte Heidegger δηλοῦν als "offenbar machen" und ἀποφαίνεσθαι als "sehen lassen" (GA 2,43 f). In der Parmenides-Vorlesung bedeutet für Heidegger δηλοῦν "ins Offene beistellen" und ἀποφαίνεσθαι "zum Erscheinen bringen" (212). Daraus geht hervor, daß Heidegger beide Worte jetzt aus dem Gesichtskreis von ἀλήθεια und φύσις deutet, und zwar aus ihrem zeit- bzw. orthaften ("ins Offene") Wesen. Der λόγος ist so, wie Heidegger sagt, "in seinem Wesen nichts anderes als die ἀλήθεια" (218). In der "Einführung in die Metaphysik" nannte Heidegger die ἀλήθεια das "Innere", das heißt den waltenden Bezug, zwischen φύσις und λόγος (oben 95).

Die von mir bei Heideggers Anaximander-Auslegung so genannte *chronologische Differenz* kommt auch bei der Sophokles-Deutung zum Vorschein, wenn Heidegger sagt: die Zeit nimmt "als die je bescheidende und beschiedene Zeit den Menschen und alles Seiende wesenhaft in ihre Verfügung und fügt überall Erscheinen und Verschwinden des Seienden" (211). Der "bescheidenden" Zeit entspricht die "Zeit selbst", der "beschiedenen" Zeit - alles Seiende hat *"seine"* Zeit (oben 330) - entspricht "das Zeitige" (oben 188).

Das im Wesen der ἀλήθεια Nächste, das Offene, ist keine Folge der Entbergung, sondern "der Grund und der Wesensanfang der Unverborgenheit" (213). Entbergung ist angewiesen auf das Offene als diejenige Stätte, die ein Erscheinenlassen überhaupt freigibt. Das "anfänglich Sich-Öffnende" im Wesen des Offenen ist nach Heidegger: "die *Freiheit*". In das Offene und Freie muß der Mensch erst gekommen sein, in ihm erst kann er das Seiende sein lassen, was es ist. Heidegger unterstreicht: "Das Freie ist die Bürgschaft, die bergende Stätte für das Sein des Seienden. Das Offene ist als das Freie das Bergende und die Bergung des Seins" (213). Das Freie, Offene, Bergende entspricht dem von Heidegger sonst auch "Seyn" Genannten. In ihm geborgen wird das Sein des Seienden. Daß Freiheit nicht ein Vermögen des Menschen, sondern die ihm zugewiesene Stätte, sein 'Da' ist, führte Heidegger schon in der Vorlesung "Grundbegriffe" aus (oben 170). In der Parmenides-Vorlesung wird Freiheit und das Freie jetzt aus dem Wesensbereich der ἀλήθεια gedacht.

Daß das Offene, Freie als das Nächste im Wesen der ἀλήθεια "Zeit" ist - μακρὸς χρόνος heißt es bei Sophokles - und andererseits die bergende Stätte für das Sein des Seienden, könnte man als eine Bestätigung von Heideggers Vermutung aus "Sein und Zeit" ansehen, wonach die Zeit der "Horizont des Seins" ist (GA 2,577).

---

[124] In der "Erörterung der Gelassenheit" von 1944/45 heißt die Einheit von Zeit und Ort: "Gegend". Die Gegend ist "zumal die Weite und die Weile" (GA 13,47). - Eine Randbemerkung Heideggers nach 1949 zum "Brief über den 'Humanismus'" lautet: "Weite: aber nicht die des Umgreifens, sondern der ereignenden Ortschaft; als die Weite der Lichtung" (GA 9,331).

[125] Zur Zeit als ἀριθμὸς κινήσεως vgl. oben 190 Anm.; 234.

Allerdings ist "Zeit" jetzt ein Geschehen und ein Ort *für* den Menschen und nicht in dessen Zeitlichkeit gegründet.

Im In-sich-Zurückbergen des Erschienenen durch die Zeit, τὰ φανέντα κρύπτεσθαι, wird das Seiende wieder zum Verborgenen. Daran wird klar: die Zeit als das Offene, Freie ist nicht nur wie im Platonischen μῦθος gedacht, als der Bereich auf der Erde, im Unterschied zum untererdigen Ort der λήθη, sondern: das Offene, Freie umfaßt sowohl Unverborgenheit wie Verborgenheit des Seienden.[126]

Der an Platon und Sophokles aufgewiesene "Grundzug des Offenen" (215) im Wesen der ἀλήθεια ist, so Heidegger, von den Griechen ständig erfahren, obwohl nicht bedacht worden, und zwar in der Gestalt von Licht, Gelichtetem, Helle, Leuchten und Scheinen (214). Diese Phänomene halten sich alle im Bereich des Offenen oder, wie Heidegger es zuvor schon nannte, der "Lichtung" (oben 311).[127] Zu der gängigen Auffassung, bei den Griechen spiele das Licht deswegen eine hervorragende Rolle, weil sie "'Augenmenschen'" (216) waren, sagt Heidegger: "Wir sehen nicht, weil wir Augen haben, sondern wir haben Augen, weil wir 'sehen' können" (217). Daß wir sehen können, daß uns ein Seiendes erscheinen kann, liegt nach Heidegger daran, daß der Mensch sich in seinem Wesen zum Seienden als Seiendem verhält, es bedeutet weiter, daß er immer schon im Bezug steht zum Sein. Dieser Gedanke war der Ausgangspunkt von "Sein und Zeit", zunächst als Seinsverständnis des Menschen gefaßt, seit 1937/38 in gekehrter Form des Bezugs des Seins zum Menschen. Im letzteren Sinn fragt Heidegger in der Parmenides-Vorlesung: "Wie soll der Mensch aber in diesem Bezug zum Sein stehen, wenn nicht das Sein selbst den Menschen anspricht und sein Wesen für den Bezug zum Sein in den Anspruch nimmt? Was anderes aber ist dieser Bezug des Seins zum Menschenwesen als die Lichtung und das Offene, das sich für Unverborgenes überhaupt gelichtet hat?" (217) Auf den Anspruchcharakter des Seins wurde Heidegger zuerst aufmerksam durch Hölderlin. Daß das Sein selbst seinen Bezug zum Menschen aufgehen läßt, zeigte Heidegger an der Pindarischen Αἰδώς - sie "wirft" den Menschen ihr Wesen "zu" - und am Blicken der δαίμονες-θεοί. Mit der Lichtung als dem Bezug des Seins zum Menschen hat Heidegger die "Mitte" aufgedeckt, in die die Doppeldeutigkeit des ἀληθές verweist (oben 280).

Heideggers Erläuterung des Sehens gilt genauso für das Hören.[128] Sehen, Hören und alles menschliche Verhalten zum Seienden haben ihren Grund darin, daß das Sein sich in den Bezug zum Menschen gibt. Dieser Bezug ist "die Lichtung und

---

[126] Vgl. oben 113 Anm.

[127] Heideggers Behauptung wird bestätigt durch die Untersuchung von Dieter Bremer. Was Heidegger an der ἀλήθεια zu bedenken gibt, nämlich ihr Wesen als Zeit und Ort, ist in der vorphilosophischen griechischen Literatur erfahren als Licht. In der frühgriechischen Licht-Dunkel-Sprache, die vor der mit Platon beginnenden Lichtmetaphysik liegt, wird Licht "primär weder gedacht als Zeichen, das auf ein Anderes verweist, noch als Symbol, das ein Anderes repräsentiert; sondern: Licht ist als die Kraft des Erscheinenlassens und das Medium des Erscheinens das Erhellende und die Helle, in der sich Wirkliches zeigt als das, was es ist, und zwar im sinnenfälligen wie im geistigen Bereich". *Bremer, Licht und Dunkel,* 12. - Als das Erhellende und die Helle hat das Licht, genauso wie Heidegger es am Offenen hervorhebt, Zeit- und Ortscharakter.

[128] 1951 sagt Heidegger: "Wir hören nicht, weil wir Ohren haben. Wir haben Ohren und können leiblich mit Ohren ausgerüstet sein, weil wir hören" (VA 207). Vgl. SvG 87; 91.

das Offene" für alles Begegnen von Seiendem. Für Heidegger ist also nicht, wie es bei Goethe heißt, das Auge '"sonnenhaft"' (vgl. oben 118 Anm.), sondern: sowohl die Sonne als auch das menschliche Blicken sind "lichtungshaft und vom Wesen der ἀλήθεια" (218).

Jetzt zeigt sich auch, warum die θεοί die Blickenden sind, warum der Mensch ihnen mit einem erfassenden Blicken begegnen kann: weil die ἀλήθεια als das Offene und als Lichtung waltet. Damit hängt nach Heidegger auch zusammen, daß die Griechen ihr Vernehmen des Seienden als θεωρία fassen (219 f).[129]

Das von Heidegger "anfänglicher" als von den Griechen erfahrene Offene ist nicht mit dem Raum als dem Durchmeßbaren oder dem Dimensionalen der Zeit, dem Zeitraum, gleichzusetzen.[130] Heidegger sagt mit Nachdruck: Das "Offene im Sinne des Wesens der ἀλήθεια meint weder den Raum noch die gewöhnlich gemeinte 'Zeit', noch ihre Einheit, den Zeitraum, weil dieses alles bereits seine Offenheit zu Lehen hat aus demjenigen Offenen, das im Wesen der Entbergung waltet" (221).[131] Das ist derselbe Gedanke wie der aus dem vorigen Semester, daß Raum und Zeit, wie wir sie gewohnterweise verstehen, "Abkömmlinge" des Bereichs der Lichtung sind (oben 267).

Das Phänomen der Lichtung hat in der Vorlesung verschiedene Aspekte: als Entbergung (oben 290; 311) ist es der Zeitcharakter des Seins, als das Offene dessen Ortscharakter und zugleich die Wesensstätte für den Menschen, wo sich der Bezug Sein - Mensch entfaltet.

Heidegger ist zuletzt folgendermaßen vorgegangen: Das griechische Wesen der Wahrheit und des Seins ist ἀλήθεια. Ihr Grundzug des Offenen klingt bei Sophokles an in seinen Versen von der Zeit, die das Seiende entbirgt und verbirgt. Da die Zeit das Seiende "bei sich" verbirgt, wird deutlich, daß sie in Wesenseinheit steht mit dem Ort. Dieser Ortscharakter der Zeit ist das Offene, Freie (μακρός). Das Offene ist ein mit der Lichtung im Sinne des Bezugs Sein - Mensch zusammengehöriges Phänomen. In den Sophokles-Versen ist dieser Bezug zwar nicht angesprochen, jedoch bei Pindar, ebenso, wie Heidegger in "Einführung in die Metaphysik" nachwies, bei Parmenides.

Indem Heidegger das von den Griechen erfahrene und von Sophokles bezeugte Offene als Einheit von Zeit und Ort *denkt*, verfolgt er die seinen ganzen Denkweg bestimmende Seinsfrage weiter. Das geht aus folgendem Satz hervor: "Strengge-

---

[129] Vgl. *Frisk* 1,669: θεωρός - "Zuschauer, Festgesandter, Orakelgesandter". Davon θεωρία - "das Zuschauen, Festschau, Festgesandtschaft". Nicht von θεᾶσθαι, sondern von θεός leitet Hermann *Koller* das Wort θεωρός ab. Es hat dann die Bedeutung "den Gott wahrend, den Willen des Gottes beachtend". Hermann *Koller*, Theoros und Theoria. In: Glotta 36 (1958). S. 284. Diese Bedeutung trifft sich mit Heideggers Auffassung, die er aus dem Verb θεᾶσθαι entwickelt: Der Bezug zwischen dem Gott und dem bewahrenden Verhalten des Menschen (Koller) entspricht dem Bezug zwischen dem Blick der Anwesung auf seiten des Gottes und dem erfassenden Blicken des Menschen. - Zu θεωρεῖν vgl. VA 49 ff.

[130] Vgl. oben 234 f.

[131] So ist Heideggers Auffassung noch 1967. Im Vortrag in Athen heißt es: "Kein Raum könnte den Dingen ihren Ort und ihre Zuordnung einräumen, keine Zeit könnte dem Werden und Vergehen Stunde und Jahr, d.h. Erstreckung und Dauer zeitigen, wäre nicht dem Raum und der Zeit, wäre nicht ihrem Zusammengehören schon die sie durchwaltende Offenheit verliehen" (HK 21).

nommen enthüllt sich das Wesen des Offenen nur dem Denken, das versucht, das Sein selbst zu denken, so, wie es uns in der abendländischen Geschichte zu unserem Geschick vorgesagt ist als das Zudenkende im Namen und Wesen der ἀλήθεια" (222). Die Griechen konnten das Sein selbst nicht denken, denn sie standen nach Heideggers Aufweis unter einer anderen Not und Notwendigkeit (oben 149 ff). Daß uns diese Aufgabe "zu unserem Geschick" vorgesagt ist, bedeutet: die ἀλήθεια bestimmt unsere künftige Geschichte, denkt sich uns zu als das Sein selbst. Unsere Aufgabe, die ἀλήθεια als das Offene und dieses als das Sein selbst zu denken, ist uns "vorgesagt" durch das Wort des Parmenides. Seine Hörer in den Bezug zu diesem Wort zu bringen, ist ja Heideggers erklärtes Anliegen in seiner Vorlesung.

Um das Sein zu denken, ist nach Heidegger nur eines nötig: ein "einfaches Erwachen in der Nähe jedes beliebigen und unscheinbaren Seienden, welches Erwachen plötzlich sieht, daß das Seiende 'ist'" (222). Mit dem plötzlichen Erwachen (ἐξαίφνης) weist Heidegger zurück auf den Platonischen μῦθος. Das Innewerden dessen, daß Seiendes *ist,* ist das von Heidegger im Nachwort zu "Was ist Metaphysik?" im Jahr der Parmenides-Vorlesung, 1943, so genannte "Wunder aller Wunder" (GA 9,307). Das "wesentliche Denken", so sagt Heidegger, fordert weiterhin "das Wachbleiben für dieses 'es ist' eines Seienden und das Wachen über die Lichtung des Seienden" (222). "Lichtung des Seienden" heißt: Lichtung für das Seiende (gen. obiect.). Daß der Mensch diese "Wächterschaft" (224) zu übernehmen habe, bedeutete Heidegger seinen Hörern schon in der Vorlesung "Grundfragen der Philosophie" (oben 159).

Um sich nicht mehr an das Seiende zu kehren, sondern das Sein zu denken, ist Heidegger zufolge ein *"Sprung"* nötig, der abspringt in das *"Boden-lose"* (223). So heißt das Sein, weil es nie im Seienden bodenständig, weil es von jedem Boden gelöst ist. Das Sein als "Ab-grund" wurde auch in der Vorlesung "Grundbegriffe" behandelt (oben 168). Den "Absprung in das Sein" zu vollziehen, verlangt von uns: "aus der gewohnten Landschaft der Vergessenheit des Seins" auszuziehen (223). Hierbei blickt Heidegger zurück auf den Ort der λήθη in Platons μῦθος. Vielleicht denkt er auch an die Wanderungen aus der "Ister"-Vorlesung, die den anderen Geschichtsanfang vorbereiten.

Wenn wir Menschen in der Lage sind, aus der Landschaft der Vergessenheit des Seins auszuziehen, wenn ein Absprung ins Sein möglich ist, dann könnten wir dem Ereignis der Vergessung nicht hilflos ausgeliefert sein, wie es im griechischen λανθάνεσθαι erfahren ist. Tatsächlich versteht Heidegger die Seinsvergessenheit in der Parmenides-Vorlesung nicht als völlige Düsternis. Wie er in "Sein und Zeit" und "Einführung in die Metaphysik" glaubte, der Seinsvergessenheit durch die Entfaltung der Seinsfrage begegnen zu können, so ist er 1942/43 der Auffassung, daß wir uns "sogar in der äußersten Seinsvergessenheit" einer "Zufügung" des Seins nicht entziehen können (225). Er hält den Entzug des Seins nicht für "zeichenlos", wie es Pindar von der Wolke der Vergessung sagt, denn er, Heidegger, hat den Entzug ja erblickt und für dieses Erblickthaben ein Zeichen geschaffen: seine Schriften seit "Sein und Zeit". Eine gewisse Zweideutigkeit bleibt in der Vorlesung aber bestehen. Bei der Metaphysik als "Beginn der Vergessung des Anfangs und seiner Verbergung" (oben 328) denkt Heidegger dieses Ereignis offensichtlich wie das griechisch erfahrene λανθάνεσθαι bzw. die Pindarische Wolke.

In seinen spätesten Äußerungen hält Heidegger sich an diejenigen Gedanken aus der Vorlesung, die den Entzug des Seins und die Verhülltheit der ἀλήθεια als etwas Geschickhaftes ansehen, wobei er dann die Unabwendbarkeit dieses Geschicks durch den Menschen betont. Er kommt damit auf das wolkenhafte Wesen der λήθη, wie es bei Pindar vorliegt, zurück. Während Heidegger in der Parmenides-Vorlesung seine Abhandlung "Sein und Zeit" für den "Hinweis" auf eine anfänglichere Erfahrung des Seins hält (oben 294), sieht er 1969 nur die Merkmale der Seinsvergessenheit. Im Gespräch mit Richard Wisser sagt er: das "charakteristischste Merkmal für die Seinsvergessenheit" ist "die Tatsache, daß die Seinsfrage, die ich stelle, noch nicht verstanden ist". Hierbei unterstreicht er, daß die Seinsvergessenheit von der griechischen λήθη her zu denken sei (IG 71).

Zur Zeit der Parmenides-Vorlesung, 1942/43, schätzte Heidegger die Möglichkeiten des Denkens und dessen Auswirkungen demnach wesentlich höher ein denn als Achtzigjähriger; inzwischen hatte er nämlich erfahren, daß die von ihm aufgeworfenen Fragen keine Resonanz unter den Denkenden gefunden hatten.

Das von den Griechen ungefähr erfahrene, aber von Heidegger erst erblickte Offene als das Sein selbst denkt er als das *"anfänglich Bergende"*, als das *"Bergsame"* für den Menschen und alles Seiende: Das Offene, sagt Heidegger, birgt "die Wesensstätte des Menschen, wenn anders der Mensch, und nur er, dasjenige Seiende ist, dem das Sein sich lichtet". Das Offene "birgt in sich jede Art von Unverborgenheit des Seienden" (224).[132] Das bergsame Offene ist also in gewisser Weise noch weiter als die Lichtung, das heißt als der Bezug Sein - Mensch. Deswegen muß man es so sehen wie das die Lichtung umrundende Seyn, das im ersten Konzept zur Vorlesung "Grundfragen der Philosophie" am Vorbild einer Waldlichtung und des sie umgebenden Waldes, der "Dickung", ausgerichtet war (oben 113 ff). Mit diesem Denkbild ist es auch möglich, Verborgenheit wie Unverborgenheit des Seienden im Offenen geborgen sein zu lassen. Das *"bergsame Offene"* wäre dann der "Bereich aller möglichen Bereiche", wie Heidegger den "Bereich der Unverborgenheit" in seiner Heraklit-Vorlesung des Sommersemesters 1944 nennt (GA 55,201).[133] Daß auch der Bereich der Verborgenheit ins Offene, Freie gehört, sagt Heidegger in der Parmenides-Vorlesung ausdrücklich, wenn er festhält, daß ohne das Offene "nicht einmal das Nichts in sein Unwesen aufragen" könnte (239). Oder: "Ohne das Offene, als welches das Sein selbst west, könnte Seiendes weder unverborgen noch verborgen sein" (237). Verborgenheit, Nichts, Abwesen sind dasselbe.[134]

Den Grundzug der Entbergung im Wesen der ἀλήθεια berücksichtigt Heidegger, wenn er das Sein selbst als das "öffnende Offene" (225) denkt.[135] In dieser Wen-

---

132 Dem bergsamen Offenen aus der Parmenides-Vorlesung entspricht in Heideggers "Erörterung der Gelassenheit" von 1944/45 die "Gegnet". Heidegger schreibt: "Wenn wir das Wesen der Wahrheit gemäß dem griechischen Sagen und Denken als die Unverborgenheit und Entbergung erfahren, erinnern wir uns daran, daß die Gegnet vermutlich das verborgen Wesende der Wahrheit ist" (GA 13,63 f).

133 Vgl. VA 264.

134 Kôichi *Tsujimura* berichtet, Heidegger habe, als er ihn nach der "Lichtung des sich verbergenden Bergens" (SD 79) fragte, geantwortet: "Das Sich-verbergen ist als dieses gelichtet (also nicht etwa entborgen)". Hieraus schließt Tsujimura: "Also gibt es gleichsam einen Bereich, dem sogar die Lichtung zugehört, und der in sich die Lichtung versammelt". *Tsujimura*, o.c. 54.

135 Vgl. oben 169.

dung kommt die Einheit von Zeit und Ort zum Ausdruck, wie Heidegger sie an Sophokles aufwies.

Während der ganzen Vorlesung war Heideggers Grundgedanke der Differenz
von Sein und Seiendem im Spiel, und zwar immer dann, wenn vom unverborgenen
Seienden im Hinblick auf den Ort der Unverborgenheit gesprochen wurde oder davon, daß die Unverborgenheit Ort "für" das Seiende ist, zuletzt vermehrt bei der Platon-Auslegung in den verschiedenen Arten der Bergung, Rettung und Bewahrung
des Seienden und anhand der Sophokles-Verse als das Verhältnis der Zeit zum Seienden. Gegen Ende der Vorlesung nennt Heidegger den "Unterschied aller Unterschiede", den "Anfang aller Unterscheidung"; es ist der "Unterschied des Seins und
des Seienden" (225). Da Heidegger in der Vorlesung "Grundfragen der Philosophie"
und auch später in "Identität und Differenz" das Verhältnis von Sein und Seiendem
als ein "Umeinanderkreisen" sieht (ID 62), da er in der Parmenides-Vorlesung sowohl den Bezug des Seins zum Menschen als auch das Verhältnis des Seins zum Seienden als 'Umfangen', 'Umwesen', 'Umgeben', 'Umscheinen' (oben 305 ff), als 'Umwalten' (oben 320) charakterisiert, versuche ich, in einem Bild die maßgebenden
Phänomene aus der Parmenides-Vorlesung zu verdeutlichen, und zwar 1. das unverborgene Seiende (ἀληθές), 2. die Unverborgenheit des Seienden (ἀλήθεια, griechisch: Wahrheit, Sein), 3. den Bezug Sein - Mensch, das heißt die Lichtung, 4. das
Sein selbst als das bergsame Offene. Man denke sich vier verschieden große kon-
zentrische Kreise: Das unverborgene Seiende wird durch den kleinsten Kreis vertreten. Dieser wird vom zweiten Kreis, der die Unverborgenheit des Seienden meint,
umschlossen. Diejenige Fläche des zweiten Kreises, die sich mit dem ersten Kreis
nicht deckt, steht für das verborgene Seiende, das sich aber im Wesensbereich der
Unverborgenheit halten muß. Der dritte Kreis stellt den Bezug Sein - Mensch, die
Lichtung, dar, dessen Differenz zur Fläche des zweiten Kreises: die Verborgenheit
des Seienden, die nur möglich ist im Wesensbereich der Lichtung. Der vierte, alle
anderen umschließende Kreis bedeutet das Offene, Bergsame des Seins. Die Diffe-
renzfläche zwischen viertem und drittem Kreis wäre die Verhülltheit des Bezugs
Sein - Mensch. Die Peripherie der Kreise müßte als bewegliche Linie gedacht werden, die sich durch den Streit zwischen Entbergen und Verbergen, der in allen Be-
reichen waltet, ständig verändert.[136]

Die verschiedenen Umkreisungsvorgänge leiten sich her aus dem Wort εὐκυκλής, das Parmenides von der 'Αλήθεια sagt. Während in Heideggers Vorlesungskonzept von 1937/38 das damals von ihm entworfene Wesen der Wahrheit, die
Lichtung, die ursprünglicher gefaßt war als die griechische ἀλήθεια im Sinne der
Unverborgenheit des Seienden, die Gestalt des "gutgerundeten" hatte, das sie
gleichsam Rundende aber das Seyn war (oben 116), ist die 'Αλήθεια gemäß der

---

[136] Ein ähnlicher Entwurf findet sich bei Max *Müller*. Der Name "Sein" nennt ihm zufolge ein
Vierfaches: "Seyn geht in die Welt ein und in ihr auf; Welt hat ihren Eingang im durch sie ermöglichten
Wesen; Wesen ist symbolisch gegenwärtig im Seienden, welches Wesen, Welt und Seyn repräsentiert.
Seyn birgt sich in Welt, Welt in Wesen, Wesen im Seienden und dadurch entbergen sie sich gegensei-
tig, jedes ist aber auch im anderen verborgen, sie gründen sich gegenseitig, indem sie sich zugleich
rückgründen, die Gründung gleichzeitig zurückgeben". Müller sieht in dieser "Participations-Symbol-
Repräsentationsphilosophie" die Möglichkeit einer "neuen Metaphysik", die er für "unsere Aufgabe"
hält. Max *Müller*, o.c. 249.

Parmenides-Vorlesung die "wohlumringende" (oben 274) und das Selbe wie das Sein selbst oder: das bergsame Offene. Solche Gedanken werden von Heidegger in der Vorlesung nicht vorgetragen, Heidegger legt nur das Wort "Unverborgenheit" auseinander, auf das εὐκυκλής geht er nicht ein. Man darf jedoch annehmen, daß Heidegger mehr oder weniger die von mir gezeichnete Figur vor Augen hatte. Der "wohlumringende" Charakter der ᾽Αλήθεια wird verstärkt hervorgehoben, wenn Heidegger im Seminar in Zähringen, 1973, εὐκυκλής übersetzt als "'das Wohlumfangende, schicklich Umkreisende'" (GA 15,396).

Daraus, daß die ᾽Αλήθεια gemäß der Parmenides-Vorlesung das alle Bereiche Umringende, Umfangende, Umkreisende ist, ergibt sich, daß ᾽Αλήθεια nicht "Wahrheit" bedeuten kann, wie Heidegger es im Seminar in Zähringen auch formuliert; hierauf komme ich noch zurück.

Der in der Vorlesung "Grundfragen der Philosophie" gegebene phänomenologische Aufweis der Offenheit als des Wesens der Wahrheit, das aller Wahrheit im Sinne der Richtigkeit zu Grunde liegen muß (oben 131), wird von Heidegger in der Parmenides-Vorlesung unter dem Anspruch der ᾽Αλήθεια und geleitet von Sophokles' Versen von der 'weiten Zeit' (μακρὸς χρόνος) weitergedacht zum bergsamen Offenen. Während seinerzeit der Gedankengang vom Seienden und dem Menschen zum sie umgebenden Offenen, das heißt der Lichtung, verlief, ist der Blick des Denkens jetzt sozusagen von der "wohlumringenden" ᾽Αλήθεια her, das heißt vom Sein selbst als dem bergsamen Offenen, in die Mitte des Ringes gerichtet.

Wenn gemäß dem ersten Vorlesungskonzept von 1937/38 die Lichtung als umrundet gedacht wurde vom Seyn und dieses auch dem bergsamen Offenen aus der Parmenides-Vorlesung entspricht, so ist die Betonung doch jeweils anders: Das Seyn - so hob Heidegger 1937/38 hervor - west in die Lichtung herein, zugleich zieht es sich jedoch aus ihr zurück, denn es ist zögerndes Sichverbergen, Sichversagen (oben 115). Als das bergsame Offene aus der Parmenides-Vorlesung umfängt das Sein selbst die Bereiche des Offenen und Verschlossenen. Einmal wird also das Sichbergen des Seyns betont, einmal sein Bergen des von ihm Umschlossenen.[137] Hier ist wieder eine Stelle, wo es meines Erachtens gilt, nicht auf Widersprüche zu pochen, sondern den Weg- bzw. "Holzweg"-Charakter von Heideggers Denken ernst zu nehmen. Beides, das Sein als das bergsame Offene und als Sichverbergen, denkt Heidegger unter dem Anspruch der ᾽Αλήθεια, die sich ihm zeigt in verschiedenen Anblicken.

Das bergsame Offene ist aber nicht nur im Hinblick auf die Unterscheidung von Sein und Seiendem von Bedeutung, sondern auch für die abendländische Geschichte. Heidegger sagt im Anschluß an seine Ausführungen, daß das Offene den Bezug Sein - Mensch und alle Unverborgenheit des Seienden birgt: "Also bergend verbirgt aber auch das *bergsame Offene* jeweils den Entscheid, in welcher Anfänglichkeit das Sein dem Menschen die Unverborgenheit, d.i. die Wahrheit des Seienden im Gan-

---

137 Wenn Ekkehard *Fräntzki* in der Unverborgenheit kein bergendes Wesen erkennen kann (Von der Un-Verborgenheit, 41), so bestreitet er damit das bergsame Offene aus der Parmenides-Vorlesung. Indem er das Bergen und Sichbergen des Seins in die eigene Verborgenheit betont (o.c. 20 f; 34), schließt er an das von Heidegger 1937/38 Konzipierte an.

Ganzen, zufügt" (224). Während es Heidegger seit der "Einführung in die Metaphysik" auf Entscheidungen seitens des Menschen ankam, hauptsächlich die Entscheidung für das Mitfragen der von ihm gestellten Seinsfrage (oben 80; 111) oder die Entscheidungen der frühen Griechen, die den Verlauf unserer Geschichte bestimmten (oben 163), liegt der "Entscheid" jetzt in der Macht des Seins selbst. Das Sein ist das Entscheidende und Fügende, von dem der geschichtliche Mensch die Wahrheit des Seienden im Ganzen empfängt. Das Sein als "Fug" - Heidegger denkt an die Anaximandreische δίκη - "be-fugt" den Menschen, "das Sein zu würdigen" (224). Damit ist noch einmal gesagt, daß das Sein selbst, wie die Pindarische Αἰδώς, seinen Bezug zum Menschen aufgehen läßt. Für das entscheidende, fügende Sein schreibt Heidegger in anderen Vorlesungen "Seyn". Daß das Sein dem Menschen die Wahrheit über das Seiende zufügt, erfuhr Heidegger zuerst im Gespräch mit Hölderlin, und zwar anhand des Beginns der Rheinhymne, wonach "manches entschieden" "Zu Menschen gelanget" und dies "Ein Schiksaal" ist. Das von Heidegger gebrauchte Wort "Entscheid" ist ein Beleg dafür, daß er in der Parmenides-Vorlesung diese Hölderlin-Worte im Sinn hat.

Von dem Entscheid, in dem das Wesen der Wahrheit sich anfänglich bestimmt, sagt Heidegger: "Dann ist ein Anfang der Geschichte" (224).[138] Ein solcher Anfang ist das unter dem Titel *"Sein und Wort"* gefaßte Ereignis (oben 293), wodurch sich für die Griechen die Wahrheit und das Sein des Seienden als ἀλήθεια entschied. Ein solcher Anfang ist auch das von Heidegger erwartete kommende Ereignis.

Der jeweilige Entscheid über die Wahrheit des Seienden im Ganzen aus den oben zitierten Sätzen meint demnach nicht die später so genannten Epochen der Metaphysik, wovon noch die Rede sein soll, sondern bezieht sich auf den ersten und den anfänglichen Anfang, in dem Sinne, wie es auch zu Beginn der Vorlesung hieß: das Anfängliche macht sich "immer einmal wieder einem Zeitalter eigens zum Geschenk" (1 f; oben 272). Dem entspricht der Übergang von einer Festzeit der Geschichte in die andere, von dem bei der "Andenken"-Auslegung gehandelt wurde (oben 218).

Wenn das Sein den Menschen be-fugt, es zu würdigen, wenn das Sein sich in den Bezug zum Menschen gibt, wenn andererseits Heidegger das Sein und die ἀλήθεια denkt, so würde das bedeuten, daß er einem Anspruch und einer Zufügung entspricht, die er aus dem Wort der anfänglichen Denker empfängt. Offenbar hat Heidegger seine Arbeit 1942/43 so verstanden. Die Seinsvergessenheit ist zu dieser Zeit in seinen Augen keine völlige Verdüsterung und Finsternis. Mit seinem denkenden Entsprechen zum Sein glaubte er damals, zu einem "Anfang der Geschichte" beizutragen.

k) ᾽Αλήθεια als Anfang der Geschichte des Abendlandes

Heideggers Vorgehen in der Vorlesung war so motiviert: Weil Parmenides von der ᾽Αλήθεια spricht, das heißt nach Heideggers Deutung, von der Göttin "Wahr-

---

138 Vgl. Hölderlin, "Der Rhein", V.180: "Dann feiern das Brautfest Menschen und Götter".

heit", sollte der Name der Göttin geklärt werden. Damit sollte das anfängliche, das heißt griechische, Wesen der Wahrheit ans Licht kommen. Ausgehend von der schon in "Sein und Zeit" mitgeteilten Einsicht, daß "Wahrheit" für die Griechen Unverborgenheit des Seienden und damit dasselbe wie das Sein des Seienden bedeutete (oben 93), entnimmt Heidegger dem Wort "Unverborgenheit" Weisungen, die ihn die Grundzüge des Streites, der Entbergung, der Verbergung, der Bergung und des Offenen im Wesen der ἀλήθεια erkennen lassen. Diese Wesenszüge der griechischen "Wahrheit" wurden von den Griechen nicht bedacht. Daß sie jedoch von ihnen erfahren wurden, zeigt Heidegger an bestimmten sprachlichen Wendungen sowie an Dichtertexten und einer Platon-Passage. Indem Heidegger die Wesenszüge der ἀλήθεια *denkt,* bringt er ihr ursprünglicheres Wesen zum Vorschein: Zeit und Ort. Als das öffnende Offene birgt die ursprünglichere ἀλήθεια die Unverborgenheit des Seienden, die den Griechen "Wahrheit" bedeutete, und sie birgt die Wesensstätte des Menschen. Was den Griechen genügte, nämlich von der ἀλήθεια "angesprochen und umfangen" zu sein (oben 305), *denkt* Heidegger: die ἀλήθεια als Zeit und Ort.

Über das von den Griechen Erfahrene und Gesagte hinaus erblickt Heidegger in der Ἀλήθεια die das abendländische Geschick bestimmende Macht. Das hängt damit zusammen, daß ἀλήθεια dasjenige Wort für das Sein ist, welches die anderen Grundworte, φύσις, λόγος, δίκη, in sich versammelt. Weil ἀλήθεια das anfänglichste Seins-Wort ist und weil, wie Heidegger durch Hölderlin und Pindar weiß, der Anfang alles aus ihm Entsprungene bleibend bestimmt, steht die Ἀλήθεια für das abendländische Geschick schlechthin. In diesem Sinne sagt Heidegger am Schluß der Vorlesung: "Als das Wesen des Aufgangs (φύσις) ist die Ἀλήθεια der Anfang selbst" (242). Ἀλήθεια wird jetzt mit großem Anfangsbuchstaben geschrieben, wie es auch bei Parmenides steht. Für Parmenides ist Ἀλήθεια, nach Heideggers Auslegung, Göttin. Für Heidegger ist Ἀλήθεια der große Anfang der abendländischen Geschichte.

Alle drei Grundgedanken Heideggers werden jetzt im Namen der Ἀλήθεια vollzogen: Der Unterschied von Sein und Seiendem drückt sich darin aus, daß das Unverborgene (ἀληθές) im Offenen geborgen ist - ich habe dies die *aletheiologische Differenz* genannt (oben 154); im Bezug Sein - Mensch läßt die Ἀλήθεια als Entbergung (in Wesenseinheit mit Αἰδώς und φύσις) diesen Bezug aufgehen, als Lichtung ist sie dessen Stätte; als Zeit ist die Ἀλήθεια das Ereignis von Entbergung und Verbergung (Bergung) und damit der Augenblick des Anfangs der Geschichte sowie deren Untergang.

Heidegger glaubt sich einem "Augenblick der Geschichte" (241) nahe, der eine gewandelte Seinserfahrung bringt. Das ist vergleichbar mit Hölderlins Haltung, wenn er vom Kommen des Heiligen oder einem neuen Fest zwischen Göttern und Menschen spricht, oder wenn er sagt: "Lang ist/ Die Zeit, es ereignet sich aber/ Das Wahre". Nach Heideggers Überzeugung muß die "Wahrheit des Seins" anfänglich entschieden sein,[139] ehe etwas über die Wahrheit eines Seienden, sei es "unseres geschichtlichen Volkes" oder "der 'europäischen' Kultur" (241), auszumachen ist.[140]

---

[139] Vgl. oben 143.

[140] Vgl. oben 132.

Heidegger schreibt "europäisch" in Anführungszeichen, weil er unter Europa die mit der Neuzeit beginnende Epoche der planetarischen Technik versteht;[141] er dagegen spricht in seinem Geschichtsdenken vom "Abendland".

Der Anfang der Geschichte des Abendlandes ist die ’Αλήθεια. Heidegger erklärt: "Gemäß diesem Wesensanfang der ἀλήθεια ist das Abendland die noch nicht entschiedene und ausgegrenzte Landschaft der Erde, über die ein Abend kommt, der als Abend wesenhaft aus dem Aufgang anfängt und deshalb den Morgen dieser Landschaft in sich verbirgt" (219).[142] Der Abend, der über die Landschaft kommt, ist ähnlich wie die auf die heimatlichen Wasser herabgesenkte Trauer in Hölderlins "Germanien", die Heidegger als Grundstimmung interpretiert (oben 60). Der uns überkommende Abend ist auf zwei verschiedene Morgen bezogen: einmal kommt der Abend aus dem griechischen Aufgang,[143] das heißt aus der ’Αλήθεια her, zum anderen ist er Abend vor dem kommenden Morgen,[144] dem von Heidegger erwarteten "Ereignis", dem Augenblick des "Wandels" der Geschichte. Mit diesem Verständnis von Abendland hängt zusammen, daß Heidegger in Zukunft kaum noch vom "Anfang", dagegen aber von "Frühe" im Sinne des Morgens spricht.

Heidegger denkt die ’Αλήθεια als Anfang der abendländischen Geschichte, als das Sein selbst, als das öffnende Offene, als sichlichtende Lichtung, als Einheit von Zeit und Ort.[145] Entgegen der Überlieferung hat Heidegger damit, wie schon im letzten Semester bei der Auslegung der "Ister"-Hymne, Zeit und Ort aus dem Bezug zur Geschichte verständlich gemacht (oben 235). Der Anfang, die ’Αλήθεια, das Sein selbst ist das Schickende und Stimmende in der abendländischen Geschichte. Heidegger sagt: "Die aus dem anfänglichen Wesen der Lichtung des Seins gestimmte Geschichte schickt das Seiende immer wieder und immer nur in das Geschick des

---

[141] Im Vortrag "Hölderlins Erde und Himmel" von 1959 heißt es: "Ist das Abendländische noch? Es ist Europa geworden. Dessen technisch-industrieller Herrschaftsbezirk überzieht schon die ganze Erde" (GA 4,176).

[142] Der Begriff "Abendland" ist seit dem 16. Jahrhundert gebräuchlich. Er ist eine Analogiebildung zu "Morgenland", wie *Luther* das griechische ἀνατολή, "Aufgang", übersetzt (Mt 2,1). Lexikon für Theologie und Kirche 1,15.

[143] Dem gilt Heideggers Hinweis, daß Hölderlin Griechenland "'das Morgenländische'" nennt (GA 4,157).

[144] In diesem Sinne sagt Heidegger in seinem 1959 gehaltenen Vortrag "Hölderlins Erde und Himmel": "Muß Europa ... erst zum Land eines Abends werden, aus dem ein anderer Morgen des Weltgeschicks seinen Anfang vorbereitet?" (GA 4,177) In der Abhandlung "Der Spruch des Anaximander" (1946) fragt Heidegger: "Stehen wir vor dem Abend für eine Nacht zu einer anderen Frühe? Brechen wir gerade auf, um in das Geschichtsland dieses Abends der Erde einzuwandern? Kommt das Land des Abends erst herauf? Wird dieses Abend-Land über Occident und Orient hinweg und durch das Europäische hindurch erst die Ortschaft der kommenden anfänglicher geschickten Geschichte?" (GA 5,325 f)

[145] In seinem Vortrag "Das Ende der Philosophie und die Aufgabe des Denkens" von 1964 sagt Heidegger: "Die Unverborgenheit ist gleichsam das Element, in dem es Sein sowohl wie Denken und ihre Zusammengehörigkeit erst gibt" (SD 76). Die Unverborgenheit als Element ist das von Heidegger so genannte "Dritte", das, genauso wie das Parmenideische τὸ αὐτό, Sein und Denken ursprünglich zusammengehören läßt (oben 96 Anm.). - Außerdem, so betont Heidegger im Vortrag 1964, "gewährt die ’Αλήθεια, die Unverborgenheit als Lichtung gedacht, erst die Möglichkeit von Wahrheit" (SD 76). Als das Gewährende und als Element hat die ’Αλήθεια diejenigen Wesenszüge, die in der Parmenides-Vorlesung als Öffnen, Sichlichten, Zeit einerseits und als das Offene, Lichtung, Ort andererseits aufgewiesen wurden.

Unterganges in langhin währenden Verbergungen. Diesem Geschick gemäß walten hier die Untergänge, die Abende der anfänglichen Aufgänge" (243). Hieraus geht hervor: Die Ἀλήθεια (das Sein selbst) steht zum Sein des Seienden im selben Verhältnis wie in Heideggers Anaximander-Auslegung die ἀρχή zu γένεσις und φθορά (oben 182 ff); allerdings wird in der Parmenides-Vorlesung stärker der Zusammenhang mit der Geschichte betont.[146]

Die Untergänge, in die das Seiende geschickt wird, sind offensichtlich die verschiedenen Formen der Wahrheit des Seienden (oben 293), das heißt die von Heidegger im Anschluß an die Parmenides-Vorlesung so genannten Epochen der Metaphysik. Aus dem Jahr der Vorlesung, 1943, stammen Teile des Vortrags "Nietzsches Wort 'Gott ist tot'". In ihm heißt es: "In jeder Phase der Metaphysik wird jeweils ein Stück eines Weges sichtbar, den das Geschick des Seins in jähen Epochen der Wahrheit über das Seiende sich bahnt" (GA 5,210).

Die Untergänge der Geschicke des Seienden heißen deshalb "langhin währende Verbergungen", weil in diesen Schickungen zwar das Sein und die Wahrheit des Seienden auf- und untergehen, das Sein selbst aber an sich hält, die Ἀλήθεια sich verhüllt.[147] So ist der Sinn der von Heidegger konzipierten Seinsgeschichte, wie sie unter anderem in "Der Satz vom Grund" und in den 1961 veröffentlichten Nietzsche-Bänden dargestellt ist.[148] Die "Geschichte des Wesens selbst, der Wahrheit selbst", wovon die Parmenides-Vorlesung weitgehend handelt (oben 287), unterscheidet sich von der später so genannten Seinsgeschichte dadurch, daß diese nur die Epoche der Metaphysik betrachtet.[149] Während die Wesensgeschichte des Abendlandes aus der Parmenides-Vorlesung aus den Zeitaltern des ersten Anfangs und eines möglichen kommenden, anfänglichen Anfangs besteht - ich spreche von "Zeitaltern" im Anschluß an Heideggers eigene Diktion (oben 272) -, bezeichnen die Epochen der später so genannten Seinsgeschichte, das heißt der Metaphysik, die jeweils gewandelte Art der Wahrheit des Seienden (vgl. oben 225) im Zeitalter der Verborgenheit des Anfangs, der Verborgenheit des Seins selbst, der Verhülltheit der Ἀλήθεια.[150]

Wenn das Seiende "immer wieder" in den Untergang geschickt wird (oben 340), dann können die Schickungen nicht wie im Vortrag "Nietzsches Wort 'Gott ist tot'"

---

[146] Zu Ἀλήθεια als ἀρχή bei *Pindar* vgl. unten 344 f Anm.

[147] In seiner Abhandlung "Der Spruch des Anaximander" von 1946 schreibt Heidegger: "Das Sein entzieht sich, indem es sich in das Seiende entbirgt. - Dergestalt hält das Sein mit seiner Wahrheit an sich. Dieses Ansichhalten ist die frühe Weise seines Entbergens. Das frühe Zeichen des Ansichhaltens ist die Ἀλήθεια. Indem sie Un-Verborgenheit des Seienden bringt, stiftet sie erst Verborgenheit des Seins. Verbergung aber bleibt im Zuge des an sich haltenden Verweigerns. - Wir können dieses lichtende Ansichhalten mit der Wahrheit seines Wesens die ἐποχή des Seins nennen" (GA 5,337). Der Keim dieses Gedankens liegt in der Vorlesung "Grundbegriffe": Das Sein hält an sich mit der Enthüllung seines Wesens (oben 167).

[148] Im Vortrag "Zeit und Sein" von 1962 sagt Heidegger: "Seinsgeschichte heißt Geschick von Sein, in welchen Schickungen sowohl das Schicken als auch das Es, das schickt, an sich halten mit der Bekundung ihrer selbst. An sich halten heißt griechisch ἐποχή. Daher die Rede von den Epochen des Seinsgeschickes" (SD 9).

[149] Faßte Heidegger die Metaphysik 1943 als "eine Epoche der Geschichte des Seins selbst" auf (GA 5,265), so heißt es in einer Randbemerkung zur Einleitung von "Was ist Metaphysik?" nach 1949: "Diese Epoche ist die ganze Geschichte des Seins" (GA 9,377).

[150] Vgl. oben 147; 158; 313; 326.

als "Stück eines Weges" gedacht sein, sondern müssen alle ein und denselben Ausgangsort haben. Sie folgen nicht wie auf einer Linie hintereinander, vielmehr kommt jede für sich aus dem Anfang, dem Sein, der 'Αλήθεια. Hierfür gebraucht Heidegger in seiner Vorlesung "Der Satz vom Grund" von 1955/56 ein einprägsames Bild. Die "Überlieferung von Epoche zu Epoche", sagt er dort, "verläuft nicht zwischen den Epochen wie ein Band, das sie verknüpft", sondern "kommt jedesmal aus dem Verborgenen des Geschickes, so wie aus einem Quell verschiedene Rinnsale entspringen ..." (SvG 154)

Heidegger fährt in der Parmenides-Vorlesung fort: "Das Land, das von dieser Geschichte" - gemeint sind die Schickungen des Seienden in den Untergang - "in ihren Zeit-Raum einbezogen und darin geborgen wird, "ist das Abend-land nach einem anfänglichen (d.h. nach dem seinsgeschichtlichen)[151] Sinn dieses Wortes" (243). Heidegger gebraucht das Wort "Geschichte" hier im Sinne des Anfangs, der 'Αλήθεια, des Seins selbst. Der Anfang ist das Einbeziehende, Bergende. Der Zeit-Raum der Geschichte des Abend-landes ist nach Heideggers Auffassung in der Parmenides-Vorlesung auf den kommenden Morgen gestimmt. Entsprechend hoffte Hölderlin auf das kommende "Fest".

Am Schluß der Vorlesung kommt Heidegger auf die Eingangsverse des Parmenides-Fragments zurück. Sie sagen, nach Heideggers Auslegung, davon, daß der anfängliche Denker Parmenides auf dem Weg (όδός, V.2 und V.5) ist zum "Haus der Göttin 'Αλήθεια". Das Haus der Göttin ist "der Ort der ersten Ankunft der denkenden Wanderung", es ist zugleich "der Ausgang für die Ausfahrt des Denkens, das alle Bezüge zum Seienden austrägt" (242). Parmenides empfing also von der Göttin die Weisung für das denkende Austragen des Seienden. Die Wanderung des Denkers Parmenides - nach Heideggers Deutung - scheint mir vergleichbar mit dem Gang des Dichters zur Quelle, wodurch die Aneignung des Eigenen geschieht (oben 203 f). Ähnlich wie die Wege des Denkers und des Dichters zum Anfang war auch Heideggers Gang in der Vorlesung; er sollte denkend in die Nähe des Wesens der αλήθεια führen (oben 274). Eine Parallele von Heideggers Vorgehen zur Ausfahrt des Denkers Parmenides wäre erst dann gegeben, wenn die Wahrheit des Seins entschieden wäre; erst von hier aus könnten die Bezüge zum Seienden ausgetragen werden.

Zusammenfassend sagt Heidegger: "Die 'Αλήθεια ist das Wesen des Wahren: die Wahrheit. Diese west in allem Wesenden und ist das Wesen alles 'Wesens': die Wesenheit" (242). Damit ist die Einheit von Wahrheit, Wesenheit und Zeit (wesen: verbal) zum Ausdruck gebracht, wie sie schon in der Vorlesung "Grundfragen der Philosophie" hervortrat (oben 135 f). Heidegger fährt fort: "Sie zu erfahren ist die Bestimmung des Denkers, der anfänglich denkt. Sein Denken weiß in der Wesenheit das Wesen der Wahrheit (nicht nur das des Wahren) als die Wahrheit des Wesens" (242). Offenbar meint Heidegger an dieser Stelle mit dem anfänglich denkenden Denker eher sich selbst als Parmenides. 1949 schreibt er in der Schlußanmerkung zu "Vom Wesen der Wahrheit": *Das Wesen der Wahrheit ist die Wahrheit des*

---

[151] Ich halte den Zusatz in Klammern für eine Bemerkung, die Heidegger später als 1942/43 in seinem Manuskript angebracht hat, denn in der Parmenides-Vorlesung spricht er nicht ausdrücklich von "Seinsgeschichte", vielmehr von "Wesensgeschichte".

Wesens" (GA 9,201; vgl. oben 135 Anm.). In der Vorlesung bedeutet der zitierte Satz dasselbe wie: das Ursprüngliche in der ᾿Αλήθεια ist: Zeit. Der Zusatz in Klammern will sagen, daß mit "Wesen der Wahrheit" nicht die Seiendheit des Seienden gemeint ist, sondern das geschichtlich wesende Sein selbst.

Die Fahrt des Denkers Parmenides zum Haus der Göttin ᾿Αλήθεια ist Heidegger zufolge ein "Andenken" (242), im Sinne eines Hindenkens zum Anfang. Auch darin ist es dem Tun des Dichters vergleichbar (oben 214 ff). Das Wort dieses Andenkens, sagt Heidegger, geht als der "Spruch" des Parmenides ein in die "abendländische Sage" (242). Sie "verwahrt die Zugehörigkeit des abendländischen Menschentums zum Hausbezirk der Göttin ᾿Αλήθεια" (243). Unter der abendländischen Sage versteht Heidegger die Worte aller Dichter und Denker, die, wie etwa Pindar, Sophokles, Parmenides, Heraklit und Hölderlin, in je eigener Weise vom Sein selbst sagen.[152] Der dichterische "Geist", von dem Hölderlin spricht, würde sich dann ebenfalls, insofern er den "Boden für den Herd des Hauses der Geschichte" bereitet (oben 262), im Hausbezirk der ᾿Αλήθεια bewegen. In seinen späteren Schriften nennt Heidegger die abendländische Sage einfach: die Sprache. Sie ist, wie es 1946 heißt, das "Haus des Seins" (GA 9,313). Die "andere" Geschichte, deren Anfang Hölderlin gegründet hat (oben 26), zeigt sich Heidegger jetzt als die eine und selbe Geschichte. Sie kommt aus der ᾿Αλήθεια her und bestimmt sich auch in ihrem "anfänglichen" Anfang (oben 327) aus der ᾿Αλήθεια. Entsprechend tritt die Auseinandersetzung des Eigenen und Fremden, wie sie noch in der "Ister"-Vorlesung maßgebend war, zurück.

Die aus der ursprünglichen ᾿Αλήθεια und dem Sein selbst gedachte Geschichte hat, wie ersichtlich, genauso wie ᾿Αλήθεια und Sein selbst, Zeit- und Ortscharakter. Die Geschichte ist Anfang, Augenblick, Ereignis, Wandel, Untergang, also Zeit; sie ist Zeit-Raum, Abend-land, Landschaft, Hausbezirk, also Ort.

Heidegger gibt in der Parmenides-Vorlesung eine Skizze des Wesenswandels der Wahrheit im Abendland. Andererseits behauptet er, daß sich der Anfang der Wahrheit und des Seins in die eigene Verborgenheit entzogen, darein zurückgeborgen (oben 314), daß das anfängliche Wesen der Wahrheit sich verhüllt habe (oben 326) und von dorther für uns zukünftig wird. Diese beiden Gedanken, der Wandel der ἀλήθεια und ihr Sichbergen in die Verborgenheit, bleiben in der Vorlesung nebeneinander stehen, ohne daß diese Zweideutigkeit aufgelöst würde. Sie kommt daher, daß hier zwei Gedankenstränge, die sich durch Heideggers Vorlesungen der dreißiger Jahre ziehen, zusammenlaufen: Einmal betont Heidegger, durch Hölderlin und Pindar angeregt, seit 1934/35 die Mächtigkeit des Anfangs, dessen Wesen darin besteht, daß er sich zuerst verhüllt, wie die Quelle im strömenden Wasser. Zum anderen hat Heidegger aufgedeckt, daß Wahrheit bei den frühen Griechen Unverborgenheit des Seienden besagte, seit Platon und Aristoteles aber Richtigkeit des Blickens und des Aussagens. Weil Parmenides, nach Heideggers Deutung, ᾿Αλήθεια "Göttin" nennt, faßt Heidegger sie jetzt als die am Anfang der abendländischen Geschichte stehende Macht auf, denkt sie als identisch mit dem Anfang, mit

---

152 In einem undatierten Text Heideggers, wahrscheinlich aus der ersten Hälfte der vierziger Jahre, heißt es: "Die Sage ereignet sich als Gedanke und Gesang". Martin *Heidegger,* Das Wesen der Philosophie. In: Martin-Heidegger-Gesellschaft, Jahresgabe 1987. S. 23.

dem Sein selbst. Man muß deshalb Heideggers Vorgehen in der Parmenides-Vorlesung als Vollzug eines "mehrfältigen Denkens" ansehen, wovon er 1962 im Brief an Richardson schreibt, daß es allein dem "in sich mehrfältigen Sachverhalt von Sein und Zeit" gerecht wird (BR XXIII).

Was Heidegger als das ursprüngliche, von den Griechen nicht bedachte Wesen der ἀλήθεια aufgespürt hat, ist, daß sie waltet als: Zeit und Ort, als Lichtung, als das bergsame Offene. Zeugnisse, daß dies von den Griechen im ungefähren erfahren wurde, finden sich bei griechischen Dichtern und bei Platon. Der Auffassung der Ἀλήθεια als des Anfangs und des Seins selbst bleibt Heidegger auf seinem weiteren Denkweg treu.

In seinem Vortrag "Das Ende der Philosophie und die Aufgabe des Denkens" von 1964 ist Heidegger der Ansicht, "daß die Ἀλήθεια, die Unverborgenheit im Sinne der Lichtung von Anwesenheit sogleich und nur als ὀρθότης, als die Richtigkeit des Vorstellens und Aussagens erfahren wurde" (SD 78). Den Worten "sogleich und nur" ist in der Parmenides-Vorlesung analog, daß sich die ἀλήθεια "zugleich alsbald" verhüllt (oben 326). Gerade weil die Ἀλήθεια in der abendländischen Geschichte nach Heideggers Sichtweise im Vortrag von 1964 nie als Lichtung erfahren und gedacht wurde,[153] bleibt sie das uns Aufgegebene. Die Sophokles-Verse von der Zeit, die 'entbirgt und bei sich verbirgt', erscheinen Heidegger 1964 offenbar kein überzeugender Beleg mehr für die Erfahrung des Offenen als des Grundzugs der ἀλήθεια.

Heidegger fährt in seinem Vortrag von 1964 fort: "Dann ist aber auch die Behauptung von einem Wesenswandel der Wahrheit, d.h. von der Unverborgenheit zur Richtigkeit, nicht haltbar" (SD 78). Mit dieser Korrektur will Heidegger sagen, daß die Ἀλήθεια, die er sich zu denken bemüht, nicht "Wahrheit" bedeutet. In einer Anmerkung zum Vortrag weist er auf eine Stelle in "Sein und Zeit" hin (GA 2,291), wo er diese Auffassung bereits 1927 vertreten hat. Von dem damaligen "entscheidenden Einblick" war er, nach seiner Bekundung, inzwischen 'weggeirrt' (SD 77

---

[153] Eine gewisse Einschränkung könnte diese Behauptung durch einige *Pindar*-Stellen erfahren. In ihnen wird Ἀλάθεια "Herrscherin" genannt. Um den Machtcharakter der Ἀλήθεια, ihr Schicken, Fügen und Stimmen zu betonen, schreibt Heidegger ja seit der Parmenides-Vorlesung das Wort meist mit großem Anfangsbuchstaben. Die "Herrscherin" Ἀλήθεια wäre, folgt man Heideggers Auslegung in der Vorlesung, analog der "Göttin" Ἀλήθεια bei Parmenides. Der Beginn der achten Olympischen Ode Pindars lautet: Μᾶτερ ὦ χρυσοστεφάνων ἀέθλων, Οὐλυμπία,/ δέσποιν᾽ ἀλαθείας, "Mutter goldbekränzter Wettspiele, Olympia, Herrin der Unverborgenheit". Fragment 205 (Snell) beginnt: Ἀρχὰ μεγάλας ἀρετᾶς,/ ὤνασσ᾽ Ἀλάθεια, "Ursprung großer Tüchtigkeit, Herrscherin Ἀλάθεια". Man kann "Herrin der Unverborgenheit" aus dem achten Olympischen Gedicht so verstehen, als sei Olympia die Herrin über die Unverborgenheit (genitivus obiectivus); der Ausdruck kann aber auch meinen: die Unverborgenheit ist selbst Herrin (genitivus subiectivus), wie es auch im Fragment 205 heißt: Herrscherin Ἀλάθεια. Bei der zweiten Deutung läßt sich eine Nähe zu Heideggers Gedanken erkennen. Ἀλήθεια ist der Ort des kultischen Geschehens, nämlich Olympia, und ist die das olympische Geschehen beherrschende Macht ("Herrin") sowie deren Ursprung ("Mutter"). Macht/ Ursprung und Ort bei Pindar entsprechen bei Heidegger: das Öffnende, Sichlichtende, Zeit, einerseits und das Offene, Lichtung, Ort andererseits (SD: Gewähren und Element; oben 340 Anm.). Als Herrin über die Unverborgenheit (genitivus obiectivus) wäre das Pindarische Olympia dem Offenen Heideggers analog, insofern dieses das Offene für das Unverborgene ist. - Zu den beiden Pindar-Texten vgl. *Bremer*, Licht und Dunkel, 302 ff. Bremer deutet den Eingang des Gedichtes so, daß "von Alatheia, der 'Unverborgenheit', die Offene eines freien Raumes, in den hinein der Träger von ἀρετά hervortritt", stammt (o.c. 304). - Vgl. auch *Pindar*, Ol. 10,4: θυγάτηρ/ Ἀλάθεια Διός, "Tochter des Zeus, Ἀλάθεια".

Anm.). 1973 heißt es im Seminar in Zähringen: ᾽Αλήθεια "hat noch nichts mit Wahrheit zu tun" (GA 15,396).

Heidegger vermerkt in seinem Vortrag von 1964 nochmals, daß die Worte ἀλήθεια und ἀληθές immer zusammen mit den verba dicendi gebraucht werden (SD 77). Das heißt, daß auch in einem Homerischen Ausdruck wie ἀληθέα εἰπεῖν, 'das unverborgene Seiende in der Rede nachsprechen', oder im ἀληθεύειν, wie Heidegger es in der Parmenides-Vorlesung deutet, im "entbergenden Entsprechen, das das Unverborgene ausspricht" (oben 284), schon diejenige Tendenz angelegt ist, die sich bei Platon als Richtigkeit des Blickens und bei Aristoteles als Ansetzung der Wahrheit in der Aussage verfestigt.

Die spätere Zurücknahme der Behauptung vom Wesenswandel der Wahrheit bzw. die Einsicht, daß ᾽Αλήθεια als Lichtung nicht "Wahrheit" bedeutet, geht auch aus Heideggers Heraklit-Seminar mit Eugen Fink von 1966/67 hervor. Dort sagt er: "Die ἀλήθεια als Unverborgenheit hat mich immer schon beschäftigt, aber die 'Wahrheit' schob sich dazwischen" (GA 15,262).

Während Heidegger also in seinen Vorlesungen, ausgehend von der Wahrheitsfrage, das anfängliche Wesen der Wahrheit als ἀλήθεια verfolgt, unterstellt er sich später dem Anspruch der geschichtsmächtigen ᾽Αλήθεια und ist der Auffassung: was in diesem Namen für das Denken geborgen liegt, ist nicht "Wahrheit". Gegen Schluß der Parmenides-Vorlesung bildet sich diese zweite Auffassung heraus. ᾽Αλήθεια zeigt sich als das Schickende, Fügende, Stimmende in der ganzen abendländischen Geschichte. Der Unterschied zwischen der großgeschriebenen ᾽Αλήθεια und ἀλήθεια als Unverborgenheit des Seienden ist wie der zwischen Seyn und Sein. Diese von mir so genannte *aletheiologische Differenz* ist in Heideggers Gedanken seit "Einführung in die Metaphysik" angelegt. Die ἀλήθεια als "Raum" und "Gesichtskreis" für das griechische Erfahren des Seienden (oben 96; 146) wird jetzt erweitert zum Zeit-Raum des Abendländischen schlechthin.

Schon in der Vorlesung "Grundfragen der Philosophie" stand die Wahrheitsfrage im Vordergrund. In der gehaltenen Vorlesung wurde die Art und Weise, wie diese Frage von uns gefragt werden muß, auseinandergelegt; hierbei erschien die vierfache Offenheit das Fragwürdigste. Im ersten Konzept zur Vorlesung legte Heidegger einen Entwurf dessen vor, was Wahrheit für die zukünftige Geschichte bedeuten könnte, nämlich Lichtung als Grund des Menschseins und als Ort für das Seiende.

Die Parmenides-Vorlesung setzt am griechischen Wahrheitsverständnis an, wonach Wahrheit die Unverborgenheit des Seienden ist, und versucht, Erfahrungen aufzuspüren, die aus dem Wort "Unverborgenheit" sprechen. Diese Erfahrungen zu denken, sieht Heidegger als seine Aufgabe an. Auf die Frage am Schluß der Vorlesung, was das Wesen der Wahrheit "für uns" sei, antwortet Heidegger: "Wir wissen es nicht" (241). Freilich ist er davon überzeugt, daß das zukünftige Wesen der Wahrheit aus der sich verhüllenden ᾽Αλήθεια, aus dem sich in die eigene Verborgenheit geborgenen Sein selbst kommen müsse.

Darin, daß Heidegger in der Parmenides-Vorlesung das zukünftige Wesen der Wahrheit nicht, wie 1937/38, entwerfen zu können glaubt, daß er vielmehr Hinweise auf eine Zuschickung seitens des Seins selbst wahrnimmt, macht sich sein gewandelter Denk- und Fragestil bemerkbar.

§ 12. Die anfänglichen Namen des Seins.
GA 55: Der Anfang des abendländischen Denkens.
Heraklit. Sommersemester 1943

Wie in allen seinen Vorlesungen und Schriften verfolgt Heidegger auch in den beiden Heraklit-Vorlesungen der Sommersemester 1943 und 1944 die Frage nach dem Sein. Er macht einsichtig, daß Heraklits Fragmente "Namen des Seins" (155)[1] enthalten.[2] Was in ihnen erfahren ist, läßt sich auf die Grundworte φύσις, ἀλήθεια, λόγος zurückführen.

Die Vorlesung von 1943 setzt sich mit zehn Fragmenten auseinander, wobei deren Reihenfolge Heideggers Einschätzung ihres Ranges widerspiegelt. Die drei erstwesentlichen Texte sind: 1. τὸ μὴ δῦνόν ποτε πῶς ἄν τις λάθοι (nach der Zählung Diels-Kranz Nr. 16), 2. φύσις κρύπτεσθαι φιλεῖ (Nr. 123), 3. ἁρμονίη ἀφανὴς φανερῆς κρείττων (Nr. 54). Das zweite und das dritte Fragment beeinflussen Heideggers Denken seit der ersten Hölderlin-Vorlesung und der "Einführung in die Metaphysik"; sie standen immer dann im Hintergrund, wenn Heidegger vermutete, daß das Sein (Seyn) in seinem Wesen ein Sichverbergen ist. Der Aspekt der Verborgenheit wird in der Vorlesung von 1943 ausführlich dargelegt, allerdings so, daß die Unverborgenheit des Seins doch Priorität behält. Ganz anders in Heideggers spätestem Denken; dort scheint ihm die Verborgenheit des Seins das eigentlich Denkwürdige.

Bei der Auslegung der Heraklit-Fragmente in der Vorlesung von 1943 faltet Heidegger die Frage nach dem Sein auseinander in seine drei Grundgedanken des Bezugs Sein - Mensch, des Unterschiedes von Sein und Seiendem und des Sachverhalts "Sein und Zeit". Von den drei ersten Fragmenten, denen der größte Teil der Vorlesung gilt, kommt nach Heideggers Deutung im ersten (Nr. 16) der Bezug des Seins zum Menschen zur Sprache, aber auch das zeithafte Walten des Seins, wovon der zweite Spruch (Nr. 123) handelt; im dritten Spruch (Nr. 54) geht es um den Unterschied von Sein und Seiendem. Alle drei Grundgedanken bilden jedoch die Blickbahnen bei der Auslegung jedes Spruches.

Heidegger möchte mit der Interpretation der zehn Fragmente zeigen, daß, anders als im gewohnten Denken unter dem Subjekt-Objekt-Schema, "im Anfang das Bezughafte west" (133).

Heideggers Sichtweise der abendländischen Geschichte, wie sie sich in der Vorlesung artikuliert, ist die gleiche wie in den zurückliegenden Semestern. Sie gründet

---

[1] Seitenangaben ohne Zusatz beziehen sich im folgenden auf GA 55, 2. Aufl.

[2] Heidegger is presenting Heraclitus "as the first thinker in the West who thought through the being-question, without naming it as such". Parvis *Emad*, Heidegger's Originary Reading of Heraclitus-Fragment 16. In: Heidegger on Heraclitus. p. 103.

sich auf seine Gedanken zum Reinentsprungenen aus Hölderlins Rheinhymne und besagt: Der Anfang der Geschichte ist das Mächtigste, das uns überspringt und insofern für uns zukünftig wird. In diesem Sinne betont Heidegger in der Vorlesung: das Anfängliche ist nichts, "was hinter uns liegt, sondern das Eine und Selbe, was vor und auf uns zukommt in einer geheimnisvollen Kehre" (43). Diese Kehre hängt zusammen mit dem Rückwärtsgehen des Ister. Während in der Parmenides-Vorlesung das In-sich-Zurückgehen des Anfangs, also ein Selbstverhältnis des Anfangs, betrachtet wurde, kann man sich das Auf-uns-Zukommen des Anfangs in seiner Kehre etwa so verdeutlichen: Wir haben uns mit dem Strom gehend oder auf dem Wasser fahrend von der Quelle wegbewegt. Im rückwärtsgehenden Wasser kommt die Quelle dann auf uns zu. Unser Blick wäre also flußabwärts gerichtet. Dagegen verhält es sich, wenn der Anfang "Bleiben als Kommen" ist (oben 213), so, als blickten wir flußaufwärts. Das Zurückgehen des Stromes, die Kehre des Anfangs, ist allerdings geheimnisvoll, weshalb Hölderlins Wort auch ahnend gesprochen ist (oben 201). Heidegger nennt das Zurückgehen des Anfangs jetzt ausdrücklich "Kehre"; es ist, wie er 1949 schreibt, die "Kehre innerhalb der Geschichte des Seyns" (GA 9, 201);[3] sie soll einen Wandel der bisherigen, durch die Metaphysik bestimmten Geschichte bringen.

Weil der Anfang für uns erfahrbar wird aus dem, was die griechischen Denker gedacht haben, hat dieses Gedachte auch die dem Anfang selbst eigene Bewegtheit. Heidegger sagt: "Wenn die anfänglichen Denker allem Nachkommenden voraus und also über das heutige Denken hinweg gedacht haben, dann ist das, was in ihrem Denken ans Licht kommt, solches, was bereits und erst vor uns liegt und erst auf uns zukommt als das Zu-geschickte - als die Geschichte" (79). Was im anfänglichen Denken ans Licht kommt und was uns zugeschickt ist, ist das Sein selbst. Daß das Sein neu erfahren und gedacht werden muß und daß darin unsere künftige Geschichte beruht, ist die Grundannahme von Heideggers Geschichtsdenken, denn auch das Geschichtsdenken ist nichts anderes als eine Weiterentfaltung der Seinsfrage.

Dem, was aus dem anfänglichen Denken auf uns zukommt, entsprechen wir nach Heidegger in einem Entgegendenken (62; 118); wir finden den Anfang, "wenn wir geschichtlich erfahrend vorausdenken" (80). Solche Art des Denkens ist wie das "Vordenken", in das, nach Heideggers Pindar-Auslegung, die "Scheu" den Menschen stimmt (oben 296). Der "Gang zum Anfang" soll bestimmt sein durch "langsame Eile" (62).[4] Von unserem Standort aus betrachtet, ist der Anfang der Geschichte sowohl unser Gewesenes wie unsere Zukunft. Geschichtlich denken heißt deshalb - so Heidegger -: "das Gewesene als das schon wesende Kommende zu erfahren" (11).[5]

---

[3] Im selben Jahr, 1949, heißt es im Vortrag "Die Kehre": "Im Wesen der Gefahr *verbirgt* sich darum die Möglichkeit einer Kehre, in der die Vergessenheit des Wesens des Seins sich so wendet, daß mit *dieser* Kehre die Wahrheit des Wesens des Seins in das Seiende eigens einkehrt" (TK 40). Ähnlich schreibt Heidegger 1950 von der "im Geschick des Seins sich vorzeichnenden Kehre der Vergessenheit des Seins" (VA 178).

[4] Bei diesem Oxymoron hat Heidegger wohl Vers 5 von Hölderlins Elegie "Heimkunft" im Sinn: "Langsam eilt und kämpft das freudigschauernde Chaos" (SW 2,96), ferner das Wort "In Eile zögernd" aus Vers 47 der Ode "Stimme des Volks" (SW 2,50), vielleicht auch die Hölderlin-Verse 31 f aus "Brod und Wein": "... daß in der zaudernden Weile, / Daß im Finstern für uns einiges Haltbare sei" (SW 2,91).

[5] Vgl. oben 123.

In der künftigen Geschichte des Abendlandes kommt es nach Heideggers Ansicht entscheidend auf die Deutschen an. Er betont, daß ein "fragendes Wissen sein
muß, wenn anders die Deutschen und nur sie das Abendland in seine Geschichte
retten können" (108). Diese Überzeugung hat Heidegger von Hölderlin übernommen. Hölderlin hat in seinem Brief an Böhlendorff die Auffassung vertreten, die
Deutschen könnten ihr Eigenes lernen in der Begegnung mit dem Eigenen der
Griechen. Eben diese Absicht hat Heideggers Zuwendung zu den Griechen; er betreibt sie um unserer künftigen Geschichte willen.[6] Hölderlin strebte eine Auseinandersetzung von Eigenem und Fremdem vor allem im Bereich der Kunst an, Heidegger bemüht sich um eine solche Auseinandersetzung im Bereich des Denkens, was
für ihn immer heißt: Denken des Seins. Die Rettung des Abendlandes in seine Geschichte kann nach Heideggers Grundüberzeugung nur in einer Rettung und Bewahrung des Seins beruhen. Das Wort "retten" nimmt Bezug auf die Platon-Auslegung des letzten Semesters (oben 318 ff). Daß Heidegger auch in der Heraklit-Vorlesung von 1943 Hölderlins Brief im Sinn hat, geht aus folgendem Satz hervor: "Nur
von den Deutschen kann, gesetzt, daß sie 'das Deutsche' finden und wahren, die
weltgeschichtliche Besinnung kommen" (123). Das "Deutsche" ist analog dem "Eigenen", wovon Hölderlin spricht; auch das Wort "finden" stammt aus der Interpretation der Briefstelle (oben 198 ff).

Wenn Heidegger das "Deutsche" nennt, so sieht er nicht auf die politischen Verhältnisse von 1943; das "Deutsche" bezieht sich vielmehr auf eine gewandelte Erfahrung des Seins, die anknüpft an frühgriechische Erfahrungen. Mit einer neuen Nähe
des Seins würde ein anderes Zeitalter der Weltgeschichte beginnen. Eine ähnliche
Annahme enthält Hölderlins Idee des Vaterländischen. Seine Nähe zu Hölderlin
bekundet Heidegger mit dem Hinweis auf Vers 1 der Ode "Gesang des Deutschen":
"O heilig Herz der Völker, o Vaterland!" (181. SW 2,3)

Heidegger stellt in der Heraklit-Vorlesung eine "vorbereitende Besinnung" (35)
auf das denkende Wort an. Sie gehört zusammen mit den einleitenden Bemerkungen der Parmenides-Vorlesung, die allen drei anfänglichen Denkern, also Anaximander, Parmenides und Heraklit, galt.[7] Die Besinnung ist ähnlich wie Heideggers
Betrachtungen zum dichtenden Wort aus der "Andenken"-Vorlesung. Es geht jeweils um den Bezug des Seins zum Dichter oder Denker und um den Bezug des
Seins zu uns, was bedeutet, daß uns das Sein aus dem dichtenden oder denkenden
Wort anspricht. Die Struktur ist immer die gleiche; Heidegger entwickelte sie in der
Auseinandersetzung mit Hölderlins Feiertagshymne. Die Wesenseinheit von denkendem und dichtendem Wort läßt sich an folgendem Satz Heideggers ablesen: "Je
anfänglicher das Denken ist, je inniger ist sein Gedachtes einig mit dem Wort" (35).

---

[6] In der Heraklit-Vorlesung des Sommersemesters 1944 heißt es: "Dieses immerzu hier verlangte
'griechisch denken' ist erfahren und vollzogen als der Weg der Aussprache mit dem anfänglichen
Denken, die einzig in das uns aufgegebene eigene deutsche Denken geleitet soll" (GA 55,366). Die
Worte "aufgegeben" und "eigen" stammen aus Heideggers erster Deutung des Böhlendorff-Briefes.

[7] Zu Heideggers Besinnung auf das Wort in der Heraklit-Vorlesung von 1943 vgl. *Emad*, Heidegger's Originary Reading of Heraclitus-Fragment 16. p. 118 ff. Ausdrücklich zu § 2 der Vorlesung, "Das
Wort im Anfang des Denkens": *Emad*, Word at the Beginning of Thinking. In: Heidegger on Heraclitus. p. 124-134.

Eben diese Innigkeit von Sein und Wort kennzeichnet auch das anfängliche dichtende Wort, den μῦθος (oben 291).

Ehe Heidegger aufweist, daß es das Sein ist, welches die anfänglichen Denker anging und welches sie dachten, spricht er vom "Zu-denkenden" (3; 18 ff).[8] Er wählt diesen Ausdruck, um, je nach Betonung (das Zu-*denkende* bzw. das *Zu*-denkende), den Bezug von Sein und Denken von beiden Polen her sichtbar und hörbar zu machen.

Der zweifach sich entfaltende Bezug ist nach der Vorlesung so: das Zu-denkende ruft das Wort hervor, der Denker sagt den Ruf nach (27);[9] wir haben das Wort des Denkers zu vernehmen und nachzudenken. Heidegger möchte bei seinen Hörern und Lesern eine Haltung der Offenheit dafür wecken, daß "das überkommene Wort aus seiner Wesensmitte uns selbst trifft" (38).[10] Seine Erläuterungen versteht er als "Hinzeigen auf einen Weg zum Wort" (39).[11] Mit dem "Wort" meint Heidegger nicht ein Lexem, sondern, wie er auch im letzten Semester ausführte, den Spruch des Denkers Heraklit (44).[12] Offensichtlich streben Heideggers Heraklit-Interpretationen, wie etwa auch die Pindar-Auslegung des letzten Semesters, die Einübung eines phänomenologischen Sehens an.[13]

Genauso wie in den Vorlesungen der beiden letzten Semester sollen die zu besprechenden Phänomene "griechisch" gedacht werden (18; 25; 49 u.ö.), das heißt, wie Heidegger am Schluß der Vorlesung sagt: "aus dem Hinblick auf φύσις und ἀλήθεια" (179). Seit der "Einführung in die Metaphysik" erblickt Heidegger in der ἀλήθεια ja den "Raum" und "Gesichtskreis" alles griechischen Erfahrens und Sagens.

a) Wesentliches und gewöhnliches Denken

Heidegger unterscheidet in der Vorlesung generell zwischen wesentlichem und gewöhnlichem Denken. Diesen Unterschied "zu erproben und dadurch einzuüben" (51), soll das Verfahren bei der Auslegung der Heraklit-Fragmente sein. Wesentliches Denken ist sowohl das Denken, worum Heidegger sich bemüht,[14] als auch Denken im Sinne der Philosophie überhaupt.

Das wesentliche Denken ist für Heidegger ein Denken der Denker und geht auf das Sein des Seienden. Zum Beleg führt Heidegger zwei Aristoteles-Stellen an, auf

[8] Vgl. oben 305; 334.

[9] Vgl. oben 194; 228.

[10] Damit kehrt Heidegger das Hölderlin-Wort um, wonach die Tendenz der Vorstellungsarten seiner Zeit darin liegt, "etwas treffen zu können" (oben 56). Dies entspricht seiner Sicht des gekehrten Bezuges von Sein und Mensch.

[11] Vgl. oben 192.

[12] Vgl. auch GA 55,340. Zum Unterschied von "sprachlichem Ausdruck" (GA 55,28) und Wort in Heideggers Sinn vgl. *Emad,* Word at the Beginning of Thinking. p. 132 ff.

[13] "for Heidegger Heraclitus' thinking is a phenomenological thinking". Heidegger on Heraclitus. p. 5.

[14] Vgl. oben 272; 334.

die sich seine Argumentation schon öfter stützte. Erstens Met. 1028 b 2 ff: καὶ δὴ καὶ τὸ πάλαι τε καὶ νῦν καὶ ἀεὶ ζητούμενον καὶ ἀεὶ ἀπορούμενον, τί τὸ ὄν. Heidegger übersetzt und erläutert: '"Und so ist denn also auch das von altersher sowohl als auch jetzt und (vor allem) auch fernerhin Gesuchte und d.h. vor allem dasjenige, wobei (wenn wir es denken) immer wieder nicht durchzukommen ist, das, was das Seiende ist"' (54). "Was ist das Seiende?" lautet nach Heidegger die "Leitfrage der Denker" (55).

Die zweite Stelle steht Met. 1003 a 21 ff: Ἔστιν ἐπιστήμη τις ἣ θεωρεῖ τὸ ὂν ᾗ ὂν καὶ τὰ τούτῳ ὑπάρχοντα καθ᾽ αὑτό. Das heißt nach Heideggers verdeutlichender Übersetzung: '"Es ist (d.h. es besteht der Möglichkeit und inneren Notwendigkeit nach) irgendein Wissen, das in den Blick aufnimmt das Seiende, insofern es Seiendes ist, (ein Wissen also das) demnach auch (in den Blick nimmt) dasjenige was diesem (dem Seienden insofern es Seiendes ist) an ihm selbst zukommt"' (55). Heidegger faßt das καί in diesem Satz wieder explikativ auf, und er deutet das dem Seienden Zukommende als: das Sein (55).

Seit Platon und Aristoteles ist das abendländische Denken Metaphysik. Die Art und Weise, wie die Metaphysik das Sein denkt, ist, wie aus dem zweiten Aristoteles-Passus hervorgeht, so: Es wird vom Seienden her auf das ihm Zukommende, nämlich das Sein, hin gefragt, vom Sein wird aber wieder zurückgefragt auf das Seiende, denn dieses soll ja bestimmt werden (ὂν ᾗ ὄν) (77; 88; 98 f; 160). Das metaphysische Denken fragt also nach der Seiendheit des Seienden (76; 100). Demgegenüber denken die anfänglichen Denker das Sein anders (57). Von dem, was sich im anfänglichen Denken ereignet hat (100), soll bei der Auslegung der Heraklit-Fragmente etwas ans Licht kommen. Heidegger nennt es das "Sein und dessen Wahrheit" (77) oder die "Wahrheit des Seins" (156). Der Bereich dieser Wahrheit soll in der Vorlesung durch das Wort Heraklits erschlossen werden. Der Wahrheit des Seins gilt alles Fragen und Denken Heideggers in den dreißiger und frühen vierziger Jahren.

Zusammengefaßt: Wesentliches Denken hat es mit dem Sein zu tun, wesentliches Denken nach Art der Metaphysik: mit der Seiendheit des Seienden, wesentliches Denken im Sinne der anfänglichen Denker und im Sinne Heideggers mit der von ihm so genannten Wahrheit des Seins.

Zur Metaphysik gehört eine bestimmte Auslegung des Denkens und Sagens, nämlich Logik und Grammatik.[15] Die Logik ist ein setzendes, vorstellendes, rechnendes Denken, wobei das Positive dem Negativen gegenüber einen Vorrang hat (155). Die Logik sieht auf Folgerichtigkeit, das heißt: aus bestimmten Voraussetzungen ergeben sich bestimmte Schlüsse; das Denken hält sich hierbei innerhalb des Satzes vom zu vermeidenden Widerspruch (125). Zu solcher Art des Denkens bemerkt Heidegger: "Was 'logisch' ist, braucht noch nicht wahr zu sein" (114). Was in der Logik ungefragt voraus-gesetzt wird, die Wahrheit des Seins und der Bezug des Seins zum Menschen, wird durch sie zugleich abgeblendet und verstellt (157). Da der Logik und Metaphysik das Sein als "das Fraglose und Ausgemachte" (98) gilt, da "Sein" in ihr immer nur als der "leerste und allgemeinste Begriff" (99) vorkommt,[16]

---

[15] In der Vorlesung des Sommersemesters 1944 heißt es: Die Logik ist "der Weg und die Dimension des metaphysischen Denkens" (GA 55,231 f).

[16] Vgl. oben 164.

ist nach Heidegger Nietzsches Feststellung nur konsequent, wonach das Sein "der letzte Rauch einer verdunstenden Realität" ist (99).[17]

Heideggers Einstellung zur Metaphysik hat sich seit 1934/35 gewandelt. Wurde der Titel in der ersten Hölderlin-Vorlesung und in "Einführung in die Metaphysik" noch positiv gebraucht, so trat in der Zeit danach mehr und mehr eine kritische Sichtweise hervor.[18] Das ist auch von der Zugehörigkeit der Logik zur Metaphysik her einleuchtend, denn die Logik möchte Heidegger nicht erst in der Heraklit-Vorlesung "verabschieden" (125), sondern bereits 1935 (oben 80). Heidegger beurteilt die Logik in der Heraklit-Vorlesung so: "Die 'Logik' ist ein Abkömmling der Metaphysik, um nicht zu sagen eine Mißgeburt. Falls gar noch die Metaphysik selbst ein Mißgeschick des wesentlichen Denkens sein sollte, wäre die 'Logik' sogar die Mißgeburt einer Mißgeburt" (113 f). Daß die Metaphysik ein Mißgeschick des wesentlichen Denkens sei, wird hier zunächst hypothetisch formuliert. Zuerst sprach Heidegger in der "Andenken"-Vorlesung von einer nötigen "Überwindung aller Metaphysik" (oben 221). Im Nachwort zu "Was ist Metaphysik?" von 1943, dem Jahr der Heraklit-Vorlesung, greift er diesen Titel dann auf (GA 9,303); ferner verwendet er ihn als Überschrift für Aufzeichnungen aus den Jahren 1936-1946, veröffentlicht 1954 (VA 67-95).

Wenn Heidegger einerseits an der Metaphysik solch scharfe Kritik übt, andererseits Aristoteles, der die Metaphysik ja begründete, ausdrücklich als "Denker", und zwar als "letzten Denker der Griechen" (75) würdigt,[19] so ist damit gesagt, daß das metaphysische Denken in zweieinhalb Jahrtausenden in sich verfallen ist. Die Philosophie des Aristoteles wurde im Mittelalter durch die christliche Theologie mißdeutet und verschüttet (74). Während Platon und Aristoteles, nach Heideggers Darlegungen in der Parmenides-Vorlesung, noch aus dem Erfahrungsbereich der ἀλήθεια dachten, wurde, seitdem die Wahrheit veritas ist, in den Erfahrungsbereich des Imperialen übergesetzt, wodurch es auf ein Sichbehaupten und Obenbleiben ankommt; eine solche Verfassung hat auch der christlich verstandene Gott (oben 286 f). Eine Aristoteles-Interpretation aus diesem Horizont hat dann, wie Heidegger sagt, mit dem "griechischen Aristoteles nur noch die Wörter, und zwar in der übersetzenden lateinischen Sprache, gemeinsam" (74).

Was nun unser gegenwärtiges, "gewöhnliches" Denken beherrscht, ist gewissermaßen eine derangierte Form des metaphysischen Denkens und seiner Logik; es ist geprägt durch den "Verfall der Metaphysik" (180).

Die Heraklit-Sprüche 16, 123 und 54 sagen betont von der Verbergung im Wesen des Seins. Dieser Wesenszug des Seins wird in der Vorlesung noch nicht, wie es später geschieht, in den Zusammenhang mit der abendländischen Geschichte gebracht. Während Heidegger in den dreißiger und vierziger Jahren glaubte, der Seinsvergessenheit im Zeitalter der Metaphysik durch sein Fragen und Denken steuern zu können, und er damit die Metaphysik zu überwinden trachtete, beruht die Seinsvergessenheit nach seiner späteren Auffassung auf einem Ereignis, das,

---

[17] Vgl. oben 70.

[18] Vgl. oben 220 f; 225 f; 235; 253.

[19] Vgl. oben 94.

ähnlich wie die "Wolke der Vergessung" aus Pindars Dichtung, die Macht des Menschen übersteigt. Im Vortrag "Zeit und Sein" von 1962 kommt es für Heidegger darauf an einzusehen, daß das "bisherige Nichtdenken kein Versäumnis ist, sondern als Folge des Sichverbergens des Seins zu denken ist". Und weiter: "Die Verbergung des Seins gehört als deren Privation zur Lichtung des Seins" (SD 32).[20] Denselben Sachverhalt spricht Heidegger an, wenn er im Vortrag "Das Ende der Philosophie und die Aufgabe des Denkens" von 1964 fragt, ob nicht die Λήθη das "Herz der ᾿Αλήθεια" sei (SD 8).[21]

Da das Wesen des Seins im Abendland, wie Heidegger in der Parmenides-Vorlesung ausführte, unter dem Namen ᾿Αλήθεια steht, ist das Sichverbergen des Seins dasselbe wie das Ansichhalten der ᾿Αλήθεια.[22] 1974, zwei Jahre vor seinem Tod, schreibt Heidegger: "'Seinsvergessenheit' nennt dem nächsten Anschein nach einen Mangel, eine Unterlassung. In Wahrheit ist das Wort der Name des Geschicks der Lichtung des Seins, insofern dieses als Anwesen nur offenkundig werden und alles Seiende bestimmen kann, wenn die Lichtung des Seins, die ᾿Αλήθεια, an sich hält, sich dem Denken vorenthält, was im Anfang des abendländischen Denkens und als dessen Anfang geschah und seitdem die Epochen der Seinsgeschichte bis in das heutige technologische Weltalter kennzeichnet, das die Seinsvergessenheit, ohne von ihr zu wissen, gleichsam als ihr Prinzip befolgt" (GA 13,234).[23] Das Wesen des Seins (᾿Αλήθεια) ist nach Heideggers spätestem Denken nicht Unverborgenheit des Seienden, wie für die frühen Griechen, es ist nicht "Anwesen", wie für die Metaphysik, es ist aber auch nicht mehr "Wahrheit", wie Heidegger es in den dreißiger und vierziger Jahren sah, sondern: Verbergung, Ansichhalten. Der "Hausbezirk der Göttin ᾿Αλήθεια", wie es in der Parmenides-Vorlesung hieß (oben 343), ist gleichsam ein Zeit-Raum der Dunkelheit, eine Abend-Landschaft (oben 340). Auch in der Parmenides-Vorlesung betonte Heidegger die Verborgenheit des Seins; damals vermutete er aber, wie in der Heraklit-Vorlesung ebenfalls, einen Wandel der Geschichte, ein Ereignis, das die Verborgenheit des Seins wenden würde. Am Ende seines Denkweges hält er die Verbergung für die Herzmitte des Seins. Was Heideggers Position von der Metaphysik unterscheidet, ist, daß er diese Verbergung erfahren hat, während sie der Metaphysik verhüllt bleibt.[24]

Weil das Phänomen der Verbergung für Heideggers Spätdenken so eminente Bedeutung hat, weil Heideggers Geschichtsdenken, seine Seins- und Wahrheitsfrage zuletzt auf das Phänomen der Verbergung führen, deshalb scheint es mir geboten, Heideggers Auslegung der ersten drei Heraklit-Sprüche aus der Vorlesung von 1943 in ihren Hauptzügen darzustellen.[25] Hier liegen nämlich, ebenso wie in der ἀλήθεια-Interpretation des letzten Semesters, die Wurzeln für Heideggers spätestes

---

[20] Heidegger wendet hier offensichtlich das alpha privativum aus dem Wort ἀλήθεια auf den Verlauf der abendländischen Geschichte an.

[21] Vgl. oben 320 Anm.; 326 f.

[22] Vgl. oben 145.

[23] Zu den Epochen der Seinsgeschichte vgl. oben 341 f.

[24] Vgl. oben 158 f.

[25] Vgl. hierzu *Emad,* Heidegger's Originary Reading of Heraclitus-Fragment 16.

Denken. Gemäß seinem Vorhaben, den Unterschied zwischen gewöhnlichem und wesentlichem Denken zu erproben, geht Heidegger so vor, daß er zunächst im Sinne des sogenannten gewöhnlichen Denkens argumentiert, um es dann als unzureichend aufzuweisen. Ich werde jeweils nur Heideggers eigene Gedanken, also das sogenannte wesentliche Denken referieren.

b) Der Bezug des Menschen zum Niemals-Untergehen
(τὸ μὴ δῦνόν ποτε)

Der "rangmäßig erste" (75) Heraklit-Spruch, der "alle übrigen durchleuchtet" (97), ist nach Heideggers Vorlesung von 1943 der unter der Nr. 16 von Diels-Kranz angeführte: τὸ μὴ δῦνόν ποτε πῶς ἄν τις λάθοι; Heidegger übersetzt: "'Dem ja nicht Untergehen(den) je, wie möchte irgendwer (dem) verborgen sein?'" (44)[26]

Wie im letzten Semester versteht Heidegger das Übersetzen als ein "*Über*setzen an das andere Ufer" (45); wie im vorletzten Semester betont er, daß Übersetzungen "im Bereich des hohen Wortes der Dichtung und des Denkens" zugleich Auslegungen sind und von daher selbst wiederum der Auslegung bedürfen (45; 63). Heideggers Übersetzung will "wortgetreu" sein, das heißt die einzelnen Wörter sollen, wie Heidegger sagt, "aus der schon waltenden Treue zum einheitlichen Wort, d.h. zum Ganzen eines Spruches, ihre Nennkraft und ihr Gefüge empfangen" (44). Damit ist zum Ausdruck gebracht, daß das Ganze eines Spruches einen eigenen Erfahrungsbereich darstellt, in den Heidegger übergesetzt hat, wozu er auch seine Hörer und Leser auffordert.[27]

Im Spruch 16 wird, so erläutert Heidegger, ein Bezug genannt, und zwar zwischen dem τίς, "irgendwer", also einem Menschen, und dem μὴ δῦνόν ποτε, dem "niemals Untergehenden". Der Spruch fragt nach Heidegger, "in welcher Weise und auf welchen Wegen" (πῶς) "je einer der Menschen" (τίς) "verborgen bleiben könnte" (λάθοι) "vor dem niemals Untergehenden" (τὸ μὴ δῦνόν ποτε). Das Bezughafte besteht grammatisch zwischen dem Verb λανθάνω und dem Akkusativobjekt τὸ μὴ δῦνόν ποτε.[28]

Wenn man die Frageform des Spruches in eine Antwort überträgt, so würde sie lauten: "'Dem niemals Untergehenden kann keiner verborgen bleiben'" (46). Das bedeutet, so folgert Heidegger, "daß der Mensch aus der Wesensmitte seines Menschseins im Unverborgenen steht, so daß er der Unverbergbare ist in bezug auf das niemals Untergehende und durch dieses" (49). Die in der Frage des Spruches implizierte Antwort, daß keiner verborgen bleiben könne, denkt Heidegger also, indem er die Negation aufhebt, weiter zu: der Mensch steht im Unverborgenen. Weil

---

[26] Diels-Kranz 1,155: "Wie kann einer sich bergen vor dem, was nimmer untergeht?" Snell 11: "Wie kann man verborgen bleiben vor dem, das nie untergeht?" *Heraklit*, Fragmente. Griechisch und Deutsch. Hg. Bruno Snell. 4. Aufl. München: Heimeran 1944.

[27] Zu Heideggers Bemerkungen über das Übersetzen in der Vorlesung von 1943 vgl. *Emad*, Heidegger's Originary Reading. p. 117 ff.

[28] Vgl. oben 278.

das Nichtverborgensein des Menschen im Bezug auf (λανθάνω τινά) das μὴ δῦνόν ποτε gesagt ist, ist dieses, so erklärt Heidegger, "das Bestimmende" (49). Heidegger wendet sich zunächst der Aufhellung des μὴ δῦνόν ποτε zu, um danach zum Spruch und seiner Frage zurückzukehren (49).

Zu δῦνον erläutert Heidegger: das Verb δύω bedeutet "einhüllen, versenken" (49); im Medium Aorist, δῦναι, δύνειν meint es: "in etwas eingehen", so wie die Sonne ins Meer hineingeht und darin untertaucht (49).[29] Das griechisch gedachte Untergehen ist ein *"Eingehen in eine Verbergung"* (49). Die beiden einzigen tragenden Worte (69) des Heraklit-Spruches, δῦνον und λάθοι, zwischen denen eine "Wesensbeziehung" (51; 68) besteht, denken also das Selbe, nämlich den "Grundzug des Verbergens" (51).

Ein dem Untergehen verwandtes Phänomen behandelte Heidegger 1941: die Anaximandreische φθορά (oben 178 ff). Dabei ging es allerdings um den Weggang *des Seienden* (τῶν ὄντων), während jetzt das Geschehen des Untergangs selbst betrachtet wird. Der Ort des Hervorgangs und Weggangs des Seienden war damals "die Anwesenheit", jetzt kommt es auf den Ort ("in") der Verbergung an. Der Untergang (δῦνον) im Sinne des Eingehens in eine Verbergung ist kein "Nichtmehrsein und Nichtsein" (50) - so könnte man das Weggehen des Seienden aus der Anwesenheit, die φθορά Anaximanders, auffassen -, sondern, wie Heidegger sagt, was bereits auf seine späteste Auffassung vorausdeutet: "ein 'Sein', ja vielleicht sogar *das* Sein, dies nämlich griechisch gedacht, dies nämlich anfänglich erfahren" (50).

Eine solche Erfahrung stünde im Widerspruch zu Hegel. In der Einleitung zur Vorlesung führt Heidegger folgenden Standpunkt Hegels an: "'Das zuerst verborgene und verschlossene Wesen des Universums hat keine Kraft, die dem Muthe des Erkennens Widerstand leisten könnte; es (das Wesen des Universums) muß sich vor ihm (dem Denker der Philosophie) auftun, und seinen Reichthum und seine Tiefen ihm vor Augen legen und zum Genusse geben'" (29 f).[30] Für Hegel ist demnach das Universum "das wesenhaft Sichaufschließende" (50).[31] Dessen Verhältnis zum Menschen sieht Hegel so, daß es sich dem Zugriff des Menschen nicht entziehen kann. Das "niemals Untergehende" aus dem Heraklit-Spruch dagegen ist das den Menschen Bestimmende, insofern sich der Mensch "vor" ihm nicht verbergen kann (λανθάνω τινά).

Im Wortcharakter des δῦνον liegt eine Zweideutigkeit, in der sich gerade der "Reichtum des Wortes" zeigt (72): δῦνον ist Partizip, das heißt, es hat teil sowohl am Nomen wie am Verbum. Um diesen partizipialen Charakter des δῦνον vor Augen zu führen, geht Heidegger auf die beiden Aristoteles-Stellen ein (oben 350), die besagen, daß die Philosophie nach dem ὄν fragt, und zwar nach ihm als ὂν ᾗ ὄν. Das heißt nach Heideggers Auslegung: das Denken der Denker geht auf das Sein des Seienden. Die Aristoteles-Passagen werden in der Vorlesung von Heidegger gewissermaßen zur Begründung seines eigenen Interesses zitiert, denn Heidegger wendet

---

[29] *Passow* 1,749: δύω "einhüllen; versenken, eintauchen". Med. "eingehen". Aor. ἔδυν "eingehen, hineingehen, hineindringen", "hineingehen in einen Ort, sich hineinbegeben, untertauchen".

[30] *Hegel,* Werke 17,22.

[31] Vgl. oben 292.

sich in allen seinen Vorlesungen und Schriften solchen Dichter- und Denker-Worten zu, aus denen eine Erfahrung des Seins spricht. Er betont: das Sein "ist das einzige auch, was den Denkern als das Zu-denkende sich zuspricht" (61).

Die anfänglichen Denker haben nun, so behauptet Heidegger, das Partizip ὄν verbal verstanden (53; 57 ff; 76; 81). Hierfür gibt er in der Vorlesung von 1943 keinen Beleg, er verweist lediglich auf das ἐόν des Parmenides (58).[32] Platon und Aristoteles denken das Partizip ὄν nach Heidegger sowohl nominal als auch verbal, das heißt sowohl als 'Was' des Seienden (τί τὸ ὄν) als auch als Seiendheit (οὐσία).[33] Gemäß der Frageweise der Metaphysik (oben 350) wird das Sein nur im Hinblick auf die Bestimmung des Seienden beachtet, so daß die Metaphysik ausschließlich mit dem Sein des Seienden zu tun hat. In dieser herkömmlichen Denkweise wendet man sich auch - so Heidegger - der "vielberufenen 'Seinsfrage'" zu (77). Heidegger will damit sagen, daß sein Anliegen, das Sein selbst, das Wesen des Seins zu denken, bisher nicht verstanden wurde.[34]

Im Partizip ὄν erblickt Heidegger "das Partizip aller Partizipien, weil das Wort 'Sein' das Wort aller Worte ist" (58). Jedes Nomen enthält nämlich ein 'ist', jedes Verb läßt sich mit 'sein' umschreiben. Das Verb heißt im Deutschen auch "'Zeitwort'". Heidegger unterstreicht: "Das Wort 'Sein' ist als das Wort aller Worte das anfängliche Zeit-Wort schlechthin. Das Zeitwort 'Sein' nennt als das Wort aller Worte 'die Zeit aller Zeiten'. Sein und Zeit gehören anfänglich zusammen" (58). Damit verweist Heidegger auf sein Hauptwerk von 1927 und seine Absicht seither, Sein zeithaft, das heißt als "Wesen", "Wesung", als Geschehen zu denken.

Wenn also das Partizip ὄν von den anfänglichen Denkern verbal gedacht wird, wenn andererseits das Wort 'sein' alle Zeitworte umfaßt, so wird auch das δῦνον verbal zu verstehen sein, das heißt nicht als "das Untergehende" im Sinne eines Etwas, das untergeht, sondern als "Untergehen" bzw. τὸ μὴ δῦνόν ποτε als "Nicht-Untergehen"; beides nennt dann eine "Weise des Seins" (58), also ein zeithaftes Walten.

In dem Einwand des gewöhnlichen Denkens, die Erörterungen über nominale und verbale Bedeutung des ὄν seien "leer und befremdlich", sieht Heidegger ein Zeichen für die "über dem geschichtlichen Menschentum lastende Wolke der Seinsvergessenheit". Sie beruht auf einem "einfachen", aber "erschreckenden Ereignis" (61). Es ist das in der Parmenides-Vorlesung hervorgehobene Ereignis unter dem Titel "'Sein und Ratio'", womit die Metaphysik beginnt (oben 293). Heidegger faßte dieses Ereignis auch als "Einsturz", "Verschüttung" oder Sichverhüllen der ἀλήθεια (oben 96 f; 140; 326), als Zurückgeborgenwerden des Seins und der Wahrheit in die eigene Verborgenheit (oben 314). Daß die Seinsvergessenheit selbst "verborgen" bleibt (61), liegt an dem in der Parmenides-Vorlesung dargestellten wolkenhaften, das heißt alles verhüllenden Wesen des Vergessens. Außer der Wolke nennt Heidegger noch ein weiteres Phänomen, um das "Wesen der Vergessenheit" zu charak-

---

[32] Vgl. oben 88.

[33] Vgl. oben 135 f.

[34] Vgl. oben 335.

terisieren: Vergessenheit geschieht so, daß sie "alles, was in ihren Umkreis kommt, in sich hinabzieht wie ein Sog" (83).

Wie in den Vorlesungen der letzten Semester so glaubt Heidegger auch 1943, daß wir Menschen der Seinsvergessenheit entgegenwirken können, eben durch Überlegungen wie diese, daß das Wort 'sein' und 'ist' all unser Denken und Sprechen durchwaltet, daß wir uns ohne dieses Wort nicht zum Seienden, "inmitten" dessen wir uns aufhalten, verhalten könnten. Heidegger fragt: "wenn alles und jedes, das Höchste und das Geringste, nur im 'Äther' des Seins uns begegnet, wie nahe muß uns dann trotz aller Vergessenheit das Sein doch bleiben?" (61) Die Erfahrung, daß das Sein das Nächste ist, trug Heidegger seinen Hörern und Lesern schon öfter an.

Nachdem Heidegger den Sinn und Wortcharakter des δῦνον besprochen hat, erläutert er die prohibitive Bedeutung der Partikel μή: μή verneint "in dem Sinne, daß, wer das zu Verneinende erfährt, von diesem eigens ferngehalten wissen will: eben das Verneinte" (85). In der Wendung τὸ μὴ δῦνόν ποτε, von Heidegger übersetzt als "'das ja nicht Untergehen je'", wäre, wenn das δῦνον, das Untergehen, erfahren wird, von diesem eigens fernzuhalten: das μὴ δῦνόν ποτε, das Niemals-Untergehen. Aber nur, wenn im Niemals-Untergehen - so fährt Heidegger fort - "eine Spur und ein Zeichen von Untergehen erscheint", hat das als Abwehr gesagte μή, "ja nicht", "einen Anhalt und einen Sinn" (86). In dem μή kommt dann zum Ausdruck, daß zwar ein Untergehen waltet, aber nicht obsiegt, und das "wesenhaft nicht", das heißt niemals. Das bedeutet: das Niemals-Untergehen hat gegenüber dem Untergehen einen höheren Rang. In diesem Sinne fragt Heidegger: ruht das Sein "vielleicht im Niemals-Untergehen?" (81)

Das Indefinitpronomen ποτέ, "je, jemals", erläutert Heidegger als ein "Wort, das Zeithaftes nennt". Dadurch, daß das Partizip δῦνον in der Mitte zwischen μή, "ja nicht", und ποτέ, "jemals", steht, tritt in Heideggers Augen "der verbale, zeitwörtliche Sinn" des δῦνον hervor, kommt sein "ereignishaftes Wesen" zum Vorschein (86). An dem Wortgefüge τὸ μὴ δῦνόν ποτε ist zu beachten, daß hierin eine doppelte Verneinung enthalten ist: die eine wird durch die Partikel μή ausgedrückt, die andere liegt im "Untergehen" selbst (97; 124).

Das "'ja nicht Untergehen je'", in der geglätteten Form das "niemals Untergehen", ist ein Phänomen, das, blickt man "griechisch", auch als "immerdar Aufgehen" zu bezeichnen wäre. Eben dieses ist der Sinn des "Grundwortes im Sagen der anfänglichen Denker": φύσις (87). φύσις ist, nach τὸ μὴ δῦνόν ποτε, ein weiterer Name des Seins. Heidegger erläutert φύσις zunächst als "das Aufgehen im Sinne des Herkommens aus dem Verschlossenen und Verhüllten und Eingefalteten" (87). Solches Aufgehen ist sichtbar als Entfaltung einer Pflanze, als aufgehende Sonne, als Blick des Menschen (87).[35] Heidegger betont: "φύσις nennt das, worinnen zum voraus Erde und Himmel, Meer und Gebirg, Baum und Tier, Mensch und Gott aufgehen und als Aufgehende dergestalt sich zeigen, daß sie im Hinblick darauf als 'Seiendes' nennbar sind" (88). Bei seiner Deutung der φύσις denkt Heidegger von Anfang an φύεσθαι, 'aufgehen', und φαίνεσθαι, 'sich zeigen', zusammen. Das Sein als

---

[35] Zum Blick vgl. oben 310 ff.

φύσις ist nach dem Zitat, wie ersichtlich, der Ort ("worinnen") für alles Seiende; dieser Ort ist früher als das jeweilige Seiende. Daher ist φύσις der "stete Anfang" des Seienden, ist dasjenige Aufgehen, das, wie Heidegger sagt, "vor allem anderen, was sonst erscheint, d.h. vor jedem jeweiligen Seienden, schon erschienen ist" (139). Im Unterschied zum aufgehenden Seienden west die φύσις als das "reine Aufgehen" (102). Damit ist Heideggers Grundgedanke des Unterschiedes von Sein und Seiendem angesprochen. Dieser Unterschied, so betont er, ist "der anfängliche Unterschied selbst" (150); er ist überall in der abendländischen Geschichte in Anspruch genommen, aber nirgends *als* Unterschied "befragt und durchleuchtet" (151).

Das niemals Untergehen - das immerdar Aufgehen könnte man, so erläutert Heidegger, mit einer griechischen Wortfügung als τὸ ἀεὶ φύον fassen. Eine solche Wendung findet sich bei Heraklit nicht, wohl dagegen im Fragment 30 das Wort ἀείζωον, "das immerdar Leben(de)" (90). Leben, ζωή, griechisch gedacht, besagt Heidegger zufolge, "nichts anderes als Aufgehen zu ..., Sichaufschließen, Sichöffnen dem Offenen" (94). τὸ ζῷον ist deshalb nach Heideggers Deutung nicht "'das Tier'" oder "'das Lebewesen'" (108). Während das menschliche Leben, das heißt sein Vonsich-her-Aufgehen, so beschaffen ist, daß der Mensch, wie Heidegger im letzten Semester ausführte, für dieses Aufgehen das Wort hat, ζῷον λόγον ἔχον ist (oben 292; 308), bestimmt sich das Tierhafte, so sagt Heidegger jetzt, aus einem "Aufgehen, das dann eigentümlich in sich ruht, indem es sich nicht ausspricht" (95).

Daß "Leben" von den Griechen als ein Sichöffnen dem Offenen erfahren wurde, geht für Heidegger aus dem Homer-Wort ζῆν καὶ ὁρᾶν φάος ἠελίοιο hervor, "leben und d.h. sehen das Licht der Sonne" (95).[36] An diesen Worten wird zugleich der Zusammenhang mit φάος, φῶς deutlich:[37] ζωή und φῶς haben ihr einiges Wesen aus der φύσις (96). Deren "Grund" ist die ἀλήθεια (108). Das bedeutet: alle eben genannten Phänomene lassen sich als Weisen des in der Parmenides-Vorlesung besprochenen Grundzugs der Entbergung begreifen.

In dem Umstand, daß Heidegger ἀλήθεια mit "Unverborgenheit" und "Offenheit" statt mit "Wahrheit" im geläufigen Sinn übersetzt, daß er φύσις als "das reine Aufgehen" und nicht als "Natur" oder als "Wesen" versteht,[38] soll ein "Zeichen des Wandels" der "Grundstellung zum Sein selbst" erblickt werden (103). Für die Metaphysik ist "Sein" nur der leerste und allgemeinste Begriff (99). Um das metaphysische Denken zu verlassen, ist es nötig, daß zuvor der Bezug zum Sein und der Bezug des Seins zu uns *erfahren* wird (103). Heidegger machte diese Erfahrung vor allem im Gespräch mit Hölderlin und mutet sie seither seinen Hörern und Lesern zu.

c) Der Bezug von Aufgehen und Sichverbergen im Wesen der φύσις

Das Immerdar-Aufgehen ist das Wesen der φύσις. Nachdem Heidegger die verneinende Wendung τὸ μὴ δῦνόν ποτε zunächst wortgetreu ausgelegt hat, schickt er

---

[36] *Homer,* Ilias 24,558.

[37] Zur Einheit von Licht und Leben vgl.: *Bremer,* Licht und Dunkel, 37; 40; 75 u.ö.

[38] Vgl. unten 358.

sich jetzt an, das Wort "verneinungslos" (124) im Sinne der φύσις zu denken. Die Hörer und Leser sollen das Wort Heraklits hierzu einfach vernehmen, sich das Wort sagen lassen, dabei Augen und Ohren öffnen (123). Das heißt, es kommt sowohl auf das Hören des Wortes wie auf das Sehen der Phänomene an.

Das von Diels-Kranz als Nr. 123 gezählte Fragment ist in Heideggers Reihen- und Rangfolge das zweite. Es lautet: φύσις κρύπτεσθαι φιλεῖ, von Heidegger über- setzt: "'Das Aufgehen dem Sichverbergen schenkt's die Gunst'" (110).[39] Durch die Übersetzung von φιλεῖ mit "schenkt die Gunst" bringt Heidegger stärker als durch das "neigt in sich", wie er in "Einführung in die Metaphysik" sagte (oben 75), zum Ausdruck, daß zwischen φύσις und κρύπτεσθαι ein Bezug waltet, nämlich der Be- zug eines φιλεῖν.

Die Übersetzungen von Diels-Kranz und Snell fassen φύσις als "Natur" und als "Wesen" im Sinne des Wesens einer Sache.[40] Dem hält Heidegger entgegen, daß es so etwas wie ein Wesen (οὐσία) frühestens seit Platon gibt (122).[41] Überdies er- scheint ihm die Aussage, daß das Wesen der Dinge 'sich gern versteckt' (Snell) als ein "Gemeinplatz" (121), als eine "tantenhafte Vorstellung" (127), die dem *Denker* Heraklit nicht zugemutet werden darf. Die philologisch exakten Übersetzungen von Diels-Kranz und Snell beruhen darauf, daß Heraklit vom metaphysischen Denken her beurteilt, daß der Anfang des Denkens überhaupt als "unausgebildete Vorstufe" der Metaphysik betrachtet wird (127).[42] Demgegenüber liegt für Heidegger im An- fang die nachkommende Geschichte schon beschlossen. Für den gegenwärtigen "Weltaugenblick" (138) bedeutet das, daß wir, die wir seit Platon vom Anfang fort- gegangen sind (31), dem Anfang entgegengehen müssen. Heidegger ist es immer um unsere künftige Geschichte zu tun, wohingegen die Philologie sich, wie Heidegger glaubt, in einem ungeklärten Verhältnis zur Geschichte bewegt (oben 179). An der Übersetzung von Snell läßt sich das metaphysische Denken, wie Heidegger es cha- rakterisiert, genau ablesen, denn nach Snell handelt das Heraklit-Wort φύσις vom Wesen "der Dinge", also von der Seiendheit des Seienden. Heidegger dagegen ist der Auffassung, daß Heraklit vom Sein selbst als einem zeithaften Walten spricht.[43]

---

[39] Im Vortrag in Athen von 1967 überträgt Heidegger das Heraklit-Fragment 123 folgenderma- ßen: "Dem von sich her Aufgehenden ist es eigentümlich, sich zu verbergen" (HK 21). - Ekkehard *Fräntzki* möchte das Fragment 123 an die Spitze aller Heraklit-Sprüche stellen. Er deutet es so: "Dem Sichverbergen ist geschenkt die Gunst: das Von-ihm-selbst-her-Aufgehen". Diese Deutung beruht dar- auf, daß für Fräntzki das Wesen des Seins als Verbergung und Sichbergen in die eigene Verborgenheit zu denken ist. *Fräntzki,* Von der Un-Verborgenheit, 27. - Sowohl in Heideggers Heraklit-Vorlesung von 1943 als auch nach Fräntzkis Interpretation ist das gleichsam Beschenkte: das Sichverbergen. Wäh- rend für Heidegger 1943 Subjekt des Satzes "das Aufgehen" fungiert, dieses also das Schenkende ist, sieht Fräntzki im "Von-ihm-selbst-her-Aufgehen" gewissermaßen das Geschenk (Satzobjekt); das Schenkende ist in Fräntzkis Übertragung ein ungenanntes 'Es', wie in dem Wort 'Es gibt'. Damit ist ein triadisches Gefüge der Phänomene impliziert, wie es bei Heidegger selbst öfter vorliegt, worauf er zu- erst 1935 durch Parmenides aufmerksam wurde.

[40] Diels-Kranz 1,178: "Die Natur (das Wesen) liebt es sich zu verbergen". Snell 37: "Das Wesen der Dinge versteckt sich gern".

[41] Vgl. oben 135 ff.

[42] Zum unterschiedlichen Verständnis von Sprache und Übersetzung, worin Heideggers Heraklit- Auslegung und die der Tradition wurzeln, vgl. *Emad,* Heidegger's Originary Reading. p. 117-120.

[43] Noch metaphysisch im Sinne von Heideggers Auffassung der vierziger Jahre wäre demnach seine eigene Übersetzung des Fragments 123 in seiner Vorlesung "Die Grundbegriffe der Metaphysik"

Der Heraklit-Spruch gibt für Heidegger zunächst zu denken, daß das Aufgehen (φύσις) in sich schon ein Untergehen (κρύπτεσθαι) ist (118), daß das Aufgehen "mit seinem eigenen Wesen" dem Sichverbergen "gehört" (110). Untergehen und Sichverbergen sind, griechisch gedacht, ja dasselbe. Gehörte das Aufgehen nicht dem Sichverbergen, dann könnte es nicht als Aufgehen wesen, denn es hätte nichts, woraus es hervorkommt, es gäbe nichts, was im Aufgehen erschlossen wird (137). Im Wort ἀ-λήθεια ist durch das alpha privativum derselbe Sachverhalt ausgesprochen: das Herkommen aus einer Verbergung (157 f).

Die Wesensbeziehung zwischen Aufgehen und Sichverbergen, das Verhältnishafte, ist im Spruch genannt als φιλεῖν. In seiner Übersetzung mit 'die Gunst schenken' möchte Heidegger "Gunst" als "ursprüngliches Gönnen und Gewähren" des Wesens verstanden wissen (128).[44] Als solche Art von Gunst sieht Heidegger auch die Pindarische χάρις (oben 299). Daß er auch in der Heraklit-Vorlesung an Pindar denkt, geht aus dem Satz hervor, daß "durch dieses Gönnen das gegönnte Wesen zu seiner eigenen Freiheit erblüht" (128). Als "Erblühen des Wesens" faßte Heidegger die ἀρετά Pindars, die auf χάρις bezogen ist (oben 296). Heidegger denkt das "Gönnen" mit dem "Gewähren" zusammen, weil beides für ihn, so könnte man sagen, "Zeit-Worte" (vgl. oben 355) sind. Als "Gewähren" umschrieb Heidegger schon öfter zeithaftes Wesen und Walten (oben 92; 175). In der φιλία als Wesensgewährung beruht für Heidegger die recht verstandene Freundschaft; sie erreicht in der "Freundschaft für das Zu-denkende", der φιλία τοῦ σοφοῦ, der Philosophie, ihren Gipfel (128 f). τὸ σοφόν ist nach Heideggers Auslegung einer der Namen, mit denen Heraklit das Sein nennt; ἓν τὸ σοφὸν μοῦνον aus Fragment 32 meint daher: "'das Eine, allein zu Denkende'" (128), eben das Sein (129).[45]

Um zu zeigen, daß im Anfang "das Bezughafte west" (133), führt Heidegger das Fragment 13 von Parmenides an - Parmenides denkt ja wie Heraklit den Anfang -, in dem ein der φιλία verwandtes Phänomen zur Sprache kommt: der Eros. Das Fragment lautet: πρώτιστον μὲν Ἔρωτα θεῶν μητίσατο πάντων,[46] nach Heideggers Übersetzung: "'Als ersten freilich Eros der Götter erraten hat (sie) aller'" (132). Das in Klammern gesetzte "sie" bezieht sich auf die δαίμων ἣ πάντα κυβερνᾷ aus Fragment 12, Vers 3.[47] Zwischen ihr und dem Eros besteht die Beziehung des "Erratens", was für Heidegger "voraussagend er-sinnen" bedeutet (132).[48] Im Heraklit-

---

von 1929/30; sie lautet: "'Das Walten der Dinge hat in sich selbst das Streben, sich zu verbergen'" (GA 29/30,41).

[44] *Passow* 2,2261: φιλία "das Verhältnis gegenseitigen Wohlwollens, gegenseitiger Zuneigung und wohlwollender, freundschaftlicher Dienstleistungen". *Pape* 2,1278: φιλία "Liebe, Freundschaft, Zuneigung, Gunst, Huld".

[45] Diels-Kranz 1,159: ἓν τὸ σοφὸν μοῦνον λέγεσθαι οὐκ ἐθέλει καὶ ἐθέλει Ζηνὸς ὄνομα. Zu σοφόν als dem "eigentlich Zuwissenden" vgl. unten 374. - Heidegger kommt auf die Erläuterung der Philosophie als eines liebenden Bezogenseins auf das σοφόν in seinem Vortrag von 1955 "Was ist das - die Philosophie?" zurück (Phil 13).

[46] Diels-Kranz 1,243: "Zuallererst ersann sie (Die Daimon der Geburt oder der Liebe) von allen Göttern den Eros (darauf aber ...)".

[47] Diels-Kranz 1,243: "Die Daimon (Göttin), die alles lenkt".

[48] Zu den Verben mit 'er'- vgl. oben 94 Anm.

Spruch 123 kommt, nach Heideggers Auslegung, das Bezughafte im Sein selbst zur Sprache.

φύσις κρύπτεσθαι φιλεῖ besagt demnach: "Das Aufgehen gönnt dem Sichverschließen, daß es wese, weil das Sichverbergen selbst aus seinem 'Wesen' dem Aufgehen dasjenige vergönnt, was dieses ist" (131). Das erste Gönnen ist im Wort φιλεῖ genannt, das andere Gönnen liegt, wie es etwa die Pflanze zeigt, im Phänomen des Aufgehens (φύεσθαι): das Aufgehen kommt aus dem Sichverbergen her; insofern gönnt auch das Sichverbergen dem Aufgehen dessen Wesen. "Wesen" steht in Anführungszeichen, weil es in Heideggers Sinn, also verbal, und nicht wie in den bekannten Übersetzungen des Fragments 123 gemeint ist.

φύσις zeigt sich jetzt nicht nur als das Aufgehen, dem ein Sichverbergen entgegenwaltet; φύσις ist vielmehr das einheitliche Geschehen von Aufgehen *und* Sichverbergen. In diesem Sinne sagt Heidegger: Die Gunst ist "das wechselweise Gönnen der Gewähr, die ein Wesen dem anderen gibt, in welcher gegönnten Gewähr die Einheit *des* Wesens verwahrt ist, das mit dem Namen φύσις genannt wird" (136).

Weil das Gönnen und Gewähren ein wechselweises ist, kann es von beiden Seiten her betrachtet werden, vom Sichverbergen und vom Aufgehen her. Heidegger führt dies näher aus: Das Sichverbergen gönnt dem Aufgehen sein Wesen, indem es zuläßt, daß "das Wesen und Walten von Unverborgenheit" "frei anhebt". Heidegger sagt mit Nachdruck: "Dieses freie Anheben ist der Anfang selbst: der Anfang 'des' Seyns als das Seyn" (131). Hier zeigt sich wieder die Selbigkeit des Waltens von Unverborgenheit, von Anfang und Seyn, wie sie auch in der Vorlesung des letzten Semesters zutage trat (oben 273; 339). Das freie Anheben des Waltens von Unverborgenheit ist dasselbe Phänomen wie das "Weltwerden" und Raum-Aufreißen, worin Heidegger in "Einführung in die Metaphysik" das Wesen der φύσις sah.

Wie das Sichverbergen dem Aufgehen sein Wesen gönnt, so auch umgekehrt das Aufgehen dem Sichverbergen; davon ist im Heraklit-Spruch die Rede. Diese Art des Gönnens geschieht so, daß das Aufgehen gewissermaßen sich als Aufgehen aufgibt und sich dem Verbergen überläßt. So gönnt es dem Sichverbergen dessen Wesen, nämlich der Ort zu sein, in dem es, das Aufgehen, "ruht", in den es "zuvor und stets zurückgehalten und zurückgeborgen" (137), in den es "gegründet bleibt" (141). Im Wort κρύπτεσθαι ist deswegen nicht nur das Sichverbergen zu hören, sondern, weil es ja im Bezug steht zum Aufgehen, auch das "Bergen" und "Verwahren" (139). Das Aufgehen gönnt dem κρύπτεσθαι dessen Wesen so, daß es ihm die Gunst gewährt, sein, des Aufgehens, Wesen zu bergen, "das Bergende seines Wesens zu bleiben" (140).[49] Solches Gönnen entläßt aus sich das Phänomen des Untergangs, das δῦνον.

Eine Weise des Bergens in die Verborgenheit machte Heidegger im letzten Semester ansichtig anhand des griechischen Wortes κεύθειν; es nennt das Bergen der Gestorbenen in die Erde und in den Tod (oben 290). In der Heraklit-Vorlesung lenkt Heidegger den Blick auf die Quelle. Er sagt von ihr: "Sie muß den verborgenen Wassern gehören, welches Gehören sagt, daß die Quelle ihrem Wesen nach in

---

[49] Zu "bleiben" vgl. oben 222.

die sich verbergenden Wasser geborgen und nur aus ihnen her die Quelle bleibt" (137). In der "Andenken"-Abhandlung von 1943, demselben Jahr also, aus dem die Heraklit-Vorlesung stammt, denkt Heidegger das Phänomen des Sichbergens in eine Verborgenheit als das Sichfestigen der Quelle bzw. des Ursprungs in den Grund (oben 221 Anm.). Offenbar klingt das 'Anfangen' und 'Bleiben', welches das Reinentsprungene charakterisiert, in der Heraklit-Vorlesung nach, wenn Heidegger sagt, daß das Aufgehen "zuvor und stets" dem Sichverbergen gehört.

Daß die Erde die Bergende ist für die Toten und für die die Quelle speisenden Wasser, macht noch einen anderen Wesenszug an ihr sichtbar, als daß sie dem menschlichen Wohnen Grund und Boden bietet, wie es in der "Ister"-Vorlesung besprochen wurde.

Es wurde mehrfach erwähnt, daß Heidegger in seinem späten Denken das "Herz der ’Αλήθεια" in der Λήθη vermutet (SD 78). Ein ähnlicher Gedanke ist in der Heraklit-Vorlesung angesprochen, wenn Heidegger sagt, daß "vielleicht sogar *das* Sein" als Eingehen in die Verbergung west (oben 354). Meiner Ansicht nach ist die später gesehene Priorität des Seins in seinem sich verbergenden Wesen in Heideggers Deutung des Fragments φύσις κρύπτεσθαι φιλεῖ von 1943 bereits angelegt. Im wechselweisen Gönnen und Gewähren von Aufgehen und Sichverbergen scheint mir das Gönnen von seiten des Sichverbergens ein reicheres zu sein,[50] und das aus folgendem Grund: Das Sichverbergen gewährt dem Aufgehen dessen Wesen so, daß es das Aufgehen aus sich, dem Dunkel, entläßt und daß es dem Aufgehen den Ort bietet, wohin es wieder untergehen, wo es ruhen kann. Umgekehrt gönnt das Aufgehen dem Sichverbergen dessen Wesen, indem das Aufgehen das Sichverbergen den Ort sein läßt, wo es selbst, das Aufgehen, Ruhe und Bergung findet. Während das Aufgehen also im Sichverbergen ruht, ruht das Sichverbergen in sich selbst. Zu einem ähnlichen Ergebnis war ich im Zusammenhang mit dem Umeinanderkreisen von Sein und Seiendem gekommen, das ich in einem Bild anschaulich zu machen versuchte (oben 336). Auch dort ruht, so könnte man sagen, die Lichtung im Sein als dem Bergenden, nicht aber ruht das Sein als Sichverhüllendes in der Lichtung, denn es ist weiter als diese.

Die Haupttendenz von Heideggers Gedanken in der Vorlesung von 1943 ist allerdings so, daß das Sein nicht im Sichverbergen ruht, sondern im Niemals-Untergehen (oben 356), also in der Unverborgenheit.

In der Parmenides-Vorlesung beleuchtete Heidegger die Phänomene, die im griechischen Wort ’Αλήθεια verborgen liegen. In der Vorlesung von 1943 betrachtet er das Phänomen der φύσις, das Heraklit nennt. Während ’Αλήθεια in den Zusammenhang mit der abendländischen Geschichte gebracht wird, und zwar so, daß ’Αλήθεια dasselbe ist wie der Anfang, sagt Heidegger das in der Heraklit-Vorlesung von der φύσις nicht ausdrücklich. Da ’Αλήθεια für Heidegger jedoch das Innere oder den Grund der φύσις darstellt, wird die Geschichte sozusagen auch von den Wesenszügen der φύσις durchwaltet:[51] Das aufgehende Wesen der φύσις bezieht

---

[50] Die unterschiedlichen Arten des Gönnens bringt auch Parvis *Emad* in seiner Auslegung des Heidegger-Textes zum Ausdruck: "'rising' *favours* 'concealing' and 'concealing' *grants* 'rising'" (Hervorh. S.Z.). *Emad,* Heidegger's Originary Reading. p. 110.

[51] Nach Auffassung von Klaus *Held* ist im Spruch über die φύσις, die zum Sichverbergen neigt,

sich auf den Anfang, und zwar den ersten und den anfänglichen Anfang, ihr sichverbergendes Wesen betrifft den Untergang des Griechentums. Auf seinem weiteren Denkweg betont Heidegger immer stärker, daß dieses zuletzt genannte Geschehen ein Sich*bergen* des Seins ist. Mit den Worten aus der Heraklit-Vorlesung wäre am Anfang der Geschichte dieses geschehen: Das Sein als Aufgehen (φύσις) bewahrt sich sein eigenes Wesen in der Weise, daß es seinem sichverbergenden Wesen (κρύπτεσθαι) die Gunst schenkt, daß es untergeht und sich birgt in eine Verbergung. φύσις bezeichnet hierbei einmal nur das Aufgehen und einmal das einheitliche Geschehen von Aufgehen und Sichverbergen. Seit diesem Untergang ruht das Sein im eigenen Wesen, ist in ihm geborgen und verwahrt. Deshalb ist es dem Denken verhüllt. Als einziger hat Heidegger diese Verhülltheit und Verborgenheit erfahren. Hierin ist er Hölderlin verwandt, der die seit den Griechen herrschende Nacht der Götterferne erlitten und zur Sprache gebracht hat. Hegel dagegen sieht nur das Phänomen des Sichaufschließens (oben 354).

In der Heraklit-Vorlesung bleiben beide Gedanken Heideggers, einerseits das Sein als sichverbergendes, andererseits die Erwartung des kommenden Ereignisses, des Wandels der Geschichte, der Kehre des Anfangs nebeneinander stehen, genauso wie in der Parmenides-Vorlesung.[52]

Vom Bezughaften im Wesen der φύσις, vom wechselweisen Gönnen und Sichgehören, sagt Heidegger in der Vorlesung ferner folgendes: es ist "die Innigkeit der einfachen Unterscheidung; das Gönnen läßt die reine Klarheit erstehen, in der Aufgehen und Sichverbergen auseinander und aufeinander zugehalten sind und also miteinander streiten um die einfache Gewähr des einfach gegönnten Wesens" (133). In diesen Gedanken Heideggers sind Heraklit-Worte aufgenommen, die seit der ersten Hölderlin-Vorlesung und der "Einführung in die Metaphysik" sein Denken prägen; die meisten werden auch in der Vorlesung von 1943 angesprochen und kurz erläutert: mit dem "streiten" kommt Heidegger zurück auf Πόλεμος und ἔρις; "Innigkeit", "einfach" beziehen sich auf ἕν und ἁρμονία; "auseinander", "zueinander", "Unterscheidung" beruhen auf ἀντίξουν, διαφερόμενον und συμφερόμενον aus den Fragmenten 51, 10 und 8. Die "reine Klarheit", "in" der Aufgehen und Untergehen wesen, ist die von Heidegger sonst und auch in der Vorlesung so genannte "Lichtung" (159); sie ist, wie es ebenfalls heißt: "das Offene" als das "Nächste alles Nahen" (141). Das wechselweise Gönnen von Aufgehen und Sichverbergen entspricht ferner dem streithaftes Wesen der ἀλήθεια und der Feindseligkeit im Wesen des Reinentsprungenen, die Heidegger 1934/35 ebenfalls im Blick auf die genannten Heraklit-Fragmente herausarbeitete.

"das geheime Gesetz für die Entwicklung des philosophisch-wissenschaftlichen Denkens vorab zu dieser Entwicklung aufgezeichnet". *Held,* Heraklit, 113.

[52] Gemäß dem von Ekkehard *Fräntzki* fingierten Gespräch Heideggers mit Fridolin Wiplinger hätte Heidegger 1972, also dreißig Jahre nach der Parmenides-Vorlesung, den Gedanken, daß das Sein sich birgt und im eigenen Wesen ruht, wieder aufgegriffen. In der Zwischenzeit hätte er - so Fräntzki - diesen Sachverhalt nur negativ, nämlich als Entzug des Seins, erfahren. Fräntzki läßt Heidegger sagen, worin man Fräntzkis eigene Auffassung lesen muß: "Es handelt sich bei der hier zu denkenden Verbergung nicht um Verweigerung und Entzug, sondern um *Bergung* und ein *Sichbergen* des Seins als Sein". *Fräntzki,* Von der Un-Verborgenheit, 20. - Heidegger selbst hat den Gedanken des Entzugs keineswegs zurückgenommen. Noch 1974 schreibt er vom "Anwesen des Entzugs und des Vorenthaltes" (GA 13, 234).

d) Die φύσις als unscheinbare Fügung

Weil φύσις das einheitliche Wesen von Aufgehen und Sichverbergen nennt, waltet Heidegger zufolge "die φύσις selbst als die Fügung, ἀρμονία, der Fuge, in der Aufgehen und Sichverbergen wechselweise die Gewährung ihres Wesens einander zureichen" (141). In "Fügung" macht Heidegger den Zeitcharakter, in "Fuge" eher den Ortscharakter ("in") der φύσις, das heißt des Seins, hörbar. Auch die gegenseitige Wesensgewährung von Göttern und Menschen im Fest faßte Heidegger in der "Andenken"-Vorlesung als "Fügen" (oben 209 f). Überhaupt sind die "Zeit-Worte" in der Vorlesung von 1943 ähnliche wie damals.

Die ἀρμονία, Fügung, bringt nach Heidegger das im φύειν liegende - man kann dieses Zeit-Wort mit 'aufgehen-lassen' übersetzen - und das von Heraklit als Bezug zwischen φύσις und κρύπτεσθαι gefaßte Wesen und Walten zur Sprache. Der drittwesentliche Heraklit-Spruch ist in der Vorlesung von 1943 das Fragment 54: ἀρμονίη ἀφανὴς φανερῆς κρείττων, nach Heideggers Übersetzung: "'Fügung unscheinbare über das zum Vorschein drängende Gefüge edel'" (142).[53]

Die φύσις als das "reine Aufgehen" (143 f) ist die unscheinbare Fügung, insofern sie nicht selbst erscheint, jedoch die "Helle", die "Lichtung" gewährt, auf die als "Medium" alles Erscheinende angewiesen ist. In solcher Lichtung gründet erst die Durchsichtigkeit des Lichtes (142). Das "zum Vorschein drängende Gefüge" ist demnach für Heidegger die Ordnung des Seienden.

Die Zusammengehörigkeit der Heraklit-Sprüche 123 und 54, wie Heidegger sie deutet, geht auch aus folgendem hervor: Bei seiner Auslegung der φύσις denkt Heidegger φύεσθαι und φαίνεσθαι als Einheit (oben 73 f). Wie nun zum φύεσθαι als Gegenwesen das κρύπτεσθαι gehört - davon sagt Heraklit im Fragment 123 -, so gehört gewissermaßen zum φαίνεσθαι als dessen Gegenwesen das ἀφανής aus Fragment 54. Alles zusammen macht das einheitliche Wesen der φύσις aus. Als ἀρμονίη ἀφανής ist die φύσις das "unscheinbare Scheinen" (144), das "reine Scheinen" (147).

Zu den Übersetzungen von Diels-Kranz und Snell bemerkt Heidegger, wobei er von der Selbigkeit von ἀρμονία und φύσις ausgeht, daß φύσις nicht "'das Unsichtbare'" meint, sondern im Gegenteil "das anfänglich Gesichtete". In einem Zimmer stehend sehen wir zwar "'den Raum'", aber wir erblicken ihn nicht; was wir erblicken, sind die Gegenstände innerhalb des Raumes (143). Es verhält sich hiermit wie mit der "Helle" und der "Lichtung". Das heißt, die φύσις wurde von den Griechen zwar gesichtet - offenbar bedeutet das hier soviel wie 'erfahren' -, sie wurde aber selten erblickt; im Spruch Heraklits ist sie das "eigens Erblickte" (143).

Heidegger übersetzt das κρείττων aus Fragment 54 mit "edel".[54] Den Komparativ versteht er so, daß die 'edlere' Fügung, die "reine Fügung" (165), das Vermögen-

---

[53] Diels-Kranz 1,162: "Unsichtbare Fügung stärker als sichtbare". Snell 21: "Mehr als sichtbare gilt unsichtbare Harmonie".

[54] *Passow* 1,6 f: ἀγαθός, Comp. u.a. κρείσσων, "gut, trefflich, tüchtig, tauglich". Bei den Att. herrscht der Begriff der "sittlichen Güte, Rechtlichkeit, Tugend vor; diese verbinden καλὸς κἀγαθός als Inbegriff der Eigenschaften eines athen. Ehrenmannes: von guter Geburt, von edler Abkunft".

de und Gewährende ist gegenüber dem Gefüge des erscheinenden Seienden (άρμο-νίη φανερή), so daß jene diese "überglänzt" (143 f). Das Erscheinen des Seienden ist angewiesen auf das unscheinbare Scheinen (άρμονίη άφανής), auf das reine Aufgehen (φύσις), das heißt das Sein. Das κρείττων in Fragment 54 hat demnach eine ähnliche Funktion wie das φιλεῖν aus Fragment 123. Während in Fragment 123 das Bezughafte jedoch im Sein selbst als dem einheitlichen Wesen der φύσις spielt, ist in Fragment 54 das Verhältnis von Sein - sonst oft "Seyn" geschrieben - und Seiendem im Ganzen angesprochen. Im Unterschied zum Gefüge des Seienden ist das Sein als die unscheinbare Fügung eine solche, die, wie Heidegger sagt, "'je nicht' (μή) einem Untergehen anheimfällt". Und weiter: "Das μή im Nennen der φύσις als τὸ μὴ δῦνόν ποτε nennt das κρείττων, das ursprünglich, von Hause aus, edle We-sen des reinen Aufgehens" (144).

Die verschiedenen "Namen des Seins" (155), τὸ μὴ δῦνόν ποτε, φύσις, άρμονίη άφανής, besagen also das Selbe: Niemals-Untergehen, reines Aufgehen, unscheinba-res Scheinen. Im Wort τὸ μὴ δῦνόν ποτε liegt das einheitliche Wesen von Niemals-Untergehen (μὴ δῦνόν ποτε) und Untergehen (δῦνον), im Wort φύσις das einheit-liche Wesen von Aufgehen (φύεσθαι) und Sichverbergen (κρύπτεσθαι) beschlos-sen. Die Wesenseinheit beider Bezüge ist verbürgt durch das Sicheinanderfügen (άρμονία, φιλεῖν). Mit allen diesen Namen ist das Sein genannt im Bezug zum Men-schen, der sich vor ihm, dem Sein, nicht verbergen kann (Fr. 16), und im Unter-schied zum Gefüge des Seienden, der άρμονίη φανερή (Fr. 54). Der Seinsname des κρύπτεσθαι (Fr. 123) gewinnt erst für Heideggers spätestes Denken zentrale Be-deutung insofern, als Heidegger dann unter diesem Namen die Seinsvergessenheit der abendländischen Geschichte als ein Geschehen des Seins selbst erfährt und denkt.

Daß es sich bei τὸ μὴ δῦνόν ποτε, bei φύσις und άρμονίη άφανής um Namen des Seins handelt, ist von Heidegger insofern dargetan: τὸ μὴ δῦνόν ποτε ist dasje-nige, wozu der Mensch (τίς) im Bezug steht; in der φύσις waltet ein wechselweises Gönnen und Gewähren, also Zeit; die άρμονίη άφανής ist unterschieden vom Gefü-ge des Seienden, der άρμονίη φανερή. Der Bezug des Seins zum Menschen, der Sachverhalt "Sein und Zeit", der Unterschied von Sein und Seiendem sind die drei Weisen, in denen, wie Heidegger wiederholt geschildert hat, die Wahrheit des Seins erfahrbar wird. Alle drei Gestalten der Wahrheit des Seins sind Entfaltungen des Bezughaften.

Die Zweideutigkeit, daß φύσις einmal das Aufgehen (φύεσθαι) im Unterschied zum Untergehen (κρύπτεσθαι, δῦνον) nennt, zum anderen aber die einige Fügung beider (άρμονία), bezeichnet Heidegger als "Rätsel". Dieses Rätsel möchte er nicht auflösen, sondern "vor dieses Rätsel gelangen und versuchen, es anzublicken" (159). Das rätselhaft zweideutige Wesen der φύσις ist offensichtlich vergleichbar dem "Räthsel" des Reinentsprungenen aus Hölderlins Rheinhymne (oben 31). Die im Reinentsprungenen waltenden Ursprungsmächte, Lichtstrahl und Erde, haben das-selbe Wesen wie φύεσθαι und κρύπτεσθαι. Die "Innigkeit" der Mächte des Reinent-sprungenen entspricht der άρμονία im Wesen der φύσις. Wenn Heidegger im Un-terschied zum aufgehenden Seienden die φύσις "reines Aufgehen" nennt (oben 357) und im Unterschied zum Gefüge des Seienden von der φύσις als "reiner Fügung" und als "reinem Scheinen" (oben 363) spricht, so darf man darin wohl einen Hinweis

auf das Reinentsprungene hören. Wie in der Vorlesung von 1934/35 Heraklits ἁρμονία Heideggers Auslegung des Reinentsprungenen bestimmte, so wirkt dessen
damals dargelegtes Wesen jetzt auf die Deutung der Heraklit-Worte zurück.

Heidegger erläutert in der Vorlesung von 1943, allerdings weniger ausführlich,
noch sieben weitere Heraklit-Sprüche. Ich gebe nur einen schematischen Überblick.

Die unscheinbare Fügung (ἁρμονίη ἀφανής) als Wesen der φύσις, in der φύεσθαι und κρύπτεσθαι sich wechselweise ihr Wesen gönnen, wird auch καλλίστη ἁρμονία (Fr. 8) genannt, wie Heidegger sagt, "die eine erstrahlende Fügung"; sie wird
gebildet durch ἀντίξουν, "Gegen-fahren", von συμφέρον und διαφέρον, "Zusammenbringen" und "Auseinanderbringen" (145).[55] Im Superlativ καλλίστη liegt, daß
diese Fügung "die eine" ist; "erstrahlend" übersetzt Heidegger offenbar wegen des
Zusammenhangs von Schönem (καλόν) und Strahlen in Platons "Phaidros".[56] Die
ἁρμονίη heißt in Fragment 54 ἀφανής, "unscheinbar", nämlich vom Gefüge des erscheinenden Seienden, der ἁρμονίη φανερή, aus gesprochen. Im Hinblick auf ihre
Mächtigkeit ist die unscheinbare Fügung jedoch edel und glänzend, ist sie die allein
"erstrahlende" (Fr. 8).

Mit dem Strahlen und Glänzen der καλλίστη ἁρμονία, in welchem Namen das
Sein genannt ist, hängt das "Gold" aus Fragment 9 zusammen. Heidegger erläutert
diesen Spruch nicht eigens (151); man könnte ihn in seinem Sinne etwa so verstehen: Während das wesentliche Denken auf das Sein aus ist, zieht das gewöhnliche
Meinen das Seiende vor, wie Esel die Spreu gegenüber dem Gold vorziehen.[57]

Das Wesen der φύσις als Fügung geschieht ferner, wie Fragment 51 sagt, als παλίντονος; Heidegger übersetzt und erläutert: "'zurückspannend (-weitend) (nämlich
das Sichauseinanderbringende) west die Fügung'" (147).[58]

Während die Fragmente 8 und 51 vom Wesen der φύσις als Fügung sagen, geht
es in drei weiteren Sprüchen um das Verhältnis des Seins im Sinne des aufgehenden
Wesens der φύσις zum Seienden im Ganzen. Fragment 64 besagt: "'Das Seiende im
Ganzen aber steuert der Blitz'" (162).[59] Gemäß Fragment 66 wird das "Feuer", πῦρ,
alles Seiende, πάντα, "'herausheben und wegheben'" (163).[60] Heideggers Verständnis der letzten beiden Fragmente kann man als ein Weiterführen seiner Gedanken
aus "Einführung in die Metaphysik" lesen, wonach die φύσις als "Weltwerden" und
Raum-Aufreißen west.

Vom Verhältnis des Seins zum Raum für das Seiende sagt der zweite Teil von
Fragment 30: πῦρ ἀείζωον, ἁπτόμενον μέτρα καὶ ἀποσβεννύμενον μέτρα,[61] nach

---

[55] Fr. 8 (Diels-Kranz 1,152): τὸ ἀντίξουν συμφέρον καὶ ἐκ τῶν διαφερόντων καλλίστην ἁρμονίαν. Vgl. oben 82.

[56] Platon, Phaidros 250 d. Vgl. oben 245.

[57] Fr. 9 (Diels-Kranz 1,152): ὄνους σύρματ' ἂν ἑλέσθαι μᾶλλον ἢ χρυσόν.

[58] Fr. 51 (Diels-Kranz 1,162): οὐ ξυνιᾶσιν ὅκως διαφερόμενον ἑωυτῶι ὁμολογέει· παλίντροπος
ἁρμονίη ὅκωσπερ τόξου καὶ λύρης. Snell, 18: παλίντονος.

[59] Fr. 64 (Diels-Kranz 1,165): τὰ δὲ πάντα οἰακίζει Κεραυνός.

[60] Fr. 66 (Diels-Kranz 1,165): πάντα γὰρ τὸ πῦρ ἐπελθὸν κρινεῖ καὶ καταλήψεται.

[61] Fr. 30 (Diels-Kranz 1,157 f): κόσμον τόνδε, τὸν αὐτὸν ἁπάντων, οὔτε τις θεῶν οὔτε ἀνθρώ-

Heideggers verdeutlichender Übersetzung: "'das Feuer immerdar aufgehend, entzündend sich die Weiten (Lichtungen), sich verlöschend (verschließend) die Weiten
(ins Lichtungslose)'" (165). Heideggers Gedanken hierzu möchte ich kurz wiedergeben. Das Originelle an seiner Deutung des Textes liegt darin, daß er ἁπτόμενον als
indirekt-reflexives Medium auffaßt: 'für sich entzündend', entsprechend ἀποσβεννύμενον als 'für sich verlöschend'. Damit bringt er das Bezughafte, das Heraklit erfahren hat, zum Vorschein. In den gängigen Übersetzungen bleibt dieses Bezughafte
unzugänglich.[62] Die Bedeutung von ἅπτομαι als 'für sich entzünden' entnimmt Heidegger außer seinem Wörterbuch[63] auch dem Heraklit-Fragment 26, wo es vom
"Anstecken des Feuers" gesagt ist und meint: "Licht machen, hell werden lassen,
lichten, das Lichte aufmachen" (169).[64] Nach Heideggers Auslegung läßt das Sein
als "Feuer", πῦρ, dessen Wesen mit ζωή und φύσις einig ist, denn es heißt ἀείζωον,[65] die "Weiten", und das heißt die Lichtungen und den offenen Raum, aufgehen, worin Seiendes erst erscheinen kann. Heidegger betont: "Die Grundbedeutung,[66] d.h. das Wesen von μέτρον ist die Weite, das Offene, die sich erstreckende,
weitende Lichtung" (170).[67] Das Fragment 30 führt demnach auf einen Gedanken,
den Heidegger schon mehrfach vortrug: das Sein west als Einheit von Zeit und Ort,
etwa als das öffnende Offene (oben 169), als sichlichtende Lichtung (oben 311). μέτρον wäre also ein Name für das orthafte Wesen der φύσις (oben 356 f).

Das πῦρ ἀείζωον läßt aber nicht nur die Weiten aufgehen, sondern verschließt
sie auch. Das kann man im Zusammenhang sehen damit, daß die 'Αλήθεια sich
verhüllt (oben 326), daß im Untergang des Griechentums das Wesen des Seins sich
in seine Verborgenheit zurückbirgt (oben 314). Heidegger hebt aber noch einen
spezifischen Gesichtspunkt hervor: Daß das "Feuer" sich die "Weiten" "verlöscht"
(ἀποσβεννύμενον), ist wie das Phänomen des Blitzes. Dessen Aufblitzen und Verlöschen geschehen plötzlich. Im Augenblick seines plötzlichen Verlöschens lichtet
der Blitz das Dunkle und die Finsternis, bringt sie als solche zum Vorschein (171).
Der Blitz lichtet die Dunkelheit also nicht insofern, als er sie für einen Augenblick
erhellt, sondern er lichtet sie, indem er verlöscht und so die Dunkelheit als Dunkelheit erfahrbar macht.[68]

πων ἐποίησεν, ἀλλ' ἦν ἀεὶ καὶ ἔστιν καὶ ἔσται πῦρ ἀείζωον, ἁπτόμενον μέτρα καὶ ἀποσβεννύμενον
μέτρα.

[62] Diels-Kranz 1,158: "ewiglebendiges Feuer, erglimmend nach Maßen und erlöschend nach Maßen". Snell 15: "immer lebendes Feuer, aufflammend nach Maßen und verlöschend nach Maßen".

[63] *Passow* 1,375: ἅπτω Med. "sich (sese) anheften od. anhängen, daher haften, festhangen, fest-
sitzen". 1,376: "2) anzünden, anstecken, insofern dies durch Berührung des Feuers geschieht ..."

[64] Fr. 26 (Diels-Kranz 1,156): ἄνθρωπος ἐν εὐφρόνηι φάος ἅπτεται ἑαυτῶι ...

[65] Vgl. oben 357.

[66] Zur "Grundbedeutung" vgl. oben 276.

[67] *Passow* 2,222: μέτρον "das Maass", "jeder messbare od. gemessene Raum, Umfang".

[68] Dieses Phänomen, das Aufgehen eines Sichverbergenden, hat gemäß Ekkehard *Fräntzki* für die
von ihm so genannte ursprüngliche 'Αλήθεια höchste Relevanz. Das Phänomen kommt bei *Homer* zur
Sprache (Odyssee 8,93 f): Odysseus ist unter den Phäaken in der Weise anwesend, daß er ihnen in seinem Tränenvergießen verborgen bleibt (ἄλλους μὲν πάντας ἐλάνθανε δάκρυα λείβων) - so erläuterte
Heidegger in der Parmenides-Vorlesung (oben 278). Der folgende Vers, 'Αλκίνοος δέ μιν οἶος ἐπεφράσατ' ἠδὲ νόησεν, wird von Heidegger in der Parmenides-Vorlesung zwar angeführt, aber nicht
weiter besprochen. Nach Fräntzki kommt es darauf an zu sehen, daß die Anwesung des Odysseus so

Noch einmal: Das πῦρ ἀείζωον entzündet sich die Weiten (ἀπτόμενον μέτρα); es verlöscht sich die Weiten (ἀποσβεννύμενον μέτρα), indem es sie als helle auslöscht und als dunkle lichtet.

Fragment 30, aus dem das Wort vom πῦρ ἀείζωον stammt, beginnt: κόσμον τόνδε, τὸν αὐτὸν ἀπάντων, gemäß Heidegger: "'Diese Zier, die jetzt genannte, die selbige in allen Gezierden ...'" (165).[69] Daß Heraklit nicht nur von einem κόσμος spricht, sondern von mehreren - so deutet Heidegger den Genitiv ἀπάντων -, schließt er aus Fragment 124, wo es heißt, daß ὁ κάλλιστος κόσμος, Heidegger sagt "das schönste Gezierde", sei wie "ein Haufen von geradehin Ausgeschüttetem" (165).[70] Heidegger kann die verschiedenen κόσμοι auffinden, weil er von vornherein auf den Unterschied von Sein und Seiendem und auf das Bezughafte blickt. Der Unterschied zwischen "Zier" und dem "Gezierde" in Fragment 30 ist wie der zwischen der unscheinbaren Fügung (ἁρμονίη ἀφανής) und dem Gefüge (ἁρμονίη φανερή) aus Fragment 54. Während Heidegger den Bezug von Sein einerseits und Seiendem im Ganzen andererseits in Fragment 54 von seiten der 'edleren' Fügung als ein Überglänzen sah (oben 364), faßt er diesen Bezug jetzt als ein "Zieren" im Sinne des anfänglichen Erscheinenlassens, also in Wesenseinheit mit "Feuer" und "Blitz", ferner als die "das Schickliche schickende Zier" (164).[71]

Weil im Fragment 30 steht, die "Zier" sei von keinem der Götter oder Menschen gemacht, betont Heidegger: "Die φύσις ist über den Göttern und den Menschen" (166). Heidegger trifft hier auf den Hölderlinschen Gedanken, daß "die Natur" auch "über die Götter" ist (oben 42).

Das ursprüngliche, das heißt entspringenlassende "Zieren" ist für Heidegger ein zeithaftes Geschehen, wie es auch die anderen von ihm verwendeten Zeit-Worte zur Sprache bringen: Gönnen, Gewähren, Fügen, Schicken usw. Heidegger greift das in

---

ist, daß "er dem Alkinoos als der Sichverbergende aufgeht". *Fräntzki, Von der Un-Verborgenheit,* 11. Den gleichen phänomenalen Befund liest Fräntzki aus den Versen der *Sappho:* "Alle Sterne rings bei dem schönen Monde,/ sie verbergen wieder und bergen alle ihr strahlend Antlitz,/ wenn der helle Vollmond sein Licht läßt scheinen über die Erde". Die Erfahrung der Dichterin liegt für Fräntzki darin, daß der Mond die Sterne in ihrer Verbergung aufgehen läßt. *Fräntzki, Von der Un-Verborgenheit,* 13 f. Vgl. oben 74 Anm., dort auch griechischer Sappho-Text zitiert. - So wie nach dem Heraklit-Spruch 30 das "Feuer" (πῦρ ἀείζωον) sich die "Weiten" (μέτρα) "verlöscht" (ἀποσβεννύμενον), wie nach Heideggers Erläuterung in der Vorlesung von 1943 der Blitz in seinem Verlöschen die Dunkelheit zum Vorschein bringt, so ist das von Fräntzki so genannte ursprüngliche Wesen der 'Α-Λήθεια. Das alpha privativum möchte Fräntzki nicht so verstehen, daß, aus der Verborgenheit herkommend, Unverborgenheit geschieht; vielmehr soll das alpha als ein sogenanntes "liberativum" gehört werden. 'Α-Λήθεια würde dann besagen: Aufgehenlassen und Freigeben des Seins als des Sichverbergenden. *Fräntzki, Von der Un-Verborgenheit,* 8 ff. - Daß Fräntzki an das von Heidegger in der Heraklit-Vorlesung Vorgetragene anschließt, scheint mir daraus hervorzugehen, daß er die Gestalt Heidegger sagen läßt, in der Urfassung des Vortrags "Vom Wesen der Wahrheit" sei etwas gesehen, wovon ihm erst sehr viel später klar geworden sei, "welcher Blitz mich da getroffen hatte". *Fräntzki, Von der Un-Verborgenheit,* 7.

[69] *Passow* 1,1802: κόσμος 1. "der Schmuck, Putz ...", 2. "die Ordnung", 3. "die Weltordnung, die Welt, das Weltall".

[70] Fr. 124 (Diels-Kranz 1,178): ὥσπερ σάρμα εἰκῆ κεχυμένων ὁ κάλλιστος κόσμος. - Verschiedene κόσμοι auch gemäß Fr. 89. - In seinem Heraklit-Seminar von 1966/67 faßt Heidegger die κόσμοι als "die vielen Zustände der einen Gesamtordnung der πάντα" (Her 130).

[71] Zum Schicklichen vgl. oben 209 f.

Fragment 30 vom κόσμος ὅδε, nach seiner Auslegung vom Sein, gesagte ἦν ἀεὶ καὶ ἔστιν καὶ ἔσται auf, wovon er eine metaphysische Deutung von Zeit und Ewigkeit fernhalten möchte, indem er erklärt: "Wir nennen die ursprüngliche Zier, wenn wir schon eine zeithafte Charakteristik nicht umgehen können, das Vorzeitliche und deuten damit an, daß der κόσμος ursprünglicher ist als jedes Zeitliche, so zwar, daß in ihm auch die Zeitlichkeit selbst gründet, was nur so möglich ist, daß er 'die Zeit' selbst ist, dieses Wort freilich in einem anfänglichen Sinne verstanden" (168). Das ursprüngliche Zieren, κόσμος ὅδε, hat für Heidegger somit, wie ersichtlich, dasselbe Wesen wie der χρόνος Anaximanders. In der Unterscheidung des "Vorzeitlichen" bzw. der "Zeit selbst" einerseits und "jedes Zeitlichen" andererseits kommt im obigen Zitat die von mir so genannte *chronologische Differenz* zum Vorschein (oben 189).

Blickt man auf den Spruch 30 als Ganzes, so besagt er nach Heideggers Verständnis: Das ursprüngliche Zieren ist ein Geschehen, bei dem die Zeit selbst den Raum öffnet für alles zeitliche Seiende. Die Zeit selbst gibt das Maß für die "Weiten", μέτρα, lichtet die "Di-mension" als Bereich des Durchmeßbaren überhaupt, sie verschließt aber auch die Weiten und verbirgt alles Dimensionale, worin Seiendes erscheinen kann (170 f).

Daß der κόσμος im Sinne des ursprünglichen Zierens sich die Weiten entflammt und verlöscht, wie Heidegger den Heraklit-Spruch deutet, kann man in Verbindung sehen mit den Sophokles-Versen, wonach "die Zeit" "entbirgt und verbirgt" (oben 329).

Das gleiche zeithafte, anfangende Wesen wie κόσμος als "Zieren" haben - obwohl von Heidegger nicht "Zeit" genannt -: Κεραυνός, πῦρ und, was diese Namen in der Vorlesung ja erläutern sollen: das aufgehende Wesen der φύσις.[72]

Ich fasse zusammen: Heraklit nennt das Sein φύσις. Als Aufgehen ist die φύσις auch: Κεραυνός (Fr. 64), πῦρ (Fr. 66), κόσμος als "Zieren" (Fr. 30). Als einige Fügung von φύεσθαι und κρύπτεσθαι ist die φύσις: τὸ μὴ δῦνόν ποτε (Fr. 16), ἁρμονίη ἀφανής (Fr. 54), καλλίστη ἁρμονία als ἀντίξουν (Fr. 8), παλίντονος ἁρμονία (Fr. 51), πῦρ ἀείζωον und κόσμος als "Zier" (Fr. 30). Als Ort für das Erscheinen des Seienden ist die φύσις μέτρον (Fr. 30). Diese Charakteristika der φύσις bestehen jedoch nicht nebeneinander, sondern sind verschiedene Aspekte ihres einen rätselhaften Wesens. Im Unterschied zum Sein als φύσις spricht Heraklit vom Seienden im Ganzen als: πάντα (Fr. 64 und 66), als ἁρμονίη φανερή (Fr. 54), κόσμος als "Gezierde" (Fr. 30 und 124).

In der Heraklit-Vorlesung sieht Heidegger φύσις also nicht mehr nur als das Seiende im Ganzen wie in der Vorlesung "Grundfragen der Philosophie". Das Seiende im Ganzen ist zwar auch gemäß der Heraklit-Vorlesung φύσις-haft; es ist das "Gefüge" im Sinne der ἁρμονίη φανερή; hiervon unterschieden ist aber das Sein als Aufgehen (φύεσθαι) und als Fügung (ἁρμονίη ἀφανής). Die in der "Grundfragen"-Vorlesung augenfällig gewordene, von mir so genannte *physio-logische Differenz* (oben 154) wird von Heidegger jetzt gedacht als Unterschied des in sich einigen

---

[72] Im Heraklit-Seminar von 1966/67 sagt Heidegger: "Wir müssen die Zeit zusammendenken mit der φύσις" (GA 15,64).

Wesens der φύσις als Aufgehen und als Fügung einerseits zum Seienden im Ganzen als Gefüge der πάντα andererseits. Es ist der "anfängliche Unterschied" zwischen φύσις als "reinem Aufgehen" und aufgehendem Seienden (oben 357).

Heideggers Erläuterung des Spruches 123, φύσις κρύπτεσθαι φιλεῖ, und der anderen Fragmente diente der Aufhellung des μὴ δῦνόν ποτε. τὸ μὴ δῦνόν ποτε ist jetzt zu denken als das in seinen verschiedenen Wesenszügen einige Wesen der φύσις. Wie vor der φύσις, das heißt vor dem Sein, irgendwer verborgen bleiben könne, πῶς ἄν τις λάθοι, danach fragt der Spruch. Weil es in Fragment 30 heißt, den κόσμος habe keiner der Götter und Menschen gemacht, weil der κόσμος im Sinne der φύσις und des Seins also "über" den Göttern und Menschen ist, wie es zuvor hieß, deshalb vermutet Heidegger, daß im Wort τίς aus Fragment 16 auch die Götter mitgemeint sind. Die Götter sind die "Hereinblickenden" (172); so erläuterte Heidegger ihr Wesen zuerst in der Parmenides-Vorlesung (oben 310 f). Wie die Götter so blickt auch der Mensch "in die Lichtung"; dagegen steht alles übrige Seiende zwar innerhalb der Lichtung, ist jedoch ohne diesen Blick (173). Die Lichtung ist das orthafte Wesen der φύσις und des Seins.

Wenn vor der φύσις keiner der Götter und Menschen verborgen bleiben kann, wie Heraklit fragend sagt, so muß ein Solcher, τίς, nach Heidegger "in sich selbst den Grundzug des Aufgehens" haben, er muß "in der Entbergung und Unverborgenheit sich halten, griechisch gesagt: in der ἀλήθεια" (173). Daß Götter und Menschen von der ἀλήθεια durchstimmt sind, darauf verweist das stammverwandte Wort λάθοι. Es zeigt sich somit, daß im Heraklit-Spruch 16 "die ἀλήθεια gedacht, aber nicht genannt ist" (173), und zwar erstens als Wesen des μὴ δῦνόν ποτε, zweitens als Wesen der im τίς Genannten.

Die ἀλήθεια ist für Heidegger der "Wesensgrund" und "Wesensanfang" (175) der φύσις, denn alle Wesenszüge der φύσις haben ihre Entsprechung in der ἀλήθεια - von ihr handelte die Parmenides-Vorlesung -: das Aufgehen (φύεσθαι) ist der Grundzug der Entbergung; das Hervorkommen der φύσις aus der Verborgenheit ist im privativen Wort ἀ-λήθεια eigens ausgedrückt; daß die φύσις dem Sichverbergen (κρύπτεσθαι) zugeneigt ist, ist der Grundzug der Bergung. Heidegger sagt: "Die ἀλήθεια west aus der Verborgenheit und in der Bergung" (175). In dem einen Namen ἀλήθεια, Unverborgenheit, liegt also beschlossen: τὸ μὴ δῦνόν ποτε, das Wort φύσις κρύπτεσθαι φιλεῖ und das Wesen von Göttern und Menschen als Unverbergbaren (πῶς ἄν τις λάθοι). So ist die ἀλήθεια bei Heraklit zwar "das Ungesagte", aber doch dasjenige, aus dem sein Denken spricht (174), wie Heidegger durch seine Interpretation gezeigt hat.

ἀλήθεια besagt für Heidegger, wie in der Parmenides-Vorlesung, "Wahrheit",[73] allerdings in anderem als dem traditionellen Sinn der Richtigkeit. Heidegger gesteht: "Es bleibt befremdlich für uns und muß befremdlich bleiben, daß die Wahrheit das anfängliche Wesen des Seins, der Anfang selbst ist" (175). Auf die Selbigkeit von Wahrheit und Sein wurde Heidegger zuerst aufmerksam dadurch, daß nach Aristoteles die Philosophie sich mit dem Sein (ὃν ᾗ ὄν) und mit der Wahrheit (ἀλή-

---

[73] Zu seiner späteren Auffassung vgl. oben 344 f.

θεια) befaßt (oben 75 Anm.). Die Selbigkeit von ᾿Αλήθεια und dem Anfang des Abendlandes trat zuerst in der Parmenides-Vorlesung hervor (oben 339).

Weil gemäß dem Gesetz des Anfangs, das Heidegger durch Pindar und Hölderlin kennt, der Anfang "uns schon überholt hat und uns vorauswesend erst auf uns zukommt", bedarf es in Heideggers Augen "für uns, für das gegenwärtige und das abendländische Weltalter überhaupt eines anfänglichen Wandels, hinter dem jede bisher in der Geschichte des Denkens geschehene Wendung, sei sie kopernikanisch oder anders, un-endlich zurückbleibt" (175 f). Dieser Wandel wäre deshalb so tiefgreifend, weil in ihm das erste Mal seit den anfänglichen griechischen Denkern wieder das Sein selbst zur Erfahrung käme. Alle anderen Wendungen innerhalb des Zeitalters der Metaphysik, zuletzt die Kantische Transzendentalphilosophie, ändern nichts an der grundsätzlichen Perspektive, daß der Mensch im Zentrum steht und seine ratio das Maß für alles Erfahren und Denken abgibt. Demgegenüber möchte Heidegger den Blick auf ein Wesen und Walten des Seins lenken, das sich auf den Menschen zu ereignet, auf das der Mensch aufmerken, das er vernehmen kann. Die Heraklit-Auslegung kann dazu verhelfen, frei vom Denken der Metaphysik und frei für das Anfängliche zu werden und dadurch "in die Nähe des Seins" zu gelangen (176).

Weil φύσις und ἀλήθεια sich nicht in der Lichtung und Unverborgenheit erschöpfen - die φύσις empfängt die "Gewähr ihres Wesens" ja aus dem Sichverschließen (κρύπτεσθαι), die ἀλήθεια gründet im Sichverbergen, wie ihr privativer Name sagt -, weil also das Sichverbergen "zum Wesen des Seins selbst gehört", deshalb muß ein anfängliches Denken der φύσις das Sichverbergen mitbedenken (176 f). Diese Maxime hat Heidegger selbst in seinem spätesten Denken befolgt und auf die abendländische Geschichte angewendet. In der Vorlesung von 1943 zeigt er noch einmal, wie Heraklit das Sichverbergen erfahren und gesagt hat. Im Fragment 93 wird vom Gott Apollon in der Weise gesprochen, daß sein Wesen dem Wesen der φύσις entspricht. Es heißt: οὔτε λέγει οὔτε κρύπτει ἀλλὰ σημαίνει;[74] Heidegger übersetzt: "'weder entbirgt er (nur), noch verbirgt er (nur), sondern er gibt Zeichen'" (177). Da λέγει als "Gegenwort" zu κρύπτει gesagt ist, gibt Heidegger es mit "entbirgt" wieder.[75] Die Grundbedeutung von λέγειν ist "sammeln".[76] Ein wesentliches Wort hat nach Heidegger den "Grundzug des Offenbarmachens und des Erscheinenlassens" (178) - damit spielt er auf ἀποφαίνεσθαι und δηλοῦν des Aristoteles an. Das Wort in seinem entbergenden Wesen bestimmt sich aus der φύσις als Aufgehen, in seinem sammelnden Wesen aus der φύσις als Fügung; φύσις als Fügung und λόγος als ursprüngliche Versammlung sind also dasselbe. Heidegger betont: "λόγος - ἁρμονία - φύσις - κόσμος sagen das Selbe, aber jedesmal in einer anderen ursprünglichen Bestimmung des Seins" (178). Wie im Fragment 16 Götter und Menschen der ἀλήθεια entsprechen, worauf das λάθοι verweist, so entspricht das von Apollon gesagte λέγει dem Wesen der φύσις als ἁρμονία und dem mit ihr einigen λόγος. Das κρύπτειν des Gottes entspricht dem sichverbergenden Wesen der φύσις

---

[74] Fr. 93 (Diels-Kranz 1,172): ὁ ἄναξ, οὗ τὸ μαντεῖόν ἐστι τὸ ἐν Δελφοῖς, οὔτε λέγει οὔτε κρύπτει ἀλλὰ σημαίνει.

[75] Ähnlich schon in "Einführung in die Metaphysik" (GA 40,179).

[76] Vgl. oben 81 f.

(κρύπτεσθαι). Weil λέγειν als Gegenwort zu κρύπτειν fungiert, entspricht das λέγειν auch dem aufgehenden, entbergenden Wesen der φύσις.

Ein ursprünglicheres Erscheinenlassen als das λέγειν für sich genommen ist nach Heideggers Erläuterung das σημαίνειν, "ein Zeichen geben" (178). Der Gott gibt Zeichen, indem er in das Wesenhafte, das heißt in das Sein, weist. Das Zeichen entspricht nicht nur *einem* Wesenszug der φύσις, ist weder nur entbergend noch nur verbergend, es entspricht vielmehr dem vollen Wesen von φύσις und ἀλήθεια. Das Zeichen läßt solches erscheinen, das, "indem es erscheint, in ein Verborgenes verweist und also verbirgt und birgt und so das Bergende als ein solches aufgehen läßt" (179). Vom Aufgehenlassen eines Sichverbergenden ist auch in Fragment 30 die Rede: das πῦρ ἀείζωον verlöscht sich die Weiten; das geschieht nach Heideggers Erläuterung so, wie der Blitz in seinem Verlöschen das Dunkel als Dunkel erfahrbar macht (oben 366). Daß das Zeichengeben des Gottes mit dem Blitz verwandt ist, geht auch aus Hölderlins Feiertagshymne hervor (oben 41 f). Darüberhinaus ist das Zeichen offenbar ähnlich wie das Wort des μῦθος; auch der μῦθος birgt nach Heideggers Deutung das Entbergen und Verbergen (oben 291). Das anfängliche Wort, der μῦθος, und das Zeichen kommen darin überein, daß sie das Sein bergen. Für uns wird das Sein vernehmbar, wenn wir auf das Wort hören, auf das Zeichen aufmerken.

Das im Zeichen und im Wort Geborgene und Verborgene, das "Wahre" im Sinne der ἀλήθεια, wird von Heidegger das "Ungesagte" genannt. Das in der Vorlesung angestrebte wesentliche Denken heißt dann: "dieses Ungesagte im Durchdenken des Gesagten vernehmen und so ins Einvernehmen kommen mit dem, was im Ungesagten sich uns entgegenschweigt" (180). Als das Ungesagte im Heraklit-Spruch 16 wies Heidegger in der Vorlesung das Wesen von φύσις und ἀλήθεια auf. Während Heidegger 1943 der Auffassung ist, die ἀλήθεια sei von Heraklit zwar "gedacht, aber nicht genannt" (173; oben 369), sieht er 1966/67 in der 'Αλήθεια das "Ungedachte im Gedachten der ganzen Denkgeschichte" (GA 15,262).

§ 13. Der λόγος als Gegend und Gegenwart.
GA 55: Logik. Heraklits Lehre vom Logos.
Sommersemester 1944

Galt die Heraklit-Vorlesung des Sommersemesters 1943 der φύσις, so geht es in der Vorlesung des Sommersemesters 1944 um den λόγος. λόγος ist nach Heideggers Darlegung das "Grundwort" des Heraklitischen Denkens (273).[1]

Schon einmal hatte Heidegger die λόγος-Fragmente Heraklits behandelt, nämlich in der "Einführung in die Metaphysik", damals in der Absicht, den Ursprung der Scheidung von Sein und Denken aufzusuchen (oben 81 ff). Seinerzeit entfaltete Heidegger im Gespräch[2] mit Heraklit und vor allem mit Parmenides seinen Grundgedanken des Bezugs Sein - Mensch. 1944 steht dieser Bezug von vornherein im Mittelpunkt der Erörterung. Den Griechen fehlten nach Heideggers Auffassung die gemäßen Worte für das ursprüngliche Bezughafte (345); daß dieses aber "unbestimmt erfahren und genannt" ist (296), weist Heidegger in erster Linie an den Heraklit-Sprüchen 50 und 45 auf.

Gemäß Fragment 50 soll auf den λόγος gehört und ihm entsprochen (ὁμολογεῖν) werden.[3] Wenn die Menschen auf den λόγος hören können, dann spricht der Λόγος also selbst. Heidegger schreibt Λόγος in diesem Fall mit großem Anfangsbuchstaben, weil Λόγος für das Sein selbst steht, von ihm öfter auch "Seyn" genannt. Heidegger denkt den Λόγος, ursprünglicher als Heraklit (344), als "Versammlung, die das Seiende als das Seiende, das es ist, verwahrt" (278). Daß der Mensch auf den Λόγος hören und ihm entsprechen kann, heißt, daß sein Wesen ebenfalls λόγος-artig beschaffen sein muß.[4] So sagt es auch Fragment 45: die ψυχή hat einen tiefen λόγος.[5] Das zentrale Fragment 50 handelt also nach Heideggers Darstellung vom "homologischen Bezug des menschlichen λόγος zu dem Λόγος" (296).

Ich halte es im Rahmen dieser Arbeit nicht für angebracht, Heideggers λόγος-Interpretation im einzelnen nachzuzeichnen. Dies sollte besser in einer eigenen Untersuchung geschehen, die auch das Heraklit-Seminar mit Eugen Fink von 1966/67

[1] Seitenangaben ohne Zusätze beziehen sich im folgenden auf GA 55, 2. Auflage.

[2] Heidegger hat seine Zuwendung zu den griechischen Denkern später ausdrücklich als "Gespräch" bezeichnet. So heißt es in einem "Gespräch von der Sprache", 1953/54, vom "Hören auf das Denken der Denker": "Jeder ist jedesmal im Gespräch mit seinen Vorfahren, mehr noch vielleicht und verborgener mit seinen Nachkommen" (GA 12,117). Vgl. auch VA 43; VA 248; Phil 8; ID 33 ff.

[3] Fr. 50 (Diels-Kranz 1,161): οὐκ ἐμοῦ, ἀλλὰ τοῦ λόγου ἀκούσαντας ὁμολογεῖν σοφόν ἐστι ἓν πάντα εἶναι.

[4] Zum Denkmuster "Gleiches zu Gleichem" vgl. oben 117 f.

[5] Fr. 45 (Diels-Kranz 1,161): ψυχῆς πείρατα ἰὼν οὐκ ἂν ἐξεύροιο, πᾶσαν ἐπιπορευόμενος ὁδόν. οὕτω βαθὺν λόγον ἔχει.

und das Seminar in Le Thor von 1966 einbeziehen könnte, ebenfalls einzelne Passagen aus anderen Schriften, etwa "Der Satz vom Grund" und "Was heißt Denken?". Eine solche Arbeit könnte Heideggers Deutung des Heraklitischen λόγος, die Auseinandersetzung mit der traditionellen Logik und Heideggers Bemühen um eine "ursprüngliche 'Logik'", wie es in der Vorlesung von 1944 heißt (185 u.ö.), enthalten.[6]

Heideggers Geschichtsdenken erreicht mit der Parmenides-Vorlesung seinen Höhepunkt und erfährt in den beiden Heraklit-Vorlesungen von 1943 und 1944 keine weitere Entfaltung mehr.

Das Ereignis unter dem Titel *"Sein und Zeit"* (oben 293) ist gemeint, wenn Heidegger 1944 von seiner Heraklit-Interpretation sagt: "Die Erläuterung ruht in der Vermutung des Ereignisses" (377). Hier ist das Wort "Ereignis" zum ersten Mal in den Vorlesungen, wie in Heideggers späteren Schriften, als singulare tantum gebraucht; es bezieht sich auf den von Heidegger (wie von Hölderlin) erwarteten Wandel der Geschichte. Von ihm spricht Heidegger jetzt auch als "Wendezeit der abendländischen Geschichte, wenn nicht gar der abendländisch bestimmten Weltgeschichte des Erdballs überhaupt" (203).[7] Daß das abendländische Geschick eine "Wendung" "in sich verschlossen" hält (272), liegt an der - wie es in der Vorlesung von 1943 heißt - "geheimnisvollen Kehre" des Anfangs (oben 347), die Heidegger, darin mit Hölderlin einig, ahnend zu erblicken glaubt. Dieser Gedanke steht auch am Ende der Vorlesung von 1944: das Sein hat begonnen, "in seine Wahrheit zurückzukehren" (386 f). Diese Wendung der Geschichte war für Heidegger 1944 keineswegs schon gekommen, sondern sie lag für ihn in einer fernen Zukunft. Daß das abendländische Geschick sich wenden könnte, daran hat Heidegger auch später festgehalten. Er vertritt diese Auffassung noch im Spiegel-Gespräch von 1966 (SI 214 f).

Heideggers Bedenken der Wahrheit des Seins läuft in seinen Vorlesungen seit 1935 mehr und mehr auf ein Verständnis des Seins als Ortschaft hinaus, wird - wie es 1947 dann heißt - "Topologie des Seyns" (GA 12,84). In der Heraklit-Vorlesung von 1944 vollendet sich dieser Gedanke im Zusammenhang mit dem Spruch 108. Ich möchte deshalb Heideggers Auslegung dieses Textes in ihrem wesentlichen Gehalt, das heißt im Hinblick auf das Sein als τόπος, darstellen.

Das Fragment 108 lautet: ὁκόσων λόγους ἤκουσα, οὐδεὶς ἀφικνεῖται ἐς τοῦτο, ὥστε γινώσκειν ὅτι σοφόν ἐστι πάντων κεχωρισμένον, nach Heideggers Überset-

---

[6] Eine neuere Arbeit zum Thema "Logik" ist: David A. *White*, Logic and Ontology in Heidegger. Columbus: Ohio State University Press 1985. Der Autor nimmt auf die Heraklit-Vorlesungen verschiedentlich Bezug, untersucht aber nicht den zusammenhängenden Gedanken. - Zur Vorlesung von 1944 vgl.: Kenneth *Maly*, The Transformation of "Logic" in Heraclitus. In: Heidegger on Heraclitus. p. 89-102.

[7] Das Wort "Wendezeit" stammt aus Heideggers erster Hölderlin-Vorlesung. In den Versen 14 ff aus "Mnemosyne" heißt es: "... Nicht vermögen/ Die Himmlischen alles. Nemlich es reichen/ Die Sterblichen eh' in den Abgrund. Also wendet es sich/ Mit diesen" (SW 2,193). Heidegger interpretierte damals: "Immer kommen die großen Wendezeiten der Völker aus dem Abgrund ..." (GA 39,106). Die "Mnemosyne"-Zeilen greift Heidegger wieder auf in seinem Vortrag "Wozu Dichter?" von 1946 (GA 5,270). Sein "Vorwort zur Lesung von Hölderlins Gedichten", 1963, schließt Heidegger mit einem Hinweis auf die "Wende der Zeit" (GA 4,197). Dieses Wort steht in Vers 18 von Hölderlins Ode "Blödigkeit" (SW 2,66).

zung: "'Sovieler λόγοι ich (schon) vernommen habe, keiner gelangt dorthin, von wo aus er vertraut ist damit, daß das eigentlich Zuwissende im Bezug auf alles Seiende aus seiner (eigenen) Gegend west'" (330). Das meint nach Heidegger: der λόγος, den es eigentlich zu wissen gilt, ist πάντων κεχωρισμένον. Auf diese beiden Worte kommt es an. Die πάντα sind: alles Seiende, das Seiende im Ganzen. Heidegger deutet den Genitiv als respectus: "im Bezug auf ...". Das Verb χωρίζω bringt Heidegger, wie ihm sein Wörterbuch nahelegt,[8] in Verbindung mit χῶρος[9] und χώρα.[10] Letzteres faßt er als "die Gegend" und erläutert: "Wir verstehen darunter den offenen Bereich und die Weite, worin etwas seinen Aufenthalt nimmt, von woher es herkommt, entkommt und entgegnet" (335).[11] Hieran läßt sich ablesen, daß Heideggers Heraklit-Auslegung, wie er ausdrücklich hervorhebt, auch dasjenige mitbedenkt, was "die beiden anderen frühen Denker Anaximander und Parmenides über das Sein des Seienden sagen" (339). Bei Anaximander geht es um die ὄντα in ihrem Hervorgang (γένεσις) und ihrem Entgehen (φθορά). Von Parmenides stammt das Wort von der ᾿Αληθείη εὐκυκλής, das Heideggers Gedanken zur Lichtung und dem Offenen von Anfang an leitete. Im Zusammenhang mit der χώρα tauchen jetzt lauter Worte auf, die für Heidegger Wesenszüge der ἀλήθεια benennen: "bergen", "Ort", "Ortschaft", "umgeben" (unten Anm. 8-10). Aus der χώρα verstanden, besagt χωρίζω daher für Heidegger: "in eine umgebende Umgegend, in eine Gegend bringen und aus dieser Gegend her anwesen lassen" (336). Solches Bringen und Anwesenlassen vollzieht, wie ersichtlich, die gleiche Bewegung wie die Anaximandreische ἀρχή in bezug auf die ὄντα (oben 182 ff) und wie der χρόνος Anaximanders, der nach Heideggers Deutung dem jeweilig Anwesenden seine Weile entbreitet (oben 188). Wie bei Heideggers Deutung des Heraklitischen λόγος als πάντων κεχωρισμένον die Auslegung des Anaximander-Fragments von 1941 hereinspielt, so wird umgekehrt der 1944 erläuterte λόγος als Gegend bei der zweiten Zuwendung zu Anaximander, 1946, fruchtbar gemacht.[12]

Entgegen den bisherigen Übersetzungen des Heraklit-Spruches 108 muß nach Heideggers Auffassung das Partizip κεχωρισμένον nicht passivisch,[13] sondern medial verstanden werden (338). Offenbar meint Heidegger sowohl das indirekt-refle-

---

[8] *Passow* 2,2549: "an einen Ort bringen oder stellen".

[9] *Passow* 2,2552: "ein bestimmter Jemanden einschliessender od. in sich bergender Platz, Stelle, Ort, Ortschaft".

[10] *Passow* 2,2545: "ein einer Gesammtheit od. einer einzelnen Person od. Sache gehöriges, dieselbe umgebendes Stück Erde od. Land ..."

[11] Zur Weite vgl. oben 329 ff; 365 ff. - Vermutlich denkt Heidegger bei der "Gegend" auch an Hölderlins zweiten Brief an Böhlendorff, von ihm zitiert im Vortrag "Hölderlins Erde und Himmel", 1959: "... das Karakteristische der Wälder und das Zusammentreffen in einer Gegend von verschiedenen Karakteren der Natur, daß alle heiligen Orte der Erde zusammen sind um einen Ort ..." (GA 4,158. SW 6,433). Auf der Sprechplatte dieses Vortrages liest Heidegger die Stelle mit schwerer Betonung. - Vgl. auch oben 134 Anm.

[12] Vgl. oben 78 Anm.

[13] Diels-Kranz 1,175: "Von allen, deren Worte ich vernommen, gelangt keiner dazu zu erkennen, daß das Weise etwas von allem Abgesondertes ist". Snell 33: "So vieler Worte ich gehört habe, keiner kommt so weit zu erkennen, daß das Weise etwas von allem Getrenntes ist (ab-solutum)". Während Heidegger πάντων als genitivus respectus auslegt, fassen Diels-Kranz und Snell das Wort als genitivus separationis.

xive Medium als auch das direkt-reflexive. Im ersten Sinne bringt der λόγος alles Seiende (πάντα) in eine Gegend, und zwar *für sich,* den λόγος. Im zweiten Sinne tut der λόγος selbst sich als diese Gegend auf, bringt *sich* dem Seienden als Gegend. Diese zweite Bedeutung des λόγος πάντων κεχωρισμένον besagt dann: der λόγος ist "in Beziehung auf das Ganze des Seienden die alles umgebende, für alles sich öffnende und allem sich entgegnende Gegend: die Gegenwart, in die alles und jedes versammelt und verwahrt ist; aus der her - als der Gegend schlechthin - jegliches aufgeht und sein Hervorgehen und sein Untergehen, sein Erscheinen und Verschwinden, empfängt" (338).[14] Der Bezug des λόγος zu den πάντα ist also so, daß der λόγος als Gegend dieser Bezug selbst ist und daß der λόγος sich als dieser Bezug öffnet.

Heidegger sagt, daß das Seiende in die Gegend "versammelt" ist. Das bedeutet, daß auch die πάντα λόγος-artig verfaßt sind, daß das Sein des Seienden Versammeltheit ist. Im Verhältnis des λόγος als Gegend zu den versammelten πάντα kommt, wie ersichtlich, eine besondere Form der ontologischen Differenz zum Vorschein, die von mir so genannte *logische Differenz* (oben 154).[15] Während die Fragmente 50 und 45 nach Heideggers Deutung den Bezug Sein - Mensch nennen, handelt der Bezug des λόγος zu den πάντα in Fragment 108 vom Unterschied zwischen Sein und Seiendem. Dies ist, wie Heidegger sagt, "'der Unterschied' schlechthin"; er ist dem Menschen zwar "das Nächste alles Nahen", für das Erfassen jedoch "das Fernste" (339).

Der λόγος πάντων κεχωρισμένον bezeichnet dasselbe Geschehen wie das πῦρ ἀείζωον ἁπτόμενον μέτρα, aus Fragment 30 (oben 365). Beides besagt: das Sein selbst öffnet sich als Raum (χώρα, μέτρα) für das Seiende; in Fragment 108 ist das Seiende, πάντα, eigens von Heraklit genannt.

Heidegger denkt den λόγος in der Vorlesung von 1944 genauso als Einheit von Zeit (Bringen, Anwesenlassen, Öffnen) und Ort (Gegend) wie, geleitet durch ἀλήθεια und φύσις, die sichlichtende Lichtung, das öffnende Offene. "Gegenwart" wird von Heidegger jetzt ausdrücklich orthaft verstanden. Die Einheit von Zeit und Ort bestimmt durchgängig Heideggers Überlegungen zum Wesen des Seins in den Vorlesungen der vorangegangenen Jahre. Das Ineinanderspielen von λόγος, φύσις und ἀλήθεια trat bereits in der "Einführung in die Metaphysik" und auch später hervor. Entsprechend heißt es in der Vorlesung von 1944: "'Αλήθεια, Φύσις, Λόγος sind das *Selbe* ..." (371). Der Aufweis dieser Selbigkeit wird hier an den Worten aus Fragment 112 vollzogen: ἀληθέα λέγειν καὶ ποεῖν κατὰ φύσιν (359 ff).[16]

---

[14] Das Wort "Gegend" nimmt einen Terminus aus "Sein und Zeit" auf, und zwar aus der Analyse der Räumlichkeit des Daseins (GA 2,487). Dort ist auch der Zusammenhang von Gegend und Gegenwart herausgearbeitet. Nach dem transzendental-existenzialen Ansatz von "Sein und Zeit" ist es so, daß die Räumlichkeit (Gegend) in der Zeitlichkeit des Daseins (Gegenwart) gründet (GA 2,485 f). Bereits in der Vorlesung "Prolegomena zur Geschichte des Zeitbegriffs" von 1925 handelt Heidegger im § 25 über die "Räumlichkeit der Welt" von der "Gegend" (GA 21,310 ff).

[15] Sie entspricht der von Richard *Wisser* so genannten *"topologischen Differenz* zwischen Nähe *und* dem Nächstliegenden". *Wisser,* Hegel und Heidegger, 319.

[16] Zu Heideggers Auslegung dieses Fragments in der Heraklit-Vorlesung von 1944 (GA 55,359-374) vgl.: Kenneth *Maly* and Steven *Davis,* Reading Heidegger Reading Heraclitus-Fragment 112. In: Heidegger on Heraclitus. p. 135-151.

Daß Heidegger mit seinem Gedanken der "Gegend" nicht nur den Herakliti-schen λόγος ursprünglicher faßt, sondern darin auch den phänomenalen Gehalt von φύσις und ἀλήθεια aufgreift, geht besonders aus seiner "Erörterung der Gelassen-heit" von 1944/45, also offenbar im Anschluß an die Heraklit-Vorlesung konzipiert, hervor. In diesem Text wird die "Gegend aller Gegenden" auch mit dem alten Wort "Gegnet" bezeichnet (GA 13,46 f). Der Heraklit-Spruch φύσις κρύπτεσθαι φιλεῖ ist meines Erachtens von Heidegger denkend erfahren und ausgelegt, wenn er sagt, daß durch den "Zauber" der Gegend "alles, was ihr gehört, zu dem zurückkehrt, wor-in es ruht" (GA 13,45). Die Gegnet als "alles versammelnd" (GA 13,47) hat das We-sen des λόγος, als Sichöffnen (GA 13,47) zeigt sie den Charakter des Aufgehens (φύεσθαι) und den Grundzug der Entbergung im Wesen der ἀλήθεια. An die ἀλή-θεια und ihren in der Parmenides-Vorlesung aufgewiesenen Grundzug des Offenen (oben 328 ff) knüpft Heidegger an, wenn er festhält, "daß die Gegnet vermutlich das verborgen Wesende der Wahrheit ist" (GA 13,64).

§ 14. Der mehrfältige Sachverhalt der Kehre. Der mehrfältige Sachverhalt von "Sein und Zeit"

Abschließend soll kurz auf den Zusammenhang des von Hölderlin Gedichteten mit der 'Αλήθεια eingegangen werden, Heideggers Auffassung von Geschichte, wie sie sich in der Parmenides-Vorlesung artikuliert, skizziert sowie ein Überblick über den Sachverhalt der Kehre und das Thema "Zeit" gegeben werden.

Heideggers Vorlesungen 1934/35 bis 1944 zeigen zwei Hauptgedankenstränge: erstens das Gespräch mit Hölderlin über den *Anfang einer zukünftigen Geschichte*, zweitens die Frage nach der *Wahrheit oder dem Wesen des Seins*. Die Vorlesung über "Germanien" und "Der Rhein" (GA 39), die "Andenken"-Vorlesung (GA 52) und die "Ister"-Vorlesung (GA 53) befassen sich mit Hölderlins Dichtung. In der "Einführung in die Metaphysik" beginnt Heidegger in einem ursprünglichen Fragen der Seinsfrage mit einer Entfaltung der Wahrheit des Wesens von Sein. Die Vorlesung "Grundfragen der Philosophie" (GA 45) behandelt Inhalt und Art der Wahrheitsfrage, die eine ausgezeichnete Grundfrage darstellt. Dem Wesen des Seins gilt die "Grundbegriffe"-Vorlesung (GA 51). In der Parmenides-Vorlesung (GA 54) soll der Name der Göttin aus dem Lehrgedicht, 'Αλήθεια, geklärt werden. Die beiden Heraklit-Vorlesungen (GA 55) wenden sich solchen Fragmenten zu, die "Namen des Seins" enthalten.

Die Auseinandersetzung mit Hölderlin und die Erörterung des Wesens von Sein sind aber nicht zwei verschiedene Themen, vielmehr ist beides die Ausfaltung der einzigen, mehrdeutigen Seinsfrage, denn auch an Hölderlins Dichtung beschäftigt Heidegger, wie in ihr Sein erfahren und gesagt ist.

Während Hölderlins Hymnendichtung in den dreißiger Jahren für den anderen Anfang von Geschichte steht, die αλήθεια aber für den ersten Anfang von Geschichte bei den Griechen, erkennt Heidegger in der Parmenides-Vorlesung, 1942/43, die Eigenbewegung des Einen Anfangs des Abendländischen. Die Gesetzlichkeit dieser Bewegung folgt dem Gesetz des Reinentsprungenen aus Hölderlins Rheinhymne, "Wie du anfiengst, wirst du bleiben", sowie dem geheimnisvollen scheinbaren Rückwärtsgehen der oberen Donau, wovon die Isterhymne handelt. Als diejenige Macht, die die abendländische Geschichte entspringen läßt, sie insgesamt durchherrscht und die ihren Zeit-Raum bildet, erblickt Heidegger dann: die 'Αλήθεια. Zeigen also der reinentsprungene Rheinstrom und der Ister die Bewegtheit und den Verlauf der Geschichte, so ist das gleichsam Entspringenlassende die 'Αλήθεια.

Heidegger hat sich über den *inneren Zusammenhang zwischen dem von Hölderlin Gedichteten und der* 'Αλήθεια nicht geäußert. Ich bin jedoch der Ansicht, daß es Sinn hätte zu sagen, Hölderlin habe unter dem Anspruch der 'Αλήθεια gedichtet. Die Nacht der Götterferne wäre dann ein Sichverhüllen der 'Αλήθεια. Der Augenblick, in dem "Ein Schiksaal" "Zu Menschen gelanget", der Augenblick der Ankunft des Heiligen, von dem Hölderlin sagt "Jezt aber tagts!", wären dann als ein Ereignis der Entbergung zu sehen. Das Heilige steht nach Heideggers Deutung über Göttern und Menschen; im Fest schickt es Götter und Menschen in ihr Wesen, fügt und stimmt die Bezüge zwischen ihnen und ihm selbst, dem Heiligen (oben 209). Dadurch hat das Heilige dasselbe Wesen wie die ἀλήθεια, die das Wesen des Seins, das Wesen des Göttertums, das Wesen des Menschentums und ihre Bezüge durchwaltet (oben 312). Letzteres ist von Heidegger zunächst im Hinblick auf den ersten Anfang des Abendländischen bei den Griechen gesagt. Da nach seiner Auffassung seit der Parmenides-Vorlesung auch der anfängliche, zukünftige Anfang der Geschichte aus der ᾿Αλήθεια herkommt, würden das Wesen des Heiligen und das Wesen der ᾿Αλήθεια zusammenfallen. Das Heilige, wie Heidegger es deutet, hat genauso zeit- und orthaften Charakter (zu letzterem oben 266 f) wie die ᾿Αλήθεια mit ihren Wesenszügen der Entbergung und des Offenen.[1]

Man könnte so sagen: Wie Heidegger am Ende seines Denkweges seine Schriften insgesamt als Echo auf die ᾿Αλήθεια erkennt (Prospekt Klostermann, S. 3), so ist das Heilige Hölderlins, so wie Heidegger es deutet, als ein dichtender Name des Seins, ein Echo auf den denkenden Namen des Seins: ᾿Αλήθεια, gesagt im Anfang des Abendländischen von Parmenides.[2]

Vom Standort der Parmenides-Vorlesung aus, in der Heideggers Geschichtsdenken seinen Höhepunkt erreicht, bedeutet *Geschichte* folgendes: Die ᾿Αλήθεια hat sich gelichtet zum Zeit-Raum des Abendländischen. Im Abendland als in ihrem Hausbezirk waltet die ᾿Αλήθεια in zwei Zeitaltern, die sich aus dem ersten und dem anfänglichen Anfang bestimmen. Diesen beiden Zeitaltern analog sind die beiden Festzeiten der Geschichte, die gewesene und kommende Göttergegenwart, die Heidegger an Hölderlins Dichtung aufweist.

In ihrem ersten Anfang zeigt sich die ᾿Αλήθεια den frühen Griechen, wird für sie erfahrbar, ohne daß ihr Wesen gedacht wird. Im Wort des μῦθος ist etwas von ihrem Wesen bewahrt. Kaum wesend,[3] verhüllt sich die ᾿Αλήθεια wieder, birgt sich in ihre eigene Verborgenheit. Was unsere gegenwärtige geschichtliche Situation prägt, ist die mit Platon und Aristoteles beginnende Metaphysik; sie ist die Geschichte, in der die ᾿Αλήθεια in ihrer eigenen Verborgenheit ruht. Von hierher schickt sie, ihr eigenes Wesen vorenthaltend, dem abendländischen Menschentum die Wahrheit und das Sein des Seienden in verschiedenen Gestalten zu, von der Platonischen ἰδέα bis zu Nietzsches "Willen zur Macht". Der erste Anfang des Abendländischen geschah als das Ereignis *"Sein und Wort"*, der anfängliche Anfang ist das zukünftige Ereignis *"Sein und Zeit"*; mit ihm würde das zweite Zeitalter der ᾿Αλήθεια beginnen.

---

[1] Ferner ließen sich an Hölderlins spätesten Gedichten Parallelen zur ᾿Αλήθεια, wie Heidegger sie denkt, aufweisen (vgl. oben 101; 173 Anm.), denn diese Gedichte enthalten lauter ᾿Αλήθεια-Worte: "Glänzen", "Erscheinen", "offen", "weit" u.a. Der Grund, weshalb Heidegger auf diese Gedichte nicht eingeht (mit einer Ausnahme 1969, vgl. oben 328 Anm.), könnte darin liegen, daß hier "Bilder" gezeichnet werden (etwa SW 2,299) und das Bild für ihn Platonisch, das heißt metaphysisch belastet ist. - Vgl. den Hinweis von Albrecht *Seifert* auf Hölderlins Verständnis von Wahrheit als "Unverborgenheit" in "Brod und Wein"; oben 93 Anm.

[2] Zur "Brücke" von Parmenides zu Hölderlin im Gedanken des Brauchens vgl. oben 88 Anm.

[3] Vgl. N II 458.

Geschichte heißt für Heidegger in den Vorlesungen 1934/35 bis 1944 also nicht Weltgeschichte oder Universalgeschichte, sondern in letzter Konsequenz: Geschichte des Abendlandes als Geschehen der 'Αλήθεια.

In der Parmenides-Vorlesung finden sich drei Bewegungsmuster vom Verlauf der Geschichte zusammen und schieben sich übereinander. Erstens: Das Geschehen der Geschichte, das sich zunächst an den Strömen, Rhein und Donau, zeigte, sowie das Seinsgeschehnis, das heißt der Anfang der Geschichte, welches durch das Phänomen des Blitzes verdeutlicht wurde - beide Bewegungsformen sprechen aus dem Hölderlin-Wort "...Lang ist/ Die Zeit, es ereignet sich aber/ Das Wahre" -, werden zum Gesetz des Einen Anfangs weitergedacht. Dieses lautet, vereinfacht gesagt: anfangen - bleiben - zurückwesen in die eigene Innigkeit. Der Denkblick ist dabei, den Strömen folgend, sozusagen von Westen nach Osten gerichtet (auch der Rhein fließt ja von seiner Quelle zuerst in östlicher Richtung).

Zweitens: Gegenläufig hierzu, als eine Bewegung gleichsam von Osten nach Westen, ist die Geschichte der Wahrheit und des Seins ein Wandel von der griechischen ἀλήθεια (Unverborgenheit als Charakter des Seienden) zur römischen und mittelalterlichen veritas (Richtigkeit der Aussage) und damit zu unserem gegenwärtigen Verständnis der Wahrheit. So verläuft Geschichte im Sinne der uns prägenden Tradition. Dieser Struktur folgt die von Heidegger später so genannte Seinsgeschichte. Das geschichtliche Fragen als Rückgang, Erinnerung und Wieder-holung in den dreißiger Jahren gilt dem so gesehenen Geschichtsverlauf.

Drittens: Geschichte gehorcht dem Walten der 'Αλήθεια. In den Ereignissen von Entbergung und Verbergung geht Geschichte auf und unter. Zu erblicken ist eine solche Form der Bewegtheit etwa an Auf- und Untergang der Sonne; es ist also ebenfalls ein Verlauf von Osten nach Westen. In diesem Sinn versteht Heidegger das Abend-land.

Zur *Kehre:* 1962 schreibt Heidegger an Richardson: "Die Kehre ist in erster Linie nicht ein Vorgang im fragenden Denken; sie gehört in den durch die Titel 'Sein und Zeit', 'Zeit und Sein' genannten Sachverhalt selbst". Und: "Die Kehre spielt im Sachverhalt selbst" (BR XIX). Im selben Jahr, aus dem der Brief an Richardson stammt, hielt Heidegger seinen Vortrag "Zeit und Sein".

Das Thema "Zeit und Sein" wird in den Vorlesungen der dreißiger und vierziger Jahre hauptsächlich behandelt als: *'Anfang und Geschichte'.* Die im Sachverhalt selbst spielende Kehre ist einmal ein Selbstverhältnis des Anfangs, und zwar ein Zurückwesen des Anfangs in sich selbst (oben 325). Das Sein selbst, wesenseinig mit dem Anfang, hat nach Heideggers Überzeugung begonnen, "in seine Wahrheit zurückzukehren" (oben 373). Ähnlich besteht gemäß Hölderlins "Hyperion" das "Leben der Welt" in "Ausflug und Rükkehr zu sich selbst" (oben 24).

Kehre ist ferner ein Verhältnis des Anfangs zu uns, den geschichtlichen Menschen. Da der Anfang uns übersprungen hat, über uns hinweggreift, kommt er auf uns zu "in einer geheimnisvollen Kehre" (oben 347). Es ist das bevorstehende Ereignis einer neuen Seinsgegenwart; entsprechend glaubte Hölderlin, daß das "Höchste" "wiederkehren" kann (oben 25), daß die Götter "kehren in richtiger Zeit" (oben 23).

Auch das Verhältnis des geschichtlichen Menschen zum Anfang ist ein sich kehrender Vollzug; hierzu gehört das Wieder-holen (oben 67), Wiederbringen (oben

141), alles Vorlaufen, Vorspringen, Vordenken einerseits und Zurückkommen, Erinnern, Andenken andererseits.

Sichkehrende Bewegungen sind ferner, allerdings von Heidegger nicht "Kehre" genannt, alle Wesensformen des *Zurück,* etwa der stiftende Rückwurf des Seyns auf sich selbst (oben 42) oder das In-sich-zurückgeneigt-Bleiben der φύσις (oben 75); außerdem alle Formen von *Zirkularität,* hauptsächlich die an der ᾿Αληθείη εὐκυκλής orientierten gegenseitigen Umkreisungen von Sein und Seiendem (oben 336) sowie alles im Hinblick auf den Menschen gesagte Umwesen, Umgeben, Umwalten usw. (oben 305 ff; 320).

Eine andere Art Kehre als diejenige im Sachverhalt 'Anfang und Geschichte', eine andere Art Kehre als alle Wesensformen des Zurück und des Kreisens ist die Kehre von *Heideggers Denkansatz:* Der Bezug des Menschen zum Sein heißt "in der Kehre: das Seyn und dessen Wahrheit im Bezug zum Menschen" (oben 119). Die Frage nach dem Wesen der Wahrheit "kehrt" sich zur Frage nach der Wahrheit des Wesens. In dieser *"Kehre"* soll sich das Denken künftig halten (oben 134). Besinnung auf den ersten Anfang und Gründung seines Endes gehören "in der *Kehre* zusammen" (oben 141). Heidegger schreibt an Richardson: "Das Denken der Kehre *ist* eine Wendung in meinem Denken" (BR XVII). Die entscheidende Wendung in Heideggers Denken insgesamt geschieht in den Vorlesungen 1934/35 bis 1944. Durch Hölderlin erfährt Heidegger, daß nicht über das Seinsverständnis des Menschen der Sinn von Sein aufzuhellen ist, daß sich das Sein vielmehr für den Menschen und auf ihn zu ereignet. Durch Parmenides findet Heidegger diese Auffassung bestätigt: es gibt ein Drittes zu Denken und Sein, ein Drittes zu Sein und Seiendem, von woher der Mensch in den Bezug zum Sein gestimmt wird, von woher die Wahrheit und das Sein des Seienden ihre Bestimmung empfangen. Heidegger nennt dieses Dritte: Seyn oder Sein selbst (Parmenides: τὸ αὐτό).[4]

Heideggers Seinsfrage bzw. die Entfaltung der Wahrheit des Wesens von Sein konkretisiert sich in der Zeit 1934/35 bis 1944 in *drei Grundgedanken:* den *Bezug* des Seins zum Menschen, den *Unterschied* von Sein und Seiendem, das Thema "Sein und Zeit". Das Zeitthema, das mit dem Wort "Wesen" angeschlagen ist - denn Wesen wird von Heidegger zunehmend verbal gedacht -, ist in gewisser Weise weiter als die beiden Verhältnisse des Bezugs und des Unterschiedes. Auch der Bezug Sein - Mensch und der Unterschied Sein - Seiendes werden nämlich als bewegtes Geschehen, also zeithaft gefaßt. Da die Begriffe "Zeit" und "Bewegung" durch Aristoteles geprägt sind (χρόνος ist ἀριθμὸς κινήσεως), verwendet Heidegger beide Begriffe selten, "Zeit" will er zunächst als "Vornamen", als "Vorwort" (oben 293 f; 329) verstanden wissen.

Im folgenden gebe ich einen schematischen Überblick über die Hauptzüge des zeithaften Wesens des Seins. Wie mehrfach betont, findet das Zeitthema in den Vorlesungen keinen Abschluß. Es soll also nicht der Anschein entstehen, als sei

---

[4] Als eine sogenannte "eigentliche Kehre" möchte Ekkehard *Fräntzki,* Heideggers Gedanken weiterdenkend, eine "Einkehr in das ursprüngliche Wesen der ᾿Αλήθεια" anregen. Hierbei deutet er ᾿Α-Λήθεια als Freigeben der Verborgenheit des Seins. *Fräntzki,* Von der Un-Verborgenheit, 7 ff. Vgl. oben 159 Anm.; 321 Anm. Eine Kehre in diesem Sinne wäre eine denkende Rückkehr zu dem von Heidegger in der Parmenides- und der Heraklit-Vorlesung von 1943 Ausgeführten.

Heideggers Gang auf Holzwegen in dieser Zeit letztlich doch ein gerader Weg. Die verschiedenen Zeitformen lassen sich nicht in ein System bringen. Mit dieser Einschränkung bedeutet *zeithaftes Wesen des Seins:*

Das Sein selbst (= die Zeit selbst) öffnet sich als das Offene. In das Offene seiner selbst versetzt es den Menschen, gewährt ihm darin seinen Wesensaufenthalt. Im Offenen seiner selbst setzt das Sein Seiendes auseinander, fügt und sammelt es, läßt es hervorgehen und entgehen, läßt es je eine Weile verweilen und bleiben.

Die Bewegung des Öffnens ist auch: ein Anfangen, Raum-Aufreißen, das Weltwerden, ein Entbreiten, Lichten, Entbergen, Befreien, ist Ereignis und Augenblick. Der Ort des Offenen heißt auch: Lichtung, das Freie, Weite, Gegend, Gegenwart.

In dem von ihm selbst eröffneten Offenen geschieht Sein als ein Wesen, Walten, Währen, Bleiben, Ruhen; als Anwesen-Abwesen, das heißt als Sein und Nichts. Es geht den Menschen an als: Schicken, Gönnen, Stimmen, Gewähren, Bringen, Kommen, Fügen. Auf diese Weise läßt das Sein selbst seinen Bezug zum Menschen aufgehen, es ereignet sich für ihn. Das Öffnen des Offenen, das Auseinandersetzen des Seienden und das Aufgehenlassen des Bezugs zum Menschen geschehen aber nicht nacheinander - gegen die Zeitvorstellung der Sukzession richten sich ja schon Heideggers Analysen in "Sein und Zeit" -, sondern sie sind ein Alles-zumal, sind das *"Ereignis"* als singulare tantum und der *"Austrag"* sowie beider "Einklang", wie Heidegger es 1957 in seiner Schrift "Identität und Differenz" genannt hat (ID 8).

Die angeführten Zeitcharaktere des Seins findet Heidegger *bezeugt* bei Hölderlin und bei den anfänglichen Denkern und Dichtern: Anfangen und Bleiben sind die Seinsweisen des Reinentsprungenen, das Kommen ist die Bewegtheit des Heiligen. Kommen ist außerdem ein "Zeit"-Wort Pindars (oben 161 Anm.), Bringen ist ein "Zeit"-Wort Homers (oben 215 Anm.). Das Schicken beruht auf dem "Schiksaal", das "Zu Menschen gelanget". Das Walten von Sein und Nichts kommt im Chorlied der Sophokleischen "Antigone" zur Sprache. Das Sichöffnen des Seins, das Raum-Aufreißen und Weltwerden ist das aufgehende Walten der φύσις, das entbergende Wesen der ἀλήθεια. Das Öffnen eines Offenen ist ferner wie das πῦρ ἀείζωον ἀπτόμενον μέτρα, wie der λόγος πάντων κεχωρισμένον Heraklits.

Das Sein selbst als das Offene, das heißt das Sein als Ortschaft (τόπος), ist wie der λόγος im Sinne der χώρα, von Heidegger mit "Gegend" und "Gegenwart" wiedergegeben (oben 375), ist wie die φύσις als μέτρα, von Heidegger ausgelegt als "die Weiten (Lichtungen)" (oben 366). "Zeit" als das Weite, Offene ist außerdem bezeugt durch Sophokles' Wort vom μακρὸς χρόνος. Der Augenblick, in dem die Wahrheit des Seins sich ereignet, ist wie das griechische ἐξαίφνης und der καιρός. Wie bei Sophokles, wie beim καιρός, so ist auch in Heideggers Verständnis Zeit und Ort dasselbe.

Das zunehmend orthafte Verständnis des Seins in den Vorlesungen ab 1934/35 hängt auch mit den wandernden Strömen, mit den Wanderungen der Menschen, mit der Meerfahrt der Dichter aus der "Ister"- und der "Andenken"-Hymne zusammen. Entsprechend sieht Heidegger den Wechsel aus dem Erfahrungsbereich der Metaphysik in den Zeit-Raum einer anderen Wahrheit als einen zu beschreitenden Weg, etwa wie den Gang über eine Brücke (oben 218) oder wie das Ausziehen aus der

Landschaft der Seinsvergessenheit (oben 334); in diesem Sinn versteht Heidegger auch das Übersetzen (oben 275).

Das Zeugnis dafür, daß das Sein selbst seinen *Bezug* zum Menschen aufgehen läßt, liefert Pindar: Αἰδώς wirft den Menschen deren Wesen zu. Während für den Bezug des Seins zum Menschen Heidegger zunächst das "Schiksaal" aus dem Beginn der Rheinhymne als Vorbild diente, folgt er in der Parmenides-Vorlesung dem entbergenden Charakter der 'Ἀλήθεια.

Zeithaftes Walten des Seins bedeutet nicht nur, daß das Sein sich aufschließt, sondern auch, daß es sich verbirgt, entzieht, untergeht, wie das Heraklit-Wort φύσις κρύπτεσθαι φιλεῖ und die λήθη, von der Pindar spricht, bekunden. Sein als ein In-sich-Ruhen ist bezeugt durch die Hölderlinsche "Natur".

Das *Auseinandersetzen* des Seienden durch das Sein (ID: der Austrag) erfolgt entsprechend Πόλεμος, entsprechend ἀντίξουν von συμφέρον und διαφέρον; das Zusammenhalten des Seienden geschieht gemäß συνεχές, λόγος, ἁρμονία. Der *Unterschied* von Sein und Seiendem spielt sich ferner, vom Sein her gesehen, als ein Überkommen alles Seienden durch die Grundstimmung ab, vom Seienden aus ist es ein Hervorkommen in die Unverborgenheit, welcher Gedanke in der griechischen φύσις steckt. Außerdem erscheint der Unterschied von Sein und Seiendem als das Verhältnis von τὸ χρεών, der nötigenden Not, sowie von ἀρχή im Sinne von Ausgang, Durchwaltung und Bereich zu den ὄντα, ferner als χρόνος im Sinne der Zuweisung des Zeitigen, außerdem als Verhältnis von λόγος, Κεραυνός, πῦρ zu den πάντα. Im Namen der 'Ἀλήθεια gedacht, vollzieht sich der Unterschied von Sein und Seiendem so: das bergsame Offene ist die Stätte, in der das Seiende geborgen wird; umgekehrt birgt das Wesen des Seins als Entbergen-Verbergen sich in ein Seiendes, etwa den μῦθος.

Das Letzte war ein schematischer Überblick über Heideggers Gedanken zum zeithaften Wesen des Seins. Die Genese seiner Gedanken ab 1934/35 ist so: Nachdem Heidegger durch Hölderlin und Parmenides die Struktur des *Bezugs* von Sein und Mensch, anhand der Grundstimmung und der φύσις die Struktur des *Unterschiedes* von Sein und Seiendem erkannt hat (GA 39; GA 40), befaßt er sich mit solchen Dichter- und Denker-Worten, die Namen des Seins darstellen, insofern sie vom Sein im Bezug zum Menschen sagen, wie ἀρχή-τὰμήχανα, πόλις, "Herd" bei Sophokles (GA 53), und insofern sie vom Unterschied des Seins zum Seienden sagen, wie τὸ χρεών, ἀρχή, χρόνος einerseits und τὰ ὄντα andererseits bei Anaximander (GA 51), wie λόγος, Κεραυνός, πῦρ im Verhältnis zu den πάντα bei Heraklit (GA 55). Nachdem, dem Wort "Unverborgenheit" folgend, an der ἀλήθεια deren zeithaftes Wesen als Ereignisse der Entbergung und der Verbergung aufgedeckt ist (GA 54), belegt Heidegger diese Zeitcharaktere durch die Heraklitischen Seinsnamen φύσις, πῦρ, λόγος, Κεραυνός, κόσμος für das Ereignis der Entbergung, durch die Seinsnamen δῦνον und κρύπτεσθαι für das Ereignis der Verbergung (GA 55).

Alle Zeitweisen des Seins sind von Heidegger im Hinblick auf die künftige Geschichte gedacht, das heißt: in einer nicht mehr metaphysisch bestimmten Zukunft könnte Sein auf die genannte Art wesen. Daß Heidegger die Zeitcharaktere des Seins entwirft, indem er auf die Worte der Dichter und Denker - die abendländische

Sage - hört, stimmt mit seiner Auffassung von Geschichte überein, denn in seinen Augen ist Geschichte "Ankunft des Gewesenen" (GD 35).

Das skizzierte Geschichtskonzept sowie die aufgezählten Zeitcharaktere des Seins stellen die Topologie des Seins dar, wie Heidegger sie 1944 gezeichnet hätte.

In den Vorlesungen 1934/35 bis 1944 haben sich sowohl Heideggers *Denkansatz* als auch seine *Denkhaltung* gewandelt. Nicht mehr auf die leitende Grundbedeutung des in mannigfacher Bedeutung gesagten Seienden, der Heideggers frühes Denken galt (oben 76 Anm.), nicht mehr auf den Sinn von Sein, der sich aus der Analyse des Seinsverständnisses des Menschen klären sollte, kommt es Heidegger an, vielmehr liegt ihm einzig daran, Bereitschaft zu wecken für ein Ereignis, in dem das Sein selbst seine Wahrheit dem Menschen zuschickt. Daraus ergibt sich: statt Fragen, Schaffen, Gründen, Entscheidung ist solches Denken ein Hören, Warten, Entsprechen, Ahnen, Sichfügen.

Heideggers Denken erfährt in dem besprochenen Jahrzehnt entscheidende Veränderungen, danach wandelt es sich nicht mehr. Heidegger greift dann vielmehr einzelne Themen, wie die Sprache, das Wohnen und zuletzt die Ἀλήθεια, wieder auf und entfaltet sie so, wie es in den Vorlesungen 1934/35 bis 1944 bereits angelegt ist. In Vorträgen und Aufsätzen präsentiert Heidegger in den fünfziger und sechziger Jahren, rhetorisch und didaktisch aufbereitet, seine Gedanken in der gleichen Weise, wie sie sich auf seinem Denkweg vollzogen, nämlich weghaft. Zum Beispiel ist die Verfahrensweise der Vorträge "Der Satz der Identität" und "Zeit und Sein" so, daß Heidegger an unserem geläufigen Verständnis von Identität sowie von Zeit und von Sein ansetzt, um über mehrere Schritte das äußerste Phänomen seines Denkens der fünfziger und sechziger Jahre zu erreichen: das Ereignis. Die Hörer der Vorträge werden gehalten, "auf den Weg zu achten" (ID 9), "dem Gang eines Zeigens zu folgen" (SD 2). Heideggers Vorträge spiegeln methodisch den Vollzug seines eigenen Denkweges wider.

Mit der vorliegenden Arbeit ist die Herkunft derjenigen Gedanken, die Heideggers spätere Schriften bestimmen, offengelegt. Die Tatsache, daß "Sein und Zeit" Fragment geblieben ist, wird verständlich durch die von mir dargestellten Schwierigkeiten, die ekstatische Zeitlichkeit des Daseins mit den Erfahrungen zusammenzudenken, die Heidegger im Gespräch mit Hölderlin gemacht hat. Die Probleme lagen vor allem in der Zeitform der Gegenwart.

Heidegger hat sich in seinem spätesten Denken wieder der Ἀλήθεια zugewandt und ihr Ansichhalten, wodurch sie dem ganzen abendländischen Denken vorenthalten blieb, betont (GA 13,234; Prospekt GA).[5] Damit erreicht er keinen völlig

---

[5] Das von Ekkehard *Fräntzki* erfundene Gespräch Heideggers mit Fridolin Wiplinger, "Von der Un-Verborgenheit", könnte deshalb in seinen Hauptbestandteilen tatsächlich stattgefunden haben. Ob mit dieser Feststellung Fräntzki bestätigt oder widerlegt ist, läßt sich schwer sagen, da er seine These nicht explizit formuliert. Wollte Fräntzki das "Gespräch" so verstanden wissen, daß es sich bei der von der Gestalt "Heidegger" dargelegten Auffassung um seine eigenen, Fräntzkis, obzwar Heidegger weiterdenkenden, Gedanken handelt, so würde ich dem widersprechen. Wie ich mehrfach gezeigt habe, sind die Äußerungen der fiktiven Gestalt "Heidegger" genuine Gedanken Heideggers aus seiner Parmenides- und aus der Heraklit-Vorlesung von 1943.

neuen Standort; er findet vielmehr zu phänomenalen Gehalten zurück, die er in der Parmenides-Vorlesung und der Heraklit-Vorlesung von 1943 behandelte. Während Heidegger sich in den vierziger, fünfziger und frühen sechziger Jahren eher von den Wesenszügen Entbergung und Unverborgenheit im Wesen der 'Αλήθεια leiten ließ - hierfür steht der Name "Ereignis" -, hält er in seinem letzten Lebensjahrzehnt Bergung und Verborgenheit für das eigentlich Denkwürdige an der 'Αλήθεια. Hierin sehe ich einen schönen Ausdruck dessen, daß Heideggers Denkweg ein Weg des denkenden Menschen Heidegger war: angesichts des Todes erinnert er sich an drei-ßig Jahre zuvor Gedachtes und daran, wodurch die Gedanken zur Bergung in eine Verborgenheit angeregt wurden, nämlich das Bergen der Toten unter der Erde bei Homer (oben 290).

Die Wurzeln von Heideggers *Sprachdenken* der fünfziger Jahre bestehen in sei-nen Überlegungen zum Wort Hölderlins, zum μῦθος der Griechen, zum Spruch der anfänglichen Denker. Wie im Wort des Dichters die "himmlische Gaabe" "ins Lied/ Gehüllt" ist (oben 41), so enthält der Spruch des Denkers die Antwort auf einen An-spruch des Seins, so ist im μῦθος das Walten der ἀλήθεια geborgen. Für uns ist die Offenbarung des Gottes, der Anspruch des Seins, das Walten der ἀλήθεια erfahrbar aus den Worten der Dichter und Denker. Worte im eigentlichen Sinn sind für Hei-degger nicht Bezeichnungen eines Seienden durch den Menschen, sondern sind Na-men des Seins, und zwar so, daß diese Namen die Stätte sind, wo das Sein selbst sich in den Bezug zum Menschen gibt. Entsprechend dem vielfältigen Walten des Seins sind wesentliche Worte vieldeutig.

Mit diesem Verständnis des Wortes tritt Heidegger aus der Tradition seit Ari-stoteles heraus, die die 'Sache' vom lautlichen Gebilde trennt; er nähert sich dem magischen und mythischen Denken der Griechen, wo im Namen das Genannte ge-rufen und berufen wurde und dadurch gegenwärtig war. Weil die Unterscheidung von Wort und 'Sache' für wesentliche Worte inadäquat ist, spricht Heidegger vom Zu-denkenden und Zu-dichtenden; je nach Betonung (Zu-*denkendes* oder *Zu*-den-kendes) wird hierin der Bezug des Menschen zum Sein oder der Bezug des Seins zum Menschen hörbar.

Zum Schluß sollen noch einmal die Hauptgesichtspunkte erwähnt werden, wor-in eine *Verwandtschaft von Heideggers Denken zu Hölderlins Dichten* im Hinblick auf die von Heidegger interpretierten Texte besteht und worin beider Auffassung des Übersetzens übereinkommt. Wie Hölderlin die Flucht der Götter erlitten und ins Wort gefaßt hat, so erfährt Heidegger einen Entzug des Seins, der die abendländi-sche Geschichte seit Platon durchwaltet. Wie Hölderlin aber an eine erneute Ein-kehr der Götter glaubt, so vermutet Heidegger ein Ereignis, in dem das Sein selbst sich wieder in den Bezug zum Menschen geben würde.

Hölderlins Überzeugung, an einem vaterländischen Schicksal mitzuwirken, ent-spricht bei Heidegger, daß er sein Denken als Vorbereitung für eine andere Grund-erfahrung des Seins versteht, von der aus alle Bezüge des Menschen zum Seienden sowie der Menschen untereinander sich wandeln würden. Wenn Sein als ein Walten, Wesen und Geschehen erfahren würde, ähnlich wie die Hölderlinsche "Natur", so hätte dies auch eine andere Einstellung des Menschen zur Erde zur Folge. Mit Bezug hierauf besteht meines Erachtens die Möglichkeit, Heideggers Gespräch mit Hölderlin für die Ökologie fruchtbar zu machen.[6]

Beide, Hölderlin wie Heidegger, sehen die Notwendigkeit, um der künftigen Geschichte willen eine Auseinandersetzung mit den Griechen zu leisten.

Heideggers Verfahren bei der *Auslegung von Texten* ist insofern an Hölderlins hymnischen Sprechstil angelehnt, als das Gewicht auf dem einzelnen Wort liegt. Bei der Deutung von griechischen Texten geht Heidegger ähnlich vor wie Hölderlin bei seinen Sophokles-Übertragungen: wie Hölderlin das von den Griechen verleugnete Eigene, das "Orientalische", mehr herausheben wollte (SW 6,434), so sieht Heidegger etwas, das im dichtenden und denkenden Sagen der frühen Griechen erfahren, obwohl nicht bedacht ist: die ᾽Αλήθεια. Sie zu denken begreift Heidegger als seine Aufgabe für die Vorbereitung einer künftigen Geschichte. Durch diesen Anspruch eines - wie ich es genannt habe - geschichtlichen Übersetzens muß Heideggers Analyse von griechischen Texten von der Philologie notwendig mit Skepsis betrachtet werden, genauso wie Hölderlins Sophokles-Übertragungen. Heidegger geht es niemals darum herauszufinden, was ein Autor gemeint haben könnte, ihn interessiert immer das Ungesagte und Ungedachte, das heißt der Erfahrungsbereich, auf den die verwendeten Worte verweisen.

Die entscheidende Gemeinsamkeit zwischen Hölderlins Dichten und Heideggers Denken sehe ich darin, daß beides auf eine Zukunft der Geschichte gerichtet ist. Das gilt auch für Heideggers spätere Schriften, in denen sich sein Geschichtsdenken auf das Wort "Ereignis" versammelt. Dieser Blick in die Zukunft scheint mir der Hauptgrund dafür zu sein, daß Heidegger die politische Realität seinerzeit falsch einschätzte. In letzter Zeit wird Heideggers Stellung zum Nationalsozialismus erneut diskutiert. Mit der vorliegenden Arbeit über Heideggers Geschichtsdenken in seinen Vorlesungen 1934/35 bis 1944 ist ein Standort gewonnen, der für weitere Untersuchungen zum Thema "Heidegger und die Politik" eine angemessenere Perspektive bietet, insofern jetzt klargestellt ist, was "das Deutsche" letztlich und eigentlich für Heidegger bedeutete: die in Hölderlins Dichtung vorgezeichnete Chance, zu einer anderen Grunderfahrung des Seins zu kommen als derjenigen, worauf die gesamte abendländische Tradition beruht.

---

6 Erste überzeugende Versuche in dieser Richtung sind zwei Veröffentlichungen von Hanspeter *Padrutt*. Vgl. oben 60 Anm.

Zitierte Literatur

1. Schriften Heideggers

a) Martin Heidegger Gesamtausgabe. Ausgabe letzter Hand. Frankfurt: Klostermann 1976 ff:

GA 1   Frühe Schriften (1912-1916). Hg. Friedrich-Wilhelm v. Herrmann. 1978.

GA 2   Sein und Zeit (1927). Hg. Friedrich-Wilhelm v. Herrmann. 1977.

GA 4   Erläuterungen zu Hölderlins Dichtung (1936-1968). Hg. Friedrich-Wilhelm v. Herrmann. 1982.

GA 5   Holzwege (1935-1946). Hg. Friedrich-Wilhelm v. Herrmann. 1978.

GA 9   Wegmarken (1919-1958). Hg. Friedrich-Wilhelm v. Herrmann. 1976.

GA 12 Unterwegs zur Sprache (1950-1959). Hg. Friedrich-Wilhelm v. Herrmann. 1985.

GA 13 Aus der Erfahrung des Denkens (1910-1976). Hg. Hermann Heidegger. 1983.

GA 15 Seminare (1951-1972). Durchges. Text d. Einzelausgaben: Heraklit (Freiburg 1966/67, mit Eugen Fink). Vier Seminare (Le Thor 1966, 1968, 1969; Zähringen 1973). Zürcher Seminar (Aussprache mit Martin Heidegger am 6.11.1951). Hg. Curd Ochwadt 1986.

Vorlesungen:

GA 21 Logik. Die Frage nach der Wahrheit (Wintersemester 1925/26). Hg. Walter Biemel 1976.

GA 26 Metaphysische Anfangsgründe der Logik im Ausgang von Leibniz (Sommersemester 1928). Hg. Klaus Held. 1978.

GA 29/30 Die Grundbegriffe der Metaphysik. Welt - Endlichkeit - Einsamkeit (Wintersemester 1929/30). Hg. Friedrich-Wilhelm v. Herrmann. 1983.

GA 31 Vom Wesen der menschlichen Freiheit. Einleitung in die Philosophie (Sommersemester 1930). Hg. Hartmut Tietjen. 1982.

GA 33 Aristoteles: Metaphysik Θ 1-3 (Sommersemester 1931). Hg. Heinrich Hüni. 1981.

GA 39 Hölderlins Hymnen "Germanien" und "Der Rhein" (Wintersemester 1934/35). Hg. Susanne Ziegler. 1980.

GA 40 Einführung in die Metaphysik (Sommersemester 1935). Hg. Petra Jaeger. 1983.

GA 41 Die Frage nach dem Ding. Zu Kants Lehre von den transzendentalen Grundsätzen (Wintersemester 1935/36). Hg. Petra Jaeger. 1984.

GA 42 Schelling: Vom Wesen der menschlichen Freiheit (1809) (Sommersemester 1936). Hg. Ingrid Schüßler. 1988.

GA 43 Nietzsche: Der Wille zur Macht als Kunst (Wintersemester 1936/37). Hg. Bernd Heimbüchel. 1985.

GA 44 Nietzsches metaphysische Grundstellung im abendländischen Denken. Die Lehre von der ewigen Wiederkehr des Gleichen (Sommersemester 1937). Hg. Marion Heinz. 1986.

GA 45 Grundfragen der Philosophie. Ausgewählte "Probleme" der "Logik" (Wintersemester 1937/38). Hg. Friedrich-Wilhelm v. Herrmann. 1984.

GA 48 Nietzsche: Der europäische Nihilismus (II. Trimester 1940). Hg. Petra Jaeger. 1986.

GA 51 Grundbegriffe (Sommersemester 1941). Hg. Petra Jaeger. 1981.

GA 52 Hölderlins Hymne "Andenken" (Wintersemester 1941/42). Hg. Curd Ochwadt. 1982.

388   Zitierte Literatur

GA 53   Hölderlins Hymne "Der Ister" (Sommersemester 1942). Hg. Walter Biemel. 1984.

GA 54   Parmenides (Wintersemester 1942/43). Hg. Manfred S. Frings. 1982.

GA 55   Heraklit. 1. Der Anfang des abendländischen Denkens. 2. Logik. Heraklits Lehre vom
           Logos (Sommersemester 1943 und Sommersemester 1944). Hg. Manfred S. Frings 1979. 2.
           Aufl. 1987.

GA 61   Phänomenologische Interpretation zu Aristoteles. Einführung in die phänomenologische
           Forschung (Wintersemester 1921/22). Hg. Walter Bröcker und Käte Bröcker-Oltmanns.
           1985.

           Abhandlungen:

GA 65   Beiträge zur Philosophie (Vom Ereignis). Hg. Friedrich-Wilhelm v. Herrmann. 1989.

b) Einzelveröffentlichungen Heideggers

1953   Einführung in die Metaphysik. 1. Aufl. 1953. 5. durchges. Aufl. Tübingen: Niemeyer 1987.

1954   Vorträge und Aufsätze. 1. Aufl. 1954. 5. Aufl. Pfullingen: Neske 1986.

1954   Was heißt Denken? 1. Aufl. 1954. 4. Aufl. Tübingen: Niemeyer 1984.

1956   Was ist das - die Philosophie? Vortrag, geh. in Cerisy-la-Salle/ Normandie, August 1955. 1.
           Aufl. 1956. 9. Aufl. Pfullingen: Neske 1988.

1957   Identität und Differenz. 1. Aufl. 1957. 8. Aufl. Pfullingen: Neske 1986.

1957   Der Satz vom Grund. 1. Aufl. 1957. 6. Aufl. Pfullingen: Neske 1986.

1958   Grundsätze des Denkens. In: Jahrbuch für Psychologie und Psychotherapie 6 (1958). S. 33-
           41.

1961   Nietzsche. 2 Bde. 1. Aufl. 1961. 4. Aufl. Pfullingen: Neske 1982.

1962   Die Technik und die Kehre. 1. Aufl. 1962. 7. Aufl. Pfullingen: Neske 1988.

1963   Martin Heidegger liest Hölderlin (Schallplatte). Pfullingen: Neske 1963.

1965   Ein Vorwort. Brief an P. William J. Richardson vom April 1962. In: William J. Richardson,
           Through Phenomenology to Thought. The Hague: Nijhoff 1962. p. VIII-XXIII.

1969   Zur Sache des Denkens. 1. Aufl. 1969. 3. Aufl. Tübingen: Niemeyer 1988.

1969   Fragen nach dem Aufenthalt des Menschen. Dankrede an der Geburtstagsfeier in Amris-
           wil. In: Neue Zürcher Zeitung 5.10.1969, Nr. 606, S. 51.

1970   Martin Heidegger im Gespräch. Hg. Richard Wisser. Freiburg/ München: Alber 1970.
           Wiederabgedruckt in: Antwort. Martin Heidegger im Gespräch. Hg. Günther Neske, Emil
           Kettering. Pfullingen: Neske 1988. S. 21-28.

1971   Schellings Abhandlung Über das Wesen der menschlichen Freiheit (1809). Hg. Hildegard
           Feick. Tübingen: Niemeyer 1971.

1976   Spiegel-Interview mit Martin Heidegger am 23.9.1966. In: Der Spiegel 23 (1976). S. 193-
           219. Wiederabgedruckt in: Antwort. Martin Heidegger im Gespräch. Hg. Günther Neske,
           Emil Kettering. Pfullingen: Neske 1988. S. 81-111.

1983   Die Herkunft der Kunst und die Bestimmung des Denkens. Vortrag, geh. 4.4.1967 in der
           Akademie der Wissenschaften und Künste in Athen. In: Distanz und Nähe. Reflexionen
           und Analysen zur Kunst der Gegenwart. Hg. Petra Jaeger und Rudolf Lüthe. Würzburg:
           Königshausen + Neumann 1983.

1983   Die Selbstbehauptung der deutschen Universität (Rede 27.5. 1933). Das Rektorat 1933/34.
           Tatsachen und Gedanken. Hg. Hermann Heidegger. Frankfurt: Klostermann 1983.
           Erstveröffentlichung Breslau: Korn 1933.

1984   Zur Frage nach der Bestimmung der Sache des Denkens. Hg. Hermann Heidegger. St.
           Gallen: Erker 1984 (Vortrag 1965).

1986   Martin Heidegger - Erhart Kästner: Briefwechsel 1953-1974. Hg. Heinrich W. Petzet.
           Frankfurt: Insel 1986.

1986   Die Grundfrage nach dem Sein selbst. In: Heidegger Studies 2 (1986). S. 1-3.

1987   Das Wesen der Philosophie. Jahresgabe der Martin-Heidegger-Gesellschaft 1987.

1987   Aufzeichnung für ein nicht fertig gewordenes Vorwort. In: Verlagsprospekt Klostermann
          zur Heidegger-Gesamtausgabe. Juni 1989.

1989   Neuzeitliche Naturwissenschaft und moderne Technik. Grußwort an die Teilnehmer des
          zehnten Colloquiums vom 14.-16. Mai 1976 in Chicago. Jahresgabe der Martin-Heidegger-
          Gesellschaft 1989.

2. Andere Literatur

Amoroso, Leonardo: Heideggers "Lichtung" als "lucus a (non) lucendo". In: Philosophisches Jahrbuch
90 (1983). S. 153-158.

Antwort. Martin Heidegger im Gespräch. Hg. Günther Neske, Emil Kettering. Pfullingen: Neske 1988.

Aristotelis Categoriae et Liber de Interpretatione. Recogn. L. Minio-Paluello. Oxford: University Press
1949.

–   De Anima. Recogn. W.D. Ross. First Publ. 1894. Repr. 1949. Oxonii: Clarendoniano.

–   Ethica Nicomachea. Recogn. I. Bywater. First Publ. 1894. Oxonii: Clarendoniano 1949.

–   Metaphysica. Recogn. W. Jaeger. First Publ. 1957. Eighth Impr. Oxford: University Press 1985.

–   Physique. 2 Tom. Texte établi et traduit par Henri Carteron. Paris: Les Belles Lettres 1926.

–   Politica. Recogn. W.D. Ross. First Publ. 1957. Repr. 1978. Oxford: University Press.

Beck, Adolf: Hölderlins Weg zu Deutschland. In: Jahrbuch des Freien Deutschen Hochstifts. 1977 S.
196-246. 1978 S. 420-489. 1979 S. 278-348.

Beierwaltes, Werner: Buchbesprechung Wilhelm Luther: Wahrheit, Licht und Erkenntnis in der griechischen Philosophie bis Demokrit. In: Göttingische Gelehrte Anzeigen 220 (1968). S. 1-13.

–   Identität und Differenz. Frankfurt: Klostermann 1980.

Beissner, Friedrich: Hölderlins Übersetzungen aus dem Griechischen. 1. Aufl. 1933. 2. Aufl. Stuttgart:
Metzler 1961.

–   Hölderlin und das Vaterland. In: Hölderlin-Jahrbuch 1 (1944). S. 20-34.

Benn, Gottfried: Gedichte. Gesammelte Werke in 4 Bdn. Hg. Dieter Wellershoff. 3. Bd. 4. Aufl. Wiesbaden: Limes 1960 und 1963.

Benz, Ernst: Die Geschichtsmetaphysik Jakob Böhmes. In: Deutsche Vierteljahrsschrift 13 (1935). S.
421-455.

Biemel, Walter: Dichtung und Sprache bei Heidegger. In: Man and world 2 (1969). S. 487-514.

–   Zu Heideggers Deutung der Ister-Hymne. Vorlesung S.S. 1942. GA 53. In: Heidegger Studies 3/4
(1987/88). p. 41-60.

Binder, Wolfgang: Hölderlin und Sophokles. In: Hölderlin-Jahrbuch 16 (1969-1970). S. 19-37.

–   Hölderlin-Aufsätze. Frankfurt: Insel 1970.

–   Hölderlins Rhein-Hymne. In: Hölderlin-Jahrbuch 19/20 (1975-1977). S. 131- 55.

–   Hölderlins Hymne "Die Wanderung". In: Hölderlin-Jahrbuch 21 (1978-1979). S. 170-205.

–   Hölderlin: 'Andenken'. Hölderlin-Gesellschaft, Turm-Vorträge 1985/86. Hg. Uvo Hölscher. Tübingen 1986. S. 5-30.

Boeder, Heribert: Der frühgriechische Wortgebrauch von Logos und Aletheia. In: Archiv für Begriffsgeschichte 4 (1959). Bonn: Bouvier. S. 82-112.

Böschenstein, Bernhard: Hölderlins Rheinhymne. Zürich und Freiburg: Atlantis 1968.

Boisacq, Émile: Dictionnaire Étymologique de la Langue Grecque. 1. Aufl. 1908. 4. Aufl. Heidelberg:
Winter 1950.

Bremer, Dieter: Licht und Dunkel in der frühgriechischen Dichtung. Interpretationen zur Vorgeschichte der Lichtmetaphysik. Bonn: Bouvier 1976.

–   Theia bei Pindar - Mythos und Philosophie. In: Antike und Abendland 21 (1975). S. 85-96.

Bretschneider, Willy: Sein und Wahrheit. Über die Zusammengehörigkeit von Sein und Wahrheit im Denken Martin Heideggers. Meisenheim: Hain 1965.

Bucher, Alexius Jakob: Metaphysikkritik als Begriffsproblematik auf dem Denkweg Martin Heideggers. Bonn: Bouvier 1972.

Claudius, Matthias: Sämtliche Werke. Nach den Texten der Erstausgaben (Asmus 1775-1812). Hg. Jost Perfahl. München: Winkler 1970.

Curtius, Georg: Grundzüge der griechischen Etymologie. 5. Aufl. Leipzig: Teubner 1879.

Deichgräber, Karl: Anaximander von Milet. In: Hermes 75 (1940). S. 10-19.

Demosthenis Orationes. Recogn. S.H. Butcher. First Publ. 1903. Repr. 1978. Oxonii: Clarendoniano.

Dilthey, Wilhelm: Gesammelte Schriften. Bd 7: Der Aufbau der geschichtlichen Welt in den Geisteswissenschaften. 2. Aufl. Leipzig/ Berlin: Teubner 1942.

Dornseiff, Franz: Die archaische Mythenerzählung. Folgerungen aus dem homerischen Apollonhymnos. Berlin und Leipzig: de Gruyter 1933.

Duden Grammatik der deutschen Gegenwartssprache. 3. neu bearb. u. erw. Aufl. Duden Bd 4. Mannheim/ Wien/ Zürich: Bibliographisches Institut Dudenverlag 1973.

Emad, Parvis: Heidegger's Originary Reading of Heraclitus-Fragment 16. In: Heidegger on Heraclitus. A New Reading. Ed. by Kenneth Maly and Parvis Emad. Lewiston/ Queenston: The Edwin Mellen Press 1986. p. 103-123.

– Word at the Beginning of Thinking. In: Heidegger on Heraclitus. p.124-134.

Faden, Gerhard: Der Schein der Kunst. Zu Heideggers Kritik der Ästhetik. Würzburg: Königshausen + Neumann 1986.

Farnell, Lewis Richard: Critical Commentary to the Works of Pindar. Amsterdam: Hakkert 1961. Reprint of: The Works of Pindar. Vol. II. Critical Commentary. London 1932.

Ferber, Rafael: Platos Idee des Guten. St. Augustin: Richarz 1984.

Fischer, Hermann: Schwäbisches Wörterbuch. 2 Bde. Tübingen: Laupp 1908.

Fränkel, Hermann: Die Zeitauffassung in der frühgriechischen Literatur. In: Ders.: Wege und Formen frühgriechischen Denkens. 2. Aufl. München: Beck 1960. S. 10-22.

Fräntzki, Ekkehard: Die Kehre. Heideggers Schrift "Vom Wesen der Wahrheit". Urfassungen und Druckfassungen. Pfaffenweiler: Centaurus 1985.

– Von der Un-Verborgenheit. Fridolin Wiplingers Bericht von einem Gespräch mit Martin Heidegger. Pfaffenweiler: Centaurus 1987.

– ZU-GÄNGE in die Sache des Denkens. Pfaffenweiler: Centaurus 1988.

Die Fragmente der Vorsokratiker. Griechisch und Deutsch. Hg. Hermann Diels. 6. verb. Aufl. hg. v. Walther Kranz. 1. Bd. Berlin: Weidmann 1951.

Franzen, Winfried: Von der Existenzialontologie zur Seinsgeschichte. Eine Untersuchung über die Entwicklung der Philosophie Martin Heideggers. Meisenheim: Hain 1975.

Friedländer, Paul: Platon. 1. Bd. Seinswahrheit und Lebenswirklichkeit. 3. Aufl. Berlin: de Gruyter 1961.

Frisk, Hjalmar: Griechisches Etymologisches Wörterbuch. 2 Bde. Heidelberg: Winter 1960.

Fürstenau, Peter: Heidegger und das Gefüge seines Denkens. Frankfurt: Klostermann 1958.

Gadamer, Hans-Georg: Kleine Schriften III. Idee und Sprache. Platon, Husserl, Heidegger. Tübingen: Mohr 1972.

– Wahrheit und Methode. Grundzüge einer philosophischen Hermeneutik. 4. Aufl. Tübingen: Mohr 1975.

– Der Eine Weg Martin Heideggers. Vortrag, geh. 25.5.1986 in Meßkirch. In: Martin-Heidegger-Gesellschaft, Jahresgabe für die Mitglieder 1986. S. 7-25.

Gaier, Ulrich: Hölderlins 'Hyperion': Compendium, Roman, Rede. In: Hölderlin-Jahrbuch 21 (1978-79. Tübingen: Mohr. S. 88.143.

– Hölderlins vaterländische Sangart. In: Hölderlin-Jahrbuch 25 (1986-87). S. 12-59.

– Hölderlins Gärten. In: Turm-Vorträge 1987/88. Hölderlin und die Griechen. Hg. Valérie Lawitschka. Tübingen: Hölderlin-Gesellschaft 1988. S. 54-97.

Gaiser, Konrad: Platons ungeschriebene Lehre. Stuttgart: Klett 1963.

Gedenkschrift der Stadt Meßkirch an ihren Sohn und Ehrenbürger Professor Martin Heidegger. Meßkirch 1977.

Georges, Karl Ernst: Ausführliches Lateinisch-Deutsches Handwörterbuch. 2 Bde. 10. Aufl. Hannover: Hahn 1959.

Goethe, Johann Wolfgang v.: Hamburger Ausgabe in 14 Bdn. Textkritisch durchges. u. m. Anmerkungen vers. v. Erich Trunz. Hamburg: Wegner. 9. Aufl. 1969 ff.

Grimm, Jacob und Wilhelm: Deutsches Wörterbuch. Fotomechan. Nachdr. d. Erstausgabe. München: DTV 1984.

Grønbech, Vilhelm: Götter und Menschen. Griechische Geistesgeschichte II. Reinbeck: Rowohlt 1967. Dänische Originalausgabe Kopenhagen 1942-1945.

Gundert, Hermann: Pindar und sein Dichterberuf. Frankfurt: Klostermann 1935.

Hegel, Georg Wilhelm Friedrich: Sämtliche Werke. Jubiläumsausgabe in 20 Bdn. Hg. Hermann Glockner. Stuttgart-Bad Cannstatt: Frommann 1964.

– Theologische Jugendschriften, nach den Handschriften der Kgl. Bibliothek in Berlin. Hg. Herman Nohl. Tübingen: Mohr 1907.

Heidegger on Heraclitus. A New Reading. Ed. by Kenneth Maly and Parvis Emad. Lewiston/ Queenston: The Edwin Mellen Press 1986.

Heinrich, Klaus: Parmenides und Jona. Frankfurt: Suhrkamp 1966

Heitsch, Ernst: Die nicht-philosophische ΑΛΗΘΕΙΑ. In: Hermes 90 (1962). S. 24-33.

Held, Klaus: Heideggers These vom Ende der Philosophie. In: Zeitschrift für philosophische Forschung 34 (1980). S. 535-560.

– Heraklit, Parmenides und der Anfang von Philosophie und Wissenschaft. Eine phänomenologische Besinnung. Berlin - New York: de Gruyter 1980.

Hellingrath, Norbert v.: Pindarübertragungen von Hölderlin. In: Ders.: Hölderlin-Vermächtnis. Eingel. v. Ludwig von Pigenot. München: Bruckmann 1936. S. 17-41.

Heraklit: Fragmente. Griechisch und Deutsch. Hg. Bruno Snell. 4. Aufl. München: Heimeran 1944.

Herder, Johann Gottfried: Sämtliche Werke in 33 Bdn. Hg. Bernhard Suphan. 2. Nachdruckaufl. Reprograf. Nachdr. d. Ausg. Berlin 1877 ff. Hildesheim: Olms 1967/68.

Herrmann, Friedrich-Wilhelm v.: Die Selbstinterpretation Martin Heideggers. Meisenheim: Hain 1964.

– Zeitlichkeit des Daseins und Zeit des Seins. Grundsätzliches zur Interpretation von Heideggers Zeitanalysen. In: Philosophische Perspektiven. Ein Jahrbuch. Hg. Rudolph Berlinger und Eugen Fink. 4. Bd. 1972. S. 198-210.

– Lebenswelt und In-der-Welt-sein. Zum Ansatz des Weltproblems bei Husserl und Heidegger. In: Weltaspekte der Philosophie. Rudolph Berlinger zum 26.10.1972. Amsterdam 1972.

– Heideggers Philosophie der Kunst. Frankfurt: Klostermann 1980.

– Der Begriff der Phänomenologie bei Heidegger und Husserl. Frankfurt: Klostermann 1981.

– Subjekt und Dasein. Interpretationen zu "Sein und Zeit". 2. Aufl. Frankfurt: Klostermann 1985.

– Die Edition der Vorlesungen Heideggers in seiner Gesamtausgabe letzter Hand. In: Heidegger Studies 2 (1986). S. 153-172.

– Hermeneutische Phänomenologie. Eine Erläuterung zu "Sein und Zeit". Bd 1. "Einleitung: Die Exposition der Frage nach dem Sinn von Sein". Frankfurt: Klostermann 1987.

– Nachbarschaft von Dichten und Denken als Wesensnähe und Wesensdifferenz. In: Martin-Heidegger-Gesellschaft, Jahresgabe 1988. S. 37-63.

Hesiod: Works & Days. Edited with Prolegomena and Commentary by M.L. West. Oxford: Clarendon Press 1978.

– Theogony. Edited with Prolegomena and Commentary by M.L. West. Oxford: Clarendon Press 1966.

Heyse, Joh. Christ. Aug.: Handwörterbuch der deutschen Sprache. ausgef. v. K.W.L. Heyse. 3 Bde. Reprogr. Nachdr. d. Ausg. Magdeburg 1833. Hildesheim: Olms 1968.

Hirsch, Walter: Platon und das Problem der Wahrheit. In: Durchblicke. Martin Heidegger zum 80. Geburtstag. Frankfurt: Klostermann 1970. S. 207-234.

Hirzel, R.: Οὐσία. In: Philologus 72. Leipzig 1913. S. 42-64.

Historisches Wörterbuch der Philosophie. Hg. Joachim Ritter. Basel/ Stuttgart: Schwabe & Co. 1971 ff.

Hölderlin, Friedrich: Sämtliche Werke. Historisch-kritische Ausgabe, begonnen durch Norbert v. Hellingrath, fortgeführt durch Friedrich Sebass und Ludwig v. Pigenot. 6 Bde. 2. Aufl. Berlin: Propyläen 1922-23.

–   Sämtliche Werke. Große Stuttgarter Ausgabe. 8 Bde. Hg. Friedrich Beissner und Adolf Beck. Stuttgart: Kohlhammer 1946-1985.

–   Friedensfeier. Hg. u. erl. v. Friedrich Beissner. Stuttgart: Kohlhammer 1954.

Hofmannsthal, Hugo v.: Gesammelte Werke in Einzelausgaben. Hg. Herbert Steiner. Prosa II. Frankfurt: Fischer 1951.

Homeri Opera. Recogn. David B. Monro et Thomas W. Allen. Ilias. 2 vol. First Edition 1902. Third Edition 1920. Repr. 1949/50.

–   Opera. Recogn. Thomas W. Allen. Odyssea. 2 vol. First Edition 1908. Third Editon 1917/1919. Repr. 1950/51.

Hübner, Kurt: Mythische und wissenschaftliche Denkform. In: Philosophie und Mythos. Ein Kolloquium. Hg. Hans Poser. Berlin-New York: de Gruyter 1979. S. 75-92.

Hüni, Heinrich: Rekonstruktion des Fragens. Ein systematischer Versuch zum Ansatz von Heideggers Frage nach dem Sinn von Sein. Phil. Diss. Köln 1973.

Jaeger, Hans: Heidegger und die Sprache. Bern und München: Francke 1971.

Jung, Hwa Yol: Martin Heidegger and the Homecoming of Oral Poetry. In: Philosophy Today 26 (1982). p. 148-170.

Kant, Immanuel: Werke in 10 Bdn. Hg. Wilhelm Weischedel. Bd 3: Kritik der reinen Vernunft. 4. erneut gepr. reprogr. Nachdr. d. Ausg. Darmstadt 1956. Darmstadt: Wissenschaftliche Buchgesellschaft 1975.

Kayser, Wolfgang: Die Vortragsreise. Studien zur Literatur. Bern: Francke 1958.

Kempter, Lothar: Hölderlin und die Mythologie. Zürich/ Leipzig: Horgen 1929. Reprint 1971.

Kerkhoff, Manfred: Zum antiken Begriff des Kairos. In: Zeitschrift für philosophische Forschung 27 (1973). S. 256-274.

Kettering, Emil: NÄHE. Das Denken Martin Heideggers. Pfullingen: Neske 1987.

Kierkegaard, Sören: Der Augenblick. Aufsätze und Schriften des letzten Streits. Übers. v. Hayo Gerdes. Düsseldorf/ Köln: Diederichs 1959.

Kluge, Friedrich: Etymologisches Wörterbuch der deutschen Sprache. 20. Aufl. Berlin: de Gruyter 1967.

Koller, Hermann: Theoros und Theoria. In: Glotta 36 (1958). S. 273-286.

Kraft, Peter B.: Das anfängliche Wesen der Kunst. Zur Bedeutung von Kunstwerk, Dichtung und Sprache im Denken Martin Heideggers. Frankfurt-Bern-New York: Lang 1984.

Kreutzer, Hans Joachim: Kolonie und Vaterland in Hölderlins später Lyrik. In: Hölderlin-Jahrbuch 22 (1980-1981). S. 18-46.

Kühner, Raphael, und *Gerth,* Bernhard: Ausführliche Grammatik der griechischen Sprache. Satzlehre. Erster Teil. 4. Aufl. Hannover: Hahn 1955.

Lehmann, Karl: Christliche Geschichtserfahrung und ontologische Frage beim jungen Heidegger. In: Heidegger. Perspektiven zur Deutung seines Werkes. Hg. Otto Pöggeler. Köln/ Berlin: Kiepenheuer + Witsch 1969. S. 140-168.

Lexikon für Theologie und Kirche. Hg. Josef Höfer und Karl Rahner. Freiburg: Herder 1957 ff.

Liddell, Henry, and *Scott,* Robert: A Greek-English Lexicon. Oxford: Clarendon Press 1968.

Löwith, Karl: Weltgeschichte und Heilsgeschehen. Die theologischen Voraussetzungen der Geschichtsphilosophie. Stuttgart: Kohlhammer 1953.

– Heidegger. Denker in dürftiger Zeit. 2. Aufl. Göttingen: Vandenhoeck & Ruprecht 1960.

Lotz, Johannes B.: Martin Heidegger und Thomas von Aquin. Mensch - Zeit - Sein. Pfullingen: Neske 1975.

Lumpe, Adolf: Der Terminus "Prinzip" (ἀρχή) von den Vorsokratikern bis auf Aristoteles. In: Archiv für Begriffsgeschichte 1 (1955). Bonn: Bouvier. S. 104-116.

Luther, Wilhelm: Wahrheit, Licht und Erkenntnis in der griechischen Philosophie bis Demokrit. Ein Beitrag zur Erforschung von Sprache und philosophischem Denken. In: Archiv für Begriffsgeschichte 10 (1966). Bonn: Bouvier. S. 1-240.

Lutz, Christian Ludwig: Zwischen Sein und Nichts. Der Begriff des "Zwischen" im Werk Martin Heideggers. Eine Studie zur Hermeneutik des Metaxy. Phil. Diss. Bonn 1984.

Maly, Kenneth: The Transformation of "Logic" in Heraclitus. In: Heidegger on Heraclitus. p. 89-102.

Maly, Kenneth, and *Davis,* Steven: Reading Heidegger Reading Heraclitus-Fragment 112. In: Heidegger on Heraclitus. p. 135-151.

Marx, Werner: Heidegger und die Tradition. Eine problemgeschichtliche Einführung in die Grundbestimmungen des Seins. 2. Aufl. Hamburg: Meiner 1980.

Mörchen, Hermann: Macht und Herrschaft im Denken von Heidegger und Adorno. Stuttgart: Klett 1980.

Mommsen, Momme: Dionysos in der Dichtung Hölderlins. In: Germanisch-Romanische Monatsschrift 13 (1963). S. 345-379.

Müller, Carl Werner: Gleiches zu Gleichem. Ein Prinzip frühgriechischen Denkens. Wiesbaden: Harrassowitz 1965.

Müller, Max: Existenzphilosophie im geistigen Leben der Gegenwart. 3. erw. Aufl. Heidelberg: Kerle 1964.

Nestle, Wilhelm: Vom Mythos zum Logos. Die Selbstentfaltung des griechischen Denkens von Homer bis auf die Sophistik und Sokrates. 2. Aufl. Stuttgart: Kröner 1942.

Nietzsche, Friedrich: Werke. Kritische Gesamtausgabe. Hg. Giorgio Colli und Mazzino Montinari. Berlin: de Gruyter 1967 ff.

Oehler, Klaus: Die Lehre vom noetischen und dianoetischen Denken bei Platon und Aristoteles. München: Beck 1962.

Ott, Heinrich: Denken und Sein. Der Weg Martin Heideggers und der Weg der Theologie. Zollikon: Evangelischer Verlag 1959.

Padrutt, Hanspeter: Der epochale Winter. Zeitgemäße Betrachtungen. Zürich: Diogenes 1984.

– Heideggers Denken und die Ökologie. In: Heidegger Studies 6 (1990). S. 43-66.

Pape, W.: Griechisch-Deutsches Handwörterbuch. Nachdr. d. 3. Aufl. 1914. Bearb. v. M. Sengebusch. 2 Bde. Graz: Akademische Druck- und Verlagsanstalt 1954.

Pape, W., und *Benseler,* G.: Wörterbuch der griechischen Eigennamen. Nachdr. d. 3. Aufl. 1911. 2 Bde. Graz: Akademische Druck- und Verlagsanstalt 1959.

Parmenides: Über das Sein. Griechisch-Deutsch. Hg. Hans von Steuben. Übersetzung u. Gliederung v. Jaap Mansfeld. Stuttgart: Reclam 1981.

Passow, Franz: Handwörterbuch der griechischen Sprache. Neu bearb. u. zeitgem. umgest. v. Val. Chr. Rost, Friedrich Palm u.a. 2 Bde. 5. Aufl. Leipzig. Vogel 1841-57.

Petzet, Heinrich Wiegand: Auf einen Stern zugehen. Begegnungen und Gespräche mit Martin Heidegger 1929-1976. Frankfurt: Societäts-Verlag 1983.

Philippson, Paula: Genealogie als mythische Form. Studien zur Theogonie des Hesiod. In: Hesiod. Hg. Ernst Heitsch. Darmstadt: Wissenschaftliche Buchgesellschaft 1966. S. 651-687.

Pindari Carmina cum Fragmentis Selectis. Ed. Otto Schroeder. Leipzig: Teubner 1908.

– Carmina cum Fragmentis. Recogn. C.M. Bowra. First Publ. 1935. Second Edition 1947. Repr. 1951. Oxonii: Clarendoniano.

Pindar. Übers. u. erl. v. Franz Dornseiff. Leipzig 1921.

–   The Olympian and Pythian Odes. With an Introduction Essay, Notes and Indexes. By Basil L. Gildersleeve. Reprint of the Edition 1890. Amsterdam: Hakkert 1965.

–   Olympische Oden. Deutsch v. Wolfgang Schadewaldt. Frankfurt: Insel 1972.

Platonis Opera. Recogn. Ioannes Burnet. Tom. 1-5. First Publ. 1900-1907. Oxonii: Clarendoniano 1949-1952.

Platon: Werke in 8 Bdn. Hg. Gunther Eigler. 6. Bd. bearb. v. Peter Staudacher. Griech. Text v. Auguste Diès. Deutsche Übers. v. Friedrich Schleiermacher. Darmstadt: Wissenschaftliche Buchgesellschaft 1970.

Pöggeler, Otto: Der Denkweg Martin Heideggers. 1963. 2. Aufl. Pfullingen: Neske 1983.

–   Den Führer führen? Heidegger und kein Ende. In: Philosophische Rundschau 32 (1985). S. 26-67.

Pugliese, Orlando: Vermittlung und Kehre. Grundzüge des Geschichtsdenkens bei Martin Heidegger. Freiburg/ München: Alber 1965.

Puntel, L. Bruno: Analogie und Geschichtlichkeit I. Philosophiegeschichtlich-kritischer Versuch über das Grundproblem der Metaphysik. Freiburg-Basel-Wien: Herder 1969. S. 520.

Rilke, Rainer Maria: Sämtliche Werke. Hg. v. Rilke-Archiv. In Verb. m. Ruth Sieber-Rilke. Bes. durch Ernst Zinn. 2. Bd. Wiesbaden: Insel 1957.

Römpp, Georg: Wesen der Wahrheit und Wahrheit des Wesens. In: Zeitschrift für philosophische Forschung 40 (1986). S. 181-205.

Rombach, Heinrich: Phänomenologie des gegenwärtigen Bewußtseins. Freiburg/ München: Alber 1980.

Rosales, Alberto: Transzendenz und Differenz. Ein Beitrag zum Problem der ontologischen Differenz beim frühen Heidegger. Den Haag: Nijhoff 1970.

–   Zum Problem der Kehre im Denken Heideggers. In: Zeitschrift für philosophische Forschung 38 (1984). S. 241-262.

Ryan, Lawrence: Hölderlins Lehre vom Wechsel der Töne. Stuttgart: Kohlhammer 1960.

ΣΑΠΘΟΥΣ ΜΕΛΗ. The Fragments of the Lyrical Poems of Sappho. Ed. Edgar Lobel. Oxford: Clarendon Press 1925.

Sappho. Griechisch und Deutsch. Hg. Max Treu. München: Heimeran 1954.

Saß, Hans-Martin: Heidegger-Bibliographie. Meisenheim: Hain 1968.

Sattler, Dietrich E.: Al rovescio. In: Le pauvre Holterling 7. Blätter zur Frankfurter Ausgabe. Frankfurt: Roter Stern 1984. S. 17-28.

Schadewaldt, Wolfgang: Die Anfänge der Philosophie bei den Griechen. Die Vorsokratiker und ihre Voraussetzungen. Tübinger Vorlesungen. Bd 1. Frankfurt: Suhrkamp 1978.

Schaeffler, Richard: Frömmigkeit des Denkens? Martin Heidegger und die katholische Theologie. Darmstadt: Wissenschaftliche Buchgesellschaft 1978.

–   Die Wechselbeziehungen zwischen Philosophie und katholischer Theologie. Darmstadt: Wissenschaftliche Buchgesellschaft 1980.

Schelling, Friedrich Wilhelm Joseph: Schriften von 1806-1813. Unveränd. reprograf. Nachdr. aus: Schellings sämtliche Werke. Stuttgart/ Augsburg: Cotta. 1. Abtheilung, 7.-9. Bd. 1860-1861. Darmstadt: Wissenschaftliche Buchgesellschaft 1968.

Schlüter, Jochen: Heidegger und Parmenides. Ein Beitrag zu Heideggers Parmenides-Auslegung und zur Vorsokratiker-Forschung. Bonn: Bouvier 1979.

Schmidt, Jochen: Hölderlins letzte Hymnen "Andenken" und "Mnemosyne". Tübingen: Niemeyer 1970.

Schmitt, Arbogast: Die Bedeutung der sophistischen Logik für die mittlere Dialektik Platons. Diss. Würzburg 1973.

Schulz, Walter: Über den philosophiegeschichtlichen Ort Martin Heideggers. In: Philosophische Rundschau 1 (1953/54). S. 65-93, 211-232.

Seifert, Albrecht: Untersuchungen zu Hölderlins Pindar-Rezeption. München: Fink 1982.

Snell, Bruno: Die Entdeckung des Geistes. Studien zur Entstehung des europäischen Denkens bei den Griechen. Hamburg: Claaßen & Goverts 1946.

Sophocles: The Plays and Fragments. With Critical Notes, Commentary, and Translation in English Prose by Richard C. Jebb, Litt.D. Part I-VII. Second Edition 1887 ff. Reprinted 1914 ff. Cambridge: University Press.

Sophocles. With an English Translation by F. Storr, B.A. Vol. 1. London: Heinemann. Cambridge, Mass.: University Press. 1967-68.

Sophokles: Antigone. Griechisch und deutsch. Übertr. v. Ludwig Friedrich Barthel. 2. Aufl. München: Heimeran 1941.

–   Antigone. Übers. v. Karl Reinhardt. 2. Aufl. Godesberg: Küpper 1949.

Specht, F.: Beiträge zur griechischen Grammatik. In: Zeitschrift für vergleichende Sprachforschung auf dem Gebiete der indogermanischen Sprachen. Bd 59. Göttingen: Vandenhoeck & Ruprecht 1932. S. 31-131.

Staiger, Emil: Die Kunst der Interpretation. Studien zur deutschen Literaturgeschichte. 3. Aufl. Zürich: Atlantis 1961.

–   Hölderlin: Drei Oden. In: Ders.: Meisterwerke deutscher Sprache aus dem neunzehnten Jahrhundert. 4. Aufl. Freiburg: Rombach 1961. S. 13-56.

Storck, Joachim W.: Rilke und Heidegger. Über eine "Zwiesprache" von Dichten und Denken. In: Blätter der Rilke-Gesellschaft 4 (1976). Saas-Fee. S. 35- 71.

Szondi, Peter: Hölderlins Brief an Böhlendorff vom 4. Dezember 1801. Kommentar und Forschungskritik. In: Euphorion 58 (1964). S. 260-275.

–   Hölderlin-Studien. Mit einem Traktat über philologische Erkenntnis. 3. Aufl. Frankfurt: Suhrkamp 1977.

Taylor, Charles: Hegel. Übers. v. Gerhard Fehn. 3. Aufl. Frankfurt: Suhrkamp 1983.

Thomas de Aquino: Opera omnia iussu impensaque Leonis XIII P.M. 22. Quaestiones disputatae de veritate. Romae: Sacta Sabina 1970.

Thürmer, Wilfried: Zur poetischen Verfahrensweise in der spätesten Lyrik Hölderlins. Marburg: Elwert 1970.

Tsujimura, Kôichi: Zur Bedeutung von Heideggers "übergänglichem Denken" für die gegenwärtige Welt. Ein Versuch. In: Neue Hefte für Philosophie 23 (1984). S. 46-58.

Die Vorsokratiker. I. Milesier, Pythagoreer, Xenophanes, Heraklit, Parmenides. Griechisch-deutsch. Ausw. d. Frg., Übers. u. Erl. v. Jaap Mansfeld. Stuttgart: Reclam 1983.

de Waehlens, A. - *Biemel,* Walter: Heideggers Schrift "Vom Wesen der Wahrheit". In: Symposion III (1952). S. 482-508.

Walde, Alois: Lateinisches Etymologisches Wörterbuch. 3. neu bearb. Aufl. v. J.B. Hofmann. 2 Bde. Heidelberg: Winter 1954.

–   Vergleichendes Wörterbuch der Indogermanischen Sprachen. Hg. u. bearb. v. Julius Pokorny. 2 Bde. Berlin und Leipzig: de Gruyter 1930.

Westermann Lexikon der Geographie. Bd 1. Braunschweig: Westermann 1968.

Wetz, Franz Josef: Wege - nicht Werke. Zur Gesamtausgabe Martin Heidegger. In: Zeitschrift für philosophische Forschung 41 (1987). S. 444-455.

White, David A.: Logic and Ontology in Heidegger. Columbus: Ohio State University Press 1985.

Whitehead, Alfred North: Process and Reality. An Essay in Cosmology. Cambridge: University Press 1929. New York: Macmillan 1929.

Wiplinger, Fridolin: Wahrheit und Geschichtlichkeit. Eine Untersuchung über die Frage nach dem Wesen der Wahrheit im Denken Martin Heideggers. Freiburg/ München: Alber 1961.

Wisser, Richard: Die denkende Stimme und ihr Gedanke. In: Frankfurter Allgemeine Zeitung 19.4. 1958. Übersetzung von Lothar Kelkel: La voix qui pense et sa pensée. Martin Heidegger. In: Les Études Philosophiques 4. Paris 1958. p. 495-500.

–   Schöpfung und Schöpfertum in der Philosophie. In: Die Wahrheit des Ganzen. Hg. Helmut Kohlberger. Wien-Freiburg-Basel: Herder 1976. S. 175-203.

–   Das Fernseh-Interview. In: Erinnerung an Martin Heidegger. Hg. Günther Neske. Pfullingen: Neske 1977. S. 257-287. Wiederabgedruckt in: Antwort. Martin Heidegger im Gespräch. Hg.

Günther Neske, Emil Kettering. Pfullingen: Neske 1988. S. 39-70.

– Hegel und Heidegger, oder: die Wende vom Denken des Denkens zum Seinsdenken. In: Synthesis Philosophica 4,2 (1987). S. 279-326.

– Martin Heideggers vierfältiges Fragen. Vor-läufiges anhand von "Was ist Metaphysik?" In: Martin Heidegger - Unterwegs im Denken. Symposion im 10. Todesjahr. Hg. Richard Wisser. Freiburg/ München: Alber 1987. S. 15-49.

Wittkop, Gregor, und *Lawitschka,* Valérie: Begleitblatt zum Plakat: Friedrich Hölderlin, Vier Gedichte aus den letzten Lebensjahren. Tübingen: Hölderlin-Gesellschaft 1987.

Zuberbühler, Rudolf: Hölderlins Erneuerung der Sprache aus ihren etymologischen Ursprüngen. Berlin: Schmidt 1969.

Personenregister

Adelung 330
Aeschylos 298
Amoroso 113
Anaximander 14, 39, 78, 86, 124, 144, 160, <u>178-191</u>, 207, 209, 212, 221, 228, 232, 238, 249, 251, 272, 274, 306, 309, 314, 318, 325, 326, 330, 338, 341, 348, 354, 368, 374, 382, 384
Aristoteles 28, 49, 66, 70-71, 75, 77, 89, 91, 93, 94, 95, 99, 106, <u>109-110</u>, 112, 117, 119, 121, 124, 126, 129, 130, 134, <u>135-138</u>, 139, 141, 144, 149, 154, 157, 164, 167, <u>190</u>, 211, 220, 229, 234, 235, 242, 243, 247, 270, 271, 272, 274, 276, 284, 285, 287, 291, 293, 294, 306, <u>308</u>, 312, 326, 328, 330, 331, 343, 345, <u>349-350</u>, 351, 354, 355, 369, 370, 378, 380, 382, 384
Augustinus 258

Beaufret 108
Beck 54
Beierwaltes 87, 102
Beissner 36, 46, 54, 199, 200, 202, 214, 239, 259
Benn 314
Benz 55
Biemel 23, 130, 135, 170, 223, 244
Binder 25, 35, 36, 59, 113, 118, 199, 203, 231, 235
Boeder 81, 89, 94, 279
Böhlendorff 24, 54-57, 198-201, 215, 218, 223-224, 235, 255, 259, 263, 265, 348
Böhme 55
Boisacq 49, 281, 283
Böschenstein 32, 37
Bowra 297
Bremer 41, 73-74, 93, 170, 225, 272, 280, 291, 309, 310, 312, 332, 344, 357
Brentano, Franz 76
Bretschneider 80, 94, 109
Bucher 66, 93, 102, 142
Burnet 178

Char 88
Classen 93
Claudius 74, 94
Curtius 239

Davis 375
Deichgräber 179, 180, 182
Demosthenes 247
Descartes 119, 147, 286
Diels-Kranz 33, 81, 82, 83, 88, 100, 105, 124, 131, 150, 161, 178, 182, 239, 273, 274, 353, 358,
359, 363, 365, 366, 367, 370, 372, 374
Dilthey 118
Dornseiff 297, 310
Duden 301, 330

Emad 33, 346, 348, 349, 352, 353, 358, 361
Empedokles 24, 117

Faden 85
Farnell 297, 298
Ferber 85, 96
Fink 113, 215
Fischer, Hermann 216
Fränkel 161, 208, 213, 215
Fräntzki 74, 131, 158-159, 167, 172-173, 278, 290, 294, 300, 320, 321, 337, 358, 362, 366-367, 380, 383
Franzen 13, 15, 17, 18, 25, 38-39, 96, 97, 98
Friedländer 93, 94, 280
Friedrich, Hugo 45
Frisk 73, 136, 242, 299, 310, 333
Fürstenau 17

Gadamer 159, 183, 201, 211, 213, 216, 326
Gaier 37, 54, 123, 173, 198, 306
Gaiser 70
George 291
Georges 281, 302
Goethe 32, 36, 118, 165, 166, 333
van Gogh 121
Grimm 34, 41, 72, 103, 114, 209, 216, 276, 279, 323
Gründer - Spaemann 97
Grønbech 208
Gundert 299

Hederich 200
Hegel 25, 29, 34, 70, 118, 258, 286, 292-293, <u>354</u>, 362
Heinrich, Klaus 22
Heitsch 93, 94, 322
Held 99, 189, 214, 361-362
v. Hellingrath 23, 198, 227
Heraklit 14, 29, 33, 34, 35, 39, 41, 47, 68, 75, 79, <u>81-83</u>, 86, 87, 91, 114, 124, 144, 148, 156, 159, 165, 167, 170, 175, 178, 180, 186, 196, 209, 213, 214, 228, 234, 249, 272, 274, 293, 308, 323, 325, 326, 328, 343, <u>346-376</u>, 381, 382
Herder 36, 37, 118
v. Herrmann 18-19, 41, 58, 62, 75, 76, 78, 88, 102, 106, 117, 120, 291, 321, 329

Sachregister